JN320023

ドキュメント
横浜事件

戦時下最大の思想・言論弾圧事件を
原資料で読む

横浜事件・再審裁判＝記録／資料刊行会

神奈川県特高警察による「共産党再建準備会」フレームアップに使われた写真。日米開戦の翌1942年7月、国際政治学者・細川嘉六が郷里の富山県・泊町に若い編集者や研究者を招いた一泊旅行の際に撮影された。前列左から平館利雄（満鉄東京支社調査室）、木村 亨（中央公論社）、加藤政治（東京新聞、前東洋経済新報社）、相川 博（改造社）、後列左より小野康人（改造社）、細川、西沢富夫（満鉄同前）。撮影：西尾忠四郎（満鉄同前）

高文研

７月６日、出発の朝、旅館の前での記念写真。左端の細川ひとりが浴衣姿なのは、この後なお２日宿泊したから。細川の右は紋左旅館の女主人・柚木ひさ。

泊町の東方、新潟県境を越えたところに、断崖絶壁の連なる名勝・親不知がある。７月５日の昼間、一行は舟で親不知へ行楽に出かけた。

この行楽のスナップ写真の中の1枚が、「共産党再建準備会」の証拠に仕立てられた！

細川嘉六の招きで富山県の海辺の町・泊に一泊旅行したさいの写真を貼ったアルバム。これらの写真は参加者の一人・満鉄調査部の西尾忠四郎が撮影した。気のおけない仲間で楽しい旅行だったことがうかがえる。ところが旅行参加者の家宅捜査で特高警察がこれらの写真を見つける。そしてその中の１枚――ここでは右端上の写真をもって「共産党再建準備会」の証拠に仕立てたのである。
このアルバムは小野康人（左上、大きな写真の左側の人物）家の家宅捜索で没収されていたのを、妻の貞さんが特高資料室から奪い返したもの。他の家庭でもこのようにアルバムに貼られていたはずである。

細川嘉六とそのブロンズ像（西常雄作、朝日町（旧称・泊町）立ふるさと美術館所蔵）。

下右は現在の紋左旅館、左はその玄関前の敷地に建てられた「泊・横浜事件端緒の地」建立委員会による石碑。

1942（昭和17）年７月23日付、細川論文「世界史の動向と日本」が掲載された『改造』８月号の広告が載った朝日新聞。全一面を使って「空の軍神」加藤建夫中佐の２階級特進を報じている。陸軍の戦闘機「隼（はやぶさ）」で編成する加藤隼戦闘隊は「エンジンの音ごうごうと　隼はゆく　雲の果て…」と軍歌にも歌われたが、戦況はこの頃から暗転しはじめる。

横浜事件のもう一つの発端・米国共産党員事件による被害者——川田寿・定子夫妻。1967年頃、モンブラン山上で。第一次再審請求で定子さんは自身と夫の二人分の請求人となった。

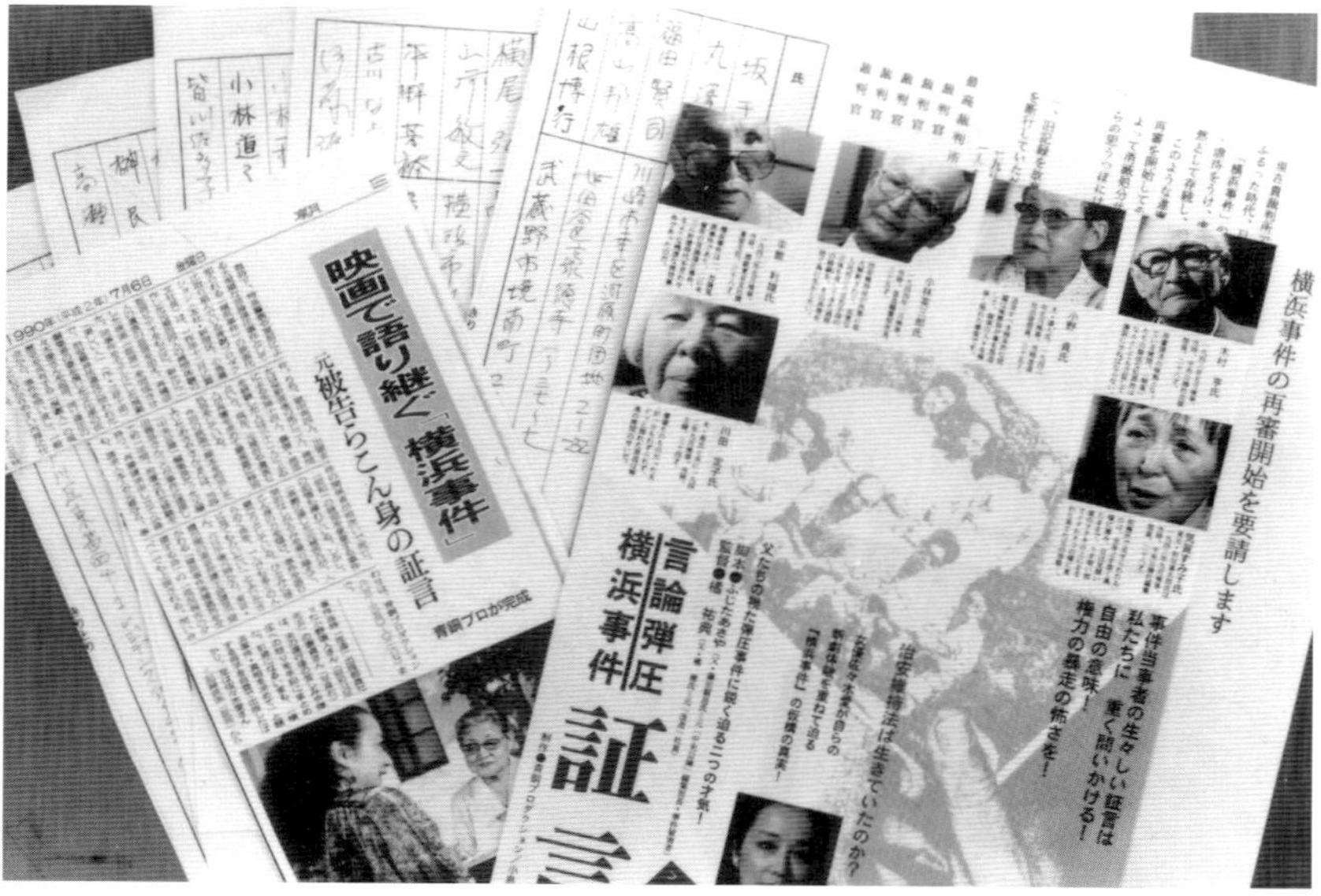

1990年7月、第一次再審請求の被害者の証言をもとに製作された、映画『言論弾圧・横浜事件—証言』が完成した。脚本・ふじたあさや、監督・橘祐典、“案内役”は佐々木愛。

1986年11月6日「支援する会」発足集会。壇上に請求人が並び、呼びかけ人を代表して宇都宮徳馬参院議員、中村哲元法政大総長らがあいさつ、森川弁護団長、請求人も発言した。

青山　鉞治 請求人

木村　亨 請求人

森川　金寿 弁護団長

小野　貞 請求人

畑中　繁雄 請求人

小林英三郎 請求人

西尾忠四郎氏の獄中からの手紙（西尾瑜香氏提供）

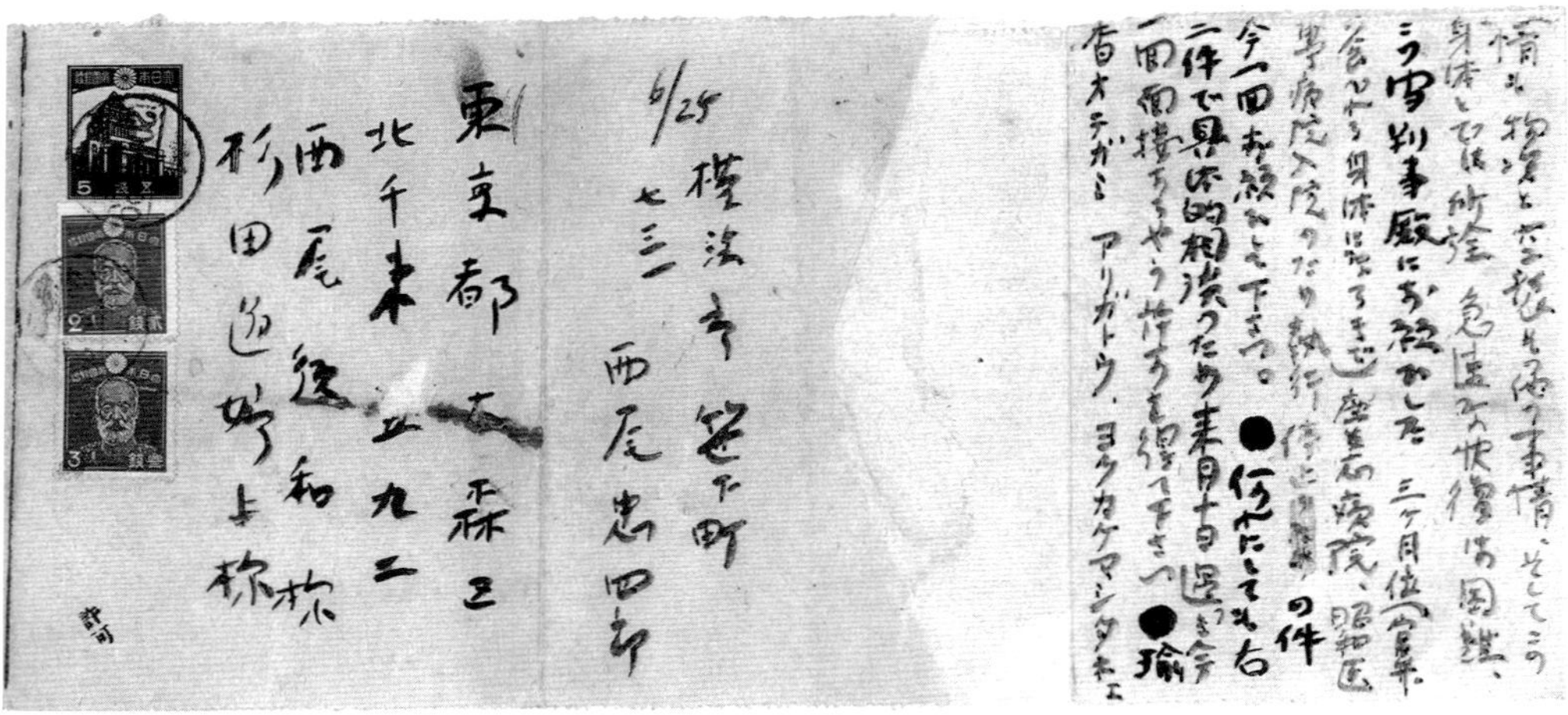

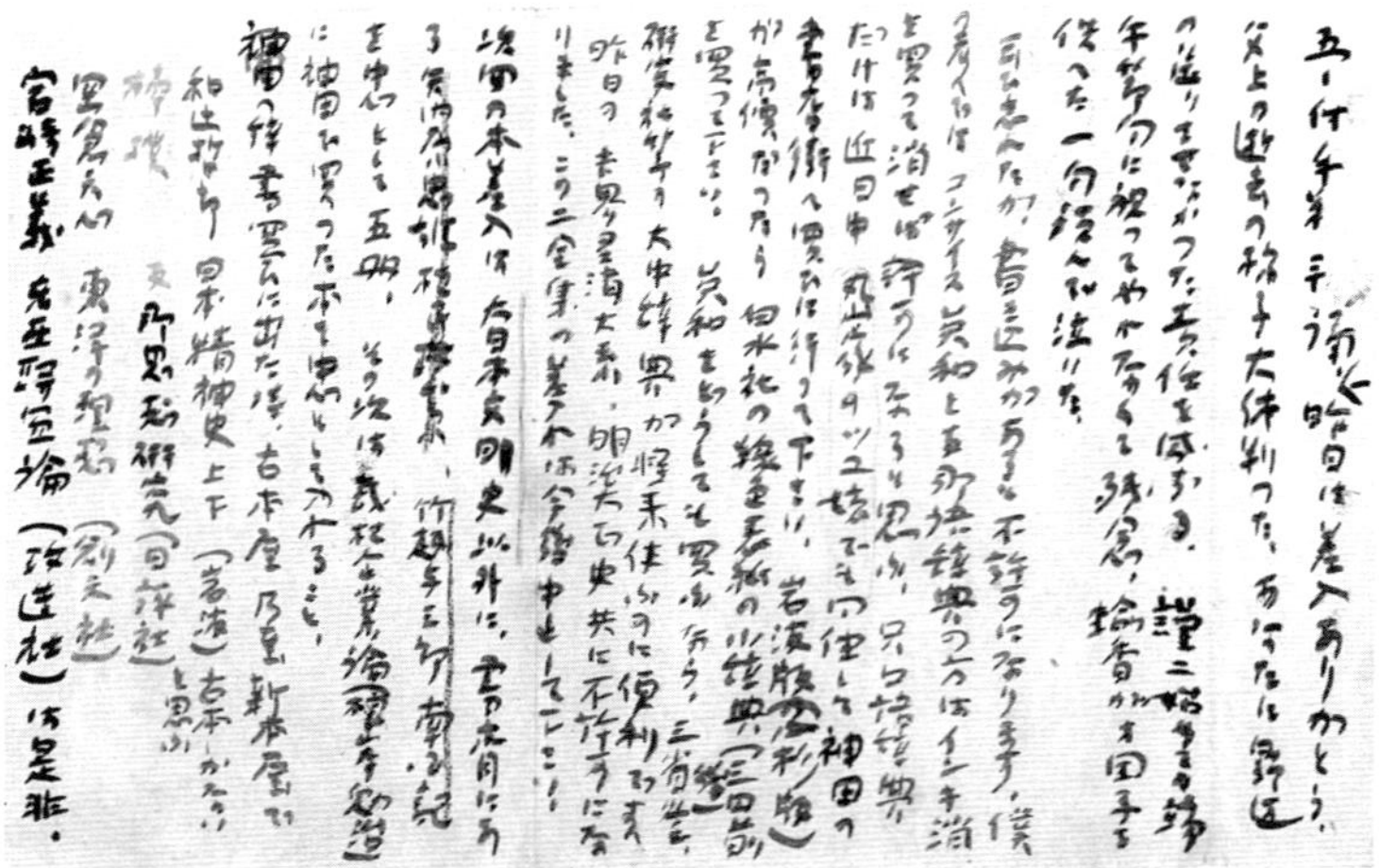

▼満鉄調査部の西尾忠四郎氏は一九四三年5月26日に検挙、終戦間近の四五年6月30日病気保釈、7月27日に亡くなった。上の須和夫人と姉の道さん宛ての手紙は保釈五日前の6月25日に出されている。

「…ご厚情も物資と空襲その他の事情、そしてこの身体では所詮、急速な回復は困難、この間判事殿にお願ひした。三ケ月位（官弁が食べれる身体になるまで）慶応病院、昭和医専病院入院のため執行停止の件、今一回お願ひして下さい。…●瑜香オテガミ　アリガトウ　ヨクカケマシタネエ」

このように必死に訴えるまで病態は悪化していたのである。だが判事はなお五日間放置した。西尾氏の死は実質獄死にほかならなかった。

▼下は検挙から一年たった四四年5月20日付の須和夫人宛て手紙。

「…一昨日は差入ありがとう。父上の逝去の様子大体判った。あなたに野辺の送りさせなかった責任を感ずる。謹二始めての端午の節句に祝ってやれなくて残念、瑜香がオ団子を供へた一句読んで泣いた。」

その後、差し入れてほしい書籍が列記されている。

矢内原忠雄『植民政策』
竹越与三郎『南国紀』
和辻哲郎『日本精神史　上下』
橘　樸『支那思想研究』
岡倉天心『東洋の理想』
宮崎正義『東亜連盟論』

このような真正の知識人を当時の特高や司法は葬ったのである。

■ドキュメント横浜事件＝目次

III　横浜事件の「構図」

IV　細川嘉六訊問調書（抄録）と予審終結決定

V　横浜事件・もう一つの発端——「米国共産党員事件」

Ⅵ 「政治経済研究会」（昭和塾）グループ事件の虚構と事実

Ⅶ 家族にとっての横浜事件

Ⅷ　残存するその他の予審終結決定と判決

Ⅸ　「泊会議」の虚構とその消滅

はじめに
――本書の構成について

本書は、一九八六年から二〇一〇年まで、二四年をかけ、第一次から四次にわたってたたかわれた横浜事件・再審裁判のなかで、請求人・弁護団から裁判所に提出されたドキュメント（文書・記録）のうち主要なものを収録したものです。

治安維持法と特高警察

横浜事件は、アジア・太平洋戦争中の一九四二年9月、神奈川県の特高警察により治安維持法を発動して引き起こされた事件です。敗戦によって日本の国家機関が崩壊した四五年9月までの満三年間、次から次へと芋づる式に被疑者が検挙され、凄惨な拷問をともなう取り調べを受けました。その総数は氏名未確認の人を加えると九〇名にも及ぶことがわかっています。（本書巻末の中村智子氏による「横浜事件関係者人名録」参照）

横浜事件のきわだった特徴の一つは、その特高警察官（特別公務員）による凶暴・残忍な取り調べです。特高の残虐さについては、一九三三（昭和８）年に虐殺されたプロレタリア作家・小林多喜二の例がよく知られていますが、横浜事件の取り調べの中で、特高たちが暴力をふるいながら一つ覚えのように吐いた言葉が、「小林多喜二はどうして死んだか知っているか！」でした。

特高たちによる拷問は、肉体的な暴力だけではありません。それ以上に特高がねらったのは、被疑者の人間的尊厳を打ち砕くことでした。股を広げて椅子に腰かけた特高は、目の前の床に被疑者を引きすえ、正座させます。被疑者の顔は、特高の股間と向き合うことになります。その眼下の被疑者の頭髪を左手でつかみ、特高は右手で左右から平手打ちをくらわせながら、「正直に吐け」「白状しろ！」と怒鳴り続けるのです。

あるいは、衣服をはぎとってパンツ一枚で床にすわらせた被疑者を、数人の特高が取り囲み、竹刀《しない》や棍棒でめった打ちにします。たまらず床に転がった被疑者の頭を、特高はさらに足で蹴飛ばし、泥靴で顔面を踏みつけるのです。

このように滅茶苦茶な暴力によって身体を痛めつけると同時に、一定の社会的地位にあった被疑者たちの自尊と誇りを粉々に打ち砕き、精神的に完全に屈服させて、特高の筋書きどおりの「自白」を手に入れたのが、横浜事件における「取調べ」でした。

日本の敗戦によって「事件」が打ち切られた後、被害者のうち三三名は、こうした違法の暴力的取り調べを行なった特高警官を共同告発します。その結果、やがて特高警官の有罪が最高裁で確定するのですが、その共同告発のさい、被害者は全員が自分の受けた「拷問」について具体的かつリアルに述べた口述書を提出しました。

特高による拷問は、上記のように肉体的苦痛を与えるだけでなく、屈辱で打ちのめし、人間的尊厳を打ち砕くものでした。その屈辱の記憶を改めて鮮明によみがえらせ、ありのままに記述することがどんなに辛い作業であったか、察して余りあります。しかし人々の胸には、その精神的苦痛を上まわる特高への怒りと憎悪が渦巻いており、それが口述書を書かせたのでしょう。

本書には、その口述書のすべてを収録しています（第XI章）。

治安維持法とはどういう法律であったか、特高警察とはどういうものであったか、その本質と実態を、この口述書群が何よりも端的・直截に伝えています。

「犯罪事実」なき「事件」の拡大

横浜事件のもう一つのきわだった特徴は、「犯罪事実」をただの一件も確定できないまま、拷問によって引き出した「自白の連鎖」で検挙の輪を広げ、「事件」を捏造し、拡大していったことです。

最初の検挙対象は、一九四二年9月の川田寿・定子夫妻でした。夫妻は前年、日米開戦の前にアメリカから帰国したのですが、特高はニューヨークの日本人労働者クラブなどでの活動を、アメリカ共産党員としての活動だと決め付け、その活動を日本にも広げるつもりで帰国したのだと断定して検挙したのです。

川田夫妻検挙のきっかけとなったのは、横浜の入国管理事務所に記録されていた帰国者名簿でした。航空機時代の現在は出入国の玄関口は成田や羽田ですが、外国へ行くのも帰るのも船を使った戦前は、東日本の出入国の玄関口は横浜だったのです。

したがって、横浜港に近接する神奈川県庁に居を構える神奈川県特高は〝国家の玄関番〟として、港に出入りする人々に目を光らせていました。その神奈川特高が、港の帰国者名簿から川田夫妻に目をつけ、そこから検挙の手を広げていったために、検挙された人びとの勤務先あるいは活動の場所はすべて東京だったにもかかわらず、神奈川県特高による「横浜事件」がつくりだされたのです。

検挙された当時、川田寿氏は外務省の外郭団体である世界経済調査会に勤務していましたが、その同僚に益田直彦氏と高橋善雄氏がいました。二人は調査会の中でソ連研究班に属していたので、情報収集のため月一回のソ連事情調査会を開いていました。ソ連は社会主義の国ですが、当時、日本とソ連は日ソ中立条約を結んでおり（一九四一年4月）、少なくとも国家間に敵対関係はありません。

この会には陸軍参謀本部や海軍軍令部、外務省などからとあわせて、満鉄東京支社調査室からも平館利雄氏と西沢富夫氏が参加していました。その平館、西沢氏が、四三年5月、益田氏とともに検挙されるのです。容疑は、社会主義ソ連の優位性を強調、共産主義の宣伝につとめたというものでした。

一枚のスナップ写真から

この平館、西沢両氏の家宅捜索から一枚の写真が出てきます。国際政治学者の細川嘉六氏を中心に、平館、西沢氏を含め七名が写っている旅行先でのスナップ写真でした。

そのとき細川氏は、すでに前年の9月、川田夫妻検挙の三日後に検挙されていました。知識層を読者対象とする雑誌『改造』の前年8月、9月号に連載した論文「世界史の動向と日本」(以下、細川論文)が内閣情報局の検閲にはパスしていたにもかかわらず、陸軍報道部の将校の横槍で治安維持法違反とされ、警視庁の特高によって取調べられていたのです。

その高名な治安維持法違反容疑者を親しげに囲む六人の中には、新たな容疑者二名のほかに、前々から目をつけていた要注意の出版社――改造社と中央公論社の編集者も含まれていました。シャッターを押したのは平館氏らと同じ満鉄調査室の西尾忠四郎氏です。

このスナップ写真は、細川氏が新著『植民史』の印税が入ったので、日ごろ親しくしている若い研究者や編集者を自分の郷里である富山県の海辺の町、泊に招いてもてなした一泊旅行のさいに撮影したものでした。ところが神奈川県特高は、あろうことか、この一枚の写真から「共産党再建準備会」なるものを構想(妄想)したのです。

この写真を〝証拠〟として、四三年5月、改造社の相川博、小野康人氏、中央公論社の木村亨氏らが検挙され、「事件」は出版界へと拡大されてゆきます。

つづいて同年7月、細川氏の『植民史』執筆に協力・貢献した新井義夫氏、中央公論社の浅石晴世氏が検挙され、さらに9月には浅石氏の昭和塾（細川氏も講師陣の一人だった）の仲間だった高木健次郎氏ら「政治経済研究会」のメンバーが検挙されました。

こうして神奈川県特高による被検挙者は、人から人へ、「事件」から「事件」へと芋づる式にふえ、検挙された人たちは横浜市内各所の警察署に連行されて、そこで先ほど述べたような暴力的取調べを受け、やりもしない「犯罪」を自白させられたのです。

これら架空の「事件」を、四四年8月の特高月報「神奈川県における左翼事件の取調状況」（本書Ⅲ章に収録）は、次の六つに分類しています。

■米国共産党員事件
■「ソ連事情調査会」事件
■共産党再建準備会事件
■「政治経済研究会」グループ事件
■愛政（労働運動団体）グループ事件
■改造社並に中央公論社内左翼グループ事件

しかし、これらの「事件」の間には、人的なつながり（部分的な重なり）のほかに具体的な関係はありません。いわば、建て増しに建て増しを重ねた結果、部屋どうしの行き来もままならず、廊下は行き止まりだらけという複雑怪奇な構造となった楼閣。それが横浜事件なのです。

潰された中央公論社と改造社

以上見てきたように、「共産主義の啓蒙・宣伝」といいながら、具体的には何ひとつ証拠の挙がらない六つの「事件」でしたが、先の特高月報はその「成果」を次のように自画自賛しています。

「要するに今回の検挙は最近に於ける共産主義運動として他に類例のなき大なる事件にして就中本事件に依り、

（1）国家機密の外国への漏洩を未然に防止し得たること及

（2）中央公論社、改造社内の永年に亘る不逞活動を究明剔抉して遂に之を廃業に立至らしめ、戦時下国民の思想指導上偉大な貢献を為し得たること、

は特筆すべき事項なり。」

（1）には「事実」がありません。しかし（2）には、たしかに特高が誇る「事実」があります。この特高月報作成の前月（四四年7月）内閣情報局は中央公論、改造の二社の代表を呼びつけ、「戦時下、国民の思想指導上許しがたいものがある」として「廃業」を命じたからです。横浜事件で検挙されたのは、中央公論社関係で八名、改造社関係が七名でした。

両社のほかに、日本評論社の関係で五名、岩波書店関係で二名が検挙されています。敗戦で事件が打ち切られず、もっと長引いておれば、日評も岩波も廃業に追い込まれていたでしょう。それは、かつて岩波で「日本資本主義発達史講座」の編集を担当し、検挙当時は同盟通信社の出版部長だった藤川覚氏が先の口述

書の中に書きとめている特高の暴言からも類推されます（五三八ページ）。

「昭和十九年十一月二十九日、横浜市臨港警察署二階調べ室で、竹島警部から最初の取調べを受けました。……竹島警部は……やにわに、『ここは同盟とは違うぞ！　生意気な！』とどなるが早いか私を引き倒し、部下一名と共に、土足にて私の顔と頭とを主に全身を蹴って蹴ってけりまくり、踏みつけ、散々暴行の限りをつくしました。揚句の果に私を引き起こし……

『貴様は「発達史講座」をやった立派な共産主義者だ！　岩波書店内の共産主義者組織をかけ！　岩波書店を叩きつぶすのだ！』と強要して、竹箒の柄を以て私の頭、顔、からだを徹底的にたたきのめしました。」

横浜事件当時の思想・言論状況

普通選挙法の成立と引き換えに制定された治安維持法の攻撃目標は共産党・共産主義運動でした。しかし一九三五（昭和10）年、共産党の指導部が壊滅させられてしまうと、攻撃目標は自由主義・民主主義に移りました。さらに、それもほとんど沈黙させられたアジア・太平洋戦争下になると、戦局の悪化につれてますます凶暴化した軍部と司法当局・特高は、その「思想戦」において、理性をもつ知識層をたたきつぶすのに躍起となったのです。

反抗、批判はもちろん許せません。その上、さらに、反抗はしなくとも、消極的なこと、進んで協力しないこと、これらも許さないのです。従順であるだけでなく、積極的に権力に呼応・賛同し、尽力・貢献すること——が求められたのです。

今は政治批判はやっていなくとも、かつては共産主義の書籍を出版し、その発行する雑誌に進歩的な知識人を起用した〝前科〟をもつ出版社は、すでに存在すること自体が許されなくなっていたと考えるほかありません。

横浜事件は、そういう思想・言論状況の中で引き起こされた事件でした。

第Ⅰ章の冒頭に、事件被害者の一人で事件発生当時『中央公論』編集長だった畑中繁雄氏の論稿を置いたのは、横浜事件の大前提としてそのことを押さえておきたいためです。

細川論文の摘発と『改造』編集部の動揺

Ⅰ章にはあわせて細川論文（1～6章は要約、7章は本文）を収めています。特高が横浜事件全体を通じて追及した嫌疑は「共産主義の啓蒙・宣伝」でしたが、特高がその中心にすえていたのが細川氏をリーダーとする「共産党再建準備会」であり、そこでの合議を受けて書かれた「指令的論文」が「細川論文」だとされていたからです。

したがって、細川論文がはたして「共産主義運動」の「指令的論文」（特高月報）だったかどうかを読み解くことが、横浜事件をどう見るかの一つの重要なカギとなるのです。

しかし細川氏がその論文によって特高に検挙されたのは、先にも述べたように最初は横浜事件とは別件の、たんなる「共産主義の宣伝」容疑からでした。以後、細川氏は特高警察官によって三〇回をこえる訊問を受けることになりますが（その訊問の様子は第Ⅳ章に収録）、一方、細川論文を掲載した雑誌『改造』編集部にも激震が走ります。

結果として、編集長と論文の担当者が退職、他の編集部員は総入れ替えとなるのですが、民間の一雑誌が絶対的な権力によって正面から攻撃されたとき、その編集部はどんな状態に追い込まれるかを、第Ⅱ章で当事者だった二人の編集部員の手記によって伝えます。

その一つ、検挙された警察署で特高の拷問にさらされながら書いた相川博氏の手記は、特高に命じられるままに書いた荒唐無稽の編集会議を描く一方、細川氏検挙後の編集部内の不安と動揺については、当事者にしか書けない迫真性と臨場感をもって伝えています。まさに言論弾圧ドキュメントの一級資料と言えるでしょう。

川田夫妻の事件と「政治経済研究会」事件

横浜事件の発端となった川田寿・定子夫妻の「米国共産党員事件」については、川田氏が自伝を書く構想を持ちながら果たせないまま亡くなったため、中村智子氏の労作『横浜事件の人びと』から、夫妻へのインタビューをもとに書かれた同書I章を中村氏の了承を得てそのまま収録させていただきました。

同書からはほかにも、獄死同然で亡くなった西尾忠四郎氏夫人へのインタビュー（第Ⅶ章）と、巻末の「横浜事件関係者人名録」を引用・掲載させていただきました。心から感謝します。

横浜事件のもう一つのまとまった大きなグループである「政治経済研究会」については、同グループの中心メンバーだった高木健次郎氏による回想を収録させていただきました。横浜事件でただ一人、弁護を引き受けられた海野普吉弁護士を偲んで編まれた『弁護士海野普吉』に寄稿された文章ほか一編です。

高木氏はまた、本書のベースとなった横浜事件資料集の発行で中心となった人でもあります。それについて書かれた文章も、最後に収録させていただきました。

焼却された裁判記録

横浜事件の、これも一つの特徴といっていいかも知れませんが、裁判記録が失われたということがあります。

失われた、と書きましたが、裁判所で、裁判所の職員の手によって焼却されたのです。

敗戦から半月後の一九四五（昭和20）年8月30日、マッカーサー連合国最高司令官は神奈川県厚木飛行場に降り立ちます。即日、総司令官一行は車列を連ねて横浜へ向かいました。以後しばらく横浜港の埠頭に近い税関ビルが当面の総司令部（ＧＨＱ）の本部となります。

横浜地方裁判所は、この税関ビルのすぐ近くにあります。日本政府が受け入れた終戦勧告「ポツダム宣言」には、

「日本国国民の間に於ける民主主義的傾向の復活強化に対する一切の障礙《がい》（害）を除去すべし。言論、宗教及び思想の自由並びに基本的人権の尊重は、確立せらるべし」

とありました。この条項からすれば、言論弾圧と拷問によって仕立てられた横浜事件は、真っ先に否定され、追及される事件（裁判）です。

権力犯罪の証拠を消し去るために、司法当局・特高警察は大慌てだったでしょう。裁判所の中庭で、大量の文書を焼却していた光景が、海野弁護士によって目撃されています（第X章）。

横浜地裁の場合、すぐ近くの場所にＧＨＱに腰をすえられて不安と恐怖はひとしおだったでしょうが、戦前・戦中の権力犯罪の証拠隠滅は、もちろん横浜だけではなく全国の政府・軍の機関で行なわれました。その指令をもって全国に飛んだ内務官僚の座談会も本書に収めています（同前）。

後年、一九八六年に申し立てた再審請求の第一次では、この一件記録の不存在が棄却の理由とされます。自らの手で記録を焼却しておいて、記録が無いから再審請求は受け付けられないという奇天烈かつ無責任な裁判所の対応を引き出した点でも、横浜事件・再審裁判は記憶されるべきでしょう。

こうして、敗戦後のどさくさの中で事件に関するほとんどの書類が処分された中で、少数の「予審終結決定書」と「判決書」がかろうじて残されました。特高と裁判所が想定した事件の内容を知る上で貴重な記録です。

それらは、本書の章立ての中で、関係のある箇所にそれぞれ収録し、その他はⅧ章に収めました。

＊

本書はドキュメント（文書、記録）によって横浜事件の全容の解明を試みたものですが、読むに際しては、その文書が事件においてどのような意味を持ち、どのような位置づけにあるかを知ることが必要なため、それぞれの初めに簡単な「解題」を付けました。

その「解題」においては、すべて敬称を略させていただきました。

＊

二〇一〇（平成22）年に決着の付けられたこの再審裁判で、横浜事件は特高警察と思想検事、裁判官によって捏造された完全に「虚構の事件」であり、検挙された人たちは全員「無罪」であることが明らかにされました。このような悲惨な事件が権力によって再度引き起こされるのを防止するために、横浜事件が事実にもとづいて広く知られていく上で、本書が役立てられることを願っています。

＊

なお本書は、第四次再審請求人となった小野康人氏（元『改造』編集部）の遺族に対し、「無罪の証明」として裁判所から支払われた刑事補償金によって製作したものです。第三次再審請求審の中途で世を去られた母・小野　貞さんの遺志にもとづき、資金を提供いただいた小野新一、齋藤信子さんに心より感謝します。

横浜事件・再審裁判＝記録／資料刊行会　梅田正己

I

横浜事件発生当時の言論状況と細川論文

事件発生当時の言論・出版状況

――畑中繁雄著『日本ファシズムの言論弾圧抄史』から

【解題】 横浜事件は、アジア・太平洋戦争の戦時下に引き起こされた。当時は戦争遂行が最大唯一の目的とされ、物資の生産・配分から教育・文化まで、いっさいを軍部が支配した。

出版に対する軍の直接介入は、大衆雑誌から総合雑誌にまで及び、とくに知識層を読者とする総合雑誌には監視の目を光らせた。『改造』一九四二年8、9月号に掲載された細川嘉六「世界史の動向と日本」が〝摘発〟されたのも、陸軍報道部によってである。この細川論文をテコとして、やがて神奈川県特高警察により横浜市内の各警察署を舞台に「横浜事件」が仕組まれてゆく。

以下に引用するのは、事件当時『改造』と並ぶ総合雑誌『中央公論』の編集長で、自身も事件の被害を受け、有罪とされて再審請求人（第一次、三次）となった畑中繁雄の著書『日本ファシズムの言論弾圧抄史』（高文研）の一部である。

本書は『覚書・昭和出版弾圧小史』として一九六五年に出版されたが、八六年、再審請求を前に再構成して復刊された。自らの体験をもとに言論の自由が圧殺・横死させられてゆく過程を伝える名著である。

＊

Ⅱ　日本ファシズムの言論弾圧

2　言論統制の作戦本部「内閣情報局」

現役将校、言論〝指導〟にのりだす

日華事変は、当初の不拡大方針にもかかわらず、中国側抵抗の予想をこえる頑強さと、日本側軍部勢力の性懲りないつきあげにひきずられて、逆に拡大の一途の形勢をたどり、ようやく戦争の長期化必至の情勢が色こくなるや、ときの近衛内閣は、国内機構全般の戦時体制への切り替えをいよいよもって急ぎはじめ、まさにその一環作業のひとつとして、閣内に「内閣情報部」を新設して、言論統制の一元化を企図した。これはのちの「情報局」の前身であり、軍部・官僚およびその追随者らによる、その後の言論政策のまさに作戦本部の観さえあった。この内閣情報部において、その中核的推進力となったものは、陸海軍省報道部（のちに大本営陸海軍報道部）から派遣された現役の陸海軍将校であり、これら現役将校が言論統制の一線にのりだしてくるにおよんで、「言論取締り」は「言論指導」の名で積極化され、以後、ことごとに言論指導、思想戦指導の名のもとに、命令一下、有無をいわさず、これに従わせる底の、軍隊方式をもって、言論界に臨んでくることになるのである。

この内閣情報部は、陸軍報道部や海軍報道部の前例にならって、「雑誌、出版懇談会」の名目で、毎月一回ないし二回各出版社や雑誌社の編集責任者（ときには社長、幹部）の参集を命じ、そういう月例会をつうじてまず手がけたことは、いくたの差止め事項の通達や編集内容への注文から、ついには月間刊行物中とくに好ましくないものについての批評といったかたちでの、まさに編集企画内容への干渉であった。この種「懇談会」は、そのほか外務省情報部によってもおこなわれ、さらにその後ぞくぞく生誕した政府の外郭諸団体、たとえば国民精神総動員本部や大政翼賛会などからも、公式・非公式のかたちで懇談会の開催が要求され、一方、陸・海軍報道部との懇談会はこれらとは別個に依然としてつづけられていたので、当時、出版社側はどことも、それらとの応接にまったくいとまのない実情であった。

ところが、戦局のほうがいっこうにはかばかしくなく、もはや長期戦を必至とする情勢となった昭和一五年、近衛内閣は、国内総動員態勢のいちだんの強化ひきしめを意図して、いわゆる「近衛新体制運動」を立案したが、言論界にたいしても、いっそうの統制強化を必要として、ここに名実ともに「出版新体制」総本部たるにふさわしく、同年一二月、内閣情報部を「情報局」と改めるとともに、その組織を強化し、五部一五課六〇〇余名のスタッフを擁する独立の一大官庁に昇格させるにいたった。そうして、陸海軍報道部および警保局図書課や外務省情報部の所管事務を一元的にここに統合したうえ、以後敗戦にいたる五年間にわたって、国策の宣伝・対外思想戦・国内言論指導の最高機関すなわち名実ともに思想・言論戦の参謀本部としての本領を発揮するにいたった。

この情報局の強化で、とくに注目すべきは、すでに世論の直接指導の目的で局内にはいりこんでいた陸海軍の現役将校が、局内における雑誌・出版関係の重要ポストのほとんどを独占するにいたったことである。もちろん図書雑誌の検閲事務や編集プランの事前提示・非協力執筆者の採択禁止・差止め記事などの示達や、また天降り官製原稿の掲載要求やは、多く担当官僚をつうじておこなわれたが、それはいうまでもなくそれら軍人との緊密な合議というより、むしろそれら現役軍人の意志に応じて強行されていたとみるべきであろう。さらに特記すべきは、政府当局の要求する戦意高揚の国内宣伝や侵略政策にまったく無条件に協力するか、ないしは多少でもしらじらしいものがあるかどうかのその程度に応じて、各出版社および編集者個人についての採点リストまで作成したことである。これらのリストは、のちの出版界の企業整備になお政治的手ごころをくわえるための基礎資料ともなったであろうし、さらに編集者の大量検挙にも遠く糸をひくものであったことは想像にかたくない。

ある「懇談会」で

さて、ひんぴんと行われた官庁天降りのこの種「懇談会」の内実が、実際にいかなるものであったかをうかがわせる事例を、私の体験から一、二摘記しておこう。

それは昭和一六年二月二六日のことであった。情報局二課（出版関係所管）は、例によって「懇談会」の名目で、中央公論社社長嶋中雄作および編集関係幹部全員の参集を求めた。私も雑誌『中央公論』編集部次長としてこれに同行した。当時内閣情報局は、帝国劇場を収用してそこにあったが、懇談会はその第三会議室をつかって開会となった。

劈頭、第二課長大熊海軍大佐、情報官鈴木庫三少佐らは、やおら同社の国策非協力的態度についてのべたて、このさい自由主義の弊風をおもいきって一掃し、編集方針の根本的切替えを考えてはどうか、ときりだした。これにたいして嶋中は、「貴下たちは、命令さえ下せば、国民は思うように意に従うと考えておられるが、それは軍隊式の考え方であって、言論指導となると、それほど単純なものとはおもわれない。第一、国策遂行という点についてならば、われわれとて、基本的にはすこしも異なっていない。ただ知識階級を相手とする言論指導となると、まだまだわれわれのほうが専門である。だから、藉すに若干時日をもってして、思想指導はむしろわれわれに任していただいたほうが……」と発言したところ、このとき大熊課長の隣りに坐っていた鈴木少佐は満面に朱をそそいで、憤然立ち上り、「このさいになって君はなにをいうか、そういう考えをもっている人間が出版界にまだはびこっているから、いつまでたっても国民は国策にそっぽをむくのだ。もともと自分は、出版はあくまで民営であるべきだという信念をもっていたが、君らのような人間はとうてい許しがたい。君は社内の後輩にむかっても、いつも自由主義的方針を宣伝しているではないか。隠しても駄目だ、その証拠はちゃんとあがっているのだ。君は知らんだろうが、君らの足下の若い社員から、そういう投書が自分のもとにきているのだ。そういう中央公論社は、ただいまからでもぶっつぶしてみせる！」と怒号しはじめた。仁王立ちした少佐の形相はまことにもの凄く、四囲をへいげいしてますますたけりたつ勢いをしめした。なみいる情報官たちも、さすがに、まずいことになったと、多少狼狽の色であったが、いったんしらけきった空気はどう収拾のしようもなく、その日の「懇談」はきわめてあと味のわるいものをのこしたまま、うやむやのうちにもの別れとなってしまった。

陸軍報道部員として、またのちには内閣情報官として、主として雑誌「指導」を担当した、上記の鈴木庫三という将校は、当時言論弾圧のまさに武断派の梟雄として名だたる人物であった。陸軍省の委託聴講生として東京大学で経済学をも修めたというこの男は、かねがね国内思想戦とは、「国内にある外国思想すなわち自由主義を討つことであり、それは各個撃破の戦術で徹底的に討たねばならぬ」と豪語して、関係者から恐れられていた人物であり、海軍省調査課長の高木惣吉大佐（当時）をしてさえ、「内乱の教唆者」（同氏著『聯合艦隊始末記』）として嘆息させている（黒田秀俊著『血ぬられた言論』より）くらいの怪物であったから、そういう鈴木が、「国内の敵」として、知識層相手の『中央公論』や『改造』、『日本評論』など既成総合雑誌の傾向を、当面の「敵」としたのも想像にかたくない。（以下、略）

◎――――◎

5　陸軍報道部の標的となって

陸軍報道部が主催した「六日会」

日本帝国主義の対満侵略を直接の契機として、またそれをそこまで駆りたてた、その前後の経済的また社会的地盤の大きな地すべりのゆさぶりにのって、いまはみずから、政治のおしもおされもせぬ推進力を自負する軍部が、「国体の明徴・広義国防国家の確立」を呼びかけとして、にわかに政治の表舞台にのりだしてきたのは、昭和一〇年前後からのことにぞくする。もっとも軍部は、それまでにも、すでに言論界への窓口として、陸軍新聞班、海軍普及部を設置し、雑誌との懇談会などを随時おこなって、民間むけ弘報活動にもおさおさおこたりなかったが、ここに軍自体が〝あけすけ〟に政局の前面に進出するにおよんで、その宣伝・弘報活動はいちだんと積極化し、新聞班・普及部の機構をも拡充して、その名も陸・海軍省各報道部、さらには大本営陸・海軍各報道部と改称され、在来は随時おこなわれていたマスコミ関係者との「懇談会」も定期の月例会にきりかえられた。

しかしながら、そういう懇談会をつうじて、言論界との接触をふかめるにつけ、なお軍関係者の頭痛の種は、軍の行動や指導精神にたいしていまだに傍観者的態度からぬけきれない総合雑誌のとりあつかい方についてであった。それだけに、これらにたいする軍部の処置がいちおう慎重であったことはいうまでもない。はじめ軍部は、総合雑誌がとくに知識階級間に有する潜在的影響力を正当に評価し、むしろこれを自己の守備範囲にかかえこむことによって、直接知識人むけ思想戦の場としての可能性を考えた。しかしやがてその試みのかならずしも容易でないことを感知するにおよんで、にわかに方策をきりかえて、ついにはその圧殺にふみきったもののようである。

とにかく、手はじめとして、日華事変直後、軍部はさらに総合雑誌との単独「懇談会」の結成を計画し、『改造』『中央公論』『日本評論』『文芸春秋』の四社をこれに加入させて、「四社会」と称した。昭和一七年ごろから、さらに『公論』（第一公論社）、『現代』（講談社）の二誌を加えて、その名称もしたがって「六社会」と変更した。この「四社会」（六社会）は、毎月陸・海軍各報道部べつべつに開催され、それぞれ現役将校および嘱託、時には各報道部長もこれに出席し、情報局その他の「懇談会」におけるとまったくおなじように、ひとつには現行総合雑誌の打診と掌握の足がかりとすることを、かれらはもっぱらこれに期待した。この月例懇談会は、昭和一九年企業整備の結果『日本評論』『改造』『文芸春秋』が他部門への転向を余儀なくされるまで継続されたのである。地方、軍機保護その他の理由で、当時、各雑誌の背後には、憲兵隊本部や同司令部の不気味な監視や検閲の目が光っていたのである。

ところが、その後、内閣情報局が設けられたとき、その重要ポストのほとんどを現役将校をもってうめることによって、全報道機関の掌握にほぼ成功したのちにおいて、なお陸軍報道部は、総合雑誌をさらに、自己の指揮下に一元的に直結させ、総合雑誌をふくめて、全雑誌の誌面を文字どおり「撃ちてし已《や》まむ」一色でぬりつぶすため、みずから主催者となって「六日会」を結成せしめたのである（昭和一六年一二月一九日発会）。

この「六日会」は、毎月六日を定例日となし、都下全雑誌の責任者を一堂に会同させ（当時陸軍御用の麹町と新宿の宝亭が、主としてその会場にあてられた）、大本営陸軍報道部の現役将校がこれに出席し、ことさら出欠までとったうえ、これら現役将校みずから、各雑誌毎月号のできばえについてははなはだ一方的な〝講評〟をあえてすること（平櫛孝少佐、のちに杉本和朗少佐担当）を常例とした。もちろん、そのつど紋切り型の戦況報告もおこなわれ、そのほか陸軍側からのいろいろな一般的注文もだされたが、注文はもちろん「命令」と同義語であった。だからこの会合においても、『中央公論』『改造』『日本評論』の三誌がいつも軍人の攻撃の的にされ、その編集者がはげしく罵倒されるのを恒例とした。これとまさに対照的に、軍人たちがつねに称讃のことばをおしまなかったのは『公論』と『現代』の二誌であった。私自身メンバーのひとりとして、このような「六日会」に出席して、とくに印象にのこったものを心覚えとして、手帖に書きとめておいた事項のうちから、多少興味あるもの二、三を左に摘録しておこう。

軍人の総合雑誌批判とは

昭和一七年六月五日の同会（六日が土曜日のため一日くりあげ）。

平櫛少佐より、例月どおり総合雑誌批判。『中央公論』をはじめ既往の総合雑誌が、おおむね時局にたいしてはなはだ冷淡であるのに比し、『公論』のみは総合雑誌として新しい方向に進んでいることは注意すべきであろう。この意欲と気概で、今後も大いに進んでもらいたし、と。

ついで、とくに谷萩部長より、今次「尾崎秀実事件」にかんして報告、あわせて現下共産主義運動の再建の動きにつき注意するところあり、すなわち

一、戦時下の現在、共産主義再建運動の確証あり、注意を要す。とくに映画、演劇関係すじのうちにその動きがあること

二、共産主義の研究に名を藉りる新しい共産主義者の陰謀あり。なお今日までは、共産主義を、たとえば学問的に研究することはさしつかえないとしていたが、今後はそれも許されないことになったと、とくに強調

三、共産主義運動に関係して、国際諜報を策するものありと、この点をつよく強調

（ちょうどこの時期は、ゾルゲ・尾崎秀実事件の取調べがいちおう終結にちかづきつつあったころにあたっており、同事件は翌一八年九月、判決言渡しがあった。またこの前後には元新協劇団員の検挙、亀井文夫ら映画人の検挙などのこともあり、新協劇団・新築地劇団はそれより早く、前々年一五年八月すでに解散のやむなきにいたっていた。谷萩の報告は、これらの情勢を背景にしたものであった。）

同年一一月六日の六日会。

平櫛少佐から一一月号各雑誌の批判あり、その要旨

『改造』——そうじて生硬さのみあって、感情に訴える生彩に乏し。八、九月号の失敗（注——つぎに述べる細川論文事件をさす）から転向の誠はやや認められるも、当面国家が要請している重大課題については、依然きわめて冷やかである。

『現代』——おおむね樫の木の硬さのみを狙って、柳の木の柔軟さに乏し。ただし、座談会「現代思想の批判」（斎藤晌、佐藤通次ら出席）は、はなはだ興味あり、とくに西田哲学を批判し、その哲学がもっぱら個人の安心立命を説いて「武」の哲学的裏づけを欠如せることを指摘している点など、今日傾聴に値います。

『公論』——「尊王攘夷」の大特集を企画しているのは、在来の総合雑誌の型をうち破る企画で、大いにわれらを感激せしむるものであり、敬服。

『中央公論』——丹羽文雄の小説「海戦」は枚数長きに失した感なきや。海戦に従軍する前後から起筆せるなどかえって蛇足なり。一回か二回の従軍にて、このよう

に諸所に書きまくる作家の態度がむしろ問題であろう。この点、編集者も考慮してしかるべきである

『日本評論』――この雑誌の小説欄編集は、いますこし考えてもらいたい。里見弴、正宗白鳥の小説について すでにたびたび注意したるにかかわらず、いまだにおなじ傾向に偏していないか。今月号、岡本一平の「再婚記」にいたってはまったく個人的問題に執着せるもので、戦時下の読物として、まず排除すべきもののひとつである。

なお同少佐より左の談話追加あり。

「今回、女流作家および雑誌編集者の南方派遣を企画、斡旋したおり、女流作家のうちに、南方従軍を回避する傾向のあったことをはなはだ遺憾におもう。とくにある作家（注――宇野千代）のごとき、夫（北原武夫）が帰還することに決定した以上、自分はもはや従軍の要なしとして、これを辞退するにいたっては、まことに遺憾千万なり、自分は憤怒にたえず。ここにおいて女性の戦争認識につきはなはだ疑わざるをえない」と。

なお各雑誌とも、新年号の編集プランを、事前に、陸軍省報道部にも提示することを求めらる。平櫛少佐のいわく「これは編集内容への干渉を意味するものではなく、各雑誌の傾向をあらかじめ判定する資料に供する意なること、ご了承ありたし」と。

『改造』『中央公論』撲滅に踏みきる

「六日会」での報道部現役将校の一方的発言は、おおむね以上のようなものであったが、しかしそのころすでに、『改造』『中央公論』を知識人むけ思想戦の用具として利用することに手を焼いて、むしろそれらの撲滅に踏みきりかけていた陸軍報道部にとって、この「六日会」は、なお百パーセントの演出効果をもって目的を完遂させる絶好の踏台となったのである。きっかけはまず、細川嘉六の巻頭論文「世界史の動向と日本」を大きな「筆禍事件」にしたてあげることにもとめられた。すなわち『改造』八月、九月の両号に連載された同論文がはじめて公然問題とされたのは（しかし発表当時においては、警保局の図書検閲ではこの論文をすこしも問題にしなかった）、昭和一七年九月七日（この月は六日が日曜のため翌七日開催）夜、麹町宝亭での「六日会」の席上においてであった。例月のとおり、平櫛少佐はその雑誌批判において『改造』九月号の細川の上記論文をとりあげ、

「内部のものに注意されて、自分はなんの気なしに、寝転んだままこの論文を読みはじめたのである。途中おもわず卒然として起きあがった。筆者の述べんとするところは、わが南方民族政策において、ソ連方式に学べということに尽きる。南方の現地において、日本民族が原住民と平等の立場で提携せよというのは民族自決主義であり、敗戦主義以外のなにものでもない。しかもその方式として、ソ連の共産主義的民族政策をそのまま適用せ

よといわんばかりのものである。かくてこの論文は、日本の指導的立場を全面的に否定する反戦主義の鼓吹であり、戦時下、巧妙なる共産主義の煽動である。一読驚嘆した自分は、さっそくこのことを報道部長にも報告すると同時に、専門家にも論文を審議させたところ、自分とまったく同じ結論をえた」

と弁じ、満場環視の席上、やおら改造編集長大森直道、同社編集局長佐藤績のほうを睨みつけながら、

「このような論文を掲載する改造社の真意をお聞きしたい。それによっては、自分は改造社にたいして、なんらかの処置を要請するつもりである。かような雑誌の継続は即刻とりやめさせたい」

と公言して、場内を一瞬慄然たらしめた。このことあって数日後、こんどは谷萩報道部長みずから、同様意見を日本出版文化協会の機関紙『日本読書新聞』（九月一四日号）に開陳し、いっそう世の関心をあおった。なおこの論文をめぐる怪文書も流された。

他方、九月一四日には執筆者細川嘉六は検挙され、これが「横浜事件」（後述）として、後日問題がさらに拡大される糸口のひとつをなした。なお掲載誌『改造』の編集長大森と原稿担当者であった相川博は九月一八日づけで改造社を引責退社し、改造編集部全員の更迭をひきかえ条件として雑誌の継続発行はようやくみとめられたが、しかしそれ以後の『改造』誌は一八〇度の転換をよぎなくされ、完全に迎合雑誌と同列の域に転落していったのである。

おなじ運命は、七カ月ののち、のこる一誌『中央公論』の上にもおそいかかった。『改造』のたたき落しに成果をおさめた陸軍報道部は、まったくおなじ手順で、こんどは『中央公論』に追いうちをかけた。すなわち、こえて一八年の四月と五月の「六日会」の席上、口火は杉本和朗少佐（平櫛少佐の後任者）によってきられた。杉本少佐はまず『中央公論』一月号、三月号に掲載された、谷崎潤一郎の小説「細雪」を槍玉にあげ、これをまったく戦争遂行と無関係の、むしろ国民の戦意を沮喪させる無用の小説と口をきわめて悪罵したあげく、再三の注意にもかかわらず、かかるものを今日なおべんべんと連載してはばからない編集者の「戦争傍観」の態度を、はなはだしく挑発的に問責したのち、さらに五月号の特集「支那問題の新焦点と我等の態度」に、岡本清一と信夫清三郎が参加している事実をとらえて、「戦局重大のおりにもかかわらず、なおこうした共産主義的思想の抱懐者、ないし思想傾向のはなはだ危険な人物に紙面を提供するにいたっては、もはやわれわれのゆるしえぬところ」ときめつけ、また同号の土井虎賀寿「聖徳太子における大和心」の追記において、「聖徳太子のお考えが、はからずも、筆者のここに論じたところと一致している」という意味の「ことわりがき」をしている筆者の、その態

度は不遜もはなはだしい、とこじつけ、「こういう追記を載せてはばからぬ雑誌の態度は、不敬罪にとわれてしかるべきであろう……」とまで揚言するにいたった。

杉本は、やおら私のほうに視線をすえて、「最後に、もう一件、とくに申し添えておく」とまえおきしたのち「われわれ陸軍当局は、一月のこの会（一月一六日、軍人会館）で、三月号の全雑誌は、それぞれ、表紙に、『撃ちてし已《や》まむ』の陸軍記念日用標語を掲載するようお願いしたしだいであるが、ただある総合雑誌一誌をのぞく全雑誌をあげてこれに協力していただいたことを、今日あらためて諸君にお礼申しあげる。ところが、これをあえて拒否したある総合雑誌の態度にいたっては、われわれはこれを反軍的態度というか、軍への挑戦と断ぜざるをえない。ことここにいたってわれわれ軍は、その雑誌にたいしては、なんらかの措置をもってのぞむ所存である」とむすんだ。えてしてお追従以上のなにものでもない質疑の応答や、将校たちの戦況報告へのおもわせぶりな感嘆詞以外に、編集者側からはほとんど発言らしい発言を聞くことのない場内は、杉本のはげしい語調に瞬間圧倒されて、おも苦しい沈黙におちこんだ。

このとき私は、編集者としての自分の命脈が、ついに遮断されたことを意識せざるをえなかったのである。

（以下、略）

細川 嘉六

「世界史の動向と日本」

（要約・抜粋）

【解題】 細川嘉六「世界史の動向と日本」（「細川論文」）は総合雑誌『改造』の一九四二（昭和17）年8月号と9月号に掲載・発表された。もちろん、内閣情報局の検閲を通過している。にもかかわらず〝摘発〟された経緯は、先に引用した畑中繁雄『日本ファシズムの言論弾圧抄史』に述べられていた通りである。なお、その〝摘発〟した陸軍報道部の当人の「証言」は次章で引用する。

論文は、そのタイトル通り文明史を俯瞰する壮大な構想の下に書かれたもので、非常な好評を博した。

前半は、「文明」と「文化」の乖離の問題として、科学・技術の無制限の発展と自然破壊の問題、国家間競争の激化など今なお切実な問題を扱っているが、後半は民族問題に移り、とくにソ連の中央アジアでの民族政策を高く評価して紹介している（ソ連の解体後、実は大粛清があり、集団化と強制定住の強行によって深刻な飢餓状況が生じたことなどが判明したが、この当時は情報が極度に制限・統制され、実態がつかめなかった）。

結局、中央アジアや新疆ウイグル、トルコなどの例を

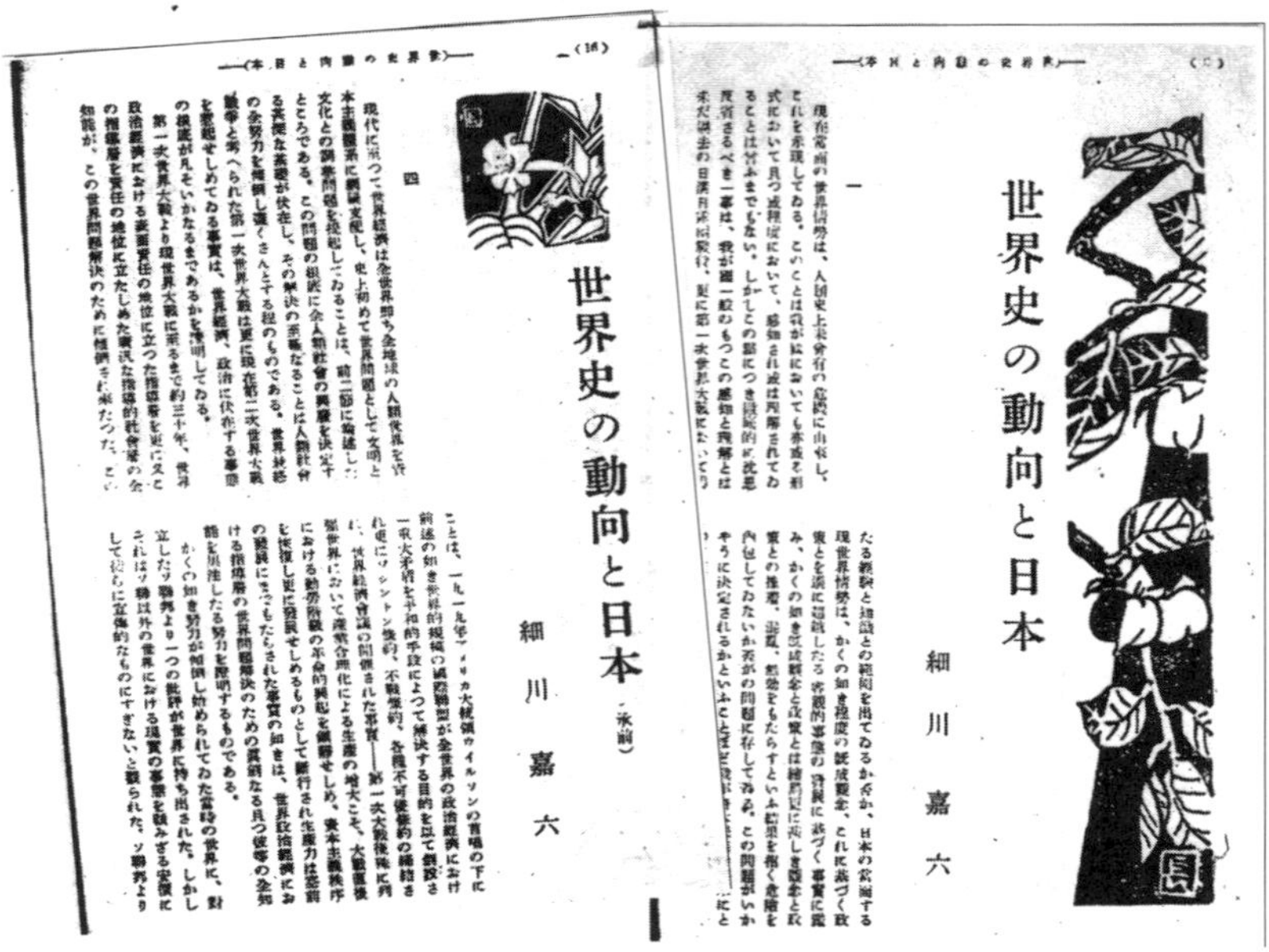
世界史の動向と日本

細川嘉六

世界史の動向と日本（承前）

細川嘉六

◀『改造』一九四二年8月号（右）９月号（左）に掲載された細川論文

引いて細川が言おうとしたのは、中国から東南アジアへ進出した日本がとるべき道は民族自決主義以外になく、それこそが世界史の流れに沿った正しい道だということだった。

四百字詰め一六〇枚と長大で、七章から構成されているが、主張は最終章の7章に集中的に述べられているので、ここでは1〜6章は要約し、7章だけ全文を載せた。

なお、読みやすさを考え、現代かなづかいに直した。

＊

世界史の動向と日本

（『改造』一九四二年八、九月号掲載）

〈第一章〉

この長大な論文は次のように書き出される。

「現在当面の世界情勢は、人類史上未曾有の危機に由来し、これを示現している。」

この論文の執筆当時、世界はすでに第二次世界大戦のさなかである。ではこの第二次大戦は第一次大戦とくらべてどんな違いがあるのか。

「第一次世界戦争は、資本主義世界における戦争であったが、現世界大戦は資本主義世界とこれが対立者として共産主義を建国の理想とするソ連とを持つ世界における戦争である。第一次世界大戦はその最も重大なる結果として帝政ロシアにおける革命のうちからソビエト・ロシアを出現せしめた。……ソビエト・ロシアは世界から不可能事を追うものとして嘲笑された五年計画を続行することによって予期の如き変革的建設を遂行し、世界の一大強国に成長した、それとは反対に国際連盟という資本主義的世界政治組織をもって資本主義世界の秩序を強化し従ってまた反対物ソビエト・ロシアを重圧し壊滅せしむべきはずであった資本主義世界は、なによりもまず列強相互間の対立の激化に終始し結局現時の世界戦争を惹起することとなった。」

しかもこの戦争は起こるべくして起こった戦争だった。「この未曾有の大戦争はまったく全世界の史的発展途上における不可避の事態である。（したがって）必然的に日本民族の運命を決定せずには止まない。いかに巧妙精緻なるにせよ、抽象的独善的理論をもってしては民族的死活の問題が解決され得べきものでないことは明らかである。我々は本編（注・本論文）によって我が民族のもつ八紘一宇の政治的理念が真実に大東亜に限らず全世界二十億民心を収攬すべき雄渾なる政治的良識たり、従ってまた雄渾なる世界政策の基礎たるがために必要不可欠の前提として、現世界の混乱を惹起しつつある世界史的発展の根本問題を検討し、それによって敢えて我が民族の光輝あるべき将来のために資せんとするものである。」

〈第二章〉

以上を前置きとして、本題に入る。

まず、今日、人類が直面している最も本質的な問題は、「文明」と「文化」の乖離である、という見解が示される。

「現在世界史上最も根本的決定的なものは第一次世界大戦更に現在の世界大戦は偶発事件ではなく、人類六千年の歴史において積成発展したる文明と文化との調整問題が第二十世紀に至って始めて世界的規模において提起されているという事実を表現していることである。ここに文明ということは人類の自然界支配力の体系であり、文化ということは文明と連関する人類の生活価値の体系である。」

とくにルネッサンス時代以降、「科学の発展は現代に近づくに従って巨大なる進歩を遂行した。」「科学の進歩はこの応用として技術の進歩を伴い、後者の進歩は更に科学の発展を促進し、両者相互の進歩は現代に至っては現存社会組織に対する脅威となるに至っている。」

「第二十世紀におけるこの史上空前の生産力の発展は、

第十九世紀における発展とは一個重大なる相違点を持つものである。前世紀における史上空前の発展は資本主義的近代工業が欧米において支配的勢力を持つに至ったという地域的限界を脱し得なかったのであるが、それに反し前世紀の発展を継承し躍進した現代における生産力の史上空前の発展は、世界史上始めての出来事として全世界が資本主義的近代工業の支配勢力下に網羅されたという画期的な事態を伴っているのである。」

近代工業の発展による商品生産の増大は、必然的に貿易の拡大をもたらした。そしてこの「世界貿易の増大は地球上に従来経済上、従って政治上孤立状態を持続し来たった諸地域を、商品の流通という世界大の網の目に結合し、孤立的あるいは自然経済的旧制変革への道を打開しこれらの諸地域を近代的変化の渦中に引き込んだことを意味する。」

その結果、十九世紀後半から二十世紀にかけて「約百年を経ざる間に全世界は資本主義的近代生産――流通の運動を基幹として史上始めて大組織化されると同時に世界の生産力はまた史上空前の発展を遂行した。」

しかし一方、「各国における資本主義発展が発展すればするだけ、それぞれの必要を充足すべき圧迫力は強大となり、それがため列強相互間の闘争は激化せざるを得ない」。そしてこの「列強闘争のうちに世界の分割は急速に促進され……過去三百年間に（地球上）総面積の約六割、人口については新たに列強の従属民となったもの二億一千六百万人、すなわち過去三百年間に従属された人口の七割に当たり、資本主義生産の圧迫力がいかに強大なるかを示している。」

「かくの如く急速に世界が分割し尽くされたという事態は、現存秩序の下に国外に発展すべき必然を有する資本主義生産の前進に対し年の経過と共にますます重大深刻なる故障となるに至った。これがために一八五七年、一八六六年、一八七三年、一八八二年、一八九〇年、一九〇〇年、一九〇七年において恐慌は資本主義世界の発展過程を撹乱し、その都度一時的とはいえ生産力に対する破壊作用をなし、ことに一九〇七年に至っては来るべき恐慌のますます激烈深刻たるべき勢いを提示した。それにもかかわらず資本主義生産は恐慌という撹乱を通して更に発展した。……（もしも）第一次世界大戦が勃発しなかったとすれば、必然的に一九〇七年の恐慌以上深刻なる恐慌は勃発し、世界生産の破壊を惹起したであろうことは、当時の世界情勢の示すところであった。」

「恐慌は戦争の直接原因ではないが、しかし列強に恐慌を惹起すべき危険が増大して止まないという諸条件は列強を駆って相互間の経済闘争を激化し、その勢い必然的に戦争の勃発を惹起するのである。世界経済の統一化されたる現代において一、二国家の戦争は世界戦争に発展せざるを得ない必然性を持っている。」

「ルネッサンスに始まって近代文明の進歩はあらゆる障害を打開して遂行されんとする。そして現代世界はこの文明に相応すべき文化の建設という任務をいかに遂行すべきかの危機に当面している。ここに人類存在の五〇万年、その歴史六千年の世界史的動向の物的並びに精神的基本問題が存しているのである。」

〈第三章〉

先に述べた、現在われわれが直面している最も本質的な問題――「現代の文明と文化との関係問題はルネッサンス時代に出現している。」それは、一千年に及ぶヨーロッパの中世から発生したものであり、東洋社会から生じたものではなかった。

「東洋社会においては全体として天―宇宙を畏敬し、これに順応する思想は一貫し動揺することはなかった。このことは東洋社会の経済的また政治的発展が遅々として進まず、農業を国民生活の基本とする封建ないし半封建社会を形成するにとどまったことにその基礎を持っていた。これに反し西洋史上においては、東洋史上に全く比類なき中世紀という一千年に至る深刻なる時代が経験されたのである。」

「ヨーロッパにおける大民族移動、アジア諸民族のヨーロッパへの侵入、サラセン文明とローマ文明との接触、古代奴隷社会の封建社会への転化、世界各地域との連繋等の大事件は、ヨーロッパ諸民族の発展過程中に空前の混乱を惹起し、かつこの混乱により脱却し発展せんとする強大な努力を伴った。」

そうした中、「ヤソ教教会こそヨーロッパ社会に精神的法制的文化的統一を与えその発展の方向を決定する中心勢力となって立ち現れたものである。中世紀のヨーロッパ社会が政治文化各方面にわたり全く濃厚なる宗教的色彩を呈するに至ったほどに、ヤソ教教会のヨーロッパ統一への作用は強大なるものであった。同教会の自然及び人生に対する解釈は独裁力を有し、人間は教会という関係から離れて人間たることができず、ヤソ教を離れては来世までも失うものと観念されたのであった。」

しかしやがて、ヨーロッパはルネッサンスとともに宗教改革を迎える。その旗手となったのが、信仰における個人の自由を主張したルッターであった。「彼は教会に対し個人が自己自身の方法で神を解し神を礼拝する権利を有することを主張し、個人の自由を主張したのである。」

「この自由の主張は単なる教会に対する個人の自由にとどまらず、教会が社会の中心勢力たる関係上社会の全伝統に対する個人の自由の主張であった。」

宗教改革は、新教と旧教との激しい対立を生み出す。この対立は個人のレベルにとどまらず、国家間の対立・抗争をも生み出した。

「宗教改革運動と連関して惹起されたヨーロッパ列強間の政治闘争、すなわち旧教国スペインの羈絆から脱しその自由を獲得せんとするイギリス、オランダ、フランス等のスペインに対する闘争、更にまたイギリスにおいてチャールス一世の専制に対し惹起された革命、その結果として短期間とはいえクロムウェルによる共和制の樹立あるいはまたイギリス本国の圧制を脱せんとして新教徒によって開拓されたアメリカの植民地ひいてその本国よりの独立の如き政治的できごとは、科学及び技術の著大なる発展、すなわち人間による自然界征服の拡大とともに人間の政治的平等の主張を本舞台に持ち出すに至った。」

この後、ヨーロッパにはジョン・ロック、ルソー等の思想家が登場する。彼らの主張は「ルッターの教会より の人間の解放から、更に躍進して人間の階級社会よりの解放を主張したものであ」った。

「教会から解放された人間は自然界を憧憬し、そこに統一的原理の発見に向かった。これによって一四五〇年から一六五〇年にかけ、幼稚にして空虚な中世紀的自然観の崩壊と近代科学的精神の勃興とはもたらされた。コペルニクスが地球は宇宙の中心ではなく、単に太陽の周囲を巡る一遊星にすぎないことを論証し、次いでガリレオは……地動説、その他物理的法則を実験的方法によって論証して、科学的方法確立への道を打開した。」

以後、この科学的方法によって「物質世界に対する諸科学――物理学、天文学、化学等のみならず、更に生物界に対する進化学の画期的な進歩がもたらされた。生物界から更に人間の社会的存在そのものが科学的対象となるに至った事実は、自然及び人生について統一的理論として機械論が決定的に完全なる勝利を樹立したことを意味するものである。」

とりわけ「第十九世紀は産業資本主義の希望に充満した上昇発展を実現し、この大勢に乗じて科学とその技術的応用とは史上空前の発展を遂行した。人間の自然征服の進行が無限に展開する大勢は不可避のものとなった。」

しかし一方、こうした自然科学の発展に反比例して、「第一九世紀末から現在にかけ現代文明――科学の発展を中核とした現代文明に対する懐疑と絶望との声が、科学発展の本拠ヨーロッパにおいてますます高まり更に進んでアメリカに更にまたその他に蔓延せんとしている。哲学者の中で例えばドイツのシュペングラーの如きは現代文明の没落を唱え……イギリスのバートランド・ラッセルは資本主義以前の文明を憧憬しているが如きことは、文明に失望せる思想方面の消息を示している。」

科学技術の発展はまた、人類に恐るべき破壊力をもたらした。航空機や戦車、潜水艦、毒ガス等の新兵器の出現により、第一次世界大戦は「死者一千万人、負傷者二―三千万人の犠牲を現代社会に負わせた。しかもかくの如き甚深な犠牲をもってしても現代世界の経済及び政治における矛盾は解消されるどころでなく、現在、第一次世界大戦以上の世界大戦は惹起されているのである。」

一九三二年、フランスの政治家ジョセフ・カイヨーはパリ新聞協会における演説「機械は人類を蚕食しつつある」でこう断言している。

「技術の統制をはかることが必要である。突然に生産を撹乱するような諸発明を防止することが必要である。」「科学を窒息せしむべきである。」

「ルネッサンス以来約五百年に至って発展して止まず現代に至った科学及び技術が未発達の昔に逆転されるか、それともその前進を無限に展開されるか――現在この問題が現代世界経済政治における矛盾の増大と共に全世界の運命を決する世界問題として事実的論理をもって押し出されているのである。換言すればこの事実的論理は全人類に現代文明に相応すべき文化体系――人間が生きがい働きがい、そして無限の希望を将来にもち得べき文化体系の成長なくしては全文明の崩壊が待っていることを示しているのである。」

〈第四章〉

以上、第二、三章の主題は、「文明」と「文化」の乖離、あるいは物質文明の恐るべき発展と、それとは対照的な精神文明の停滞ないしは後退という、いわば哲学的問題、文明論の問題であったが、この四章からは民族政策という具体的な問題に入る。

第一次大戦が終わった翌一九一九年、「アメリカ大統領ウィルソンの主唱のもとに……世界的規模の国際連盟が全世界の政治経済における一重大矛盾を平和的手段によって解決する目的をもって創設され、更にワシントン条約、不戦条約、各種不可侵条約が締結され、世界経済会議の開催された事実……の如きは、世界政治経済における（世界の）指導層の世界問題解決のための真剣なるかつ彼らの全知能を集中したる努力を証明するものである。」

ところが、「かくの如き努力が傾倒し始められていた当時の世界に、対立したソ連邦より一つの批評が世界に持ち出された。……（その）ソ連邦よりの批判は外務大臣チチェリンが一九一八年十月二十日に……大統領ウィルソンに対し発した覚え書きである。この覚え書きには」こう書かれていた。

「閣下はポーランド、セルビア、ベルギーの独立、オーストリア、ハンガリー諸民族の自由を要求している。多分閣下はこれをもってこれら諸国の民族は各自の運命の決定を自己の手に納め、かくして自由なる国際連盟に結集すべきであるということを意味されるのであろう。しかし我々の奇怪に感ずることは、閣下の要求の中にはアイルランド、エジプト、インドの解放も、更にまたフィリピンの独立も掲げられていないことであり、これらの諸民族が我々と共に各自の自由に選出した代表者を国際連盟の創設に参加せしめる機会を与えられないとすれば、我々のはなはだ遺憾とするところである。」

「このチチェリンの批判は他の列強世界と対立したソ連邦にとっては当然であっても……列強世界にとっては単なる空論に過ぎず一顧の値をも取得することは出来なかった。」

「英仏米等列強が民族自決主義を標榜し、植民地半植民地に対しこれが『福祉および発達を計るは文明の神聖なる使命』たることを宣言したるにかかわらず、実現されたるところは列強帝国主義の傀儡物たるヨーロッパにおけるポーランド、チェコスロヴァキア等一連の諸小邦の建設に過ぎなかった。これに対する諸民族の不満につき、孫文はその三民主義講演において適切にこう代言している。

『当時ウィルソンの世界平和のため提出した一四条のうちで最も重要たるものは各民族の自決であった。そして勝敗未定の時には英仏共にこれに賛成していながら和議の開かれる時となるや英仏伊とも帝国主義の利益とはなはだしくそれが衝突することをおもんぱかり種々なる方法でウィルソンの主張をごまかしてしまい、それがために所定の和議条件はすこぶる不公平を極め弱小民族は自決も自由も不可能に終わりかつ圧迫をこうむることかえって以前よりも一層はなはだしく強国民族は地球に雑居し弱小民族の利益は堕断せられて復興するを得ず大いに失望するに至りしをもってベトナム、ビルマ、ジャワ、インド、南洋群島、トルコ、ペルシャ、アフガン、エジプト並びに欧州幾十の弱小民族は大いに覚悟するところあり何れも期せずして約しもせせぬに民族自決を実行するに至ったのである』。

ここにも列強にとって意外の出来事として植民地及び半植民地に反帝国主義運動は風靡し、ことにインド、支那に見るが如き現時の事態にまで発展した根拠がある。」

「かくの如く英米仏は……大戦中に成長した植民地半植民地の民族的自覚を理解し得ざるところからこの自覚を無視してこれら諸民族に対する圧迫と搾取とを強化せんとすることに全力を傾倒した。」

「パリ平和会議より約二十年間、上述の如くに全列強世界における指導層が全知能を傾倒した努力にもかかわらず、世界政治経済における矛盾対立が年とともに激化する世界的大勢のうちに、一九三一年勃発した満州事変は世界戦争への道を打開し、ベルサイユ条約、ワシントン条約、不戦条約、更に二国または数カ国の不可侵条約等に至るまで、一切の現世界秩序を維持せんとする国際的規約は反故と化せられ、従来世界一般に『左翼』派の作り話あるいは策動として指弾せられた世界大戦は現実に勃発するに至った。……ソ連邦も、一九三九年ナチス・ドイツと友好不可侵条約を結び英仏米等と対立し、四一年には独ソ開戦とともに英米側と同盟するに至ったことは現世界大戦があらゆる国を巻き込まねば止まない深刻さを持っていることを示すものである。」

「来るべき世界大戦はソ連邦に対する帝国主義列強共同戦争であるであろうと主張された。」

「しかるに帝国主義世界の推移は既述の如くに、この世界における同類列強間の、停止なく増大し激化する相互対立によるこの世界における秩序の崩壊にとめどなく進行する状態をもたらした。かくしてソ連に対する列強共同の戦争ではなく、列強間の――それでも足らずソ連を含めての世界大戦が展開されることとなったのである。」

「現在の世界大戦はソ連と列強との理論的対立に全く関係なく、純粋に、列強世界における現実の死活的な利害問題の平和的解決の不可能から惹起された。」

その根底に横たわるのが、既述した「文明」と「文化」の乖離の問題であるが、その解決は今後の課題に残すとして、わが日本民族が眼前に展開する事態を乗り切ってゆくためには、これまでの見方、考え方を一大転換することが求められている。

〈第五章〉

以上に述べたように、最近の二〇年間、「資本主義世界の行き詰まり」とあわせ、それと関連しつつ、並行してもう一つの事態が展開された。すなわち「ソ連邦の発展と、植民地半植民地における民族独立運動の昂揚」である。

「ソ連邦の発展は植民地半植民地の民族独立運動に影響するところ少なからざるものがある。」

第一次大戦さなかの一九一七年、社会主義革命により政権に就いた「ソ連当局は内外に重積する困難に当面し、反対派の意見の対立に抗しつつ一九二八年第一次五年計画の遂行を断行した。当時この計画は資本主義世界においては、ロシア人特有の統計遊戯と空想の産物であるとして、嘲笑あるいは黙殺されたものであった。しかしソ連当局の周到な計画並びに方策と、これを信頼する全国民の異常の努力とは、結局事実上予期以上の大成果を挙げた。

「第一次五年計画に続いて第二次第三次が遂行されついに一九二〇年代のどん底にあった全ソビエトロシアは、工業の未曾有の発展とこの発展に併行遂行された農業の未曾有の機械化とによって、総工業生産量においてドイツ、アメリカのそれに追いつかんとする発展の大勢を打開した。もっとも工業生産においては国民一人当たり生産量は、ドイツ、アメリカに及ばず、これらと同等もしくはそれ以上に達するにはなお十年近くを要するものと観られていることも事実である。」

「相次ぐ五年計画は欧亜にわたる全ロシア領域の諸民族及び資源を総動員して、大工業化という巨大なるつぼのうちに投じ、全領域の工業化のみならず、狩猟あるいは牧畜経済に停頓し、あるいは幼稚なる農業あるいは初歩的な商業資本にまで発達した諸民族を、この工業化過程の進行裡に近代勤労民衆にまで陶冶育成する目的に向かって断行されたものである。」

満鉄調査部による報告「ソビエト連邦国民経済第二次五年計画の実績」を見ると、ソ連邦に属する中央アジアの五共和国――トルクメン、ウズベック、タジック、カザック、キルギス共和国の一九三七年の工業総生産額は、五年前の三二年と比較して、いずれも二〇〇%を超えている(タジックは三六六%)。

「ソ連の工業化が、従来最も進歩におくれて来た東方アジアに急速に展開されている。この工業化にはスラブ民族出身者が直接に参加し、最も重大なる役割をなしたことは言うまでもなく明らかな事実である。しかし後進地域の工業化によって後進諸民族を近代勤労層に育て上げることが、工業化によって工業生産量を増大せしむる直接の目的と併行して同等の重要性を持つ目的であって、ソ連当局はいずれの企業を問わず、監理部面たると労働部面たると問わず必ず構成員の半分をその地域における土着民に占めさせる方針を断行したのである。この後進民族をスラブ民族と同等の地位に立たせるという方針は単に企業に関して断行されたばかりでなく、政治的社会的文化的等諸般の部面においても断行されたところである。」

辺境民族国の工業化は、同時に文化的成果をも生み出した。

ソ連邦年鑑一九四一年版によると、中央アジア五共和国の「九歳以上の既教育者の全人口に対する比率」は、一九二六年当時はカザックの二三%を除いてあとは一〇%台以下であったが、十三年後の一九三九年には軒並み六〇～七〇%台に急伸している。

「かくの如きソ連全域にわたる工業及び文化の急速なる発展は、この発展に先駆しかつこの発展を基礎としたる全領域にわたる政治的発展、ことに民族政策に著大なる成果をもたらした。ソ連邦は建国当初より勤労民衆の生活に密接に近づき易いソビエト組織を政治の基礎としたるのみならず、全民族の平等及び自決を民族政策の基礎とした。」

この「全民族の平等及び自決」の原則をもとに、ソ連邦は一九三六年、憲法改正をも行なったが、こうした民族政策はソ連における約二百の種族の民族的親和を生み、あわせて自国に対する愛国心を生み出した。

「独ソ開戦当時、複雑なる民族問題を持つソ連は土崩瓦解の危険あるものとの観測が一時盛んに行われた。しかしこの戦争がかくの如き見方に根拠を与えているとは、現在世界において考えられていない。西ヨーロッパを席巻したナチス・ドイツでは、ヒットラー総統はじめソビエト・ロシアにおいて意外な抵抗を発見しているのである。」

一九四一年七月二日付けの東京朝日朝刊に、次のようなドイツ人従軍記者の報道が掲載された。

「ソ連兵はいかなる民族に属するかを問わずすべてドイツ人に対して自らの劣等を感じている狡猾な手段、これが彼らの戦法である……ソ連兵は挺身して死を恐れず我々の背後から射撃し、負傷兵も武器を持って死にもの狂いの抵抗を試みた。またドイツの第一線が三十キロも進んでいるのに後方の町には未だ家の窓や屋根から狙撃する有り様であった。つぎにブレスト・リトウスクの村を占領した後にも夜間はもちろん白昼でさえ窓や屋根から執拗な射撃が続けられた。街路で行き合う市民達は我々を親しげに迎え、女達はつぎの瞬間には油断を見すまして背後から我々を狙撃した。」

「ツアリズムの時代には『民族の監獄』とまで称せられたのみならず、二百に近い種族あるいは民族が互いに嫉視対立していた過去を持つ現在ソビエト・ロシアの『いかなる民族に属するかを問わず』男子のみならず女子に至るまで『死後どうなるかについては何等の認識なく何等の恐怖もない』抵抗、しかも当時打ち続く敗戦という大勢に抗しての抵抗はいかなる精神か、その精神はまたいかなる環境から生まれたものであるか。」

「ソビエト連邦の国内建設の成果について今日なお世界の一部には異論がないでもないが、しかし好むと好まざるとにかかわらず、ソ連邦はその建設的努力の成果につき動かない確信を持っていることは言うまでもなき明らかなる事実である。上述の如き独ソ戦における諸民族諸民衆の抵抗力を持つ国家が成長したことは既に実証されているところである。」

「この疑いなき事実を冷静に研究することは、国家の将来にとり一層有益であり安全ではないか。」

しかも、「かくの如き世界情勢に乗じ空前の国内改革を遂行し得たものはソ連に限らない、トルコ、イラン、アフガニスタン、支那、ことにその新疆省等のアジア地域の諸民族である。進んで更にこれら諸民族の成長とその動向とを検討することも文明と文化との世界問題を考察するために必要である。」

続いて次章で、これらについて述べる。

〈第六章〉

「これらの植民地半植民地国はツアリズム・ロシアと同じく、第一次世界大戦の影響と、ソビエト・ロシア革命の影響を受けて、近代的革新の軌道に乗ったものである。一九一九―二一年、トルコ、ペルシャ、アフガニスタン、一九二四年、支那は、それぞれの歴史上始めてソビエト・ロシアという一強国との平等条約を締結し、列強に対する反帝国主義と民主主義は新民主主義革命との併行遂行過程に入った。」

「トルコはこれらの諸国のうちソ連以外のアジアにおいて、最も輝かしい成果を収めた国家である。一九二〇年連合国によってセーヴル条約を強行せられた当時のトルコはサルタン専制政治の積弊を持ち、更に敗戦の結果として全く土崩瓦解の窮地に陥らされたのであった。しかしこの危急存亡の際に至って約半世紀にわたるトルコ革命運動の結実として後の不世出の英傑ケマル・アタチュルク、並びにその領導の下に立った幾多の愛国者が立ち上がった。そして彼らは英仏等連合国の勢力を排除するために革命ロシアと提携し、一九二一年三月モスコーにおいて『帝国主義に対する闘争』におけるトルコ及びソ連との連帯性と、これら両国の利益の共通性とを強調したる和親条約を締結し、英仏の排撃とサルタン専制政治に対する革命とに驀進した。」

「ケマル・アタチュルク党のトルコは結局、英仏米等帝国主義列強の干渉の手を押さえつけ、それら諸国のトルコへの接近はトルコの自主独立的条件の下に許容されることとなった。これこそソ連と組んだトルコ対外政策の成功である。」

「反帝主義の遂行と共に国内革命は遂行された。この革命の根本的なものは、幾百年間持続された神政政体僧侶国家を打破し、現代民主主義国家に転化せしめたことに存している。僧侶階級は政治、法律、教育、慣習等一切の支配者であり、トルコ民族の近代更に現代文明と文化への発展に対する深刻なる妨害者であったのである。かくの如き旧弊の根本に対し、ケマル・アタチェルク党は大胆不適な斧鉞を加え、その目的の達成に成功した。」

「かくして赤帽子、纏頭巾、婦人の面紗は廃止せられ、回教のアラビア文字に代わって最も容易なラテン文字が国字とされ、なおまた一九二六年の法律によって女子の家庭及び社会における正当なる地位は保証せられ、女子は男子と同じく一個の人間一個の国民として待遇せられ、一九三〇年には市町村会議員の選挙及び被選挙権を与えられ、更に一九三五年には二十一歳以上の女子に国会議員の選挙権並びに被選挙権を与えられた。」

「かくの如き文化速度と併行して経済建設は断行された。……（さらに）国内工業化及び鉄道の普及を基礎として、軍隊は改造せられ国防力は著しく強化された。一九三九年頃にはトルコ軍の平時員数二十万人に対する士官二万――その内の多くは下士階級のものである――というような非常に高い比率を占め動員を容易ならしめているのである。」

「イラン、アフガニスタンにも反帝国主義運動はソ連の支持を得て成功し……国内の近代化は何程か進み、更に進展せんとしている。」

この両国のほか「一層ここに論ずる本問題につき興味ある地域は新疆省における革新である。むろん同省は重慶政権下に属することに変わりはないが、その地域にわたって行われた革新がもし重慶政権にしてその政策よろしきを得、国際環境に恵まれて、全支那領域に実現されたとすれば、東亜の情勢は現在とは全く異なったものとなったであろう。」

「新疆省の革新は馬仲英の反乱当時、満州事変に辛酸を嘗め同省に逃げ込んだ盛世才を中心とし、ソ連の支援を得て遂行されたものである。この変革を『赤化』という言葉をもってぼかすことは、新たにアジアに展開しつつある民族問題の本質的解決を誤らしめる危険を内包している。」

「盛世才は一九三二—四年の内乱鎮定に当たりソ連の支援を受けつつ成功したのであった。ソ連は内乱鎮定のための武力あるいは資材においてのみなら、内乱中に始まった建設の方面についての物質的文化的に支援したのである。」

「新疆はまたソ連の影響を受けその民族政策に空前の成果を収めている。上述の如く同省は五年に一小乱三十年に一大乱という争乱の絶えなかったところである。その人口の構成から見れば、全人口中ウイグル族六〇%、支那人一二%、蒙古人八・七%、カザック族七・七%、東干人六%、満州族二%、キルギス族一・六%、ロシア人、タジック人、ウズベク人、インド人、タタール人、ジプシー族その他で一一%を占めるという複雑さを示している。それにもかかわらず支那人と東干人とが他の八四%を占める異種族に対し旧支那式の専制政治を行っていたところに、争乱の事因が存していたのである。」

「盛世才等はこの旧弊を打破した。省政府の副主席並びに数個の副団長にウイグル人が任命せられ、あるいは同種族の多数居住する地方の特徴その他上級官吏にも同種族出身者が任命せられ、またあるいは省政並びに県政では各民族の代表者からなる民族協議会が随伴することとなり、政治的に諸種族の利害が代表されて民族融和の道は展開された。」

「革命前には旧支那式愚民政策によって、極少数上層の子弟二千数百人が六十余の学校で不完全な旧式教育を享受したほか絶対多数の民衆は幾百年の文盲と愚昧とのうちに沈淪していた。この積弊は革命政府によって掃蕩せられ、溌剌として広汎な教育制度は民衆のものとなった。各民族の文化促進会の組織、各民族の文化的向上は支援奨励せられ、各民族語によって教育は施行せられ、民族語によって書かれあるいは翻訳され、教科書は編集されるに至った。」

「世上かくの如き新疆を目して同省の『赤化』と考え

る者が多いが、しかしそれは事実に即しない。赤化とは一般観念では共産主義の実現あるいはその実現のための勤労階級による政治権力の獲得を意味する。しかし上述の如く新疆の実際は土着資本地主層の利害のみならず各民族民衆の利害に基づく新たなる民主主義的発展であり同時に先進強国の抑圧の下に屈せしめられる列強世界の法則に鑑み反帝国主義的発展である。」

新疆が赤化しているかいないかにつき半信半疑で同省を観察旅行した蒋政権側の支那人・宋応精によれば、「新疆の各小学校は三民主義の教科書を読んでおり各学校各機関は何れも青天白日旗と孫総理の肖像を掲げている」という（一九四〇年五月号『蒙古』所収、同人論文「新疆の政治経済の状況」）。

「終わりに全支那及びインドが第一次世界大戦とその後の世界情勢の影響を受けいかなる変化をなしたか、更に現在世界によっていかなる発展を示すであろうか。」

まず支那においては「民族独立運動の新たなる発足があり、辛亥革命以来孫文革命党の嘗めた絶望的窮状よりの脱出と一大躍進とがある。北伐は幾百万幾千万の支那農民勤労者都市小市民層を民主主義的反帝国主義要求の貫徹に向かって驀進せしめた。この強烈なる革命的勢力の勃発の前に資本家地主層は恐怖し、（しかし）結局一九二七年国共分裂をもたらしたため革命の進行は頓坐し、更に列強の干渉と進出とを導き入れた。かくして国共両党の対立抗争は持続された。」

「薄弱な旧南京政府は勤労民衆の利益を顧みず形ばかりの国内建設を遂行し、それがためますます民心から遠ざかった。この虚に乗じ共産党はその急進政策を是正しつつ江西省を中心に強力な発展をなした。列強ことに英米は旧南京政府の建設に参画しそれぞれの金融資本的支配を全支那に拡張せんとし、支那に重大利害を持つ日本との抗争を激化し同時に旧南京政府はまた日本との対立を激化した。かくして満州事変、更に支那事変が勃発し、日本と支那との致命的な戦闘状態は惹起され持続されることとなった。この支那の危機はまた国共両党の合作をもたらすに至った。」

「この新たなる国共合作は現在支那民族独立運動にいかなる効果をもたらしているか。中国共産党は江西省においてその極左的傾向のために辛酸を嘗め、支那の現実に即したる考え方及び政策を修得し日支抗争の激化と共に三民主義により支那革命を推進すべきを決定し、三民主義を根本原則として国民党と提携した。」

国民党も「対日抗戦を続行する以上、共産党の影響下に民衆動員をますます広範に敢行せざるを得ない必要から、好むと好まざるにかかわらず共産党と共に新民主主義的改革の遂行の方向に押し進めざるを得ない。」

「この支那事変の継続によって惹起されている民衆動員は、単なる事実上の必要を充たすだけなら重大なる問題とはならないであろう。しかし事実はこの民衆動員は軍事のみならず、支那社会の政治経済文化等諸般にわたり重大なる恒久的な変化を与えているのである。農業国支那における民衆動員の対象はほとんど、八、九割まで農民であるが、中国共産党はその国民革命における農民の力量を高く評価し、農民の革命力は支那の歴史に徴し現在の国民革命への参加に徴し強大であり、問題はただ良き指導の下に一定不動の目的と組織とに集中することにあると見ている。」

「かくの如き評価は、今日に限らず一九二六年北伐当時においても中国共産党の持ったところだからである。現在同党の活動がこの同じ評価に基づきながら前時代の場合と異なるところは、前時期における急進突撃における苦き経験に鑑み、農民の既成観念、既成組織を利用し、無理を押し通すことなく、これを新たなる目的と組織とに転化させる老練なる手腕によっていることである。国家防衛は日本の攻撃を目前にする農民においては、同党の義務を直ちに農民に説かず、まず家族防衛の義務を説き、従来の保甲制度（編集者注・宋の時代以来の伝統的な隣保組織で民兵制度にも適用された。一〇戸で一保となる）を活用し、かくして農民の視野と活動とを自営と国防に展開せしめている。」

「合作社運動も農業生産を増大するため消費生産配給の各部において行われている。農民の低い文化水準を昂揚せしめ、これによって農民を現代化しかつ抗戦意識をたかめるために、文盲退治の識字教育、技術教育等の啓蒙運動が一連の抗日国難教育訓練として遂行されている。」

「中国共産党のかくの如くに老練なる方策が著々として収める効果は、国民党支配下の諸地域に影響を及ぼさざるを得ない。重慶政府は抗戦を持続する限り、民衆動員に成功せざるを得ない立場にあり、民衆動員に成功するためには、共産党の如くに民衆の生活に即し、その生活の向上を計り、国民的愛国心の発揚を策せざるを得ない。（かつては）重慶政府と国民党とは、民衆の興起を自己に不利として、何とかしてこれを抑圧しつつ国家統一を求め来たったのである。しかし緊迫せる事態は従来の態度の持続を許さないのであって、やむをえず共産党の民衆興起策に追随せざるを得ないのである。」

このように中国には新たな事態が生まれ、広がりつつある。「重慶政権下の広大なる地域における戦争による破壊の一面のみならずかくの如き破壊にもかかわらず鋭意遂行されつつある建設の他の面を観察せずしては事態の真相を認識し得るまでもない。……スタッフォード・クリップスも一九四〇年の論文『支那における民立制度』において、事変以来自治的に組織された幾千の農業合作、工業合作、合作金庫等が軍需品及び民需品の生産を増大せしめ、避難民失業者等に仕事を与えたのみならず支那において政治的民主政治の永久的一大組織の基礎を築く役割をなしている点を指摘している。抗日戦争下に破壊されつつしかもなお建設されつつある支那の出現は日支事変に強圧成立された国共合作の産物に外ならない。

「更にまた……留意さるべき他の一面は、支那少数民族に対する主義方策に関してである。中共六中拡大委員会において主張された代表的意見に従えば、中国共産党を多数の党派及びグループに分裂せしめんと欲するところの計画に対する闘争においての最重要なる任務は、各種の民族全体を単一の抗日戦線に統一せしむることにある。第一に蒙古族、回教民族、西蔵族、苗族、瑤族、夷族、番族及びその他の諸民族は漢人と同等の権利を有させねばならぬ。これらの諸民族は抗日戦の条件として自決権を取得し、同時に単一国家のらち内において諸民族との統一を持続せねばならぬ。第二に、少数民族が漢人と雑居している諸地方においては、地方政権はこの地の少数民族の代表者よりなる委員会を組織すべく、同委員会は省及び県政府の機関となり、これを自民族内行政の指導にあたらしめ、またこれらの少数民族に対して省及び県政府機関における参政権を付与せねばならぬ。第三に、各少数民族の文化、宗教及び習慣を遵守せねばならぬ。また彼らに漢文漢語の修得を強制すべきでなく、彼らの自民族語自民族文化の研究発達に対し援助を与うべきである。第四に、漢民族の大漢人主義を放棄せしめ、各少数民族と漢人との間の平等権を確保し、彼らに対する侮蔑的態度及び彼らの言語または文化に対する侮蔑的態度を禁絶せねばならぬ――と少数民族に対する特別の注意を与えているのである。」

「かくの如き中国共産党の民族政策における主張は、単に理論にとどまらず実際政治の上に活用されているのである。すでに一九三九年西北支那に中国回教救国連合会が組織せられ、西安事件後は大いに拡大されて、甘粛、青海、寧夏、新疆、河南、山東各地域における少数民族との連繫はますます緊密となり、民族統一の綱領は伝播された。同連合会は省及び県委員会を置き、各県の委員会は各地に支部を持ち、抗日戦に回教民を動員している。これに対抗して重慶政府も中国回民救国協会を持ち、該地域において同じく抗日戦への回民動員に努めている。この点における両党の対立抗戦は、結局両党の民族政策の真価によって決定されざるを得ない。」

「右の如き支那民族独立運動の発展と共に、隣国インド四億の民衆は現在世界大戦の発展に乗じ、立ち上がっている。それは過去約三百年にわたるイギリス帝国の抑圧搾取欺瞞を一掃し、同じく現代文明と来るべき文化とに即応した新民主主義革命を目指すものである。ここに第一次世界大戦後のインド勤労民衆と土着支配層との相呼応した英帝国主義反対国内改革断行のための熾烈なる闘争史について記述する余裕はないが、この過去の闘争における積成の経験は現在世界大戦を好機として拡大強化されつつ、インド民衆は支配層と共に上述の目標に向かって驀進していることは明らかである。」

「この運動の大指導者ジャワハルラル・ネールは、その獄中の陳述中に『私たちはインドの名においてインドの心を語るものである。個人としての私達がとるに足らぬとしてもかかるインド大衆の代表者としての私達は偉大である。これら人民の名において私達は人民の自由を求める権利を主張しまた人民自らの行動を決定する権利を要求した。私達はこの権利を人民から大衆に別の意志を強制するところの他のいかなる権力にも権利を認めなかった。インド人民から権利を認められたことなく更にインド人民に対して何等の責任をも有せざる個人ないし個人の集団がその意志を人民に強制し人民あるいは人民の代表に何等計るところなくインド数億の民をば求めざる巨大なる戦争のるつぼに投げ入れる権利はなかったはずである。しかもこれが戦争の名目となった自由、自治、民主主義の名のもとになされたということはまさに驚くべきものでありまた意味深きものである』と述べている（総合インド研究室「総合インド七月報第四号」十頁）。」

「同じくネールは一九三六年ルツクナウにおける全インド国民会議党大会において、支那民族運動に感激して『東亜においても戦雲は地平線上に現れている。世界的諸労力に向かって人間の自由を擁護し政治的並びに社会的束縛を打破せんとする諸勢力に向かって我々は抗争する彼らの闘争への我々の完全なる協働を申し込むものである。我々は我々の闘争が共同の闘争であることを確信している』と述べているのである。」

現世界大戦の過程中に、インド民衆の反ファシズム反帝国主義と国内革新とがいかなる発展をなすであろうか。インド民衆は現在、一九三六―七年の北伐に際して展開した支那民衆の革命的勢力に類する勢力を展開せんとしている。支那と隣接国インドとの呼応連環する巨大勢力はアジア問題解決のための決定的なる地位を占めんとしている。世界情勢の発展と変化とは支那、インドのみならずすでに新民主主義の革新に入ったトルコ、イラン、アフガニスタン等に影響し新たなるアジアの局面を展開するであろう。」

「更にエジプトにおいても同民族はイギリス帝国主義支配に反抗し、あたかもインド民族と同様の民族的主張を貫徹せんとしている。かくして世界が一大転化を出現せんとしていることは、深く省察し留意せざるを得ない世界的事態である。」

（以上、要約）

〈第七章〉（以下、本文）

人類生存五十万年その歴史六千年の現代世界は、ここに始めて文明と文化との調整問題を全世界人類の前途に提起され、その解決いかんは人類社会の前進か、後退か、それとも崩壊かを決定すべきものである。既述の如くこの問題に当惑したる資本主義世界における指導層――科学者技術家哲学者企業家政治家等は、科学技術の圧殺か、幾百万人の血を犠牲とする暗黒なる民族闘争か、文明の崩壊か、をもってこの宿命的な世界問題に答へ対処した。

その結局は第一次世界大戦につづく現在世界戦争の勃発となった。上述の如く第一次世界大戦後二十年にわたる世界情勢の展開における特徴は、資本主義世界における停止なき対立の激化と、これに呼応しての同じく世界的重大問題として、同世界から敵視されあるいは無視せられたソ連、トルコ、イラン、インド、支那等における挙国的な反帝国主義――新民主主義運動の発展、沈静、更に大発展とである。二十年に発展した世界情勢のうちにおけるこの二方面は、文明と文化との調整問題解決の二つの方向に外ならない。

現在の世界戦争遂行の過程中に、いかなる世界の変貌が起こるか、その帰結はいずれ実現するであろうか。何人もこの点につき断言することは容易の業ではない。英米等においてすでに労働争議は勃発し、人民の権利伸張の方向を示しており、英米における指導層が長期抗戦とその成功とを追求する限り、全民衆の支持を必要とし、従ってまた全民衆の新民主主義的要求に対する譲歩は必然化している。なお更に上述の如くインド、支那等における全民族の反帝国主義、新民主主義への未曾有の興起が展開されている。これら現在の世界戦争中に成長しつつある世界的事態は、この世界戦争を惹起するに至った資本主義世界における資本主義的発展の未曾有の深刻な行き詰まりの所産であり、それはまた新たなる人類社会発展への道を示唆しないと予断しうべきであるか。

現在に至るまで過去二十年間の世界情勢の展開は独善的独断的でなく冷静に科学的に考察研究せられることなくしては十億のアジア民族の人心を収攬し領導すべき真実雄渾なる全国民的思潮とこれに基づく政策は生まれるものではない。

現世界情勢における軽視すべからざる傾向は、現在日本――過去にルネッサンスを経験せざる日本――の知性によって理解されているか。それは未だなお疑問でなかろうか。その代表的な一例としてこういう考え方――科学的研究の任にあたる学者と思われる学者の見方がある。

「すべてのものは二つの観点から考察される。一方は普通な流通性に着眼し他は固定的な停滞性に着眼する。前者は機能概念であり後者は本体概念である。前者は学的認識であり後者は信仰的愛着の情である。……ただ前者は学的な態度から生じ後者は歴史的探求から汲み出されるものであることを知っていればよい。前者は冷静であってすべての愛国憂国の感情を冷却し、後者は熱情的であって科学的態度を破壊する。国家民族等についても、学者は理論的であるが反愛国的になり、愛国者には理論がない。学が進むに従って愛国愛郷心は消失し愛国者が多く無学者の間から輩出するのはこれがためである」（「理想」昭和十年三月号、松永材「日本国民主義の意義」六十一頁）。

科学と愛国心とが両立し得ないという見方は、アリアン民族以外に世界を領導して文明と文化とを発展せしめる民族なしという考え方の亜流である。愛国者が市井無頼の徒より輩出するとは何のことか。それは蒲生君平、高山彦九郎、林子平の如き偉大なる愛国者を辱める考え方でなければならない。

現代の科学――それには現代に至っては自然科学と社会科学との区別を消滅せしめた進歩がある――の真髄は何ほど日本の思想家学者によって理解されているのであるか。現代の科学は人間社会を人間の人格をも物質同様に分析せずんば止まない段階に達しているのである。マックマレーは現代精神を研究論断して言う。

「いままで我々が追求してきた手がかりは、我々がいまや文化的伝統における新しき破局に当面していることを、そしてまた我々が進歩とその科学を生活条件の統制に適用すべき新しき段階の入り口に立っていることを――いやそうしたところへ我々が来ているのではなかろうかということを、確実に示すであろう。いままで科学を人間世界の外に抑留せしめていたところのもろもろの禁制は、いまや取り除かれつつある。科学的心理学は発達しつつある。自然はほとんど文化的世界における興味の中心的焦点たることを止めつつある。そしてその代わりに、物質と機械が登場しつつある。我々が僅かに推察し得る未来は如何なるものであろうか。とにかく、文化が神から物質にまで転落し来たった以上もはやそれ以上転落し得ないであろうし、更にまた、科学が人格の世界に有効に侵入した場合、それ以上科学にとって侵入すべき如何なる世界も残されていないであろうことを、我々は注意すべきである。我々が大戦の終末とともに入り込んだ段階がその行くべきコースを走ったとき――このコースは恐らく非常に速く走られるであろうが――、ヨーロッパ精神の発達における別の段階が単に完了するのみならず、中世期の終わりにおいて出発した全過程が完全に終わりを告げるのではなかろうか――こんな風にも考えられる。そしてそれと同時に、このコースが最後の目標に達するとき、それは単なるヨーロッパ的なものであることを止めて、世界的なものになりつつあることを、我々は見通し得るであろう。

近代精神は限られたヨーロッパ的進歩という世界の中で歴史的には発達し来たったものであった。けれども、いまやこの精神は近代世界の精神になりつつあるようである。これからさき、何が起こるであろうかを、我々はほとんど推量することは出来ない。あるいは科学の成果に立脚した統一的な世界文明であるかも知れない。あるいはまた近代精神がそれだけで作り上げる新しき文化が到来するかも知れない。なぜなら、人間の肉体が食物なくしては餓死するのと同じように、人間の精神は文化なくしては餓死するより外はないであろうし、中世期が蓄積したところの資本である伝統的文化、すなわちそれによって近代精神がその工場を建設し機械を据え付けるべく永い努力を通して自らを養い来たったところのこの資本は、もはやほとんど使い果たされてしまったのであるから。」

この論断は冷静に科学的に世界情勢とソ連との影響下にトルコ、新疆に発展したるところの既述欧亜にわたる新たなる情勢と勘考し味読さるべきである。真実な科学に基づかずしては、この欧亜にわたる新情勢の意義は理解されること難く、アジア十億の諸民族を領導すべき雄渾かつ適切なる日本的思想も政策も発展し得べきものではないではないか。上述新たなるトルコの革新はいかなる精神と如何なる政策とによってもたらされたか。ケマル・アタチュルクはこの精神を述べて言う。

「一切の偉大なる運動は、国民精神の至深処から流れ出るものでなければならぬ。トルコは言葉の完全なる意味において文明国とならねばならぬ。そのために我らは、トルコ本来の文化を培養すると同時に進んで外国の文化を学ぶであろう。一切をトルコ的に考えトルコ的に見ることによってあくまでもトルコ精神の独立を護持しつつ、我らはアジアとヨーロッパから、その最上のものを集取するであろう。」

かくの如き精神による革新が既述の如く絶対専制の神政政体を打破し、文明文化の発展程度をはかり得るとさ れるところの女子の地位を男女平等とし、女子の市町村会議員並びに国会議員の選挙権被選挙権を与えた。この精神における新民主主義的部面につきこの新トルコの偉大なる指導者アタチュルクは、遺憾なく表現している。すなわち大川周明氏はこれにつき適切に「トルコの女子、わけてもアナトリアの農婦たちは、右の如き待遇を受けるにふさわしき勲功を独立戦争の間に立てている。サカリア会議のみぎり、トルコの一将校が負傷せる二人の女子の傍らに立てる兵士を見た。何故に戦線に女子を伴えるかとの尋問に対し、兵士は下の如く答えた——『私が連れて来たのではなく、彼らが無理について来たのです。今日私は近ごろ配られたモーゼル銃を肩にして戦線に向かおうとすると、私の母と娘とが、私の猟銃を持って一緒に行くと言うのです。私は厳しくこれをとどめたが両人はなんとしても承知しません。しまいに母は怒りだし、お前をこの世に産んでやったのはこの母ではないか。この母はお前の指図は受けぬと言って、ついに戦場に出たのです。』しかもかくの如きはただこの母子のみではなかった。幾多の農村の女子が、男装して男子と共に戦った。弾薬や糧食をにないて輜重の任務にあたった。一農婦の如きは険しき山路を馬車で弾薬を運びつつありし時、馬が足を折りてたおれたので付き添い来る二人の子供と力をあわせ、自らその車をひいて戦線に弾薬を届けた。さればこそアンゴラにおけるムスタファ騎兵隊の台座には、大砲の側にひざまずけるアナトリア農婦の姿を刻んでいる。ムスタファは彼らの勲功に酬いたのである」と述べている。

日本民族の雄渾かつ適切なる思潮と政策とは少なくともまずトルコ等一連の諸民族国の上述の如き実相及びその動向の科学的な研究と理解なくしては展開され樹立さるべきものではない。我が皇軍が大東亜戦の諸戦において偉大なる成功をなしたが、しかしそれにもかかわらず現世界戦争は単なる武力によって最後の目的に到達すべきものではない。イギリスのマレー少佐はその著「クラウゼヴィツへの手引き」中に近代戦における輿論に関するクラウゼヴィツの評価につき適切にこう述べている――「戦争中における三大目的の一つとして、輿論をわがものとすることの重要さについて説いたこのクラウゼヴィツによるほとんど予言的な（彼の時代にもそうであったが）考えは根本的なものである。彼の著書を大なる永久的の価値あるものとなすゆえんのものは、彼が原則及び近代国民戦争の発展に対する洞察の稀有なるによる。何となれば彼の時代以来、欧州はますます大実業国民を生じ、民力及び人民の感情と戦争における輿論とはますます重要となった。事実、輿論を得ることは近代の大国民戦争の間には政治家の主要な仕事になった。政治家にとって、戦争と実業との関係において、また彼が統括せる、また統括するかも知れぬ数百万の実業家との関係において専念に研究する必要が生じて来た。」

ここにこの引用をなすわけは、大東亜戦の遂行と大東亜共栄圏の樹立とに関し、支那、インド等諸民族の我が民族政策に対するそれぞれの輿論が、致命的な重要性を有することにある。この民族的輿論を領導するということは、すなわち八紘一宇の大理想を実現すべき一個重大なる必要不可欠の条件に外ならない。現世界大戦に際し大和民族は、過去における歴史ことに日露戦争における日本の勝利がいかに深刻にアジア諸民族――永年にわたり欧米帝国主義に暴圧搾取された諸民族を興起せしめ日本の領導を待望せしめた史上空前の事実を想起すべきである。当時孫文の実見によればこの勝利に当面して日本の同盟国イギリス人は「日本がかくの如き大勝利を得ることは逆に白人のこれに反しスエズ運河付近に帝国主義的重圧下にあえぐ土人は興奮しつつ『今聞くも嬉しいことを聞いた。ロシアが差し向けたバルチック艦隊は日本のために木端未塵に打破されたようだ』とあたかも日本の勝利が自分らの勝利の如く心から歓迎した」（孫文、吉田訳「三民主義について」九十―九十二頁）。このアジア諸民族の興奮の本質は何であるか。孫文はその最大の代弁者としてその三民主義講演中に明確にこう述べている。すなわち「亜洲人と欧洲人とを比較するに以前は世界中で最優秀なるものはただ白人のみなりとして何事でも皆白人に壟断されながら我らアジア人は全く彼らの長所をまねる方法もなく遠く及ばぬものとして断念し、国策を豪強ならしめるということは中国人にかつてなくアジアの各民族がすべて皆失望していたのであった。しかるに近来日本忽然として興起し世界における一等国となってしまったのを見てアジアの各民族に無限の希望が輝きだしたのである。……これ以来白人のすることは日本人でもやれる。世界中の人種は顔色こそちがえ、これが聡明なる才智の区別とはならない。今ではアジアに強国日本のあることによって世界中の白人種がただに日本人を軽視しないのみでなくアジア人を軽視しなくなって来た。……以前は欧洲人に可能でも我らには不可能であると思っていたのが、現在日本が欧洲に学んだように我らも日本に学べば日本のようになれるし将来欧洲のようになれるということを知ったのである（改造文庫「三民主義」二十三―四頁）。

更にたとえばインドにおいても、日露戦争直後インド国民会議党の一領袖ララ・ライパット・ライは日本の例に動かされて東方は西洋の進取的精神を吸収しその知的功績を採用しなければならないと述べ、つづいて「現在においてもインド、支那及び日本の間に根本的共同性がありこれら三国に対する西洋の影響はなお未だこの共同性を破壊するまでに進んでいない」との見方に立ち大アジア連盟成立の可能性を主張した。このライの主張は一九〇五年孫文の指導下に我が東京で結成された中国同盟会がその綱領中「主張中日両国の国民連合」を掲げた場合と同様に日本の領導に対する信頼を明示するものであった。

しかるに新興国日本は、自己並びにアジア諸民族の将来にとって不運なことには欧米帝国主義に学びその亜流たるの進路を一路驀進した。無論この不運は日本が後進国ことに立ちおくれたアジアにおける後進国としてかくの如き亜流たることによってのみその存在を維持し、世界一等国へのその発展を遂行せざるを得なかった過去における世界情勢にその事由をもっていた。かくして中国同盟会設立以来一九二四年孫文が神戸に立ち寄ったときに至る約二十年間、日本の支援を求めて止まなかった支那民族は、日本から疎隔せざるを得ない状態に陥り、自己の存在に必要不可欠の道をとらざるを得なかった。支那民族をかくの如き窮境に立ち入らしめた大なる一つの事由は、日本にとって必要止むを得ざる進路ではあったが、しかしこの進路にあることは承認されざるを得ないではないか。北一輝氏は辛亥革命を支援した数多き日本人中最もよく支那革命における中心念願、すなわち独立と平等とを獲得せんとする念願を理解していた一種の人傑である。その著「支那革命外史」を一貫した一つの主張は、日本は老朽しており、日支の提携を実現するためにはその維新革命を断行した精神力、すなわち革命力を取り返さねばならないという点にある。この著は今日批判是正さるべき幾多の点を持っているが、しかし日支提携の実現には、維新時代の革命力を必要不可欠とするという彼の主張は、今日最も適切なる警告である。北氏は言う。

「日本が十年前の初めにおいて隣国青年の教導を引き受けしはもとより革命の意味ならざりしにせよ、支那自らが自力独行すべき一国家としてその存在が日本の利益のためにも希望されたるに基づく。しからば彼ら青年が国家の栄辱に敏感となり、国権喪得に活眼を開き得るならば、日本の希望の満たされたるものにして、また実にアジアの盟主たらんとする教導者の誇りにあらずや。同種同文といい、唇歯輔車と言うが如き腐臭粉々たる親善論に傾聴すべく彼らは遙かに覚醒したり。亡国階級を凌迫しなれたる日本の伝習的軽侮感を持って親善ならんには、彼らは余りに愛国者なり、彼らは理解と希望とをもって両国の将来が彼ら自身の統治と日本の改まれる態度とによりて親善なるべきことを期す」（同上著六十五―七頁）

この日支問題解決の要諦は北氏が今より二十余年前に切言したるものである。この切言にかかわらず明治維新の革命力を失った日本指導層は依然としてそれ自身の方策をもって支那問題の解決に邁進した。辛亥革命を支援したと称せられている多数の日本人、たとえば頭山満、犬養毅氏の如きすら、なお属国視しての支援をなしたに過ぎないとは北氏の苦言するところである（同上著五十七―七十五頁）。

北氏の主張するが如き日支問題解決の要諦は今日日本の指導層が明治維新をもたらした精神力を振起せずしては理解され得べきものではないのである。日本指導層がすでに過去の精神力を喪失したという主張は、北氏一人に限らない。その最後まで大アジア主義の実現を期し支那を独立平等の地位にまで推進することは大きな算盤の上にて日本の将来に有利であると主張した孫中山は、最後の努力として一九二四年北京に至る途中、神戸に立ち寄って、これを切言したのである。しかし目的を達せずして北京に向かったのであるが、その際往訪の長崎新聞記者に

「日本の維新は中国革命の第一歩であった。中国革命は日本維新の第二歩である。中国革命と日本維新とは、実際同一意味のものである。惜しいかな日本人は維新後富強を致してかえって中国革命の失敗を忘却してしもうた。ゆえに中日の感情は日々に疎遠になった。近ごろロシアは革命に成功しても、なお中国革命の失敗を忘れない。ゆえに中国民と露国民とは革命活動によって日々に

親善も加えつつあるものである」

と述懐している（外務省、孫文主義中巻十、四十三—七頁）。北氏、孫中山とも日支問題に関する深奥なる経験から右の如き立言を為したのである。

現在、大和民族はその発展史上空前の重大時機に立っている。最も冷静、最も厳重に日清日露戦争以後日支事変に至るまでのアジア大陸に対する自己の発展史を反省し、真実にアジア十億諸民族の心を把握領導するにたる雄渾なる思潮、これより自然に湧出する大政策を得るや否やは大和民族の将来を決定する唯一重大なる点である。日本は上述の如くその世界史的発展の方途に制約され日露戦争を契機としてアジア諸民族を領導すべき好機を失った。この重大なる国策の失敗は断じて現在再び繰り返さるべきではない。大和民族が現在既述第二節より第六節において論述した如き世界史上未曾有の大変転期に立ち至っていることは明確かつ深刻に全国民的心裡に把握されアジア十億の諸民族を領導すべき国家根本政策が自然に強力に湧出することは過去の失敗を反復せざるのみならず大和民族の将来のみならずアジア民族の将来に史上空前の光輝をもたらす唯一の保証である。

現在、軍民を問わず全大和民族の深甚なる努力によってアジアにおける支配領域は我が史上空前に広大なるものに発展している。ここに結局根本的決定的な問題となって来ているものは、大和民族が現世界情勢に即応したる、すなわち自己の史上未曾有の政治的思潮の躍進成長、これに基づく精神及び形態の全く新たなる政策に外ならない。現在この任務は過去におけるが如く単に政治指導層の努力によってなされ得る程度のものでないことは、戦争と建設とがますます国民個々の上にまでその総力発揮を要請せざるを得ないという事態の進展によって明示されている。すなわち大和民族の政治は国民の間に活かされ成長されざるを得ないことを意味する。

支那事変の収拾といい大東亜建設というも、現世界情勢の停止するところなき広大強力なる動向その発展に即応することなくしてはその目的を達成し得るものではない。もし欧米勢力をアジアより駆逐したる大和民族が日清日露戦争以後の如く依然として欧米帝国主義の追随者としてアジア諸民族に対するときは、アジア諸民族のうちに孤立する危険を自ら招くものである。あきらかに日本によって欧米勢力を駆逐してもらったアジア諸民族の大和民族に渇望するものは、欧米帝国主義の亜流者たる日本にはない。欧米帝国主義の亜流者たる域を脱せずして遂行される個々の政策の巧拙の如きは、大東亜建設を遂行し世界の進運に貢献せんとする大和民族の大任務にとっては全く意義なきというよりも自己の将来を危険ならしめるものである。東亜十億の諸民族が大和民族をその領導者として歓迎し協力するや否やは一に大和民族が過去の旧慣を打破し大胆不敵に世界史上空前の史的発展を把握し雄渾なる政治思潮、それより強力に湧出する政策を発展せしめるや否やにかかっている。

我が日本民族は大化並びに明治維新を断行し偉大なる発展を遂行した光栄ある偉大なる過去を有する。この二つの場合はそれぞれの時代の世界情勢を率直に観取しつつ国内問題の本質を把握して大胆不敵に国内改革を断行し世界情勢に驚くべきほど善処し国威を発展せしめたのである。かくの如き過去が更に幾倍の深きかつ大なる力をもってもたらさるべきことは現在未曾有の内外の困難に入り込んでいる日本民族に対し客観的世界情勢の要請して止まないところである。それがためには、まずなによりも日本民族は明治維新の場合よりも更に幾倍の大勇猛心をもって現代世界史的動向に即応し若返らざるを得ない。民族的若返りとは何か。それは二十年前消滅に瀕したトルコ民族が、既述の如く、その民族的領導者ケマル・アタチュルクによって表現された大トルコ精神すなわち「一切をトルコ的に考えトルコ的にみることによってあくまでもトルコ精神の独立を護持しつつ、我らはアジアとヨーロッパとからその最上のものを集取するであろう」という精神によって内外各般にわたり過去幾百年執拗に民族生活に食い込んだ旧弊を打破改革し、新しき生命新しき希望を獲得し民族的発展に邁進するに至った事実の示すこの若返りである。「日本的に」あるいは「大日本的に」考えるということは、あるいは大和民族の祖先が重大なる国難に当たって発揮した偉大なる革新精神を歪曲倭小にし、あるいは世界的事態の進展から離隔し民族的発展を阻害するが如きものであってはならない。全日本国民は自己並びにアジア諸民族の偉大なる発展をもたらすべきその雄渾適切なる政策を樹立するためには、いかなる苦難を嘗めても最も溌剌たる若さ――内政における真実の大革新なくして実現し得べからざる――若さを獲得しなければならない。上述せるところより、この国民的若さとは現代世界の歴史的根本問題たる文明と文化との調整問題を大日本的に大胆不敵に解決する国民的意力であると断ぜざるを得ない。これこそ我が全国民が世界の大勢に乗じ真実に偉大なるがためにまずもって達成すべき当面最も根本的な任務である。

鑑定書
――「世界史の動向と日本」について

【解題】 第一次再審請求が、「訴訟記録が失われているので審理のしようがない」という理由で門前払いされた後（その実、第一審の決定は、連合国占領軍の進駐を前に裁判所自らが書類を焼却隠滅したことを認めていた）、第二次再審請求は、予審判事による「予審終結決定」と公判での「判決」が共に存在する小野康人を請求人として申し立てられた。記録の現存するこのケースを〝突破口〟として再審の実現をめざしたのである。

細川論文が発表された当時『改造』編集部員だった小野康人の判決に記された「犯罪事実」の第一は、

「該論文が共産主義的啓蒙論文なることを知悉しながら之を支持し、編集部員青山鉞治と共に八月号の校正に尽力して該論文を予定の如く掲載発表して一般大衆の閲読に供して共産主義的啓蒙に努め」

たことであった。つまり、細川論文を「共産主義的啓蒙論文」と規定し、その掲載発表にかかわったことが、治安維持法違反とされたのである。

したがって、この規定が否定されれば、「犯罪事実」は消え、判決は誤りだったことが証明される。

以上のような理由から、弁護団は三人の著名な近現代史家に細川論文の「鑑定」を依頼した。

以下はその「鑑定書」である。

*

細川論文鑑定書

一九九五年一〇月六日

今井清一

はじめに

本稿では細川嘉六が雑誌『改造』の昭和一七年八月号と九月号とに掲載した論文「世界史の動向と日本」の内容を紹介し、この論文の意義について検討する。文中の人名については、すべて敬称を省略する。

この論文は『改造』八月号の巻頭論文で、その八月号の表紙には「国家と学問（座談会）」とならべて「世界史の動向と日本　細川嘉六」と赤く刷り出されている。ちなみにさきの座談会の出席者は長谷川如是閑、和辻哲郎、高田保馬、牧野英一、小泉丹である。九月号の表紙には「特輯 印度独立と日本」が赤字で刷り出され、巻頭にはその主論文である平貞蔵「英帝国の崩壊と印度の独立」がおかれ、その次にこの論文の続きがおかれている。まさにこの時期の『改造』を飾る大論文で、両号とも二二ページずつ、併せて四四ページに達する。本稿ではこの『改造』掲載の論文について検討する。引用の場合には上または下にページ数と上段または下段を示すことにする。

ここで『改造』掲載の論文ととくに断ったのは、この論文が戦後の『細川嘉六著作集・第3巻アジアと日本』（一九七二年理論社）にも収録されているからである。ただこれは「一九四六年（昭二一）伊藤書店版より収載」したもので、その際の前書きにも付されている。この『著作集』の論文は、伊藤書店版が米軍の占領中に刊行されたことも一因と思われるが、『改造』掲載分の最後の五ページほどのところが事実上削除され、きわめて短く要約された形で結ばれている。ほかにも『改造』掲載の論文とは違いがある。このことを注意しておきたい。

この「世界史の動向と日本」は、細川嘉六が太平洋戦争開戦の半年後という緊迫した状況の中で恐らく全力を投入して執筆した文章である。そこには淡々と書かれていて、とかく読み流されやすいが、今日の研究状況からみても、「世界史の動向」を考える上で極めて重要な指摘があちこちに見られる。

この論文は全体を七項に分けて構成されている。これについては、細川自身が項別に分けて陳述しているので、これも「第二十七回被疑者訊問調書」で、細川自身が項別に分けて陳述しているので、これも参照して文意を概観する。上述した重要な指摘は往々にしてごく簡潔にふれられていて充分に展開されていないことが多いので、時には私なりの読み込みも付け加えて記載しておくようにつとめた。

一　人類史上未曾有の危機

序にあたる〈一〉では、まず第二次世界大戦の渦中にある当面の世界情勢は、人類史上未曾有の危機に由来し、かつこれを示しているとする。このことはわが国でもある程度は感知され理解されてはいるが、一般のこの点に関する理解はせいぜい第一次世界大戦で得た経験と知識の範囲を出ておらず、これに基づく既成観念と政策とは、これをはるかに超越した現世界情勢との間で撞着や混乱を生む危険がある。これにどう対処するかは、日本民族の将来にとって極めて重大な問題である。このようにこの論文の趣旨が説き起こされている。

続いて危機の様相が述べられる。今や世界は単に枢軸諸国対反枢軸諸国に分裂しているだけでなく、諸国が国内で分裂して内乱の様相を呈し、四分五裂の状態にある。このような諸国内の情勢は第一次大戦では戦争末期から戦争直後にかけておこったが、現大戦では当初からこうした事態が見られ、さらに資本主義国と対立するソ連も実力者として戦争に加わっている。そこから「戦争の過程中或いは戦争直後に出現される事態に関する推測の可能性」がある。これが現大戦と第一次世界大戦と異なる重大深刻な点だとする（二〇ページ上段）。

ここでいう諸国内の情勢については部分的にしか述べられていないが、第一次大戦での経験から見て、戦争の重圧に反発した労働者大衆による革命運動を指し、それが植民地の独立運動とともに資本主義体制の変革や徹底的な改革をめざしていることを指すのであろう。

これは次にあげられている「重大深刻なる相違」と関連する。すなわち前大戦では二つの同盟の対立抗争という事態がまずあり、その結果としてヨーロッパにおける戦争の勃発となった。これに対して現大戦では列強は戦争という「重大局面を回避せんとする意図」をもっていた。これはさきに述べた諸国の国内情勢が戦争によって爆発することを恐れたからであろう。それにもかかわらず、国際対立の進行が戦争準備に熱中させて大戦の勃発を招いた。その「国際対立の深刻と必迫力」とは第一次大戦よりはるかに深いとする。大戦勃発の経緯についてはもっと立ち入った説明が必要ではないかと思われるが、とにかく日本とその同盟国であるドイツとイタリーは、「持たざる国」の「レーベンスラウム」を要求して公然と戦争に乗り出したのである。

細川は、このように両大戦が異なった様相を呈している根拠を、世界戦争を不可避にした世界的規模における世界史的発展に求める。すでに第一次大戦が未曾有の世界最終戦争と考えられ、来るべき戦争の危険を鎮圧するための世界的機関として国際連盟が樹立された。だが、その基本的原則が第一次大戦以前の所産であったために、発展して止まない国際対立に対応できず、それが戦争を防止せんとする人間の最上の政治的叡智と最上の道徳的情操とによって組織されたにもかかわらず、結局は土崩瓦解するにいたったとする。こうした現戦争の内包する混乱に対処するには、この世界文明に相応する世界文化の創造と発展とが必要だとする。ここでは国際連盟が、基本原則に問題があったとされながらも、かつてない優れた実験であったと評価されていることは、注目される。

二　文明と文化の調整問題

つぎの〈二〉では、二〇世紀にいたって二回も世界大戦が起こったことは、人類史で積み重ねられた文明と文化との調整問題が世界的規模で提起されたことの表われだとする。文明とは「人類の自然界支配力の体系」であり、文化とは「文明と連関する人類の生活価値の体系」である。この項では文明の問題が取り上げられ、次の〈三〉で文化の問題が取り上げられる。この二つの項についてはできるだけ簡潔に要約する。

科学と技術の発展は現代における未曾有の生産力の発

展をもたらし、史上初めて全世界が資本主義的近代産業の支配下におかれた。だが、その半面、世界諸民族間における闘争も激化した。こうしたなかで未曾有の世界大恐慌が惹起されるとともに、空前の軍備大拡張もおこった。このように文明の発達が生み出した矛盾が述べられる。

〈三〉では、こうした文明の発達に対応する精神的な問題として近代科学の勃興をもたらした自由平等の思想を取り上げる。これを基盤とした産業資本主義は一九世紀までは上昇発展し、科学とその応用は楽観をもって迎えられた。だが一九世紀末以降はそれが生み出す矛盾を反映して、ソ連の場合を例外として、現代文明に対する懐疑と絶望とが高まった。これは文明と文化との調整が世界問題となっていることを示していると論じられる。八月号の上はここまでで、問題を提示している。

九月号の下では、上で述べた文明と文化との調整問題は極めて深刻な問題で、その解決は至難であると説き起こし、そのための幾つかの試みを検討する。

三　国際連盟の意義とその失敗

まず〈四〉では、第一次大戦から第二次大戦にいたる三十年間に列強世界の指導層が問題解決のためにおこなった一連の政策、すなわち一方では国際連盟の創設、ワシントン条約や不戦条約の締結、世界経済会議の開催、他方で大戦直前の勤労階級の革命的興起を鎮静させ、資本主義秩序の回復と発展をもたらした産業合理化による生産の増大をとりあげ、彼らが真剣にかつ全知能を集中した努力を評価する。さきにもふれたように注目すべき指摘である。

ただそこには英米仏の支配力を維持しようとするねらいがあった。これら諸国が理想として掲げた民族自決主義は極めて部分的で、またドイツや日本を抑えてその金融支配を維持しようとした。「来るべきドイツ及び日本の発展とこれに基づくこれら諸国との対立の激化を予防せんとし、或いはまた大戦中に成長した植民地半植民地の民族的自覚を理解し得ざるところから、この自覚を無視してこれら諸民族に対する圧迫と搾取を強化せんとすることに全力を傾注した」（下一八ページ下段）とされる。

しかもこの英米仏三国の間にも利害対立があり、それが彼らによって圧迫されている日独伊に発展の機会を与えたのに加えて、ソ連が世界市場から独立し、さらに植民地半植民地も資本主義発展に向かったため、列強間の経済闘争と政治闘争とは激化した。「来るべき世界大戦はソ連邦に対する帝国主義列強共同戦争であろうと主張された。」だが実際に起こったことはそれとは違っていた。「現在の世界大戦はソ連と列強との理論的対立に全く関係なく、純粋に、列強世界における現実の死活的な利害問題の平和的解決の不可能から惹起された」（下二一ページ上段）。それは列強世界の指導層の知力と方策が資本主義世界の矛盾を解決できなかったことを示す。こう論じている。第二次大戦は、結局のところ日独伊と英米仏それにソ連が加わった戦争となり、ファシズム諸国と連合国との戦争となったのであって、単に列強世界の利害対立が生んだものとは言えないが、この問題にはふれていない。

四　ソ連と周辺諸共和国の経済発展

つづく〈五〉の冒頭では、まず最近二十年間の資本主義世界の行き詰まりが世界の動きのすべてではなく、他の半面ではソ連邦の発展と植民地半植民地における民族独立運動の昂揚があると説き起こす。そして〈五〉ではソ連ならびにその辺境諸民族の近代的発展を取り上げる。ついで六ではソヴェト・ロシア革命の影響を受けて近代的革新の軌道に乗った植民地半植民地国の事例が取り上げられる。これらについては特徴的なことだけを述べることにしよう。

ソ連は世界政治経済の弱い一環であるツアーリズム・ロシアにおけるボルシェヴィキ革命のうちから帝国主義の対立者として出現し、列強による武力干渉は勤労大衆の反発ではねのけたものの、国民経済はどん底に落ち込んだ。ソ連は社会主義建設を害わない条件で連合国側よりの資本投資を得ようとしたが成功しなかった。ソ連当局は、新経済政策への転換のあとに直面した内外の山積する困難に当面して、反対派と対抗しつつ五カ年計画を断行し、予期以上の大成果をあげた。それとともに「目に見えざる」最も深刻なる国内革命も激化し、「血の粛正」がおこなわれた。だがこれによって急速な工業と農業の機械化がすすんだとする。主にソ連の経済建設の成果が評価されているが、スターリン独裁のもつ問題点にもふれている。

とくに叙述の力点が置かれているのは、東方アジアを含む周辺の諸共和国における経済建設である。五カ年計画はアジアを含む全ロシア領域にわたって展開され、とりわけ後進諸民族を近代勤労層に育て上げることが重視され、企業の管理部門も労働部門も構成員の半分を土着民に占めさせるという方針が断行された。後進民族を近代化させようとするソ連当局の意図は必ずしも直ちには理解されず、少数民族の居住する一部地域に一時反抗が惹起されたことも事実であるが、これらは克服されたと考えられる。その一例としてはキルギス共和国をあげることができる。ソ連は全民族の平等と自決を民族政策の基礎としたが、後進民族が近代工業の発展によって鍛練強化されることなしには、ツアー時代より継承された大ロシア民族の特権的地位に基づく民族対立が持続され、ソ連が瓦解する危険もある。このことがソ連指導層によって確認され、上述のような工業と文化の急激な発展策が遂行されたとされる。これを裏付けるのが、一九三六年改正憲法であり、こうした建設的努力の結果として「独ソ戦における諸民族諸民衆の抵抗力を持つ国家が成長したことは既に実証されている」と評価する。

五の末尾では、こうした「世界情勢に乗じて空前の国内改革を遂行し得たものは、ソ連に限らない。トルコ、イラン、アフガニスタン、支那、殊にその新疆省等のアジア地域の諸民族である」（下二九ページ下段）として、六でこれらを順次に述べる。

五　アジア諸民族の民主主義的革新

〈六〉ではまずこれらの植民地半植民地国は、第一次大戦の影響とソヴェト・ロシア革命の影響をうけて、近代的革新の軌道に乗ったと前置きして、まずケマル・アタチュルク党によるトルコの改革を述べる。

つぎに新疆省の革新は馬仲英の反乱当時、満州事変に苦酸を嘗め同省に逃げ込んだ盛世才を中心とし、ソ連の援助を得て遂行されたものであるが、「この変革を『赤化』という言葉を以てぼかすことは、新たにアジアに展開しつつある民族問題の本質的解決を誤らしめる危険を内包している」とする（下三〇ページ下段）。そして雑誌『蒙古』の一九四〇年五月号に載った蒋政権側の中国人宋応精の文章で次のように説明する。

「赤化とは一般観念では共産主義の実現或いはその実現のための勤労階級による政治権力の獲得を意味する。しかし上述の如く新疆の実際は土着資本地主層の利害のみならず各民族民衆の利害に基づく新たなる民主主義的発展であり、同時に先進強国の抑圧の下に屈せしめられる列強世界の法則に鑑み反帝国主義的である。」

そしてこの革新が、もしも重慶政権の手で、国際環境にも恵まれて全中国に実現されたとすれば、東亜の情勢は現在とは全く異なったものとなったであろうとも述べている。

つぎに中国の変化が取り上げられる。一九二四年の国民党改組にあたって孫文が革命の勝利の道は全国民衆の心を獲得することであると述べたが、その後農民や勤労者、都市小市民層の強烈な民主主義的な要求に資本家地主層が脅えて国共分裂となったが、満州事変ついで支那事変の勃発は新たな国共合作をもたらした。共産党は三民主義を根本原則として国民党と提携したが、対日抗戦の続行される以上、国民党も民衆動員をますます広範に敢行せざるを得ない。重慶政権下の広大な地域には戦争による破壊とともに、画期的な革新政策による建設もおこなわれており、この面を観察せずには事態の真相を認識できないとする。国共合作は外見からすれば両党の地盤争いによって今にも分裂するかのように見えながら、相互の数年間の抗争を通して存続を続けている。両党の抗争は主義原則の対立というよりも各自の勢力範囲の争奪である。共産党の国民動員力に対抗して、国民党も国民動員を強化する必要に駆られている。

ここでも特に注目されるのは少数民族に対する政策で、国民・共産両党の対立は、結局両党の民族政策の真価によって決定されざるを得ないとする。

最後にその隣国インド四億の民衆も現在世界大戦の発展に応じて立ち上がっているとする。英帝国主義に反対し国内改革を断行するために熾烈な闘争を進めた指導者ネールの主張は、インド人民の自由と自己の行動を決定する権利を認めることなしにおこなわれている英帝国主義の参戦要求には反対するが、英帝国が真にかつ現実にこの要求を容れ、また枢軸諸国の後進諸民族に対する政策に変化がないとすれば、英帝国とともに世界戦争に参加する決意を表わしている。こうした事態に注目すべきだとする。

六　反帝国主義―新民主主義運動と日本

最後の〈七〉では、第二次大戦の勃発に至る世界情勢の特徴は一方における資本主義世界における停止なき対立の激化であり、他方では資本主義世界から無視された諸国における反帝国主義―新民主主義運動の発展である。これらはいま人類に提起されている文明と文化との調整問題を解決するための二つの方向と考えられる。十億のアジア民衆の人心を収攬し領導すべき雄渾な全国民的思潮とこれに基づく政策は、こうした世界情勢の展開に対する冷静で科学的な考察なしには生み出すことはできないとする。

そしてそれは、少なくともさきのトルコ、インド、中国等一連の諸民族国の実相と動向の理解なしには生まれない。「大東亜戦の遂行と大東亜共栄圏の樹立とに関し、支那、インド等諸民族の我が民族政策に対するそれぞれの世論が致命的な重要性を有する」。「この民族的世論を領導するということは、即ち八紘一宇の大理想を実現すべき一個重大なる必要不可欠の条件に他ならない」。「もし欧米勢力をアジアより駆逐したる大和民族が、日清日露戦争以後の如く依然として欧米帝国主義の追随者としてアジア諸民族に対するときはアジア諸民族のうちに孤立する危険を自ら招くものである。……東亜十億の諸民族が大和民族をその領導者として歓迎し協力するやは一に大和民族が過去の旧慣を打破し大胆不敵に世界史上空前の史的発展を把握し雄渾なる政治思潮それより強力に湧出する政策を発展せしむるや否やにかかっている。」

細川は、こう論じて「現代世界の歴史的根本問題たる文明と文化との調整問題を大日本的に大胆不敵に解決する国民的意力」を、日本国民はいかなる苦難を嘗めても獲得しなければならないと結んでいる。日本のアジア諸民族に対する民族政策の変革の必要を世界史の動向と結びつけて切論したのである。

七 「共産主義的啓蒙論文」か

最後に検察ならびに裁判所側のこの「世界史の動向と日本」の評価を、横浜事件の有罪判決について見て、これに対する意見を述べよう。

小野康人に対する判決によれば、この論文は「唯物史観の見地より社会の発展を説き社会主義社会の実現が現存社会制度の諸矛盾を解決し得る唯一の道にして我国策も亦唯物史観の示す世界史の動向を把握して其の方向に沿い樹立遂行せらるべきことを暗示したる共産主義的啓蒙論文」であるとされている。西沢富夫の判決および細川と相川の予審終結決定にもこれと全く同じ説明がある。そして判決は、これを含む諸活動が『コミンテルン』及日本共産党の目的遂行の為にする行為」で治安維持法第一条後段に当たり、有罪だとしたのである。

細川嘉六はたしかにマルクス主義の研究者であるが、いわゆる大正デモクラシー期に育った民主主義者であり、ヒューマニストで、古武士の風格を身につけてもいた。東京帝大法科大学政治学科を大正六（一九一七）年に卒業、矢内原忠雄と同期である。住友総本社に入社し、間もなく読売新聞記者に転じ、大正九年に大原社会問題研究所に入り、そこで長く国際問題などを中心に研究調査にあたった。こうした経歴によるのであろうが、戦前のマルクス主義者にはあまり見られない第一次大戦後の国際平和機構に対する高い評価など、独特の広い見方をもっていた。

この論文の骨格を形作っている文明と文化との調整問題は、〈二〉と〈三〉でも論じられているように、唯物史観でいう生産力と生産関係との矛盾という概念よりはもっと広いテーマである。それは、今日の環境問題などの課題とも関係することからも分かるように、射程距離の極めて長い問題である。

判決は、この論文が「社会主義社会の実現が現存社会制度の諸矛盾を解決し得る唯一の道」だとしていると主張するが、この論文の結論はそれとは異なっている。たしかにソ連について文明と文化の矛盾の例外であるとか、その工業建設の成果を高く評価してはいるが、同時にそれが「血の粛清」などの犠牲を払っての所産であることにも目を閉ざしてはいない。中国についても農民、勤労者、都市小市民の民主主義的要求があまりにも強烈だったために資本家、地主が脅えて国共分裂を引き起こしたことを批判的に書いており、これらの層と資本家、地主との共存をめざす新民主主義の道を評価している。

この論文の主題は世界史の動向をにらんだ対外政策の問題であるが、そこではまず国際連盟の創設当初から民族自決の理念が不徹底で、植民地の独立にまで及んでいなかったことが問題とされる。そしてそれがより徹底的に進められた事例として、ソ連とその構成員である周辺諸共和国の経済発展があげられ、さらにその影響をうけたアジア諸国家諸民族の民主主義的革新が高く評価されている。民族自決政策が不徹底であったことはたしかに当時の資本主義の問題ではあるが、社会主義とならなくては解決ができない問題だとは論じてはいない。この当時は敵国だったアメリカでも取り上げようとしていた問題であり、他の諸国でも理想としてはめざすことのできる方向である。

　論文の七では「ソ連、トルコ、イラン、インド、支那等における挙国的な反帝国主義—新民主主義運動の発展沈静更に大発展」は、文明と文化との調整問題解決の一つの方向として注目すべきで、これらに対する冷静な考察の上に日本のアジア政策が立てられなければならないという結論が出されている。これは細川自身が世界史の動向を見定めた上での見解であって、「共産主義的啓蒙論文」の域をはるかに超えたものだと言ってよいであろう。

細川論文鑑定書

一九九六年三月一日

荒井　信一

「世界史の動向と日本」は一九四二（昭和17）年に雑誌『改造』8月号および9月号に掲載された細川嘉六の時事論文で、「唯物史観の見地より社会の発展を説き社会主義社会の実現が現存社会制度の諸矛盾を解決し得る唯一の途にして我国策も亦唯物史観の示す世界史の動向を把握して其の方向に沿い樹立遂行せらるべきことを暗示したる共産主義的啓蒙論文」（確定判決）とされ、横浜事件の有罪判決の重要な根拠とされたものである。細川論文がはたしてここにいうような「共産主義的啓蒙論文」であったかどうかについて、歴史学の立場から吟味してみることが本稿の課題である。

　日中戦争がアジア太平洋戦争に発展した一九四〇年代前半には、学会でも論壇でも世界史の問題が盛んに論じられた。この問題が各界で集中的に論じられたのは明治以来初めてであり、其の意味では一種の世界史ブームがあったと言ってよい。東大の辻善之助（日本史）、今井登志喜（西洋史）、和田清（東洋史）三教授の監修により講座『世界歴史』（全八巻）が刊行される一方、京大の関係者による高山岩男『世界史の哲学』、鈴木成高『ランケと世界史学』などが話題をよんだ。高山、鈴木らは論壇でも盛んに発言したが、太平洋戦争を世界史を形成する道義的生命力の現れとして賛美した高山の主張に明らかなように、世界史ブームの背景の一つは世界新秩序の建設という戦争イデオロギーを日本民族の世界史的使命として裏付けようとすることにあった。このような戦争美化論的な潮流のなかにも露骨に時局便乗的なものから比較的真面目なものまで幾つかの流れがあった。たとえば小林元『西亜記——西アジアの歴史と文化』は世界新秩序を日本人の世界史認識の転換を促す契機としてとらえ、これまで日本人の世界史認識から欠落していた西南アジア（東洋と西洋の中間にある中洋）の世界史的意義を強調するとともに、世界新秩序建設史の一環に西南アジアの更生があることを指摘した。明治以来西洋史・東洋史の二分法で世界を見て来た日本人の歴史観の転換を求める議論であった。

しかし世界史ブームのなかで現れた著作のすべてが聖戦賛美に帰結する歴史論を展開したわけではなかった。前述の講座『世界歴史』は講座という性質上一定の傾向を定めがたいし、近代史・現代史の部分でいえばとくに日本史の論文に時局便乗型な空疎なものがめだったことも事実であるが、しかし筆者の専攻した西洋史の部分についていえば、ほとんどが学問的な姿勢を崩さず実証的なスタイルで執筆されていた。当時姫路高等学校教授であり、この講座に二点の論文を執筆した西洋史学者の江口朴郎は、講座について回顧して「おそらくこの『世界歴史』は戦前における良心的な歴史の叢書としてギリギリのものであったし、そのようなものとして最後のものであったかもしれない」としている。

江口がここで「良心的な歴史」と言っているのは、直接には戦時中に天皇と国家への献身を説いて国民を戦争に駆り立てた皇国史観を念頭においているからである。皇国史観は天皇中心の歴史観であるが、方法的な問題に限っていっても神話や伝説に無批判に依拠したり、天皇にたいする忠義を基準として過去の人物の行動を評価するなど科学性・客観性という点で重大な欠陥があった。近代歴史学は一九世紀のドイツで確立し、明治初年に我が国にも導入されたが、基本的には厳密な史料批判に基づく実証と、歴史過程に内在する発展の論理によって歴史を再構成しようとする。江口が「良心的な歴史」としたのはこのような近代歴史学の立場を堅持することであり、また皇国史観だけでなく軍部や国家権力を背景として横行した非科学的な時局便乗的世界史論をなんらかの形で批判し、対抗してゆくことであった。

すでに一九四〇（昭和15）年に、津田左右吉博士の『神代史の研究』『古事記及び日本書紀の研究』などの著書における「神話」批判が「皇室の尊厳を冒涜する」ものとされて博士が出版法違反の罪で起訴され、第一審で有罪判決をうけるという事件があった。津田は一九四二年に控訴院に提出した上申書のなかで裁判所の決定に抗議し「記紀の研究そのことを一般的に否認することになり、更にそれのみならず学問的研究そのことを根本的に否認することになるのであります」とのべている。津田の指摘のように当時記紀批判のみならず一般に「良心的な歴史」の立場を貫くことには根本的な困難があったのであり、この困難をおして所論を公にするためには厳重な検閲の目を逃れるためのフレーズを書き入れるとか、いわゆる奴隷の言葉を使うなどの工夫が必要であった。

しかしそれにも限界があって、ある一線を越えれば聖戦賛美に流れる結果となることも明らかであったので、どこまで書くかについてたえず苦渋の選択を迫られるのが実情であった。江口が前述の文章のなかで「ギリギリ」といっているのはこのような実情を指しているので、検閲を意識しつつ自分の良心を貫くために「奴隷の言葉」を使うなどの工夫＝「偽装」を止むなくされることは当時一般的におこなわれていたことであった。今日から見れば非難されるべきは、緊急避難ともいうべき「偽装」を行わざるをえなくした苛酷な検閲と言論弾圧を国民に課した権力者たちの行為であって、「偽装」によってもあくまで自己の良心の自由と学問的立場をまもろうとした人々ではない。

細川論文の評価は、以上のようなこの論文の発表された一九四二年当時の言論状況を念頭においてなされなければならない。それは確かに冒頭に記したように時事的な論文であり、叙述のスタイルからいえば評論の形をとり実証性という点で問題があるが、しかしそれは、次の二点において単なる時事的論文の域を脱して、本格的な論文に近い重厚な内容の作品になっている。

まず第一に「現在当面の世界情勢は、人類史上未曾有の危機に由来し、これを示現している。」という論文の冒頭の言葉が示すように、二つの大戦を生み出した現代世界の危機を人類史的危機とみて、現代世界の危機とその打開策を六〇〇〇年におよぶ世界史の動向とかかわらせて論じており、其の点で時事的な解説や評論を超えている。現代における歴史意識が危機意識においてもっとも先鋭にあらわれ、現代の歴史学がこの危機意識を内的契機として自律的主体的発展を行って来たことは、一般に指摘できるが、細川論文もこのような意味で、戦時下の日本人の危機意識がうみだした優れた世界史論のひとつと見ることができる。

第二に近代歴史学の成立のひとつの要件が、歴史過程に内在する発展の論理に依拠することにあることは前述の通りであるが、其の場合の歴史発展の論理とはいうまでもなくア・プリオリに与えられるものでなく、確定されている歴史事実や歴史過程の分析によってえられた作業仮説を指す。この作業仮説は新しく解明された歴史の側面によりたえず修正されなければならないが、また同時に社会科学の一部として一定の普遍性を有することが必要である。とくに皇国史観をはじめ聖戦賛美の歴史論の多くが神国・皇国としての日本やその使命の特殊性と唯一性を強調したことを念頭におけば、それを批判し対抗する「良心的な歴史」の流れが一国史的発展を超えた世界史的発展の論理の普遍性を強調したり、自由や平等のような普遍的理念の発展を中心に歴史の論理を展開する傾向を強く示したことはいわば当然であった。細川論文の世界史論は明らかにこのような特徴をそなえており、そのことも学問的な著作に必要な客観性・普遍性の証しとなっている。

　それでは細川論文はどのような論理で世界史の発展をとらえようとしているのであろうか。細川は論文の第二章で、人類史、とくにルネッサンス以後の歴史を考察している。細川は現代世界の危機の根底に「人類六千年の歴史において積成発展したる文明と文化との調整問題が第二十世紀に至って始めて世界的規模において提起されているという事実」があるとしている。文明とは「人類の自然支配力の体系」、文化とは「文明と関連する人類の生活価値の体系」であるが、細川はこの両者の乖離、矛盾が頂点に達し調整困難になったことが二十世紀の世界的危機の根底にあるとするのである。

　簡単にいえば人類史の過程で生産力（＝文明）の発展が次々に新しい社会組織の変化を生み出して来たのであるが、科学と技術の発達による生産力の発展は近代に近づけば近づくほど急速となり、二十世紀には史上空前の発展をとげ「世界史上始めての出来事として全世界が資本主義的近代工業の支配勢力下に網羅されたという画期的な事態」をむかえた。しかしこの「世界経済組織化」はその反面で「史上空前の世界諸民族間における闘争激化」を内包し、その結果未曾有の世界恐慌と軍備大拡張が行われ世界戦争に発展したとするのである。

　第三章は「精神的方面の発展」としてルネッサンス、宗教改革を画期とする科学技術の発展と個人の自由と平等の思想の実現とを相関的かつ歴史的に追求している。そして二十世紀を科学の発展を中核とした現代文明の限界が明らかとなり、現代文明にたいする懐疑と絶望や科学技術の発達にたいする幻滅が欧米の思潮に現れ、「現代文明に相応すべき文化体系―人間が生きがい働きがい、そして無限の希望を将来にもち得べき文化体系の成長なくしては全文明の崩壊」となるような重大問題の解決を世界が迫られているものと見ている。

　二章、三章の世界史論を通読して感じるのは、それが一種の生産力史観に基づいて展開されていることである。近代以降においては生産力の発展はとくに工業において顕著であるから、それはまた工業中心史観でもある。論文の至る所で工業化を指標として生産力の発展、停滞、後退が示されている。そのこと自体を問題にするわけではないが、たとえば一九二九年の世界恐慌の日本にたいする「打撃」について「日本においては近隣に後進地域たる植民地半植民地を有することによって打撃は軽微であった」と述べているのを見ると、其の感を深めざるをえない。周知のように世界恐慌の日本への波及は対米輸出の八割をしめた生糸の激落として始まり、その結果繭価の暴落が農家経済を直撃して激しい農業恐慌の引き金となったし、また工業恐慌とならんで農業恐慌の深刻な発展がいわゆる昭和恐慌の重要な特徴となった。その結果昭和恐慌は日本の近代史上もっとも深刻な恐慌となった。一九三二年のコミンテルンの『日本の情勢と日本共産党の任務』(三二テーゼ)も、日本では社会的諸条件が「工業恐慌と農業危機との結合を導き、都市および農村において経済恐慌を未曾有に先鋭なものとしている」という認識を示している。細川の認識がこのコミンテルンの認識とはまったく違うことはいうまでもないが、このような違いが生じるのは細川の史観が彼独自の工業中心史観であるからである。

イギリスの産業革命に先導された近代工業の発達はヨーロッパを中心に行われるのであるから、工業中心史観はまた近代ヨーロッパ中心史観にならざるをえない。それは自由平等思想の発達と近代科学の発達を考察した第三章に、とくに顕著にあらわれている。ルネッサンスと中世との断絶性の強調、自由のみならず平等思想の先駆者としてのルターの過大評価、東洋社会・文化の停滞性論、ダーウインの進化論の社会文化的意義の強調などは一九世紀のヨーロッパで受容され発達した考え方で、現代において強く批判されたり、修正されているものであるが、細川論文にはその影響が強く認められる。

総じて細川の世界史論はこれまで考察したように生産力史観(工業中心史観)、ヨーロッパ中心史観を特徴とするものであって、史学史的には自由主義的歴史観として分類できる性質のものであり、政治思想的には近代主義的リベラル左派の考え方にちかい。

それにもかかわらず前記判決は細川論文について二か所で「唯物史観」という言葉を使っている。唯物史観は、人間の意志から独立した生産力と生産関係との照応・矛盾を中心として社会発展の歴史を法則的にとらえていく考え方である。細川の生産力史観がこのマルクス主義の考え方から強く影響されたものであろうことは推察できるし、また恐慌の原因を、私的利潤の獲得を主要目的とする資本主義的な生産関係が生産力の発展に照応しなくなってきたことに求める彼の恐慌論（現代世界秩序の危機論）にもその点はよく現れている。

確かにその影響は重要ではあるが、本論文に関する限り自由主義的歴史観に史的唯物論を加味して修正したという性格のものであって、さきに指摘したようなその本質には変わりはない。それは彼の生産力史観が工業史観に偏して交通を除けば農業のような他の産業部門の分析を欠いているなど、生産力を構造的に捉えていないこと、またとくにいわゆる独占資本段階に不可欠な金融資本についての分析がほとんど無く、そのために「世界経済組織化」の把握が平面的であるなど、生産関係の分析が一般論以外にはほとんど捨象されている印象を与えていることなどによく現れている。生産力と生産関係の矛盾は生産と消費の矛盾に単純化されている観がある。生産と消費の矛盾に過剰生産恐慌の原因を求める考え方は自由主義的経済学説にもあり、史的唯物論に固有のものではない。

むしろ細川の生産力史観が戦時中の言論界で流行した生産力（抗戦力）論の枠組みで展開されていることが重要であろう。現代の戦争の特徴が総力戦として戦われ、軍事力とともに経済力が決定的役割を果たす事はいうまでもない。戦時生産力の増強は日中戦争以来国家の至上命令となったが、それはイデオロギーの問題というよりは具体的な戦時経済の運営の問題であり、先例として重視されたものの一つが社会主義建設五か年計画（一九二八年以降）によるソ連の計画経済であった。ソ連の計画経済もまた第一次大戦中のドイツ戦時統制経済を範にとったものといわれ、生産力増強の観点からドイツやソ連の統制経済の紹介に関心が注がれたのであった。このような事情は戦争に批判的なマルクス主義の影響をうけた経済学者やソ連事情に詳しい人々にも発言の余地を与えたが、その発言は生産力増強という国家的要請の枠内で論じられなければならなかった。細川の生産力史観もこの枠組みの中に含まれるものであり、またこの枠組みの中での「ギリギリ」の発言であった。

細川論文の第四、五章はソ連について論じている。その論点の一つはソ連国民がドイツとの戦争でしめした団結と根強い抗戦力が、革命以来の国内建設の成果にもとづくことの指摘にある。しかし細川は国内建設の成果を単に工業化と農業の機械化のみに見るのでなく、むしろ民族政策の成功について生産力史観の立場から大きく評価している。一九三六年のいわゆるスターリン憲法が公布された段階でソ連は一一の民族共和国により構成されていたのであるが、とくに「後進地域」における工業と文化の急速な発展と「旧式文化」の自然な社会主義的変容によって憲法の規定する民族自決権と諸民族の平等が実体的な裏付けが得られ、この段階で諸民族の融和が実現したものと見ている。独ソ戦で発揮されるソ連邦構成諸民族の団結と強い抗戦意欲の基礎がこの民族融和にあったこと、すなわちソ連の社会主義建設の過程でおこった急速な工業化と文化的発展およびそれを基礎とする民族融和の実現がソ連の抗戦力に貢献した積極的意義を強調するのである。

細川は資本主義的世界秩序が生産力の発展にたいして桎梏と化し、世界市場の獲得をめぐる列強間の闘争を激化させ、結局その矛盾の解決が戦争に求められたり、恐慌を必然化させたりしていることを強く批判し、そこに現代文明の危機を見ている。そしてこの危機を解決するために「現代文明に相応すべき文化体系」の成長が急務であるとしたことはさきに述べた通りである。彼のいう「文化」とは、生活者が働きがいと未来への希望をもって生活できるような価値体系のことであり、かれがソ連においてそれが実現しつつあると考えたことも事実であるが、それをもって細川がこの論文で社会主義社会の実現を説いたものと即断することはできない。それは二つの面からいえるように思う。

一つはソ連論の大半がその民族政策に当てられていることである。そしてその「成功」が「文字を知らざる諸民族に文字を教え近代文明と文化とを教え来ったこと」すなわち近代化の成功に求められていることである。ソ連の国内建設が主として「後進地域」の諸民族の近代化について論じられ、しかもそれが抗戦力論の枠組みのなかで論じられていることは、細川の真意が日本の「大東亜共栄圏」政策の批判にあったことを示している。細川は日本がアジア諸民族を組織化しその力を抗戦力として役立てるためには、日本の対アジア民族政策が合理的なものであり、その近代的な改革と自立を促進するような性格のものであるべきことを示唆したにすぎない。

おなじことは第六章でトルコ、中国、とくに新疆省、インドなどの近代化や民族問題について論じた部分についても指摘できる。これらの地域における民族運動の発展は第一次世界大戦の結果とソ連の反帝国主義外交の影響を受けておこなわれたが、議論の中心は「国内革新」の問題におかれている。ここでもソ連の支援をうけた工業と鉄道などの物質的近代化の問題に触れてはいるが、重点は選挙権や信仰の自由など民主化と少数民族政策の成功、それを基礎とする民族融和の展開におかれている（とくに新疆省の例）。

中国の抗戦についても、中国共産党の民衆政策、とくに農民にたいする民主化・負担軽減政策が抗戦力の観点からとりあげられ、それが国民党の民衆動員政策にも波及、反映している側面が指摘されている。このような国共両党の間における民衆動員のための民主化・近代化政策の相互浸透作用についての指摘は、今日においても新鮮な問題提起であるが、このことも細川の問題意識があくまでも抗戦力論の枠組みにあることを示している。インドについても「現大戦の過程中に、インド民衆の反ファシズム反帝国主義と国内革新とがいかなる発展をなすであろうか」が問題とされている。

このように見てみると、細川論文は抗戦力の観点から日本の「大東亜共栄圏」における民族政策について政策提言をおこなった論文と規定することができよう。そして日本が東亜諸民族の力量を抗戦力として結集し、諸民族の融和と世論の支持を得て指導性を発揮するためには大胆な「革新」が必要であることを説いたものである。

この場合の「革新」が日本の国内革新（例えば社会主義革命）ではなく、むしろ未解放諸民族の民族自決と近代的進歩の促進など、植民地主義と植民地支配の「革新」をさすことは論文全体の議論の進め方から明らかである。そして基本的には抗戦力論の枠組みを真摯に維持したことによって総力戦の遂行を至上命令とする内閣情報局の検閲をパスすることができたと思われる。本論文を社会主義社会の実現による矛盾の止揚を説いた「共産主義的啓蒙論文」とするのは、陸軍の予断に基づいた全くの曲解というよりほかはない。

先進諸国における民衆運動や従属地域における民族解放運動の発展した段階の総力戦であった第二次世界大戦では、戦争に本国や植民地の民衆の抗戦力を結集するために主要な交戦国がそれぞれ何らかの形で革新的な社会政策や民族政策の実行を約束せざるをえない側面が客観的に存在した。それが実行にうつされるか、どうかは、当該国家の国内体制の如何によったが、このような客観的要請が存在した点では、日本が属した枢軸国と連合国とのあいだに区別はなかった。

細川論文の主題とされた民族政策についていえば、連合国の公表した戦争目的である大西洋憲章（一九四〇年八月）も民族自決権として、すべての民族の政体選択の自由、「関係国民の自由に表明する希望と一致しない領土的変更」を望まないこと、「主権及び自治を強奪された者」へのその返還をかかげ、また社会的経済的要求として「改善された労働条件、経済的進歩及び社会保障をすべての者に確保するための」協力と「恐怖及び欠乏からの解放をうたっている。識字運動のような文化の問題を除けばこのような民族自決や経済的社会的進歩の諸原則は、内容的には細川の主張した「革新」の内容とちかい。

その意味で細川の民族政策に関する政策提言は総力戦段階における普遍的な問題にきわめて近接しえたものとして積極的に評価することができよう。

細川論文鑑定書

二〇〇二年三月一〇日

波多野　澄雄

1．緒言

細川嘉六が第二次世界大戦の最中に、雑誌『改造』誌上に発表した「世界史の動向と日本」と題する論文は、そのタイトルが示すように、とくに近代以降の世界史の動向を踏まえて戦時・戦後の日本の進路を示そうとしたものである。その進路が、確定判決が述べるように、「社会主義社会の実現が現存社会制度の諸矛盾を解決し得る唯一の途にして我国策も亦唯物史観の示す世界史の動向を把握して其の方向に沿い樹立せらるべきことを暗示したる」もの、とすれば、それは日本政府の示す国策とまったく相反する方向を示す「共産主義的啓蒙論文」となり、戦時下の治安維持法に抵触する有罪の根拠とされる相当の理由となり得る。

本鑑定書は、この細川論文の内容を、大戦下の日本政府の対外国策との関連で吟味し、上記の判決が妥当であったか否かを検証するものである。

2．細川論文の政策的背景
――占領地民族の独立をめぐる論争

細川嘉六が「世界史の動向と日本」と題する論文を執筆したのは、その刊行時期（『改造』一九四二［昭和17］年八月、九月号）から判断して、日本が対米英開戦に突入した前後のことと推定される。すなわち、一九四一年末から四二年前半のことである。この時期、日本の対外国策が直面していた重要課題の一つは、軍事占領した南方（東南アジア）をいかに統治するのか、すなわち占領地行政の具体策を早急に定めることであった。もとより日本軍の東南アジア占領の最優先目標は国防資源の取得にあったが、この目的達成のために占領地域に軍隊を常駐させ軍政を布くのが有利なのか、あるいは占領地域の民族に自治や独立を与えるのが有利なのか、という難題が存在した。政府部内では、既占領地であった中国（とくに汪兆銘政権の統治地域）の処遇をも含めて激しい議論の対象となり、開戦直後の時期まで決着していなかった。

アジアの占領地域に軍政を布くのか、独立や自治を与えるのかという問題が政府や軍部内で始まったのは開戦前の四一年初頭のことであった。とくに外務省はこの問題に関心をもち、例えば、外務省の発案で四一年二月に政府・軍部間の決定となった政策文書は、将来の施策として、「独立の能力なき民族に付いては各其能力に応じ出来る限りの自治を許容し、我に於て其統治指導の責に任ず」という方針が示されている。この方針がそのまま政府の施策となったわけではないが、外務省は開戦前後を通じて一貫して東南アジア占領地の早期独立を主張していた。戦争遂行の当事者であった参謀本部も四一年初頭から占領地域の処遇を研究する組織を設けて検討を行っており、四一年半ばには、例えばフィリピンには、軍事戦略の妨げとならない範囲で、占領後は現地政府の存続を認め、やがて独立を容認する方針を固めていたことが多くの資料によって確認できる（拙著『太平洋戦争とアジア外交』東京大学出版会、一九九六年刊）。

開戦直後の四二年一月、東條英機首相は議会演説において、フィリピンやビルマに一定の条件の下に独立を与えることを宣言したが、その背景にはこうした外務省や陸軍の支持が存在したのである。つまり、政府・軍部としては開戦前後の時期には、軍事占領した東南アジア地域の現地民族に、限定的ながら独立や自治を与える方針であった。しかし、東南アジアの占領がほぼ終了した一九四二年五月には、独立よりも当面は軍政を布くという方針に変化して行く。発言力を増していた現地軍が戦略資源の獲得という優先目標のためには、現地民族を軍政下におくことが必要と判断し、東京の政府や陸軍の独立という方針に抵抗したためであった。

その後も、この問題は政府・軍部内において激しい議論の対象となり、戦局が不利に傾きはじめた四三年初頭には、一定地域（ビルマ、フィリピン、中華民国［汪兆銘政府］）の民族に独立や自治を許与するという方針が改めて正式決定となる。この決定に従い、ビルマは四三年八月、フィリピンは同年一〇月に独立する。中華民国の場合は、日本の立場からみれば既に独立政権であったので、同年一〇月、不平等条約の清算と互恵平等を基礎とする新条約を締結した。ちなみに、東南アジアで最大の人口と面積を有するインドネシアについては、原則的に独立を与える方針が決定したのは四四年九月であった。

いずれにせよ、細川論文が執筆されたと考えられる開戦前後の時期は、アジア占領地域の現地民族に独立や自治をどの程度与えるべきか、あるいは軍による統治（軍政）を継続的に行うべきなのか、という占領地（植民地）の処遇問題が政府部内にとどまらず、民間においても、盛んに議論の対象となっていた。例えば、政府関係者も多く参加していた大東亜問題調査会という民間研究団体は、占領地域をそのまま植民地として統治することは、欧米帝国主義の焼き直しに過ぎないものとし、「植民地なき大東亜共栄圏の建設」を目標にかかげ、占領地諸民族の処遇問題について議論を重ねていた。

3. 文明と文化
――現代的課題としての「民族自決」

ところで細川論文は、一国の発展に注目するよりも、人類史を発展させた普遍的な要因や理念に着目しつつ、ルネッサンス以降の世界史の構造的展開を示し、その文脈で当時の日本の国策のあり方を示そうとする啓蒙論文である。とくに、文明と文化という二つのキーワードを軸に議論を展開し、両者の調整問題が二〇世紀の最大課題であるとする。

細川によれば、文明とは「人類の自然支配力の体系」であり、文化とは「人類の生活価値の体系」である。両者の乖離や矛盾が二〇世紀の危機である。科学技術の発展がもたらす工業生産力の高まりは、近代において飛躍的なものとなり、二〇世紀には、資本主義的工業が世界を覆うという画期的時代を迎えた。しかしながら、こうした文明の発展にふさわしい「生活価値の体系」を人類が築き得たか、といえばそれは否である。

「生活価値の体系」とは、細川にしたがえば、人類の最大多数がより良く生きるための価値体系であり、それは大小の諸民族が相互に異なる価値を承認し、相互に生存と独立が保障される世界体系である。換言すれば、植民地主義の清算――民族自決主義が貫徹される世界である。

かくして細川論文は、二〇世紀における文明の発展が不可逆的であるとすれば、それに照応すべきこうした世界体系の創出は不可避であるとし、第二次世界大戦への突入という情勢を踏まえつつ、日本の進路を説くのである。その方法はやや迂遠であるが、荒井鑑定書が指摘するように、細川論文の背景を成している史観は、工業発展中心の生産力史観であり、資本主義、社会主義を問わず人、物、金の総力をいかに結集し、戦争に動員するかという課題、すなわち、世界大戦下の主要国が直面していた総力戦体制の構築という課題に呼応する議論であった。

したがって、細川論文は総力戦体制の構築に必須とされた生産力・抗戦力の増強という国策にマッチする形で議論が展開され、総力戦への協力を宣伝する役割を担っていた内閣情報局の検閲を通過することが可能であった。

他方、歴史分析の枠組としては、確かに社会発展の法則を生産力と生産関係の矛盾を中心にすえる唯物史観(マルクス主義)の影響を認めることができる。しかし、ソ連邦や共産主義社会を理想として認めているのではなく、生産力・抗戦力の結集のためには民族政策の運用も効果的な手段であることを示すために、ソ連邦の「模範例」がしめされているのである。

4. ソ連民族政策の成果

細川論文において、民族自決が文明の発展（資本主義的工業化の発展）に相応すべき文化（生活価値の体系としての文化）の建設をいかに進めるかという現代世界の課題との関連で説かれているとすれば、細川論文の最も重要な論点はこの民族政策である。とくに第3章では、第一次世界大戦中に米大統領ウッドロウ・ウイルソンによって提唱された民族自決主義の意義を説き、民族自決主義が文字通り適用されたのは東欧のポーランドなど小諸国であり、エジプト、インド、フィリピン、中国などヨーロッパ以外の地域に適用されず、独立や解放が実現されなかったことを批判している。とくに、これらヨーロッパ以外の諸民族が自由に選出した代表者を国際連盟に参加させる機会を与えられていないことを遺憾と述べ、また、弱小民族の利益は壟断されているとした孫文の批判にも言及していることは、民族自決権への高い関心を窺わせる。

さらに細川論文は、資本主義国のリーダーたる英米仏は、ウイルソンの提唱にもかかわらず、実際にはこれらの弱小民族の権利や植民地の解放を認めないばかりか、半植民地、植民地の民族的自覚や民族独立運動を無視して圧迫と搾取とを強化している、と論じている。つまり、資本主義国によって提唱された民族自決原則ではあったが、資本主義国がその工業化の発展過程のなかで植民地主義を必然化させ、民族自決の貫徹を不十分なものに終わらせたと見ているのである。

かくして細川は、資本主義世界においては、工業化の進展（すなわち文明の発展）に照応すべき文化的成果が生み出されなかったとするが、ソ連の民族政策における「空前の実験成果」は工業化の進展が文化的成果をもたらした模範例として高く評価する。辺境諸民族の教育水準の向上、教育の普及などはソ連の民族政策の顕著な成果であり、ソビエト組織を政治の基礎としたこと、全民族の平等・自決を民族政策の基礎とし、一九三六年の憲法改正によって民族会議に連邦会議と平等の権限を与え、その結果、民族的融和が進んでいる、と論じている。

注目すべき点は、細川論文は、トルコ、アフガンなどの反帝国主義と国内革命の進展、新疆省の「革新」はソ連の支持を得たものであり、これらの変革を「赤化」とみなすのは民族問題の本質的解決を誤らせる危険性を内包している、と論じていることである。すなわち細川は、ソ連内部のみならず、新疆や中国における共産党の国民革命における役割に高い評価を与えるが、それは共産主義の成果ではなく、民族自決主義の世界史的な動向に着目した民族政策の成果であるとするのである。

そのことは、抗日統一戦線に参加させるために、ソ連は各民族に自決権を保障し、少数民族にも特別の注意をもって臨んでいることに着目し、中国の民族独立運動の発展が、インドからトルコ、アフガンにおける民族運動に波及し、さらにエジプトのイギリス帝国主義への抵抗運動にも影響を与えていると論じている点に良く現れている。

細川論文はまた、インド、中国における新民主主義、反帝国主義の未曾有の勃興に際して、暗に武力によって目的を達成すべきではなく、「世論」を我がものとする重要性を説いている。「大東亜共栄圏の樹立に際して、支那、インドなど諸民族の我が民族政策に対するそれぞれの世論が致命的に重要であり、この民族的世論を領導することは、八紘一宇の理想を実現すべき不可欠の条件である」と論じている。

すなわち、日本の民族政策はアジア諸民族の「世論」に耳を傾けるべきである。しかるに、これまでの日本の民族政策は、欧米帝国主義の「亜流」または「追随者」であり、弱小民族への配慮を欠いたものであり、例えば、孫文が説いたように、中国やアジア諸民族の「自立国家としての存立、独立平等の地位」の確保のために貢献することこそが日本の将来に有利であり、日本の利益でもあると述べている。

そして、これらの主張は、東南アジア占領後の統治政策として、植民地化（軍政）よりも、可能な限り独立や自治を与えるべきという開戦前後の外務省を中心とする政府の主張と軌を一にするものであり、決して日本の対外国策と矛盾するものではなかった。

5．民族政策の「革新」とは何か

戦争の時代を迎え、主要な交戦国が総力戦体制の構築を迫られるなかで、覚醒しつつある諸民族をいかに交戦力として動員するかは、枢軸国、連合国を問わず最も重要な課題であった。細川論文においては、一九四一年八月に連合国の戦争目的として公表された大西洋憲章も、その一環として位置づけられる。

大西洋憲章は、民族自決権として、すべての民族の政体選択の自由、主権と自治の尊重を掲げており、それは反植民地主義の動かしがたい潮流、あるいは戦後世界を決定する要因として、連合国のみならず枢軸側にとっても重要な行動指針となっていた。すなわち、植民地主義を放棄し、民族自決の原則を貫徹できるか否かは連合国、枢軸国を通じた第二次世界大戦の大きな国際的争点となっていたのである。

実際、一九四三年後半、日独両枢軸国の政府間には、両国の支配地域において自治や独立を積極的に容認していくという趣旨の日独共同宣言案について外交交渉が行われていたのである（前掲、拙著）。日本もドイツも少なくとも外交指導者のレベルでは、戦争の勝敗とは別に、大戦後の世界秩序を形成する基本原理は、諸民族の自治や独立を最大限に容認する方向にあることを予期していたのである。

細川論文は、日本の民族政策は「世界的事態の進展から隔離し、民族的発展を阻害するが如きものであってはならない」と述べ、日本がアジア諸民族を組織化し、その力を抗戦力として結集するためには、「革新」が必要であると指摘している。細川にとって「革新」とは日本国内の社会主義革命でも、ソ連や中国の共産主義の支援と連携でもなく、帝国主義や植民地主義に立ち向かい、独立を志向するアジア諸民族に対する自決権の承認と支援を意味した。確かに、中国や他のアジア諸民族のなかにはソ連の支援や影響を受けているが、それを『赤化』という言葉を以てぼかすことは、新たにアジアに展開しつつある民族問題の本質的解決を誤らしめる危険を内包している」と細川は言う。民族平等、弱小民族の保護、信仰自由の保障など、民族自決原則に則った解決こそが本質的なものであり、それが世界史の動向であるというのである。

最後に細川論文は、未曾有の変換期に、アジア一〇億の諸民族を領導すべき国家政策を打ち出すことは、「大和民族のみならずアジア民族の将来に史上空前の光輝をもたらす唯一の保証」であり、「米帝国主義の亜流者、追随者としてアジア諸民族に対するときはアジア諸民族のうちに孤立する危険を自ら招くものである」とし、民族の自立自決の支援を基本とする「革新」国策の必要を示唆して論文を締めくくっている。

外務省の奮闘にもかかわらず、第二次世界大戦を通じて国策としてアジア諸民族の独立や自治の容認政策は限定的なものに終わったが、その目指す方向は細川論文と軌を一にしていたのである。

Ⅱ 論文〝摘発〟前後の『改造』編集部

『改造』編集部員の証言

——青山憲三著
『横浜事件・元「改造」編集者の手記』から

【解題】 青山憲三は、青山鉞治《えつじ》のペンネームである。青山は細川論文が陸軍報道部により〝摘発〟されたときの『改造』編集部員だった。一九八六年7月に申し立てをした横浜事件第一次再審請求の初期には、入院した木村亨に代わり請求人団の先頭に立って活動したが、請求から一年半後、八八年2月に他界した。本書の初版は六六年に弘文堂から発行、八六年の再審請求時に希林書房から復刊された。

　ここに引用したのは、細川論文を掲載する際の当時の総合雑誌編集部の緊張ぶりと、執筆者が検挙され、雑誌が発売禁止の処分を受けた際の編集部の不安と動揺を述べた箇所である。

　この事件により、大森直道編集長と、細川論文を担当した相川博は退職、他の部員は全員異動させられて、新たな編集部による『改造』は残ったが、総合雑誌としてのその命脈は断たれた。

　十五年戦争当時、巨大な官僚組織である陸軍の中にはさまざまの派閥抗争があったが、細川論文が内閣情報局の正規の検閲をパスしていたにもかかわらず、陸軍報道部の横槍によって〝摘発〟されたのは、当時、軍による検閲が情報局と報道部の二重構造になっており、情報局の幹部将校に対する報道部の幹部将校の対抗意識によるものだったと本書では説明されている。

　絶対的な権力を持つ軍部の攻撃にさらされるとき、出版社の編集部がどのように追いつめられるか、当事者の目できわめてリアルに語られている。

*

3　発端は細川論文

　私は、すぐその日（編集者注・筆者＝青山が検挙された日。一九四九年1月29日）の午後にでも取調べが始まるものと思い、予想される訊問に対する答弁の仕方を、あれやこれやと不安のうちに整理した。

　まず当然に問題の細川嘉六の論文「世界史の動向と日本」を「改造」に掲載した経緯と、その波紋のありさまをふりかえってみた。

　あれは一九四二年の八月号、九月号の二号にわたり分載された。はじめは八月号に全部掲載の予定だったが、当時の用紙統制の都合で百六〇枚の長編論文はどうにも他の企画とのやりくりがつかず、やむをえず二号に割った。半年がかりでこの論文を手に入れた相川博は、分割掲載にはしきりに反対を主張した。彼は細川嘉六に対しては、執筆者と編集者の関係以上に、むしろ師弟関係のような尊敬を払っていた。

この時分、ちょうど編集長の大森直道は中国へ出張中で、次長の若槻繁が原稿整理その他の責任を負い、相川博、小野康人、鍛代《きたい》利通、それに私が編集部員として協力した。同じ編集部員の北島宗人は二度目の応召中だった。相川にかぎらず若槻をはじめ部員一同も、分載は論文の意義と迫力を弱めると考えたが、しかし相川ほどにはげしく感情的なまでにはこだわらなかった。

八月号のことだから日時としては七月の初めのむし暑いなかを、大日本印刷市ケ谷工場の校正室へ出張して追込み編集をしていた。細川論文は、まず相川が生原稿を読んで検閲的に気になる箇所をチェックした。初校は手分けして読み合わせで行い、再校は私が素読みをして若槻に回した。校正の上手下手はともかくとして、検閲的神経の点では相川も小野も甘いというかザツというか、編集部内でもあまり信頼されなかった。大森編集長がるすなので、若槻も私もふだんの何倍かの神経をつかった。そして結論を言えば、細川論文はこのますっぽり検閲を通るか、あるいは全くの掲載禁止のどっちかで、多少の字句をひねくるような小細工はきかない種類のものであるというところに編集部の意見は一致した。もちろん、ひどい曲解をしないかぎり掲載禁止になるべき性質のものではないと考えたが、戦時下の狂った官憲当局の態度に対しては安易に見当がつきかねるのであった。

今日読み返してみれば、さすがの細川論文も遠くのほうから説教しているような、まだるっこい論旨のはこびかたではあるが、しかしそれは、当時の日本の軍政の致命的な欠陥を大局的な見地から衝いていた。

「我が民族のもつ八紘一宇の政治的理念が真実に大東亜に限らず全世界二十億民心を収攬すべき雄渾なる政治的良識たり従つて又雄渾なる世界政策の基礎たるがために必要不可欠の前提として、現世界の混乱を惹起しつつある世界史的発展の根本問題を検討し、それによって敵へて我が民族の光輝あるべき将来のために資せんとするものである。」

細川論文は冒頭でこう述べているごとく、批判といってもそれは建設的な批判であった。具体的に言えば、日本の目指す「東亜新秩序」の建設は、旧来の植民地支配政策ではいけない。民族の独立と自由を支持するソ連の新しい民族政策の成功に学ぶべきであるというのであった。したがってそれは、当時の満州国建国のスローガンとされた「五族協和」「王道楽土の建設」ひいては「大東亜共栄圏」の、そのあるべき方向を科学的に裏づけようとした、いわば真正の意味で次元の高い国策協力の論文であった。

このことは細川嘉六自身が終戦後の一九四五年十月九日の朝日新聞紙上で、次のように語っていることからも明らかである。

「この論文は新しい民主主義を主調としたもので、大東亜戦争に突入した日本が、将来いかにしたら悲惨な目にあわずにこの難局をきりぬけることができるかという憂国の至情にかられて筆をとったものです。当局は論文中にある〝弁証法〟とか〝生産力〟とかいう言葉は赤だといって責めあげましたが、誰がみてもこの論文から共産主義的主張が出てこぬことがわかると、こんどは私の友人たちを検挙し、友人たちの口から『細川は赤だ』といわせようとしたものです。」

とにかく、私たちは細川論文を事前検閲に出すことにした。特別に軍の作戦や機密にわたる箇所はないと考え、校正刷は情報局の雑誌検閲課だけに届けた。この連絡には鍛代利通があたった。そして校了ぎりぎりに、内閲はわずかの削除と字句の訂正だけで許可が下りてきた。私たちは、まずまずとほっとした。まずまずというのは、細川論文は前半つまり八月号に掲載する部分は、どちらかといえば概念的で、もし問題があるとすれば、むしろ後半つまり九月号のほうにあると想像されたからである。

私たちは大森編集長の帰国が待ち遠しかった。責任を回避する気持からではなく、なんとなく荷の重味に堪えかねたのである。大森編集長は、この細川論文の具体的内容を知らない。彼は相川を通じて、細川嘉六の力作論文が八月号に間に合うべく脱稿されるだろうと期待して中国旅行に出た。しかし、細川嘉六の専門分野からして、その内容が植民政策か民族問題であると想像していたにちがいない。彼は旅行中の編集処理を慎重にするように、とくに言い残して出発した。

まもなく「改造」八月号は、予定どおり書店に出た。そして反響は、ふだんの月よりもぐっと大きかった。やはり細川論文が話題を呼んだ。私の親しい評論家からも「よくやった」と、わざわざ電話で激励してくるものがあった。七月末に帰国した大森編集長も、細川論文の中国における好評を伝えたが、それだけに九月号に掲載する後半の具体的政策に関する叙述の校閲には、よりいっそうの神経をつかった。校正刷は回し読みをするうちに真赤になった。二校、三校とゲラ刷をとり、四校目を内閲に出した。そして何度も催促して、やっと今回も校了ぎりぎりになって「許可」の判を押した校正刷がもどってきた。それを受取って校正室へ帰ってきた鍛代がほっとして疲れた顔で「きょうのハンコは、ばかにでかく見えるな」と、にんまり笑って私たちの同感を誘った。あの表情が、いまも私の眼に浮かぶ。

しかし、それから一ヵ月近くたって、思わぬ毒矢が「改造」編集部へ飛び込んできた。

私はいま、その正確な日付を記憶していないが、その新聞――「日本読書新聞」（当時の日本出版文化協会の機関紙）を調べると、一九四二年九月十四日号であり、実際の発売は日付の四、五日前のはずだから、私がそれを新宿駅で買ったのは九月十日前後と思えばよかろう。私たちは「改造」十月号の出張校正で例月のように大日本印刷へ通っている最中であった。私は新宿から市ケ谷へ走る国電のなかで、その読書新聞をひらき、第一面のトップの「戦争と読書」と題する、大本営陸軍報道部長・谷萩那華雄の署名入りの記事を読んで、ドキンと胸をつかれた。谷萩大佐はその談話の終りのほうで「長期戦と防諜問題、検閲強化の急務」という小見出しのもとに、次のように語っていた。

「戦争が長期にわたるということになれば、アメリカ、イギリスそのほかの国からの謀略や思想攪乱というようなことがさかんになってくるわけです。これは雑誌、書籍の検閲という方面をもう少し強化しなければ危いんじゃないかと思うんです。今月の九月号の『改造』の細川嘉六氏の『世界史の動向と日本』これは共産主義宣伝でしょう。手ぬかりですね。」

私には最後の「共産主義宣伝でしょう。手ぬかりですね」という言葉が、真実、脳天に鉄槌をくらったようにひびいた。私は市ケ谷駅から左内坂を上って大日本印刷へ駆け込むまで、まるで夢中だった。校正室へ飛び込むと、めずらしく早く大森編集長が来ており、若槻と二人で何か話し合っていた。濃いひげを、けさは剃らなかったとみえて、色白の大森の頬がやつれて夕暮れのように暗かった。

「これ、見ましたか。」

私は二人の話に割り込むように、にぎっていた読書新聞を突き出した。大森が眼とあごで、

「うん」と一つ重い返事をした。

私は興奮を吐き出すようにつづけて言った。

「いくらなんでも共産主義宣伝とはひどすぎるよ。この言葉は活字のうえのタブーじゃないですか。読書新聞のセンスが憎いよ。」

「そのことで若槻君と相談していたのだが、いよいよ困ったことになった。……」

大森編集長は私の視線を避けて、机の向こうに暗い眼をやった。そして、いよいよ困ったという、そのいよいよに至るまでのこの数日来の苦悩を打ち明けた。

大森編集長は、実はその三、四日前の「六日会」の席上で、陸軍報道部の平櫛孝少佐から細川論文について、こっぴどく痛めつけられていたのだった。（原注・以下、平櫛少佐の発言は、当時の「中央公論」編集長、畑中繁雄氏の『覚書・昭和出版弾圧小史』初版一九六五年による。同書は八六年、『日本ファシズムの言論弾圧抄史』として復刊）

「自分はなんの気なしに、寝ころんだままこの論文を読みはじめ、途中思わず卒然として起き上がった。筆者

の述べんとするところは、わが南方民族政策においてソ連に学べということに尽きる。南方現地において、日本民族が原住民と平等の立場で提携せよというのは民族自決主義であり、敗戦主義である。しかもその方式としてはソ連の共産主義民族政策をそのまま当てはめようとするもの以外のなにものでもない。かくてこの論文は日本の指導的立場を全面的に否定する反戦主義の鼓吹であり、戦時下巧妙なる共産主義の煽動である。一読驚嘆した自分は、さっそくこのことを谷萩報道部長に報告すると同時に、専門家にも論文を審議させたところ、自分とまったく同じ結論をえた。」

平櫛少佐はこう言って大森編集長をにらみつけ、さらに「このような論文を掲載する改造社の真意を聞きたい。その返答如何によっては、自分は改造社に対し、なんらかの処置を要請する考えである。このような雑誌の継続は、即刻とりやめさせる所存である」と声を荒げ、顔面に朱をそそいで言い放ったということである。

大森は編集長の責任において、私たち部員の動揺をおもんぱかり、また個々の策動がけっしてよい結果を招かないことを考慮して、佐藤績（編集局長兼出版部長）と二人だけでひそかに対策を練り、打つべき手は打ちつつあったのである。もちろん平櫛少佐とは面談し、細川論文の趣旨の誤解を解こうと試み、その掲載の経緯、つまり情報局の内閲をパスしていることなどを説明したが、しかし肝心の谷萩大佐はすげなく面会にも応じようとしなかった。

ところで、ここで私の臆測を付け加えると、当時陸軍内部で谷萩報道部長と情報局の新聞雑誌の指導部長松村秀逸大佐は、いわゆるそりがあわず、出世争いをする仲であった。そこで谷萩としては松村に意地悪く当たり、いかにも情報局の検閲の「手ぬかりですね」などと面当てがましい言葉が出てきたのではあるまいか。だとすると、「改造」にとっては二重にまが悪かった。社長の山本実彦は松村大佐とは鹿児島の同郷人で、平素から親しい交渉があり、それはそれで何かと便宜があったが、こんどの事件のような場合にはかえって逆作用として働くわけである。戦時下の政治や文化面の、かりにも指導と名目のつく事柄が、ひねくれた個人の感情問題でいくぶんでも左右されるなどということは、ばからしいかぎりである。しかし、かれらの親玉の東条英機のやり口から推して、まんざら見当違いの想像でもないと思う。

4　長野屋会議

さて、その日の夕方、私たちは印刷所を早めに引き上げて、そのころ四谷見附にあった長野屋という古い飲み屋に集まった。この際、編集部全員の思想統一と善後策を講じようとしたのである。

そのまえに私は大森編集長の指示によって、細川論文に対する海軍報道部の見解と態度をきき出すことにした。平出大佐には会えなくて、雑誌担当の浜田昇一少佐（のち中佐）と面談した。そして浜田少佐の見解が即ち報道部の見解であると判断してよいと思ったが、細川論文についても海軍はその伝統に従って、形式的にはきわめて合理的な考え方をもっていた。海軍は海上で戦争をするのが第一の任務で、その作戦に影響する事項は厳重に取締まるが、内政一般には関与しない。まして情報局で一元的に言論統制をする建前であれば、そこの検閲を経た論文内容にあえて意義をさしはさむ筋はない。これが浜田少佐の返答であった。

しかし私は、報告では次のような私の意見をつけ加えることを忘れなかった。

「海軍の言うことは折り目正しく、実にすっきりとしている。それに浜田少佐の口ぶりからは、陸軍がまた何をやぼなことをやりだしたものかという皮肉なものがうかがわれた。しかし、だからといって、陸軍に対して、ひと押し圧力をかけてくれるよう頼れるかと思うと、そうはいかない。海軍は必ずすっと体をかわす。悧巧で冷たい。そこのところをよくのみこんでおかねばならないと思う。」

長野屋は、根っからの酒好きばかりが寄り合う店で、「改造」編集部では小野康人がいちばんのなじみだった。銚子もいまでは時代劇にしか見られない、真白の細長い二合徳利で、私たちはそれをめいめいに一本ずつ並べて、ちびりちびりやりながら話し合ったが、なんともはずみのつかない雰囲気であった。それでもいくらか酒がきいてくると、それぞれの性格が現われてきた。相川博は酒に弱いが、酔うと無性に勇ましくはね上がるたちである。が、今夜は眼だけ赤くして、それが癖の深い立皺を眉間に寄せて固い姿勢で言った。

「細川先生の家には右翼のゴロツキとおぼしきものから、ひんぱんに脅しの手紙や電話がかかってくるそうだ。反軍、不忠、国賊、あらゆる罵声が飛び込んでくるのだ。しかし先生はいささかも動じない。ますます固い信念で、この日本の危機を救う真に正しい道がどこにあるか、いまにそれが支配層にも思い知らされるだろうと、やはり先生の憂国の至情はなにものよりも深いものがある。」

何事によらず融通のきかない相川の性格は、その話しぶりにも一種の壮士ふうなところがあった。

「ゴロツキといえば、平櫛少佐が細川論文を専門家に審議させたというその専門家とは、報道部嘱託の阿部仁三のことだろう。」

鍛代はこういう種類のニュース、それはときとしてほんのゴシップにすぎないものもあったが、その方面のすばやい聞き込みでは編集部きっての才能であった。

事実、陸軍報道部を思想的にあやつっている黒幕は阿部仁三であり、また日本精神文化研究所の田所広泰であるとの風説も流れていた。二人とも左翼くずれのファシストであり、ことに日本精神文化研究所は蓑田胸喜という超神がかりのファシストが主宰者で、そこから細川論文に関する、いわゆる〝怪文書〟が流布されたことも事実であった。その怪文書は、細川論文の構成がレーニンの『帝国主義論』に立脚する唯物史観であり、平櫛少佐のいう「巧妙なる擬装共産主義」という表現を用い、「改造」や「中央公論」の編集部内には自由主義・共産主義の残党が「蠢動」しているというような下品な言葉で、軍部や民間ファシストに火をつけた。また、この機会をいいことにして、火事場泥棒よりも、もっと卑劣な、あることないことをスパイする右翼総合雑誌の編集者もいた。

「まったくまずいことになってしまったね、大森君……。」

小野が言うと、どんなむずかしい問題も悲しいことも、おのずと一種のユーモアがただようのだが、今夜の場合はそれを包むまわりの霧があまりに濃く暗すぎた。

「谷萩談話の共産主義の宣伝うんぬんは、まさに致命的だ。この際は松村大佐を通じての緩和策も、相手が谷萩大佐では、やぶへびということになるだろうし……。」

「ぼくの見通しは悲観的すぎるかもしれないが、しかし、最悪の事態がきてもそれをどの一線でせき止めるか、その覚悟をきめておく必要があると思うが……。」

私は、自分ながらやや切り口上なのを意識しつつ言った。

「ぼくはなんとしても『改造』の存続を守りたい。『改造』にはそれだけの文化的意義と使命があると思う。で、そのためにはぼくたちが引責辞職をすることで事態がおさまるものならば、ぼくはくやしいが、むしろそれを忍ばねばならぬと思う。」

「いや、ちがう。」

相川がキラッと鋭い眼を向け、私を叱りつけるように言った。

「それではまるで、陸軍の不合理な弾圧を正当化して、それに無条件屈服をするようなものだ。非は陸軍にあって、わが『改造』にはないのだ、良識ある世論はきっとわれわれを支持してくれるはずだ。」

若槻繁が、低いかすれた声で、でも自信をこめて相川の説に賛同した。

「相手は、しかし狂犬も同然だよ。良識に耳をかすような理性の持ち合わせなど、微塵もないんじゃないか。」

「ぼくも青山君の意見に賛成するな、残念ながら」と小野が言った。「谷萩が面会さえ拒否するような頑固な態度をとっているところからみると、すでにのっぴきならぬところまできてるような気がする。」

「細川先生は、いずれは検事局へ呼び出されるのではないか。」

鍛代が言って、私もそう思わざるをえなかった。谷萩大佐の談話の「手ぬかりですね」の言外に意味するものは、検察当局はなにをぼやぼやしているのかと、司法ファッショを挑発するように読みとれるからであった。

「それではぼくの意見を言わしてもらおう。」

大森編集長は、黙って私たちの話をきくだけきくと、締めくくりをつけるように言った。飲むとすぐ顔に出る彼だが、むしろ青ざめてひきつった表情である。

「問題は、思うに細川論文だけじゃないんだ。かなり前からこの危険はあった。ぼくはそれを感じてはいた。陸軍は、われわれに盲目的に軍刀の指揮に従うことを望んでいた。いや、かれらは命令したつもりでいたのだろう。しかしぼくたちは、たとえ六十度の最敬礼をしても、あとすこしばかりは自由に批判の角度をもった。あたりまえのことだ。まったく批判精神を失ったジャーナリズムなんてナンセンスだ。それが陸軍には気にくわなかったんだ。例の六日会で『改造』と『中央公論』は、いつもまるで被告席に立っているようなものだった、かれらからいえば、その鬱積した憤懣を、細川論文をいいがかりにして爆発させたのだ。なるほど理屈をいえば、われわれの筋が通っていることはわかりきっている。が、青山君が言ったように相手は狂犬だ。狂犬に素手で向かっては、みすみすわが身を傷つけるようなものだ。そこでどうだろう。この際は忍耐に忍耐をして、みんなで最後のはらを決めるだけは決めようではないか。もちろん、ぼくひとりの責任でおさまれば、いさぎよくぼくはその責任を負うし、また今後もできるかぎりぼくだけでせき止めるべく努力するが、さっきの話の最後の一線は、あくまでも『改造』をつぶさない、この砦だけは守るという必死の覚悟だけはもってもらいたい。そうして最後の進退は、この大森にまかせてくれないか。」

大森直道は、性格として感傷的なことは大嫌いだったが、ポツポツと語尾を切るような口調に、さすがに一抹の悲愴感があった。


しかし、これで編集部の態度はきまった。相川もうなずいた。若槻も納得した。

私は急に酔いを感じ、そして無性に酒を欲した。

5 破局

事態は、それから私たちの暗い予想どおりに、むしろもっと急激に破局へ傾いていった。

九月十四日朝、ついに細川嘉六が検挙され、世田谷署に留置されたのである、検挙の意図は、言うまでもなく「世界史の動向と日本」の共産主義的傾向を追及するにあった。同時に「改造」の八月号・九月号が発禁処分になった。しかし、雑誌は、八月号はもちろん九月号も、とうの以前に売切れずみだった。

実際この場合、処分の当の責任者である内務省・情報局官僚が、かれらの金科玉条とする法治主義思想の一片でも持ち合わせていたならば、かれらがすでに一、二ヵ月以前に自分たちの検閲を難なく通過させた雑誌を、だしぬけに横合いから弾圧しようとする陸軍の〝非合法〟に対して、一応の抵抗はこころみたかもしれない。が、もはや当時の官僚にそのような気概を期待することは笑止の沙汰であった。

これに勢いを得て、反動の火の手はますます激しく燃えひろがった。「改造」編集部へは、ひっきりなしに脅しの電話がかかり、社の玄関には黒紋服、ステッキ持ちの青年が入れ替り立ち替り現われ、社長か編集長に面会を強要していつまでも居坐った。卑しい金銭目当てであるが、私たちはこういうたぐいには断固として目もくれようとしなかった。なかでも右翼ゴロツキ新聞として知られた「やまと新聞」は、九月十八日、二十日の二回にわたり「谷萩談話」について論及し、つぎのような挑発記事を掲載した。

「——細川嘉六氏の論文が図らずも問題化し、これを契機として軍官民方面から雑誌書籍出版関係者に対する思想的検討が要請されている。……殊に『改造』が細川嘉六氏の論文を二回に亙って掲載したということは、細川氏の思想はもとより、『改造』編集者の非常時認識の欠如はまさしく念の入ったものであり、……問題は単に『改造』或は細川氏または当該編載《ママ》者のみの問題ならず、よしんば当該関係者らが謹慎または辞職等の引責を講ずるともそれにて終るものではなく、……適当なる指導的検閲方針を確立すると共に雑誌書籍出版事業に携るもの全部を真の日本思想に徹せしむべき根本的なる再訓練再錬成を敢行し、彼等の思想を根本から焼き直さねばならぬ問題とされ、今後の成行に重大関心が払われている。」

こうして最後の危機は、日に日に迫ってきた。もう、一刻の猶予も許されなかった。こんな場合に、〝先手〟という言葉を使うのはおかしいかもしれないが、とにかく陸軍が実力を加えようとするその具体策が固まらないさきに、こちらからすすんで「改造」の編集スタッフおよび編集方針の〝刷新〟を告げて、それでもっていくぶんでも相手の攻撃の手をゆるめさせる。つまり卑下して言えば、〝恭順〟の実を示して命乞いをするというわけであった。

九月末のある日、大森編集長は社長室で佐藤績をまじえて山本社長と長時間の協議を終えて、編集室へもどって来た。連日の心労でむくみがちの彼の顔は、蚕のような色だった。私たちは前述のごとく、最後の進退は大森編集長に一任してあった。彼は立ったまま机に両手をつき、うつむく姿勢で言った。

「とうとう最悪の事態がきた。ぼくの努力がむなしく諸君につらい思いをさせて、すまないと思う。どうか、かんべんしてもらいたい。いま、社長と相談して、とるべき最後の手段をきめた。ぼくと相川君は引責辞職。若槻君は社長秘書。小野君は出版部。青山、鍛代の両君は藤績君にまた編集長になってもらい、あとは佐『時局雑誌』(＊)だ。これで編集部は総退陣、あとは佐藤績君にまた編集長になってもらい、彼の采配のもとに人的構成も考える。したがって、われわれがたずさわった十一月号の編集は全部ご破算にすることにした。この際、思いきり方向転換した編集の具体案を示し、それで陸軍報道部の了解を得、『改造』のいのちだけは救われる見通しがついた。——ところで相川君だが、君には、なんとも申し訳ない結果になった。辞職は編集長のぼくひとりでたくさんだと思ったが、細川論文の直接担当者ということで、まことに気の毒なことになった。」

大森編集長は相川の話をするのが、いかにもつらそうだった。私は同僚として七ヵ年、大森直道の涙をはじめて見た。相川は明らかに不満と不安と困惑の色を現わした。しかし、私たちとしても、ほかにどう慰めようがあったろうか。

後日、私が個人的に大森直道から聞いた話であるが、そしてそれに多少の私の想像を加えると、大森は最後の山本社長との対談で、引責辞職は編集長ひとりでよいはずだと強く主張した。同じ編集部員のなかで、細川論文の担当者という理由で相川だけに辞職の責を負わせるのは、編集長としては堪えられないことだった。また、その理由がきわめて薄弱ではないか。執筆者に対しては、編集部員のだれかがその交渉を担当せねばならない。たまたま相川は細川嘉六と住居も近く、他の部員よりも親密の関係であったが、そのことが今回の事件の原因ではない。

しかし山本社長の考えかたは違っていた。いや、考えというよりは感情が反っていた。山本社長は性格的に、肌合いのよい社員はわけもなくかわいがるが、そうでないものは仕事の腕を認めても、それ相応に評価したり報いたりはしない、気分的に割引きしてしまうような面があった。話し下手で理屈っぽく、愛想の悪い相川は、その点でとても損をしていた。それに相川は、以前に「大陸」(＊＊)編集長として一、二度削除処分を受けた責任者でもあった。年齢に似ず血の気の多い山本社長が理性を失う瞬間には、今回の事件はまるで相川博個人の失態のように思えるのであった。これは最高責任者の社長として実に卑怯な心理である。

大森が我慢のならなかったのは、こういう山本社長の一面であった。社長は平素あれほど陸軍にも海軍にも親友がいるような口をきいて、事実、山本社長は松村大佐や谷萩大佐はもちろん、中将・大将級の軍人でもその名を言うときは必ず「君」づけであった。が、その山本社長は細川論文事件以来、軍との交渉をむしろ尻ごみするありさまで、いっさいを大森編集長の責任に負っかぶせるような言動が目に見えた。

大森編集長以下私たちは全員、最後のはらをきめていたものの、大森と相川と二人だけ辞職ということになると、いかにも詰腹を切らされた感じが強く、不愉快でならなかった。また事実、はたからはそう見る向きも多かった。

私は、「改造」編集長として最後の日の大森直道の涙が、私の想像をこえて複雑な光を帯びていたことを思い返した。

（＊）「時局雑誌」は「改造」の姉妹誌といわれた。その出発は日華事変の勃発後、「改造」がしばしば臨時号を出し、それがやがて「改造・時局版」として月刊誌の形をとった。しかし戦争の進展とともに用紙不足に悩み、雑誌統合の気運が高まって、「改造」と「時局版」の同類二誌は発行が困難の情勢になった。そこでまるで新雑誌の様相を呈する「時局雑誌」の発刊となった。すでに太平洋戦争の二年目で、編集内容は意識的に極端な戦争協力であった。だから、出版界の一部のものからは、改造社は軍や取締当局の目をごまかすために「改造」と「時局雑誌」の二枚看板を使っているとさえいわれた。

（＊＊）「大陸」は一九三八年四月、改造社創立二十周年記念事業の一つとして創刊された。はじめは大衆的娯楽雑誌の性格をもったが、この種の雑誌は改造社の伝統にマッチせず、成績が悪かったので、一年ほどして大陸問題の研究雑誌として、いわば固い性格の雑誌に転向した。相川博が編集長を務めたのは、この後期の「大陸」であった。

「細川論文」担当編集者
相川 博の「手記」

——昭和十八年九月
神奈川県警察部特別高等課

【解題】 事件発生当時の『改造』編輯部員で細川論文を担当した相川博の「手記」である。特高警察によって「手記」と題されているが、実際は特高により訊問・威嚇・誘導されて書かされたものであることは、その訊問調書的な記述形式から見て明らかである。またその過程で、凄惨な拷問が加えられたことも相川の口述書（四七二ページ以下）から明らかである。

前半では、総合雑誌『改造』が、きびしい言論統制の下、いかに擬装しつつ共産主義思想の宣伝に腐心したかが語られる。そのため、まるで速記でもしていたかのように編集会議での各人の発言が再現されるが、当時の時代状況から考えて、到底あり得たはずのない発言ばかりである。

ところが後半に入ると、俄然、リアリティーを帯びる。細川論文が陸軍からマークされだしてからの編集部の不安と動揺、対策を語った部分である。前掲の青山鉞治《えつじ》の叙述とも重なる。

さらに青山手記に書かれなかったこともある。陸軍報道部が目を付ける前に、右翼団体が標的に定め、細川論文攻撃のパンフレットを作って軍や内務省、マスコミ関係などに配布していたことである。右翼から軍への〝ご注進〟があったとも推察される。

最後は、改造社社長・山本実彦についての強いられた〝密告〟である。山本は「日本国内に共産主義思想を宣伝普及することをもって自己の信条とし、使命としてきた」と相川は〝証言〟し、終わりをこう結ぶ。

「何分私達ノ手ニハ負エナイ大物デスカラ、当局ノ手デ彼ノ仮面ヲ剥イデソノ赤魔ノ正体ヲ曝露シテ頂クヨリ外ナイト信ジマス。」

この芝居がかったセリフがこの〝証言〟のウソを物語っているが、このような〝証言〟を特高が手に入れておきたかったのは、いずれ〝敵性出版社〟の改造社をつぶすつもりだったからである。事実、翌四四年7月、改造社は中央公論社とともに「廃業」に追い込まれ、特高月報はそれを手柄として「特筆」する（一三〇ページ）。

なお、この「相川手記」は、細川嘉六の「自分だけは法廷で徹底的に争う」決意に応えて、海野普吉弁護士が細川訊問調書（第Ⅳ章）と同様、細川関係刑事記録を謄写業者に筆記させた中の一部である。原文は国会図書館憲政資料室の「海野普吉関係文書」に収められている。

＊

目　次

一　学歴
二　兵役関係
三　位階勲等ノ有無
四　今次事件関係
（二）改造社内ニ於ケル活動
1、改造社入社ノ経緯
2、入社当時ノ改造編輯部ノ状況
3、改造社内勤務移動状況
4、改造編輯部ノ活動状況
（1）編輯会議ニ於ケル活動
1　社長主催ノ編輯会議
2　編輯部員ノミノ編輯会議
3　非合法研究会ノ状況
5、改造編輯会議ノ状況並同会議ヲ通ジテ雑誌「改造」ニ掲載発表セル左翼論文
6、雑誌「大陸」の創刊経緯
7、「大陸」編輯会議ノ状況並同誌上ニ掲載セル左翼論文
8、改造社退社ノ経緯
（1）改造編輯部「細川ノ論文世界史の動向と日本」削除処分対策
1　対策協議会の状況
9、山本社長ノ編輯方針並活動状況
10、改造社退職同志トノ連絡活動状況
1　水島治男トノ関係
2　村上敦トノ関係
3　大森直道上海赴任壮行会

「手　記」

本籍　神奈川県川崎市――
住所　東京都世田谷区――
職業　日本海事新聞文化部記者

相川　博

明治四十二年二月五日生

当年三十五歳

一、学歴、
一、大正十二年四月　広島県立呉第一中学校入学
一、昭和元年三月　右第四学年修了
一、同年四月　広島高等学校理科甲類入学
一、昭和四年三月　右中途退学
一、同年四月　法政大学予科二部入学
一、昭和六年三月　右修了
一、昭和六年四月　法政大学法文学部独逸文学科入学

一、昭和九年三月　右卒業
二、兵役関係　昭和五年度徴集第二国民兵
三、位階勲等恩給年金公職関係　無シ
四、今次事件関係

（一）改造社内ニ於ケル活動

1　改造社入社ノ経緯

私ガマルクス主義ノ正当性ヲ認識シコレヲ確固トシテ信奉スルニ至リマシタノハ昭和八年八月頃デ、法政大学独文科二年ニ在学中デアリマシタガ、其後モ「マルクス主義」ノ理論ノ研究ニ専念シ、翌昭和九年三月右大学ヲ卒業シマシタガ、当時ハ非常ナ不況時代デ思フヤウナ就職口モアリマセンデシタノデ、法政大学ノ独逸語教授、関口存男ガ主幹デ、東京都神田区神保町所在、尚文堂書店カラ発行シテ居リマシタ月刊雑誌「独逸語」ノ編輯校正係トシテ右「関口」ノ斡旋デ同年四月カラ尚文堂ニ勤務スルコトトナッタノデス。当時既ニ私ニハ妻子ガアリマシタガ「尚文堂」カラ貰フ月給ハ僅カ四十円デ生活ニ追ハレ、益々資本主義社会機構ノ不備欠陥ヲ明確ニ認識シ、マルクス主義ノ正当性ニ対スル信念ハ一層鞏固ニナリ、実践活動ニ対スル熾烈ナル熱情ヲ抱懐スルニ至リマシタガ、生活ノ極度ノ窮乏化ノタメソレモ出来ナクテ、繁忙ノ中ノ寸暇ニハ、トルストイ、ドストイエフスキー、等ノ社会主義思想ニ裏付ケラレタロシア文学ヲ耽読シ焦燥悶々ノ気持チヲ慰撫シテ居タヤウナ有様デアリマシタガ、私トシテ可能ナ活動分野ハ非合法活動ノ経験モ指導者モアリマセンデシタノデ、矢張リ自分ガ修メタ文学上ノ仕事ヲ通シテノ活動以外ニハナイコトヲ信ジ、雑誌「独逸語」ハ単ニ初歩的ナ「独逸語」ノ通信教授ヲスルニ過ギズ大衆ノ左翼啓蒙ニハ何ラ役立チマセンノデ、左翼思想ノ啓蒙雑誌社デアル改造社、中央公論社等ニ入社シタイ希望ヲ持チ、ソノ方法ニツイテ種々考慮シテイマシタトコロ、昭和十一年六月十日頃ノ「朝日新聞」デ、「改造社の記者募集の広告」ヲ見テ早速応試シ学科試験ニハ「パス」シマシタガ、当時「肋膜」ノタメ体ガ虚弱ダツタタメ不幸ニシテ採用ニナラナカツタタメ大イニ失望シマシタガ、其後再起ヲ期シテ静養ニ努メ、昭和十二年九月頃矢張リ「朝日新聞」ノ広告デ「改造社」ノ記者募集ヲ知リ、今度コソハ何トシテモ入社シタイト考へ、法政大学時代一級下デ当時法政大学英文科二年ニ在学中デアリマシタ小野康人ノ友人デ村上敦ト云フノガ古クカラ「改造社」ニ勤メテイルト云フ事ヲカネテ「小野」カラ聞イテオリマシタノデ、此ノ「小野」ヲ介シテ「村上」ニ改造就職斡旋ヲ依頼シテ貰ヒ、同人ノ尽力ニヨツテ無事目的ヲ達成シ、同年十月「改造社編輯部記者」トシテ同社ニ勤務スルコトニナツタノデアリマス。

2　入社当時ノ改造編輯部ノ状況

私ガ入社シマシタ当時ノ改造編輯部ノ状況ハ、
内部編輯長　佐藤　績（当三十八年位）
外部編輯長　水島治男（当三十八年位）
記者　村上　敦（当四十一年位）
大森直道（当三十五年位）
和田明雄（当三十年位）
北島宗人（当三十五年位）
相川　博（私）
ノ都合七人デアリマシタ。

内部編輯長ハ外廻リ記者其他トノ連絡並雑誌編輯事務ニ従事シ、外部編輯長ハ外廻リ記者ノ指導統制ト原稿執筆依頼ニ当ルノデス。其ノ他ノ記者ハ全部外廻リデ、評論家、政治家、経済学者等ノ所ニ行キ原稿執筆ヲ依頼シ、又国内外ノ政治経済文化ソノ他凡ユル情勢ヲ聴取シ、編輯会議ノ際ニソレヲ発表シ合ツテ意見ヲ交換シ、相互意識ノ昂揚ニ努ムルト共ニ雑誌編輯ノ参考ニ資スルノデアリマス。

3　改造社内勤務移動状況

イ　自昭和十二年十月至昭和十三年五月（改造）

（※編集者注・以下、ロ、ハ、ニは略）

ホ　自昭和十六年十月至同十七年九月（改造）
編輯長　大森　直道
〃次長　若槻　繁
〃次長　相川　博
部　員　青山　鉞治
〃　小野　康人
〃　鍛代　利通
〃　関　忠果

4　改造編輯部ノ活動状況

改造編輯部ノ活動ヲ大別シマスト、
イ　編輯会議ニ於ケル活動、
ロ　非合法研究会活動、
ハ　左翼論文掲載ニヨル一般大衆ノ啓蒙活動、
等デアリマス。

（1）　編輯会議ニ於ケル活動

改造編輯会議ハ、
イ　社長主催ノ編輯会議、
ロ　編輯部員ノミノ編輯会議、
ヲ開催スルコトニナツテ居リマス。

1　社長主催ノ編輯会議

社長主催ノ編輯会議ハ毎月二回乃至三回、改造社社長室デ開催スルノデス。

此ノ会議ハ大体午前九時頃カラ同十時頃迄ノ間ニ開催サレ、勿論編輯長以下全部員出席スルノデス。

主要協議事項ハ、イ　次号「改造」掲載ノ主要論文ノ「テーマ」並ニ執筆者ノ決定、ロ　編輯記事ノ「テーマ」並ニ執筆者ノ決定、特派員ノ派遣、ハ　座談会開催等ノ具体的方針ノ決定、等デアリマス。

（イ）ノ主要論文ハ改造ノ左翼思想ノ宣伝啓蒙誌タルノ伝統ヲ維持スル生命トモナリマスノデ、此ノ論文ハ巻頭論文並ニソレニ続ク二、三個所ニ掲載スルノガ恒例トナツテオリマス。

勿論之ハ時宜ニ従ヒ検閲ノ点ヲ考慮シテ他ノ箇所ニ掲載スルコトモアルノデス。

コノ論文ノ「テーマ」ハ政治経済文化等凡ユル時局的ナ問題ヲ取材シテ決定シ、其ノ執筆者ハ最モ尖鋭ナ左翼評論家並ニ大学教授等ヲ選定スルノデアリマス。従ツテコノ論文ノ「テーマ」ヲ決定スルニアタリマシテハ、先ヅ世界並ニ国内ノ政治経済等ノ諸問題ニツイテマルクス主義ノ観点カラ批判討議ヲ行フノデアリマスガ、此ノ討議ハ往々ニシテ果敢激烈ナ火花ヲ散ラス大論争トナリ、一回ノ会議デハ解決ガツカズ翌日迄持チ越ス事モアルノデスガ、問題ハ執筆家ニアルノデス。

大体執筆家ハソノ発表論文ヲ編輯会議、非合法研究会等デ批判検討シテA、B、C、Dノ四級ニ分ケテオルノデス。

A級ニ属スルモノハ思想傾向ノ鮮明ナ左翼評論家デ、山川均、大森義太郎、猪俣津南雄、大内兵衛、有沢広巳、荒畑勝三、美濃部亮吉、南礼二、阿部勇、芹沢彪衛、岡田宗司、稲村隆一、加藤勘十、戸坂潤、三木清、細川嘉六、石渡知行、尾崎秀実、名和統一、山田盛太郎、中野重治、平野義太郎、風早八十二、其他デアリマス。

B級ニ属スルモノハ、尖鋭ナ自由主義者ヤ嘗テ左翼主義運動ニ参加ノ経歴ヲ有シ其後偽装転向ヲ表明シテヰル者等デ、其ノ論文ハ検閲当局ノ忌諱ニ触レズ無事検閲ヲ通過シ而モ改造ノ伝統ヲ阻害シナイ進歩的ナ評論家デ、馬場恒吾、佐々弘雄、平貞蔵、阿部賢一、前芝確三、長谷川如是閑、河合栄治郎、鈴木安蔵、鈴木栄一、外三、四十名等デアリマス。

次ノC級ニ属スルモノハ右翼革新分子デ、津久井竜雄、橋本欣五郎、満井佐吉、大川周明等デ、

D級ニ属スルモノハ田所広泰、簑田胸喜等デ、全ク反動的デ問題ニナラナイモノデアリマス。

執筆者ノ選定ハ大体以上ノ区分ニ基イテ無難ナB級ノ人物ニ執筆セシメ、巻頭論文其他主要啓蒙論文ノ一、二ヲA級ニ属スルモノニ執筆セシメテ掲載スルノデス。

２　編輯部員ノミノ編輯会議

編輯部員ノミノ編輯会議ハ毎月三四回位随時「改造社内」編輯室デ開催スルノデスガ、此ノ会議デハ、

イ　突発的ナ時事問題ヲ「プラン」ニ入レル場合
ロ　依頼シテヰタ原稿ガ締切ニ間ニ合ハズ執筆者ヲ変更スル場合、
ハ　特ニ左翼評論家カラ執筆ヲ希望申込ミアリタル場合、及ビ各部員ノ同志的親交アル左翼作家ニ対シ執筆ヲナサシメル場合、
ニ　細部編輯ニ関スル技術的問題等ヲ協議決定スルノデアリマス。

此ノ会議ニ於テモ、社長中心ノ会議同様ニ「マルクス主義」ノ観点カラ政治経済外交文化等ノ諸問題、並ニ左翼作家ノ論文著書思想傾向等ヲ批判討議シ、相互ノ意識昂揚ト同志的結束ノ強化ニ努メルノデス。此ノ会議デ決定シタ作家ノ変更ヤ新タニ「プラン」ヲ挿入シタ左翼作家等ハ編輯長カラ社長ニ報告承諾ヲ求メルコトニナツテヰマスガ、今迄ニ一度モ社長ハコノ立案ヲ否定シタコトハアリマセンデシタ。

ホ　原稿ノ加除訂正。コレハ必ズシモ正式編輯会議デ協議ノ上行フノデハアリマセンガ、原稿執筆依頼ノ担当記者ガ一応原稿ヲ読ンデ検閲ヲ考慮シ加除訂正ヲ行ヒ、又危険性ノ多イ至難ナ論文ニ対シテハ編輯会議ニ持出シテ協議ノ上削除訂正ヲ行フコトモアルノデス。

３　非合法研究会ノ状況

此ノ「研究会」ハ毎月一、二回位随時其ノ都度場所ヲ変ヘテ行フノデス。

出席者ハ勿論編輯長以下全編輯部員デスガ、コノ会合デハソノ月ノ「改造」「中央公論」「日本評論」「文芸春秋」等ニ掲載サレタ左翼評論家の論文及ビ左翼作家の著書等ノ内容ヲ、「マルキシズム」ノ立場カラ前述ノ正式ノ編輯会議ノ時ヨリモモツト掘下ゲテ根本的ナ尖鋭ナ批判検討ヲ行ヒ、作家評論家ノ思想傾向ヲ論議シ、優レテ尖鋭ナ作家ヲ選定スルノデス。コレハ大衆ノ啓蒙上至大ナ影響ガアリマスノデ真剣ニ論議スルノデス。コノ会議デ右ニ述ベマシタ様ニ作家ノ等級ヲA、B、C、D等ニ選別スル訳デアリマス。

コノ編輯部「グループ」ノ非合法研究会ノ状況ヲ二、三例示シマスト、

イ　昭和十三年一月十五日頃、午後九時頃カラ十一時頃迄、東京都京橋区銀座、料理店「園枝」デ開催、出席者ハ私ノ外、佐藤績、水島治男、大森直道、村上敦、和田明雄ノ六名デアリマシタガ、此ノ席上、

水島「我々ハ反動政府ノ弾圧ガ如何ニ厳重ニナツテモ我ガ改造社ノ光輝アル伝統ヲ維持シテ国民大衆ノ啓蒙ニ努メルベキダ」

大森「支那事変長期化ニ伴フ国内危機ノ切迫ニ際シ大衆ノ啓蒙ニ努ムベキハ勿論デアルガ、我々自身モ亦理論的武装ニ努メ日本ノ革命時ニ於ケル指導的任務ノ遂行ニ備ヘネバナラヌ」

相川「我々部員ハ自ラモ大イニ「マルクス主義」ノ理論ヲ研究シ革命ノ理論ニ通暁シソノタメニハ我々自身ノ理論的武装ヲ以テ身ヲ固メ革命的ナ青年インテリトシテ鍛ヘネバナラヌ」

和田「サウダ、我々ハ共産主義理論ヲ以テ武装スルコトガ先決問題ダ。ソノタメニハカウシタ会合ヲ度々開イテ理論闘争ヲシ相互意識ノ昂揚ヲ図ルベキダト思フ」

等々、来ルベキ革命時ノ逼迫ニ対スル果敢ナル闘争ノ展開ノ方策ヲ論議シ、相互意識ノ昂揚ト同志的結束ノ強化ニ努メタノデアリマス。

ロ　昭和十六年十二月二十日頃、午後九時頃カラ同十一時頃迄、東京都京橋区銀座、今半料理店ニ於テ開催、出席者ハ編輯長　大森直道、次長　若槻繁、相川博（私）、部員　小野康人、鍛代利通、等デアリマシタ。

協議内容ハ

大森「大東亜戦下綜合雑誌ノ方向モ相当変貌ヲ余儀ナクサレ、情報局ノ検閲モ八ケ間敷ナルニ違ヒナイカラ編輯方針モ余程慎重ニヤラネバナラヌガ、尾崎秀実ノヤウナ新シイ方向ヲ持ツタ執筆者ガ殆ンドヰナイ。B級ノ者ニ執筆サセレバ勿論無難デアルガ、ソレデハ「改造」ノ伝統ヲ抹殺、大衆ノ左翼啓蒙ノ効果ハ期待出来ナイカラ矢張リA級作家ニ書カセル以外ハナイ」

相川「大東亜戦争ハ慥カニ或ル一面デハ正シイモノヲ持ツテヰル。ソレハ政府ガ強調シテヰル通リ米英強大資本主義国ノ駆逐破摧トイフ点ダ」

若槻「然シ此ノ事ダケデ見ルト日本ノ軍事行動ハ正シイトシテモ其ノ後ノ日本ガドンナ形ヲトツテ「アジア」ニ君臨シヨウトスルカ、ソレヲ見テカラデナイト断定デキナイ。領土的野心ハナク本当ニ日本ニ協力シテ大東亜共栄圏確立ノタメニ協力シタイ国ニ対シテハ独立ヲ保証スルト云ツテヰルガ、ソノ独立ハ表面ダケデ矢張リ裏面ニ於イテハ日本ガ実勢力ヲ把握シテ居ル以上、従来ノ米英ノ搾取政策ト何等異ナル処ハナイ。矢張リ帝国主義侵略デアル」

相川「日本ノ従来ノ資本主義政治方式ヤ民族政策デハ大東亜共栄圏ノ建設等ハ到底至難ノ業ダ、社会主義ソ聯ノ方式ニ則ツテヤラネバ実現ハ出来ナイト思フ」

大森「ソノタメニハ我々ハ出来ルダケノ努力ヲ払ツテサウシタ面ノ研究家ニ執筆ヲ依頼セネバナラヌガ、現在「民族政策」ヲ「マルクス主義」ノ立場カラ研究シテヰル者ハ、満鉄嘱託の細川嘉六、風早八十二、向坂逸郎、石浜知行、位ナモノダ、之等ニ執筆サセテ一般大衆ノ啓蒙ニ努メネバナラナイ」

小野「満鉄東京支社ニ勤務シテヰル同志ノ西尾忠四郎、

平館利雄、西沢富夫等ハ勝レタソ聯研究家ダカラ之等ニモ大イニ書カセタイト思フ」

等、種々客観状勢ノ分析批判ヤ啓蒙論文ノ掲載方法等ニ就キ協議ヲ行ツタノデアリマス。
ハ　昭和十七年三月十五日頃、午後九時頃カラ同十一時頃迄、前記「メンバー」出席ノ下ニ、東京都京橋区銀座、飲食店「吉田屋」ノ二階デ開催シマシタガ、その会議内容ハ、
小野「現在ノ日本ノ経済ハ完全ナル計画経済ノ段階ニ進展シテヰルガ、諸物資ガ非常ニ偏在シテヰルノデ闇取引ガ盛ンニ行ハレテヰルガ、国民生活ハ愈々急迫シ革命気運ハドシドシ進展シテヰル」

若槻「カツテ「ドイツ」ニ起キタ「猶太人」放逐問題ノヤウニ日本カラ資本家搾取階級ヲ実力ヲ以テ国外ニ放逐スルカ、或ヒハ「プロレタリアート」革命ヲ断行シナイ限リ資本家ノ苛烈ナ搾取ハ止ムモノデハナイ」

大森「現在叫バレテヰル企業整備ノ結果、中小工業者ガドシドシ整備サレテヰルガ、戦争中ハ兎ニ角、戦後ニハ之等転業者ガ当然失職シ経済的政治的ナ危機ガ必ズ到来スルモノト信ズル、斯ウシタ事態ハ共産主義社会ガ建設サレヌ限リ何時ノ時代デモ繰返サレルモノデアル、革命ノ時期ハ戦争中ヨリモ寧ロ戦後ニアルモノト僕ハ期待シテヰル。我々ハソノ時期ニ備ヘテ雑誌ノ編輯方針ヲ進メ、大衆ノ啓蒙ニ最善ノ努力ヲ傾注スベキデアル」

等ト種々客観情勢ノ分析ヲ行ヒ、戦争ノ推移ニ伴フ革命危機到来ハ必至ナルヲ以テ一層啓蒙活動ニ挺身スベク相互ノ督励ニ努メタ後、各綜合雑誌掲載ノ論文作品等ノ批判ヲ行ヒ、「平貞蔵ノ論文ハ最近非常ニ低調ニナツタ、モツト尖鋭ナモノヲ書クヤウ鞭撻シナケレバイカン」等ト種々論文ノ掲載方ニ就テ協議シ、又検閲強化ニ伴フ技術的ナ問題トシテ使用文字用語ノ検討ヲ行ヒ、革命ハ革新、革進、社会危機、国家危機、労働階級ハ勤労層、左翼的ハ良イモノ、進歩的ナモノ、侵略ハ進出、日本共産党ハ政治指導体、政治中核体、強力ナ政治ノ推進体、国民生活ノ不安、帝国主義等ハ削除等ノ種々検閲通過ノタメノ技術的ナ点ヲ研究シタノデス。

尚此ノ会合ハ雑誌ガ無事検閲ヲ通過シ発行ニナル迄皆非常ニ不安ナ気持チヲ抱イテヰルノデ雑誌ガ愈々無事発行サレルト大喜ビデ、必ズ会合ヲ催シ祝盃ヲ挙ゲルノガ恒例デアリマス。コノ時ニ
「情報局ノ若造ハ全ク機械的デ本当ノ検閲ナンカハ出来ナイヨ」

「アノ論文ハ非常ニ尖鋭ナモノダツタガ良ク通ツタモノダ」

「アノ論文ハアノ点ガ僕ハ非常ニ心配ダツタガウマクイツテヨカツタ」

等、種々自己ノ老獪巧妙サヲ得意トシ互ニ誇示シ大イニ歓談シ合フノデス。

5　改造編輯会議ノ状況並ニ同会議ヲ通シテ雑誌「改造」ニ掲載発表セル左翼論文

編輯会議ノ状況並ニ此ノ会議ニ於テ「テーマ」及ビ執筆者ヲ決定シ原稿ヲ依頼シテ改造誌上ニ発表シマシタ左翼的啓蒙論文中ノ主ナルモノ二、三ニ就テ説明シマスト次ノ通リデアリマス。

一　昭和十二年十月二日頃午前九時頃ヨリ同正午頃迄ノ間。

此ノ編輯会議ハ私ガ入社後間モナク社長室ニオイテ社長中心ニ

社　長　　山本　実彦
編輯長　　佐藤　績
〃　　　　水島　治男
部　員　　村上　敦
〃　　　　大森　直道
〃　　　　和田　明雄
〃　　　　北島　宗人
〃　　　　相川　博（私）

以上八名列席ノ上開催サレ「日支事変」ガ問題ニナリマシタガ、ソノ大体ノ内容ニツイテ申上ゲマスト、

イ　日支事変ハ日本ノ帝国主義的侵略戦デアル。

ロ　日支事変ヲ契機トシテ国共合作ニヨル抗日民族戦線ガ結成強化サレテキルガ、将来ハ中共ガ蒋政権ヲ乗ツ取ツテ支那大陸ノ共産主義革命ヲ実現シ、労農独裁政治ヲ確立スルコトハ明ラカデアルガ、現在ハソノ段階トシテ社会民主主義革命ノ過程ニアルカラ我々ハ日支事変不拡大ノ近衛声明ヲ支持シテ事変ノ不拡大ニ努メ支那ヲ擁護スルコトガ必要ダ。

ハ　日支事変ハ半植民地化セル支那ニ於ケル列国資本主義ノ抗争ニ敗レタ日本ノ「金融ブルジョア」ガ軍部ト妥協シテ武力ニヨツテ市場ノ獲得ヲ企図シタモノダ。

等ト種々論議シ、

水島ハ「此ノ前、大森義太郎ニ「飢える日本」ヲ書カセタガ削除ニナリ失敗シマシタカラ、今度ハ誰カ外ノ者ガ良イト思ヒマスガ、向坂逸郎アタリハドウデセウ。「大森」デハ政治経済方面ノ評論ハトテモ検閲ガ駄目デスカラ、何カ方面ヲ変エテ映画ヲ通ジテ資本主義社会没落ノ必然性ノ批判デモヤラセヨウト思ツテ居マス」

社長「向坂君ノヤウナ人ニ真向カラ批判サセルモ面白イダラウ、大森君ニハ君ノ云フ通リ映画批評位シカヤラサレナイ、一ツ両君ニ交渉シテミテクレ給ヘ」ト述べ「水島」ガ大森トソノ交渉ニアタルコトニナッタノデアリマス。

私ノ入社後コノ「編輯会議」ガ始メテノモノデアリマシタガ、之レ程マデニ社長以下全員ガ揃ツテ共産主義者デアリ同志的ナ鞏固ナ結束ノ下ニ「改造」ノ伝統ヲ堅持

シ大衆啓蒙ニ如何ニ苦心努力シテイルカト云フコトヲ如実ニ認識シ、欣快ニ堪エズ、之ハ大イニ働キ甲斐ガアルト思ヒ、早速改造社ニアリマシタ左翼文献、河上肇著「経済学批判」其ノ他多クノ左翼文献ヲ購読シテ、マルクス主義理論ノ研究ト改造編輯部ノグループノ強化ニ努メ、爾来昭和十七年十月、改造社退職ニ至ル迄積極果敢ナ活動ヲ継続展開シテキタノデアリマス。

（※中略）

（三）昭和十七年八月号（改造）編輯会議

イ　日時　昭和十七年六月二十五日頃ノ午前九時頃ヨリ同十時頃迄

ロ　場所　改造社内社長室

ハ　出席者

社　長　山本　実彦
編輯長　大森　直道
同次長　若槻　繁
同　相川　博
部　員　小野　康人
同　青山　鉞治
同　鍛代　利通

ニ　会議ノ状況

コノ時ノ会議デハ巻頭論文トシテノ掲載予定ノ細川嘉六ノ論文「世界史の動向と日本」ガ中心議題ニナリマシタガ、此ノ論文ハ私達「細川」ヲ中心トスル同志ノ党再建活動ト密接不離ノ関係ガアリマスノデ、党再建活動ノ処デソノ点詳細ニ述ベタイト思ヒマスノデ、コ、デハ「改造社編輯部」ニ於ケル活動ヲ中心トシテ一応党ノ再建ト切リ離シテ申シ述ベタイト存ジマス。コノ論文ノコトニ就テハ前以テ同年三月頃ノ社長中心ノ編輯会議ノ席上、私カラ、

「愈々第二次世界大戦ガ我々ノ予想通リニ勃発シ世界ハ挙ゲテ今ヤ動乱ノ坩堝ニナツタガ、コノ大戦デ世界史モ一変シテ新シイ世界史ガ生レルコトハ必然ト信ジマスノデ、此ノ大戦ヲ契機トシテ来ル可キ新シイ世界史ノ動向ニ就テ「細川」先生ニ論文ヲ執筆シテ貰フコトニシテヰマス。尤モ此ノ劃期的ナ大論文ガ何時出来上ルカ未定デスガ、目下先生ハ心血ヲ注イデ執筆中デスカラ近ク完成スルト思ヒマス。完成シタラ巻頭論文トシテ是非掲載シテ頂キタイト思ツテヰマス」

ト述ベテ社長並ニ編輯部員ノ一応ノ了解ヲ求メテオイタノデス。ナオ「細川」ノ論文ハ「改造」ノ伝統ヲ堅持スル最モ尖鋭進歩的（左翼的）ナモノトシテ従前カラ無条件ニ採択スルコトガ改造社ノ慣例ニナッテヰタノデス。

当日、会議席上、社長ハ

「細川嘉六ノ論文ハ八月号ニ間ニ合フノカ」

相川「八月号ニハ必ズ間ニ合ハセマス。今度ノハ約百枚位ノ大論文デアリマシテ、細川先生モ半年間モノ長イ間カ、ツテヤツト完成ノ域ニ達シマシタ」

社長「内容ハドウイフモノカネ」

相川「コレハ大東亜戦争勃発ヲ契機トシマシテ日本モ本格的ニ第二次世界大戦ニ参戦シマシタノデ、コノ大戦ノ世界各国ニ及ボス影響力並ニ各国ノ動向ト日本ガ此ノ世界大戦ニ於テ果スベキ役割ニツイテ書イテ欲シイト私カラ依頼シタモノデアリマス。

細川先生ハコノ論文デハ過去何千年ノ人類ノ発達ヲ基礎トシテ、第二次世界大戦後ニ来ルベキ世界史並ニ新シイ世界秩序ノ構想ヲ分析検討シ、支那及印度ヲ中心トスル民族革命運動ノ将来性ガ如何ニ重大ナ役割ヲ果スカ、日本ハ新シイ世界秩序ト大東亜トヲ真ニ指導シテ行クタメニハ、先ヅ国内革新ガ必要ダトイフコトヲ力説シテヰルノデス」

社長「成ル程ソレハ大シタモノラシイ。ソノ論文ガ出来上レバ近来ニナイ立派ナ「改造」ガ出来上ルト思フガソレニシテモ検閲ノ点ハ大丈夫カネ」

相川「ソノ点ハ大丈夫ダト思ヒマス。先生ハ第二次世界大戦ノ性格ヲ真向カラ取上ゲテ批判スルコトハ到底困難ダカラ、過去ノ歴史ヤ文化ノ発達過程ヲ歴史的ニ批判検討スルコトニヨツテ、第二次世界大戦ノ間接的ナ批判検討ヲ行フ方針ノヤウデスシ、予メ私カラモ注文シテアリマスガ心配ハナイト思ヒマスガ十分注意ハ致シマス」

大森「細川嘉六ノ論文ガ出来上レバ来月（八月号）ノ改造ハ全体ガ引緊ツテ堂々タルモノニナルト思ヒマスノデ、是非欲シイト編輯部一同今カラ期待シテ居リマス。然シ「細川」ノモノ丈ケニ検閲ノ点ハ十分注意シテヤラネバナラント思ツテオリマスシ、コノ点ハ私ガ責任ヲ負フテヤリマスカラ」

小野「谷川徹三ニモ依頼シテアリマスガ「細川」ノガ出来レバソノ方ガ良イト思ヒマス」

社長「イクラ良イモノデモ百枚モノモノヲ一度ニ掲載スルノハ困ルカラ二回ニ分載シタ方ガ良イダラウ」

等ト種々「細川」ノ論文ヲ中心ニ編輯方針ニ就テノ協議ヲ行ヒ「細川」ノ論文「世界史の動向と日本」ナル共産主義思想ノ宣伝啓蒙論文ヲ「改造」八月号ノ巻頭論文トシテ掲載スルコトハ決定シタノデアリマス。シカシコノ細川ノ論文ノ執筆ハ既ニ私ガ個人ノ意見トシテ昭和十七年一月十日頃ノ午前九時頃、

東京都世田ケ谷区世田ケ谷五ノ二八三二番地　細川嘉

六

宅ヲ訪問シ同人ニ会合シマシタ際私ハ細川ニ対シテ、「共産革命ノ客観情勢ハ成熟シ、昨冬ノ大東亜戦争ノ勃発ニ依リ急速ニ革命ノ時期ガ到来スルモノト確信シテヰマスガ、兼テカラ協議ヲ重ネテヰマス様ニ日本共産党ノ早急結成ハ勿論必要デハアリマスガ再建準備ト聯合シテ

来ルベキ共産革命ニ対処シ、全国ニ散在セル共産主義者ノ蹶起ヲ促スタメ之レガ指令的内容ヲ持ツ大論文ヲ執筆シテ頂イテ改造誌上ニ是非発表シテ頂キタイノデス」

ト述ベマスト、細川ハ、

「ソレハ大イニ有意義ナコトデアリ、自分モ必要デアルト考ヘルガ、実ハ君モ承知ノ通リ、尾崎秀実事件ニ関連シ当局モ相当警戒シテヰルト思フカラ、従来論文ノ発表ヲ自発的ニ控ヘテ来タノダガ……」

トノコトデアリマシタノデ私ハ、

「大丈夫デス。検閲ノ方ハ私ガ責任ヲ以テ引受ケマス。先生ニ書イテ頂ク論文ハ「世界史の動向と日本」トイフ題デ唯物史観ノ立場カラ

一、大東亜戦争ノ勃発ハ日本ハ勿論全世界ガ第二次世界大戦ニ突入シタコトデアリ、コノ大戦ニ於ケル日本ノ立場及日本ノ果スベキ役割ヲ批判検討シテホシイ。

二、第二次世界大戦ヲ直接真正面カラ批判分析スルコトハ不可能ダカラ、大戦後ノ新シイ世界秩序ハドノヤウナ構想ヲ持ツモノカヲ過去ノ人類史ノ進歩発達ノ過程カラ間接的ニ批判分析シテホシイ。

三、今次世界大戦ニ於ケルソ連邦ノ役割ヲ強調シテホシイ。

四、第一次世界大戦後ノ世界ノ変動ト比較シテ第二次大戦後ノ世界変動ノ見透シヲ、先生ノ持論デアル印度及支那ノ民族革命運動ト結ビツケ、ソノ立場カラ分析シテホシイ。

五　日本ハ大東亜戦争ニヨリテ欧米帝国主義ヲ東亜カラ駆逐スルトイフ大方針デ進ンデヰルガ、日本自体ガ帝国主義デアル以上ソノ指導者ガ変ルトイフ丈ケノ話デ、東亜諸民族ノ上ニハ何等ノ影響モ及ボサナイコト、及ビ日本ガ真ニ大東亜地域ノ指導者トシテノ役割ヲ果スタメニハ現在ノ国内諸体制ヲ根本カラ建直ス、即チ国内革新ノ必要ガアルコト、ツマリ共産革命ノ必然性ヲ暗示シテホシイ」

ト述ベテ奮起ヲ要望シマス。

細川「君ノイフヤウナ筆法デ行ケバ何トカ書ケルト信ズル。自分ハ今迄支那印度ヲ中心トシタ民族問題民族革命ノ必然性ニ就テ研究シ、ソノ成果ヲ発表シテキタガ、ソレモ一応終ツタカラ今度ハ日本内地ノ問題ヲ研究シテミタイト考ヘテヰタノダ。而シ今一応世界史ノ発達トコレニ基ヅク将来ノ動向ヲ批判研究スルコトハ大イニ有意義デモアルシ、自分ガ嘗テ云ツタヤウニ俺達ガ乗リ出ス世界ノ檜舞台ハ愈々ヤツテ来タノダ。年コソ取ツテルガ君等若イ者ニハ未ダ負ケナイ。ヨシ引受ケタ。覚悟ヲ決メテ心血ヲ注イデ書クコトニスル。コレハ吾々ノ「春の歌」ダヨ」

ト云ツテ快諾シテクレタノデス。カクテ「細川」ノ論文ハ五、六枚原稿ガ出来ルト細川ノ宅ニ立寄リ或イハマタ「細川」ノ女中ガ自宅ニ届ケテクレタリシテ、ソレヲ

精読シ検閲至難ト思ハレル箇所ヲ加除訂正シタリ、又コノ点ヲ今少シ強調シテ執筆シテ欲シイト云ツテ依頼シタリシテコノ論文ノ完成ニ相協力シ同年六月三十日頃ニ脱稿スルニ至ツタノデス。

一　編輯部員ノミノ編輯会議

イ　日　時　昭和十七年六月二十五日頃ノ午前十時頃ヨリ正午迄社長室ノ編輯会議ニ引続イテ開催シタモノデアリマス

ロ　場　所　改造編輯室

ハ　出席者　大森　直道　　若槻　繁
　　　　　　相川（私）　　小野　康人
　　　　　　青山　鉞治　　鍜代　利通

二　会議ノ状況

大森「愈々細川ノ大論文ガ完成スル。久シ振リニ立派ナ進歩的ナ「改造」ラシイ改造ガ出来ル訳ダネ」

相川「先生ガ半年モカ、ツタノダカラ仲々ノ大論文ダ。第一、構想ガ大ガカリダシ、コノ論文ハ必ズ大キナ反響ヲ呼ブト思フ。問題ハ検閲ノ点ダガ、然シ過去ノ人類ノ歴史ヲ中心トシタモノデ、大東亜戦争ヤ日本ノ問題ニハ間接的ニシカ触レテヰナイカラ、ソノ点ハ心配ナイト思フ。ナオ細川ハ検閲ノ事ニツイテハ一切「改造」編輯部ニ任セルガ、編輯部デ削除シタ場合ハ意味ガ通ジルヤウニ巧ク繋ギ合セテ欲シイ。又ソウシタ場合ハ一応自分ニ相談シテクレルヤウニト云ツテヰタ」

小野「細川ハ良心的ナ人ダカラ希望通リニシタ方ガ良イ。細川ノ論文ハ何時モ立派ナモノダガ、今度ノハ特ニ心血ヲ注イダモノ丈ケニ素敵ナモノダラウ」

若槻「細川ノ巻頭論文ガ貰ヘレバ大シタモノダ。ソレハ「テーマ」モ「世界史の動向と日本」ダシ、従来ノ彼ノ論文カラ更ニ飛躍シタ立派ナモノダラウ。問題ハ検閲ダ」

大森「一度校正刷ヲ読ンダ上デ検閲ガ危イ様ダツタラ情報局ノ事前検閲ニ出シタラドウダラウ」

相川「然シ細川ノ論文ヤ座談会ハ今迄一度モ注意モ削除モ処分ニナラナカッタ程ダカラ、ソンナ必要ハナイト思フ。「細川」ガ細心ノ注意ヲ払ツテ書イタモノ丈ケニ肝心ノ処ハウマク「ぼか」シテ書イテアルシ、又検閲ハ編輯部ニ任セルト云ツテヰルンダシ、コレハ編輯部デ権威ヲモツテヤツタ方ガ良イ。事前検閲ニ出スコトハ却ツテ情報局ノ神経ヲ尖ラス様ナモノダ。コノママ黙ツテヤレバ、アンナ若イソシテ事務的ニシカ検閲シナイ奴ニハ判ルモノデハナイト思フ」

大森「ソレモサウダ、若僧ノオ役目的ナ検閲官ニ何ガ判ルモノカ。ソレデハ検閲ハ編輯部デヤルコトニシヨウ」

小野「ソノ方ガ良イ。我々ノ方ガ余程シツカリシタ処ガアルヨ」

青山「案ズルヨリ生ムガ安シダヨ、ソンナニ心配スルコトハナイト思フネ」

若槻「ソノ内容ハドンナモノデスカ」

相川「従来ノ細川ノ持論デアル印度及支那ノ民族革命運動ノ趨勢ヲ世界史ノ動向トイフ観点カラ批判検討シ科学的ナ分析ヲ加ヘタモノデ、直接第二次世界大戦ヲ批判ノ対象トシタモノデハナイガ、婉曲ニ今次大戦ハ各帝国主義者ノ角逐デアルコトヲ述べ、又科学技術ノ進歩発達、世界文化ノ問題等ノ古代カラノ人類史ノ発達カラ第二次世界大戦ノ必然性並ニ大戦後ノ新シイ世界ノ構想ヲ弁証法的世界観ニ立脚シテ推論シタモノデ、全体的ニ見テマルクス主義的方法論ヲ基底トシテ書カレタモノデ、細川ノ従来ノモノヨリ一層ソノ感ガ深ク判然トシテヰルト思フ。従ツテ検閲ガ心配トナツテ来ル訳ダガ、前ニモ言ツタ通リ巧ク偽装シテアルカラ大丈夫ダト思フ。然シ心配ナノハソ聯ノ民族政策ヤ国内政治ヲ礼讃シテ居ル点ダト思フガ、余リ削除シナケレバナラヌ様ダツタラ「細川」ニ相談シテ、文章ノ意味ガ通ズルヤウ加筆シテ貰ハウ」

大森「検閲ハ我々デヤルコトニキメヤウ。内容モ斬新ナモノダシ大論文ダカラ是非早ク欲シイト思フ。実際「細川」トイフ老人ハ偉イ人ダ。アノ真剣ナ態度ガ論文ノ上ニモ現ハレテヰル。ア、イフ人モ珍シイ」

相川「今度ノ論文デ細川ニ非常ニ骨ヲ折ラセタカラ完成シタラ機会ヲ見テ慰労会ヲヤリタイト思フカラ、費用ノ点ヲ心配シテクレルヤウ」

等ト種々「細川」ノ論文ヲ中心ニ検閲通過ノ方法等ニ就テ協議ヲ重ネマシタガ、コノ論文ハソノ後間モナク前記ノ通リ同年六月三十日頃ニ出来マシタノデ早速校正ニ廻シ、出来タ校正刷ハ先ヅ最初ハ「大森」ガ自分デ読ンデ、危険ト思ハレル箇所ノ削除ヲ行ヒ次デ、同年七月十四日頃ノ午前九時頃カラ午後二時頃迄ニ至ル間ニ於テ、東京都牛込区市ケ谷加賀町所在

大日本印刷株式会社内改造校正室デ

大森　直道

若槻　繁

小野　康人

相川（私）

ノ四人デ前記ノ通リ大森ガ一応読ンデ削除シマシタ「細川」ノ論文校正刷ヲ再度回読シテ加除訂正ヲ行ヒ約二十行程ヲ削除、斯クテ愈々同年八月発行改造誌上ニ登載シタノデス。当「細川」ノ論文執筆慰労会ハ私達党再建グループト同志的関係ニアリマシタ

風見　章

ヲ招致シテ「細川」主催ノ下ニ「実際政治の研究会」ヲ同年六月十五日頃ノ午後六時頃カラ

東京都目黒区所在　目黒茶寮

デ開催スルコトニシテソノ旨「風見」ニ通知シマシタガ、「風見」ハ娘某ガ病気ノタメ出席不可能デアリマシタガ、

会合ノ費用ダケハ兼テカラ負担スルトイツテヰマシタガ、出席シナイノニ費用ヲ負担サセル訳ニモ参リマセンシ、表面「細川嘉六」ノ論文執筆慰労会トイフコトニシテ、

社長　山本　実彦

ニ大森ヲ通シテ交渉シテモラヒ百円支出シテ貰ツタノデス。当夜ノ会合メンバーハ

細川　嘉六
平館　利雄
西沢　富夫
西尾忠四郎
加藤　政治
木村　亨
奥野　七郎
相川（私）

等ノ同志デアリマシタガ、コノ会合ハ党再建活動関係ニ属シマスノデ後ニ詳細ニ述ベマス。

（※中略）

三、昭和十七年九月号ノ社長ヲ中心トセル編輯会議

イ　日　時　昭和十七年七月二十六日頃ノ午前九時頃ヨリ十時頃迄

ロ　場　所　改造社社長室

ハ　出席者　山本　実彦
大森　直道
若槻　繁
相川（私）
小野　康人
青山　鉞治
鍛代　利通

ニ　会議ノ内容

社長「細川ノ論文ハ随分長イモノダネ、同ジモノヲ二回続ケテ巻頭論文ニスルノモドウカト思フノデソレダケハ誰カ他ノ適当ナ人ヲ選ンデホシイ」

大森「実際、細川ノハ近来ニナイ大論文デシタ。一般ニ及ボス影響モ相当ナモノダト思ヒマス。ソレダケニ検閲ニモ随分骨ヲ折リマシタ」

社長「ソレダケニ二度モ続ケデ巻頭論文ニスルトイフコトハマズイヨ」

若槻「反響ガ大キイダケニソノ方ガ良イト思ヒマス、実際ノ処巻頭論文トシテ取扱ハナクトモ読者ノ側トシテハソレ以上ノモノガ掴メルデセウ。私等モ随分啓発サレルトコロガアリマシタ、後半ガ出タコトニヨツテソノ反響ハ更ニ大キナモノガアルデセウ」

大森「真実ダ、普通ノ評論家ニハアレダケノモノハ一寸書ケナイヨ、危険ダト思フ処ハ実ニ巧ニボカシテアル、アノ呼吸ガ非常ニ難シイ所ダ、ソレダケニ僕ハ随分苦シ

ンダヨ」

小野「先日谷川徹三モ実際素晴ラシイト激賞シテオリマシタヨ」

コノ論文ニツイテノ協議内容ハ大体以上ノ通リデ、コノホカ九月号掲載ノ巻頭論文ヲ誰レニ執筆サセルカニ就テノ話ガアリマスガ、ソレ等ハ余リ関係ガアリマセンノデ省略イタシマス。

次ハ部員ノミノ編輯会議デアリマス。コレハ同日午前十時頃カラ正午頃迄改造ノ編輯室デ開催サレタノデアリマスガ、既ニ社長室ニオケル編輯会議デ社長ヨリ、「二回ニ亘ツテ巻頭論文トシテノ掲載不可」ノ言ヒ渡シガアツタ後デアリ、マタ私達トシテハ営業政策上ヤムヲ得ズトイフ気持ガアリマシタノデ、コノ論文ニツイテノ特別ノ話ハ出マセンデシタ。

タダコ、デ申シ上ゲタイコトハ、アレダケ我々ガ大キナ期待ヲ持ツテキタ論文ダケニ「ソノ及ボス影響」「一般読者層ノ反響」「内容検討」等ニツイテノ私達ノ編輯部員トシテノ寄々ノ協議デアリマスガ、八月号ガ発行サレタ直後折ニ触レ時ニ触レテハナサレテハオリマシタガ、ソノ点ニツキマシテハ後デ申シ上ゲタイト思ヒマス。

ソシテソノ後同年八月十日頃デアリマシタガ、陸軍省報道部主催ノ綜合雑誌ノ批評会ニ「大森」ガ出席シマシタ時、席上、平櫛少佐ガ「改造掲載ノ「細川」ノ論文ハ未ダ完成シテヰナイカラ来月号ヲ見テカラ批判スルガ大イニ注目ニ値スルモノダ」ト暗ニ警戒ヲ要スルモノナルコトヲ述ベタトノコトヲ「大森」カラ聞カサレタノデスガ、ソレ位ノコトデ折角ノ論文掲載ヲ中止スルコトモ出来マセンシ、マタ中止スレバ一層疑惑ヲ招クコトニモナリマスノデ、再ビ同月十二日頃ノ午前九時カラ正午頃ニ至ル迄ノ間前記大日本印刷ノ改造校正室デ前記メンバー四名デ会合シ論文ノ再検討ヲ行ヒ約十行余リ削除シテ同年九月号ニ掲載発表シタノデス。

(※中略)

8　改造社退社ノ経緯

私ガ「改造社」ヲ退社スルニ至リマシタ直接原因ハ、昭和十七年八月並ニ九月ノ「改造」ニ連載シマシタ、細川嘉六ノ論文「世界史の動向と日本」ガ昭和十七年九月十六日頃「削除処分」トナリ、執筆者デアリマス細川ハ同月十四日頃「治安維持法違反者」トシテ警視庁ニ検挙サレル事態ニマデ立至リマシタノデ、当面ノ責任者トシテ

編輯長　　大森　直道

〃次長　　相川博（私）

ガ引責退社スルニ至ツタノデスガ、ソノ詳細ニツキマシテハ後デ申シ上ゲルコトニ致シマシテ、先ヅ順序トシテ、

細川ノ論文「世界史の動向と日本」ニ対スル各方面ノ反響ニ就テ申シ上ゲタイト思ヒマス。

1、昭和十七年八月二十日頃、
東京市麹町区麹町三丁目所在ノ
精神科学研究所々員　田所　広泰
ガ「細川嘉六」ノ「世界史の動向と日本」批判パンフレットヲ発行シ「改造」編輯部ニモ一部送付サレテ参リマシタガ、ソノ内容ハ

イ「改造」「中央公論」等ノ綜合雑誌ハ左翼共産主義思想ノ宣伝雑誌デアルコト。

ロ　最近是等綜合雑誌ニ執筆セル
橘　　樸
平　貞蔵
細川　嘉六
等凡テ「尾崎秀実」ノ一味徒党デアリ何レモ共産主義者デアルコト。

ハ「改造」八月号ニ掲載サレタ「細川」ノ「世界史の動向と日本」ハレーニンノ「帝国主義」ノ焼直シデアッテ、共産主義ノ立場カラ「第二次世界大戦」ヲ批判シタモノデ、結局スル処共産主義宣伝ノ外何モノデモナイ。

ニ　コノ様ナ論文ヲ通過サセタ事ハ内務省検閲制度ノ不備欠陥ヲ証明スルモノデアル、
トイフモノデアリマシタ。

私ハコノ「パンフレット」ヲ一読シテ一応ハ覚悟シテヰマシタガ、巧妙ニ偽装シテヰマシタノデマサカコンナコトハアルマイト安心シテヰマシタノデ、意外ノ大キナ反響ニ編輯部員ノ動揺ヲ恐レ握リツブシテ、ソノ間ニ何等カノ工作ニヨツテ反響緩和策ヲ講ジヤウトシタノデアリマス。

然シ此ノ批判「パンフレット」ガ発行サレタ以上社会的ナ反響ハ、特ニ「細川」ノ身辺ニ危険ノ及ブコトヲ慮ツテ急遽「細川」ヲソノ自宅ニ訪問、善後策ニ就テ協議シタノデスガ良策ナク、兎ニ角党再建準備会ノ同志一同ト協議シテソノ危険ヲ未然ニ防止スベキ具体策ヲ考究発見スベク

昭和十七年八月二十三日頃
午後六時頃ヨリ同九時頃迄
「細川」ヲ同道シテ
東京市赤坂区葵町
満鉄地下食堂ニ於テ
細川、平館、西沢、西尾、加藤、木村、相川（私）等ガ田所広泰ノ「パンフレット」ヲ中心トシテ、ソノ反響、細川ノ身辺ニ及ボス危険ノ未然ノ防止策等ニツイテ鳩首協議シタノデスガ、是トイツテ名案モナク、兎ニ角「田所広泰」ニ面会シテ「パンフレット」ノ発行部数、配布先等ヲ調査シテ後、善後策ヲ考究スルコトニ決定シ、ソノ調査ハ相川（私）ガ当ルコトニナッテ散会シタノデ

アリマス。

ソシテソノ協議ノ決定ニ基イテ私ガ精神科学研究所ニ田所広泰ヲ訪問シマシタノハ昭和十七年八月二十四日頃ノ午前十時頃デアリマシタガ生憎「田所」ハ旅行中デ同所員ノ

水野　某

ガ代ツテ面会シテクレマシタノデ、私ハパンフレットノ発行部数、印刷部数、配布先等ニツイテ質問シ、出来レバ各方面ノ知己ヲ頼ツテ「揉ミ消シ運動」ヲ展開スベク考ヘタノデアリマス。

然シ水野トノ対談ニヨツテ其ノ配布先ガ意外ニ広範囲ナノデ到底私ノ考ヘガ不可能ナルヲ知リ、全ク絶望ヲ感ジタノデアリマスガ、以下「水野」トノ対談ノ大体ヲ申上ゲマスト

相川「今度ノ「パンフレット」ニ「細川」ノ論文ガ痛烈ニ批判サレテヰルガ、アノ「パンフレット」ハ何部位印刷サレタモノデスカ」

水野「大体五百部位カト思ヒマス」

相川「発行部数ヤ配布先ハ御判リニナリマセンカ」

水野「五百部印刷シタモノヲ全部出シテシマツタノデスガ配布先ハ軍部、内務省等ノ諸官庁及ビ出版雑誌社関係デス」

相川「私ノ方（改造社）ニ一応ノ断リモナク突然アノヤウナ批判パンフレットヲ出サレタノデ一同非常ニ迷惑ヲ感ジテヰマス。今後ハ事前ニ一応ノ諒解ヲ求メテ頂キタイ」

水野「ソノ点ハ君ノ言フ通リダ、今後ハサウスルコトニシヨウ」

相川「彼ノ論文ガ「レーニン」ノ「帝国主義」ノ焼キ直シダ等トハドウイフ理由カ」

水野「僕等ハ日本ニ於ケル左翼評論家ノ論文ハ詳細ニ研究シテオリ、コノ研究所デハ左翼文献モ相当持ツテヰル。ソンナ関係デ彼ノ論文ノ批評ハ「田所」君ガ詳細ニ分析検討シタ結果ヲ書イタモノデ、明ラカニ「帝国主義」ノ焼キ直シデアルコトハ我々研究所員一同認メルトコロダガ、社会ノ指導標トモナルベキ綜合雑誌ガ現下ノ重大時局下ニアンナモノヲ載セテ良イモノカドウカ反省サセルタメニヤツタノダ」

トイフ意味ノコトガ話サレ、事態ハモハヤ収拾出来得ヌ迄ニ悪化シテオリ「細川」ノ検挙モ愈々必至デアルコトヲ痛感シタノデアリマスガ、ソノ矢先、

2、昭和十七年九月七日頃、陸軍省報道部内デ開催サレマシタ同報道部主催ノ「月例綜合雑誌批判会」ノ席上、同報道部員

平櫛　少佐

カラ「改造」八月九月号ニ連載サレタ「細川嘉六」ノ論文「世界史の動向と日本」ハ明ラカニ共産主義ノ宣伝デアツテソノ一部分ハ「レーニン」ノ「帝国主義論」ト同

一箇所ガアル。戦時下カヽル論文ヲ、然モ巻頭論文トシテ堂々掲載スル様デハ改造編輯者ノ思想傾向ガ窺ハレルモノデ、是ハ相当ナ処分ヲ必要トスル」トイフ意味ノ批評ヲ受ケタノデアリマス。

私ハコレニ出席シタ

編輯長　大森　直道

カラソノ話ヲ聞キ容易ナラヌ事態ニ立至ッタコトヲ痛感、コヽデ万一細川ガ検挙サレルヤウナ事ニデモナレバ今迄苦心シテ来タ我々ノ党再建ガ画餅ニ帰スルカモ知レヌト考ヘテ、今ノ中ニ何トカ緩和策ヲ講ゼネバナラヌト苦慮シタノデアリマスガ、格別良策ガ発見デキズ、且ツ細川ノ検挙ガ必至トナリマシタノデ、焦慮ノ結果細川ヲ始メ各同志ニ事情ヲ訴ヘ、

イ　細川ノ検挙回避

ロ　反響緩和

等ノ対策ヲ考究スベク、再ビ

昭和十七年九月十日頃午後五時頃ヨリ

東京市赤坂区葵町所在

満鉄地下食堂ニ

細川　嘉六

平館　利雄

西沢　富夫

西尾忠四郎

加藤　政治

木村　亨

等ヲ招致シソレニ私ガ加ツテ種々協議致シマシタガ格別ノ良案モナク一同非常ニ困窮シタノデスガ、其ノマヽニモ出来マセンノデ、細川ガ近日中、陸軍省報道部ニ出頭シテ陳謝シ反響緩和ヲ懇願スルコトニシタノデス。

然シ細川ハ既ニ総テヲ断念シタ様子デ非常ニ淋シサウナ表情デアリマシタガ、我々ヲ元気ヅケルタメニ、「僕ハ老人ノコトデハアルシモウ諦メテヰル。然シコノ事以外ハ一切口外シナイ、決シテ君達ニ迷惑ヲカケル様ナコトハシナイカラ、若イ君達ハ僕ノ意志ヲ継承シテ果敢ナ活動ヲヤツテクレ」トイツテ激励シ、私達モ「細川」ガ検挙ニナルヤウナコトガ若シアレバ一層活発ナ活動ヲスルコトヲ誓約シマシタ。

ソウ致シマス中ニ、昭和十七年九月十四日付ノ日本出版文化協会機関紙「日本読書新聞」ニ掲載サレマシタ、

陸軍報道部長　谷萩那華雄大佐

ノ「時局談」記事中ニ、「改造」八月号ニ掲載サレタ細川嘉六ノ論文「世界史の動向と日本」ハ「共産主義ノ宣伝デアツテ検閲ノ手抜カリデアル」旨ノ発表ガアリマシタノデ、私達一同ハ到底「細川」ノ検挙ハ免カレヌモノト全テヲ諦メテオリマシタトコロ、コノ谷萩大佐ノ記事ガ発表ニナリマシタ、昭和十七年九月十四日、終ニ「細川嘉六」ハ警視庁ニ検挙サレタノデアリマス。

1　改造社編輯部「細川嘉六」ノ論文「世界史の動向と日本」削除処分対策

サキニ申上ゲマシタヤウニ「細川」ノ論文ガ意外ニ大キナ問題トナリ、ソノ結果トシテ執筆者デアル細川嘉六ニ対スル弾圧ガ下サレルコトハ日ヲ逐ウテ明白トナッテ来マシタノデ、細川ヲ中心トスル私達同志ハ何トカシテソノ弾圧ヲ回避スベク種々協議シタノデスガ「改造編輯部」トシテモ何等カノ打開策ヲ講ズベク、田所広泰ノパンフレットガ発行サレタ直後ノ昭和十七年八月二十五日頃ノ午後四時頃ヨリ同五時三十分頃迄、改造編輯室ニ於テ

大森　直道
若槻　繁
小野　康人
青山　鉞治
相川博（私）

等ガ出席シテ「田所」ノ発行シタ「細川嘉六論文批判パンフレット」対策ヲ協議シマシタガ、ソノ状況ヲ申上ゲマスト、

相川「精神科学研究所トイフ右翼団体ガ「改造」八月号掲載ノ「細川嘉六」ノ論文批評ヲ出シタ。

ソノ内容ハ改造ヤ中央公論ハ左翼思想ノ宣伝雑誌デアツテ主トシテ執筆サセル、橘樸、平貞蔵、細川嘉六等ハ尾崎秀実ノ一味デアツテ是等ハミナ共産主義者デアルトナシ、又「細川」ノ論文ハ「レーニン」ノ「帝国主義」ノ焼直シダト批判シタモノデアル。僕ハ精神科学研究所ニ田所ヲ訪ネタ処、田所ハ不在デソノ代リニ「水野某」ニ会ッテキタガ、コノパンフレットハ主トシテ「軍部」「官庁」等ヲ中心ニ約五百部配布サレテヰルサウダカラ相当大キナ問題ニナルノデハナイカト思ツテヰル」

大森「陸軍報道部ノ八月号ノ「綜合雑誌批判会」デ行ハレタ「平櫛少佐」ノ批評デハ「細川」ノ論文ハ「陸軍」トシテモ相当注目シテヰルガ全部見テカラ批評スルトイフコトダツタカラ、サウイフ右翼ノ連中ガ策動シテヰルトスレバ、コレハ相当大問題ニナルカモ知レナイ」

相川「パンフレットガ発行サレル前ナラ何トカ仕様モアルガ既ニコレガ発行サレタ後ナノダカラ騒イデモ仕方ナイダラウ、少時成リ行キヲ見テ問題ニナリソウダツタラ何トカ緩和策ヲ講ズルコトニシヨウ。ソシテ当面我々トシテハ「細川」ハ決シテ共産主義者デハナク憂国ノ至情ガカクアラシメタノデアルトイフコトヲ宣伝スルヨリ外アルマイ」

小野「細川ノ論文ヲ共産主義ダナドトハ怪シカラン。シカシ右翼ノ連中ガ「サウダ」ト云フナラトテモ勝テン。ソノ「田所」トカ「水野」トカハ「改造」ニ何カ原稿ガ書キタイノデハナイカ」

若槻「ソノ連中ハ改造ヤ中央公論ニ何カ書イテ自分ノ名前ヲ売リタイガ、ソレガ出来ナイノデ左翼ダナドト悪

ロヲ云ツタノデハナイカ」

大森「余リシツツコクヤルヤウダツタラ彼等ニ何カ原稿ヲ書カセマセウ。都合ニヨツテ一席設ケテ夕食デモタベヨウ。然シ今度ノ事ハドウニモ仕様ガナイカラ陸軍ノ方ノ批評ヲマツテ又何トカ考ヘルコトニシヨウ。吾々ガ余リ策動スルト結局「藪蛇」ニナル虞ガアル。改造モ細川ノ論文デコノヤウナ問題ヲ起シタトイフコトハ、今迄ノ改造ノ伝統ヲ考ヘル時寧ロ誇リトスベキデアラウ」

大体以上デコノ会議ヲ終リ月例ノ陸軍報道部綜合雑誌批判会ノ結果ヲ待ツコトニシタノデアリマス。

サキニ申上ゲマシタヤウニ、昭和十七年九月七日午前九時頃ヨリ同十一時頃マデノ間ニ陸軍省報道部デ開カレタ報道部主催「綜合雑誌批判会」ニ出席シマシタ「大森直道」ガ帰社シマシテカラ直チニ対策協議会ヲ改造校正室デ開催シマシタ。

① 対策協議会ノ状況

イ 日時 前記綜合雑誌批判会ノアリマシタ、昭和十七年九月十日頃ノ午後三時ヨリ同四時頃迄

ロ 場所 東京市牛込区市ケ谷所在
大日本印刷株式会社改造校正室

ハ 出席者 大森 直道
若槻 繁
小野 康人
青山 鉞治
相川 (私)

ノ改造編輯部全員デアリマシタ。
此ノ会議ヲ「大日本印刷改造校正室」デ開催シマシタノハ、私達ガ恰度「改造十月号」ノ校正ノタメ全部此ノ校正室ニオッタカラデアリマス。
其ノ状況ヲ申上ゲマスト、
大森「今日ノ「批判会」デ平櫛少佐カラ「改造八、九月号ニ連載サレタ細川ノ論文ハ「レーニン」ノ帝国主義論ノ焼直シデアリ、共産主義宣伝トイフ立場カラ書カレテアルモノデ、コノ執筆者ハ相当処分ノ必要ガアル。又コノ様ナ論文ヲ採リ上ゲタ改造編輯部員ノ思想傾向ガ疑ハレル」トイフ意味ノ峻烈ナ批判ガ下サレタ」
僕ハ非常ニ恐レ入ツテ陳謝シテキタガ、カウナルト八、九月号ノ削除処分ハ必至ダシ、悪クスルト改造ハ発行禁止処分トナリ、従ツテ改造社ハツブレテシマフノデハナイカト思フ。
細川嘉六ノ検挙モ到底免カレナイダラウ。社長ニコノ事ヲ報告シタラ、社長ハ「紙ノ減配」悪ク行ツテ発行停止処分トイフ点ヲ非常ニ心配シテ軍部情報局アタリニ陳謝ニ努メテ此ノ切迫シタ情勢ヲ何トカシテ緩和シヨウト焦ツテヰル。ソシテ今晩ニデモ、
前陸軍報道部長 松村秀逸大佐
ヲ訪問シテ陳謝スルト共ニソノ諒解ヲ求メテ情勢緩和ニ

努メル様ニトノ命令ガアッタ。

相川「此ノ責任ハ勿論僕等ニアルノダガ、ソノ一端ハ「社長」ニモアルノダカラ、社長自身ガ

報道部長　谷萩大佐

其他「軍」「官庁」関係ノ人ニ会ツテ諒解ヲ求メレバ良イデハナイカ」

大森「谷萩大佐ハ此ノ問題ニツイテハ一切誰トモ面会シナイト云ツテヰルソウダカラ、トリツク島モアルマイ」

小野「松村大佐ハ改造トモ関係ガアルノダカラ松村大佐ヲ通シテ谷萩大佐ニ接シテミタラドウダラウ。然シ今度ノ事ハ相当大キナ問題ダカラ「改造」モ潰サレルヤウナコトニナラントモ限ラナイ」

大森「社長モ斯ウイフ時ニハ自身デ乗リ出シテ軍官庁関係ノ人デモ招待スル様ナ融通性ヲモツテオレバ良インダガ、「改造社」ノ潰サレル事バカリ考ヘテビクビクシタリ自分ノ責任回避策バカリ考ヘテヰルンダカラ駄目ダヨ」

相川「平素、編輯会議ニモアレ程進歩的ナ左翼思想ノ啓蒙宣伝ヲスルヤウ奨メテ置キナガラ、斯ウイフ状態ニナルトソノ責任ヲ回避スルコトバカリ考ヘタリ改造社ノ潰レルコトバカリ心配シテヰル事ハ余リ卑怯ダ」

小野「社長ハズルイカラ駄目ダ。此ノ際社長自身ヲ啓蒙スル必要ガアル」

大森「僕モ大イニ説得シタノダガ我々ノ責任ヲ追求スルバカリデ自分ノ責任ヲ少シモ考ヘテヰナイノダ。今度ハ社ヲ潰サレルカモ知レント云フノデ大分慌テヽヰル」

若槻「実際、我々丈ケガ幾ラ心配シタ処デ事態ガコヽマデ進展シテカラデハドウニモナルマイ。社長モ全ク男ラシクナイヨ」

大森「今晩兎ニ角「松村大佐」ニ会ツテ来ル。ソシテドウシテモ駄目ノヤウダツタラ又何トカ考ヘルコトニシヨウ。此ノ問題デ我々ガ退陣ヲ余儀ナクサレル様ナコトガアツテモ、古クカラ続イタ「改造」ノ伝統ヲ生カシタ為メダト云フ点カラ考ヘレバ寧ロ名誉トスベキダ。

然シコヽデ考ヘナケレバナランコトハ今度ノ事件デ若シ「改造」ガ潰レルヤウナコトニデモナレバ誠ニ申訳ナイ事ダ。ソコデ我々トシテノ今後ノ工作ハ「改造ノ命脈保持」即チ当面シタ改造ノ危急ヲ如何ニ切リ抜ケテ保存継続サセテ行クカニアルト思フ。ソレニハ差当ツテ当面ノ責任者デアル我々ガ責任ヲ負ツテ退社シ、ソレニヨツテ、「改造」ダケハ助ケネバナラナイト思フ。僕ハモウ覚悟シテヰル。今晩松村大佐ニ会ツテ我々ガ責任ヲトルカラ「改造」ダケハ助ケテクレルヤウ頼ンデ見ル心算ダ」

等ト種々対策協議ヲ行ヒ、同志一同コノ「大森」ノ意見ニ賛成シ「改造」ノ存続ヲ図ルタメ第一工作トシテ編輯部一同退社ヲ決意シタノデアリマス。

斯ク致シマス中、コレモ先程申上ゲタノデスガ、昭和十七年九月十四日付、日本出版文化協会機関紙デアル

「日本読書新聞」ニ
陸軍報道部長　谷萩那華雄大佐
ノ時局談中ニ「改造八、九月号ニ掲載サレタ、細川嘉六ノ論文「世界史の動向と日本」ハ共産主義ノ宣伝デアリ之ヲ通過サセタノハ検閲ノ手抜リデアル」旨ノ一文ガ発表セラレマシタノデ、私ハ細川ノ検挙ハ必至デアルコト、論文ハ当然削除処分ニナルコトヲ決意ヅケラレタノデアリマス。

ソシテ、「細川」ヲ慰問ノ意味デソノ自宅ヲ、昭和十七年九月十六日午前十時頃訪問シマシタ処、「細川」ハ九月十四日午前十時頃警視庁ニ検挙サレタ事ヲ細川ノ「妻」カラ聞カサレ非常ニ驚キ直チニ帰社シテソノ旨ヲ編輯部員一同ニ伝ヘマシタ。

一方、当日警視庁検閲課ヨリ改造八、九月号掲載ノ細川嘉六ノ論文「世界史の動向と日本」ハ削除処分ニ付スル旨ノ通達ガアリマシタ。

丁度ソノ時、私達全編輯部員ハ、改造十月号校正ノタメ、東京市牛込区市ケ谷加賀町ノ大日本印刷株式会社内、改造校正室ニオリマシタノデ、ソノ帰途コノ問題対策協議会ヲ開催シタノデアリマスガ、ソノ状況ニツイテ申上ゲマス。

日　時　昭和十七年九月十六日午後六時頃ヨリ同八時頃迄
場　所　東京市四谷区四谷　料理店「長野屋」
出席者　大森　直道
若槻　繁
小野　康人
青山　鉞治
相川（私）

等デアリマシタ。ソノ状況ハ

大森「今度ノ事件ハ遂ニ来ル所マデ来タ。「細川」ハ検挙サレルシ、論文ハ削除ニナルシ、軍トシテモ非常ニ憤慨シテヰルシ、社長モ困ツテヰル。軍ノ見解トシテハ「社長ノ山本ガ悪イ、彼ハ改造ニハ左翼評論家ニ旺ンニ執筆サセテハ共産主義ノ宣伝ヲヤリ、一方「時局雑誌」ノ方デハ右翼ノ面ヲ取リ上ゲテ巧妙ニ誤間化サウトシテヰル。コノヤウナモノニハ紙ノ減配ヲサセルカ、或ヒハ全面的ニ改造社ヲ潰スカシナケレバナラン」トイツテヰルヤウダガ、紙ノ減配ハ兎モ角トシテ「改造社」ノ抹殺ト云フ点ニツイテハ我々ハ真剣ニ考ヘナケレバナラナイノデハナイカ」

小野「カウイフ事態ヲ惹起シタ当面ノ責任者トシテ編輯部一同辞表ヲ出スカ」

相川「小野ノ意見ニ賛成ダ。ソノ責任ヲ明ラカニスル為ニモ一応社長ニ編輯長カラソノ旨伝ヘテ貰ヒタイ」

大森「承知シタ。然シ今我々ガヤメルトイフコトハ、単ニ責任ヲ負ツテ辞職スルト云フ丈ケデハ意味ガナイ。元来改造ハ左翼思想ノ啓蒙宣伝誌トシテ創刊サレタモノデアリ、現在マデ輝カシイ伝統ヲ堅持シテ奮闘シテ来タノダカラ、我々モ「細川」ノ論文問題デ責任ヲトルコトハ当然デアリ寧ロ本懐トスベキデアルガ、然シ現在改造ハ非常ナ危機ニ直面シテヰル。ソコデ我々ノ辞職ニヨツテ将来モ改造発刊ヲ継続サセテ、コノ名誉アル改造ノ伝統ヲ保持スルコトガ必要ダ。我々ガ辞職シテモ社長ハ異分子ヲ持ツテ来ルヤウナ事ハ断ジテナイト信ズル。矢張リ同志ヲモツテ来テ栄誉アル改造ノ伝統ヲ死守スル事ハ明瞭ダカラ、コノ際改造ヲ生カスタメニ辞表ヲ提出シヨウ」

ト述ベ、全員コレニ賛成シ、編輯部員一同辞職ヲ決行シテ「改造」ヲ死守スルコトニ決定、ソノ結果、昭和十七年九月十八日午前十時頃、編輯部員一同編輯室ニ集合シテ、

　編輯長　大森直道

ヲ通シテ全員辞表ヲ提出致シマシタ。ソノ結果ハ

大森ハ編輯長トシテ、相川（私）ハ此ノ原稿ヲ直接依頼シタ責任者トシテ、夫々辞表ヲ受理サレマシタ外、若槻繁ハ社長秘書ニ、小野康人ハ出版部ニ、青山鉞治、鍛代利通ハ「時局雑誌」編輯部ニ転任セシメラレ、一応表面ヲ糊塗シ、ソノ後任トシテ私達ノ推察通リ

　編輯長　佐藤　績

〃次長　小林英三郎

〃部員　野間寛二郎

〃部員　北島　宗人

等ノ私達ノ同志デアリ同時ニマタ社長自身モ永ラク使ツテ共産主義者デアルコトヲ知リ抜イテヰル連中ヲ任命シ「改造」ノ伝統保持ニ万全ヲ期シタ次第デアリマスガ、私ガ、同月十九日午前十一時頃社長室ニ呼バレマシタ時、社長ハ

「細川嘉六ノ論文ハ余リ大キク取扱ツテハ不可ント言ツテ置イタノニ君等ガ勝手ニ大キク取扱フカラコノヤウナコトニナルノダ。今度ノ事件ノタメニ改造社モ危クナツテ来タ。君ハ直接「細川」ノ論文ヲ依頼シタ責任者トシテ辞表ヲ受理シマス」

ト申シ渡サレ、私ハ「誠ニ相済ミマセンデシタ」

ト答ヘ社長室ヲ出マシタ。

　然シコヽデ社長ガ「自分ガ細川ノ論文ヲ大キク取扱ツテハ不可ント云ツテヰタノニ君等ガ勝手ニ云々」ト申シマシタノハ明瞭ニ彼ノ狡滑極マルコノ事件ニ対スル責任回避ノ口実デ、前述ノ通リ編輯会議デ「細川」ノ論文ヲ「八月号」並ニ「九月号」ノ「改造」ニ連載スルコト、又「八月号」ニ於テハ巻頭論文トシテ掲載スル事ハ社長自身ノ提案デアリ、且ツ細川ノ論文ガ発表サレタコトヲ自ラ得意トシテオツタコトデモアリ、ソレニモ不拘問題ガ惹起スレバソノ責任ヲ社員ニナスリツケテ自ラハソレヲ回避スル狡猾ナ仕打ハ吾々社員一同ニ対スル惨酷ナ態度デアリマシテ、今迄ニモ何回カ「改造社」ニ不利ナ事

件ガ惹起サレタ時ニハソノ責任ヲ必ズ社員ニ転嫁シ自ラハ恬然トシテ自責反省スルコトガナカッタノデアリマスガ、コ、デ「社長ノ編輯方針並活動状況」ヲ述べサセテ頂キタイト思ヒマス。

9　社長ノ編輯方針並活動状況

社長ノ「改造」並「大陸」ニ対スル編輯方針ヲ略述イタシマスト次ノ通リデアリマス。

1　社長ハ終始一貫シテ共産主義思想ヲ抱懐セル左翼評論家或ヒハ小説家ト親交ヲ結ビ、其等評論家小説家ニ論文ヲ執筆サセルコトヲ慫慂シ左翼思想ノ宣伝啓蒙誌タル「改造」「大陸」発刊ノ使命遂行ニ努メテヰタコト。

2　社長ハ左翼評論家ヤ作家ヲ
東京市目黒区所在　目黒茶寮
東京市芝区所在　嵯峨野料理店
等ニ時折招待シ、常ニ彼等ヲ自分ノ周囲ニ惹キツケテ置ク様努力シ、或ヒハ是等作家評論家ノ評論小説等ガ「改造」「大陸」等ニ発表サレタ時ハ喜ンデ「今月号ハ素晴ラシク出来ガ良イ」トイツテハ我々編輯部員ニ対シ感謝ト称讃ノ意ヲ表シテオリマシタ。

3　社長ハ至ツテ偽装ニ巧妙ヲ極メテオリマスガ、ソノ根本思想ハ共産主義デアリマシテ、編輯会議ニオケル世界ヤ日本ノ政治経済文化社会問題等各方面ノ客観情勢ヲ批判スル場合ニ於テモ常ニ共産主義的立場カラノ観点ヲ堅持シ、特ニ、支那問題、日本ノ国内問題、ソ聯邦ノ問題等ニ対シテハ真摯ニ批判検討シ日本ノ国策ヲ痛烈ニ批難罵倒シ、労農大衆ヤ左翼インテリヲ中心トスル共産主義社会ヲ実現サセナケレバ国民生活ハ真ニ安定セズ、ソノタメニハ「改造」ハ左翼共産主義ヲ標榜スル尖鋭ナル言論機関トシテ共産主義ヲ宣伝スルコトガ「改造」ノ二十数年間ノ伝統デアリ、ソノ信条デアルトナシテオリマシタ。

サウイフ立場カラ、大森義太郎、猪俣津南雄、山川均、向坂逸郎、風早八十二、細川嘉六、尾崎秀実、美濃部亮吉、南礼二、阿部勇、芹沢彪衛、森戸辰男、大内兵衛、有沢広巳、岡田宗司、河合栄次郎、戸坂潤、三木清、矢内原忠雄、淡徳三郎、荒畑寒村、宇野弘蔵等ノ左翼共産主義評論家並ニ中野重治、立野信之等左翼作家ト親交ヲ保チ絶エズ執筆サセ、彼等ノ論文作品等ガ「改造」ニ掲載サレタ時ハ恰モ自分ノ意見ヲ代表シテヰルカノ如ク自ラ誇リトシテヰタノデアリマス。

4　支那事変ガ始ツテ以来ノ社長ノ支那ニ対スル見透シ及ビ日本ノ国内問題等ニツイテノ編輯方針ハ、急進的ナ国内革新ヲ断行スルコトノ必要性ヲ強調シ、政治経済文化各方面ノ右翼反動化ニ抗議スルヤウナ評論ヲ「改造」ニ掲載シ、コレニヨツテ共産主義思想ヲ国内ニ宣伝スルコトデアリマス。

支那事変ノ見透シニツイテモ結局支那ヲ支配スルモノハ「中国共産党」ノ勢力デアルカラ、「中共」ノ強力ナコト、ソノ革命的政策、革命的運動方針ヲ日本ノインテリ層ニ宣伝シ、支那事変ハ日本ノ帝国主義的侵略ノ意図ノ表レデアルコトヲ偽装的ニ暴露シ「赤色支那」ノ抗日意識ノ強靭性ヲ絶エズ強調スベシトナシテオリマシタ。

例ヘバ「鹿地亘」ハドウシテヰルダラウカ等トイフ言葉ハ編輯会議ノ席上ヨリ社長ノ口カラ洩レタ言葉トシテ記憶ニ残ツテオリマス。

又「汪政権」ニ対シテハ「日本ノ武力デハ支那事変ハ到底収拾不可能デアリ「汪政権」ハ一種ノ傀儡政権デアル、共産革命ノ途上ニアル支那民衆ノ抗日意識ハ結局日本ノ武力ヲ屈伏セシメルデアラウ」トイフヤウナ意見ヲモツテオリマシタ。

只、常々ソノ明瞭ナ意識ヲ偽装シ、検閲ヲ巧ニ通過スルヤウ努メテオリマシタ。

5　社長山本実彦ガ、昭和十六年ノ始メ頃、欧米ヲ視察旅行シテ帰ツテカラノ編輯会議席上ニ於ケル、ソ聯謳歌礼讃ハ特ニ目立チ、独ソ戦ガ勃発シテカラ後モ山本社長ハ「ソ聯ハ強イ、ソ聯ハ社会主義国家ダ、決シテ独逸ニハ負ケナイ」ト口癖ノヤウニ申シテ我々編輯部員ヲ煽動激励シテオリマシタ。

社長ノ二ケ月余ニ亘ルソ聯観ハ、ソ聯ノ労働者農民ヲ基礎トスル社会主義的建設ノ威力ハ政治経済社会文化等、凡ユル方面ニ行キ届イテオリ、「スターリン」政権ノ国民的基礎ハ非常ニ強力デアツテ、独逸ノ攻撃位デハ到底崩壊スルヤウナコトハナイ、サウイツタソ聯ノ社会主義ノ優位性、強靭性ヲ「改造」「大陸」ヲ通ジテ宣伝啓蒙スルコトノ必要性ヲ、各編輯会議ニ力説シテオリマシタ。又自ラ雑誌著書ヲ通シテコノ点ヲ強調力説シテオリマスガ、ソノ意図スル処ハ、ソ聯ノ社会主義建設ノ威力ヲ一般インテリ層ニ宣伝啓蒙シ、社会主義思想ハソ聯邦ニ於テ理想的ニ実現サレ到底「日本」ヤ「ドイツ」ハソ聯邦ノ社会主義的ナ国力ニ及バナイ、トスルソ聯並ニ共産主義ノ宣伝謳歌ニ努メテヰルノデアリマス。

6　特ニ「昭和十五年一月号」ヨリ前記ノ通リ大衆雑誌トシテノ「大陸」カラ「支那問題」ニ関スル高級ナ専門雑誌トシテノ「大陸」ニ転換シテ以後ハ、支那共産党並ニソノ革命運動状況ノ宣伝、ソ聯邦社会主義建設ノ強大性ノ謳歌等ヲ手段トシテ国民大衆ニ対シ共産主義思想ノ宣伝啓蒙ガ最モ主要ナ編輯方針デアリマシタコトハ、社長自ラノ意図ニ則シタモノデアツタノデアリマス。

7　コノヤウナ社長ノ編輯方針ノ結果、自由主義思想ヤ普通ノ評論家ニ執筆サセルトイフヤウナプランハ社長室ノ編輯会議ニ於テハ殆ンド黙殺不通過デ、結局左翼的評論家ヤ共産主義者ニ尖鋭ナ論文ヲ書カセル意図ヲ有スルプランガ激賞サレ決定サレタノデアリマスガ、ソノ最後ノ裁判ヲ下スノハ常ニ社長デアリマシタ。

8　編輯方針ヲ通シテ見タ社長ノ根本的思想ハ前記ノ通リ立派ナ共産主義者デアリ、日本ノ国策ヲ政治経済文化等多方面ニ亘ツテ社長ト同様、共産主義的観点ヨリ批判シ後ハ評論家ヲ以テ自己ノ代弁者トシテ推賞激励シテコレニ執筆サセ、大正八年三月創刊以来今日ニ至ル実ニ二十数年間、日本ニ共産主義思想ヲ宣伝普及スルコトヲ以テ自己ノ信条トシ又使命トシテキマシタコトハ明カナ事実デアリマス。

彼ガ時折ロニスル国家社会主義的ナ言辞ノ如キハ山本社長一流ノ巧妙ナル偽装ニ過ギナイノデアリマシテ、絶エズ政府並ニソノ政策、軍部等ヲ非難攻撃ノ対象トシ、彼等ハ日本ノ資本家ノ走狗デアリ資本家擁護ノタメノ防壁デアル、従ツテソノ防壁デアリ走狗デアル軍部官憲ヲ倒サナケレバ、自己ノ信条デアル共産主義社会ハ実現サレルモノデハナイ、トイフ明確ナ信念ノ下ニ「改造」並ニ「大陸」ノ編輯指導ニ当ツテ来タモノデアルコトハ、編輯会議ニ於ケル彼ノ言動カラ見テモ判然シタ事実デアリマス。

9　コノ顕著ナ一例トシテ「フランス」ニアツテ共産主義者トシテ活動ヲ展開シテオリマス「淡徳三郎」ト昭和十五年頃社長ガ外遊シタ当時「フランス」デ会見シ、又ソレ以後「淡徳三郎」カラ社長ニ直接送ラレテ来ルヤウニナリマシタガ、

昭和十五年二月「新秩序胎動ニ対スル若干ノ考察」

昭和十六年二月「世界新秩序ノ胎動」

同　四月「戦争ト人民」

同　十月「第三共和制ノ崩壊」

等ノ左翼論文ガアリマシタガ、ソノ都度社長ハ激賞シ自ラ之ヲ「改造」ニ掲載シ、マタ検閲上十分注意シテヤルヤウニトノ命令ヲ致シマシタ。

ソノ他コノ「淡徳三郎」ノ尖鋭ナ左翼論文ヲ輯録（書下シノモノモアツタト思ヒマスガ）シタ「戦争ト自由」ナル著書ヲ出版部ニ命ジテ「単行本」トシテ昭和十六年四月頃発行サセタノデスガ之ハ間モナク「発禁」ニナツタヤウニ記憶シテ居リマス。ソノ他ニモ社長ガ自ラ原稿ヲ入手シテ編輯部ニ命ジテ「改造」ニ掲載サセタ左翼論文ハ多数デアリマス。

私ハ山本社長ニ五年間使ツテ貰ヒ、又「細川」ノ論文問題等ニシテモ社長トシテデハナク同志トシテ当然私達ガ責任ヲ負担スベキモノト思ヒマスノデ決シテ個人的ニハ何等ノ怨恨ヲ抱イテオリマセンガ、国家的ナ大キナ見地カラ申シマスト屡々申上ゲマシタヤウニ「社長」ノ根本思想ガ共産主義デアリ、ソノ思想ノ宣伝啓蒙ヲ行フコトニヨツテ我国ニオケル共産革命ニ寄与貢献スベキ意図ノ下ニ、大正八年三月「改造」ヲ創刊シ爾来世態ノ推移変遷等ヲ度外視シ防共協定ガ締結サレ今ヤ第二次世界大戦ハ社会主義国「ソ聯」ト資本主義国ハ二分サレ死闘ノ展開ガ実現サレントシテキル時ニ当リ、国内思想体制ヲ

確立スルノ切要ナルコトヲ痛感致シマシタガ社長山本ハ終始一貫「改造」ノ目的使命貫徹ニ一途邁進シ来ツタ罪悪ハ誠ニ量リ知ルベカラザルモノデ、現在転向ニ日々努力致シテオリマス私トシマシテハ「改造」ヲ葬リ去ルコトハ時局重大ノ折柄最モ焦眉ノ急務ト確信スル次第デアリマス。

猶コレハ私ガ改造社ヲ退職シタ後デ大森カラ聞イタコトデアリマスガ、陸軍報道部デハ「山本ハ何十年トナク左翼思想ノ宣伝啓蒙ニ努メ「改造」デ左翼ノ思想ヲ宣伝シ「改造時局版」デハ右翼的ナモノヲ掲載シ非常ニ巧妙ナ策ヲ弄シ「雑誌」ヲ売ルコトヲ目的トスル如ク見セカケテ売国的ナ行為ヲナシ、又今度「細川」ノ事件ニシテモ編輯部員ニノミ責任ヲ転嫁シテヰル。実ニケシカラヌ奴ダ。何時カトツチメテヤラネバナラヌ」ト言ツテ非常ニ憤慨シテヰタトノコトデアリマスガ、コレハ全ク同感デスガ、何分私達ノ手ニハ負エナイ大物デスカラ、当局ノ手デ彼ノ仮面ヲ剥イデソノ赤魔ノ正体ヲ曝露シテ頂クヨリ外ナイト信ジマス。

（以下、略）

昭和十八年九月十五日

於鶴見警察署

相川　博

＊

細川論文を摘発した陸軍報道部員の証言

――平櫛　孝

『大本営報道部』（図書出版社）から

【解題】細川論文を摘発した陸軍報道部将校の〝告白〟である。ただし〝告白〟といっても、事実関係については、当時『中央公論』編集部にいた黒田秀俊の著作中の記述を引用して、それを認めただけである。

それでも、これまで関係者によって語られてきたことが事実だったことを加害者の側から承認・証言した意味は大きい。

なお当の将校は、当時の自分たちを振り返って「はしゃぎすぎ」だったと反省している。しかしこの細川論文の摘発から始まった横浜事件で犠牲となった人たちは、後に掲げる口述書にあるような拷問にさらされ、実質五人の獄死者を出した。「はしゃぎすぎ」という表現はあまりにも軽い。

言論統制の実際

前にものべたように、報道部の検閲は、本来、軍事機密に属するものに限られているはずであった。一般的な言論の検閲は内務省と警察の仕事だった。

しかし、当時の日本では、軍は絶対の権力を握っていた。軍の意向に表だって反対できる者はいなかった。その力は、おそらく絶大なものであったろう。

ところが、権力というものは、自分がその内部にいると、それがどのような影響を外部におよぼしているのか、見えないものである。ことに若いときは、それが自分の力であるような錯覚をおかすものである。だからといって、その権力をふりまわせば、それはもう外部にとっては暴君でしかないわけで、本人がたとえ善意で行なったことでも、外部に対しては「強制」になる。そのへんの社会構造が本人に見えていればまだすくわれるが、えてして足を踏みはずす。

私のような田舎者には、そのへんをうまく調整してゆくだけの叡智が欠けていたように思う。外部から見れば、何もわかっていないくせに大きな口をたたく、鼻もちならない権力の走狗に見えたかもしれない。また、事実そうでもあったのであろう。

はじめは軍事関係の限られていた発言が、いつのまにか少しずつはみだしていって、実質上の言論検閲に近いところまで行った。軍の個人が何気なく吐いた意見が、社会的に大きな影響を与えてゆく。それをたしなめる機関がどこにもないという社会は、それ自体欠陥社会だという認識を私がもつにいたったのは、軍をはなれてかなり年月がたってからのことである。それでは遅すぎるという気もするが、一生それに気づかずに終るよりはましであろう。

昭和の歴史を見直してゆくと、軍やその便乗者たちが余計な口ばしを入れたために、日本の針路がゆがみ、多くの人々が苦しみ、結局日本帝国そのものが崩壊していった過程がよくわかる。

イソップ物語にこういう話がある。子供がほんのいたずらに路傍の蛙にむかって石を投げつける。すると、蛙が哀願する。「坊ちゃん、あなたにとっては、ほんの気まぐれかもしれませんが、私にとっては、命がけの災難なんです」

戦後の経済界流のいいかたをまねれば「アメリカがクシャミをすると、日本が肺炎をおこす」というたぐいである。私は私なりに、自分でそれと知らぬまに、多くの人を傷つけていたと思う。日本そのものの運命をも傷つけていたのかもしれない。

「あれはお国のためにやったことだ。戦争に勝つためにはしかたがなかったのだ」などと戦後になって弁明した元軍人、元政府高官はたくさんいたが、お国のためにならなかったからこそ、日本は敗けたのだ、と私は自ら責めてきた。大きな眼でみてはそれがお国のためにならないことに気づかなかった。自らの不明を恥じいるばかりである。

石を投げた子供には、石を投げられた蛙の立場はわからない。だから、いろいろあったであろう私たちの「横暴」について、私の側から書くのは、それもまた一方的なものになる恐れなしとしない。

幸い、当時中央公論社の編集者をしていた黒田秀俊氏が著書『昭和軍閥』(図書出版社刊)のなかで、雑誌『改造』の発禁について回想しているくだりがある。ここには、加害者として私の名も出てくるので、あまり名誉にならない話だが、それを引用してみよう。

▼『改造』の発禁事件——黒田秀俊

細川嘉六の「世界史の動向と日本」は、『改造』八月号(昭和十七年七月十九日発売)の巻頭論文として掲載された。論文の要旨は、この戦争で、日本は、欧米帝国主義者とおなじ道をたどってはならない。日本は、新しい民主主義に立って、アジア諸国民の独立の達成を助けるべきである。とくに中国にたいしては、中国の完全な主権回復こそが、日本にとっても利益であり、日中両国のあいだに恒久的平和友好関係をきずくゆえんであることを力説していた。

細川論文が反響をよんで、八月号の『改造』はどこへいっても評判がよかった。わたしたちも、「今月は完全に『改造』にやられたな」と話し合ったものである。『改造』編集部には、「よくやった」とわざわざ電話で激励してくる寄稿家もあったという。つづいて、九月号(八月十九日発売)に、続篇が載った。もともと改造としては、論文の迫力が削がれることを懸念して、分載は本意でなかったそうである。しかし、用紙はすべて割当であったから、二百二十四頁という窮屈な用紙事情のもとでは分載せざるをえなかった。

ところが、その九月号もあらかた売れてしまったころに出た九月十四日号の日本読書新聞(日本出版文化協会の機関紙)紙上に、陸軍報道部長の谷萩那華雄大佐が「戦争と読書」という長文の談話を発表した。そのなかでとくに検閲の重要性に言及し、『改造』の細川論文は戦時下巧妙なる共産主義の宣伝である、これをみのがしたのは検閲の「手ぬかりです」ときめつけた。何しろ、泣く子も黙る陸軍報道部長の発言だからそのひびきは大きい。情報局の担当係官が進退伺いを出したといううわさを耳にしたくらいであった。スジ論からいえば、主管の情報局検閲課が正規の手続きで通過させた論文を、職務権限のない陸軍報道部長が「手ぬかりです」とクレームをつけるいわれはないはずで、きわめて非立憲的な横ヤリといわねばならなかった。しかし、戒厳令下の政治といわれる軍閥ファッショの時代である。横ヤリはまかり通った。

この谷萩発言には火つけ役がいる。報道部で雑誌を担当していた平櫛孝少佐である。陸軍報道部で主催している集まりに「六日会」という名の雑誌懇談会のあることはすでに書いた。昭和十七年（一九四二年）の九月はたまたま六日が日曜だったために、七日に麹町の宝亭でひらかれた。当日は『中央公論』からわたしも出席していたので、そのときのことはよく記憶している。編集長に報告する用意のため、かんたんなメモをとっていた。席上、平櫛少佐はつぎのように語った。

「自分は、なんの気なしに、寝ころんだままこの論文を読みはじめ、途中、おもわず卒然として起きあがった。この論文で筆者のいわんとするところは、わが南方民族政策において、ソ連に学べということにつきる。南方現地において、日本民族が原住民と平等の立場で提携せよというのは、民族自決主義であり、敗戦主義である。しかも、その方法としては、ソ連の共産主義的民族政策をそのままあてはめようとする以外のなにものでもない。かくてこの論文は、日本の指導的立場を全面的に否定する反戦主義の鼓吹であり、戦時下巧妙なる共産主義の扇動である。一読驚愕した自分は、さっそくこのことを谷萩報道部長に報告すると同時に、専門家にも論文を審議してもらったところ、自分とまったくおなじ結論をえた」

ここで、平櫛少佐はいちだんと語気をつよめ、「このような論文を掲載する『改造』の真意を問いたい。返答如何によっては、即刻、雑誌の継続をとりやめさせる所存である」と難詰し、大森直道『改造』編集長の顔をにらみつけた。雑誌の所管は情報局である。それを職務権限のない報道部の一少佐が、「雑誌の継続をとりやめさせる所存である」と公開の席で大見得をきるのだから、そのころの陸軍の勢威のほどがおもいやられるであろう。

この平櫛少佐の非難にもまた裏がある。そのころ、右翼の論客で、日本精神文化研究所（国民精神文化研究所とは別）員の肩書をもつ田所広泰という人物がいた。この人物が細川論文を非難する怪文書を作成して各方面に配布した。細川論文は、レーニンの『帝国主義論』に立脚する唯物史観であり、「戦時下、巧妙なる擬装共産主義」であるというのがその論旨であった。つまり、平櫛少佐は田所広泰にそそのかされ、谷萩報道部長は平櫛少佐から報告をきいて、「戦時下巧妙なる共産主義の宣伝である」とわめいたのである。

こうなると、警視庁でもほっておかれない。細川は出版法違反容疑（編集者注・実際は治安維持法第五条違反）で検挙され、世田谷署に留置された。

泣く子と地頭にはかなわない。けっきょく、この事件で、改造社では、大森直道編集長と直接細川論文を担当した相川博が責をひいて退社し、編集スタッフ全員の配置転換をおこなうことで恭順の意を表し、一件はようやく落着した。

この事件は、当然、『中央公論』編集部でも話題にのぼった。他人事ではなかったのである。畑中繁雄編集長は、「細川論文がいけないとなると、現実問題として、総合雑誌の編集は出来ないということになる。編集者のクビなんかいくつあってもたらんな」と呟いた。わたしは、改造社が、あまりにあっけなく細川論文を非と認め、編集者のクビを差出して、恭順の意を表したことを残念におもった。もっとも、相手が侵略戦争をすすめている当の軍であってみれば、どうにもならなかったのかもしれない。それから九カ月後、『改造』とおなじような運命にこんどはわれわれがさらされることになるのである。

若い頃の自分のことを、こうはっきり書かれてしまうのは、決して気持のいいものではないが、事実関係の大筋はそのようなものであった。私には弁解の言葉もないし、また、加害者が弁解するのは見苦しい。こちらにそれほどの自覚がなくとも、世間には「はしゃぎすぎ」ということばもある。たしかに、私たちは、はしゃぎすぎていたのだ。しかし、石を投げられた側にとっては、生死にかかわる大事件であったろう。当時の肩いからした軍部と、それに立向う手段を持たなかった民間言論機関との関係はまさにこのようなものであった。

その点、米軍当局のジャーナリズムへの対し方は、はるかに洗練されている。言論部門一つをとっても、日本はアメリカの敵ではなかった、ということができる。

III

横浜事件の「構図」

海野普吉弁護士が語る
横浜事件の全体像
——海野普吉『ある弁護士の歩み』から

【解題】 横浜事件で起訴されたのは三三名である。その人たちの「弁護」を一手に引き受けたのが、海野普吉弁護士（一八八五—一九六八）だった。よく「晋吉」と書かれるが、正しくは（戸籍上）「普吉」である。静岡県の生まれだが、「晋吉」の届出を戸籍係が間違ったという（『弁護士海野普吉』）。

横浜事件を海野弁護士が一人で引き受ける事態となった事情を、ここでは戦争末期、東京や横浜が空襲で焼き払われ、多くが疎開していったためと語っているが、それだけではない。一九四一年の治安維持法の改正によって、同法違反事件の弁護は司法大臣によって指定された弁護士だけに限られていたが、それにしても「国賊」のレッテルを貼られた被告の弁護を引き受けるのにはよほどの決意が必要だった。そのため思想事件のほとんどを海野弁護士が引き受ける羽目になったが、海野の場合、特定の思想団体や政党にかかわったことがなく、司法関係からも、その職業意識と使命感から弁護を引き受けていると見られていたということがあった（前掲書）。

戦後は自由人権協会の初代理事長となり、日弁連会長や総評弁護団長などを務めた。

なおこのインタビューで潮見とあるのは、潮見俊隆東大法学部教授（当時）である。

*

事件の概要

潮見　終戦当時、中央公論社、改造社、日本評論社、岩波書店等の編集部員が治安維持法違反で、多数かつ長期にわたり、横浜拘置所に勾留された、いわゆる「横浜事件」を弁護なさったそうですが、これはどんな事件だったのでしょうか。

海野　いわゆる横浜事件については、すでに多くの書物が出ております。全貌を知ろうと思えば、その著書等が一番いいと思います。たとえば、美作太郎（日本評論社）、藤田親昌（中央公論社）、渡辺潔（日本評論社）三氏の共著『言論の敗北』、畑中繁雄（中央公論社）氏の『覚書・昭和出版弾圧小史』、青山憲三（改造社）氏の『横浜事件』（所属はいずれも事件当時）等の被告人たちの書いたものがあります。私のお話は、これらの人たちのものとちょっとちがった角度からのものという意味で、おききいただく価値があるかと思います。

多くの被告人から弁護の依頼をうけましたが、一番早く依頼を受けたのは、森数馬氏です。早く依頼を受けたので記録は今でも全部そろっています。森氏は静岡県の島田町の出身で、僕の甥の桜井正寅（現教育大学教授）と同級だったのです。彼は高等学校在学中にも思想運動で勾留され、世話をやかされたことがあるのですが、そのときはさいわい起訴にならないで、釈放されました。森氏は非常な勉強家で、大学を出てから官途につき、大東亜省の役人になっておりました。ところが、この大東亜省の中にシナや満州の研究をやっている仲間がいて、その仲間に入ったのです。もともと高等学校時代に左翼的な思想を持っていたものですから、目をつけられていて、この人は非常に早く検挙されました。それで私の甥が、心配して弁護をしてくれといってきたのです。

そのほか、たとえば土屋清氏から朝日新聞の同僚だったということで酒井寅吉氏を、その当時判事だった徳岡一男氏から友人をそれぞれ弁護してくれないかと頼まれました。徳岡沃は企画院事件をやった方ですが、当時判事がそういうことをいってくるのはえらいと思います。また細川嘉六氏の問題については、東京の予審に起訴される前、警視庁で調べをうけておるときに平貞蔵氏の紹介があり、三輪寿壮氏からも話があったと思います。

こういうふうに多くの人たちから紹介されて、結局全員の弁護をすることになったわけです。私以外に弁護届けを出しておった方々はたくさんいるのですが、みんな疎開してしまいました。私が疎開しないで東京にいたものですから、結局私一人が残ってしまったのです。

潮見　細川嘉六氏の事件と横浜事件との関係はどうだったのでしょうか。

海野　いろいろの要件が複雑にからみあっていて、どれがその端緒か迷いますが、まず順序として細川氏のことからお話したいと思います。

この事件の一番の核と見られるのは細川嘉六氏です。細川氏は私より少し後に東大を出た人です。ほんとうの経済学者だと私は思います。細川氏が「世界史の動向と日本」という題で、名論文を雑誌「改造」（昭和一七年八月号・九月号）に掲げました。元来『改造』では一回だけで終えるつもりだったのですが、紙の配給がだんだん乏しくなりましたから、二回にわたって連載したよしです。この論文が弾圧に利用されるに至るのです。

事件の火つけ役は、当時陸軍の報道部にいた平櫛孝少佐です。平櫛自身のいうところによると、『改造』を寝ころがって読んでおったが、読んでくると、あるところに至ってがく然とした。これは共産主義の宣伝であると自分は考えた。それから飛び上がって陸軍報道部長である谷萩（那華雄）中佐のところに報告した」。そこから、細川嘉六氏の「世界史の動向と日本」が問題になってきたのです。

この論文の冒頭に、なぜこの論文を書いたかということについて、前書きの一部があります。「わが民族の持つ八紘一宇の政治的理念が、真実に大東亜に限らず、全世界二十億民心を収攬すべき雄渾なる政治的良識たり、したがって右雄渾の世界政策の基礎たるがために、必要不可欠の前提として現世界の混乱を惹起しつつある世界史的発展の根本問題を検討し、それによってあえてわが民族の光輝あるべき将来のために資せんとするものである」。つまり世界の歴史は次第々々に変更して、社会主義に移行すべきものである。日本ひとりが取り残されることはないという趣旨はあるのですが、この段階で、日本を社会主義化しようという意味で書いているとは思われません。

元来細川氏は水戸学を研究した人です。保釈になって出てきてから、文学博士で非常に懇意にしている方のところにあいさつに行ったとき、私も一緒に行きました。そのときに「どうも細川さん、今度は水戸学も役に立たなかったな」といって大笑いしたことがあります。終戦後は共産党に入って、参議院にまで出られたのですが、単純な共産主義者ではないところがあったかと思います。

さて、日本出版会発行の『日本読書新聞』の九月一四日号に、平櫛と谷萩の談話が出ました。かなり長い談話ですが、要するにあんな論文がいまごろ総合雑誌に出るようだったら、検閲というものはないに等しい。もちろん『改造』は検閲を受けて発行したのですが、彼らにいわせれば、検閲をしたのにあんなものを通してしまうのはけしからんというわけです。実に高飛車ないい方です。それで内務省も警視庁もふるえ上がって、その日のうちに細川氏を逮捕し、世田谷署に留置しました。ちょうど谷萩がどこかに転任するときだったので、一種の捨てぜりふでひどいことをいったものです。

そこで東京の検事局で調べをうけたのですが、残念ながら検事局の供述調書を私は持っておりません。これは写すことができなかったのです。ずっと調べをしておる間に、細川氏はただの学者でないことがわかってきました。細川氏は昭和塾の講師をしておった。そこへ『改造』や『中央公論』、『日本評論』の編集員、世界経済調査会の人々等が集まった。一種の細川グループというものが浮かび上がってきたわけです。のみならず、この事件で細川氏が逮捕された後、細川夫人が非常に生活に困っておるということで、細川グループの人たちが資金カンパをして、奥さんを助けようという話になり、だんだんお金を集めていって、昭和塾の主宰者である近衛内閣の官房長風見章氏に話をして、風見氏が事件の上では一〇〇〇円出したということが明らかになった。もっとも、風見氏の話では、実はもっとたくさん出したということですが……。共産主義者に対して金銭を提供することは、治安維持法の罰則に触れるので、風見章氏、ひいては近衛内閣倒閣に利用できる――これが事件を大きくした一つの要因だと思います（編集者注・第三次近衛内閣は前年10月に退陣、東条内閣に代わっている。ここは残存する近衛勢力の打倒という意味かと思われる）。風見章氏は横浜の予審に呼ばれておりますが、さすがに横浜の警察や検事局でも、彼を逮捕するところまではいきませんでした。

ところで、一方、現在慶応義塾大学で国際経済論の講義をしておられる川田寿氏が、日米交換船で日本に帰ってこられた。彼は茨城県の富豪の息子さんで、奥さんの定子さんと一緒に長いことアメリカの大学に留学しておられたのですが、持ちものを横浜の水上署で検査され、非常にたくさんの左翼文献を発見されたのです。川田氏は学問として研究をする書物が、自分の手にあったことがなぜ悪いんだろうというふうに、ごく簡単に考えておりましたが、横浜の水上署では、アメリカにおけるコミンテルンの支部か何かに関係しておったものと考えたようです。それで川田氏の後をずっとつけて歩いたわけで、そしてとうとう細川嘉六氏より三日ほどまえ、夫婦とも検挙されてしまったのです。

終戦後東京都地方労働委員会がはじめてできたときに、私も委員の一人になりましたが、労働問題については非常に詳しいからというので川田氏が初代の事務局長ということで、私は懇意になりました。

川田氏が検挙された結果、この事件はほうぼうへ大きく波及することになりました。なぜかといいますと、川田氏は帰国されてから後、世界経済調査会の主事になられたのです。なにしろ新しくアメリカから帰ってきた学者であり、かつ左翼について非常に詳しい知識を持っておられるということで、川田氏のところに世界経済調査会のメンバーの人たちがたくさん集まりました。そこで川田氏を起訴した余波が、川田氏のところに集まった人々を検挙するようになったわけです。

こういうわけで問題が非常にこんがらがってきたというふうに考えたのでしょう。横浜の特高は内務省にこれを報告しました。唐沢俊樹警保局長は、これは重大問題だ、場合によったらば近衛勢力を打倒できるかもしれぬというふうに考えた。なぜ彼がそれほどに考えたかということには、一つ問題があります。当時隠然たる勢力を持ってきたのが平沼騏一郎と彼を中心とした国本社という団体です。その仲間に原嘉道先生あたりが入っているといいますが、これは疑問です。あるいは名前だけ貸したかもしれませんが……。

ところが、平沼の勢力がだんだん政界に重きをなしてきて、いまにも平沼内閣ができるかもしれぬという状況になってきました。そこで唐沢は国本社に近寄らなければ大臣になれないと考えたのでしょう。国本社の仲間に入るには、まず功を立てなければならぬ。そこで風見章を失脚させ、近衛勢力を打倒して入っていけば、歓迎してくれるだろうと思ったので、横浜の特高に対して非常な圧力をかけたわけです。そのため、横浜事件の被告諸君は、なぐる蹴るの実に残酷な扱いをされることになりました。実にひどいものです。この事件で起訴された諸君のうち、勾留中に拷問にあったりなどして亡くなってしまったのが、世界経済調査会の高橋義雄、昭和塾の塾生であり、中央公論社の編集員であった浅石晴世と和田喜太郎、愛国労働農民同志会関係の田中正雄氏たちです。

潮見　治安維持法違反の行動は事実はまったくなかったのでしょうね。

海野　『改造』、『中央公論』、『日本評論』等の編集者が、治安維持法違反の行動をとっておったとは全然考えられません。細川氏の場合は思想的というよりこれを利用しようとした政治的な背景があり、これら言論界方面に対してはやはり言論をいかにして統制するかが、重要な問題だったと思うのです。言論を統制するのには、何かいわれをつけて始めなければ、できないとでも思ったのでしょう。

潮見　「泊会談」というのを聞いたことがありますが……。

海野　この事件が各方面に波及するのに最も大きな役割をしたのが、いわゆる「泊会談」のデッチ上げです。これは実に不思議なんです。富山県の泊町は細川氏の郷里なんです。もう東京ではろくな食べものも食べられない。酒も飲めない。細川氏がどなたかの法事をすることがあって泊へ帰るから、昭和塾関係の人たちと泊で一杯飲もうじゃないかという話が出、みんなありがたいと喜んで参加しました。これがいわゆる泊会談と称せられるものです。泊では紋座（編集者注――正しくは紋左）旅館で細川氏にごちそうになっただけなのです。が、だんだん特高の連中からひどく責められて、紋座旅館で共産党再建の相談をしたんだということにつくられることになりました。そこへ出席した人は明瞭になっているのですが、その人たちの中に非常に体の悪かった人が一人、泊会談の虚偽の自白をしたために問題が非常に妙なところまで発展して、泊で共産党再建の相談をしたんだということになってしまいました。中には虚偽の自白をしない人もおったのですが、大部分が虚偽の自白を強いられて、そういう調書ができてしまったのです。

こうして、次から次へと検挙され起訴されていったのですが、いまその一部の人たちの名前をあげますと、言論界では改造社の編集部員として相川博氏、小野康人氏、大森直道氏、小林英三郎氏、若槻繁氏、青山鉞治氏（当時は海軍報道部の嘱託）、水島治男氏（当時は科学新興社に在職）、中央公論の関係者としては小森田一記氏（当時は日本出版会）、畑中繁雄氏、青木滋氏（翼賛壮年団組織部に属していた）、藤田親昌氏、沢赳氏、日本評論社では美作太郎氏、松本正雄氏（当時日独文化協会）、彦坂竹男氏

（当時時事通信）、鈴木三男吉氏、渡辺潔氏、岩波書店では藤川覚氏（当時時事通信の出版局）、小林勇氏、朝日新聞では酒井寅吉氏、愛国労働農民同志会では田中正雄《（ママ）》氏（当時東京航空計器に勤務）、広瀬健一氏（当時政治公論社に在職）、そのほかに仲孝平氏（作家）、崔応錫氏（東大医学部助手）。調べてみますと、こういうメンバーの弁護届けをとったのですが、十分におぼえていない方もいます。

（続きは本書第Ⅹ章に掲載）

横浜事件の犠牲者

（『文藝春秋』一九五六年10月号巻頭エッセイ欄）

元改造社勤務　小野康人

【解題】 本文の筆者・小野康人は、前章の青山、相川の手記にも登場する事件当時の『改造』編集部の一員で、細川嘉六の主催した富山県泊の慰労会（特高警察が「共産党再建会議」と見立てた）に出かけた七人のうちの一人である。

一九八六年、その未亡人が青山を含め九名からなる第一次再審請求に参加したが、それが「訴訟記録が存在しない」の一点張りで棄却確定された後、単独で第二次再審請求人となった。訴訟記録のほとんどが裁判所自身によって焼却隠滅された中で、小野だけは偶然、予審終結決定書と判決書がそろって残っていたからである。

本文は事件からまだ一一年の早い時点で、『文藝春秋』天皇制特集号のエッセイ欄に寄稿されたもの。短いが、被害者側から事件の本質を語った証言である。

なお、小野の予審終結決定書と判決書は第Ⅷ章に、暴力的取調べについての口述書はⅪ章に掲載した。

また本文中、終わりの方に出てくる「Ｉという予審判事」は、次章「細川嘉六訊問調書」で細川の予審終結決定を書いた石川勲蔵判事である。

＊

昭和十八年五月二十六日の早朝、当時改造社の出版部に勤めていた私は、治安維持法違反の嫌疑で、渋谷の自宅から、神奈川県の特高に検挙された。これがその後所謂横浜事件という雑誌出版関係の言論弾圧の事件に発展し、「改造」「中央公論」等の総合雑誌の強制的廃刊の原因になった「泊事件」のデッチあげの端緒であったのだが、仕事の関係上親交のあった細川嘉六氏に招かれて、氏の郷里で御馳走になったにすぎない富山県泊町の一夜が、こんな事になるとは夢にも思わなかった私には、何のための検挙か、てんで想像もつかず、四五日は、訊問する特高の頭を狂気だと疑ったほどであった。

狂気だと言えば当時はなにもかも狂気の時であった。戦争が熾烈になるにしたがって、凡ての常識は否定された。訊問と言うからには、被疑者である私たちの答えを訊くのかと思うと、先方で答えをつくっておいて、それを承認させるだけの話であった。

「お前は何時共産主義を信じるようになったか?」

「自分は自由主義者で、共産主義を信じたことはありません」

「何を生意気な!」

と、言った工合で、世論調査のような決まった形式があって、それに彼等が気に入った答えを書きこむだけのこと、もし答えが気に入らなければ拷問であった。そして、その拷問も自分に多少でもなにかがあるのだったら堪えかねて答えることにもなるが、なにしろ泊では紋左と云う料理屋で、大いに飲み、大いに食って踊って来ただけのことなので、何とも答える術がないのであった。

然し、そんなこんなでだんだん判ってきた事は、私が、細川嘉六氏を中心に平館利雄（当時満鉄調査部）木村亨（中央公論社）加藤政治（東京新聞）相川博（改造社）西澤富夫（満鉄調査部）西尾忠四郎（満鉄調査部）益田直彦（世界経済）等の諸君とともに、日本共産党の再建を企て、富山県の泊でひそかに協議したと言うことがデッチあげのスジ書になっていると言うことであった。

当時細川氏は既に、昭和十七年八、九月号に「改造」に連載された「世界史の動向と日本」と言う論文が、陸軍報道部のご機嫌を損じて、東京拘置所（編集者注――正しくは世田谷署）に検挙されていた。私はその論文が「改造」に載った時には改造編集部にいたのだったが、論文と、細川氏の検挙が、当時のジャーナリズムに与えたショックは時節柄意外にも大きく、社としてもそのまま放置できなかったためであろうか、編集長の大森直道君（現ラジオ東京）は責任辞職し、相川博君は、細川氏に一番近かった関係から、彼も退職し、私は出版部に回されていたのである。

然し、私たちとしては、戦争に突入した以上は、けっして協力を惜しむものではなかった。敗戦から革命へ、といった共産革命のＡＢＣを盲信するほどの編集者が仲間にいたわけでなく、東亜共栄圏とか東亜協同体とか、当時のアジア解放の合言葉に理想を夢見て、大いに感激もしていた。

ところが、それの凡てが美名に藉口して裏で敗戦と共産革命云云という推理小説のようなことになるのであった。まるで根も葉もない事実のために、こうして拘禁の生活がつづくうち、今度は私たち編集者の上には、「改造」や「中央公論」の合法舞台を利用し、細川氏を委員長とする日本共産党再建準備会の宣伝煽動が遂行されたという奇妙な難題が持ち込まれた。

最早ここまで来ると、言論の弾圧もへちまもなかった。雑誌の編集のための会議は、凡て共産主義の宣伝の場と見なされ、所謂手記という形式で、毎日奇妙な創作活動を強いられた。つまり、編集会議で誰がどう意見を述べ、その結果、かくかくの論文が掲載された、そしてその論文の意図はこれこれであるから、結果としては日本の敗戦を促進させると言った風に、めんめんと手記をつづるのである。拒否すればひどい目に合うので、誰もが止むをえず、そのスジ書きに踊らされていたのだった。

然し、獄窓にも敗戦の気配はひしひしと迫っていた。外部のニュースは完全に遮断されている筈なのだが、何時か耳に入って来る。五月廿九日の横浜大空襲の時は私は予審中で、出廷の日だったが、護送自動車は警報のため途中で引き返した。一瞬にして横浜の中心が焼失してしまったあの大空襲を、三畳の独房で身体中で感じとりながら、もう戦争の終わるのが間近だと直感された。

それから二ケ月半で事実日本は降伏したのだが、私の係だったＩという予審判事が、私の否認する凡ゆるコトバを全然無視しながらも、「君、世の中がまるでどんでん返しだ。今まで紳士としての僕等がこれからは土方のように扱われるんだ」と、ふと漏らしたコトバを私は今でも思いだす。突然に何故そんなことをいったのか私には不思議でならなかったが、この人の良い判事は、自分の後盾の天皇制がガラガラと崩れてゆくのを身にしみて感じ、ついうっかりして漏らしたに違いない。

昭和塾関係の浅石君（中央公論社）は私の一つ置いて隣の独房で結核で息をひきとった。房が近かったから、午前三時頃、浅石君の息を引き取る前の苦しみが、今でも如実に伝わって来る。

私の関係の西尾忠四郎君も、栄養失調で仮出所し、三日目で死亡した。栄養失調というやつは、はじめ蚊のスネのように痩せてきて、それがムクんできたら駄目である。西尾君は子煩悩の良い男だったがいかにも残念である。そのほか相川君も出所後胸を患い、細君に伝染して二人とも、死亡し、加藤政治君も、結核で去年になって鬼籍の人になってしまった。

　考えてみるとまことに素頓狂な時代であった。原子力対火たたきが表現している喜劇的なアンバランスを、強権で抑えつけていた結果が、御承知のような国土の荒廃を導いた。それにつけても言論の弾圧は、気違じみた指導者にとっては止むに止まれぬ必然の道であったのだろうが、その犠牲者の一人として、且又善良にして優秀なる多くの友人を喪った一人として、言論の自由だけは、理屈なしに護らなければならないと私は痛感せざるをえない。

特高警察が描いた横浜事件の「構図」

──『特高月報』昭和一九年八月分　神奈川県に於ける左翼事件の取調状況

【解題】特高警察は、一九一一年、幸徳秋水らが犠牲者となった大逆事件の翌年以降、社会主義運動の弾圧を目的に全国に設置されていった思想警察である。その活動報告は、特高を主管する内務省警保局で「特高月報」としてまとめられていたが、敗戦後、占領軍によって押収され、アメリカに持ち去られていた。

　その「特高月報」を、戦後の一時期『改造』の編集部に在籍したジャーナリスト松浦総三が渡米、アメリカ議会図書館・国立公文書館で発掘・入手して持ち帰り、一九七五年、『昭和特高弾圧史』全八巻として太平出版社から刊行した。ここに掲載するのは、その第二巻「知識人にたいする弾圧・下」に収められた神奈川県特高の報告である。

　神奈川県特高は、この報告の冒頭で述べているように「横浜事件」は六つの事件から成り立つとしている。

　しかしこの六つの事件の間に内的な関連はない。そこにあるのは、メンバーの部分的な重なりだけである。横浜事件は、拷問によって「自白」を引き出し、その「自白」によって次の犠牲者を検挙していく「自白の連鎖」でつくられたものだということが、このことからもわかる。

　事件摘発の成果として特高が特筆しているのは、改造社、中央公論社を「廃業」に追い込んだことである。したがって「報告」も、その後半は両出版社の動静報告と分析にあてられている。

＊

神奈川県に於ける左翼事件の取調状況

概況　神奈川県に於ては、昭和十七年より本年に掛け、夫々人的連係を持つ一連の事件として、「米国共産党員事件」「ソ連事情調査会事件」、細川嘉六を中心とする所謂「党再建準備会グループ事件」「政治経済研究会事件」「改造社並に中央公論社内左翼グループ事件」「愛政グループ事件」等総員四十八名を検挙し、現在其の取調を殆んど完了せるが、各事件毎に注目すべき特徴を列挙せば

（一）米国共産党員事件は在米当時米国共産党に入党（昭和九年）せる川田寿夫妻が、大東亜戦争勃発直前即ち昭和十六年二月米国共産党に対して情報を提供すべきことを約束して横浜経由帰国し居たるを検挙せる事件なり。検挙されたる当時は世界経済調査会に勤務中なりしが、既に二回に亘り一度は無事国内に潜入せる旨、二度目は経済統計資料を在米同志に宛て報告し居りたるものにして、共産主義分子の諜報活動、在外左翼組織との連絡策動を如実に示すものなり。

（二）ソ連事情調査会事件は、（1）世界経済調査会（三名）、（2）満鉄調査機関（二名）、（3）労働科学研究所（一名）と言ふが如き、官庁と密接なる関係を有する調査機関に就職せる共産主義者が、其の各機関の公共性を利用して調査に名を藉り関係各機関に対してソ連の優位性を強調することに依りて日本の対ソ攻勢を牽制せんとし、又ソ連の優位性を社会主義経済と結び付けて国民に宣伝することに依り、親ソ的気運の醸成を図ると共に、大衆の共産主義に対する魅力を増大せしめんとする等調査報告を利用して謀略策動を為したる事件なり。

（三）細川嘉六を中心とする党再建準備会事件は満鉄系左翼分子と中央公論社及改造社等に就職せる左翼ジャー

ナリストの組織たる所謂「細川グループ」とが合体して、客観情勢は愈々成熟せるを以て革命の主体勢力たる党を急速に再建せざるべからずとの意図の下に所謂「党再建準備会」なる非合法グループを結成したる事件にして、共産主義者の党再建活動が依然として執拗に行はれつつあることを示すものなり。此の事件に於ては、関係被疑者益田直彦がコミンテルンとの連絡を希求し、其の実現を図る意図の下に、伝書使として入露すべきことを策し、コミンテルンへの報告準備として同志相謀り国内各種情勢に関する調査資料を収集し居り、其の渡露直前に検挙されたること、又本集団は中共との連絡を意図して同志の一人を渡支せしめ、或は在大陸の共産主義者に意図を打明けて其の助力を乞ひ、其の承諾を得て着々実現を急ぎつつありしこと等海外との直接策動に於て注目すべき特徴あり。

（四）「政治経済研究会」グループ事件は、（1）日鉄本社（二名）、（2）古河電工（二名）、（3）官庁（逓信省一名、大東亜省一名）、（4）日本鋼管（二名）、（5）日本糖業連合会（一名）、（6）中央公論社（二名）、等の時局下重要なる職場に就職し、之等の職場を自己の不逞策謀に極力利用し居たる事件なり。即ち之等の者は自己の職場より鉄・軽金属等の重要軍需品の生産状況或は各種総動員計画を窺知するに足る機密書類を持出し、（持出されたる書類中には内閣顧問豊田貞次郎の「本邦鉄鋼業の現状」と題する御進講草案を含む）之を資料として客観情勢の左翼的分析を行ひ、或は日本の戦力を判断して其の敗戦は必死なりと盲断して、之に対処すべき共産主義者の任務に付協議する等戦時下夫々重要なる職場に於て入手せる機密事項を利用して許すべからざる不逞意図を露呈し居たり。

（五）改造社並に中央公論社内左翼グループ事件は、両社発行の雑誌編集或は出版を担任せる共産主義者が、夫々の社内に於て左翼グループを形成して編集出版の指導権を握り、社外の多数の左翼的執筆者を動員して「改造」「中央公論」其の他両社発行の合法雑誌出版物の内容に出来得る限り多くの左翼的記事を掲載し、多年に亘りて巧みに検閲の眼を逃れつつ大衆啓蒙と左翼的気運の醸成に努めたる事件なり。両社が我思想界に及ぼせる影響の重大なるを想ふとき本事件検挙の意義は誠に深きものあり。尚両社の社長は不届にも右の如き左翼活動を黙認し居りたること判明、今回の検挙に依り其の実情を剔抉せられて遂に情報局の慫慂に依り廃業を為すに至りたるものなり。

（六）愛政グループ事件は重要工場方面の職場組織にして、党再建準備会事件の関係被疑者たる東京新聞記者加藤政治の指導下にありたるものなり。

以上が各事件に表はれたる注目すべき特徴なるが、一面之を組織的に見れば、

（1）米国共産党川田寿はソ連事情調査会事件の被疑者等とは密接なる連絡を有し、

（2）ソ連事情調査会事件の中心人物は細川嘉六を中心とする党再建準備会事件の有力メンバーたり。

（3）更に右党再建準備会事件の主要分子たりし、「中央公論」記者浅石晴世は「政治経済研究会」事件の中枢的存在として活躍せり。

（4）又改造社並に中央公論社内左翼グループ中の先鋭分子は同じく党再建準備会の有力なるメンバーとして加盟し、

（5）愛政グループが党再建準備会事件関係被疑者に依りて指導されつつありしことは前述の通なり。

以上の如く、事件としては一応夫々異れる部門に於ての活動にして、各個別々の事件として見るべきものなるが、実質的には相互の間に人的関連を有し居り、従て全体として一つの大きな組織としての存在たりしものと見るも断じて過言に非ず。従て仮に検挙が僅かにても遅延し居たりとせば、一層その組織が合法機関を巧みに利用して、官庁・主要会社・工場・世論指導機関・国策的調査機関等多方面に亘りて強化拡充されたるのみならず、之と海外との連絡関係も進展して、例へば政治経済研究会に於て討議されたる我国重要なる機密事項は、米国・中共・ソ連等に提報せられ、戦争遂行上多大の障害を為したる危険性も多分に存したることを看過すべきに非ず。此処に今次事件の注目すべき特異性あり。今日に於ける共産主義運動の態様が極めて地道な而も多分に危険性を包蔵せることを切実に示すものなり。要するに今回の検挙は最近に於ける共産主義運動として他に類例のなき大なる事件にして就中本事件に依り、

（1）国家機密の外国への漏洩を未然に防止し得たること及

（2）中央公論社、改造社内の永年に亘る不逞活動を究明剔抉して遂に之を廃業に立至らしめ、戦時下国民の思想指導上偉大な貢献を為し得たること、は特筆すべき事項なり。而も之程の大事件を僅かな不足勝ちなる人員を以て克く成し遂げ得たる神奈川県特高警察官の苦心努力は想像に絶するものありしは当然なり。

尚党再建準備会グループに対して中共との連絡斡旋を承諾しゐたりし上海在住の安藤次郎、大連在住の内田丈夫及手島正毅の三名は目下検挙取調中、又改造社並に中央公論社内左翼グループ事件の取調に依り更に我国の出版界を毒する左翼グループの存する見込を得、目下捜査内偵中なり。

米国共産党事件（検挙）

世界経済調査会勤務川田寿及び妻定子の両名が米国より帰国せる共産主義者にして、在米「当時」杉野或は「野崎」と称し、在米邦人共産主義者の中心的存在なりしことを探知し一昨年九月之を検挙せり。其の取調に依り判明せる処に依れば、

（一）渡米事情　川田寿は慶大在学当時日本共産党に入党し、其の資金活動に従事せる為昭和五年警視庁に検挙せられて、起訴猶予処分に付せられたりしが、釈放後国内に於ける運動に見限りを付け国外活動を決意し、同年七月単身渡米、日本人労働者クラブ等を根拠として共産主義運動に従事することになれり。

定子は東京逓信局に勤務し左翼活動に従事中、偶々当時ワシントン駐在日本大使館参事官加藤外松の女中雇入れの広告ありしことを奇貨として、其の機を逸せず渡米、米国に於て左翼活動をなすべき事を決意し、昭和六年五月之に応じて加藤外松の従者として単身渡米したるものなるが、昭和七年八月加藤参事官宅を出奔し、在米党員の紹介にて紐育日本人クラブに出入することとなれり。

茲に於て両者は相識り昭和九年一月所謂同志結婚を為し、其の頃米国共産党に入党せるものなり。

（二）米国に於ける活動　入党後は在米邦人を目標に其の左翼化を図り、或は米国各港に寄港する日本人船員の左翼化に努め来たりしが、其の一例として昭和十一年八月初旬紐育に寄港せる帝国海軍練習艦隊岩手・八雲の乗組員に対し反戦、反軍宣伝印刷物を配布する等の活動あり。

然るに昭和十四年八月独ソ不可侵条約が締結せられたる後、米国政府の共産党に対する態度は俄かに強化せられ、米国共産党は止むを得ず外国人党員の全部を除籍することとせり。従って川田夫妻も又党籍より離脱するの止むなきに至りしが、其の後も依然として不逞策動を継続し、殊に米国共産党支那人部の依頼を受け、昭和十五年六月頃支那抗戦力の弾力性を誇張する一面、日本戦力の脆弱性を極力宣伝するための報告文書を成せるが、之は支那経済調査会に依り「日本の政治経済力」と題するパンフレットとして、米国内に多数頒布され反日、援支の謀略に利用されたり。

（三）帰国事情　其の後国際情勢の推移と米国政府の共産党に対する弾圧強化に伴ひ、川田夫妻も身辺に危険を感ずるに至り、党と相談の上帰国を決意せるが、帰国に際しては同党より「ソ連を繞る帝国主義諸国家の戦争能力調査の必要性」を説示せられた上、帰国後「日本の戦争経済力判定の為の基礎的統計資料の収集送付」方を慫慂せられ之を承諾せり。

斯くて帰国準備を開始し、先づ茨城県下に在住する実

兄茂一を通じて知己の官吏に依頼して、内務省・司法省・外務省方面に於ける意向を打診せしめ、無事入国可能なりとの確信を得て昭和十六年一月横浜に上陸、内地に潜入し、直ちに実兄茂一方に落着き在米同志宛二月十一日付を以て第一報として無事入国の旨通報せり。

（四）帰国後の活動　内地潜入後約三ヶ月を経て、昭和十六年四月外務省と密接なる関係を有する世界経済調査会に就職せるが、この間生活逼迫し其の生活費は友人より補助を受くるが如き状況にあり乍ら他への就職を拒否し、米国との連絡確保其の他自己の活動の足場として最も有利なる世界経済調査会入りに奔走したる結果、其の目的を達したるものなり。

調査会就職後は米国共産党との約束に基き適切なる資料の収集に努めたるも容易に入手し得ず、僅かに経済連盟対外事務局発行（昭和十六年五月三十日、自第一号至第七号）「東亜経済事情叢書」七部を入手したるを以て、取敢へず之を連絡第二報として在米党員ハッチンス宛送付せり。

其の後尚各般の統計資料収集に努めたりしが、昭和十六年十月外国郵便の取締が強化されたる為、遂に其の目的を達することを得ざる侭に、大東亜戦争を迎へることとなれり。

右の如く在米党員との連絡を確保せんとする一面、国内に於ける同志の結集に意を用ひ、当時世界経済調査会内に在りし共産主義者、益田直彦・高橋善雄等と随時会合し相互啓蒙に努め、又在米時代の同志にして既に帰国し居たりし写真業小屋敷国秋、東亜研究所書院大野辰夫、満鉄東京支社社員青木了一、及旧学連時代の同志木佐森吉太郎等に働き掛け、之が組織化に努めたり。

「ソ連事情調査会」事件

右川田夫妻の取調により之と連絡を有せる

世界経済調査会　益田直彦、高橋善雄

を検挙せるが、其の取調に依り右両名が、

世界経済調査会主事　諸井忠一、元世界経済調査会勤務　関口元、満鉄東亜経済調査局勤務　平館利雄、労働科学研究所嘱託　西沢富夫

等と共に「ソ連事情調査会」なる左翼グループを組織し、世界経済調査会或は満鉄東京支社等を主たる活動舞台として、調査に名を藉りソ連に有利なる資料を収集し、之を官庁及民間有力者並に国民大衆に宣伝することに依り、ソ連の実力を過大に評価せしめ日本の対ソ攻勢を牽制し、或は国民の共産主義に対する魅力を増大せしめんとする等の思想謀略を働きゐたる事判明せるを以て昨年五月之ら関係者を検挙せり。尚彼等はソ連の実情を知る為、外務省より世界経済調査会に送付されたる資料を回覧検討し或は東亜研究所員を通じてソ連側の短波放送を入手し

之を利用せり。

細川嘉六を中心とする所謂党再建準備会なる非合法グループ事件

右「ソ連事情調査会」の検挙取調に依り、之等の被疑者は、評論家細川嘉六（警視庁に於て既検挙）を中心に、「改造」記者　相川博、小野康人、「中央公論」記者浅石晴世、木村亨、満鉄東京支社　西尾忠四郎、東京新聞記者　加藤政治等と共に同志グループを形成し、諸般の左翼活動を為しつつある事判明せるを以て、更に右六名を追検挙せるが、其の活動状況を列挙せば次の如し。

第一は日本共産党再建準備と見らるべき活動なり。即ち、

（1）之等の同志は一昨年六月富山県泊温泉に於て細川を中心に会合して日本共産党の再建に付協議し、爾来之が準備の為活動し来れり。

（2）而して之等の同志は表面会合を擬装する為「民族政策研究所」なるものを設立し、其の裏面に於て非合法活動を為すべき事を協議し、其の設立準備に狂奔し居たり。

（3）グループの中心的存在たりし細川嘉六が一昨年九月検挙せられたる後は、其の適当なる後継者として大阪商大教授名和統一に着目し、遂に之との連絡に成功し、名和が上京の都度前後数回に亘り運動方法及客観情勢の分析等に付論議を重ねる等のことありしが、昨年二月名和も又大阪府に於て検挙せられたる為其の連絡は途絶せり。

第二はコミンテルン及び中共との連絡策動なり。

（1）即ちコミンテルンとの連絡を確保し、日本の情勢をコミンテルンに報告し其の指令を受くる為に同志の一人たる世界経済調査会勤務益田直彦が元公使其の他外務省関係方面に工作し、伝書使としてソ連に出張する事に決定されたる模様なるが、出発直前検挙せられたる為其の目的を達し得ず。

益田渡露の目的は、（イ）日本共産党に対する指令の入手、（ロ）党再建資金の入手、（ハ）日本の客観情勢並に党再建準備会の状況報告にありしが、コミンテルンに報告するものとして、

イ　日本情勢の一般的部分―平館利雄、西沢富夫
ロ　日本工業―西尾忠四郎、加藤政治
ハ　日本農業―相川博、木村亨
ニ　日本政治―加藤政治

等各自分担を定めて資料の収集に努め、着々其の準備を進めつつありたり。

（2）中共との連絡を確保する為に同志の朝鮮人たる新井義夫を昨年五月頃北京に就職せしめ、新井は北京大

学教授莫東寅其の他蒙疆方面に迄働き掛けたりしが、其の目的を達成し得ず一昨年十二月帰京せり。尤も昨年八月には再度の渡支を計画しゐたりしが、若し行ければ必ず目的を達し得る自信ありし旨を陳述せり。

（3）尚平館、西沢、西尾等の満鉄系左翼分子は特に中共との連絡を希求し、種々協議の結果西尾を連絡責任者と定め、

（イ）上海日語学校教授安藤次郎の手を通して中共へ連絡すべきことを意図し、西尾が上海へ出張する機会を造るべく努力しゐたりしが遂に出張の機会を得ず、

（ロ）満鉄上海事務所調査室勤務、手島正毅が昭和十七年十二月私用にて上京せる折、西尾は意図を打明けて中共との連絡斡旋方を依頼し、

（ハ）満鉄大連本社内田丈夫が昭和十八年四月上京の折も同様に西尾より中共との連絡斡旋方を依頼する、等の事あり、手島・内田両名共に承諾せる模様なるも実現を見ざる儘検挙されたり。

活動の第三は夫々自己の勤務する、世界経済調査会（益田、高井、関口）、改造社（相川）、中央公論社（木村、浅石）、満鉄東京支社（平館、西沢、西尾）等を共産主義運動に利用しつつありしことなり。即ち、

（1）世界経済調査会満鉄東京支社等を舞台としての「ソ連事情調査会」の活動（前述）の通なり。

（2）「改造」「中央公論」等の編集に関する左翼的策動に就ては後述の通なり。

「政治経済研究会」グループ事件

前項細川グループの一員として検挙せる中央公論社浅石晴世及朝鮮人新井義夫の取調に依り、

（1）右両名は嘗て昭和研究会内昭和塾に入所中当時塾内に在りし共産主義者を糾合して非合法グループを形成せること。

（2）昭和塾解散後も依然として其の同志的交友を継続し、更に之等を中心に昭和十六年十月「政治経済研究会」なる左翼グループを形成せること。

（3）同志の一員たる浅石晴世は本研究会を所謂党再建準備会の一翼として其の傘下に糾合せんと意図せること等が判明せるを以て、此のグループに参加せる、

大東亜省調査資料班　森数男、逓信省電気局長官々房板井庄作、中央公論社出版部　和田喜太郎、古河電工本社庶務課　由田浩、小川修、日鉄本社管理部　高木健次郎、勝部元、日本鋼管川崎工場　山口謙三、日本糖業連合会　白石芳夫

を昨年九月九日検挙せり。

本グループの活動は主として「研究会」の開催にして、其の研究会の席上夫々の勤務先たる官庁・重要会社等に於て職務上知り得たる機密の知識を交換し或は職務上取

扱ふ重要機密書類を持出し、之を討議資料として左翼的立場に於て現下に於ける我国の客観情勢並に其の戦力を判断し共産主義革命を展望し居りたり。例へば、

（1）日鉄本社管理部に勤務せる二名は「鉄鉱業一般」に関する研究発表を担当したりしが、昨年三月頃の研究会に就て、（イ）昭和初年より現在に至る鉄鋼生産高、（ロ）本年度に於ける鉄鋼生産目標、（ハ）鉄鉱石の輸入先並に其の数量、（ニ）溶鉱炉の数、（ホ）鉄鉱石事業所別割当量等に付説明せり。其の内容は「溶鉱炉設備の増大に依り増産を計画せるに不拘、屑鉄輸入の途絶に依り、昭和十三年を頂点として減少或は保守の状態に在り、今後の見通は船舶が次第に逼迫し、原料輸送（支那・朝鮮・南洋諸地域より）が減少し内地原料への転換を余儀なくされる為原料の質的低下を来し、鉄の生産は益々縮少の一途を辿るのみなり。斯かる点より批判するも今次戦争は日本に勝算はなく革命の危機は漸次成熟しつつあり」と結論せり。而して之が説明の資料として会社から

（イ）本邦鉄鋼業の現状、（ロ）輸入屑鉄を中心とする本邦鉄鋼業の推移、（ハ）八幡に於ける労働者の質の低下に就て、（ニ）製鉄設備概要、（ホ）鉄鋼等に於ける労働形成に就て、等の機密書類を持出し更に昨年八月二十五日内閣顧問豊田貞次郎の「本邦鉄鋼業の現状」と題する御進講草案をも所持し居りて、我国に於ける製鉄に関する高度の知識を有し居たる模様なり。

（2）古河電工勤務の二名のものは、研究科目として「日本に於ける軽金属工業」を担当しゐたりしが、昭和十七年五、六月古河電工会社金属技術部より社長宛申請の「同社日本工場に於けるヂュラルミン鋲工場企画申請書」を基礎とし、古河及住友金属工業、神戸製鉄の三大会社の機材生産高等より推察して「日本に於ける飛行機生産は陸海軍合計月産三千台足らずにして、茲一両年中には倍加される予定なるが、然し米国の生産力に比すれば問題にならぬ。」点を指摘し、戦争の見通しに対する資料とせり。

尚会社内から「昭和十七年度製造能力検討（軍資秘）」等の極秘書類を持出し、之を資料として次回の研究発表を計画しゐたり。

（3）更に逓信省電気局の技師たりし板井は、研究題目として「電気事業一般」を担当しゐたりしが、逓信省内より、（イ）電気事業調査資料、（ロ）電気事業要覧、（ハ）発送電予定計画、（ニ）発送電会社、発電設備案等の我国の発電力に関し、詳細記載せる機密資料を搬出し研究会に於ける発表を計画しつつありたり。

（4）大東亜省勤務森は、他省より回議されたる「物動計画」の筆写せるものを所持しゐたり。尚本名は検挙の際、在延安野坂参弐のコミンテルン解散に関する声明書を戦闘帽の裏に隠匿し居りたり。

愛政グループ事件

元職工田中政雄は昭和十三年頃左翼研究会に参加して、同年十月警視庁に検挙せられ起訴猶予処分を受けたる事ある共産主義者なるが、本検挙の際留置場内に於て布施陶一（労農派教授グループ関係被疑者）と相識り、爾来同志的交友を続け理論指導を受けることになれり。其の後昭和十四年三月「東京新聞」記者加藤政治（今次検挙の党再建準備会事件関係被疑者）を識り、此処に布施・加藤・田中の三人に依りて左翼グループが形成されたり。

斯くて三人協議の結果、布施・加藤は理論指導の面を、田中は組織的な面を担当することとなり、其の運動戦術として昭和十四年八月右翼団体たる愛国労働農民同志会に加入し、又同年九月近藤栄蔵等の主導に依り、愛同政治部を発展的に解消し、愛国政治同志会が組織されるや之に加盟せり。当時「愛政」は近藤栄蔵・広瀬憲一、大月勘一等の共産主義者に依りて実権が把握されゐたりしが、田中は之等共産主義者と接触し、其の指導下に当時勤務中なりし東京汽車製造株式会社の工員約十数名を集めて左翼グループを結成することに成功し、河上肇著「第二貧乏物語」其の他をテキストとして研究会を開催する等の活動を為したり。斯くて漸次其の組織を拡充しゐたりしが、昭和十五年三月頃に至り、右汽車会社内左翼分子を中心に、愛政江東支部を結成して表面合法を擬装し、之を拠点として工場外組織の拡充に努め来りたり。

然るに愛政は昭和十五年十月産業報国会との関係に於て解散の止むなきに至りし為、田中は自ら会長となり「日本青年勤労青年会」を結成して日立精機其の他の職場組織を持つべく努めたり。而して昭和十七年八月加藤政治より、細川を中心とする党再建準備会事件の結成を詳細説示されるや直ちに之に加盟すべきことを申入れ、東京汽車会社、旧愛政支部員、日立精機川崎工場の組織を報告せり。

改造社並に中央公論社内左翼グループ事件

（一）検挙者

（1）改造社関係より

◎元編集部次長、元「大陸」編集長　相川　博（検挙当時は「日本海事新聞」）

◎編集部員　小野康人

元編集長　水島治男（検挙当時は科学振興社常務取締役）

編集部員　青山鉞治（検挙当時は海軍報道部嘱託を兼務、名古屋高商当時検挙、起訴猶予、退校）

編集部次長　小林英三郎（文芸春秋社時代、昭和八年、十一年の二回に亘り検挙何れも懲役二年執行猶予）

社長秘書、元編集部次長　若槻　繁

「大陸」編集長、元編集長　大森直道（上海大使館報道部嘱託）
（２）中央公論社関係より
◎出版部員　木村　亨（早大在学当時検挙さる）
編集部員　浅石晴世（東京帝大当時検挙さる）
編集部員　和田喜太郎
元編集部次長　青木　滋（検挙当時は翼賛壮年団幹部、報道部次長、佐賀高校当時検挙、起訴猶予、退校処分）
元出版部長　小森田一記（検挙当時は日本出版会企画課長）
編集長　藤田親昌
元編集長、現調査室勤務　畑中繁雄
出版部次長　沢赳
◎印は細川嘉六を中心とする所謂「党再建準備会」なる非合法グループ事件関係者

（二）改造社関係

（１）山本社長の経営方針と左翼的伝統の基礎確立

改造社が二十数年来社会主義の発展拡大を根本的使命として出版活動を続け、大東亜戦争下の今日に至るも尚社内に強硬なる共産主義者を蔵して不逞なる活動を展開しつつありたるは実に改造社創設期に於ける社長山本実彦の経営方針に由来するものなり。

即ち山本社長は、大正八年黒竜会系資金の融通を得て改造社を創設し、国粋主義宣伝の方針を以て雑誌「改造」を発刊したるものなるが売行極めて悪く、経営の前途甚しく困難となりたる為、当時台頭期に在りし社会主義思想の将来性を観取し、之と結合すべきことを決意して創刊二、三ヶ月にして編集方針の一大転換を行ひたり。斯くて第三号頃より社会主義理論の紹介、階級運動情勢の報道等に主要努力を傾けるや、次第に読者網の拡大を見たる為、爾来此の編集方針を堅持し、今日に至りたり。

斯くて改造社には早くより水島治男等の共産主義者が相次いで社員として採用せられ、之等の社員は大森義太郎、向坂逸郎等社外の共産主義者との接近により、左翼ジャーナリストとしての訓練を施され、既に昭和三年頃には編集部並に出版部の中枢は共産主義者を以て固めらるるに至り、茲に「改造」の所謂左翼的伝統の基礎は確立せられ、以来山本社長の社会主義的編集経営方針に育成せられ、同志より同志への承継により今日まで発展し来りたるものなり。

尚改造社内に於ける左翼勢力の中心は「改造」編集部にして、社内には此の他出版部、「文芸」編集部、「短歌研究」編集部、「改造文庫」出版部、「大陸」編集部等々幾多の部門を有し居れるが、社長山本は「改造」編集部員を最も尊重し之に特に先鋭なる分子を集めて格段の待遇を与へたり。従って他部員は「改造」編集部への職場変更を希望し、其の希望達成の為には極力左翼意識の研鑽高揚を図ることとなり、改造社の左翼化への有力なる拍車となれり。

（2）社内共産主義グループの変遷　以上の如く改造社内には多数の共産主義者が集団をなし同志的結束を固めつつありしが、当初其の指導的勢力を為したるは水島治男を中心とする所謂「早稲田グループ」にして、其の思想的立場は労農派的見地に立つものと解されたり。即ち

昭和三年一月猪俣津南雄・大森義太郎をブレーンとして「マルクス・エンゲルス全集」及昭和三年十月大森義太郎・向坂逸郎・有沢広巳等をブレーンとして「経済学全集」の刊行を計画するに及、社内共産主義者は大森・向坂・有沢等「労農派グループ」の理論的指導者と緊密なる連係を保持し労農派思想宣伝に努め来りしが、此の間大森の如きは単なる執筆者たるに止まらず積極的に改造社の編集出版の企画に参画し、執筆者及びテーマの選定等に協力斡旋し山本社長に対しても直接編集材料並に執筆者の仲介を行ふ等の事ありたる模様なり。

又岩波書店が正統派の理論指導者を集めて昭和八年「日本資本主義発達史講座」を刊行するや、水島等社内共産主義者は之と対抗的に社内に「労農派執筆者研究室」の開設を協議し、之に依り「労農派」対「講座派」の理論闘争を益々激化せしめて弁証法的に一層大衆に対する共産主義の理論的啓蒙と意識の浸透高揚を図らんとするに至れり。右「研究室」の開設に山本社長は賛意を表したりしが、大森義太郎が所謂「労農派グループ」の表面的結社化は弾圧の虞れありとして反対せる為実現せず。

以上の如く当時の社内共産主義者グループは所謂「唯物弁証法的編集」に依り「労農派」執筆者の動員を通じて左翼意識の宣伝浸透を図り、「早稲田グループ」がその指導的中核を為しゐたるものにして、「改造」が多年「労農派」の機関紙的存在たりし事実は、右の如き共産主義者グループの策動と之を利用助長しつつありし山本社長の態度に基くものなり。

此の傾向は昭和十年頃迄継続されたりしが、同年前後より相川博・小野康人・青山鉞治・若槻繁・小林英三郎等の正当派系共産主義者が相次いで入社し、彼等は前記労農派的傾向に陥るを避けて別に「みなつき会」を結成し「ジャーナリズム研究会」の開催等に依り積極的に新入社員の獲得に努め、又執筆者として細川嘉六・平館利雄・西沢富夫・具島兼三郎等満鉄系共産主義者を獲得する等の活動を展開し、茲に我国共産主義者勢力を二分せる労農派と正当派との対立は其儘改造社内にも実現される事となれり。然れども其の後人民戦線戦術の浸透並に相互のジャーナリスト的企画の理解等に依り両者の対立は漸次緩和され、殊に昭和十三年「早稲田グループ」の水島等労農派系の中心分子が順次退社するに及び、両者は全く一体化し昭和十三年頃には「みなつき会」も又自

然消滅の形に入り、爾来社内の共産主義者は山本社長の狡猾なる不逞営業政策に便乗して愈々同志的結合を強化し、改造社の左翼的伝統を守って「改造」「大陸」等の左翼的編集を通じて大衆の共産主義意識の啓蒙宣伝に意を用ひ今日に至りたるものなり。

（3）「改造」編集部グループの活動　前述の如くに「改造」編集部は、編集長、同次長以下社内に於ても特に先鋭なる共産主義者を以て固められ、強力なる結束の下に果敢なる活動を展開しつつありたり。

（イ）「改造」編集会議　「改造」編集会議は社長主宰のものと部員のみに依るものと二あり、何れに於ても左翼的見地に基きて極めて活発に客観情勢の分析検討を行ひたる上「改造」掲載主要論文のテーマ並に執筆者の選定等を協議し検閲の眼を潜りて巧みに左翼的編集を実現するに腐心し、併せて席上に於ける左翼的理論闘争を通じて相互に意識高揚を図りつつありたり。

今其の具体的事例を挙ぐるに、

■昭和十一年十月一日山本社長出席の下に開かれたる編集会議に於ては、日支事変に就て種々論議を重ね、

A　日支事変は日本の帝国主義侵略戦であり、日本金融ブルジョアジーの軍部と結託せる市場獲得戦であること。

B　将来中共が支那大陸の共産主義革命を実現することは必至であること、及事変の不拡大に努め中共を援助しなければならぬ等の意見を開陳するものあり、結局協議の結果、

帝国主義戦争たる日支事変の性格暴露
日本金融ブルジョアジーの弱体化
中共の強大性に関する評価宣伝

等を中心として編集執筆せしむる事に結論し、之が同年十一月号向坂逸郎「統制日本の行衛」、昭和十三年一月号大森義太郎「映画批評家の立場」（削除処分）となりたるものなり。

又昭和十六年六月二十四日山本社長出席の下に開催されたる編集会議に於て山本社長は「ソ連の社会主義社会建設の成功及ソ連国力の強大性等社会主義社会の優位性を強調し、独ソ戦勃発の此の際特に日本国民に正しいソ連認識を与へる事が必要である。『改造』は『改造』の伝統を守り独自な行き方で進まねばならぬ。」等と述べ、其の後独ソ戦に関する討論に入りたるが、

▼独ソ戦に関してはソ連の強大と其の勝利を暗示して以て共産主義社会の優位性を宣伝し共産主義思想の普及に努むべきこと。

▼ソ連の実力を過大評価し反ソ十字軍結成殊に日ソ戦の回避に努め間接的にソ連を援助すべきこと等の編集方針を決定し先鋭なる左翼評論家細川嘉六・尾崎秀実をして之を執筆せしむることとせり。之は細川「世界動乱に当面する日本国民」、尾崎「独ソ開戦と重慶の立場」と

して掲載せられたり。
▼又昭和十七年八、九月号に掲載せられたる細川嘉六の「世界史の動向と日本」の如きは細川を中心とする所謂「党再建準備会」なる非合法グループの意図を代表するものにして、全国同志の決起を促す指令的論文なりし旨を陳述し居れるが、之が検閲通過に付ては編集会議に於て種々協議を行ひ事前検閲に出すことは却って注意を惹くべき事を惧れて之を避け、編集長中心となりて数個所の削除訂正を加へ掲載したるものなり。

（ロ）左翼執筆者の選定利用並に「改造」掲載論文の擬装　編集部グループに在りては、右の編集会議以外に屢々会合して、情勢の分析、各誌論文執筆家の検討を行ひ、左翼意識の高揚並に左翼編集の実現に努めたりしが、又執筆家をA、B、C、Dの四段に分けて、A級は共産主義者たることが明かなるもの、B級は「改造」の伝統的立場より進歩的なりと見得る人物、C級は右翼的傾向あるもの、D級は反動的にして全く問題にならぬ人物とし、雑誌編集に当りては検閲を潜るために主として比較的無難なるB級の人物を利用し、其の中にA級の人物の論文を夫々のテーマに従ひ選定執筆せしめ以て不逞目的を達成する等の戦術を用ひつつありたり。A級に属する人物は、大森義太郎・細川嘉六・尾崎秀実・中野重治・向坂逸郎・淡徳三郎・有沢広巳・戸坂潤・大内兵衛、B級は三木清・永田清・加田哲二・平貞蔵・石浜知行等にして、更に又編集部グループに在りては、左翼論文の無事検閲通過を意図して、論文中使用文字の検討を行ひ其の擬装に腐心し（例へば労働者階級は勤労層、左翼的は進歩的なもの又は良いもの、革命は革新、共産党は政治中核体等に変へる）、検閲通過後祝杯を挙げ自己の手腕を誇示歓談する等の事を為しつつありたり。

（ハ）「改造」編集戦術の傾向　次に参考の為「改造」編集戦術の傾向を時期的に概観するに次の如し。

第一期は第三号より昭和十二年迄にして、左翼意識を相当露骨に表現せる時代なり。

第二期は昭和十三年より昭和十五年頃に至る期間にして、支那事変の発生に依る時局の進展に伴ひ従来の如き露骨なる社会主義的編集を続くることが不可能となりし為、所謂「ファッショ的革新論」の波を利用せる編集戦術を採用し、「元来共産主義に出発し現在は革新論を振り回してゐた者」の所謂「変装せる社会主義理論」を紹介浸透せしむることに努めたる時代なり。

第三期は昭和十五年頃より同十六年頃に至る期間にして、所謂「文化主義の擁護」の立場に依る編集の時代なり。即ち時局の重圧に依り擬装革命理論と雖も政治経済的部面に於ては執筆不可能の状態に直面し、之に対処する為に自由主義的文化主義評論家を動員し、「之等は共産主義ではないが反動的ファッシズムの嵐の下に於ては最大限の進歩性を有するものである」として、其の文化的評論を通じて大衆の批判力並に知的水準の培養を図らんとせる時代にして、其の執拗さを窺知し得るに足るものと認める。

第四期は昭和十六年頃より現在に至る期間にして、「進歩的イデオロギー発表の自由は全く途絶して、ファッショ的デマゴギーの時代になった。然らば彼等反動が如何に国民大衆の支持を持ってゐるか、思ひ切って彼等に誌面を開放して見やう」との意見に基き、美濃部洋次・迫水久常等の所謂革新官僚に執筆せしめたる時代にして、其の真の意図は「反動ファッショ理論を国民大衆の自由なる批判に供し之が嘲笑を期待することに依り反動国家主義者に決戦」を求めたるものなり。

（4）「大陸」「時局雑誌」等に於ける状況　改造社に在りては昭和十三年五月「大陸」なる雑誌を創刊せるが、之は、（イ）「改造」が知識階級を目標とせるに対し、「大陸」は知識水準の低い一般大衆層を目標として発行すること、（ロ）主として支那事変以来大衆の関心高揚せる支那問題に取材すること、（ハ）「改造」の左翼的伝統に基き、記事を簡単平易に叙述せしめ「大衆雑誌」として可能な限りの進歩的立場より編集すること等の基本方針を以て創刊され、当初約十万を発行したりしが、その後漸次読者が減少する一面大衆雑誌にては左翼執筆者の動員を制限せられる感があり、又支那事変の長期化に伴ひ、国内には所謂国家革新の気運が急激に台頭する等客観情勢の著しき変化を示したり。山本社長及び同編集部内共産主義者等は之に着目し種々協議の結果、其の編集方針を変更し、知識階級目標の高級支那問題中心の左翼思想啓蒙雑誌たらしめん事を決定、従って其の掲載記事も、（イ）中国共産党の動向並に其の政策、（ロ）ソ連の社会主義建設、（ハ）其の他東亜の重要時局問題等に主力を傾注することとせり。更に昭和十五年一月号よりは社内に於ける最も先鋭なる共産主義分子相川博を抜擢「大陸」の編集長に就任せしめ一層活発なる左翼的編集を続けたり。更に昭和十六年九月相川の後を受けて同じく共産主義者若槻繁を「大陸」編集長に迎へ一方「改造時局版」には共産主義者小林英三郎を転ぜしめ、之等の共産主義者は緊密なる提携の下に、満鉄系共産主義執筆者等を動員して、大衆啓蒙に努めたり。（昭和十七年五月用紙統制に依り両誌を合併して「時局雑誌」を発刊せり）（「大陸」「改造時局版」「時局雑誌」の編集会議の状況等は概ね「改造」編集会議に準ずるものなるを以て省略）

試みに被疑者が「大陸」並に「時局雑誌」に掲載せられたる記事中大衆啓蒙として最も期待されたりと陳述せる記事に就き、昭和十五年以来の執筆者を検討するに、執筆後其の事件に関係し検挙せられたる者七名（名和・具島・西沢・平館・益田・西尾・細川）を算するの状況なり。

（5）改造社長山本実彦の態度　山本社長は前述の通り既に改造社創設期より当時の社会主義的風潮に乗ぜんとする営業方針を採り多数の左翼分子を社員として採用し来りしものにして、所謂改造社の左翼的伝統は元来斯かる山本社長の方針に淵源するものと称し得べし。而して山本社長は前述の如く社内共産主義者の策動に対し常に同情者的態度に出で来りしのみならず、自ら「改造」其の他の編集会議を主宰して左翼論文の掲載に努むるの外、多くの左翼出版物を発行し一般大衆の左翼的啓蒙に資し来れり。編集会議に於ける同社長の態度については其の一例を以て前述せる通なるが、左翼出版物の一例を挙ぐれば、昭和十四年頃彼は欧州遊歴の途次フランスに滞在する左翼分子淡徳三郎より直接原稿を入手して「改造」誌上に数種の論文を掲載したる後之等の論文を収録して「戦争と自由」なる単行本を刊行し発禁処分となりしことあり。

改造社長として多年に亘り左翼的編集出版を続け我国の思想界を荼毒し社会主義的風潮を助長し来たりし彼の責任は決して黙過し得ざるところなるが、殊に彼に進歩的社員をして社外左翼評論家に接触せしめて之に左翼ジャーナリストとしての訓練を与へんとし、或は改造編集部に特に先鋭なる共産主義者を集めて之を厚遇することに依り他の社員の左翼意識を高揚せしめたと言ふが如き態度に至りては、寧ろ共産主義者に対する同情者的態度を超えて自ら進んで社内左翼勢力の推進を意図せるに非ざるやと認めらるる点あり。

（三）中央公論社関係

（1）社内共産主義勢力拡大の状況

（イ）「新人会」　中央公論社に在りては、昭和五年春頃より小森田一記・畑中繁雄等の共産主義分子が逐次入社し、昭和十二年頃には十数名の共産主義者が秘かに緊密なる連係を保ちつつ、「中央公論」其の他の雑誌出版物を通じて共産主義思想の宣伝啓蒙に努め来りしが、さらに昭和十三年十二月に至り、社内の萎縮反動化せる空気を一新し左翼的風潮の高揚を意図して、右の共産主義者中先鋭分子が中心となり社内の進歩的新人を糾合し、島中（編集者注――正しくは嶋中）社長了解の下に「新人会」を組織せり。而して毎月研究会を開催し左翼的見地に基きて編集出版の批判検討を行ひ左翼執筆者の利用を強調する等、左翼意識の高揚を図りつつありしが、席上或は支那事変の性質を日本帝国主義の侵略なり或は当時唱道せられたる東亜協同体論を共産主義社会への必然を有するものと論ずる等、種々左翼的見地に立つ論議が続けられたり。

（ロ）「出版準備委員会」　其の後最高指導者の病気休職に依り右研究会は一時中絶せるが、昭和十四年十一月頃青木滋・木村亨・沢赳等の共産主義者は「新人会」に代るべきものとして、当時反動的傾向に在りし出版活動を左翼的に転換せしめ、併せて新人社員の左翼化を図る為「出版準備委員会」を結成せり。而して本委員会は会員を政治経済部・文芸部の二部に分ち、進歩的分子を政経部に結集し、然らざるものを文芸部に分離し、専ら政経部を中心として活発なる活動を続け来りたるものにして、「新人会」と同様研究会を開催し各員より出版計画を提出せしめ之を批判検討して所謂反動的なものを排撃し、左翼的なるものを推奨可決することに依り、左翼意識の高揚並に出版物の左翼化に努め居たるものなるが、昭和十五年三月指導分子たる木村の入営に依り解散するに至れり。然し乍ら本委員会に於て可決せられたる左翼出版計画は其の後次々に実施せられ彼等の所期せる効果を収めたり。

（ハ）「協和会」　従来中央公論社の編集部並に出版部は著しく封鎖主義を採り、当該部員の企画立案のみにより其の方針を決定し、他部員の参画を許さざりし為左翼的編集出版の一元的企画は不可能の状態にありたり。然るに偶々近衛公を中心とする新体制運動の時代となるや、小森田・畑中・青木・藤田親昌等の社内共産主義者は此の機会を巧みに捕へ、昭和十五年九月社内の新体制を確立すると称し、表面社内自治の名目を以て社内全体を包含する「協和会」なる団体を結成し、其の中枢指導権を共産主義者グループに於て獲得することに成功せり。斯くて共産主義者の指導権下に於ける「協和会」の運営に依り、反動的発言を封じて編集出版活動を意識的総合的に左翼化し、又其の下部機構としてジャーナリズム研究会を設けて尾崎秀実・細川嘉六等の左翼評論家を講師として招聘し来りて社員の左翼啓蒙を図り、又企画審議会を置きて左翼的見地より優秀なる出版編集企画を審議決定し之に対する表彰奨励を行ひ左翼意識の高揚に努めて現在に至りたり。

（ニ）編集出版指導権の確立　斯くて中央公論社内の左翼勢力は愈々拡大するに至り、既に共産主義者に依り其の指導権を把握されたる「中央公論」編集部のみならず、比較的立遅れゐたりし出版部に於ても前記「出版準備委員会」解散後、小森田・木村等先鋭分子の協議策動に依り、折柄島中《ママ》社長に出版部二分の意向あるに乗じ、出版部内の所謂反動分子を第二出版部員として閉出し、第一出版部長には小森田が就任其の下部として藤田・沢・木村等共産主義者等を配し更に昭和十六年十月には第一、第二出版部を合併して小森田が其の部長に就任し出版部の実権を掌握することに成功する等、結局「中央公論」の編集並に出版の中枢部は殆んど共産主義者の手中に独占せらるることとなれり。

（２）「中央公論」編集部に於ける状況

（イ）編集戦術の変遷　右編集部に在りては早くより共産主義者を其の部員に擁したるが、小森田・畑中・藤田等相次いで編集部員となるに及び一層其の活動活発となり、「中央公論」の総合雑誌として有する大衆性を利用して左翼思想の宣伝鼓吹に努め、客観情勢の推移に即応しつつ巧みに、合法性を擬装し検閲当局を瞞着しつつ執拗なる運動を継続し来れり。

而して其の編集戦術は概ね次の三期に区分し得らるる如し。即ち第一期は昭和九年末より昭和十一年十月頃までにして、当時の社会思潮を反映し雑誌上に於ても露骨先鋭なる左翼論文を掲載し得たる時代なり。例へば昭和十一年九月号の「日本人民戦線の胎動」の如き、其の前年即ち一九三五年コミンテルンに於て採択せられたる新戦術を我国に紹介之を普及せしめんと意図したるものなり。此の時代の編集特色は左翼執筆者中著名なるものを故意に動員し、当時の編集長を中心に部員協力して左翼論文の収集に狂奔したることにして、当時の巻頭論文の如き毎号平野義太郎・猪俣津南雄・大森義太郎・有沢広巳等をして執筆せしめたり。

第二期は昭和十一年後半より昭和十五年末頃に至る期間にして、当時の客観情勢は二・二六事件後に於ける国体明徴運動の台頭、次で支那事変の勃発による国民精神の高揚等の影響を受け、従前の如き露骨なる編集方針を許されざる状況に在り、自然、合法擬装の意味に於て比較的穏健なる論文を採択するを余儀なくせられたりしが、此の間彼等は、

▼左翼論文は之を重要視するも努めて之を潜行的に扱ふこと。
▼検閲通過の為編集者が右の原稿に添削を加ふること。
▼従来公式的には左翼の概念に入らざるも利用価値ある所謂進歩的執筆者を活用すること。
▼擬装の為左翼的論文に並べて必ず反動的記事を併せ掲載すること。

等巧妙なる編集戦術を採用し、此の擬装の為の反動的記事を彼等は「おまじない記事」と称しゐたり。

第三期は昭和十五年末より昭和十八年に至る期間にして、支那事変の長期化、大東亜戦争の発生に依って「日本資本主義は歩一歩崩壊の過程を前進し、愈々其の断末魔の足掻きたる反動政策は益々露骨化せり」となし愈々巧妙に其の左翼意識を擬装するに努め、

▼左翼記事と右翼記事との限界を漠然たらしむることにより左翼記事なることの印象を希薄ならしむること。
▼昭和研究会系擬装左翼を国策協力なる美名に隠れて之を支持利用すること。
▼原稿の添削を一層巧妙に行ひ、反動時代に処して大衆の意識を幾分なりとも左翼的に推進すること。

等の戦術に依り極めて執拗に左翼思想の宣伝に挺身し来りしものなり。今試みに昭和十六年四月号より昭和十八年五月号迄の「中央公論」記事中被疑者が特に左翼宣伝記事としての価値高しと陳述せる記事の執筆者を検討す

るに、記事九編中、四編の筆者は執筆後他の事件に関係して検挙せられ（具島・益田・平館・服部）、他の二編は現在の左翼農業理論の最高指導者と認めらるる者なり。

（ロ）編集会議並に左翼執筆者の選定　以上の如く「中央公論」編集会議も前述「改造」の編集会議に於ける状況と大同小異なるが其の一、二の例を挙ぐれば

■昭和十六年二月十五日頃の編集会議に於て、同年四月号として戦時「ソ連特集号」を編集すべきことを決定したりしが、席上ソ連の世界政策、赤軍の実力を紹介し、革命後の建設工作の成功を証明し、ソ連の生産力が社会主義の基礎の上に飛躍的向上を示しつつあること、ソ連農業が資本主義的農業と反対に工業と共に順調なる関係を以て発展しつつあること等を明らかにし、社会主義社会の優位性を宣伝すべきことを協議せり。

■又昭和十六年十月二十四日頃の編集会議に於て、一、左翼執筆者の消極化脱落防止、二、執筆者との連絡強化に依る編集者意識の高揚、三、執筆者と編集者との同志的一体的左翼啓蒙活動の実現を図るべきことを決定し、之が具体的実現を期する為執筆者をA、B、Cの三級に分ち、A級は先鋭なる左翼分子、B級は所謂進歩的分子、C級は其の他の執筆者として、各編集部員は夫々担任を定め出来得る限りA級の原稿を掲載することに努力する一面、B級人物の進歩性を十分に利用して第一線に立たしむると共に之を漸次A級に迄引揚ぐる事に努むる事を決定せり。

席上、畑中編集長は「我々が執筆者を訪問するのは只漫然と聞き込みのプランを貰って来るのでなく、雑誌の編集方針に最も適合せる原稿を書かせることが肝要である。割当られた執筆者ともっと緊密に連絡し、A級執筆者を特に大切に起用することは従来通であるが、情勢が反動化すれば之を活用出来なくなるから、新人執筆者を編集部員の積極的意識の下に育成しA級執筆者に迄成長せしめねばならぬ。尚現在使用出来ぬ左翼執筆者も情勢の推移に依り再び活用する時代が来るから之との連係を中断せぬ様注意しなければならぬ」と部員を激励せり。

■尚畑中編集長は常に編集会議の席上等に於て部員に対し、「今日の反動時代にあっては凡ゆる手段を通じて生き延びることを考へよ、必ず我々の立場が生きて来ることがある」等の言辞を以て左翼ジャーナリストとしての立場を堅持しつつも弾圧を回避して巧妙なる擬装の下に執拗に運動しつつ犠牲を最小限度に食ひ止むべきことを強調せり。

（3）出版部に於ける状況　前述の如く昭和十六年五月頃中央公論社出版部の指導権は共産主義者に依り掌握されることになりたるが、爾後彼等は従来の稍々文芸物に偏したる自由主義的出版方針を一擲して政治、経済方面に於ける左翼啓蒙書出版の方針に転換し、一層結束を固めて多くの左翼文献の刊行に努め来りしものなり。

左翼出版物刊行の経緯に関して二、三の事例を挙ぐれば、

昭和十七年四月刊行せられたる「支那問題辞典」は、被疑者の供述に依れば、「当時我国は支那事変の拡大長期化に伴ひ、中国共産党を支柱とする支那民衆の反帝抗日闘争に奔走せられて居り、此の支那共産主義勢力の力量及支那問題の根本を我国の大衆に認識せしめ、支那事変の解決は結局日本帝国主義を変革し先進国たる我国に先づ共産主義体制を確立することに依ってのみ可能である」ことを宣伝する左翼的意図に出でたるものにして、特に検閲の間隙と認めらるる辞典の形式を以て、当時支那問題の最高権威と仰がれし細川嘉六・尾崎秀実・平野義太郎等を編集顧問とし多数の「左翼的乃至進歩的分子」を動員して編纂せられたるものなり。而して其の中細川嘉六の「民衆運動」、名和統一の「資本主義の発達」の如きは其の意図極めて明瞭に露呈せられ居り、又執筆者五十数名中執筆後他の事件に関係して検挙せられたる者は中西功・尾崎秀実・具島兼三郎・名和統一・細川嘉六等八名に達する状況なり。

次に昭和十七年七月より刊行せられたる「大東亜基礎問題研究」(「新体制基礎講座」を改題せるもの)は所謂近衛新体制運動の波に乗じてマルクス主義の展開を意図せるものにして、中途に於て小森田出版部長の退社、尾崎秀実の検挙、近衛内閣の瓦解等に依り、一頓挫せるも、結局前記の如き改題の下に第一巻として細川嘉六編「新体制の構想と現実」を発刊するに至りたるものなるが、其の内容はソ連社会主義の勝利を謳歌し社会主義体制こそ、新しき世界の秩序なることを宣伝せんとしたるものなり。又昭和十六年八月頃刊行されたる「東亜政治と東亜経済」創刊号「東亜共栄圏の諸問題」特集はソ連に於けるマルクス主義学術研究誌たる「世界経済と世界政治」に倣ひたるものにして、創刊号の内容は東亜共栄圏の確立は日本が先づ以て資本主義的帝国主義を否定して社会主義体制に転化発展してのみ之を確保し得るものなることを宣伝せんが為、細川嘉六・尾崎秀実・伊藤律・大上末広等の左翼論客を動員したるもの、又同年下半期より刊行せる「東亜新書」も又同様なる意図に出でたるものなることを陳述し居れり。

更に今試みに右の外昭和十六年下期以降計画出版せる左翼出版物について見るに、「日本農業の再編成」(桜井)、「世界貿易論」(西沢訳)、「世界史と世界貿易論」(園部・西尾・西沢)、「日本農業の基礎構造」(栗原)、「東亜農業と日本農業」(桜井)、「支那工業化の問題」(名和)、「亜細亜民族発達史」(細川・平館・西沢・新井・岡崎)、「皇国農業読本」(高倉)等にして、之等の執筆者中、其の後他の事件に関係し、検挙せられたる者七名を算するの状況なり。

(4)「婦人公論」編集部に於ける状況　中央公論社

発行に係る「婦人公論」の編集部には、昭和六年頃より数名の共産主義者が就職し婦人知識層の左翼的啓蒙に努め来たりしが、昭和十二年九月頃編集部次長に藤田親昌が就任して以来、其の左翼的色彩は甚しく激化し、之等の共産主義者は雑誌の編集方針に付種々協議したる結果「ヒューマニズムに仮託し、知識婦人の左翼化を図る」ことに決定し爾来之を基礎として編集会議を開催し活動を続け来りたり。

　而して編集会議の一例を示せば昭和十二年九月開催せられたる編集会議に於て藤田親昌より「島木健作をして封建的農業形態の残存せる東北農村を探訪せしめ之をルポルタージュとして『婦人公論』に登載、婦人大衆の農村問題に対する啓蒙に資しては如何」と提案せるに対し、編集長より「島木健作は嘗て農村組合運動の経験も有り執筆者としては最適である。又このテーマは現実を分析暴露することに依って農村問題が今後如何なる方向へ発展するかをも暗示する結果となり婦人大衆に与へる影響が大きいと信ずる故採用したい」との賛成意見を述べ、他の部員も「農村婦人の生活環境は都市の婦人に比較して著しく虐げられて居り之を剔抉することに依り所期の目的を達成出来るから農村婦人の生活記録を十分に加へるが良い」「出来れば雑誌の他の部分に於て都市婦人の華美な生活状況を扱へば効果的だ」等と何れも賛成し、結局本提案を採用、農村婦人の左翼化に努むることとせり。

（5）社長島中《ママ》雄作の態度　社長島中は以上の如き社内共産主義分子の不逞策動に対し終始之を黙認するが如き態度を示したり。即ち社内の諸会合に出席し、左翼的言辞を弄する者に対しても何等の監督を加へず、例へば或る研究会に於て共産主義分子が客観情勢を分析批判し、マルクス経済学者の所説掲載を強調せるに対しても同社長は「君はマルクスに仲々熱心らしいが経済学は矢張りマルクスなのかね」と言ひたる儘之を黙認せり。

IV

細川嘉六訊問調書（抄録）と予審終結決定

【解題】横浜事件関係の記録は、連合国の追及を恐れた警察・司法機関によってほとんど焼却・隠滅された。その中で、細川嘉六に対する膨大な訊問記録が残されたのは、「自分だけは徹底的に争いたい」という細川の決意に応えた海野普吉弁護士が法廷闘争にそなえて裁判所の記録を業者に筆写させていたからである。

細川の法廷闘争は、敗戦から二カ月、連合国総司令部の民主化指令（一九四五・10・4）にもとづく治安維持法の廃止（10・15）によって「免訴」となり実現しなかったが、記録は治安維持法下の訊問を伝える貴重な資料として残った。現在、国会図書館憲政資料室の「海野普吉関係文書」に保存されているが、横浜事件再審裁判の取り組みの中で一九八九年、森川金寿弁護士編『細川嘉六獄中調書――横浜事件の証言』として不二出版から刊行された。ここに再録するのも、同書によっている。

細川の検挙（四二・9・14）は『改造』8、9月号掲載の論文「世界史の動向と日本」による治安維持法違反の容疑だった。ただし、その第一条「国体の変革」、第一〇条「私有財産制度の否認」違反ではなく、第五条の「煽動または宣伝」の容疑だった。

それが第一条、一〇条違反容疑に切り替わったのは、四三年5月、川田寿に始まる芋づる式検挙の中で入手した一枚の写真（細川が主催した郷里・富山県泊での慰労会での七人のスナップ写真）から神奈川県特高が「共産党再建準備会」を構想（妄想）してからである。

その参加者たちが残らず検挙され、「共産党再建」の自白を引き出すため拷問にさらされていた間、細川は東京の世田谷署で警視庁の特高による訊問を受け続けた（四三年4月まで、全31回）。その後、検事による訊問・起訴・予審請求をへて四四年5月から、東京地裁の予審判事による訊問が開始されるが、二回ほど受けた後、同年10月から、訊問者は横浜地裁の予審判事に代わる。前述のような事情からである。

特高による訊問は警視庁特高第一課の芦田辰次郎警部補によって行われたが、本書では細川の思想形成の過程と研究の履歴について述べている箇所を中心に採録した。その内容から、述べられているのは殆ど事実だろうと思われる。たとえば特高警察官の「然らば被疑者は満州事変並に今次支那事変を日本帝国主義の支那侵略戦争と解したのか。」の問いに対して、細川は毅然としてこう答えている。

「左様であります。従ってこの支那事変は支那側にとっては、日本帝国主義侵略反対の戦争であります。故に私はかかる日本帝国主義の侵略戦争に反対の立場をとって来ました。」（第14回訊問）

続いて太平洋戦争についても、「大東亜戦争は支那事変の延長拡大であり、その性格は日本帝国主義と英米蘭列国帝国主義との戦争であり、大東亜に於ける植民地半植民地再分割の戦争たる性格を持っております。」と研究者としての自己の認識を率直に語っている。

もちろんこの背後には、細川を共産主義者の〝巨魁〟に仕立て上げようとする取調べ側の暴力的脅迫もあったろうが（本訊問調書の最後の部分＝二三四ページ下段参照）、ここでは開き直って研究者としての理性と信念にもとづいてきっぱりと答えている。

細川嘉六は、体格は小柄だったが、思想家・学者としての骨格は大きく、闊達にして剛直な人柄だったことが、この一連の訊問を通して浮かんでくる。

なお訊問の順序は次の通りである。

一九四二・9・14　検挙、訊問開始
一九四三・4・13　第31回訊問。特高の訊問終了
〃　・9・11　検事局報告、予審請求
一九四四・5・11　東京地裁・予審判事、訊問開始
〃　・10・11　横浜地裁・予審判事、訊問開始
〃　・12・12　第9回訊問、予審判事訊問終了
〃　・12・29　細川嘉六・相川博予審終結決定

＊

細川嘉六獄中調書

第四回被疑者訊問調書

〔一九四二・12・17〕

被疑者細川嘉六

右者に対する治安維持法違反被疑事件に付東京刑事地方裁判所検事上田次郎の命令により昭和十七年十二月十七日世田谷警察署に於て司法警察官警部補芦田辰次郎は司法警察吏巡査上田恭雄立会の上右被疑者に対し訊問すること左の如し。

一問　被疑者はその家族又は学校生活等から思想的影響を受けなかったか。

答　受けておりません。寧ろ帝大卒業後に於いて当時我が国内外の社会情勢の影響を受けました。

二問　然らば社会情勢の影響等から被疑者が共産主義思想を抱持するに至れる経過を詳細に述べよ。

答　私は大正六年七月頃東大を卒業しましたが、その頃の世界情勢は、第一次欧州大戦の末頃で未だ世界的動乱の最中であり、ロシアでは「ボルシエヴイスキ」の革

命が成功し、その後平和会議を中心として米大統領ウイルソンの所謂民主主義の思想が世界的風潮を為し、我が国にも吉野作造博士等によりデモクラシー思想が搬入喧伝せられて来ました。当時我が国も世界大戦の影響を受け国内産業は著しく発展したが、物価騰貴生活不安等から大正七年には有名な全国的な米騒動が勃発し、又労働紛争も続出して我が国の重要なる社会問題となって来ました。斯くの如く情勢は私等の思想に影響を与え将来社会の木鐸たらんと期したのであります。

卒業後一時住友本社、読売新聞社等に勤めましたが、自分に適当しないことを覚り、大正九年、東大の旧恩師高野岩三郎博士が大原社会問題研究所を創設されて居たので同氏の斡旋で私は同所の研究員となり、社会問題の研究に従事するに至ったのであります。私は大原に於いては労働組合を調査研究することになり、その代表的組合として英国の炭坑組合運動の研究をやりました。東大では私の後輩佐野学、麻生久等が新人会なる会を組織して左翼的政治研究をやって居る様に聞きましたが、私はそれ等とは無関係に英国炭坑組合運動の(研究に)没頭しましたが、無産者労働階級の解放は労働組合運動の如き経済闘争のみでは達成出来まいと、即ち組合運動には一定の限度があり政治闘争に依る必要を感じました。

又私はロシア革命を知って共産主義に対する興味を持ち、山川均の労農ロシア革命の紹介、河上肇博士の共産主義理論の紹介等が種々の雑誌文献等で行なわれておりました。そこで私も前回訊問の際答えました如く、マルクス・レーニン主義に関する文献を多数読んで、大正十四年頃には共産主義を信奉するに至ったのであります。この時期に於いて私は『大原社会問題研究所雑誌』大正十二年八月号第一巻第一号誌上には、カール・マルクス著「猶太人問題」、同誌第二巻第一号誌上に、カウツキー著「社会主義と植民政策」、大正十四年一月同誌第三巻第一号誌上に、「帝国主義と無産階級」と題する左翼的論文を執筆して、私が当時持って居た帝国主義に関する左翼的意見等を発表しました。大正十四年八月頃より大正十五年八月頃まで私は大原から欧州各国の視察研究に派遣されました。

三問　被疑者欧州視察状況如何。

答　大原では研究員が次々と欧州に出張して来ましたが、私の出張もその一つで、特に研究所の目的と言う様な調査研究ではなく、欧州各地に就いて見聞を広める程度のものでありました。私の旅行経路は、神戸を出発して上海、香港、新嘉波、コロンボ、スエズを経てマルセイユに上陸し、スイスを通過して独逸に入り伯林市内シヤロツテルブルグ、ロイマ方に下宿し、約三ケ月滞在して市内外の見学をしました。

私は伯林では誰も日本人とは面会せず市内ツホ駅附近のフーゴーストライサンドと言う書店へは屡々出入りし

て、そこで独文『資本論』第一巻その他経済書等を購入しました。同国では独逸共産党或いは社会民主党等の活発なる選挙運動等を見学したりしました。次いで仏国に入り、巴里市に二ケ月位滞在し、次いで英国に渡りロンドンに約半月程滞在し後大陸に帰り、伯林よりリガ、モスカウ、マンチユリ、満州、朝鮮を経由して帰国しました。私はこの旅行により欧州帝国主義諸国本国並びにその植民地の隆々たる発展の状況を知り、何事にも我が国が遅れて居ることを悟り、又第一次大戦後、独逸、ロシア等が案外復興しつつある事などを知りました。又この旅行から今後の世界各国の重要なる問題は植民地問題である事を痛感し爾来一層この問題の研究に没頭する様になりました。

資本主義諸国のその植民地乃至半植民地に対する支配は所謂帝国主義的支配或いは進出でありますが、前述の如く私は左翼思想の影響を受け、特にレーニン著『帝国主義論』等には非常に共鳴する点多く、マルクス・レーニン主義の帝国主義論こそ資本主義の植民政策を暴露し、被圧迫民族の解放に正しい方向を与えるものと信ずるに至りました。しかして当時、英国の自由主義者ホブソン、第二インターナシヨナルの指導者カール・カウツキー等の帝国主義論を批判した意見を発表する様になりました。大正十五年三月、『大原社会問題研究所雑誌』第四巻第一号に「ホブソン著帝国主義論」と題する論文、昭和三年三月十二日マルクス主義講座第十一巻「帝国主義論」等が今述べた論文であります。

四問　被疑者が共産主義に共鳴し、之を信奉するに至った理由等は如何。

答　日本は明治維新以来、資本主義的に発展し来たのですが、労働者農民の状態は悲惨であり不安定の現状にあります。之は世界的に資本主義国家の共通の通弊であり、つまり資本主義がもはや斯かる矛盾を解決し得ざる事態に立ち至ったのであります。之を改革せんとして種々の思想が台頭しました。しかして第一次世界大戦を通じて改革の二大主流たる共産主義と社会民主主義とは相互対立しつつ互いに活動したのであります。しかしながらロシアに於ける共産主義革命が最も良く無産階級を解放し得たと信ずる様になりました。

五問　被疑者が信奉する共産主義は哲学的には如何なる立場に立って居るか。

答　共産主義の哲学は弁証法的唯物論であり従ってその世界観は唯物史観であります。

六問　唯物史観とは如何なる世界観か。

答　唯物史観に就いて私は深く研究しませんので詳しいことはわかりませんが、前述の読書関係で述べました如き、マルクス・レーニン哲学に関する文献等により大体次の様なものと信じております。

すなわち、唯物史観によれば、人類社会の真の基礎は物質的な生産関係が中心であり、国家とか法律とかの政治も芸術道徳等の文化等もこの基礎に相応した上部の構造であります。しかして世界はこの生産力と生産諸関係が調和しなくなった時両者の抗争が起き弁証法的に発展転化します。現代の社会は資本制生産関係の社会でありこの中には資本と労働の対立関係があります。現代は資本主義社会であります。人類の社会は原始共産主義社会・奴隷社会・封建社会を経て資本主義社会になりましたが、来たるべき社会は共産主義社会であると主張します。現代資本主義社会では労働と資本の二要素から成立して発展してきたが、生産諸力が一定の発展段階に達すると、現代の政治的組織や法律的所有関係と衝突するに至り、之が生産力の発展の桎梏となり、労働者と資本家との闘争が起き、結局ブルジョア社会は労働者階級の為めに打倒されて新しい生産関係の社会を実現するのであります。

しかして資本主義社会から共産主義社会に発展する過程に於いては労農独裁の過渡的な社会が必要であります。之は、レーニンの説いた如く資本主義社会を倒した労働者階級は、その独裁権力によって資本主義社会の残存勢力を排除し反革命を抑える為にプロレタリアートの独裁の社会主義社会が必要であります。

七問　被疑者は如何なる経済学説を信奉するや。

答　資本主義社会の分析に就いてはマルクス経済学説が最も正しいと信じております。この学説で唯物史観が適用され、労働剰余価値説が提唱されておりますが、この学説に限って生産力と生産関係が最も正しく分析され、資本と労働の関係、資本主義の没落、プロレタリアートの成長発展が最も科学的に説かれております。

八問　被疑者が世界変革の主張として共産主義以外の諸思潮に反対する理由如何。

答　社会改革の近代的な思想には、アナキズムがありますが、之は極めて空想的であり、非科学的なもので問題になりません。その他には社会民主主義の主張がありますが、斯かる改良主義、議会万能主義、合法万能主義等によっては到底無産階級は解放し得られないのであります。それで私はロシアに於いて成功した共産主義こそ最も科学的であり、実際的に社会変革を為し得る思潮と信じ、之を信奉するに至ったのであります。私が之を信ずる様になったのは前述の様な左翼文献とか現実的なロシア革命の成功とか、或いは当時我が国に於いて勃興しつつあった共産運動に刺激されたからであります。

被疑者　細川嘉六

右読み聞け云々　　署名拇印したり

前同日於世田谷警察署

特別高等警察部特高第一課

司法警察官警視庁警部補　芦田辰次郎

司法警察吏警視庁巡査　上田　恭雄

※**編集者注**＝毎回の訊問の最後には必ずこの「被疑者細川嘉六　右読み聞け云々」以下の文言が付けられているが、以下の引用では省略する。

第五回被疑者訊問調書
〔一九四三・1・12〕

被疑者　細川嘉六

右者に対する治安維持法違反被疑事件に付東京刑事地方裁判所検事上田次郎の命令により昭和十八年一月十二日世田谷警察署に於て司法警察官警部補芦田辰次郎は司法警察吏巡査上田恭雄の立会の上右被疑者に対し訊問すること左の如し。

一問　前述までの訊問に際し被疑者が陳述したことは事実相違ないか。

答　相違ありません。

二問　被疑者は前述べた如く共産主義を信奉するに至ってから社会学徒として如何に行動すべきかと考え活動したか。

答　私は大正十四年頃には前述の如く共産主義を信奉したのですが、当時私は大原社会問題研究所の研究員として自ら選択したる研究題目、植民地問題即ち資本主義諸国家の帝国主義に就いて研究を重ねておりました。私は共産主義者としてこの大原に於ける研究を重ね、その成果を同所の機関誌その他へ発表して本問題に関し読者を啓蒙する等、又その研究成果を通じて共産主義運動に貢献したいと考え、次の様な研究成果を発表して来ました。

大正十四年一月大原の機関誌第三巻第一号に「帝国主義と無産階級」

同誌同号　レーニン著「支那侵略」の訳文

大正十五年三月前同誌第四巻第一号　ホブソン著「帝国主義論」

昭和二年同誌第五巻第一号　「現代植民運動における階級利害の対立」

同人社発行パンフレット「支那革命と世界の明日」

昭和三年五月十二日付マルクス主義講座第十一巻『帝国主義論』

昭和五年一月大原機関誌第七巻第一号「ソヴエートロシアに対する新帝国主義的世界的ブロックの形成に就いて」

同五年十二月同誌第七巻第三号　「世界帝国主義ブルジョアの新世界戦争への巨歩」

等があります。

三問　今述べた論文は要約すると如何な趣旨の論文か。

答　是等はレーニンが主張した帝国主義論に依拠したもので、私は帝国主義反対の立場から書いたものであります。即ちホブソンやカウツキーの帝国主義に比し正しい事を宣伝啓蒙し、又当時ソヴエートロシアに対する世界帝国主義諸国家が攻撃を加えんと準備しつつある事等を分析糾明したものであります。

四問　昭和七年十一月被疑者は日本資本主義発達史講座の内に、「日本社会主義文献解説」なる著述を発表して居るがその目的は如何。

答　一般的に読者の日本社会主義に関する認識を啓蒙するためでありました。

五問　是まで述べた様な著述活動の外に被疑者は如何なる左翼運動を為したか。

答　昭和三年頃には当時の無産政党、労働農民党を支持し、同党委員長大山郁夫が同年二月香川県から衆議院議員選挙に立候補した際は私も同地へ出張して数回の応援演説をしたりしました。又私は昭和三年以来公然と現れた日本共産党を支持しておりましたが、昭和七年一月末より数ケ月の間に、金四百円程度（四百二十円）を日本共産党の運動資金として党員岩井弼次その他へ提供しました。

六問　すると被疑者はその頃日本共産党並にコミンテルンを支持して居たのか。

答　私は共産主義を信奉して以来コミンテルン並に日本共産党を支持しており、前述の様な活動をして来たのであります。之が為め私は、昭和八年四月頃、大阪曾根崎警察署へ検挙され、大阪刑務所へ収容され、昭和九年三月、大阪地方裁判所に於いて治安維持法違反の罪にて懲役二年執行猶予四年に処せられました。

七問　前処分後も被疑者は共産主義思想を抱持して来たか。

答　前の事件で私は色々反省する所がありましたが、その後も矢張り左翼的な考え方を残して来ました。即ち前の判決当時以来共産主義を根本的に清算するに至らなかったのであります。その後の私の思想の推移に就いては今回検挙されて以来種々反省しましたので、その詳細は次回に述べることに致します。

第六回被疑者訊問調書

〔一九四三・1・20〕

被疑者　細川嘉六

右者に対する治安維持法違反被疑事件に付東京刑事地方裁判所検事上田次郎の命令により昭和十八年一月二十日世田谷警察署に於て司法警察官警部補芦田辰次郎は司法警察吏巡査上田恭雄の立会の上右被疑者に対し訊問すること左の如し。

一問　前回までの訊問に対し被疑者が陳述したる事実は相違ないか。

答　相違ありません。

二問　然らば被疑者は昭和九年治安維持法違反罪で判決を受けたる後も、共産主義を信奉して来た事は事実相違ないか。

答　前の事件以来私は日本国民として転向したいと考えておりましたが、長い間信奉して来た共産主義を理論的にも信念的にも放棄することが出来ず信奉して来たのであります。即ち世界観としては依然唯物史観を持ち続け、日本並に世界の経済現象を分析批判する場合には従来通りマルクス経済学に拠って来ました。私が大原社会問題研究所に於いて専門的に研究した社会問題民族問題乃至帝国主義に対しては、依然左翼論に拠って来ました、資本主義たる日英米等の極東アジアに於ける帝国主義支配や侵略には反対であり、帝国主義の投棄による被圧迫民族民衆の解放を希望して来ました。

三問　帝国主義を如何に解し如何なる反対をやって来たか。

答　私が従来帝国主義に反対して来たのは帝国主義の支配侵略等に圧迫されて居る世界被圧迫民族民衆を解放し、世界共産主義社会の実現を希望したからであります。帝国主義は資本主義の最後的段階であり、資本主義国家では不可避な現象であります。従ってソヴエートロシアの如き社会主義国家には存在しないものであります。私は日本帝国主義の満州北支等に対する侵略には反対であり、又英米その他列国の支那に対する帝国主義侵略には反対であり、又蒋介石の南京政権はブルジョア政権として列国帝国主義の傀儡たる存在として中国共産党に対しては之を支持する気持ちにありました。この考えは私の学問的良識であり信念でありましたので、私は前事件で処分された後もこの立場から種々世界情勢等に関する論文を発表し、社会の啓蒙指導に当たろうと思って活動して来ました。

四問　被疑者は日本共産党に対して之を支持して来たか。

答　日本共産党に対し私は以前は日本に於けるプロレタリア革命の必然性を確信し、その革命遂行の中心となる前衛党としてその拡大強化を希望し、資金等を提供して之を援助したのでありますが、前の検挙で私は種々反省した結果、私は党を積極的に支持する為の資金提供と言う様な積極的な活動は私のやり得る柄ではないと考えたのであります。前の事件後私と関係のあった、岩井弼次が再び検挙されたことや、又私と接近していた水野成が昭和十一年頃に検挙されたことを見聞したのでありますが、私は之等の左翼運動とは何の関係も持たず、従って日本共産党とはその後何等の直接関係を生じませんでしたのですが、之に反対すると言う様な域には達しておりませんでした。

五問　然らば日本の共産主義革命に就いて如何なる思

想を抱いて来たか。

答　私は前の事件後日本の社会改革に就いて、従来信じて来た方向なり方針なりとは異なった、もっと日本的な変革によって無産階級は解放出来るのではないかと考える様になり、之に就いて色々考えたり研究しましたが、不幸にして未だ日本的な思想体系を形成して私の意識を支配するに至らず、依然左翼的の認識が支配的でありました。

六問　世界共産主義革命に就いて如何なる考えをもって来たか。

答　将来世界共産主義革命が行なわれ共産主義社会が実現するであろうと言う希望は従来通りでありましたが、その後の私の考えは従来通りの公式的なものではなく、もっと複雑な或いは特殊な過程や方法を経て行くのではないかと考えたりしました。従って日本の革命がこの複雑特殊な経過を経て行くのではないかと考える様になったのですが、之も前述の如く確たる思想体系を形成することが出来ず、依然左翼的な考えが底流を為して来たのであります。

七問　被疑者はコミンテルン（国際共産党）を支持して来たか。

答　私はコミンテルンに対し従来世界革命遂行の国際組織として之を支持したのであります。前事件後はコミンテルンの日本に対する指導方針等に対し不満の点がありました。しかしながらコミンテルンの伝統的政策である、一、帝国主義の反対、一、被圧迫植民地半植民地の民族解放、等の政策は之を引続き支持して来ました、又数年前より「コミンテルン」が中国共産党に対する指導方針等は当を得て居ると思って来ました。

八問　被疑者は「コミンテルン」と連絡を持ったことがあるか。

答　私が大原社会問題研究所に勤務して居た頃、私の記憶では昭和八・九年頃約二ケ年間に亘り「コミンテルンの機関紙『コレスポンダンス、アンテアルナシヨナール』仏文或いは独文のものを断続的に仏国の巴里、独逸の伯林等から郵送を受けた事等がありますが、良く記憶を辿った後で詳細に申上げます。

第七回被疑者訊問調書
〔一九四三・1・28〕

被疑者　細川嘉六

右者に対する治安維持法違反被疑事件に付東京刑事地方裁判所検事上田次郎の命令により昭和十八年一月二十八日世田谷警察署に於て司法警察官警部補芦田辰次郎は司法警察吏巡査上田恭雄の立会の上右被疑者に対し訊問すること左の如し。

一問　前回に引続き昭和九年以降の思想推移状況に就いて訊問するが、被疑者は前事件処分後も各種の左翼文献を読んで居るが、その中でレーニン著平田良次訳『何を為すべきか』（岩波文庫）を購入せるが如何なる目的で同書を購読したのか。

答　当時私は未だマルキシズムをはっきりつかんでいなかったので、もっとはっきりしたいと考えて購読したのであります。

二問　この書籍に就いて述べよ。（この時司法警察官は押収物件第一号を被疑者に示したり。）

答　只今御示しの書籍は昭和九年頃、銀座の三昧堂から購入して所持して居たものであります。

三問　このレーニン著『何を為すべきか』と題する書籍は如何なる内容のものか。

答　この書はレーニンが共産主義運動の組織活動に就いて述べた有名な文書であります。私は之を購入後その最初の方約四十頁ばかりを読んだだけでありますが、その中では職業革命家団やサークル活動の必要等が述べられております。

四問　すると被疑者は一九〇二年頃レーニンが活動した時期の方針を学び、何かの活動を展開するために読んだのか。

答　特に意識的な計画は当時持ちませんで、只有名な文献であるから読みたいと思ったに過ぎません。

五問　当時既に被疑者は、エンゲルス原著『反デューリング論』を読んで居るが何のためであったか。

答　前述の様にマルクシズム哲学をはっきり認識したいためでありました。

六問、答――〔欠〕

七問　この文書は如何。（この時司法警察官は押収物件第二号を被疑者に披見せしめたり。）

答　私が読んだもので今申し上げました文献であります。

八問　以上の外に被疑者は多数の文献、特に支那問題に関する文献を所持して居るが之は何のために購読したか。

答　昭和九年大原社会問題研究所に於いて、支那問題資料の蒐集当時以来、私の支那の問題研究のために購読したものであります。

九問　昭和十一年頃被疑者は、日本のファシズムに就いて何か研究したことがあるか。

答　あります。我が国では昭和六年以降軍部右翼団体等を中心に、ファッショ的な勢力が進展して色々不祥事件が勃発しました。当時左翼派、自由派等は之に対し一斉に「ファシズム」反対攻撃をしておりました。私も「ファシズム」には反対であったので、その本体を糾明すべく研究したのですが、その結果は今回押収されました「覚書ノート」記載の様な左翼的結論に達したのであります。

十問　この文書に就いて述べよ。（この時司法警察官は押収物件第三号「ファシズムに関するノート」一括を被疑者に示したり。）

答　只今申上げた「ファシズム」に対する私の見解の覚書であります。詳細は後日述べる事にします。

十一問　被疑者は昭和九年以来、左翼的思想を持ち続けて来たと言うが、その後如何なる左翼的意図目的によって如何なる活動をして来たか。

答　私の専門的な研究テーマである処の帝国主義論に就いて、特に東亜に於ける帝国主義の反対、被圧迫民族の解放の必要を研究し、之を発表して、その啓蒙に当たってきました。特に東亜に於ける日本の緊要地位に鑑み、日本帝国主義政策の必要を我が国民に啓蒙したのであります。この活動の過程に於いて、私はソヴエートロシアの民族政策を研究しましたが、之に共鳴支持する処多く、最も進歩的なものとして我が国民に之を紹介し、啓蒙指導に当たって来たのであります。

十二問　「ソヴエートロシア」は共産党の指導下にあること、又ロシア共産党は「コミンテルン」の最大中心的支部であり、「コミンテルン」の指導下に活動していることは認識していたか。

答　よく認識しておりましたし、又ソ連共産党の民族政策は「コミンテルン」の民族政策と基本的には同一のものであります。

十三問　被疑者の思想推移の過程に就いて是まで述べた事は事実相違ないか。

答　事実相違ありません。

十四問　「コミンテルン」に就いて認識して居る要点を述べよ。

答　「コミンテルン」は国際共産党でありますが、是は世界共産主義社会の実現を目標に活動する国際的な組織であり、世界各国にその支部たる各共産党を指導しております。その本部はロシア共産党を中心として各国共産党の代表者を以て構成され本部を「露都モスクワ」に置いております。「コミンテルン」の最高機関は大会であり、この大会に於いて活動方針が決定され各支部はこの方針に基づいて活動します。「コミンテルン」は一九一九年結成し、以来一九三五年までに七回の大会が開催されております。

十五問　「コミンテルン」の基本的な戦略戦術スローガン等は如何なるものか。

答　「コミンテルン」は世界共産主義革命の本部でありますので、その戦略戦術等はその時その場所等により必ずしも一定しておりませんが、「コミンテルン」成立以来今日まで一貫して居る戦略戦術等のスローガンは、

一　資本主義制度の廃止

一　労農独裁政府の樹立

一　帝国主義戦争反対
一　植民地半植民地に於ける被圧迫民族の解放
一　ソヴエートロシアの擁護
等であります
十六問　「コミンテルン」は日本に対し如何なる目的を達成せんとして、如何なる活動をして来たか。
答　「コミンテルン」は我が国の国体を変革し、資本主義制度を廃止し、プロレタリア革命を遂行し共産主義社会を実現せんとする目的を以て、日本支部たる日本共産党の育成指導援助をやって来ました。例えば日本共産党の活動方針としては、所謂一九二七年テーゼ、同一九三二年テーゼ等が指令されており、又資金の援助等もあったとの風評を聞いております。この外機関誌『インプレコール』、『インターナショナール』等の文書によって宣伝啓蒙をやっておりました。
十七問　「コミンテルン」への日本代表は誰が行って居るか。
答　日本代表として故片山潜が永く在露しておりました。現在は野坂参弐、山本懸蔵がロシアに居ると思います。

第八回被疑者訊問調書
〔一九四三・1・29〕

被疑者　細川嘉六

右者に対する治安維持法違反被疑事件に付き東京刑事地方裁判所検事上田次郎の命令により昭和十八年一月二十九日世田谷警察署に於て司法警察官警部補芦田辰次郎は司法警察吏巡査上田恭雄の立会の上右被疑者に対し訊問すること左の如し。
一問　日本共産党に就き認識して居る要点を述べよ。
答　日本共産党は国際共産党の日本支部で我が国の社会変革即ち我が国体を変革し、私有財産制度を廃止してプロレタリア独裁の政党を樹立し、共産主義社会を実現せんことを目的として活動する秘密結社であります。その基本方針はコミンテルンの指令に基づき、一九二七年テーゼ等に示された如く、
一　君主制の廃止
一　土地所有大資本の社会化
一　帝国主義戦争の反対
一　ソヴエートロシアの擁護
一　中国革命の擁護
一　八時間労働制の確立
一　十八才以上の男子に選挙権を与えよ
等のスローガンを掲げて活動しております。
二問　日本共産党の規定する我が国社会革命の展望等は如何。

答　我が国は明治維新に於いてブルジョア民主主義革命が完成されず、多分に強力な封建遺制を残しておりますので、我が国に於いて当面の革命の性質は、急速にプロレタリア革命へ転化すべきブルジョア民主主義革命である、と規定しております。

日本共産党は大正十一・二年頃初めて我が国に結成され、以来幾多の検挙にも拘らず次々と再建され活動して来ました。三・一五、四・一六事件、昭和六・七年頃の共産党事件等は何れもその検挙事件として有名であります。山川均を首班とする労農派があります。労農派は我が国では既にブルジョア民主主義革命は達成されており、現代は金融独占の支配であるから、来たるべき革命はプロレタリア革命であると言う主張をしておりますが、私はこの派の主張には反対であります。

三問　日本共産党に就いての認識を得た経緯は。

答　大正末期以来日本共産党検挙事件により知りました。即ち新聞雑誌に発表されたものでありますが、一九二七年テーゼ、『無産者新聞』、日本共産党機関紙『赤旗』その他左翼文献等から得たるものであります。なお私が昭和の初め頃より日本共産党の主張を支持し、昭和七年頃には党資金の援助等をした事は前述の通りであります。前述の如く昭和九年以降は、日本共産党とは直接的連絡を持たずに来ましたが、日本共産党に反対すべき思想体系は未だ出来ずに現在に及んでおりました。

四問　再び訊ねるが被疑者は我が国に於いても将来共産主義社会の実現が必然的であると確信して来たか。

答　前述の如く前に処分される当時までは左様に考え信じて来たのであります。その後日本の革命に就いては、一はロシアに於いて示された労農独裁の過程を経て共産主義革命へ進展すると言う考えと、他の一は、日本では何とか特殊の形や経過を経て日本的な進化発展が出来るのではないかとの考えも生じましたが、未だ確信ある方法と体系付けはされておりませぬ。

五問　然らば日本の天皇制に就いて如何なる認識を持っているか。

答　私は日本の天皇制は従来は左翼的な考えをして居たので、天皇制も搾取機関の代表としてこの君主制の廃止を希望して来たのであります。この考えは、昭和十一年頃前述のファシズム研究の時期まで継続しておりました。その他の一面の考えである日本国民一般の常識としての考え即ち天皇制を全国民の親としての存在と信ずると言う方面へ向かわんと努力して来ましたが、観念的抽象的な「ショウヴニスト」には反対でありました。従って未だこの問題に就いて私の思想は純日本的な理論と信念で体系付けるに至って居なかったのであります。

六問　「ファシズム」に就いて認識して居る点を述べよ。

答　「ファシズム」とは金融独占資本の支配を擁護す

るために生じた思想で、その特徴は民主的排外的でその支配形態は社会主義的様相を帯びた独裁制を採っており、独逸の「ナチズム」、伊太利の「ファシズム」が之に属します。

斯かる思想が発生し発展しつつあるのは欧州資本主義支配の危機に当面したためであり、その任務は、金融独占資本に拠る国家社会体制を保持存続せしむる点にあります。斯かるファシズム的思想は世界各国に於いて（ソ連を除く）各国資本主義の危機の迫るとともに発生進展せむとする傾向にあります。斯かる思想は強硬外交政策となり帝国主義、世界戦争の一要因となりつつあります。

七問　被疑者はこの「ファシズム」に対し如何なる態度をとって来たか。

答　無論反対であります。

八問　その反対理由は。

答　先ずファシズムが、一、金融独占資本の支配を認容する点、二、非民主主義的な独裁特に文化に対する反対的な態度、等であります。

斯かる思想は世界発展進化を阻害し、沈滞せしめる等の反動的役割を演ずるものであります。独伊に行なわれつつある、斯かるイデオロギーが我が国に輸入される傾向極めて濃厚でありましたが、私は之には反対でありました。

九問　日本に於いてもファシズム思潮がありや否や。

答　我が国に於いても満州事変前後よりファシズム的な思想が台頭成長してきました。日本資本主義は英米資本主義の圧迫を受け支那大陸の日本権益を擁護進展するにあらざれば存続困難であると言う、軍部或いは帝国主義者の思想に基づき対支強硬外交政策が主張されました。ところが国内ブルジョア勢力政党等は之に賛成しなかったので、軍部愛国者等により、血盟団事件、五・一五事件、二・二六事件などの急進的な不祥事件の勃発を見たのであります。

以来我が国の政治支配はブルジョア政党から次第に軍部官僚の支配に移行しファツシヨ的になりつつあります、之は独伊のファシズムとその性質を必ずしも一にせず、日本独自のイデオロギーとして成長発展しております。その詳細は昭和十年頃、私が研究した成果の「ノート」に記載した通りでありますが、要するに日本の斯かるイデオロギーは我が国の絶対君主制を中心として発生発展したイデオロギーであり、私は斯かる思想には反対であります。

第九回被疑者訊問調書

〔一九四三・2・1〕

被疑者　細川嘉六

右者に対する治安維持法違反事件に付東京刑事地方裁判所検事上田次郎の命により昭和十八年二月一日世田谷警察署に於て司法警察官警部補芦田辰次郎は司法警察吏上田恭雄立会の上右被疑者に対し訊問すること左の如し。

一問　所謂反ファッショ人民戦線に就いて認識して居る点を述べよ。

答　反ファッショ人民戦線運動は一九三五年「コミンテルン」第七回大会に於て決議された方針であります。「コミンテルン」では国際的に台頭進展し来った「ファッシズム」勢力に対し之を打倒する必要がありました。処が従来「コミンテルン」は社会民主主義、自由主義などは共産陣営内における敵として之の排斥攻撃を永く続けて来たのであります。

併しながらファシズムの勢力支配によって単に共産党が圧迫されるのみならず、社会民主主義、自由主義等が同様ファッシズムの弾圧圧迫を受ける情勢になったので、「コミンテルン」は従来の方針を大変更してファシズムに依り同様害を被むる社会民主主義、自由主義者と提携し、民主主義を擁護する為めに人民戦線即ち反ファシズムの統一共同戦線を結成する必要を認めたのであります。西欧では独伊のファシズムの影響を排して仏蘭西、スペイン等に於てはこの人民戦線政権を一時樹立したこともあります。東洋とくに支那に於ては「コミンテルン」の支部たる中国共産党の提唱に依り国共合作が行なわれ、抗日民族統一戦線の形で一種の人民戦線が結成されております。我国に於いても一九三五、六年頃にはこの人民戦線結成問題が評論界に於いて宣伝され、また無産政党或いは労働組合等に於いても若干この運動が行なわれた様です。

二問　被疑者はこの反ファッショ人民戦線運動に就いていかなる態度を採ったか。

答　前述の如く私は我が国内外のファッショ勢力に対しては反対の態度で居りましたので、この「コミンテルン」の主張も、反ファッショ運動の方針としては適当なものであると解して居りました。また中国共産党を中心とする国共合作、抗日民族統一の結成、その発展などを見聞して中国に於いてはかかる方針が採用されることに同意しておりました。前述の私の「日本ファシズム研究に対する覚書」もかかる情勢等に刺激されて研究したものであります。

三問　被疑者は我が国に於ける人民戦線運動に何等か関係を持ったことがあるか。

答　直接何もありません。

四問　被疑者は昭和十年以降社会大衆党の年度大会議事録、あるいは同党の政策等に関する文書を多数所持して居るが、従来社会民主主義に反対であった被疑者がその頃から社会大衆党関係の文書を継続して入手したのは、何か人民戦線的活動に役立てる為ではなかったか。

答　私はおおせの如く、社会大衆党関係の文書を昭和十年頃の初めより所持しておりますが、これは当時無産政党運動に関する文書例えば『労働年鑑』その他が出版されなくなったので資料として入手したに過ぎませぬ。入手の経路も、大原社会問題研究所員後藤貞治氏が関西方面の社会大衆党の幹部と知合であるので、後藤を経て入手したものであります。

五問　人民戦線に関し今述べた如き認識を得た経過は如何。

答　当時の新聞雑誌等によったものです。コミンテルンの第七回の議事中この問題に就いては何か他の文書で散見しました。例えば、満鉄調査部編「コミンテルンの植民地民族政策に関する基本資料」、中国資料月報社編「抗日人民戦線の展望」等に依ったものであります。

六問　この文書は如何。（この時司法警察官は押収物件第四号「コミンテルンの植民地民族政策に関する基本資料」、同第五号「抗日人民戦線運動の発展」を被疑者に示したり。）

答　只今述べました通り人民戦線に関する記事のあるもので私が読了したものであります。

七問　被疑者が左翼思想を持つ様になって以来の社会運動経歴に就いて訊ねるがその状況如何。

答　昭和二・三年頃、労働農民党の運動が関西地方にも発展した頃の事でありますが、当時私は大原社会問題研究所員でありましたが、当時大阪に於ける労働農民党の幹部赤松五百麿を中心に小岩井浄、岩井弼次、越智道順、辰巳常世、私等が集り昭和二年末月頃、昭和文化学会なるグループを作り、労働農民党の支援をやったことがあります。私は同党の機関紙『労働農民新聞』を、越智道順を通して継続入手しておりました。昭和三年二月、衆議院議員選挙には、大正九年頃より大原の櫛田民蔵氏を介して知人である大山郁夫氏が香川県から立候補したので、私は之を応援演説に香川県下へ一週間出張しました。またその頃即ち昭和二・三年頃前述の越智道順を介して、『無産者新聞』の読者となって居りました。

八問　すると被疑者は当時労働農民党に入党して居たのか。

答　私は入党して居りません。

九問　是等の文書は如何。（この時司法警察官は押収物件第六号『労働農民新聞』『無産者新聞』一括を被疑者に示したり。）

答　只今御示しの文書は前述の通り昭和二・三年頃、越智《ママ》道順から入手して所持して居たものであります。

九問　その後の運動経歴に就いて訊ねるが、昭和五年以降、産業労働調査所関西支局と如何なる関係にあったか。

答　産業労働調査所関西支局と私の関係は、昭和三年頃、当時大原社会問題研究所に時折り出入りして居た、労働組合運動の経歴のある田井某（為七）という年齢三十五・六才中柄近眼鏡をかけた男が、私に生活が困るから資料を買って呉れといって「産業労働時報綴」を持参した際、大原の私の部屋で、金十円位で之を買取った事があります。

十問　この文書は如何。（この時司法警察官は押収物件第七号を被疑者に示したり。）

答　只今御示しの「産業労働時報綴」は私が田井某から買受けたものであります。この中の昭和七・八年頃の産労関西支局関係のものや、その当時の産労時報等は昭和八年二月より同年七月頃まで産労関西支局鈴木某という年齢二十三・四才の学生上がりの者から、月額五十銭位の費用を渡して入手していたものであります。私が昭和八年三月検挙された後の文書は、同人が大原の私宛てに送って来たものであります。

十一問　すると被疑者は産業労働調査所関西支局に所属するメンバーであったのか。

答　会員になるという約束ではなく月額費用を出して資料を貰ったに過ぎませぬ。

十二問　被疑者は、昭和六年秋頃よりソヴエート友の会（後に日ソ文化協会と改称）大阪支部に関係したことがあるか。

答　その頃では越智道順、岩井弼次等がソヴエート友の会のグループを作っていることは当時聞いておりましたが、私は之に加入した事はありません。日ソ文化協会の機関誌『ロシア』等は一般の書店で購入したことがあります。

十三問　被疑者が日本共産党へ資金を提供したる顛末の概要は如何。

答　私は、昭和七年一月末より同年七月下旬までの間、当時私の住所、兵庫県武庫郡精道村芦屋法宗寺一六五七番地の自宅において前後八回にわたり、日本共産党員岩井弼次外一名に対し、同党の活動資金として、合計金四百二十円位を提供したのであります。その結果前述の如く検挙され処分を受けたのであります。

十四問　この文書を説明せよ。（この時司法警察官は押収物件第八号〔越智道順氏外六名治安維持法違反事件と題する公判記録文書二部〕を被疑者に示したり。）

答　之は私及び私と関係のあったものの公判記録でありますが、公判決定後私の弁護人であった某氏の所持せる記録から写したもので、五、六部位を私が費用を負担して作成したものです。これは私の友人、住友本社目崎憲司の勧誘で作成したものでありますが同被告等へは分頒しておりません。

十五問　これまで述べた他にその後被疑者は、岩井弼次その他の大阪地方に於ける左翼運動に参加したことはないか。

答　ありません。

第十四回被疑者訊問調書〔一九四三・2・23〕

被疑者　細川嘉六

右者に対する治安維持法違反被疑事件に付東京刑事地方裁判所検事上田次郎の命により昭和十八年二月二十三日世田谷警察署に於て司法警察官警部補芦田辰次郎は司法警察吏巡査上田恭雄の立会の上右被疑者に対し訊問すること左の如し。

一問　我国の客観的情勢に就いて訊ねるが、日本資本主義の発展過程と我国支配権力との其れを併せて述べよ。

答　日本資本主義は徳川封建社会機構内に市民的要素として発生し、前期資本主義として逐次成長し、明治維新によって公然たる発展の途が開かれたのであります。日清日露の両戦役を経て益々発展し来り、国内的に又支那大陸方面に強固なる発展をする。日露戦役によって独占資本的萌芽を生じ、その第一次世界大戦に恵まれて次第に金融独占への支配形態を整えるに至りました。しかしながら日本資本主義は欧米諸国に見る如き資本主義独自の発展をなすことが出来ず、その成長には国家権力の援護を必要としました。之は日本資本主義が欧米先進国に遅れて成長したことと、資本自体の蓄積が弱く、外国資本の圧迫に対抗する為には国家権力の積極的援助を必要としたのであります。

かくの如き日本資本主義の特質は、その後日本資本主義が国際場裡に列強資本と競争するに至っても、同様でありました。即ち、日本資本主義の弱点たる主要資源の僅少並に市場の狭隘等の悪条件は、国家権力と協力するに非ざれば、かかる窮地を打開し発展することが困難でありました。かくて日本独占資本主義はその覇権を確立したとはいえ、前述の如き特殊性の故に、他の民主主義国家に見る如き、その国家社会を独占資本自体の能力を発揮して支配するに至っておりません。

一方、明治政府以降の我国家権力は、前述の如き日本資本主義と協力するに非ざれば欧米流の近代国家たる地位と実力を獲得することは困難でありましたので、最も密接に日本資本主義に結び付いて来たのであります。

日本農業を支配する我国地主階級は、明治政府当時に於いては政府財政の有力なる要素として、国家権力に結合し、以来自己の利害を代表する政友会をして帝国議会に出してその権益を主張して来ましたが、之が我国農業の高率小作料となって表れております。又日本資本主義の欠陥は、我国の低廉なる労働力を吸収することにより之を補いつつ発展し来たのであります。従って我国の支配層はブルジョアジー、地主、国家権力の三要素を包括したものであります。

二問　被疑者の言う明治以来の国家権力を代表するものは何か。

答　それは我国の君主制を中心とする勢力であります。

三問　日本資本主義は所謂帝国主義の段階にあると解するや。

答　左様に解しております。しかしながら日本資本主義は欧米に見るが如き金融独占の寡頭支配の純粋なものではなく、前述の如き特殊な複雑な要素を持ちながら、列強帝国主義と抗争対立して居るのであります。

四問　しからば所謂日本帝国主義の動向に就いて略述せよ。

答　前述の如く日本資本主義の特殊性からその発展を支那大陸に求めましたが、支那大陸は列強帝国主義の半植民地たるかの如き事態でありましたので、日本資本主義は日清日露の両役によって支那大陸に於いて一応その地歩を固めたのであります。その後軽工業の発展力に基づき、第一次欧州大戦を機会に多くの世界市場を獲得しました。しかしながら戦後列強の国内回復に伴い、列強の関税障壁で阻害されるに至りました。かくて、日本帝国主義はその存在の保持発展の基礎を支那大陸に求める必要殊に痛切緊急なる事態に立ち至りました。かくて満州事変は日本帝国主義によって惹起され、満州国の独立、北支権益の確保等の為には国際連盟を脱退してまで列強と抗争し、自らの生命線を維持しなければならなかったのであります。かかる日本帝国主義の攻勢は支那大陸に最も密接なる利害関係を有する英米列強と鋭く対立し、又一方民族統一国家として成長を希求する蒋介石政権は英米に依存して日本帝国主義に反対し、終に今次支那事変を見るに至ったのであります。

五問　然らば被疑者は満州事変並に今次支那事変を日本帝国主義の支那侵略戦争と解したのか。

答　左様であります。従ってこの支那事変は支那側にとっては、日本帝国主義侵略反対の戦争であります。故に私はかかる日本帝国主義の侵略戦争に反対の立場をとって来ました。

六問　被疑者は現日本の国家機構並に社会機構の性質を如何に解して来たか。

答　国家の諸機構が原則的には国民大衆のものであることは言うまでもないことですが、前述の様な我国の支配層の構成からその性格並に行動に於いて、屡々その原則を逸脱し支配階級の為の利益を代表して来ました。従って我国の社会構成の性格も前述の如き我国支配層の利害によって左右されて来ました。かくて我国に於ける国家機構や社会機構に反抗する無産運動が全国に瀰漫するに至ったのであります。

七問　大東亜戦争の性質を如何に解するや。

答　大東亜戦争は支那事変の延長拡大であり、その性格は日本帝国主義と英米蘭列国帝国主義との戦争であり、大東亜に於ける植民地半植民地再分割の戦争たる性格を持っております。しかしながら日本帝国主義にとって今次大東亜戦争は、その戦争遂行の過程並にその将来の結果に於いては、帝国主義的性格を変貌せねばならなくなると考えます。

答　左様であります。

八問　すると将来、日本帝国主義は被疑者が前述したように対外的には全体主義的・民主主義的に変えると言うのか。

九問　満州事変以降我国の政治経済等の情勢は如何。

答　満州事変以降の我国の政治情勢に就いては、先に「日本的ファシズム」に付いて御訊ねの際申上げましたが、要約しますと、日本帝国主義はその生命線を支那大陸に求めんとして満州事変を起こしましたが、之は主として軍部並に国家主義団体等が所謂日本的ファシズムによったものであり、我国権益擁護の為に至ったものであります。この思想に基づき国内的にはその後各種の反官僚、反政党、反財閥的テロ事件が勃発し、軍部並に新官僚を中心とする政治的支配を逐次確立するに至りました。かくてブルジョア政党は無力化し民主主義的要素は戦争遂行に障害ありとして漸次圧迫されました。この傾向は昭和十二年支那事変の勃発、その長期化と共に益々強化しました。

かくて支那事変当初までは反ファッショ的な勢力もありましたが全て弾圧されて、国民大衆の言論結社集会の自由等の政治的自由は、無産政党、労働組合に対する弾圧に見るが如く全く抑制され、続いてブルジョア政党さえも解党せざるを得なくなり、翼賛政治一色に塗り代えられ、労働組合等は官製産業報国会一色に改編されるに至りました。戦争遂行に必要なる膨大軍事予算は毎年その額を飛躍させ、従って経済的には統制強化となりその整理統合等は非軍需産業と共に階級分化率を増して来ました。かくて国民生活は戦時インフレに基づく物価騰貴、大衆課税の高率化、労働時間の延長等益々窮屈になって来ました。

十問　左様な我国の情勢を被疑者は左翼的革命的情勢の成熟化と解したか。

答　左様に簡単に公式的には考えませんでしたが、国民大衆は好むと好まざるとに拘わらず、政府の方針の下に今日まで動員されて来たのであります。しかし国民大衆を今日まで動員したままに放置して置くことは出来ない事態になって居ると思います。即ち国民大衆の民主主義的要求を国家の方針に添う範囲で容認する政策の実施が必要と考えています。

第十五回被疑者訊問調書〔一九四三・２・25〕

被疑者　細川嘉六

右者に対する治安維持法違反被疑事件に付東京刑事地方裁判所検事上田次郎の命により昭和十八年二月二十五日世田谷警察署に於て司法警察官警部補芦田辰次郎は司法警察吏巡査上田恭雄の立会の上右被疑者に対し訊問すること左の如し。

一問　被疑者は支那革命に対し如何なる希望を持っていたか。

答　支那は英米日仏等の列強帝国主義国の半植民地たる存在でありますが、私は、昭和三年頃『支那革命と世界の明日』なる著書を発表して以来、昭和十年頃まで、支那のプロレタリア革命の成功を確信しておりました。その後私の中国に対する視野が拡大すると共に考え方も複雑になっております。中国は中国共産党の影響によって、今次日支戦争を通じて全体的民主主義国家となるであろうと考えます。中国共産党の所謂民主主義革命が達せられると思っております。

二問　中国が民主主義革命を達成するには如何なることが必要か。

答　第一に日本、アメリカ、英国等列強帝国主義の支配を排除することであります。第二に国内体制では独占資本の成長発展或いはその支配を排除して、全体的民主主義的な政治経済の体制が必要であります。第三に中国共産党の有する民主主義的方針は新政権の重要なる要素として採用せられるものと思います。

三問　すると被疑者は中国の左様な革命の達成を希望し之を支援する立場にあったか。

答　左様であります。前述の様な中国の革命によって中国の民衆は列国帝国主義支配を脱し、又国内的には軍閥、財閥、封建地主の支配から解放され得ると考えました。かかる私の立場から私は、日本並に列国帝国主義の中国に対する支配の排除の目的で中国問題に就いては諸論文を発表して来ました。

四問　被疑者は従来ソ連邦に対し如何なる態度を採ってきたか。

答　私は共産主義を信奉して以来ソヴエートロシアを支持し援護して来ました。例えば前述の如く、昭和五年一月並二月、『大原社会問題研究所雑誌』には列国帝国主義がソ連を攻撃せんとする危機には之に反対して、ソ連を擁護すべしとの意見を発表しております。その後もソ連に対する私の意見は同様でありますが、前述の時期の如く極左的な意見は前回の私の検挙以降は謹慎して来ました。之は私の自省でもあり、その後の我国の社会情勢では左様な露骨な言論は許されなかった関係もあります。しかしながら私は、昭和十年以降今日までに発表した諸論文に於いては、ソ連を支援援護する建前から、

一、社会主義国家ソ連が現代資本主義国家社会に比し、優秀な進歩的なものであることを宣伝啓蒙し、

二、ソ連の近来の平和外交を紹介して、ソ連は資本主義国家の如く他国侵略の意志のないことを啓蒙し、従って日本帝国主義が絶叫するが如きソ連と日本の戦争の勃発等を出来るだけ避ける様に我が国民に宣伝啓蒙して来ました。

三、ソ連に対する帝国主義者の中傷に対しては、数次の五ヶ年計画の成功或いは国内政治経済文化等の充実せることを説明して中傷者の説を反駁し、

四、ソ連の最近に於ける民族政策が極めて合理的であり、被圧迫民族の解放に当たってその帝国主義者の言うが如く悪魔の如き赤色政策ではないこと、寧ろソ連の民族政策等は帝国主義国家の反省を促し之に学ぶべきものであること、

等を宣伝啓蒙してきました。ソ連に対する私のかかる立場からやった行動は後で詳細に申し上げる予定です。

五問　被疑者がその活動当時に於ける客観情勢と、我が国の内外について述べた認識見解等は事実相違ないか。

答　相違ありません。

六問　然らば被疑者が前述の如き客観情勢に対処すべきマルクス主義者の当面任務等は如何なるものと認識しているか。

答　私はマルクス主義学者でありますが、政治運動や労働運動をやり得る資格はもっておりません。従って前には日本共産党へ資金を提供して検挙された事があるだけです。私はマルクス学者として植民地問題、民族問題については一つの政治的意見を持っております。それ故、私は次の様な問題に就いて次の様な立場から私の意見を論文として発表したり他人に話したりすることを今日の情勢下に於いて私のやり得る活動と任務と考え活動して来たのであります。

即ち、第一に帝国主義戦争反対、第二に植民地半植民地に於ける被圧迫民族の解放、第三にソ連擁護等であります。

以上の問題は第一次大戦後に於いて列国帝国主義間の対立の激化が発展し、日本帝国主義によって勃発された満州事変を先頭に、その後西欧並に東亜の両域に於ける帝国主義戦争勃発の危機は成熟したのみならず、終に今次世界大戦となりました際マルクス主義者として活動すべき問題であります。又列国の対ソ武力干渉の危機も逼迫して終に独ソ戦となり、また日ソ間の関係も決して楽観を許さない事態にありますので、ソ連擁護の必要があります。また東亜その他の植民地半植民地被圧迫民族は既に今日相当の成長をしておりますから、之を帝国主義

支配から解放する為には、ソ連の民族政策等を宣伝啓蒙する必要があります。

又私のマルクス主義的立場は、所謂ファシズムには反対でありますので、従来日本にも見られた如き「ファツシヨ」には反対すべきであると思いました。又東亜に於ける最も強力なる日本帝国主義の侵略、支配等から東亜被圧迫民族を救うことは重要なる任務であります。之等の活動を通じて我国の全体的民主主義体制を確立せしむることも重要なる任務と考えます。

七問　今まで述べた如き建前から左様な活動を当面の任務として遂行することによって、それをスローガンとして活動する「コミンテルン」、日本共産党の目的達成に寄与する意図を持って来たか。

答　私はマルクス主義学者として前述の様な意見を最も科学的な合理的な又良心的なものであることの確信を抱いておりました。私が今述べた様な活動をすることによって、「コミンテルン」、日本共産党がその目的とする革命運動に貢献するものであることは良く認識しておりました。

第十六回被疑者訊問調書

〔一九四三・3・11〕

被疑者　細川嘉六

右者に対する治安維持法違反被疑事件に付東京刑事地方裁判所検事上田次郎の命により昭和十八年三月十一日世田谷警察署に於て司法警察官警部補芦田辰次郎は司法警察吏巡査上田恭雄立会の上右被疑者に対し訊問すること左の如し。

一問　前回（第十五回被疑者訊問調書の作成）に申し述べた事は相違ないか。

答　事実相違ありません。

二問　然らば被疑者は「コミンテルン」並に日本共産党の方針である、帝国主義戦争反対、植民地半植民地に於ける被圧迫民族の解放、ソビエートロシアの擁護などに就いて、之を他人に宣伝啓蒙する意思であったか。

答　私は今まで述べました様な「コミンテルン」並に日本共産党等の重要なる三つの方針を他人に説明する場合に、露骨に之等の方針が「コミンテルン」や日本共産党の方針であると前提して発表したことはありませんが、私の説明振りから、いくらかでも左翼的な傾向のある他人は是等は前述の二団体の方針であることは一見して諒解したと思います。又左翼的な経験のない真面目な人が私の前述のような説明を見聞きすれば、日本の対外国策として適当な意見であろうと共鳴するであろうと思っておりました。

三問　すると被疑者は「コミンテルン」、日本共産党の前述の三方針を宣伝啓蒙する意思をもって活動したのか。

答　前述の三方針はマルクス主義の立場を採る私の学者としての信念でありました。「コミンテルン」並に日本共産党は是等の三方針を何れも掲げておりますが、よしんば両団体が之等の方針を掲げて居なくても、私は現今の国際情勢下に前述の三方針を採用することは、日本の正しい対外政策であると確信して居たのであります。

四問　「コミンテルン」並に日本共産党の三方針を被疑者が啓蒙宣伝すれば両結社にとって有利なることを熟知して居たか。

答　良く知っておりました。私の前述の様な傾向にある他人が見聞すれば利用するかも知れないとも考えましたが、私の学者的信念は左様な点等にこだわらず、一般国民大衆を啓蒙宣伝せんとしたものであります。

五問　被疑者が是まで陳述し来たった如き意見に基づき、昭和九年、前の治安維持法違反事件判決後、如何なる左翼的活動を為し来たったか。

答　私は昭和九年、前の事件で二年の懲役、四年間の執行猶予の恩典に浴したのでありますが、その後も共産主義思想を清算し切れず持ち続けて今日まで来ましたので、その後の私の活動には左翼的な言動がありました。第一に自昭和九年十一月頃至同十一年中、大原社会問題研究所内に於いて支那経済事情の研究調査に関する左翼的な活動があり、第二には自昭和十一年二・三月至同年四・五月頃、日本ファシズム研究に関する活動、第三は自大正十五年至昭和九年頃、国際共産党関係の『インプレコール』入手に関する活動、第四は自昭和十二年至同十七年、中央公論その他総合雑誌に、（1）反帝国主義、（2）被圧迫民族解放、（3）ソヴエート擁護、に関する論文執筆掲載した活動、第五に尾崎秀実に関する諸関係、第六に昭和研究会内東亜政治研究会に於ける活動等の左翼的言動があります。是から御訊ねに応じ逐次その詳細に就いて申上げることにします。

六問　被疑者は昭和十七年九月十四日、当世田谷警察署に検挙された際、東京刑事地方裁判所検事上田検事より治安維持法違反事件に関し訊問をうけた際、被疑者は前検事に対し、自分は共産主義を抱持していないし左翼的な活動をしたことはないと答えているが、如何なる理由で左様な答弁をしたか。

答　当日私は早朝自宅から検挙されたばかりであり、気分も落着かず反省を重ねる暇もなかったので只今仰せの如く答弁したのであります。しかしその後取調べの数も重なり永き拘禁生活に於いて充分反省した結果、真相を申上げる事に決意しております。従って上田検事殿の第一回訊問の際私が申上げたこと、即ち私が共産主義思想を持って居なかったとか、或いは左翼的な活動をした覚えがないということはここに撤回取消しを致します。

第十七回被疑者訊問調書

〔一九四三・3・12〕

被疑者　細川嘉六

右者に対する治安維持法違反被疑事件に付東京刑事地方裁判所検事上田次郎の命により昭和十八年三月十二日世田谷警察署に於て司法警察官警部補芦田辰次郎は司法警察吏巡査上田恭雄立会の上右被疑者に対し訊問すること左の如し。

一問　前回陳述したことは事実相違ないか。

答　相違ありません。

二問　大原社会問題研究所に於ける被疑者の左翼的活動如何。

答　私は前述の検挙事件の為め大原社会問題研究所の方は約一年位半休暇になって居りましたが公判も済んだので、昭和九年十一月頃、再び大原へ復帰しました。そこで私は大原での研究題目として、支那の経済調査、所長高野岩三郎氏に申出て同所の幹事会の承諾を得たのでこの研究調査に着手し始めました。この研究の助手として、水野成を私は雇い入れました。

三問　被疑者は水野成と以前如何なる関係にあったか、又水野は如何なる人物であるか。

答　私が水野を知ったのは、昭和五・六年頃、水野は上海にある東亜同文書院学生であった頃、私が大学の機関誌等に発表した前述の論文などで私を知ったと見えて、当時上海で水野が関係していたと思われる、名称は忘れましたが、或る支那事情調査資料を二、三回にわたり大原の私宛に送ってくれたことがあって同人を知ったのです。

その後水野は東亜同文書院で左翼的な学生運動で活躍したため領事館警察に検挙され、昭和七年頃内地へ送り還されてきました。その際、水野は大原へ私を訪問してきたので初対面をしたのであります。帰還後水野は、京都府八幡町一の自宅に居住し、時折大原へ出入りしておりました。水野はマルクス主義的な学徒で支那経済事情に通じ支那語も出来る人物でありました。そこで私が大原で前述の研究調査をやるのに格好な人物であると思い、私の独断で私の助手として月手当三十円位で雇い入れたのであります。雇い入れる前に、水野は京都の警察に何か左翼の嫌疑で検挙されたようなことも聞いておりましたが、真面目な青年でありました。雇い入れ後彼の支那研究の態度方法等はマルクス主義の立場からやっておりました。

四問　引続いて大原に於ける被疑者の研究調査について述べよ。

答　大原には欧米の調査資料は豊富にありましたが、

支那問題のものはほとんどなかったので、大原の資料室の一部に支那部門を設け、水野をして『大原社会問題研究書雑誌』を支那各地の大学、研究所、官衙に送って、先方の調査資料とか或いは研究報告とかと交換することにしました。かくて数百種の支那資料を集めることが出来ました。

調査の対象は大体支那農業と工業に漠然と置いておりました。昭和九年十一月より、私はこの研究調査の為め多くの資料や研究報告等に就いて調査研究しましたが、その中で左翼的なものはマヂヤール、サフアロフ等派のコムアカデミー派のもの、ウイツトフオーゲルの諸研究報告書等を調査しました。是等左翼派の研究は支那農業にその重点を置いて居りました。支那は農業国であり封建制の強い社会であります。従って支那の社会革命にとって農業の問題が極めて重要なる地位にあります。此の農業の研究から地主の問題或いは貧農の問題、農業の近代化の問題、或いは工業国に発展する過程に於ける労働者の問題等を究明する必要があるのであります。水野成は資料の蒐集、整理或いは調査等の傍ら次の様な論文記事等を、支那経済調査資料の名で発表しております。

一、昭和十年五月『大原社会問題研究所雑誌』第二巻第五号第六号に掲載の

（一）支那の農業恐慌と農民の状態

同年十一月前掲誌第一号掲載の

（二）支那農村統計

の外、昭和十一年度の同誌発表に於いて水野の原稿

（三）太平洋に於ける三角闘争と支那

（四）最近の支那対外貿易と支那経済

（五）世界経済恐慌と中国植民地化の現状（翻訳）

等を同誌に掲載しております。之等水野の執筆した論文記事等は大体に於いて前述のマヂヤール派の如きマルクス主義的なものでありました。

五問　被疑者はその支那経済研究の過程に於て講演をしたことはないか。

答　あります。昭和十年九月十日、大原の月次講演（第四十六回目）「一、支那人より見たる支那問題」と題し、同日集まった聴衆約三十数名に対し、次の様な話をしたことがあります。

現在の支那は従来日本人が考えていたような支那ではない。即ち支那は近来独立国家として成長発展せんとして着々国内にその運動が展開されておることを、孫文以来支那に起こった革命運動の推移或いは支那ソヴエート地区の発展等を紹介して聴衆を啓蒙し、今後の支那問題はこの傾向に沿って決せねばならぬ、又従来日本人が考えていた如く、帝国主義的な支那対策では解決できないこと等を述べたように記憶しております。

昭和十一年四月二十一日同第五十一回月次講演において、場所は前講演と同様大原の講堂で、「一、労働資源

再調整論の理論的根拠」なる題目で、私は、第一次世界大戦後に於いて独の旧植民地返還要求に際し、英米に於いて問題化せられたることに就いてその内容を述べ、資本主義国家間に於いてこの領土資源争奪の問題は将来再び世界大戦が勃発する危険性があること等、要するにこの問題は資本主義相互間では平和的手段で再調整することは困難であるというような意見を述べたと思います。

六問　被疑者は是まで述べた大原社会問題研究所の支那経済調査研究の成果として何か意見を発表したか。

答　私は昭和十年中、前述の支那経済の調査研究に基づき、大原の機関誌昭和十年十二月第十二巻第十二号に、「一、南京政権と支那政権」と題する論文を発表しました。

七問　その論文は之か。（この時司法警察官は押収物件第　号〈『大原社会問題研究所雑誌』第二巻第十二号所載の被疑者の論文〉を被疑者に披見せしめたり。）

答　只今お示しのものであります。この論文は、他の私の著述『アジア民族政策論』自四九頁至八六頁、に掲載しております。

八問　然らばこの論文の内容を要約して述べよ。

答　一、概観に於いて、昭和四・五年世界大恐慌以来列強相互間に重大なる危機をはらんで来て居る、かかる世界情勢下に於いて明瞭なる一つのこと、世界の列強が資本主義体制に於ける解決の見込みなき矛盾を、国内に於いて独占制を極度に強化することによりそれよりも更に重要なことはこれと併行し、その存続の基礎として国外に於いては植民地及び半植民地に対する重圧の強化によりこれを解決するが為に全国力を傾注することである。今日列強が植民地及び半植民地にそれぞれの矛盾の解消を追求する場合、過去の如何なる時代よりも最大かつ最重の対象になるものは支那であると述べ、然るに支那では独立国家建設の要求に基づき、列強に反対して居る。かくて支那問題は将来世界政治に大きな影響をもたらすべきことを述べております。

次に、二、南京政府の根本政策、なる項に於いて私は南京政府の性格に就いて、「南京政権は之によって支那ブルジョア民主主義改革を達成せんとする支那ブルジョアジー、地主階級を基礎とする蒋介石一派の政権である、この政権は勤労大衆の参加なしに、ブルジョア民主主義改革を、しかも帝国主義時代において達成せんとするブルジョア地主階級の政権である」と規定しました。そして「南京政権の十年に近い唯一の努力とも言うべきものは軍閥の混戦と勤労民衆の運動に対する弾圧に他ならない」とその反動性を批判しております。

次に、三、支那経済の危機と列強の対立、四、同右、の二項目の内容は、「世界大戦後、支那の資本主義的発展の途は資本主義的矛盾を植民地半植民地に転化せんとする列強の政策により一歩一歩と圧縮されてきた。たとい一九三〇年―三一年に銀貨の下落により僅かの外面的な景気を示したことはあるにしても、それは一時的な出来事であって、列強の強力なる資本主義的侵略の進行を阻止するものではなかった。更に一九二九年に於ける世界経済及び政治の矛盾の一層の激化は列国のこの政策に拍車をかけ、未曾有の打撃を支那経済に加えた」ことに就いて具体的な支那経済事情を挙げて説明し、かかる事情にも拘わらず南京政権は支那銀行資本と益々密着提携し、同政権の公債消化に努めた事を述べ、次いでこの支那銀行資本列強の外資投資に依存するものなるが故に英米独列強と南京政権との関係が生じ、かつ列国相互間では対立を来たしたが、特に英米と対立する日本との関係は激化の途を辿って居ると説き、日本帝国主義は、「一九三一年の満州事変より満州国の独立、北支事変を経てその活動がただ満州にとどまらず、現在北支をその圏内に巻込んで居る」、之に反し外蒙、新疆に於いてはソヴエートロシアの平和外交により外蒙共和国の成立、新疆の経済的発展を来たして居ることを述べております。

最後に、「南京政権は列強との関係に於いて独立国の名の下に支那の未曾有の植民地国化へ前進か、或いは列強による支那の分割か、或いはこの分割又は一層の植民地化への前進と併行してそれぞれ民族の独立か、或いは又、この支那史上未曾有の危機から各民族共和の独立国を建設するかの岐路に立つて居る」と述べて、南京政権の将来を批判しております。

九問　本文の、「五、支那における列強の対立と支那国内の階級闘争」なる項目の内容如何。

答　本節に於いて「しかし支那国民も又かくしてもたらされた未曾有の混乱と窮乏との間にも、南京政権とは反対な展開の他の一面を持つて居る。それは、蒋介石政権の努力の最大部分の対象となつて居る。反抗民衆、労働者農民運動に対する世界に比類なき暴圧、テラー政策がその意図に拘わらず、反抗民衆を激発し、共産党、紅軍、ソヴエートの強化拡大を激成したことに表されて居る」と冒頭して、中国共産党の成長発展を述べ、彼等の政策の眼目は彼等の主張によれば、帝国主義の独占と封建的搾取から生産能力を解放することであり、これがために、封建的大土地所有の没収と働く農民への分配、単一累進税の確立、高利の廃除、八時間労働、労働賃銀の引上げ、社会保険、失業救済、生産管理への労働者の参加等の諸方策を実行し、更に之と関連して中央銀行の設立、協同組合発達の為の保護援助、商工業の発展と併行して勤労者の利益擁護に努め、かくしてブルジョア民主主義改革の発展とその非資本主義発展への保障把握につとめ、その後土地没収等の過激なる政策を停止して支那勤労大衆の支持を得つつある等、中国共産党の政策や行動を詳細に説明しております。

中国共産党が将来支那の統一と独立を確立するや否や

は未来に属するも、南京政権によっては到底左様なブルジョア民主主義改革をやりとげる能力はないと断じております。尚本項の末、註八に於いて私は、「一九三五年、コミンテルン第七回大会は中国に於いて、ソヴエート運動の拡大と紅軍戦闘力の強化は反帝人民運動の展開と結び付けられなければならぬ。この運動は帝国主義的圧迫者、何よりも先ず…（日本を意味す）とその中国人走狗に対する武装人民の民族革命闘争と言うスローガンの下に実施されねばならぬ、中国ソヴエートは全中国民族の解放闘争に於ける中心とならねばならぬと決議し、これに基づき中国共産党は同年八月一日付を以て、『為抗日救国全国同胞書』を発表して全支国民に訴えた。その後に於ける抗日人民戦線運動の発展は北支事変に引続く日支関係の対立激化によつて拡大された云々」と説いて中国共産党の最近の活動、コミンテルンの方針等を紹介しております。但しこの註八は、昭和十五年十二月八日付を以て、東京市日本橋区本石町三丁目二番地、東洋経済新報社より、私の論文集として『アジア民族政策論』と題する図書に本論文を転載した際付加したものであります。

次に「六、列強の協調問題と支那問題」なる項に於いて私は、支那に於ける列強の関係は前述の如く対立激化の傾向にあるが、又一面列強間に協調し得る可能性もある。しかしながら支那問題を解決し得る能力を真に持つものは、その生産力を発展せしめ得る力量を持つものでなければならぬ。即ち「支那問題の解決は世界列強が現在の経済的政治的大問題を解決し、全人類の新文化を打開創造する力量ありや否やに依存して居る」と私の意見を述べ、かくの如き能力力量を有するものとして、ソヴエートロシアの実情即ち社会主義建設成功、生産力の発展を列挙し、かかる国によって支那問題が解決されることを暗示しております。即ち従来の如き日本英米等の帝国主義政策によっては支那問題を解決出来ないことを述べたものであります。

十問　本論文を総括して被疑者は如何なる左翼的主張を為したか要約して述べよ。

答　支那は列強帝国主義諸国にとって欠くべからざる半植民地であり、従って列国相互間の利害は激しく対立して居ることを述べ、南京政権は列国資本と結んだブルジョア政権であり、従って支那民衆の解放、支那の統一と独立を確立する能力を持っておらぬ、之に対して中国共産党が非圧迫民衆の勢力を代表して次第に発展して来たこと、その政策を掲げ、次いで「コミンテルン」第七回大会の対支方針等を紹介して、中国共産党並に「コミンテルン」の宣伝啓蒙をやりました。最後に、帝国主義列強の従来の行動によっては支那問題は解決が出来ないことを述べて、その帝国主義に反対し、ソヴエートロシアの実力を紹介して、かかる力量を持ったものが真に支那問題を解決することが出来るとソ連の立場を宣伝擁護しております。

第十八回被疑者訊問調書〔一九四三・3・13〕

被疑者　細川嘉六

右者に対する治安維持法違反被疑事件に付東京刑事地方裁判所検事上田次郎の命により昭和十八年三月十三日世田谷警察署に於て司法警察官警部補芦田辰次郎は司法警察吏巡査上田恭雄立会の上右被疑者に対し訊問すること左の如し。

一問　前回の訊問に際し陳述したる事実は相違ないか。

答――欠

二問　被疑者は中国のプロレタリア革命等に就いて、日本共産党は如何なる方針を採っていたかを認識していたか。

答　日本共産党は中国のプロレタリア革命を積極的に支持しておりましたが、党の方針の中にスローガンとして、一、中国プロレタリア革命を守れ、一、中国から日本の軍隊を撤去せよ、等の主張を掲げて居りました。

三問　被疑者は前述の「南京政権と世界政治」なる論文を発表した当時、中国プロレタリア革命を支援するつもりであったか。

答　私の当時の心境は以前の如く積極的ではありませんが、従って幾分消極的ではありますが、中国共産党の成長発展、プロレタリア革命の達成の方針等には同情的であり、又前論文で述べました如く、日本の帝国主義的支那侵略には反対の建前からあの論文を書いて居ります。

四問　被疑者は昭和十一年頃、日本の「ファシズム」に就いて研究調査をしたと言うが事実か。

答　その通りであります、

五問　然らば当時被疑者が日本ファシズムの調査研究をやる動機・目的に就いて述べよ。

答　昭和十年中頃より十一年九月頃まで、私が永く勤務して居た大原社会問題研究所が、出資者大原孫三郎氏の都合で出資の中止申出があり、この研究所の存続問題が切迫しておりました。かくて私も大原から失職せねばならぬ様な羽目になる様子に連れて、私自身の衣食の問題を考えねばならなくなりました。私は先ず今後の生活を評論家として文筆に持って立とうと考えました。然るに私は過去を省みる為の素養として確たるものを持たず、特に時事問題等に就いて之を論議する信念的なものを持っておりませんでした。そこでその準備として当時日本の評論界に重要な議題として論議されて居た日本のファシズムに関する問題を調査研究して、自己の確たる見解を樹立したいと思い、之に着手したのであります。

前にも述べました如く、勿論私はマルクス主義者として、反ファシズムの建前にありましたが、従来私は対外的諸問題に就いては植民地問題等に就いての一つの見解を持っておりますが、未だ日本国内問題に就いて確たる意見を持って居なかったので之と関係深きファシズムの問題から先ず着手するに至ったのであります。

六問　その研究調査は他の左翼運動等に役立てる計画で開始したのではないか。

答　決して左様な関係でやったのではありません。

七問　すると被疑者は将来評論家として立つ必要上自分の意見を確立する為であったか。

答　左様であります。

八問　然し被疑者の態度はファシズム反対の立場を採り、その点からの意見をまとめ、将来日本の政治的動向とか或いはその他の問題で日本のファシズムに関する意見を発表する際に役立てるつもりであったのか。

答　将来左様な問題に就いて意見を述べる際に私の意見としての確信を持ちたい為でありました。

九問　その調査研究の方法等に就いて述べよ。

答　私は昭和十年十二月頃よりこの研究を志し、昭和十一年四・五月まで大原に於いてこの調査研究に専念しました。この調査は前述の様な次第で大原の仕事でなく私個人の研究でありました。先ず当時大原にあった資料、『労働年鑑』作成の資料、研究所図書館備品の北一輝の著書、権藤成卿の著書、その他の資料等に基づき、一人でこつこつ研究を進め、昭和十一年四・五月頃には大体まとまりました。

十問　その他に左翼文献を研究したか。この文面を説明せよ。（この時司法警察官は押収物件第　号〈邦文並に英文の日本国主義並に日本ファシズムに関する抜書き綴り〉を被疑者に示したり。）

答　只今お示しの抜書「明治維新の階級的内容」と冒頭する抜書綴りは、前述の私のファシズム研究に当り日本帝国主義の究明の必要上、当時大原の研究所に保存せられて居た『コンスタンポポフ』であったかはっきり記憶はありませんが、外国の共産主義者の著書を翻訳して出版されて居た某書（記憶なし）から抜書したものであります。又英文のものは「日本のファシスト大衆組織の結合問題に於ける意見の対立」、その他の論文綴りはタニン、ヨハン等共産主義者の日本ファシズム研究家の論文を批判説明した左翼的なものであります。之も当時抜書したものですが、何れもその原典名は失念しました。

十一問　然らば被疑者の研究成果は如何なる意見か、この文書に就いて述べよ。（この時司法警察官は押収物件第　号（日本ファシズム研究ノート綴）を被疑者に示したり。）

答　只今お示しのものは前述の研究成果として私が一応整理したものであり、ファシズムに対する当時の私の見解であります。私の見解はこのノート綴りの青鉛筆で「要旨」と記した文に要約しております。
十二問の（一）　するとこの要旨に記されたる記事内容は只今読みあげるが之に相違ないか。（この時司法警察官は該「要旨」と題するノート全文を被疑者に読み聞かせたり。）
答　ただいまお読み聞かせの通りであります。
十二問の（二）　すると被疑者は、ファシズムは全世界資本主義の矛盾が解消し得ない限り必然的な世界的現象であると言うのか。
答　左様であります。
十三問　本文中「この必要に日本資本主義をして封建的遺制の未解決のまま侵略政策の遂行に向かつて支配階級を追立てた」とあるが、「封建的遺制の未解決」とは何の意味か。
答　之は明治維新に於いても日本は、ブルジョア民主主義革命が完全に果たされず今日まで封建遺制を継承して居ると言う意味です。
十四問　封建的遺制とは何を意味するか。
答　封建的な経済現象、例えば高率小作料を中心とする農業経営、或いは自治制度の未発達等の外に我国独自の絶対君主制の如きものをも包含します。
十五問　被疑者は昭和九年の陸軍パンフレット「国防の本義とその強化の提唱」なる主張は、結局天皇と軍閥とによる強化されたる金融寡頭制の実現に外ならぬと解したのか。
答　その通りであります。
十六問　本文中「日本ファシズム運動に於ける諸理論及び主張は帰する所皆一様である。それら理論及び主張の根幹は絶対君主制にある。この事は日本の封建的遺制の存在に主なる関係がある」と言う意味を述べよ。
答　所謂西欧流の「ファシズム」は、一応ブルジョア民主主義革命を達成した諸国に於ける金融寡頭支配の政治的現象でありますが、我国に於いては前述の如くブルジョア民主主義革命は未完成であり、従って未だ封建的遺制が相当強力でありますので、日本の「ファシズム」の理論並主張の根幹は封建的遺制の代表たる、絶対君主制が中心となって居る訳であります。之が特殊の日本型とも言うべき「ファシズム」を形成して居ることを述べたものであります。
十七問　本文中「日本『ファシズム』の急先鋒は軍部である」を説明せよ。
答　軍の一般的主張は国運の発展を標榜しておりますし、又軍自体は政治を職能としませんが、最近の軍部の政治的動向から、私は日本ファシズムの急先鋒たる地位にあると認めました。かかる動向はその主張とは別に、軍は天皇と軍閥とによる金融寡頭支配を実現せんとするものであると私は解したのであります。

十八問　被疑者はこのファシズムに関する意見を他人に発表したことがあるか。

答　前述ノートが略まとまった当時、昭和十一年六月頃、当時の勤務先大原社会問題研究所で同所へ時々出入りして居た、大阪府豊能郡豊津村垂水、辰巳経世（当時三十二・三歳位）が来訪した際同人に見せました。その際私は、自分は日本ファシズムを研究して居るが之に就いては前述（要旨）で説明してある様な意見を自分の意見として述べました。

十九問　この写真を説明せよ。（この時司法警察官は警視庁特高部特高第一課保有に係る辰巳経世（本名常世）写真一葉を被疑者に示したり。）

答　この写真の人物は只今述べました辰巳経世でありますが、この辰巳に前述のノートを見せたのであります。

二十問　被疑者は辰巳経世と如何なる関係にあったか。

答　私が辰巳を知ったのは、昭和三年頃前述の昭和文化会の会合或いはその頃より、辰巳は大原へしばしば出入りして、森戸辰男氏等を来訪しており、笠信太郎等と交際があった様です。彼が大原へ来た時折には大原の食堂等で雑談したりしたこともありますが、親交があった訳ではありませんが、非常に相互に親しく感じておりました。

二十一問　被疑者は辰巳経世を如何なる人物と認識して居たか。

答　辰巳は関西大学出身で元同大学の講師をして居り、そのうち大学の学生の左翼運動に関係があって辞職し、以来著述等をやって居た様です。本人は経済を専攻しておりその思想は共産主義者でありました。辰巳は昭和八年頃、私がシンパ事件で検挙された頃同人もシンパ事件で検挙されたと聞いております。

二十二問　引続き被疑者が辰巳にファシズムに関する意見を開陳したる顛末如何。

答　前述の私の意見を述べた際、辰巳は私の見解に対し種々補足的な意見を聞かせてくれました。そこで私は辰巳に、「それでは君の意見をまとめてみてくれ」と依頼し、前述の「ノート」を同人に渡しました。多分辰巳は之を持ち帰ったと思いますが、後日彼の意見を原稿用紙五枚にまとめて私に手渡してくれました。場所は大原研究所でありました。

二十三問　この原稿を説明せよ。（この時司法警察官は押収物件第　号〈辰巳経世執筆原稿五枚〉を被疑者に見せしめたり。）

答　只今お示しの原稿は前述の辰巳から私が受取った「ファシズム」に関する辰巳の意見であります。

二十四問　辰巳は如何なる意見を出したか。

答　この原稿に記載されている様に、私の意見に大体は賛成しましたが、私が軍部ファシズムを強く主張したことに対し、「日本のファッシズム論を論ずるに軍部フアツショよりのみを論ずるは勿論誤りである。三・一五事件以来政府ブルジョアジーの共産主義運動並に労働階級全体に対する圧迫、所謂社会政策的方策（農村救済とか中小商工金融）の実施等は、ある程度のファツショ化であつて、それの意義本質を併せ添えなければならない。この観点から見れば日本のファツショ運動が必ずしも対外的関係ばかりから起こったものでなく、対内、対外両関係及びそれ等の総合されたジンテーゼ的現象である云々」と補足しております。しかしてファシズムと農民の関係、その他に就いても解明して欲しい、ファシズムの発生条件をもう少し徹底的に書いて欲しい等の注文をしております。私は是等辰巳の意見は参考になると思いましたが、別に卓抜な意見ではないが、自分が未だ気付かない参考意見と思いました。

二十五問　被疑者は辰巳経世なる人物はその当時関西特に大阪方面に於ける日本共産党再建運動等に顧問的な役割をつとめつつある人物たることを認識して居たか。

答　彼が共産主義者であることは前述の様に知っておりますが、仰せの様な実践運動に関係があったことは全然知りません。

二十六問　是まで述べた日本ファシズム研究調査は、被疑者が辰巳経世又はその他の共産主義者から委嘱を受けてやったものではないか。

答　左様な委嘱等によってやったものではありません。

二十七問　昭和十年十一月頃被疑者の勤務先大原社会問題研究所に、和田四三四なる共産主義者がいたか。

答　居りました。和田は大原の資料室で新聞の切抜き整理等をやっておりましたが、私とは全く交渉はありません。只資料室で一、二度顔をあわせたことがあるだけです。和田は当時隣室に居り、私の下で昭和十年中働いて居た水野成とは交渉があった様に思われます。

二十八問　被疑者は和田四三四、水野成等が、昭和十一・二年頃日本共産党再建運動をやって居ることを知って居たか。

答　全く知りません。昭和十二年か十三年頃、水野が仰せの様な事件で警視庁で取調べを受けたことがあると、後日水野から聞いたことがあります。

二十九問　被疑者のファシズム研究には水野成、和田四三四等とは何かの関係があったのではないか。

答　全く何の関係もありません。

三十問　被疑者は昭和十一年中に当時大阪で秘密に出された日本共産党再建準備委員会署名、日本ファシズム論を中心記事とする『赤旗』第一号を入手したことはないか。

答　全然ありません。

三十一問　然らば被疑者が前述の如く辰巳経世に自己のファシズム論を発表した目的意図は何か。

答　辰巳に対して私は、彼も左翼的な人物であるから

「ファシズム」に就いて何か意見を持って居るだろうと思い、先ず私の意見を述べて彼の意見を聞き以て相互の本問題に関する認識を練ると言う点にありました。是以外に他意はありません。

第十九回被疑者訊問調書
〔一九四三・3・16〕

被疑者　細川嘉六

右者に対する治安維持法違反被疑事件に付東京刑事地方裁判所検事上田次郎の命により昭和十八年三月十六日世田谷警察署に於て司法警察官警部補芦田辰次郎は司法警察吏巡査上田恭雄の立会の上右被疑者に対し訊問すること左の如し。

一問　被疑者が従来「コミンテルン」その他の海外共産主義団体と連絡通謀せる嫌疑で取調べるが、左様な関係事実があるか。

答　仰せの様な嫌疑をかけられる様な行為が二、三あります。例えば大正十五年三月、私はモスクワ所在のマルクスエンゲルス研究所を訪問したことがあり、その頃以降、独逸の伯林のある書店から左翼出版物を購入したり、又内地で昭和四・五年頃、独逸共産党機関誌を入手したり、昭和八・九年頃独逸又は仏蘭西より『インプレコール』を入手しております。是等に就いては御訊ねに応じその詳細を申上げます。

二問　然らば先ず第一に被疑者が、モスクワ所在のマルクスエンゲルス研究所を訪問したる顛末を述べよ。

答　前述の如く私は大正十四年から十五年にかけて、大原社会問題研究所から欧米諸国の視察旅行を致しました。その出発に際し、大原の社員櫛田民蔵氏から、『労働年鑑』（大原発行物）一冊、高畑素之訳『資本論』第一巻第一分冊一冊、『大原社会問題研究所雑誌』大正十四年度のもの数冊を、マルクスエンゲルス研究所長、リザヤノフに届ける様に依頼されました。

三問　然らば、リザヤノフと櫛田民蔵とは当時如何なる関係にあったのか。

答　それは櫛田氏が大正十年から十二年にかけて大原の委嘱を受けて、主に独逸伯林所在書店シュトライサンドを中心に図書の蒐集をやった当時、その書店へ当時、同様文献の蒐集に来て居たリザヤノフと知り合いになったらしいのです。リザヤノフの招待で訪問した様です。その際相互の文献の交換を約束して居たのかと思われます。

四問　リザヤノフは如何なる人物か。

答　リザヤノフはロシア共産党の元老格の一人であり、マルクスエンゲルス等の文献研究に関する権威者であり、同研究所の所長であります。リザヤノフの著書はわが国に於いても、マルクスエンゲルスの伝記等二、三翻訳されております。
五問　引続きリザヤノフとの会見顛末を述べよ。
答　私は大正十五年三月頃、独逸伯林を出発しモスクワへ向かいました。汽車の乗客でモスクワ医科大学の若い助手と知己になり、その青年に案内して貰ってモスクワ市内のマルクスエンゲルス研究所を訪問しました。同研究所の受付けで来意を告げましたところ、リザヤノフは直接面会しませんで、馬車で一里ほど離れているところの片山潜氏にまず面会するように言われました。私が訪問した場所は片山潜氏の事務所でしたが、役所風の建物の中の事務所でありました。そこで私は片山氏と初対面の挨拶をして、リザヤノフ訪問の趣を話し、携えた前述の書籍等を片山氏に見せました。当日は片山氏の斡旋でその付近の旅館で宿泊しました。リザヤノフは突然来訪した私を疑ったのか、先ず片山氏に私の身分をテストさせたものと思われます。片山氏は私の説明を聞いて櫛田氏の依頼を受けた間違いない人物たることを確かめて、リザヤノフに紹介したので、翌日私はリザヤノフに会うことが出来ました。翌日午前中、私は再び単独でマルクスエンゲルス研究所を訪問し、リザヤノフ氏と面会しました。私は独逸語で来意を告げ、前述の櫛田氏から預かってきた文献を手渡しましたところ、同氏は喜んでおりました。なお同研究所の事務員の案内で所内図書室等を見学して帰りました。
六問　リザヤノフに櫛田から手紙又はその他のものを渡したり、或いは左翼運動に関する親書などはなかったか。
答　前述の外には一切ありません。
七問　リザヤノフから何か文書等を受取って帰らなかったか。
答　一切ありません、
八問　被疑者は当時片山潜は如何なる人物と認識して居たか。
答　片山氏は明治時代我が国に於ける社会主義運動の先駆者であり、後渡米して同様共産主義運動を続け、その後ソヴエートロシアに渡り、日本共産党代表として、コミンテルン本部に在って活躍中の人物である様に聞いておりました。
九問　片山潜と会見の顛末を尚詳細に述べよ。
答　前述の外に私は片山氏に対し前後三回程出会いました。最初の一回は前述の事務所で会い、後二回はモスクワ市内の中心地のホテルルツクス内の同氏の事務所で会いました。同氏との会談の内容は、私は大原研究所の事や私の来遊した欧州各地の様子等を話しました。片山氏は同氏が在邦当時の回顧談とか或いはソ連の経済文化等の復興の状況等を話されたが、政治労働問題等に就いてはほとんど話題になりませんでした。只一つ、前年頃ジエネバの国際労働会議へ出席した日本総同盟系の日本代表等西尾末広等が、帰途モスクワに来訪し、片山潜氏、ロゾフスキー等と会合した際、大気焔を挙げ、ロゾフスキーからいささか諭された様なことを話し、あの連中には困ったものだ等の感想を漏らしたことがあります。かくて私はモスクワには四日間位居てシベリヤ経由帰朝しました。

十問　被疑者は我国の左翼運動等に関し片山潜と会見、報告又は連絡する計画ではなかったか。

答　左様な左翼運動に関しては一切無関係で全く私個人関係であります。

十一～十三問、答――〔欠〕

十四問　被疑者が独逸の書店から『インプレコール』入手の顛末如何。

答　前にも述べました如く、私は大正十四年九月頃から同十五年五月頃まで、在欧中、断絶は在りますが伯林市内アウグスブルクシユトラーセにあった、シユトライサンドと言う人物の経営する書店に出入りしており同主人と親交がありました。そこで大正十四（十五？）年三月帰国に際し私は同人に依頼して、独文『インプレコール』を送って貰うことを約束し、代金を前払いして帰りました。帰国後は引続き昭和三年頃まで、同文書を郵送してくれました。その後は同文書の購入をやめましたが、私と同人との交際は主に郵便によりますが、昭和九年頃まで継続しました。シユトライサンドは猶太系人物であった□□ナチスに追われてその後何所へ転居したか何の便りもありません。

十五問　『インプレコール』は如何なる性質の文書か。

答　『インプレコール』はコミンテルンの週刊新聞で、英独仏露等の各国語で発行されており、記事内容は各国の労働者運動、共産党の運動の記事並に之等と関係ある論説等でありますが、大体においてコミンテルンの運動方針の宣伝啓蒙を目的とするものであります。

十六問　然らば被疑者が同新聞購入の目的は。

答　前述のようにコミンテルン関係の知識を得たかったからであります。私は個人的に独逸から取寄せていたものは前述のように昭和三年頃までですが、その後は昭和四年頃まで、大原社会問題研究所へ来ているものを読みました。『インプレコール』は一九二九年輸入禁止となり、入手は困難でありました。

十七問　その後『インプレコール』を入手した事情は如何。

答　その後昭和五・六年頃から九年頃にかけて、最初は独逸文のもの、次の頃は仏文のものを年に九回か十回位、大原の私宛に何人からか郵送を受けました。

十八問　何人《なんぴと》が左様に被疑者宛て郵送して来たか。

答　独仏両方共郵送の差出人は出版元の印刷所か何かの名前で来ましたが、個人名ではありません。私も最初は誰が送ってくれるものか不思議でありましたが、一向思い当たる様な人物がありません。代金を請求されたことはありません。

十九問　然らば被疑者の知人等で当時独逸並に仏蘭西に左翼的人物が居たのではないか。

答　誰もありません。

二十問　然らば被疑者は国内特に被疑者の身近にある者から単にレポアドとして受取って居たのか。

答　左様な依頼を何人からも受けた事はありません。

二十一問　すると被疑者は差出人不明のものから数年に亙り『インプレコール』を入手して居た当時如何に考えて居たか。

答　最初は随分気にしましたが、断続的なので是は週刊として発行郵送されたものが税関等で発見没収され、その発見に漏れたものが私の方へ届くものと思っておりました。また発送人に就いて私は、当時私署名入りの『大原社会問題研究所雑誌』が独仏方面へ送られて居るので、左翼的な私の論文を見て独仏の共産主義者が私の参考に送ってくれるのかと思ったりしました。

二十二問　この仏文『インプレコール』を説明せよ。

（この時司法警察官は押収物件第　号〈インプレコール綴、コレスポンダンス、アンテルナシヨナール〉を被疑者に示したり。）

答　之は只今述べた私が発送人不明の者から郵送を受け、私が保管して居たものに相違ありません。

二十三問　この仏文『インプレコール』は同一のもの二部宛あるが、之は共産主義運動特にコミンテルンの宣伝啓蒙の為に被疑者宛て郵送されたものではないか。

答　二部宛送って来て居るのは確かにコミンテルンの宣伝啓蒙の目的で送って来たものと思いました。

二十四問　この仏文『インプレコール』の所載主要記事如何。

答　是等の内、一九三四年三月三十日付のものは、第十七回ロシア共産党大会等の主要記事が掲載され、同大会の報告中マヌイルスキーの独逸日本等に於ける革命的情勢に付いてファシズムの危機を述べて居る様です。私が所持して居るものは、この三月三十日のもの一部、六月九日付のもの二部、七月十四日付のもの二部、六月三十日付のもの一部であります。

二十五問　被疑者は之等の入手した『インプレコール』を他人に渡したり或いは見せたりしたことがあるか。

答　ありません。

二十六問　現在所持して居たものの外は如何にしたか。

答　是以外のものは、昭和十一年十二月大原を辞退した際皆廃棄処分しました。只今所持していたものは私の自宅に在ったものであります。

二十七問　この文書を説明せよ。（この時司法警察官は押収物件第　号〈独逸共産党機関誌一九二九年六月発

行『ＫＰＤ』八部一括〉を被疑者に示したり。〕

答　『ＫＰＤ』は昭和七年十二月頃入手し現在まで所持し居たものであります。

二十八問　然らばその入手顛末を述べよ。

答　昭和四年十二月頃、神田区錦町付近所在某書店、多分『レーニン研究』と題する月刊雑誌を発行して居た、南北書院の神田売店であったかと思いますが、そこでペンネーム横瀬喜八という男と会った際、同人から貰ったものであります。当時私は、マルクス主義講座に執筆した関係上、同講座の発行所上野書店の店員であった関係で知合いでありました。私は昭和十四年十二月頃上京して書籍を求めに前述の神田錦町の某書店へ立寄ったところ、横瀬喜八が居り、「こういうものがあるがいりませんか」と取出して来ました。見ると独逸共産党機関誌『ＫＰＤ』であるので早速之を貰い受けて以来保存して居たものであります。

第二十回被疑者訊問調書

〔一九四三・3・17〕

被疑者　細川嘉六

右者に対する治安維持法違反被疑事件に付東京刑事地方裁判所検事上田次郎の命により昭和十八年三月十七日世田谷警察署に於て司法警察官警部補芦田辰次郎は司法警察吏巡査上田恭雄の立会の上右被疑者に対し尋問すること左の如し。

一問　被疑者が大原社会問題研究所を退職して上京し著述業を以て生活するに至る経緯如何。

答　昭和十一年十二月大原は研究員制度を廃し、所長高野岩三郎、研究員森戸辰男、同久留間鮫造の三人が残り、従来の研究員は評議員（無給）として後援することとなり、昭和十二年一月研究所は、淀橋区柏木四丁目へ移転しました。そこで私も大原を退職して上京し、昭和十二年一月末から現住居に住むようになりました。上京後は専ら文筆評論家として生活する方針に基づき、中央公論社編集員雨宮庸造氏を介して『中央公論』へ執筆することにしました。その翌年十三年頃からは、改造社編集部村上敦の勧誘を受け、『改造』及び『大陸』等に執筆するようになりました、原稿料は一枚大体五円前後を貰っておりましたが、之は私の生活の補助になって居た程度のものであります。昭和十五年春、満鉄東京支社の嘱託となるまで、私の生活費の大部分は大原時代の貯蓄に拠りました。

二問　被疑者の執筆論文等は如何なる種類のものか。

答　私の論文は永年研究を続けた外交問題、民族問題にほとんど限られております。

三問　被疑者が昭和十二年以降発表したる論文などは

如何なる立場から為したか。

答　私が民族問題、外交問題を論ずるに当たっては永年に亙る研究態度であった、マルクス主義の建前から問題を分析糾明し、左翼的な結論を出しております。

四問　然らば昭和十二年以降如何なる論文を発表したか、その年月日並に題名掲載誌等を述べよ。

答　昭和十二年上京以来、今回検挙されるまでに執筆発表した論文等は大体つぎの通りであります。

昭和十二年六月『中央公論』　一、世界的危機の激化と大陸政策の省察

同年十月『中央公論』　一、日支事変と欧米列強の動向

同十三年十月『大陸』　一、英帝国の世界政策

同年十一月十八日付　一、日清日露両役の現時局への教訓（麹町区飯田町一の七　創美社発行）

同十四年一月『改造』　一、英米の動向と大陸政策

同年五月『改造』　一、支那民族運動と列強

同十五年八月『改造』　一、アジア民族の史的発展と大陸政策への省察

同年同月『改造』時局版　一、青年の興起と新政治体制運動

同十五年十二月十四日付　東洋経済新報社発行　一、アジア民族政策論（論文集）

同年十一月『中央公論』　一、現実ソ連の支那政策

同十六年七月中央公論社『四季報東亜政策と東亜経済』所載　一、東亜共栄圏の民族問題

同年八月『改造』　一、世界動乱に当面する日本国民

同十六年九月二十八日付　東洋経済新報社発行　一、植民史

同年十二月『大陸』所載　一、民族政策の確立と国民の興起

同十七年五月二十日付　中央公論社発行　一、新世界の構想と現実（監修）

同十七年八月『改造』、同年九月同　一、世界史の動向と日本

等であります。この外に中央公論社より、「一、政治思想の基本問題」と題する論文集を出版予定で既にゲラ刷りが出来ておりましたが、未だ発行に至っておりません。

五問　今述べた外交問題、民族問題に関する論文等は如何なる左翼的意見を包蔵して居るか。

答　是までの御訊ねに際し屡々申上げました様に是等の論文に於いて、私はマルクス主義者としての建前から、

一、日本並に列強帝国主義国の侵略政策及び侵略政策には反対の意思表示をしております。

二、支那及びその他の列強帝国主義国の植民地半植民地に於ける被圧迫民族解放を期待して、その解放に必要な被圧迫民族の最近の動向を紹介し、解放の障害たる帝

国主義支配の排除を希望しております。従って支那の民族運動、そのブルジョア民主主義革命には相当の期待を懸けております。

三、ソヴエートロシアの社会主義建設の進歩発展その平和政策を紹介して、ソ連は決して悪魔の如き存在ではなく、最も進化した近代国家として寧ろ之を推賞してソ連擁護の立場に立って宣伝啓蒙しております。

六問　然らば昭和十二年六月『中央公論』に発表せる、「世界的危機の激化と大陸政策の省察」なる論文は是か。（この時司法警察官は押収物件第　号〈アジア民族政策論所載の該論文〉を被疑者に披見せしめたり。）

答　是は只今申上げた論文であります。

七問　本論文発表の意図目的等を要約せよ。

答　私は本論文に於いて、

一、帝国主義列強の対ソ戦争の危機

二、帝国主義列強相互間に帝国主義世界戦争勃発の危機等を説明し

一、ソ連を擁護する建前

二、支那民族の解放を希望する建前

等から我国大陸政策が反省せらるべきこと、国民全体が関心を持って輿論をその政策に反映すべきことを目的としたものであります。

八問　然らばその内容に就いて説明を求めるが、先ず本論文の冒頭言とも言うべき、フランシス・ベーコンの言葉を掲げているがその趣旨如何。

答　是は少数特権者階級のみが増長する様な政策を採ってはならぬ、国民全体の利益になる様な政策が必要であることを述べ、我国の大陸政策に於いても我国の政治経済を支配する階級層の為を主とする様な政策を採ってはならぬことを諷刺したものであります。

九問　（一）「国際政局に於ける大陸政策の反省」なる項目の内容を要約せよ。

答　私は先ず日本の大陸政策が「資本主義の大陸的発展を宿命的任務とする社会層にとつては、支那大陸に対する指導権の急速なる確保と、これに必要条件と見なされるソ連邦のバイカル以東の政策の問題とが必要不可避のことと観念されている」ことを述べ、「かくの如く大陸政策に対する国民的自覚の不充分なるに拘わらず、この政策はこの数年に亙り果敢に断行されている」と我国支配層の専断を暴露し、次いで「満州事件以来この事件を始めとして未曾有の複雑性と絶え間なき激変とを呈した国際政局の中に、主役を演じたものはナチスドイツであり、フアツシヨイタリーであり、日本である」と説いております。

次いで日本の大陸政策を批判すべく、

一、日本は政変の激発などの為め大陸政策の執行力が弱くなっている

二、南京政権の力量を過少評価していた、特に支那の

独立運動が正しく評価されて居ない

三、日独伊の防共協定を過重に依存して大陸政策遂行は困難である

ことを説明し、「大陸政策」の遂行には国民の生活と自由が賭けられており、更に国民の将来の運命に拘わるものであるから、この政策は国民の一部たる支配層の利益と意図のために左右されるべきでないと警告しており、国民の関心を喚起しております。

十問　(二)「現政局に於ける特殊性」なる項目の内容如何。

答　「欧米列強の対立と対ソ戦争の危機との尖鋭化は現在も極度に立至りつつある。この事は現国際政局の根本的な特徴であり、この特徴の中に各国の運命、従って世界文明の立向かう決定が賭けられて居る」と冒頭して、帝国主義列強のソ連攻撃の危機を述べ、日独伊等フアツシヨ国家の国際的進出と英米仏等列強との対立の激化を説明し、従来フアツシヨ国家がやって来た様な方針が強化されれば、フアツシヨ国家の希望する英米仏等資本主義国家との共同による対ソ戦争とは別に帝国主義間に戦争が起こる可能性がある。之が現政局に於ける特殊性の一つであると述べております。

十一問　(三)「現国際政局に於ける特殊性」なる項目の大意如何。

答　前項に続いて特殊性の他の一として、ソ連邦の国際的地位が帝国主義戦争防止の大ブレーキ的役割を果たして居ると冒頭し、西欧帝国主義対立の激化の為にソ連邦ではその社会主義建設が躍進し、国際的地位特に支那に於いても著しく向上したことを述べ、その平和外交政策等を紹介し、次いで支那に於ける抗日人民戦線を紹介し、「言うまでもなく、この人民戦線の原動力は支那共産党とその紅軍とにあり、この両者がソ連邦の外郭団体コミンテルンと密接な関係にある。英米仏が対支難局に陥った際、一九三五年コミンタンは「共産主義は植民地及び半植民地に於ける民族解放闘争を支持し、殊に帝国主義者及び国民党に対する支那紅軍の闘争を極力支持せざるべからず。支那共産党は民族解放の戦線を拡大し全民族を之に誘致し、以て帝国主義者の侵略を断固排撃すべし」と決議し、支那の共産党はこの決議を実際に適用するに当たり、「抗日救国の限りに於いて、南京政権が民主主義政府たる限りに於いて、南京政権の存在を危うくせざる妥協的態度を採り巧みな実行力を示した云々」とコミンテルン並に支那共産党の方針を紹介宣伝して、英米仏さえも、場合によってはこの人民戦線を利用せんとしつつあること、特にかくてソ連邦が支那の抗日戦に於いて、また列強間にその地位を重くしたことを説きました。

十二問　(四)「ソ連と列強」なる項目の大意如何。

答　この項目の中で私はソ連邦が現国際政局に於ける

特殊性を醸し出した事情に就いて、ソ連の社会主義建設の進展、国力軍備の充実或いはその平和政策の影響等を述べ、その国際的地位の大なることを紹介し、日独伊の防共協定に関し私は、「日独、日伊それぞれの協定は今日の国際情勢に於いて世界帝国主義にとり理論的にまさしく来たるべき動向を指示するものである」と批判し、帝国主義列強の来たるべき動向としてファッシヨ化し、社会主義ソ連と対立すべき歴史的使命を言っております。次いで帝国主義列強の対立激化の一面、列強協調可能の面等を詳細にあらゆる角度から検討し、ソ連の国際的地位の向上特に世界平和への大立物たる性質から列強は対ソ戦争への契機が成長して居ることを警告しております。

十三問　（五）「大陸政策と国内の諸問題」と題する項目の内容如何。

答　この項目に於いて最初に先ず対ソ戦争への世界戦線が如何なる条件によって結成されるかを縷々説明し、来たるべき対ソ戦争挑発の原因として、第一に英国がファッシヨ諸国の出方に応じ如何なる役割を果たすか、第二、ソ連自体は自国が攻撃を招来するようなことはない、第三、日独から挑発される可能性がある、特に独逸の出方は重要である、と述べております。次いで対ソ戦争に関するソ連側の思想意嚮等を読者に啓蒙すべく、「一九二〇年レーニンが『帝国主義戦争後の世界情勢の現在に於いては諸国民相互の関係、諸国家の世界組織がソヴエートロシアを先鋒とするソヴエート運動及びソヴエート諸国に対する少数の列強の闘争によつて決定されると言うことは我等のテーゼの一つの重要思想である』と述べた思想は、現在コミンテルン及びソ連に依然として生きて居る。殊に第一次五ケ年計画実施期に列強の屡々試みた対ソ干渉―反ソヴエート十字軍、南京政府の東支鉄道奪還陰謀、ソヴエートダンピング騒ぎ、産業党事件、メンシエヴイキ陰謀事件等々の出来事は、ソ連邦大衆に深く上述レーニン思想を叩き込んだのである」と述べ、次いでコミンテルンの方針として「一昨年のコミンテルン大会は現国際情勢は大戦争の前夜にあり、『帝国主義矛盾の尖鋭化の結果、ファッシヨ及び資本主義諸国の軍閥はこの矛盾を解決するため、ソ連に向かわんと企てて居り、新帝国主義勃発の危険は日一日と人類を脅威しつつあり』と覚悟を決めて居ることは留意さるべきである云々」と述べました。

またソ連では若し対ソ戦争が起きたなら、列強の植民地殊に支那の勤労大衆はこの機会に必ず革命運動に向かうことを確信して居ると説いております、しかしこの対ソ戦争並に列強相互間の世界大戦は、第一次大戦以上に大規模な犠牲を必要とするものたることから、我々国民特に勤労大衆の政治的自覚の徹底が重大事である事を警告しております。次いで結論として、大陸政策が日本資本主義の前進に不可避な宿命であるとするならば、我国大陸政策を遂行するものは次の諸点を充分考慮すべきであるとして、一、大陸政策の再検討に出発し社会各層（軍部対民間、所有者層無所有者層、軍部各層）の利益の徹底的調整の必要を述べて居ます。

十四問　その対立的各層の利害の徹底的調整とは如何なることを意味するか。

答　満州事変以来の我国の大陸政策が一部支配層の利益のために遂行され勝ちであったことから、かかる傾向に反対し国民大衆の利害を考えることを意味します。

十五問　次いで述べよ。

答　次に前述の調整を基礎として真実の挙国一致殊に民衆の政治的自覚、即ち「戦争は自己の自由と生活との発展のために必要不可欠である」との真実の自覚の徹底等の諸点が必要とされると共に、前述の如き国際政局の情勢より推し、対外関係の好転の為の省察が緊急必要であり、この好転の為には日独伊の防共協定をのみ中心とせず、支那大衆をして抗日より親日に転化させる様な画期的な対支政策が必要である、ことを主張しております。

十六問　然らば本項を中心とする本論文の結論として如何なる意見を出したか。

答　私は前述の如く、日本帝国主義の大陸政策遂行に関し、対ソ戦争、支那侵略戦争の危機を警告し、之に対するコミンテルン並にソ連の方針、中国共産党の方針等を対峙解説して、日本帝国主義の遂行政策に反対の態度を明らかにしております。次に帝国主義日本の大陸政策が不可避な宿命としてどうしてもやらなければならぬなら、国民大衆の政治的自覚に基づけ、国民大衆は決して一部支配層の利害に基づく支那侵略を望んではいない、大衆は自己の自由と生活の発展のための必要な戦争を希望して居るのだから、戦争遂行のためには勤労大衆の生活安定と向上とを確保した広義国防体制を確立せよ、国際情勢を考えて出来得る限り戦争を回避せよ、支那民衆を真に解放する様な大陸政策を採れ、等を主張し、日本帝国主義者の対ソ支那戦争遂行を抑制せしめようと努めております。

第二十六回被疑者訊問調書

〔一九四三・4・1〕

被疑者　細川　嘉六

右者に対する治安維持法違反被疑事件に付東京刑事地方裁判所検事上田次郎の命令により昭和十八年四月一日世田谷警察署に於て司法警察官警部補芦田辰次郎は司法警察吏巡査上田恭雄立会の上右被疑者に対し訊問すること左の如し。

一問　被疑者は昭和十六年九月二十八日付を以て、東洋経済新報社出版部より自著『植民史』を著述したと言うがそれはこの書籍か。（この時司法警察官は押収物件第三十三号〈細川嘉六著『植民史』〉を被疑者に披見せしめたり。）

答　只今御示しのものに相違ありません。

二問　然らば本書を著述したる顛末如何。

答　昭和十五年春頃と記憶しますが、東洋経済新報社出版部加藤政治が初めて私方を来訪し、同出版部で『現代日本文明史』を刊行しているが、その第十巻『植民史』を執筆して欲しいとの依頼があったので引受けたのであります。同出版部の予定では元東大教授矢内原忠雄氏に著述を依頼したところ、矢内原氏は何かの都合で執筆を拒ったので私の方へ回って来たものであります。

三問　この『植民史』の著述に当たり他人の援助を求めたか。

答　当時杉並区荻窪付近明蘭社に止宿中の、予ての私の知人水野成を助手として援助させました。当時水野は病気で帰省したり上京したりして静養中でありましたが、本書の著述に私の独力では時間もないので、当時私方へ出入りして居た水野を適当な人物と考え参加させました。昭和十五年初秋頃より水野を参加させましたが、水野の生活費は東洋経済新報社の出版部から原稿料の前借を受け約月額百円位を水野に支給しました。

四問　本書著述内容の計画は誰が樹てたか。

答　プラン並材料指示等は私が樹てたものであります。即ち記述の方法、論議の進め方等は私が立案し、水野は私の方針に基づき材料の蒐集、整理、内容の下書き等を担当致しました。

五問　原稿執筆の担当状況は如何。

答　私が直接執筆したものは本書の序文、第一編「序論」「第一章　植民地に於ける根本問題」「第二章　植民地領有の時代と極東の状態」「第三章　植民地領有と列強世界政策との関係」、第五編「東亜共栄圏」だけであります。水野は、第二編「台湾」、第三編「朝鮮」、第四編「満州」を担当しました。本書の大部分は水野の執筆したものであります。

六問　被疑者はこの日本の植民史を論ずるに当り、如何なる態度から如何なる方法により如何なる資料を駆使して如何なる意見を発表したか。

答　本書に於ける私の主張は是まで何回となく陳述しました通り、私年来の植民政策並に民族問題に対する意見と共通のものであります。この論文に唯物史観の建前から日本帝国主義の成長、発展、特に日本が植民地として台湾、朝鮮等を領有し、次いで満州国建設に至るまでの植民政策史を本書に掲げて居る様な材料（文献資料）等、「史実を克明に検討し、日本資本主義発展の必要上採用した政策を具体的に説明し、かかる政策実現の結果、植民地民族はその政治的経済的社会的条件に如何なる影響を及ぼしたか、特にその民族意識の昂揚、土着資本の成長、近代的勤労階級の成長等の事実は、是等台湾、朝鮮に隣接するロシア、中国その他アジア諸民族の民族的興起の影響を受けて、民族独立運動等にまで進展して居ると言う事実を挙げて、日本帝国主義政策を批判し、将来是等植民地に対する政策は従来の如き植民政策を以てしてはその目的を達し得ないことを述べたもので、反帝国主義の建前、被圧迫民族解放の建前等から論証したものであります。

七問　然らば、第一編「序論」第一章「植民史に於ける根本問題」なる項の大意如何。

答　本項では植民史に於ける根本問題は植民地領有、列強による世界再分割が根本問題であることを述べております。

八問　第二章「植民地領有の時代と極東の状態」なる章の大意如何。

答　日本が台湾、朝鮮等を領有した時代の極東の状態として、支那並に朝鮮等は西欧の文明を採入れて国内改革をやることを得ざりし時期に、日本では之を断行し、日本は極東に於いて進出の機会、力量等を持って居たことを述べ、日本の植民地は小さいが、かかる現況に処して躍進して行く上にはその価値は列強植民地に比して劣っては居ないこと等を述べております。

九問　第三章「植民地領有と列強世界政策との関係」なる項の大意如何。

答　我国が台湾領有の前後に於いては日本は割合に独自の政策が行なえたが、朝鮮領有前後に於いては世界列強政策と相互関係を持ち、その波動を受けアジア諸民族の動向の影響を受けるに至った事実を考究して政策を樹立すべきことを述べたものであります。

十問　次に、台湾、朝鮮等に対する日本帝国主義政策とは総括的には如何なる内容のものと解したかを記述して居るか。

答　台湾、朝鮮領有以来日本政府の政策は、日本資本主義発展の必要上それ等各地域に於いて資源、労力を搾取し、また国内商品の市場として二重の搾取を行なったものであることを、政治、法律、経済等具体的事実に就いて述べております。

十一問　然らばその結果として台湾、朝鮮の民族は如何なる民族的要求を持って居るかを述べて居るか。

答　台湾、朝鮮等の民族は日本の帝国主義政策に反対し、ある場合には、民族自決の運動となり、ある場合には独占資本の圧迫下に、民主主義的改革を要望し、それ等の要求の根源が内在して居ることを述べております。

十二問　然らば被疑者は進んで台湾、朝鮮等の独立等を支持支援する意図を以て記述したか。

答　私はそれ等の地域民族の客観的情勢をありのままに分析表現をして、日本帝国主義政策の反省を求めましたが、それ等の独立国家の形成等は考えておりません。

唯それ等被圧迫民族が帝国主義の圧迫から解放される様にとの希望は持っておりました。

十三問　本書第四編「満州」なる項に於いて、被疑者は如何なる意見を述べて居るか。

答　満州国は一応王道楽土の建設精神に基づき建国されたのであります。然しながら建国以来日本が同国に対する関係事実は、台湾、朝鮮等に従来行なって来た帝国主義的植民地政策が行なわれて居ると解しましたので、この建国精神と事実との食違い、相剋等につき具体的事実を挙げて批判しております。しかして満州国民族の民主主義的要求を採り入れた政策の必要を述べております。

十四問　第五編「東亜共栄圏」は如何なる内容の論文か。

答　我国の東亜共栄圏の問題をめぐって対列強関係、国内民族問題及び国内体制問題等に就いて論じたもので、原稿の大体の趣旨は、前回「東亜共栄圏の民族問題」なる論文に於いて述べたものと大同小異であります。

十五問　この『植民史』は幾部出版されたか。

答　約四千部発行されたと思います。

十六問　水野成は本書編纂に当たり何か特異の意見主張等を被疑者に述べたことはないか。

答　特にありません。大体私の意見に賛成でありました。

十七問　昭和十五年八月二日付『改造時局版』に「青年の興起と新政治体制運動」なる論文を掲載しているが、その論文は是か。（司法警察官はこの時押収物件第二十号〈昭和十五年八月発行『改造時局版』〉を被疑者に示したり。）

答　之に相違ありません。

十八問　本論文は如何なる目的で、如何なることを主張したものか。

答　当時近衛内閣の我国新政治体制提唱に就いて青年に私が訴えたものですが、日本は今非常に重大な国難に当面して居るが、青年は之に相応じて発奮に欠くる所があることを指摘し、之は青年にも責任はあるが、我国の指導層が青年に事実を知らしめないからである。国家の革新は青年の力に待たねばならぬ。青年は自らの環境並に自身を良く検討して奮起し、新政治体制の促進に挺身すべきであることを述べたものであります。

第二十七回被疑者訊問調書

〔一九四三・4・6〕

被疑者　細川　嘉六

右者に対する治安維持法違反被疑事件に付東京刑事地方裁判所検事上田次郎の命令により昭和十八年四月六日世田谷警察署に於て司法警察官警部補芦田辰次郎は司法

警察吏巡査上田恭雄立会の上右被疑者に対し訊問すること左の如し。

一問　昭和十七年八月一日発行『改造』八月号、並に同年九月一日発行同誌九月号に連載したる被疑者の論文「世界史の動向と日本」と題する論文は是か。（この時司法警察官は押収物件第二十一号〈昭和十七年八月一日付、同年九月一日付『改造』二冊〉に掲載ある該論文を被疑者に披見せしめたり。）

答　是に相違ありません。

二問　この論文を『改造』誌上に掲載するに至った顛末如何。

答　私は昭和十二年以来『改造』誌上に前述の様な論文を執筆して来ましたが、この論文もその一つでありま す。当時は大東亜戦争勃発後半ケ年を経ており、私が当時抱いて居た意見を原稿に纒めて改造社に持込んだものであります。当時私方に出入りして居た、改造社編集部員相川博に原稿を手渡したものであります。

三問　然らばこの論文の内容に就いて訊ねるが、第一項には如何なることを論じて居るかその大意を述べよ。

答　第一項において私は今次第二次世界大戦中に於ける世界の客観的情勢を概観し、日本の当面する世界情勢は従来日本人の有する程度の既成観察、之に基づく政策を遥かに超越した重大事態であると冒頭し、今次大戦は枢軸国と反枢軸国の二個の陣営に分裂せる外に四分五裂になり、また各国内に於いても対立抗争の事実があることを述べ、斯かる現象は第一次大戦には戦後に表れたが今度は戦争の過程中に既に表れている。第一次世界大戦は資本主義列強間の戦争であったが、今度の戦争は資本主義列強の外に社会主義ソ連を含んだ戦争である。

次いで第一次世界大戦の重大結果たるソ連の建国、その建設の進展、国際的地位の向上等を略説し、その後ソ連と列強との相互関係に表れたソ連の平和外交事実を挙げております。満州事変以来約十ケ年、列強は世界戦争を回避したにも拘わらず国際的な対立は諸国をして戦争準備に熱中せしめ終に不可避な世界大戦に参加した。従って第一次世界大戦とは国際的対立の深刻と必迫力とに於いて深甚なる差異がある。今次戦争が不可避であるのは世界的規模に於ける世界史的発展の基礎を持って居ると言う事実に原因するものである。第一次世界大戦の結果たる国際連盟などによっては世界戦争の原因は削除されなかったが、ここに第二次世界大戦の原因があるのだと述べて、第一次戦争の原因たる各国帝国主義は依然として現在まで継承追求されて来たが故に今次世界戦争となったのであることの意味を暗示しております。

現在大戦の中で世界一様に解決を求めんとする重大問題は、今日まで、又将来へも発展して止まない世界の文明に相応ずる様な世界文化を創造し、発展せしめ様とすることである。しかして未曾有の今次大戦は全世界の史的発展途上に於ける不可避な事態であると述べております。

四問　被疑者の所謂今次世界大戦が解決を求むる最大世界問題とは具体的には如何なる内容か。

答　例えば今日世界の生産力は高度に発展しておりますが、この生産力をめぐって世界の現状は強力なる一国又は一個人が之を占有利用せんとしておりますが、是は万国又は万人共にその利益を享有すべきことを理想とし之を追求しております。現在この生産力を中心に帝国主義列強間の相剋があり、又帝国主義支配下の植民地半植民地民族と本国との相剋、或いは一国内に於ける有産階級と無産階級の相剋があるのであります。斯かる相剋を排除して現在文明の持つ生産力は現在万人に享有せらるべきであります。戦争は斯様な問題をめぐって勃発し戦っておりますが、之を解決せねばならぬし、又解決への方向へ向かって居ると思われるのであります。

五問　被疑者の所謂今次大戦争は全世界の史的発展途上における不可避なる事態なりとは如何なる意味か。又史的発展とは如何なる世界観か。

答　世界史は原始共産制社会から奴隷社会、封建社会、資本主義社会へと発展し、現在資本主義社会は最後の段階たる帝国主義へ突入しており、既にソ連では社会主義国家を建設し発展せしめて居るのであります。今次大戦は帝国主義の段階にある列強相互間の闘争並に帝国主義国の社会主義国への闘争という二重の性格を持っておりますが、第一次世界大戦を中心にソヴエートロシアが生れた様に、第二次世界大戦を中心に、資本主義ならざる或いは資本主義の弊害的性質を無くした新しい国家社会が生れるものであることを歴史的必然と考え、かかる史的発展の途上今次の大戦は不可避的現象であると解したのであります。従って私の世界観は大体に於いて唯物史観であります。

六問　次いで第一項に如何なることを述べて居るか。

答　第一項の結論として私は上述の様な世界的変局の発展は、日本民族の運命をも決定する。だから如何に巧妙精緻なる抽象的独善的理論では、我民族の死活問題は解決されないことは明らかである。私は所謂八紘一宇の政治的理念が真実に大東亜に限らず、全世界二十億の民心を収攬すべき雄渾なる世界政策の基礎となるには必要欠くべからざる世界史的発展の根本問題を検討して我国の将来の為に資したいと思う、と述べております。

七問の一　被疑者の所謂巧妙精緻なる抽象的独善理論とは如何なるものを指すのか。

答　一般に我国内で国家主義或いは日本主義者と言われる人達の唱える肇国の精神、八紘為宇論であります。一応それらの説は巧妙精緻に構成されて居るので肯けるのでありますが、如何にも抽象的であり、又我民族には通じるが他民族には通用出来ない説であります。今日一般に言われて居るかかる八紘為宇説、肇国の精神はそのままでは他民族には通用しないと考えます。そこで私は斯くの如き抽象独善論に対するに世界史的発展の根本問題を提供して、具体的かつ世界的なものを熟知せしめて、我民族の将来の発展に資せんと考えて執筆したのであります。

七問の二　すると被疑者はこの論文にて読者を如何に啓蒙せんとしたのか。

答　私は一般国民は矢張り前述の様な抽象的独善的理論の影響を受けて居ると解しますので、世界の現実を科学的に検討して知らしめ、又かかる世界的現象が歴史的必然性に拠るものであることを啓蒙し、以て単なる観念論を盲信せずに唯物史観的に現実を把握し、之による方策の樹立を希望したのであります。

八問　次に本論第二項に於いては如何なる意見を述べて居るか。

答　本項では人類世界はその有する科学と技術の進歩発展に伴い、生産力を増大させ、この生産力と生産関係を中心に原始共産制社会から奴隷社会、封建社会、更に資本主義社会へと史的発展して来た。而して世界資本主義の発展状況をマルクス経済学の見地から概説し資本主義発展過程に於ける恐慌現象並に植民地半植民地の必要、或いは資本主義自体の矛盾の蓄積等を説明し、帝国主義段階にある資本主義列国が植民地半植民地の争奪をめぐって世界戦争を行なったこと、第一次大戦後の資本主義の矛盾の激化は一層列強相互間の対立を深刻尖鋭化して第二次世界大戦へ突入せざるを得なかった事情等を述べたものであります。

九問　次いで本論文第三項の内容の大意如何。

答　現代世界の物的経済的発展に基づく決定的な問題の出現は、同時に之と不可分的に精神的方面にも同様重大問題の出現と対応して居る云々と冒頭し、現代の文明と文化との関係問題はルネッサンス時代に出現したが、東洋社会では天－宇宙を畏敬し、之に順応する思想は一貫し動揺しなかったが、之は東洋社会が農業を生活基本とする封建的、半封建的社会を形成するに止まったが為である。しかし西洋史では中世紀という一千年に亙る深刻な時代が経験されたのである、即ちヨーロッパに於ける大民族移動、大アジア諸民族のヨーロッパへの侵入、サラセン文明とローマ文明との接触、古代奴隷社会の封建社会への転化、世界各地域との連携等の大事件は、欧州諸民族の発展過程に空前の混乱を惹起し、是より脱却せんとする強大なる努力を伴った。

しかしてヤソ教会は欧州社会に精神的、法制的、文化的統一を与え、その発展の方向を決定する中心勢力となって立現れ、この教会並にこれを神聖化するスコラ哲学は永く中世を支配した。しかしながら前述の諸大事件により教会並にスコラ哲学と矛盾激突を激成するに至った。

即ち思考力の発達と人間的経験、知識の集積との相互作用に於いて、教会の権威に抗し、教会を離れて益々自然を憧憬し、統一的に一切の実在を観念し、人間本来の生存を主張する道を打開した。ルツターの宗教改革は斯かるものであり、ルツターの主張は単に宗教に止まらず全中世紀社会を震憾、改革せねば止まなかった。

商業資本は十八世紀より発展した産業資本の先駆として成長し始め、近代中央集権国家が封建制を揚棄した時代のものであり、ルツターはかかる社会的基礎に基づくものである。之に続いて科学技術の著大なる発展はルソーの自由平等論を生じ、之はフランス社会制度の行詰まりの上にフランス大革命の指導原理となった。然し一方産業資本主義成長の初期に於ける「ベンサム」の主張は産業資本家階級に歓迎され、資本主義的発展のため貢献した。

資本主義の発展に伴い科学は躍進し、十九世紀中頃には「ダーウイン」進化論を生じ、人間社会が科学研究の対象となり、如何なる社会的条件によって社会が変化するかの問題は究明され始めた。

以上要するにルツターの宗教改革、ルソーの自由平等論、ベンサムの説、ダーウインの進化論等は、何れも自由と平等を要求するものであると言い得る。時代の根本問題は停止する所なき科学とその技術の応用とその進歩に相応する文化の建設にある。ソ連に於いてはその建国と発展とに責任を負う指導者層はその建国の初めから、科学の無限の発展は国家の将来を決定する一個の重大なる要因であるとして、その発展に比類なき努力を傾けて五ケ年計画の成功、社会主義建設を発展せしめた。然るに他方には科学の発展を中核とする現代文明に対し懐疑と絶望の声が高まりかつ瀰漫しつつある。

近代科学技術により世界生産力の停止する所なき発展は、その流通との矛盾を拡大し大恐慌を繰返すに至り、ついには第一次世界大戦となった。しかもこの大戦により未曾有の世界的犠牲を以てしても現代世界の経済及び政治に対する矛盾は解消されずして、之を原因として今次第二次世界大戦を惹起した。斯かる矛盾解決の方策として科学に対する反感はついにその発展を窒息せしめ様と言う様な主張を生じ、又他の解決方法として全体主義戦争を遂行せんとし、ヒツトラーの所謂「アリアン民族のみが神の寵児である」と言う様な暴論が客観的に信念化させんとする傾向が生れた。

「ルネツサンス」以来約五百年に亘って発展し続けた現代科学及び技術を、その未発達の昔に逆転させるか、それとも前進を無限に展開させるか、之は現代世界の政治経済の矛盾の増大と共に、現代世界の運命を決する重大問題である。即ち現代文明に相応すべき文化体系の成長なくしては全文明の崩壊である云々、と述べております。

即ち本項に於いては、科学と技術の進歩発展が人類社会の自由平等の要求となって表れて来て居ることから、その文明に相応した文化を建設すべきであること、ソ連邦に於いては政治経済の問題もこの科学と技術の下に解決され、又その文明に相応しい文化が建設されつつあることを宣伝し、他の資本主義世界に於いてはその政治経済の悩みは益々深刻化し科学や技術を嫌悪窒息せしめんとの主張も出で、ファシズムの主張に見る如き反動性をも表したが、斯かる傾向は人類文明を崩壊するものであることを述べて、ファツシズム思想に反対したものであります。

十問　昭和十七年九月一日発行『改造』九月号に発表したる「世界史の動向と日本」と題する同題目の論文第四項の内容の大意如何。

答　本項に於いては、現代に至って全地球の人類社会が資本主義体系に網羅支配されるに至って、文明と文化との関係問題は史上初めて世界問題となるに至った。第一次及び今次世界戦争は之が為に惹起されているのである。第一次世界戦争より今次世界戦争に至る約三十年の世界政治経済に於ける責任の地位に立った指導層並に之を責任の地位に立たせた指導的社会層の全知能は、この世界問題解決の為に傾倒され来たった。しかし国際関係を調整するために為された国際連盟の結成、ワシントン条約、不戦条約、各種不可侵条約の締結、その他世界経済会議の開催等、更に又勤労階級の革命的興起を鎮圧し、資本主義秩序を回復し発展せしむるものとして為された産業合理化による生産力の増進策等も結局失敗に帰したことにつき、ウイルソンの国際連盟提唱に対するソ連人民委員チチエリンの批判を掲げて説明し、次いで世界的事態の実際は、国際連盟はドイツ等同盟強国を徹底的に粉砕する為に利用され、英米仏に追随しその発展の道を打開せんとしたドイツ金融資本家層の惨澹たる努力を無効ならしめ、ドイツナチスを出現せしむるに至った。英米仏等が植民地半植民地に対し福祉及び発達を計るは文明の神聖なる任務なりとし、民族自決主義を標榜しながら、実際は大戦前よりも更に圧迫と搾取を強化し、是等地域に於ける諸民族の反帝国主義運動を激成するに至った。

日本は英米仏の連合国であったに拘わらず、その来たるべき発展を恐れられワシントン会議に於いて徹底的にその要求を抑圧され孤立的地位に押込められた。しかし英米仏間に於いても対立抗争は免れず、例えばドイツ問題をめぐって英米とフランスが抗争し、世界市場と海軍力の問題をめぐって英米とが、甚だしきは一時開戦の危機を孕む程の対立となった。もし英米仏間に斯くの如き対立抗争がなかったとすれば、ドイツ、日本、イタリー、植民地、半植民地諸民族はそれぞれの発展の道を阻止せられ、更にその英米仏等本国に於いてすら勤労民衆は奴僕の地位に押込められ、その結果世界の文明と文化との将来は暗澹たるものとなったであろう。

しかし実際はソ連を除く世界列強の対立は年と共に激化の一途を進んだ。一時来たるべき世界戦争は、対ソ戦争であるとの説が行なわれた。それは相当ソ連の実状に基づくものであった。今次世界大戦はソ連と帝国主義列強との理論的対立に全く関係なく、純粋に列強世界に於ける現実の死活的な利害関係の平和的解決の不可能から惹起された。それは第一次大戦以来世界秩序の樹立と発展との為に傾倒された列強世界の経済的政治的文化的知力が資本主義世界に於ける矛盾を解決するに足らざることを示すものである。

十一問　次いで第五項の大意如何。

答　本項では、資本主義世界が今次大戦に立至らざるを得なかったことは最近二十年間の世界事態の全部ではないと冒頭し、是等とは別の事態として、ソ連の発展、植民地半植民地に於ける民族独立運動の昂揚を伴って居る。ソ連の発展は植民地半植民地の民族独立運動に影響するところ少なからざるものがある。これはそれぞれ程度の差はあるにしても、第一次世界大戦とその後に於ける世界情勢の変化に負うものである。ソ連の工業化はその国内民族政策に於いては世界史上空前の実験と成果を挙げ、同時に又ソ連に於ける社会的発展に於いては、既に新社会成長の軌道に乗ったと言う政治的文化的成果を伴った。この点に付き構成諸共和国の工業化の文化的発展の概要を述べ、更に憲法改正に表れて居る諸民族の平等観の確保に就いて述べており、尚更にソ連に新社会的連帯が成長しつつあることに就いて独ソ戦争に表れたソ連の抗戦力の強靭さを例示しております。之を要するに是等ソ連関係の論文でしばしば述べた如く、ソ連の社会主義建設の成功、優れたるその民族政策等を紹介し啓蒙したものであります。

十二問　次いで本論文第六項の内容の大意如何。

答　前の第五項に継続したものですが、植民地半植民地、トルコ、ペルシヤ、アフガニスタン、印度、支那等の諸民族は、第一次世界大戦の影響とソヴエートロシア革命の影響を受け、それぞれ程度の差はあるにしても近代民主主義革新の軌道に乗ったことに就いて各具体的に記述しております。本項では特にトルコ、支那の新疆に於ける改革、支那印度に於ける反帝運動と新民主主義的国内革新への動向とについて記述をしております。以上第五項第六項は、前述の私の別の論文「アジア民族政策論」その他私の意見を盛った諸論文と大同小異のものでありますから是等の諸論文の参照を願います。

第二十八回被疑者訊問調書〔一九四三・4・7〕

被疑者　細川　嘉六

右者に対する治安維持法違反被疑事件に付東京刑事地方裁判所検事上田次郎の命令により昭和十八年四月七日世田谷警察署に於て司法警察官警部補芦田辰次郎は司法警察吏巡査上田恭雄の立会の上右被疑者に対し訊問すること左の如し。

一問　前回に引続き「世界史の動向と日本」と題する論文に就いて訊問するが、本論文の最後の「第七項」に記述せる内容の大意如何。

答　本項に於いては、第一次世界大戦後二十年間に亘る世界情勢の展開に於ける特徴は、資本主義世界に於ける停止なき対立の激化と、之に呼応しての同じく世界的重大問題として、同世界から敵視され或いは無視せられた、ソ連、トルコ、イラン、インド、支那等に於ける挙国的な反帝国主義の新民主主義運動の発展、沈静、更に大発展とである。二十年間に発展した世界情勢のうちに於けるこの二方面は文明と文化との調整問題解決の二つの方向であると前提し、現在の世界戦争遂行の過程中、米英等では既に労働争議が勃発して人民の権利伸長の方向を示し、又インド、支那等に於ける全民族の反帝国主義、新民主主義への未曾有の興起が展開されつつあり、是等の事態は新たなる進歩的方向を示すものである。然るに日本の知性は斯くの如き動向に対し理解が不十分であるが、真実な科学に基づかずしてこの欧亜に亘る新情勢を理解せずしてはアジア十億の諸民族を領導すべき雄渾かつ適切なる日本的思想も政策も発展し得べきものではないとして、トルコの改革の精神と政策を説き、日本民族の雄渾かつ適切なる思潮と政策とは、少なくともトルコ等一連の諸民族国の実相、その動向の科学的理解なくしては展開され得ない。武力によってのみでは解決されない。斯かる民族的輿論を領導するということが、即ち八紘一宇の大理想を実現すべき一個重大不可欠の条件である。

然るに新興国日本は欧米帝国主義に学び、その亜流たるの進路を一路驀進せざるを得ず、従って支那民族の独立と、平等の要求を理解しなかった。現在我国はアジアに於いて未曾有の支配領域を広めたが、ここに於いて現在根本的な決定的な問題は、これ等の支配領域並に全アジアに対しては、従来とは全く変わった政治的思潮を成功させ、新たな政策を以て臨まなければならないことである。即ち支那事変の収拾と言い、大東亜の建設と言い、この新たな思潮に基づく政策が必要である。依然として欧米帝国主義の追随をして居れば、日本はアジアに於いて孤立するであろう。斯くて日本は前述の如き世界史の新たなる動向を理解し、東亜諸民族を領導する為には、前述の如き思潮政策を樹立し、遂行するために日本自体の国内改革を断行することが必要である、と述べております。

二問　この「世界史の動向と日本」と題する論文を執筆した動機は如何。

答　大東亜戦争勃発と共に今次第二次世界大戦は事態容易ならぬ困難に際会して居るにも拘わらず、我国の指導層並に国民一般はこの国際的事情特にその世界史的動向に理解乏しく、アジア問題に付いても依然帝国主義的思想乃至非科学的思想が支配的でありますので、斯かる傾向に反対し、その蒙をひらかんとして執筆したものであります。

三問　然らば本論文執筆に当たり、被疑者はマルクス主義的な建前乃至意思目的を如何に表現しているか。

答　私は唯物史観の建前から人類社会の理想的社会は、その有する文明と文化が調節した状態にあると確信しておりました。そこで「ルネツサンス」以降世界史に表れた史実は、この文明と文化の調節を要求して居ることを実証しました。次いで近代資本主義が帝国主義の段階に入って以来の列強帝国主義の動向に就いて、その植民地半植民地争奪をめぐって、第一次第二次世界大戦が戦われて来たが、斯かる方法によってはそれ自体文明と文化の調節はほとんど不可能であると断じ、寧ろこの帝国主義列強の動向の内外から、新たなる解決の方向が発生し、発展しつつある。その一は第一次世界大戦に発生したるソヴエートロシアの建国であると言って、その成長に就き、その民族問題の解決、工業化の政策並に対外政策等を詳細に紹介してここには文明と文化の調節が行なわれつつあることを宣伝し、その二は、帝国主義列強の植民地半植民地民族が「コミンテルン」或いはソ連によって指導開眼された民族意識は列強各々の帝国主義政策の影響等から民族的自覚を成長させて、反帝国主義運動、新民主主義的民族要求を掲げて、その解放を要求し、既にその力量を成長させつつあることを述べ、即ち中国共産党を中心とする支那民族運動の動向、或いはトルコ、イランその他ソ連辺境民族国家の成長、或いは新彊の動向、インド民族運動等を紹介し、斯かる民族運動こそその文明と文化を調節せんとする理想社会への進歩的傾向であり、世界史の示す歴史的必然的動向であることを啓蒙して置きました。

即ち私は、帝国主義に反対し、被圧迫民族の解放を念願し、その方法として又一つの進歩的な必然的な型としてソ連邦を挙げ、中国並にソ連辺境民族の運動を紹介して斯かる世界史の動向に着目すべきことを啓蒙したのであります。而して我国の支那事変処理、或いは大東亜建設は、斯かる世界史の示す進歩的動向の線に添って行なわれなければならぬ、少なくともアジア十億の民心を把握しその解放を図らねばならぬ、是が為には我国内の民主主義的改革を断行する必要がある、ことを宣伝啓蒙しております。

四問 本論文を通じて、コミンテルン、ソ連共産党、日本共産党等の共通政策として各々発表して居る方針たる、

一、帝国主義戦争反対
一、ファツシズム反対
一、植民地半植民地民族に対する帝国主義政策の反対とそれ等被圧迫民族の解放
一、ソヴエートロシアの擁護
一、中国プロレタリア革命の擁護

等が宣伝されて居るか。

答 前に何回も述べました通り、私の外交植民政策論民族論等は永年持ち続けて来た、マルクス主義的なものであります。従って只今仰せの如き「コミンテルン」ソ連共産党、日本共産党の共通した重要政策は、私の学問的真理と言いますか或いは学者的良識と言いますか、とにかく私の信念であったので、本論文に於いても前述のようなことを宣伝啓蒙したのであります。斯かる論文の執筆に当たり、私はこの論文は或いは左翼の者が共鳴し利用するかも知れぬ、又右翼の国家主義者は攻撃反対するかも知れないことは予測しておりました。然し左右何れにも属しない白紙な一般国民大多数に私の主張を訴えて啓蒙したいと考え執筆したのであります。

五問 昭和十六年八月一日付『改造』第二十三巻第十五号誌上に、被疑者が執筆したる「世界動乱に当面する日本国民」と題する論文の要旨如何。

答 その論文で私は次のようなことを論じております。

独ソ開戦に当たり日本国民は上下を問わず、之によって大陸政策の遂行を容易ならしむる事態がもたらされはしないかと言う予想に終始して居る。しかし日本民族の将来にとって不幸なことは、国内問題と対支問題との連関とその重要性を理解しないことである。日支事変は国運を賭する問題である。然るに辛亥革命以来今日に至るまで支那民族独立運動の成長は日本人に理解されて居ないとして、この運動の概要を述べ、日支事変は好むと好まざるとに拘わらず、支那民族の独立と、国内に於ける民主主義的改革とを促進する大原動力となって居る。日支事変を通じ、日本が支那に対して遂行するあらゆる方策態度は支那以外の後進諸民族の動向を左右する。これら諸民族の動向は、如何なる先進国の日本か列強かが、彼等の民主主義的要求を如何なる程度に満足せしむるかによって決定する。

これら諸民族は恰も明治維新を断行し、独立と国内改革とを断行した当時の日本の状態に進んで居る。今日対外政策上最も大切なことはアジア諸民族領導につき明瞭

にして確固不動なる民族政策の確立である。この国家百年の大計たるべき政策は、全国民を消極的追随的態度より、積極的創造的態度に発奮興起せしむることなくしては確立せられるものではなく、又之を強力に有効に遂行し得べきものではない。新政治体制の提唱から発足した大政翼賛会が、今日、精動《ママ》化されて居る国内情勢は遺憾なことである。之では未曽有重大な客観的情勢に対処しあまねく国運の発展を期することは困難である。全国民の視聴は、単に国際情勢の表面的変化に戸惑うことなく、当面する内外重大問題に対する認識を深め、之が解決の方途を求めることに集中されなければならない、という趣旨を述べたものであります。

六問　昭和十六年十二月七日付発行雑誌『大陸』十二月号誌上に、「民族政策の確立と国民の興起」と題する論文を発表して居るが、本論文の要旨如何。

答　本論文では、民族政策の確立とは表裏をなすことを説いております。アジア諸民族の動向は現在十分に日本に理解されて居ない。之等諸民族は現在反枢軸の陣営に自ら投じ、或いは投ぜんとする危険を示して居る、新たな我国政治力の結成は問題となり、大政翼賛会が大規模に組織されて居る。しかし国民の興起は不十分である、之には政治指導層が現在の世界の大勢につき認識不十分なことが関係を持っている。ナチスドイツ、フアツシヨイタリー、ソ連それぞれ民衆を興起せしむることによって強大なる政治力を結成し、それぞれその政策を強行した。英米もまたこの方向に推し進められている。フランスの敗戦は政治指導層の政治力が民衆層から遊離し党派争いに終始した為である。民族政策に就いては第一次世界大戦後ソ連革命に続いて、ソ連国内に於ける民族政策の成果は画期的な変化を示して居る。今日ドイツの占領下に於ける諸民族が如何なる政策を施されて居るか未知に属するも、少なくとも第一次世界大戦前の轍を踏むものとは考えられない。異民族の発展の方向に対する深き省察が必要となって居る。一国の興隆はその指導層が世界の進歩的なる方向を逸早く捉え、改革を断行するか否かにかかって居る、それは日支両国の過去を比較すれば明らかである。とて、政治的戦前に於ける我国先覚者の役割を述べ、次いでフランスの如き不幸な窮地に陥ったものに於いては、徒らに政治指導層が当面焦眉の問題に焦慮し、国運を決定すべき根本問題を徒らに或いは左或いは右と言う様なイデオロギーの問題と化し、根本問題を真正面に認識し得ず、その当然の解決から逸脱して国内に於ける真実な革新勢力を抑圧する危険に走ったからである。今日本は重大なる国際的関係にある。全国民は世界史の示す新しい動向を良く認識して積極的に又創造的に対策を樹立せねばならぬことを述べたものであります。（以下、略）

第三十回被疑者訊問調書〔一九四三・4・10〕

被疑者　細川　嘉六

右者に対する治安維持法違反被疑事件に付東京刑事地方裁判所検事上田次郎の命令により昭和十八年四月十日世田谷警察署に於て司法警察官警部補芦田辰次郎は司法警察吏巡査上田恭雄立会の上右被疑者に対し訊問すること左の如し。

一問　前回陳述したる座談会の他に被疑者はその抱懐する民族理論等を他人に口述したことがあるか。

答　私は昭和十五年頃、昭和研究会に加入しており、その会の一部門たる東亜政治研究会の会合の席で、当日の出席者に対し私の意見を述べたことがあります。

二問　昭和研究会とは如何なる団体か。

答　近衛文麿公の「ブレーン」の一人と称せられたる、後藤隆之助氏を中心とする会で、我国の政治革新のために色々な調査研究をやっておりました。事務所は麹町区丸の内仲四号館内に設けてありました。この会には政治、経済、文化等の各部門があり、それぞれ調査研究を進めておりました。

三問　被疑者がその昭和研究会に加入したる状況如何。

答　私は昭和十五年六月上旬頃、当時昭和研究会事務所員河合徹から、同会の中に東亜政治研究会を設けるに就いて加入して欲しいと勧誘され加入したのであります。河合から話があった後、尾崎秀実から右部門研究会の内容の話もあり加入を勧誘されました。当時私は前述の如く『改造』『中央公論』等で民族論を発表して居たので、世間では民族問題に於ける一権威者と認められて居たので勧誘を受けたかと思います。

四問　昭和研究会は思想的には如何なる立場にあると弁えて居たか。

答　私は昭和研究会はその構成の顔触れ或いは社会の評判等から見て、革新的進歩的な団体であると考えておりましたし、右翼的な「イデオロギー」は存在しないと想像しておりました。

五問　東亜政治研究会の中心は誰か。

答　良くは存じませんが、尾崎秀実、平貞蔵等が中心で、私が加入する以前から、この会は他の名称であり、その当時は他の意見を聞くと言う程度のものであったらしいと思います。

六問　東亜政治研究会の会員は誰々か。

答　尾崎秀実（満鉄）　平　貞蔵（昭和研究会）
橘　樸（満鉄）　山本二三丸（東亜研究会）
岡崎三郎（東亜経済調査局）　謝国城《ママ》（南洋協会）
原口健三（興亜院嘱託）　平館利雄（満鉄嘱託）

私

等であります。

七問　東亜政治研究会の思想傾向は如何。

答　会員の大多数は東亜問題に就いて、その程度の差はありますが、大体マルクス主義的知識を持っておりますが、その意見等はまちまちであり私は良く存じません。

八問　東亜政治研究会の目的任務は如何なるものと解したか。

答　この会の目的は東亜地域に於ける諸民族の状況を科学的に調査研究し、東亜共同体の結成に必要なる我国の政策、しかも現実に行ない得る民族政策を研究樹立して民間の意見として、出来れば政府に反映すると言う希望を持っておりました。

九問　その東亜政治研究会は何時頃まで存在したか。

答　大体昭和十五年六月頃より同年八月上旬頃までありましたが、昭和研究会の解散と共になくなりました。

十問　昭和研究会は何うして解散したか。

答　当時大政翼賛会問題に就き、後藤隆之助氏は翼賛会に関係がありましたが、反対派の連中から、後藤は昭和研究会へ赤い連中を集めて居ると非難されたとかで解散するようになったとの風評を聞いております。

十一問　この文書は如何。（この時司法警察官は押収物件第二十九号〈東亜政治研究会関係文書一括〉を被疑者に示したり。）

答　只今御示しの文書は東亜政治研究会から私が受取り所持して居たものであり、この中には、一、会員名簿、一、民族問題研究要項（試案）、一、民族問題研究の一、一、私の「メモ」等が含まれております。

十二問　然らばこの押収物件等によって東亜政治研究会の活動状況を述べよ。

答　私は前述の河合徹から勧誘され六月上旬、於昭和研究会事務所、この東亜政治研究会へ出席しましたが、この日の会合は第一回の会合であり、私は席上司会者並にこの会の責任者に推されました。第一回の会合で「東亜に於ける民族問題乃至民族政策」を調査研究することになり、その研究「コース」並に担当者を決定し、第二回の会合には、研究「コース」に従って私が意見を述べ、第三回、第四回は会員橘樸氏が意見発表をやりました。大体四回位会合したのみで結論に達せずに解散したのであります。この会合は昭和研究会の事務所で月二回午後六時頃から九時頃まで開催しました。

十三問　然らばその第一回会合の状況如何。

答　日時は六月上旬午後六時より、出席者は、

尾崎秀実　平　貞蔵　私

橘　樸　原口健三　岡崎三郎

謝国誠《ママ》　平館利雄　山本二三丸

事務局員（河合　徹、溝口勇夫）

等でありました。私は尾崎、平、橘等は知己でありまし

たが、他は初対面の者でありました。事務局員河合並に出席者一同の同意を得て、私は本会の司会者並に責任者となりました。

この席では、当時近衛声明と前後して我国内に東亜共同体論が支那事変処理並に日本の東亜経済に関し論点となり、種々雑多な東亜共同体論が続出し、甲論乙駁されておりました。そこでこの東亜政治研究会では矢張りこの問題に関し従来行なわれた諸論に採っては、効果ある東亜政策は実現困難であるから、先ず東亜の民族問題を再検討して、「東洋に於ける民族統合の原理」を発見樹立しようと言うことになったのであります。そこで私は事務局員並に当日出席者と協議し、その席で民族問題研究要項（試案）を決定しました。その要項試案は只今御示しのもので大体その研究コース並に担当者は左の通りであります。

試　案

一、アジア民族問題の意義と歴史　担当者　私

二、アジアに於ける諸民族の歴史的発展（外国勢力進出以後を主とす）

1　漢民族　　担当者　橘

2　蒙古族その他の少数民族　　担当者　岡崎

3　印度諸民族及南方諸民族　担当者　山本、枝吉某

三、列強の民族政策

1　欧米諸国（英米仏関《ママ》）の民族政策　担当者　平

2　ソヴエートロシアの民族政策　担当　平館、原口

3　ナチスドイツの民族政策　担当者　矢部

四、日本の民族政策――過去現在の検討と将来の方策

A　朝鮮　担当者　岡崎、平

B　台湾　同　謝

C　満州　同　謝

D　支那　同　尾崎その他

五、東洋に於ける民族統合の原理　担当者　総員

であります。

十四問　各担当者は如何なることをやることになって居たか。

答　各担当者は与えられた題目に就いて各自研究し、その意見をこの会の席上で発表する。之を事務局は逐次整理して、最後に私が之を再検討して一応纒めることになっておりました。

十五問　被疑者は如何なる活動をなしたか。

答　私は自分の担当である、一、「アジア民族問題の意義と歴史」に就いて研究発表をやりましたが、日時は昭和十五年六月中旬、於事務所、会員一同出席の席上、只今御示しの、民族問題研究の一、と題するタイプ印刷物を配布して私の意見を述べました。

その筋書は同プリントには、

一、民族とは何か――政治観念か社会観念か

二、何故民族問題は提起されて居るか

（1）前世紀に於ける民族問題
（2）現世紀に於ける民族問題
　A、ヴエルサイユ条約の企図した民族問題の解決
　B、アジアを中心とする植民地問題と民族問題
三、民族問題の内容
　国内問題――民族自治策と同化政策
　国際問題――自決権をめぐる列強の動向
四、日本に課せられた民族問題
であります。

十六問　この「メモ」に就いて述べよ。（この時司法警察官は原稿用紙の裏面に鉛筆書きせる、定義、アジア民族問題の歴史、民族運動に対する対立する二個の政策、と題する「メモ」を被疑者に示したり。）

答　是は東亜政治研究会の席上、私が発表した意見の覚書きであります。

十七問　然らばこの「メモ」によって被疑者は。

答　民族の定義に関し小野塚博士説として、「民族とは人種、言語、歴史、政治経済、思想、風習等の共同なる基礎を多少具有し、一団体となすことを自覚する人類社会なり」、スターリン説「民族とは言語、領土、経済、生活及び文化の共通性から顕現される伝統的心理の歴史を経過して構成された永続性ある共通体である」の二説が正しいと述べ、即ち民族なる観念は、政治的社会的知識の総合観念である。小野塚博士説の欠点としては、一、人種を挙げて居ること、一、客観的事実を限定せざること、があり、スターリン説の中の「文化」には政治を内包するものとしてこの説を支持し、次いでミドー・ハーバード（米国）、オツトー・バウエル（墺太利）その他の諸説を述べ、是等は部分的で全体的でないとして、スターリン説の説明たる「スターリン」の言葉「従って民族は又あらゆる歴史的現実と同様に変化の法則に支配され、その歴史を有し、始めと終わりを有するものなることは自明の理である。以上述べた諸特質が一つ一つ別れては何れも民族を規定し得ない。いわんや諸特質の一つでも欠如する時は民族が民族でなくなると言うことは記憶して置く必要がある」と説明しました。この定義は、スターリン著『民族問題』（興亜院政務部版）から引用したものであります。

次いで京都帝大教授高田保馬博士説は、「共同自我を民族観念の中心にして之を強調しているが、斯かる説は事実に適合せず徒らに有力なる『ショウヴィニズム』を他民族に強要する危険を持って居る。この説によれば大和民族を東亜民族の中心となすには都合のよい説であるが、他民族の特殊性を認識して之を領導するにはこの定義は大きな欠点を持って居る云々」と批判しました。その詳細なる私の意見はこの「メモ」に記載してあります。

十八問　次いで「何故民族問題は提起されるか」なる項に就いて如何なる意見を述べたか。

答　民族問題はその時代の政治的社会的な変化に伴い内容を異にする。十九世紀の資本主義上昂期には民族の封建的分裂状態は資本主義発展のため障害となったから一民族一国と言う併合政策が行なわれた。次に、資本主義が帝国主義の段階に入ると異民族を強大なる資本主義国が併合して来た。しかして帝国主義的民族政策が出来上った。かかる政策に反抗したものは「ソヴエートロシア」の革命に始まっている。斯くて現世界には二つの民族政策が対立するに至った。一つの帝国主義民族政策は今日帝国主義列強によってその植民地半植民地に対して採られて居る様な政策である。斯かる帝国主義政策に対立する他の民族政策は、ソ連の採って居る政策である。

然らばソ連民族政策の理論的根拠は何処にあるかに就いて次の様な説明を致しました。

一、資本主義の発達と共に他国の――又は自己を支配する国の圧迫に対する反抗は昂進する。それは民族全体の抗争ではなく、根本的には支配民族及び被圧迫民族の支配階級間の抗争である。しかし労働者農民等勤労層が自己の生活と自由を擁護する為に外来の圧迫に反抗する自由を有し、民族抗争なるものは表面上一般民族的形式をとる。支配民族、被支配民族の支配階級間に起きた民族闘争は、民族自治及び民族同化政策等によって一応解決を試みられて来たが、現在の様な世界情勢の激変に当面すれば斯かる政策では解決し難い。

二、「外来勢力に対する支配階級闘争が全民族的性質をとることは、階級闘争の諸問題から広範な人民層の注意を外らせ、之を隠蔽する点に於いて『プロレタリアート』の利益に危険である」と言う見解をソ連側は持って居るとて、前述のスターリン著『民族問題』の中から「ツアリズム」に反対した当時の「スターリン」の意見を紹介説明し、次いでソヴエート革命後の民族問題の範囲並に性質が如何なる変化を受けたかに就いて同書を引用し、「民族問題は国内問題から一般的国際的問題に変化し従属国家と植民地被圧迫民族等帝国主義の規範から離脱せしめると言う世界問題に変化した」ことを説明し、次に何がかかる変化をもたらしたかに就いて、「レーニン主義、更に帝国主義戦争とロシア革命とによって民族問題はプロレタリア革命と連繫され、かつプロレタリア革命の基礎の上に於いてのみ解決されるものであり、西欧に於ける革命の勝利への道は、植民地及び従属国家の反帝国主義的解放運動との革命的同盟を経なければならぬ」ことを証明して居る。「民族問題はプロレタリア革命に関する一般的問題の一部であり、プロレタリア革命に関する問題の一部である」と「スターリン」の説を引用説明しました。

次に、被圧迫民族に革命的力の存することに就いて、同書から「レーニン主義はこの問題に関する答えを肯定して居る。即ちレーニン主義は被圧迫国家の民族解放運動の内部には革命的能力を蔵して居ることを認め、共同の敵を打倒し、帝国主義を打倒するために、この能力を利用することが出来ると見て居たのである。帝国主義発展の機構と帝国主義大戦及びロシア革命はこの点に関するレーニン主義の結論を実証して居るのである云々」と、「スターリン」の言葉を引用しました。十月革命と之を孕んだ世界情勢は民族自決権を反帝国主義の槓杆に転化したことに就いて、同書の中から「スターリン」の説明を引用しました。その詳細は「メモ」に記載してあります。

◎――◎

■以下、横浜地裁の石川勲蔵予審判事による訊問

【解題】この次にもう一回だけ訊問があって東京世田谷署での特高警察官による訊問は終わる。この後、検事による取調べがあり、続いて東京地裁の予審判事による訊問に移るがそれは二回だけで、そのあと本章冒頭の解題に述べた事情から横浜に移され、横浜地裁の予審判事による訊問を受けることになる。

戦前に存在した予審制度は、字の通り公判の前に予め行われた審理で、検事が取調べた後、検事の予審請求により予審判事によって行われた。予審判事は自らの訊問や証拠調べにより、公判にまわすべきかどうかを判断、「予審終結決定」を起草した。横浜事件の場合は、この「予審終結決定」がそのまま判決書に流用された（それがあったため、短時日で多数の判決書を作成し、何人もの「被告」をひとまとめにして起訴状朗読から判決言渡しまでを一日でやっつける即決裁判が可能になった）。

横浜での予審判事・石川勲蔵による訊問は、前半は東京の場合と同じく研究閲歴や執筆した論文についてであるが、後半は泊会議（共産党再建準備会）についての訊問が中心となる。

＊

第五回訊問調書

〔一九四四・10・18〕

被告人　細川　嘉六

右者に対する治安維持法違反被告事件に付昭和十九年十月十八日前同所に於て同様立会の上前回に引続き右被告人に対し訊問すること左の如し。

一問　之まで陳述したことに付き訂正することはないか。

答　別にありませぬ。

二問　公訴事実第四の関係であるが、被告人はこの論文を雑誌『中央公論』に執筆掲載したか。（この時昭和十九年地押第一一六号の一五の二二一頁乃至二五六頁を示す。）

答　お示しの論文は私が昭和十四年十二月中央公論社発行雑誌『中央公論』に執筆掲載し、尚只今お示しの私の著書にも同じ論文「現実ソ連の世界政策」と題し執筆掲載致しました。

三問　その論文の内容は。

答　私が執筆した「現実ソ連の世界政策」と題する論文の内容は只今お示しの私の著書に書いてある通りで、その論文の主眼点に付いては検事に申述べたと同じであります。

四問　検事に斯様に述べて居るがこの通りか。（この時被告人に対する検事第四十一回訊問調書記録第二冊七三六丁裏第十二行目まで第十問答を読聞けたり。）

答　大体お読聞けの通りであります。

五問　この論文に於いて現実ソ連邦の世界政策が一貫して平和政策の堅持に存する旨を強調することに依り、共産主義的立場からソ連邦の擁護、平和擁護の宣伝をして居るのではないか。

答　私がこの論文中ソ連の平和政策等の根本を論じて居りますが、それはややもすれば日本の冒険主義に陥らんとする危険があるので、その危険から日本を救うために論述しましたまでで、共産主義の立場からソ連邦擁護、平和擁護の宣伝をしたのではありませぬ。他の列強では平和政策を理解して居りますが、日本では之を理解されて居りませぬから、日本のためにソ連の平和政策を論述したまでであります。

六問　公訴事実第五関係であるが、昭和十五年八月号雑誌『改造』に被告人が執筆掲載した論文「アジア民族の史的発展と大陸政策への省察」は之か。（この時前同号の一五の一頁乃至四六頁を示す。）

答　お示しの論文は私が雑誌『改造』に昭和十五年八月号に執筆掲載し、尚只今お示しの私の著書にも略同じ論文を掲載致したのであります。

七問　その論文の内容は。

答　私が論文や著書に執筆して居ります只今お示しの論文の内容は、総てお示しの著書に書いてある通りでありますが、要約すればこの論文は、アジアは世界の最も後れた地域であり、欧米帝国主義列強の植民地や半植民地たる存在でありましたが、日露戦争に於いて日本の勝利となり日本の発展がアジア民族を刺激し、民族的独立を希望し種々運動が行なわれ、特に第一次世界大戦後、ソヴエートロシアの成立、世界的潮流たるデモクラシーの思想は、アジア民族を刺激し、爾来アジアには列強の帝国主義を排斥してその独立を図らんとする動向が顕著となり、日本の大陸政策もかかるアジアの動向を認識し従来の帝国主義政策を棄てて日本の大陸政策を樹立せねばならぬという根拠を論じた論文であります。

八問　この論文はアジア諸民族間に於ける民族運動の史的発展とソ連邦の民族政策の成功などを詳論し、共産主義的立場から社会主義的民族政策の宣伝をした論文ではないか。

答　私はこの論文中アジア諸民族間に於ける民族運動の史的発展並に、ソ連邦の民族政策の成功を論述して居りますが、それは何れも事実を論述したまでで、この事実を無視しては日本の大陸政策遂行に重大なる不利益をもたらす危険があるかを論述したのであります。それでも共産主義的立場から社会主義的民族政策の宣伝をしたのではありませぬ。私はソ連の民族問題の政策の成功がアジアの諸民族に影響しておることが、日本に軽視されて居ることを痛感した故、先程の論文、「現実ソ連の世界政策」並びに只今お尋ねの「アジア民族の史的発展と大陸政策への省察」の二論文を執筆掲載したのであります。

九問　公訴事実第六の関係であるが、被告人は「ソ連邦の民族政策とアジアの勃興」という論文を執筆したか。

答　お尋ねの論文は先程お示しになりました私の著書『アジア民族政策論』に執筆致しましたが、『中央公論』や『改造』などの雑誌には投稿致しませぬでした。

十問　その論文は之か。（この時同号の一五の二五七頁乃至二九四頁を示す。）

答　お示しの論文に相違ありませぬ。

十一問　その論文の内容は。

答　お示しの論文はその著書に掲載してある通りでありまして、先程述べました私の論文「現実ソ連の世界政策」、「アジア民族の史的発展と大陸政策への省察」の二論文に述べましたことを、更に具体的事実に付論述したのでありまして、之を要約すれば、ソ連の自国内諸民族に対する民族政策、辺境諸民族に対する民族政策を紹介し、それぞれのその政策の成功を述べ、ソ連自体に異常なる事態の発生しない限り、辺境諸民族に対しては如何なる程度方法において民族政策が進められて来て居るかの実状を伝え、列強特に日本の大陸政策に及ぼす影響重大なることを指摘し、アジア諸民族に対する従来の帝国主義的民族政策への反省を求めんとしたものであります。

十二問　この論文はソ連のアジア諸民族に対する社会主義的民族政策の成功を強調して共産主義的立場から之が宣伝をしたものではないか。

答　左様なものではありませぬ。私がこの論文を書きましたのは、ソ連の民族政策の成功が辺境諸民族に及ぼす影響で日本の大陸政策にとり重大なるに拘わらず、日本の大陸政策を論ずる人々は何れも独善的であり独断的である故に私は之を非常に遺憾として、先程述べました

「現実ソ連の世界政策」、「アジア民族の史的発展と大陸政策への省察」の二論文を執筆致しましたが、更に繰返し詳細にこの論文の執筆をしたのでありまして、共産主義的立場からソ連のアジア諸民族に対する民族政策の成功を宣伝したものではありませぬ。

十三問　公訴事実第七関係であるが、被告人は「東亜共栄圏の民族問題」と題する論文を執筆掲載したか。

答　お訪ねの論文は先程述べました中央公論社より依頼を受け、同社発行の昭和十六年七月第一回発行の『東亜政治と東亜経済』という四季雑誌に一回執筆投稿しただけであります。その論文は私が中央公論社、改造社の雑誌に掲載した論文を纏めて、中央公論社より「政治思想の基礎問題」として発行せんとしてゲラ刷りにしたものの内に掲載してあります。

十四問　そのゲラ刷りの「政治思想の基礎問題」は之か。（この時前同号の一九を示す。）

答　お示しのものに相違ありませぬ。只今述べた「東亜共栄圏の民族問題」という論文もその中にあります。

十五問　その論文は之か。（この時前同号の一九の「東亜共栄圏の民族問題」と題する論文を示す。）

答　私が中央公論社発行の雑誌『東亜政治と東亜経済』に執筆した論文で、只今お示しのゲラ刷りのものと同一内容のものであります。

十六問　その論文の内容は。

答　唯今お示しのゲラ刷りの通りでありまして、この論文は東亜共栄圏内諸民族の民族独立運動を詳述し、この運動が何れも当面民主主義革命達成への道を進みつつある事、ソ連邦における民族政策の成功が右の如き民族運動に与うる影響の重大なることに論及し、最後に東亜共栄圏樹立の根本条件は帝国主義対後進諸民族の新民主主義との対立相剋を解消せしむべき思想の発展と、之に基づく根本政策の樹立にありて、之が為には世界における最も進歩的なるものを大胆不敵に把握して、国内革新を断行することが必要であることを述べ、この論文で私が新たに述べたと言うことに付き、上田検事に五つの項目をあげて述べて居る通りであります。

十七問　被告人は上田検事にそのことに付斯様に述べて居るがどうか。（この時被告人に対する検事第四十二回訊問調書記録第二冊七五二丁四行目より七五四丁裏四行目までを読聞けたり。）

答　大体御読聞けの通りであります。

十八問　この論文中、国内革新を断行する必要があると言うが、如何なる革新を必要とするのか。

答　そのことに付きましては、上田検事より具体的に述べよとの問いに対しお答えした様に思います。

十九問　上田検事にそのことに付斯様に述べて居るがどうか。（この時前同調書記録第二冊七五九丁二行目より七六二丁一行目まで第三問答を読聞けたり。）

答　大体その様であります。

二十問　この論文も唯物史観の立場より社会主義革命への前段階たる民主主義革命達成の方向に国内革新を断行せよと論じて居るのではないか。

答　共産主義者は、民主主義革命は社会主義革命への唯一の前提条件であるという説を採って居り、私もかつては左様信じて居りましたが、事実そうではなく、英米の如き極端なる民主主義革命を採って居ても、社会主義革命に達成して居らず、これを観ても後進諸民族が民主主義革命達成方向に国内革新を断行したからと言って、社会主義革命へ移行するものとは断言出来ませぬから、お訊ねの様な考えを以てこの論文を書いたのではありませぬ。

更に私の考える限りでは、世界で条件の存する場合には、ソ連の如き民主主義革命から社会主義革命へ進化する場合もあり、かくの如き条件なき東亜共栄圏の諸民族に於いては、全体主義的民主主義体制の確立をして、世界の進運に適応して行く場合もあって、世界の諸民族は一様な革命又は改革をなし一様な体制を採るものとは思われませぬから、この観点に基づきこの論文を執筆したのであります。

二十一問　東亜共栄圏の諸民族に於いては、社会主義革命へ何故進化しないか。

答　それは只今申しました様な条件がないからであります。

二十二問　どんな条件か。

答　これを理論的に申す程の理論的考察は出来ませぬが、具体的にソ連の例に付き考えて見るに、先に世界無比の専制君主制あり、苛酷なる大資本の圧政あり、斯の如き圧迫の下に呻吟する多くの労働者農民の動揺あり、その間に成長したる世界無比の強力な革命党ひいては共産党の発展等ありて、之に世界第一次大戦という世界的大動乱が外的刺激となって君主制の崩壊をきたし、共産党が権力を把握する様な気運を醸成して、民主主義から社会主義革命に進化した様な条件であります。

二十三問　公訴事実第八関係であるが、被告人が昭和十七年八月、九月号の『改造』に執筆掲載したという論文は之か。（この時前同号の二一の一、二の「世界史の動向と日本」と題する論文を示す。）

答　お示しの論文は私が改造社より依頼を受け昭和十七年八月第二十四巻第八号、同年九月同巻第九号に「世界史の動向と日本」と題し執筆連載した論文に相違ありませぬ。お示しの論文は他の雑誌や著書等に掲載致さず、只今お示しの雑誌『改造』に連載したのみであります。

二十四問　この論文を執筆するに至った動機は。

答　私は論文を売って生活しているのではありませぬので、雑誌『中央公論』『改造』に一年を通し三、四回位執筆する位で、大東亜戦争勃発後一時論文の執筆を致しませぬでした。その理由は、大東亜戦争は日本の運命を決定する未曾有の重大な局面に立ち入らしめるため軽々に執筆致す可きものではないと考えたからであります。

私がこの論文を執筆するに至りました動機は、この論文も之まで御取調べを受けました論文と大体同一内容でありますが、ただ日本が大東亜戦争という重大なる時局に立ち至りたるため、従来の考えを広い観点から纒めてさらに国民の再考を促すために、大東亜戦争が進展し日本は広大な南方諸地域を獲得し、東亜共栄圏の樹立が第一歩を踏出すにいたり、同時に共栄圏内諸民族に対する民族政策が重要な問題となり、東亜共栄圏の樹立が達成せらるるためには適切なる民族問題の確立が重要となり、その重要なる理由は、(一) 諸民族を日本の八紘一宇の理想の下に有効に協力さす必要があること、(二) この戦争は長期にわたる困難なる戦争であるゆえ、この戦争中に諸民族が日本に感謝して断られない協同連帯関係を発展させる必要があること、の二つの理由に依り、民族政策を急速に確立し、更に国内革新の必要が痛感される処よりこの論文を執筆したのであります。

二十五問　国内革新の必要というのは先程の論文、「東亜共栄圏の民族問題」と題する論文の問答に就いて述べた通りか、

答　私が先程「東亜共栄圏の民族問題」と題する論文の問答中にてお訊ねの国内革新を断行する必要があると言うが、如何なる革新を必要とするかとの問に対し、上田検事に述べたと同じだとお答えし、その時上田検事に私が述べたことを読聞かされた通りであります。

二十六問　その論文の内容は。

答　その論文の内容は何れも唯今お示しの八月、九月号の『改造』に連載してある通りでありまして、八月号では緒論として現在の民族問題に付日本では良く理解されて居ないため、理解される可く世界史発展の上から之が重要性を論述し、九月号では本論として現在の民族問題が如何に解決されるべきかについて具体的事実を記述して民族問題解決の参考に供したのでありまして、唯物史観の立場より社会の発展を説き、並に世界史の動向を示して之が宣伝をしたのではありませぬ。

二十七問　緒論として記述して居る八月号の内容の詳細は。

答　八月号では之を要約するに、現在世界は発展して止まらざる文明、私がここで文明というのは人類の自然界支配力の体系であります。この文明と之に相応して発展せしむべき文化、私が文化というのは文明と連関する人類の生活価値の体系をいうのでありまして、この文化との相克に陥りつつありて、この調整問題が現下最大の世界問題であり、科学と技術の発展が各時代の社会組織に於いて未曾有の生産力を発展せしむるに至り、次の新たなる社会組織への転化をもたらしつつ現在の資本主義

社会に至れる事、二十世紀における空前の生産力の発展は全世界をして資本主義的近代工業の支配勢力下に網羅し組織化するに及び、世界は資本主義的生産力にとりて甚だしく狭隘となり、生産が人類の消費よりも資本的利潤の増大を根本的目的として遂行される現在制度の矛盾を深刻化せしめ、この矛盾は到底従来の方途を以ては解決し得ざる事、この矛盾を他の方途をもって解決したるソ連邦に於いては生産力発展の基礎たる科学に対し賛美の声漲るに反し、資本主義国においてはその指導者はこの解決に困惑したる末、科学に対する呪の叫びを挙ぐるに至りたる事、文明と文化の調整問題が現在世界問題として提起せらるる所以もここに存するものなりと論述して居るのであります。

二十八問　この論文は唯物史観の立場から社会発展を説き、現在社会組織を打倒して社会主義社会の実現を図ることが被告人の言う文明と文化を調整せしむる唯一の方途とみるのではないか。

答　私がこの論文で人類社会の経済史的発展の段階を述べ、原始共産制、奴隷制、封建制、資本主義制等の社会組織の転化を挙げ、さらに生産力の発展即ち科学と技術の発展に基礎をもって居ることを述べて居りますが、階級闘争に依って社会が新しき転化したものとは述べて居りませぬ。

私の考えでは唯物史観は階級闘争を重要なる思想内容として居るものでありまして、階級闘争を認めない私の思想では、この論文は唯物史観の立場から論じたことになりませぬ。

二十九問　何故階級闘争を認めぬのか。

答　唯物史観説は当時の世界史すなわちヨーロッパ史の事実を基礎として組立てられたものであって、東洋史の事実については当時知識貧弱にして問題として残されるものである。人類社会が上述の如き四つの発展段階を繰返したと言うも、それはヨーロッパ史を中心として観た見解であり、しかも一般に通説として受取られて居るのである。之を東洋について見ると、例えば奴隷制社会なるものは一般的事実として史上証明されないものである。唯物史観の重要なる内容たる階級闘争はヨーロッパ史に表れた事実に依りて主張されたものである。然し東洋史に於いては、奴隷制社会を崩壊させた奴隷階級や反抗闘争の事実は発見されず、封建制社会の崩壊は市民階級乃至農民層の積極的なかつ階級的な闘争は伴わないで実現されたことは一般的な事実である。

孫文は三民主義講演において階級闘争は社会の病的現象であって正常な社会状態では起こらないと述べているが、このことは東洋史を一貫する重要な点を指摘するものである。尚唯物史観では資本主義社会の次ぎに共産主義社会が必然に出来ると主張し居るも、それは特殊な社会事情を有する東洋に必然的に適用されるものとは断言しうるものではない。唯物史観説が最終的に確立されるには歴史的研究が未だ不十分であり、かつ人類社会は唯物史観説が確立されるに至るまでにはなお幾多の経験を為すべきものであって、私は以上の理由で階級闘争は認めないのであります。

三十問　この論文の本論として記述して居る九月号の内容の詳細は。

答　九月号の内容は先程御示しの雑誌に記載してある通りでありまして、之を要約すれば現在の世界戦争は之まで述べました様な資本主義の行詰まりに基づき、文明と文化の調整問題の一解決方法として列強間に惹起された世界的事態なるに反し、同じくこの資本主義的行詰まりと連関し展開せられつつある世界的事態は、ソ連邦の発展と植民地半植民地に於ける民族独立運動の昂揚であって、ソ連邦に於ける社会主義建設の躍進、之に基づく民族政策成功、更にかかるソ連邦の影響下に民主主義革命の段階に進みつつあるアジア諸民族の民族独立運動の発展を詳述し、最後に東亜十億諸民族が大和民族をその領導者として歓迎し協力するや否やは、一に大和民族が過去の旧慣を打破し大胆不敵に世界史上空前の史的発展を把握し、雄渾なる政治思潮それより湧出する政策を発展せしむるや否やにかかるものなりと主張した論文であります。

三十一問　この論文を通して我国内外の国策に進歩的発展の動向たるソ連邦の発展、民族独立運動等の政策を把握して、唯物史観の立場よりその方向に向かって樹立遂行すべきものだと暗示して居るのではないか。

答　只今述べました様な世界事態を直視して之に即応した政策を樹てよと言うのでありまして、ソ連邦の社会主義建設の成功を記述して居りますが、ソ連邦のその政策は民族独立運動等の成功そのものを宣伝するのではなくて、ソ連邦の民族政策が確実な根拠のあることを示したに止まり、またソ連の民族政策の国内に於ける成功、その成功が辺境諸民族に及ぼす影響の日本の大陸政策に実に軽視すべからざる意義を有することを力説して居るのでありまして、我国内外の国策をソ連邦の諸政策と同様に樹立遂行せよと暗示した論文ではありませぬ。

三十二問　我国内外の国策をソ連の政策に倣えと言ってこの論文八月号で「イリン」の詩を引用したのではないか。

答　私がこの論文でソ連のイリンの詩を引用した理由は、如何なる社会組織に於ても十分なる科学発展が必要であることを指摘するために、イリンの詩を引用したのであります。また東洋諸民族が発展せんとして居る全体主義的民主主義制に於いても十分なる科学の発展が必要であり、又可能であって十分なる科学の発展が社会主義社会に於いてのみ必要であり又可能であるとは考えて居りませぬ。

三十三問　この論文中新民主主義とあるが、それは支那共産党のことを意味するのではないか。
答　支那の共産党はソヴエート革命の実現の前提としてこの言葉を使いますが、私の言う新民主主義という言葉は従来述べました通り、支那のみならず東洋の特殊事情はソヴエート革命ではなくして全体主義的民主主義社会に発展するものと考えるので、新民主主義は之が原則を意味するものであり、私が「新」と言うのは十九世紀の個人主義的民主主義でなく全体主義的民主主義であるからであります。私がこの論文で述べている新トルコは大体においてこの新民主主義的発展の一つの実例であり、支那印度の発展傾向もこの方向にあると観て居るのであります。

第七回訊問調書
〔一九四四・10・27〕

被告人　細川　嘉六
右者に対する治安維持法違反被告事件に付昭和十九年十月二十七日横浜地方裁判所に於て予審判事石川勲蔵は裁判所書記細谷清立会の上前回に引続き右被告人に対し訊問すること左の如し。
一問　之まで陳述したことに付き訂正することはないか。
答　別にありませぬ。
二問　取調請求書記載の第一事実であるが、被告人は浅石晴世、木村亨、小野康人、加藤政治、新井義夫、相川博等を承知して居るか。
答　私が浅石晴世、木村亨と知合いになったのは昭和十四年頃で、両者共、東京市麹町区丸の内、中央公論社発行の雑誌『中央公論』の編集記者をして居て、論文掲載のことに関して交際するようになり、小野康人、相川博は何れも同市芝区田村町、改造社の編集記者をしており、同人等とも昭和十三年五月頃より論文掲載に関し交際するようになり、加藤政治は元東京市日本橋区本石町、東洋経済新報社の出版編集員を勤めて居て昭和十四年頃より同社が発行した『現代日本文明史』の内の「植民史」の執筆を私が致すことの交渉から知合いとなり、同人は後に都新聞社記者、更に東京新聞記者になったとのことであります。新井義夫は先程の浅石の紹介で知合いとなり、同人は東大文学部史学科を卒業し、一時、藤本ビルブローカーに就職しておりましたが失職したため、昭和十六年三月頃から六月頃までの間、私が執筆して居る「植民史」の資料収集、原稿の清書等を手伝わせて居り、お尋ねの者は何れも仕事の上で交渉をもつ様になり親しく交際致して居りました。
三問　昭和十四年十月頃より昭和十六年三月頃までに

於ける右の者等との交際の状況は。

答　私は右の者等とは、私が執筆する論文や出版せんとする著書等のことに付き私の家に来ることもあり、又同市赤坂区溜池山王ビル内支那研究室、同市同区葵町満鉄東京支社調査室等で度々会って親密の程度も増して居りました。

四問　被告人は昭和十四年十月頃、相川博に斯様な事を話したか。（この時相川博に対する予審第三回訊問調書記録併合第一冊九八四丁乃至九八六丁六行目まで第十一問答を読聞けたり。）

答　私は先程申しました様に、相川その他の者とは次第に親しくして居りましたから、お尋ねの頃同人等が私方に来た事があるかも知れませぬ。私は同人等に会った時は、

一、単なる原稿取りでは駄目で見識を持った記者でなくてはならぬ事

一、君等は日本の持つ問題に付き十分なる研究をして確信を持つまでに至らねばならぬ事

一、日本の過去に於ける左翼運動は色々な重大な問題を起こしたが斯かる事を再び繰返してはならぬ事

一、私は日本に於いて神がかりの主張は日本を弱化させるから之を棄てて合理的の思想に勢力を持たせる様にする事

一、言論機関を改革してその場当りの浮沈せる言論の弊を脱して国民生活の健全なる発達をもたらすべき公明正大の言論機関でなくてはならぬ事

等を話したことがありますが、只今お読聞けの様な事を話した事はありませぬ。

五問　その頃被告人は右の者等を結集して、所謂細川グループなる秘密グループを作ったのではないか。

答　私は先程述べました様に右の者等と偶然に相集まった時に、主に国際問題につき私が事情に通じて居る者より意見を聞き、又自分の意見を述べる事もありますが、只今お尋ねの様な細川グループとか、非合法又は秘密とかいうグループを作った事はありませぬ。私の所に集まるのは何程かの政治的目的が有ってではなくて、お互いが寄り集まる位のものでありまして、結社とか同志的結合とかいうほどのものでもありませぬ。

六問　昭和十六年三月頃から昭和十七年六月頃までの間被告人方その他に於いて、右の者等と会合し共産主義の観点より内外の客観情勢を分析検討して相互に意識の昂揚並に同志的結合の強化を図ったのではないか。

答　私等が仕事の事やその他で前申しました様に、私方やその他で相会し、時には前申した様な話題で話合った事もありますが、只今お尋ねの様な一定の目的を以て会合し共産主義の観点より内外の客観情勢を分析検討し、又は同志的結合の強化に努めた様な事はありませぬ。私が浅石晴世外数名の者と親しさを増してきて、同人等と

話合いをしたからと言って同志的結合とは申されませぬ。

七問　細川グループは斯様な実践活動をして居たのではないか。（この時前同調書記録併合第一冊九八八丁十行目より九九〇丁十一行目まで第十四問答を読聞けたり。）

答　只今お読聞けの様な事はありませぬ。私が細川グループを結成しお読聞けの様な目的で定期的に会合した事もありませぬ。私等が二、三人集まった時は、私は時には主として国際問題、民族問題を中心にして意見を聞き、又私が意見を述べただけで、お読聞けの様な特定の問題に付き分析批判した事もなく、又私の論文を『改造』『中央公論』の両雑誌に掲載致した事はありますが、之を以て両雑誌を利用して大衆の左翼啓蒙に努めたのではありませぬ。両雑誌に執筆するに付き、私は如何なる執筆家が良いかと尋ねられた時知って居る場合は答えた事がありますが、意識的に両雑誌を大衆の左翼啓蒙等に利用せんとした様な話し合いをした事はありませぬ。

八問　昭和十六年三月頃から昭和十七年七月頃まで一ケ月平均二回として合計三十四回位会合したことはないか。

答　右の者等は私方やその他に何回位集まったか判りませぬ。私は右の者等が常の如く私方やその他に往来して居たものとしか考えられませぬ。

九問　昭和十五年十二月十日頃、及び昭和十六年五月十日頃の二回、相川博方、昭和十六年七月十日頃、同年八月二日頃の二回、被告人方、昭和十六年九月二十日頃支那研究室、昭和十七年五月二十日頃山浦貫一事務所に会合した事はないか。

答　お尋ねの内で私は、相川博方に行った事はなく、私の家や支那研究室で会合した記憶はありませぬ。最後の山浦貫一事務所には行きました。

十問　山浦貫一方ではどんな会合か。

答　その時集まった者は山浦貫一、岩淵辰雄、木村亨、浅石晴世、加藤政治、小野康人、相川博、私の八人位であったかと思います。その席上で私は、北一輝の『支那革命外史』、内藤湖南の『支那論』を論究し、両著書を対比して批判論述し、日本の従来の支那に付いての理解が不十分なることを指摘したのであります。

十一問　被告人はその席上で支那民族革命を中心にアジア民族問題に付きマルクス主義の立場から批判検討をしたのではないか。

答　私はその時日本の支那通が、両著書の様に第一次欧州大戦後支那民衆は政治的に自覚した事実を十分に理解して居らず、従って対支政策は常に所期の効果を収めないという事を論じ、支那に付いての認識を深めねばならぬ事を述べたのでありまして、お尋ねの様なマルクス主義の立場からアジア民族問題を批判検討したのではありませぬ。

十二問　取調請求書記載の第二事実であるが、被告人は平館利雄、西尾忠四郎、西沢富夫等を承知して居るか。

答　私は昭和十五年四月頃、南満州鉄道株式会社（略称満鉄）東京支社調査室の嘱託となり、一週に一度位随意に調査室に出入りして居りますと、同調査室にお尋ねの平館利雄、西尾忠四郎、西沢富夫等が勤務して居たので、その頃より知合いとなり、右三名は世界情勢調査を担当して居り、私は国際問題を研究して居りましたので、自ずから親しく交際する様になったのであります。

十三問　当時、平館利雄等が共産主義を信奉して居た事を知って居たか。

答　左様な事は全然知りませぬ。もっとも右三名が世界情勢を調査研究して居りましたから、世界情勢の資料に通じて居る事、ロシアに付いての造詣の深い事、優秀な調査員である事は承知して居りました。

十四問　右、平館利雄等が当時所謂満鉄グループなる非合法グループを結成して居る事を承知して居たか。

答　全然知りませぬ。

十五問　被告人は右、平館利雄等と昭和十六年六月初頃より昭和十七年六月半頃までの間、満鉄東京支社調査室その他で会合した事はないか。

答　私はお尋ねの期間中、平館利雄その他の者等と先程述べました木村亨その他の者等とも、時には、満鉄東京支社調査室又は同食堂に集まった事はあるかも知れませぬ。又平館利雄、西尾忠四郎、西沢富夫等が時には私方や支那研究室等にお尋ねの頃私を訪ねて来て会った事があると思います。

十六問　被告人は先程尋ねた所謂細川グループと満鉄グループを合体して強力な左翼組織を結成せんとした事はないか。

答　断じてありませぬ。ただ私としては先程申しました、浅石晴世外数名の者や又只今述べました平館等と交際する様になり、交際が広くなっただけで強力な左翼組織を結成せんとした事はありませぬ。

十七問　右両グループの者が会合し、内外の客観情勢に付き共産主義の立場より分析批判し相互に意識の昂揚又は同志的結合の強化を図った事はないか。

答　私は相川、木村その他の者や、又平館、西尾、西沢等と偶然に相寄った時、満鉄地下食堂でお互いにビールを飲んだ事が時折あり、又右の者等と調査室で話し合った事もありましたが、私は当時主に国際問題を研究して居たので、その席上でその問題に付き私が事情に通じて居るものより意見を聞き、又自分の意見を述べた事もありまして、お尋ねの様な共産主義の立場より内外の客観情勢を分析批判し相互に意識の昂揚を図り、又同志的結合の強化を図る為の会合をした事はありませぬ。

十八問　被告人等は新井義夫の北支出発に付き壮行会を開いたか。

答　新井義夫が中央亜細亜協会に就職し、「ペキン」

に勤務する事になり、昭和十七年五月九日頃と思いますが、東京市京橋区銀座八丁目、料亭「銀八」に於いて新井義夫の壮行会を開催致しました。

十九問　その時の出席者は。

答　その時出席した者は、木村亨、相川博、加藤政治、平館利雄、西沢富夫、西尾忠四郎、新井義夫、私の八名であったかと思います。

二十問　その席上でどんな話しをしたか。

答　ただ酒を飲んで歌った事は記憶にありますが、どんな話しが出たか記憶にありませぬ。

二十一問　その席上で被告人を中心に支那問題、独ソ戦等の国際情勢を共産主義観点より論議し同志的結合の必要を話したのではないか。

答　左様な記憶はありませぬ。ここで私と新井義夫との関係を申しますと、彼は大学出身でありますが鮮人の為め、藤本ビルブローカーに勤務して居りましたが、差別待遇で耐えられないから退職したいと言って居りましたのを、就職が困難であるから私はそれを引止めて居りましたが、遂に退職し、その後私の所で私の手伝いをし、二、三の新聞記者となり、生活に困って居たので、私も彼を何処かに就職させようと考えて居りました折から、彼が東洋民族史の編集を計画して私に相談しましたので、之によって衣食住を支えて行く様に、又彼の願って居た史学の研究をする様に援助して居りました所、計らずも中央亜細亜協会に就職する事になり、私は大変之を喜び、彼の壮行会を開き前途を祝ってやったのであります。その帰り私の発意で、東京市品川区上大崎、風見章方にその時集まった者を連れて行きました。

二十二問　何の用で行ったのか。

答　私は支那問題に付き、風見章と意見を同じくして居る処から、同人と懇意になり、同人は私の尊敬する大人物で、壮行会に集まった者等を風見に引合わせる事は良い感化を与える事になると思い、私が若い者を風見方に同行したのであり、左翼意識の昂揚を図る為め連れて行ったのではありませぬ。元来私は何人でも私が尊敬する大人物には何時でも只今申しました様な考えで、右の者等を引合わせて居たのであります。

二十三問　先程尋ねた両グループの親睦会を目黒茶寮で開催したか。

答　昭和十七年六月頃かと思いますが、同市目黒区料亭「目黒茶寮」で私等が会合した事がありますが、両グループの親睦会ではありませぬ。その会は最初、風見が私、相川外一人に鰻を御馳走するとの事でありましたが、だんだん人数が増えて、場所も目黒茶寮に決めるとの事で、私も賛成し風見も出席することになって居りましたが、病人が出て欠席との事で、私はその会を私の尊敬する奥野七郎の還暦祝いとして費用は私が出すから、満鉄側の平館、西尾、西沢等を呼んで貰う事にして、奥野七郎の還暦祝いをしたのであります。私が満鉄側の右三名を呼んだのは、この機会に奥野の人物に接しせしめると同時に、私が満鉄側の者に論文の資料等で世話になったお礼の考えもあったのであります。

二十四問　何人位集まったか。

答　この時集まった者は、奥野七郎、平館、西尾、西沢、加藤政治、木村、相川、私の八人位であったと思います。

二十五問　その席上ではどんな話があったか。

答　その席上では雑談で終わったので別に之という記憶はありませぬ。私は会に少し遅れて行き、奥野は中途で帰り、私は他の者と一緒に最後まで居りました。

二十六問　その席上で雑談の後斯様な話合いはしなかったか。（この時被告人相川博に対する予審第三回訊問調書記録併合第一冊一〇〇二丁十三行目より一〇〇四丁裏十一行目まで二十三問答を読聞けたり。）

答　只今お読聞けの様な事は全然ありませぬ。

二十七問　会合の費用は誰が支払いしたか。

答　その会の費用は最初から私が出すと言って、相川に一任して置きましたので、私が改造社から受取る金で支払ってくれたものと思っておりましたところ、後に聞くと社からも少し出て居るとの事でありました。その時私が幾ら支払い、改造社から幾ら出したか記憶にありませぬ。

第八回訊問調書
〔一九四四・10・30〕

被告人　細川　嘉六

右者に対する治安維持法違反被告事件に付昭和十九年十月三十日横浜地方裁判所に於て予審判事石川勲蔵は裁判所書記細谷清立会の上前回に引続き右被告人に対し訊問すること左の如し。

一問　之まで陳述した事に付き訂正の個所はないか。

答　別にありませぬ。

二問　取調請求書記載の第三事実であるが、被告人は昭和十七年七月五日、富山県下泊町に行ったか。

答　参りました。

三問　行った理由は。

答　私が昭和十七年七月五日富山県下新川郡泊町に行った理由は、当時私が執筆した『植民史』の原稿料の残を、東洋経済新報社から五百円受取りましたので、私が日頃親しくして居て、これ迄述べました私の著書其の他雑誌等の論文執筆並に出版等に付世話になって居りながら、従来これと言ってお礼もしないのでこの機会にお礼の心算で若い者を泊町に案内したのであります。

泊町を選んだ理由は、当時東京に於いては物資不足で、これと言う御馳走も出来ませぬでしたが、泊町は私の郷里で旅館料理屋に別懇の処が有って、御馳走もあると言う事を、日頃私が自慢して居りましたので、泊町の紋左旅館、及同町料亭三笑楼に案内したのであります。

四問　誰々を案内したか。

答　私が、紋左旅館及三笑楼に案内した者は、今迄述べました、平館利雄、西尾忠四郎、西沢富夫、相川博、木村亨、加藤政治、小野康人の七名で、私は七月二日朝、東京を家内と一緒に出発し、松島、平泉、長岡を見物して、五日朝泊町に到着し、駅前の旅館で一休し、家内は同町より二、三里山奥の山ノ湯温泉に行き、私は約束通り紋左旅館に朝八時頃参りましたが、先程の七名も皆が酒を飲んで居りました。

五問　被告人が紋左旅館に着いてからどうしたか。

答　私等は、紋左旅館で酒を飲み食事をしながら雑談して居りましたが、泊町から約海上三里位ある親不知に行きたいと言う希望者もあり、私もこれに賛成し午前十一時頃、私、相川、木村、小野、西沢の五人が行く事になり、他の三人は疲れが出たので同旅館に休んで居り、五人は食後間も無く同町大屋浦から漁船で、米幾らかと酒二升を持ち、親不知の酒場で昼食をする考えで出発しました。

六問　親不知から何時頃帰ったか。

答　私等五人は漁船で親不知に行きましたが、網が揚った後で魚がなく、次の網を待つと遅くなるので、昼食もせず帰りは親不知から汽車で泊町に帰り、一同が紋左に着いたのは、午後六時近くでありました。紋左に残って居った者は、泊町を見物して私等が帰るのを待って居たとの事であります。

七問　相川博から、浅石晴世、村上敦、益田直彦、奥野七郎も案内してはどうか、と話があったか。

答　私は、泊町に行く事は相川に一任して居て、別に人数を制限して居りませぬでしたから、相川から右お尋ねの者等を入れてはどうかと話があった様に思いますが、右の者等は出席致しませんでした。

八問　被告人等が泊町に会合した理由は此の様な事ではないか。（比の時被告人相川博に対する予審第四回訊問調書記録併合第一冊一〇〇九丁五行目より同丁裏四行目迄、第三問答を読聞けたり。）

答　断じて其の様な理由ではありませぬ。先程申した理由であります。

九問　紋左旅館では斯様な事を協議決定したのではないか。（此の時前同調書記録併合第一冊一〇〇九丁裏五行目より一〇一六丁裏十行目迄、第四問答を読聞けたり。）

答　私等が、紋左旅館の離座敷八畳と六畳の二間で酒を飲み食事をしながら取り止めも無く雑談をした記憶はありますが、其の他の事は記憶にありませぬ。私が相川君等と、農村の状態を話し又、石原莞爾の興亜運動の事を話した時、私は積極的に何か運動するよりも国民はもっと経験を経て自から解決の道を見付けるだろうと言う気持で、若い者のみならず「インテリ」の気持を抑える感を以て話した事がありますが、それは五日ではなくて、六日朝酒を飲みながら話したのであります。

十問　其の時協議が午後十二時頃終り、一同記念撮影をしたか。

答　七月六日朝、私を除く他の者が紋左旅館を出発する時、私等一同記念写真を写しましたが、五日午後十二時頃記念撮影した事はありませぬ。

十一問　親不知に行く船中でどんな話をしたか。

答　船中では、取り止めの無い雑談位したと思いますが、飲食は致しませんでした。

十二問　親不知から帰ってからどうしたか。

答　先程申しました様に、午後六時近く私等は紋左に帰り、残って居た者と一緒に間もなく約束してあった同町料亭、三笑楼に案内致しました。

十三問　三笑楼に行った理由は。

答　三笑楼は私の亡父の友人で別懇の間柄にあった為、一同を御馳走する為め行ったのであります。

十四問　表面は御馳走するという事で、実は紋左旅館の会議に引続き協議する趣旨で行ったのではないか。

答　断じて左様な事ではありませぬ。

十五問　三笑楼に行ってからどうしたか。

答　私等一同は、午後六時頃三笑楼に着き、別館に案内され大いに飲み食い、底抜けする程騒ぎました。其の時、お酌として芸者二人を呼んで貰いましたが、名は知りませぬ。

十六問　何時頃引揚げたか。

答　宴会は午後六時頃から始まり午後十時半か十一時頃迄飲んで居て、一同は紋左旅館に引揚げた様な記憶があります。

十七問　三笑楼では斯様な事を協議し決定したのではないか。（此の時前同調書記録併合第一冊一〇一八丁十一行目より一〇二三丁七行目迄、第七問答を読聞けたり。）

答　只今お読聞けの様な事はありませぬ。

十八問　泊町に於ける会議の模様に付、相川博は斯様に述べて居るがどうか。（前同調書記録併合第一冊一〇二三丁八行目より一〇二六丁裏十二行目まで第八問答を読聞けたり。）

答　只今お読聞けの様な事は毫末もありませぬ。

十九問　被告人相川博は泊町に於ける会議の模様につき斯様な手記を提出しているがどうか。（此の時、相川博提出の昭和十九年五月六日山根検事に宛てたる手記記録相川博に対する第二冊九〇二丁乃至九一八丁を読聞けたり。）

答　お読聞けの様な事実は総てありませぬ。最初から泊町で会議を開くという暗示もなく又黙認した事もありませぬ。従って会議の目的及協議等の事実はありませぬ。私が先程述べました様に農村の状態等を、相川等と話した日も七月六日であるのに、相川は五日と言って居る位で、相川の心理に重大なる錯覚があると思います。私が相川が言う様な事情で泊に行ったのではないと言う事は、泊から帰った直後、満鉄調査室で寝籐椅子を買い度いと申しますと、其処に居た西尾等が、泊に行って御馳走になったお礼に満鉄組の私等に買わして下さいと言った事があり、又其の後相川が私方に来り、私の塑像を泊に行ったお礼に作らして呉れ、と言った事からしても、私が若い者を泊に案内した事位は判ると思います。

二十問　泊に行った費用はどの位要ったか。

答　泊に行った者の内には鉄道パスを持って居る者もあり、相川、西沢、西尾の如きは他の用事を兼ねて居り、特に泊に行く為に汽車賃を要しませぬので、泊に行く費用は特に各自の負担にはならないのでありまして、私が泊に於て紋左旅館、三笑楼其の他で支払いました費用は、雑費を入れて約三百円位であったと思いますが、旅館や料亭に幾ら支払ったか忘れました。

二十一問　此の色紙は。（此の時被告人相川博に対する昭和十九年地押第四〇号の九五、九六を示す。）

答　お示しの色紙は、何れも七月六日夜私が紋左旅館の主人夫妻に書いて渡した物に相違ありませぬ。

二十二問　此の色紙は。（此の時前同号の一〇〇を示す。）

答　お示しの色紙は、私が七月五日夜三笑楼に行った時、同家の主人に書いてやったものであります。

二十三問　泊の会議で決定した事を実行に移したか。

答　泊では先程申した様に会議等した事はありませぬから実行に移す筈はありませぬ。

二十四問　被告人等は泊で協議決定した事に基き、両グループを指導統制し其の拡大強化を図ったのではないか。

答　左様な事はありませぬ。

二十五問　取調請求書記載の第三の（一）事実であるが、被告人等は昭和十七年七月下旬頃満鉄東京支社地下食堂に会合したか。

答　私等がお尋ねの頃、お尋ねの協議に会合した記憶はありませぬ。私等がその場所に偶然落合った事があるかも知れませぬ。

二十六問　その会合に付き、相川博は斯様に述べて居るがどうか。（この時被告人相川博に対する予審第四回訊問調書記録併合第一冊一〇二八丁裏十一行目より一〇二九丁裏全部第十二問答を読聞けたり。）

答　私はお読聞けの私の論文「世界史の動向と日本」を雑誌『改造』に連続掲載すべく、相川に相談した事があり、その直後、小野にもこの論文を出すがでっかいからのりきるかと言った事もあって、私は中央公論社の四季雑誌『東亜政治と東亜経済』に「東亜共栄圏の民族問題」という論文を執筆したので、「世界史の動向と日本」という論文は雑誌『改造』に執筆掲載する順序と考えて居たから、私は相川、小野に左様に言ったのであります。私は論文の発表に付いては独自の論題で両社に交互に発表して居たので、お読聞けの様に論文掲載可否に付論議した事はありませぬ。

二十七問　その時被告人始め、平館利雄、西沢富夫、西尾忠四郎、木村亨、加藤政治、相川博等が会合したのではないか。

答　私は私の論文の事に付き会合しないのですから、誰が集まったか人数も判りませぬ。

二十八問　被告人がその時雑誌『改造』八月、九月号に掲載する「世界史の動向と日本」という論文を、一同に対し、皆が掲載して良いと思うなら掲載すると述べ論文掲載の可否に付き提議したのではないか。

答　左様な事はありませぬ。

二十九問　この論文の事に付き第五回の取調べの際斯様な陳述をしたが之の通りか。（この時被告人に対する予審第五回訊問調書記録併合第一冊一一一二丁五行目より一一二八丁裏八行目まで、第二十三問答乃至第三十三問答を読聞けたり。）

答　私の論文「世界史の動向と日本」を昭和十七年八月、九月号の雑誌『改造』に連続掲載した動機、その内容等に付ては只今お読聞けの様に第五回のお取調べの際申上げた通り相違ありませぬ。

三十問　この論文を発表して一般大衆の閲読に供し共産主義的啓蒙を図ったのではないか。

答　全く左様な事はありませぬ。この論文は左翼とか右翼とかの思想を持った少数の人を目的にした論文ではなく、何れにも属せざる大多数の国民の国策に対して賢明なる理解を為し、有効適切に国運の発展に参与し得る能力を養うに資する論文であります。私は国運を決定するものは前述の大多数の者の動向に懸って居るものと考えますから、左翼とか右翼とかの勢力を重要視して居りませぬ。

三十一問　この論文を掲載するに付き被告人に対し相川博、小野康人等が編集長大森直道等と相談して、検閲に接触せざる様慎重考慮して発表するという話合いをしなかったか。

答　私の論文の検閲は何時も原稿を渡す人に、社の編集の検閲に任せて居り、この論文の時も原稿を渡した相川に委していたので、お尋ねの様な事はありませぬ。

三十二問　その論文掲載に付き被告人等が満鉄東京支社地下食堂に会合した際、独ソ戦を繞る内外の諸情勢に付き論議した事はないか。

答　只今申しました様に私等が論文掲載に付特に会合した事はありませぬ。偶然に私が満鉄東京支社地下食堂でビールを飲んだ際、ソ連通の平館、西尾、西沢の何れかに独ソ戦の新聞発表のニュースに付雑談した事があるかと思います。

三十三問　その時の事に付き相川博は斯様に述べて居るがどうか。（この時被告人相川博に対する第四回訊問調書記録併合第一冊一〇三三丁四行目より一〇三四丁十三行目まで第十七問答を読聞けたり。）

答　左様な事は毛頭ありませぬ。

三十四問　取調請求書記載第三の（二）事実であるが、民族問題研究所の事に付被告人方や満鉄地下食堂等に会合した事はないか。

答　私は民族問題研究所を設置したいと言う考えがありましたのは、昭和十五年夏頃、昭和研究会の東亜政治班で、橘樸、尾崎秀実、平貞蔵、平館利雄、原口健三等と東亜民族問題研究に従事致しましたが、約二ケ月位で昭和研究会解散により中断し、昭和十六年春頃より、興亜院総裁鈴木貞一の委嘱を受けて非公式研究機関として、同院嘱託橘樸、鈴木重雄に私を加えて三人にて興亜理念の確立に関する研究を致して居りましたが、鈴木総裁が企画院の総裁に転じた為め、研究も中絶して居たので、私は民族問題研究が重大だと考え、昭和十七年三・四月頃、加藤政治、相川博の何れかに誰かこの研究に浄財を出してくれる人は無いかと話した事があり、又、加藤政治に民族問題研究所の立案をしてくれと話した所、加藤が立案して来たので、その問題に付私方で話したことがあります。その後同年六月末頃私方に、加藤が来たり私に文部省に於いて東亜民族研究所とか言う機関を設立したと話したので、私はお株を取られた形で浄財を出す人も無かろうと話し、私はその問題は放棄して仕舞ったので、この問題に付私方や満鉄地下食堂等に会合し、又この問題に付話合った記憶はありませぬ。

三十五問　昭和十七年七月二十日から二十一日に被告人方にこの問題に付相川博、加藤政治等が会合した事はないか。

答　左様な事はありませぬ。

三十六問　相川博は被告人と斯様な協議をしたと述べて居るがどうか。（この時被告人相川博に対する予審第五回訊問調書記載併合第一冊一〇三五丁十二行目より一〇三八丁裏二行目まで第二、三問答を読聞けたり。）

答　左様な事はありませぬ。もしお読聞けの様な民族問題研究所の問題に付私が加藤政治、相川博に話した事があるとすれば、昭和十七年六月中旬頃の事かと思います。

三十七問　この問題に付同年七月二十六日頃、満鉄地下食堂に被告人等は会合した事はないか。

答　私はこの問題に付満鉄側の平館利雄、西沢富夫、西尾忠四郎の三人に相談した事もなく、又、満鉄地下食堂に会合した事もありませぬ。私が加藤政治、相川博、木村亨の内誰かに、金さえ有れば満鉄側にも優秀な研究員があると言ったことがあります。

三十八問　七月二十六日の満鉄地下食堂の会合に付相川博は斯様に述べて居るがどうか。（この時前同調書記録併合第一冊一〇三八丁裏三行目より一〇四〇丁裏六行目まで第四問答を読聞けたり。）

答　お読聞けの様な事は全くありませぬ。

三十九問　この民族問題研究所の事に付相川博等が同年九月五日頃、満鉄地下食堂に会合した事を承知して居るか。

答　知りませぬ。

四十問　その会合の事に付相川博は斯様に述べて居るがどうか。（この時前同調書記載記録併合第一冊一〇四〇丁裏七行目より一〇四三丁裏八行目まで第五問答を読聞けたり。）（注・相川の手記は本書三七六頁以下に収録）

答　お読聞けの様な事は相川博からも、又他の者からも聞いた事はありませぬ。

四十一問　研究所長選任の話合いをした事があるか。

答　昭和十七年六月末頃文部省に民族問題の研究所が出来る以前で、私が加藤、相川等の民族問題研究所の立案をした以後で、私は研究所長問題に付加藤政治、相川博、木村亨の内何れかと所長には政界の大物を推薦し、総務に情報局嘱託奥野七郎はどうかと話合った事があります。

四十二問　研究所長は合法的を偽装する為め、なるべく当局より指弾されない人物を選ぶ事にしたのではないか。

答　私が研究所長に大物を選ぶ事がよいと言ったのは、資金の調達並に研究に権威を持たす為めであって、合法を偽装する為めではありませぬ。

四十三問　被告人等が泊に会合した事並に民族問題研究所等の事に付、平館利雄、木村亨は斯様な手記を提出して居るがどうか。（この時被告人に対する記録第三冊八六二丁乃至八七三丁平館利雄昭和十九年五月一日山根検事に宛てたる手記の謄本、及び九〇三丁乃至九〇九丁木村亨同年四月二十八日同検事に宛てたる手記の謄本を示す。）（注・平館、木村の手記は本書三九二頁以下に収録）

答　お示しの手記の内容は全く虚構で、私には理解出来ませぬので、各筆者の心理に重大なる錯覚があるとしか思われませぬ。

四十四問　日本共産党の拡大強化の為め、泊町に会合したのではないか。

答　斯かる意図の下に私は、泊町に行ったのではありませぬ。又泊町に行った若い者の中に斯かる意図のある事を暗黙の間に知り之を黙認した事もありませぬ。

第九回訊問調書
〔一九四四・12・12〕

被告人　細川　嘉六

右者に対する治安維持法違反被告事件に付昭和十九年十二月十二日横浜地方裁判所に於て予審判事石川勲蔵は裁判所書記田中利正立会の上前回に引続き右被告人に対し訊問すること左の如し。

一問　これまで陳述した事に付訂正する事はないか。

答　別にありませぬ。

二問　被告人は泊から何日頃帰ったか。

答　私は五日、六日、七日紋左旅館に泊まり、八日朝泊を出発しその日帰京致しました。

三問　被告人等が会合した紋左旅館、三笑楼の部屋等はこの図面や写真の通りか。(この時昭和十九年十一月十二日為したる検証調書記録併合第二冊第一三六三丁以下添附の図面並に写真を示す。)

答　私が泊まった紋左旅館及び会合をした三笑楼の部屋の模様等はお示しの図面や写真の通りであります。

四問　七月五日朝食の時、紋左旅館では酒、ビールは出さなかったと言って居るがどうか。

答　私は七月五日の朝、紋左旅館に着いた時は、他の者は酒を飲みながら朝食をして居りましたので朝食の時、酒、ビールを飲んだ事は間違いありませぬ。

五問　相川、平館は七月五日正午頃、親不知に行く前、紋左旅館の中庭で記念撮影をしたと言うがどうか。

答　記念撮影の事はこの前のお取調べの時申上げた通りで、五日の日に紋左旅館の中庭で撮影した事はありませぬ。五日には親不知に行く船中及び親不知に行って、西沢が写しただけであります。記念撮影は六日朝食前、紋左旅館の中庭で私を始め一同が撮り、出発の時玄関の所で女中を入れて写したのであります。

六問　七月五日の夜、三笑楼では芸者は午後六時頃来て八時頃帰ったと言うがどうか。

答　それは違います。芸者は私等が宴会を終り、私が色紙に河童の絵を描いた時居たと思いますが、最後まで居たので、私等は三笑楼では会議等は致しませんでした。

七問　平館利雄は被告人等との会合に付斯様に述べておるがどうか。(この時被告人平館利雄に対する予審第一回訊問調書記録併合第二冊第一三〇五丁裏八行目より第一三二九丁裏十二行目まで第八問答乃至二十四問答を読聞けたり。)

答　私等が昭和十七年五月九日頃、料亭銀八で新井義夫の壮行会を開いた事、昭和十七年六月十五日頃、目黒茶寮で親睦会を開いた事及び同年七月五日私等が郷里泊町へ行った事は間違いありませぬが、只今お読み聞けの様な協議等した事はありませぬ。それ等の会合については今までのお取調べの際詳細申上げた通りであります。西沢富夫の歓迎会には私も出席致しましたが、それは銀八ではなくて築地の鳥屋で開いたと思いますが、鳥屋の名は忘れました。日時は昭和十六年八月十日頃であったかと思います。

八問　被告人は風見章から現金千円受取ったか。

答　私はその事は知りませぬ。妻からも私の留守中、風見から千円を貰ったと聞いて居りませぬ。

九問　現在どう思って居るか。

答　私は本予審廷に於いて所懐を大体陳述し尽くした事を感謝します。

問題になった諸論文に於いて私が共産主義思想の宣伝を意図したものでない事は、諸論文に関する訊問に於いて陳述した所に依り証明されて居ると確信します。私はシンパ事件に座した経験を通じて共産主義思想から脱離を決意し、この決意を現実にする為め努力して来たものであります。この努力の成果は上述諸論文の内容及び私の執筆意図に於いて実証されて居る所であります。又予審廷で審理された所謂細川グループ及び満鉄グループと私との関係の訊問は、私がその決意を前記諸論文に於いて現実にした所を更に文筆と異なる行動という別方面に於いても又現実にした事を証明して居ると確信して居ります。私はこのグループ関係事件が共産主義思想及びその運動からの私の離脱を立証するに至った事は、私にとって不幸中の幸とも考えられるのであります。

私はこの際出来るだけ裁判所のお手数を煩わしたくないのですが、如何にしても只一つお願いせねばならぬ事があります。それは夫々手記を執筆した平館、相川、木村に付精神鑑定及び斯かる手記の出来た事情の御取調べを為して頂き度いのであります。その理由は右三人の手記の内容、及び平館、相川等が予審廷に於いて陳述した事が全く事実無根のものであり、かつ斯の如き陳述が平常の心理に於いて為され得べきものとは考えられないものであり、斯の如き陳述が事実為されたとする限りは、それは平常の心理を異常状態に転化したる肉体及び精神に於ける異常なる苦悩を経験せずして為されたものとは考えられないものであると言う事にあります。私も世田谷警察署に検挙せられた当時訊問に対して私が諸論文を執筆した事由は、日本をして真実に八紘一宇の理想を実現せしめんとする止むに止まれない愛国の熱情に外ならないと答えました処、その答の終わらない内に取調官芦田警部補、助手上田巡査の二人は猛然として私に暴行を加えたので、私はそれが為め健康を持続し難く、生命を落とす危険に陥ると思い、警察の調べは最終のものでなく、後に検事、判事の調べがあるものと思い、私の主張を枉げて、警察官の要求に追従して、私の警察に於ける取調べを終了したのであります。

従って警察の調書は検事並に予審判事の調書と甚だしく異なる結果となりました。検事、予審判事の調べによって始めて、私は自己の所懐を有りの儘に陳述する事が出来たのであります。

以上述べました事が私の現在に於ける心境でありますから、裁判官各位の公正なる御判定をお願い致します。

十問　被告人の将来の方針は。

答　学問は私の生命であります、四十にして惑わず五十にして天命を知ると言う事が私にとってはここ六・七年、一時に競合しつつ体得されて居ます。元より私は愚鈍加うるに努力足らず、今後に於いても言う程の事も成果を得ることは期待されませぬが、然しここに更生の勇猛心を奮起して、未曾有の努力を為し、自己の精神と学問とを一層純化し敦厚ならしめ、之に依って敬天愛民の私の主張を伸ばしたい事は私の切望する処であります。

斯の如き学問は我国家に対して私が尽くし得る只一つの方途であると確信します。裁判官各位の公正なる判定に依ってこの方途が私に許される事を努めて切願せざるを得ませぬ。万一この願いの許されない場合、私は一切を捨て、翻然来竜を願って農夫となり、閑雲野鶴の境地に於いて余生を送るでありましょう。これが私の将来に対する方針であります。

十一問　これで予審の取調べを終わるが何か弁解する事はないか。（この時予審判事は被告人に対し事件記録並に証拠物に基づき本件犯罪の嫌疑を受けたる原因を告知したり。）

答　之までのお取調べの際詳細申上げましたので別に申上げる事はありませぬ。

◎――――――◎

【解題】以上のような訊問を終えた後、石川予審判事が二週間余をかけて起草したのが次の「予審終結決定」である。結論は「公判に付す」、つまり裁判にかける、だった。

この予審終結決定は、細川嘉六と相川博を合体した異例の形になっている。なぜ合体したのだろうか。

ここで掲げられている〝犯罪事実〟の第一は、改造社・中央公論社内の「細川グループ」と「満鉄グループ」が接近し、富山県の「泊会議」において「共産党再建準備会」を結成、そこで決めた方針に基づき「細川論文」を『改造』に掲載したこととされている。

ところがこの「党再建準備会」について、細川は一貫して否定した。警視庁特高による長期の取調べを終え予審段階で横浜の予審判事に引き継がれた細川に対し再び特高の暴力的取調べに物を言わせるわけにはいかない。そこで相川の自供（手記＝三七六頁以下）を使い、これにより細川の「否認」を消し去ることにした。それには二人一緒の予審終結決定が手っ取り早かったのだろう。

細川嘉六・相川　博

予審終結決定

本籍　富山県下新川郡泊町百七十一番地
住居　東京都世田ヶ谷区世田ヶ谷五丁目二千八百三十二番地

著述業　細川　嘉六
当五十七年

本籍　川崎市東三丁目七十二番地
住居　東京都世田ヶ谷区世田ヶ谷五丁目二千九百七十八番地

元日本海軍新聞記者　相川　博
当三十六年

右両名に対する治安維持法違反被告事件に付予審を遂げ決定すること左の如し

主　文

本件を横浜地方裁判所の公判に付す

理　由

被告人細川嘉六は大正三年第一高等学校を卒業同年七月東京帝国大学法科大学政治学科に入学大正六年七月同政治学科を卒業後住友総本店社員となり次で読売新聞記者等を経て大正九年十月より大阪市天王寺区伶人町二十四番地財団法人大原社会問題研究所に研究員として入所し爾来主として所謂帝国主義時代に於ける植民地民族問題、国際問題等の研究調査に当り昭和十一年末同研究所退所後は南満州鉄道株式会社調査部東京支社調査室其の他の研究調査機関に関係しつつ論壇に進出し国際問題民族問題等に関する論文を執筆発表し来りたるが前記大原社会問題研究所に入所後間も無く当時の社会思想の影響と左翼文献の繙読とに依り大正十三、四年頃より共産主義を信奉するに至り昭和七年一月より同年八月に至る間前後数回に亘り当時の被告人住居兵庫県武庫郡精道村蘆屋法泉寺一千六百五十七番地に於て日本共産党員岩井弼次外二名に対し同党の活動資金として合計金四百二十円を交付し以て其の組織の拡大強化を図りたる結果昭和八年三月検挙せられ治安維持法違反被告事件として同年四月二十日起訴を受け同年十月二十八日大阪地方裁判所の公判に付すとの予審終結決定を受け昭和九年三月十日同裁判所に於て懲役二年四年間刑の執行を猶予すとの判決を受けたるに拘らず依然共産主義に対する信念を捨てざ

りし者

被告人相川博は海軍工廠技手の家庭に生育し大正十五年四月広島高等学校理科に入学したるが病気等の為昭和四年三月中途退学して同年四月法政大学予科二部に入学し昭和六年三月同予科を卒業同年四月同大学法文学部独逸文学科に進み昭和九年三月同独逸文学科を卒業後東京都神田区神保町尚文堂書店に勤務し月刊雑誌「独逸語」の編集校正係を為し居りたるが昭和十二年十月同都芝区新橋七丁目十二番地改造社に入社し雑誌「改造」の編集記者となり次で同社発行の雑誌「大陸」の編集記者を兼務し昭和十五年一月頃編集主任に進み昭和十六年十月頃雑誌「改造」の編集次長となり爾来同編集次長として活動し居りたるが昭和十七年十一月同都芝区田村町四丁目日本海軍新聞社に転じて文化部主任記者となりたるが法政大学在学中学内の「読書会」に参加し雑誌「戦旗」「マルクス」著「賃労働資本」其の他左翼文献を繙読したる結果遂に昭和八年八月頃より共産主義を信奉するに至りたる者なるが

被告人両名は孰れも「コミンテルン」が世界「プロレタリアート」の独裁に依る世界共産主義社会の実現を標榜し世界革命の一環として我国に於ては革命手段により国体を変革し私有財産制度を否認し「プロレタリアート」の独裁を通して共産主義社会の実現を目的とする結社にして日本共産党は其の日本支部として其の目的たる事項を実行せんとする結社なることを知悉しながら、孰れも之を支持し前記両結社の目的達成に寄与せんことを企図し

第一　被告人細川嘉六同相川博の両名は現下の情勢に鑑み自己の職場の内外を通して一般共産主義意識の啓蒙昂揚を図ると共に各個に分散せる左翼分子を糾合して相互に共産主義意識の啓蒙昂揚に努め左翼組織の拡大強化等を図りたるが

（一）昭和十四年十月頃より昭和十六年三月初旬頃迄の間雑誌「中央公論」の編集記者浅石晴世、同木村亨、雑誌「改造」の編集記者小野康人、東京新聞記者加藤政治、日刊工業新聞記者新井義夫等の共産主義者を逐次結集して被告人細川嘉六が中心となり所謂「細川グループ」なる非合法「グループ」を結成し爾来昭和十七年七月初旬頃に至る迄の間東京都世田ヶ谷区世田ヶ谷五丁目二千八百三十二番地なる被告人細川嘉六方其の他に於て屡々同人等と会合して我国内外の政治、経済、文化並に時局問題等内外の客観情勢を共産主義的観点より分析批判して相互の意識の昂揚並に同志的結合の強化を図り

（二）昭和十六年六月初旬頃より昭和十七年六月中旬頃迄の間予てより南満州鉄道株式会社（略称「満鉄」）東京支社調査室世界経済班勤務平館利雄、同西尾忠四郎、同西沢富雄等の共産主義者が結成し居たる非合法「グループ」なる所謂「満鉄グループ」と合体して強力なる左翼

組織たらしむる目的を以て東京都赤坂区葵町「満鉄」東京支社調査室其の他に於て右平館利雄其の他の者等と屡々会合して当面の客観情勢を共産主義的観点より分析検討して相互に意識の昂揚を図ると共に同志的結合の強化に努めたるが殊に

（イ）前記新井義夫が中央亜細亜協会勤務となり北支出発に際し其の壮行会を昭和十七年五月九日頃東京都京橋区銀座八丁目料亭銀八に於て開催し前記平館利雄、西尾忠四郎、西沢富雄、木村亨、加藤政治等と会合し

（ロ）昭和十七年六月十五日頃東京都目黒区目黒町料亭目黒茶寮に於て右「細川グループ」及「満鉄グループ」の親睦会を開催して前記平館利雄其の他の者等と会合し

何れも種々交驩を遂ぐると共に支那問題並に独ソ戦等を繞る国際情勢を共産主義的観点より論議して同志的結合の強化並に相互に意識の昂揚を図りて右「両グループ」の合体に努め

（三）前記（二）の如き過程を経て右「細川グループ」及「満鉄グループ」合体の機運熟するや昭和十七年七月五日被告人細川嘉六は前記平館利雄、西尾忠四郎、西沢富夫、木村亨、加藤政治、小野康人及被告人相川博等を自己の郷里富山県下新川郡泊町「紋左旅館」事柚木ひさ方及同町料亭「三笑楼」事平柳梅次郎方に招請して会合を開き被告人細川嘉六が中心となり当面の客観情勢に対処すべき方策に付鳩首協議したるが席上右平館利雄より内外の客観情勢は我国に於ける「ブルジョア」民主主義革命の機運を益々醸成せしめつゝ、ありて革命の主体的条件たる日本共産党（略称「党」）の衰微弱体化せるを急速に復興再建せしむる為の運動の展開こそ焦眉の急務なるを以て該運動の指導体として所謂「党再建準備会」なる秘密「グループ」を結成し之を速に拡大強化して同「党」の中心勢力たらしむべきことを提唱したるに対し被告人細川嘉六を初め其の他の者も一同之に賛同して茲に右「グループ」の結成を決定し次で戦略戦術としての所謂「千九百三十二年テーゼ」及反「ファッショ」人民戦線確立の運動方針に付討議して之等が依然基本的に正当なることを確認支持し該「テーゼ」の革命の展望の下に各自の職場を中心とし産業報国会、帝国農会、協調会、大政翼賛会、隣組並に東亜連盟其の他の右翼団体等凡ゆる合法団体及び合法場面を利用して極力労働者、農民智識階層に共産主義意識の啓蒙を為すと共に之が組織化に努め以て同「グループ」拡大強化を図ること殊に「グループ」の活動をして合法を偽装せしむる為民族問題研究所を設置して之を本拠とし民族問題の研究を標榜して果敢なる運動を展開すべきこと等を決定し更に該研究所の具体的組織をも審議し爾来被告人両名は被告人細川嘉六が同年九月十四日検挙せらるる迄の間右決定に基き同「グループ」を指導統制して鋭意其の拡大強化に努めたるが就中

（イ）昭和十七年七月十日頃東京都赤坂区葵町「満鉄」東京支社地下食堂に於て被告人両名は前記平館利雄、西尾忠四郎、西沢富夫、木村亨、加藤政治等と会合し独ソ戦を繞る内外の諸状勢を共産主義的観点より論議して相互に意識の昂揚に努むると共に被告人細川嘉六の執筆に係る「世界史の動向と日本」（昭和十九年地押第四〇号の三五、三六）と題し唯物史観の立場より社会の発展を説き社会主義社会の実現が現存社会制度の諸矛盾を解決し得る唯一の道にして我国策も亦唯物史観の示す世界史の動向を把握して其の方向に沿い樹立遂行せらるべきこと等を暗示したる共産主義的啓蒙論文を雑誌「改造」の同年八月号及九月号に連続掲載発表に付協議したる結果被告人相川博及当時同雑誌の編集部員たりし右小野康人其の他の「改造」編集関係者をして検閲に抵触せざる様慎重考慮して発表することに決定し該決定に基き被告人相川博は右小野康人及「改造」編集長大森直道其の他の尽力して該論文を予定の如く発表して一般大衆の閲読に供して共産主義の啓蒙に努め

（ロ）同年七月二十六日頃及九月五日頃の二回に亘り前記「満鉄」東京支社地下食堂に於て被告人両名は右平館利雄、西尾忠四郎、西沢富夫、木村亨、加藤政治等と会合し曩に設立を決定したる民族問題研究所の組織、構成、人的配置並に資金獲得の方法等に付協議して之が具体化に努め

第二　被告人細川嘉六は現下の情勢に鑑み其の執筆する諸論文に於て共産主義的立場より世界諸問題を捉えて巧みに世界資本主義の深刻なる行詰りを暴露し更に此の行詰りの裡より世界の進むべき発展的方向並此の方向に即して執らるべき当面の任務に就ての示唆を与うる等論壇より一般に対する共産主義的啓蒙に努めたるが

（一）大阪市天王寺区伶人町二十四番地大原社会問題研究所発行の同人雑誌昭和十年十二月第二巻第十二号に「南京政権と世界政治」と題する論文（昭和十九年地押第一一六号の一二の一頁乃至四八頁）を執筆掲載し該論文に於て南京政権治下の支那と之を繞る列強の動向を論じ資本主義的矛盾に圧迫せられたる列強は此の打開を求めて支那に迫り反動化せる南京政権と提携して支那民衆に対する搾取と抑圧とを強行したること其の結果は支那国民経済を破局に瀕せしめ広汎なる反抗民衆を基礎とする中国共産党紅軍等の革命的勢力の拡大強化を激成しつつあることを詳述してソ連邦の強大なる経済力に言及し最後に斯る状況に在る支那問題の解決は列強が支那民衆に豊富低廉なる資本商品を与えて経済的破局より之を救済するに足る生産力を有するや否やにあるも斯る生産力の発展は現在世界の政治的経済的大問題を解決し全人類の新文化を創造する力量を有するや否やに依存する旨論述して資本主義組織より社会主義組織への転化の裡に支那問題の解決更に人類新文化の創造が齎さるることを暗

示し

（二）東京都麹町区丸ノ内中央公論社発行の雑誌「中央公論」昭和十二年六月号第五十二巻第六号に「世界的危機の激化と大陸政策の省察」と題する論文（前同号の三五）を執筆掲載し該論文に於て極度に激化せる列強の対立は却ってソ連邦の国際的地位を強化せしめ之が列強の将来の存立に対する危険を内包するところより列強対立の一時的後退と列強の対ソ共同戦線の結成之に伴う対ソ戦争の契機を成長せしめつつあるも他面「ファッショ」諸国の行動には資本主義列強間の戦争を誘発する危険性も多分に存するとして国際政局の複雑性を指摘し之を資本主義の行詰りに帰せしめ

（イ）更に我大陸政策も国民大衆の生活と自由とを賭する戦争に発展する危険を内包するを以て大陸政策遂行に当っては内大衆の政治的自覚の徹底を図り外、防共協定中心の外交政策より対外関係好転の為の外交政策への転換に努め軽々なる冒険的戦争に努めることなきを要する旨主張し暗に内大衆の階級意識の涵養に努め外、反「ファッショ」的外交政策への転換を図る等帝国主義戦争阻止の為め万全の策を講ずべきことを示唆し

（ロ）最後に資本主義列強間の関係が相互の協調へと転化せんが斯る転化は同時に弁証法的に世界史に於ける大転化の契機を内包するものとなりと謂いて列強間の協調は同時に対ソ戦争の勃発を齎すべきも此の戦争の過程に於て世界革命への転化の契機成熟するに至るべしとの趣旨を暗示し

（三）東京都芝区新橋七丁目十二番地改造社発行の雑誌「改造」昭和十四年五月号第二十一巻第五号に「支那民族運動と列強」と題する論文（前同号の三四の四〇頁乃至七一頁）を執筆掲載し該論文に於て支那に於ける民族独立運動の史的発展を詳述し当面民主主義革命を遂行することに依り広汎なる民衆を抗日戦線に動員しつつある中国共産党が支那事変下一層其の民族的基礎を拡大しつつあることに言及し之を以て世界帝国主義的矛盾の激化より進化せんとする重要なる動向なりと做し此の間ソ連邦の対支政策の成功、其の支那民衆に与うる影響力を紹介しつつ最後に我対支政策の成功は帝国主義に対する真実に大乗的にして峻厳なる批判の裡に求めらるべきものなる旨主張し暗に唯物史観に従い支那民族運動の持つ進化的動向を把握し従来の帝国主義的抑圧政策より此の運動達成の方向に我が対支政策の転換を図る必要あることを暗示し

（四）前記中央公論社発行の雑誌「中央公論」昭和十四年十二月号に「現実ソ連の世界政策」と題する論文（前同号の一五の二二一頁乃至二五六頁の論文と同一）を執筆掲載し該論文に於て現実ソ連邦の世界政策が一貫して平和政策の堅持に存する旨を強調することにより共産主義的立場よりソ連邦の擁護並にソ連邦の平和政策等

の宣伝を行い

（五）前記改造社発行の雑誌「改造」昭和十五年八月号に「アジア民族の史的発展と大陸政策への省察」と題する論文（前同号の一五の一頁乃至四六頁の論文と同一）を執筆掲載し該論文に於て後進アジア諸民族間に於ける民族運動の史的発展とソ連邦の民族政策の成功とを詳述して共産主義的立場より社会主義的民族政策の宣伝に努め

（六）前掲（一）乃至（五）篇の論文（但し（二）の論文は「世界的危機の激化と大陸政策」として）其の他被告人の諸論文を取纏めて昭和十五年十二月東京都日本橋区本石町三丁目二番地東洋経済新報社より「アジア民族政策論」と題する著書（前同号の十五）を出版したるが前示諸論文の外同著書に収むる「ソ連邦の民族政策とアジアの勃興」と題する論文（前同号の一五の二五七頁乃至二九四頁）に於てソ連邦のアジア諸民族に対する社会主義的民族政策の成功を強調して共産主義的立場より之が宣伝を行い

（七）前記中央公論社発行の四季雑誌「東亜政治と東亜経済」昭和十六年七月第一回発行に「東亜共栄圏の民族問題」と題する論文（前同号の一九のゲラ刷の論文と同一）を執筆掲載し該論文に於て東亜共栄圏内諸民族の民族独立運動を詳述して此の運動が孰れも当面民主主義革命達成への道を進みつつあることソ連邦に於ける民族政策の成功が右の如き民族運動に与うる影響の重大なることに論及しつつ最後に東亜共栄圏樹立の根本的条件は帝国主義対後進諸民族の新民主主義との対立相剋を解消せしむべき偉大なる思想の発展と之に基づく根本政策の樹立に在り此の為めには世界に於ける最も進歩的なるものを大胆不敵に把握して国内革新を断行することの必要なることを述べて唯物史観に基づき社会主義革命への前提段階たる民主主義革命への達成の方向に国内革新を断行することこそ東亜共栄圏樹立の根本条件なることを暗示し

（八）前記改造社発行の雑誌「改造」昭和十七年八月号及九月号に「世界史の動向と日本」と題する論文（前同号の二一の（一）（二））を執筆掲載し

（イ）同雑誌昭和十七年八月号二十四巻第八号（前同号の二一の（一）の八頁乃至二九頁）に於ては現在世界は発展して止まざる文明（人類の自然界支配力の体系）と之に相応して発展せしむべき文化（文明と関連する人類の生活価値の体系）との相剋に陥りつつありて此の調整問題こそは現下最大の世界問題なりとし科学と技術の発達が各時代の社会組織に於て未曾有の生産力を発展せしむるに至って次の新たなる社会組織への転化を齎しつつ現在の資本主義社会に至れること二十世紀に於ける空前の生産力の発展は全世界をして資本主義的近代工業の支配勢力下に網羅し組織化するに及び世界は資本主義的

生産力にとりて甚しく狭隘となり生産が人類の消費よりも資本主義的利潤の増大を根本的目的として遂行さるる現在制度の矛盾を深刻化せしめ此の矛盾は到底従来の方途を以ては解決し得ざること此の矛盾を他の方途を以て解決したるソ連邦に於ては生産力発展の基礎たる科学に対し讃美の声漲るに反し資本主義国に於ては其の指導者は此の解決に困惑したる末遂に科学に対する呪咀の叫びを挙ぐるに至れること文明と文化の調整問題が現在世界問題として提起せらるる所以も此処に存することを論述して唯物史観の立場より社会の発展を説き今や現存社会組織が発展を続くる生産力の桎梏と化せる以上之を打倒して社会主義社会を実現せしむることこそ相剋を来たせる文明と文化を調整せしむる唯一の方途となることを暗示し

（ロ）同雑誌昭和十七年九月号第二十四巻第九号（前同号の二一の（二）の一六頁乃至四七頁）に於ては現在の世界戦争は右の如き資本主義の行詰りに基づき文明と文化の調整問題の一解決方法として列強間に惹起せられたる世界的事態なるに反し同じく此の資本主義的行詰りと連関し展開せられつつある世界的事態はソ連邦の発展と植民地半植民地に於ける民族独立運動の昂揚なりとしてソ連邦に於ける社会主義建設の躍進之に基く民族政策の成功更に斯るソ連邦の影響下に当面民主主義革命の段階に進みつつある亜細亜諸民族の民族独立運動の発展を詳述し最後に東亜十億諸民族が大和民族を其の指導者として歓迎して協力するや否やは一に大和民族が過去の旧慣を打破し大胆不敵に世界史上空前の史的発展を把握し雄渾なる政治思潮それより湧出する政策を発展せしむるや否やに繫るものなりと主張し我国内外の国策も亦唯物史観の示す世界史の動向を把握してその方向に向って樹立遂行せらるべきことを暗示して一般の共産主義的啓蒙に努め

第三　被告人相川博は

（一）被告人細川嘉六が曩に発表したる「世界史の動向と日本」と題する論文等により昭和十七年九月十四日治安維持法違反の嫌疑にて検挙せらるるや同月十六日頃東京都赤坂区葵町「満鉄」東京支社地下食堂に於て平館利雄、西尾忠四郎、西沢富夫、加藤政治、木村亨等と会合して細川嘉六検挙の対策に付協議したる結果同人検挙後も専ら平館利雄を中心として既定方針に基き果敢なる活動を継続すること並に前記同「党」の拡大強化策として当時大阪を中心として活動し居りたる大阪商科大学教授にして共産主義者名和統一の参加を求むること等を決定すると共に検挙せられたる細川嘉六に対し家族の救援方を協議決定して之が実践に努め

（二）昭和十七年十二月下旬頃より昭和十八年四月下旬頃迄の間前後五回に亘り毎月金二百円宛合計一千円を東京都品川区東大崎四丁目二百四十八番地風見章より調

達したる上之が救援金として同都世田ヶ谷区世田ヶ谷五丁目二千八百三十二番地細川嘉六方に於て同人の妻細川サダに供与し

（三）　昭和十七年十一月四日頃東京都芝区虎ノ門喫茶店「晩翠軒」に於て平館利雄、西尾忠四郎、西沢富夫、木村亨、加藤政治等と共に前記共産主義者名和統一と面接して合法偽装機関たる民族問題研究所の設置並に名和統一が当時大阪に於て設置計画中なりし棉業問題研究所等に付論議して両者の活動方針に付協議を為し

（四）　昭和十八年一月三十日頃東京都芝区虎ノ門料亭「亀清」に於て右平館利雄、西尾忠四郎、西沢富夫、木村亨、加藤政治、浅石晴世等と共に再度前記名和統一と会見して相互に情報意見を交換して両者間の組織並に活動方針に付協議を重ねたる結果政治の中枢たる東京に於ける被告人を初め平館利雄其の他の者等の「グループ」を中心として大阪に於ける名和統一等も之に連絡呼応して運動を展開すべきことを決定したる外共産主義者小倉章平の山田盛太郎著「日本資本主義分析」を批判したる其の批判論に付討議し相互に意識の昂揚に努め

（五）　同日更に一同は東京都芝区三田通り料亭「今半」に於て会合し日本の当面の政治的課題は民主主義政治の確立にありて此の勤労民衆の民主主義革命の実現の為には最も優秀なる政党政治家の利用が重要なる旨日本革命の展望に付尖鋭なる論議を重ね以て相互に意識の昂揚に努むると共に同志的結合の強化を図り並に之が実践に努めたる等被告人両名は諸般の活動を為し以て「コミンテルン」及日本共産党の目的遂行の為にする行為を為したるものなり

右被告人両名の所為は治安維持法第一条同法第十条刑法第五十四条第一項前段第十条に各該当すべき犯罪として公判に付するに足るべき嫌疑あるものと思料するを以て刑事訴訟法第三百十二条に則り主文の如く決定す

昭和十九年十二月二十九日

横浜地方裁判所

予審判事　**石川　勲蔵**

V 横浜事件・もう一つの発端

——「米国共産党員事件」

【解題】 以下に掲載するのは、中村智子『**横浜事件の人びと・増補版**』（田畑書店）の一部、それも冒頭第Ⅰ章である。同書は、横浜事件の数多くの被害者からの聞き取りにもとづいて書かれたもので、横浜事件について最も総合的かつ詳細で、信頼性の高い著作と見られている。再審裁判でも貴重な参考資料とされた。

その一部を、著者の了解を得て掲載するのは、横浜事件のもう一つの発端である川田寿・定子夫妻の検挙にいたる経緯について詳細に述べられたものは、これ以外にはないからである。

川田夫妻が特高警察に検挙されたのは、一九四二年9月11日、細川の検挙はその三日後である。しかし両者は全く関係がない。川田夫妻の検挙は神奈川の特高、細川の検挙は東京（警視庁）の特高によるものだった。

この全く関係のなかった二つを特高が結びつけるのは、八カ月後の翌四三年5月、川田寿の勤務先の関係から芋づる式に検挙を広げていった、その中の一人の家宅捜索で一枚の集合写真を見つけてからであった。細川を中心に七名全員が旅館の浴衣姿の、富山県泊での慰労会翌朝の記念写真である。これを神奈川特高は「**共産党再建準備会**」と見立てたのであった。

一方、ここに収録したインタビューの終わりの方で、数十回も失神させられた凄まじい拷問について述べた後、川田寿はこう語っている（二五九ページ）。

「彼らの目的が、ぼくにアメリカ経由のコミンテルンの共産党再建指令をもちこんだと言わせようとしていたのだとわかったのは、だいぶたってからだった。そんなことはぜんぜん知らんというと、とぼけやがる、といってすごくやられた。」（傍線、引用者）

共産党再建工作の摘発。それへの特高の衝動・功名心が、川田夫妻と「泊グループ」をしゃにむに結びつけていったのではないかと思われる。

それにしても、戦争をはさんでの川田夫妻のたどった人生の行路は、まるで長編小説のあらすじを読むように起伏に満ちており、歴史が深い影を落としている。

そしてインタビューの最後、川田夫人はこう言い切る。

「私は、どんなことがあっても仇を討とうと思っていたんですよ。独房のなかで、毎朝祈っていました。特高の松下と柄沢に何か悪いことがありますように、と。」

このインタビューから八年後、一九八六年、夫と死別した川田夫人は和歌山の老人ホームに入っていたが、再審裁判の請求人団に加わり（第一次再審請求）、裁判所に提出する証言ビデオの中で、自らの受けた拷問について再度語った。夫人の胸中にはその後も「仇討ち」の意志が脈打っていたのである。

中村　智子

『横浜事件の人びと増補版』

Ⅰ　発端・米国共産党の幻影
――横浜事件検挙第一号の川田夫妻

横浜事件の検挙第一号はアメリカから帰国した川田寿・定子夫妻である。川田夫妻は太平洋戦争がはじまる十ヵ月前の一九四一年二月、十年間の滞米生活をきりあげて、日本へ帰ってきた。特高は、夫妻がアメリカ共産党の指令をうけてスパイ活動をするために「潜入」したとして、左のような事件につくりあげたのであった。

※以下、「特高月報」中の「米国共産党員事件」を引用

――本書一三一―一三二ページ

この記述から浮かびあがってくる川田夫妻の像は、若いときから一筋に左翼運動に挺身した筋金入りの闘士のカップルである。戦後、慶応義塾大学教授になった川田寿は、横浜事件については特高告訴の口述書（後述）のほかは、なにも発言していない。――でっちあげとはいえ自分が横浜事件の発端になったということで、沈黙を守っているのだろうか。あるいは、長いアメリカ生活と帰国後の獄中体験から、日本人ぎらいのハイカラな老夫妻なのだろうか。私はおそるおそるインタビューを申し込んだ。

しかし慶応大学のグラウンドに近い日吉の川田宅を訪れたとき、道に迷っている私たちを途中まで迎えにきてくれた夫人は、セーター姿の明るい庶民的な感じのひとだった。居間で待っていた川田は、温厚な老紳士だった。これまで横浜事件について発言していないのは、一、二度取材されたことはあるが、とくにくわしくは聞かれなかったし、自分からあの忌わしい体験を発表する気もなかったからだ、ということだった。前掲の特高資料も私たちが持参したコピーで初めて読み、そのでたらめさに呆れ、憤った。

以下、『特高月報』を駁しながら語った川田夫妻の真実をつづろう。最初の「渡米事情」から違うのである。

川田寿は一九〇五年（明治三八）茨城県の旧家の次男に生まれた。父は大地主で、母は大ぜいの使用人の指図をしながら田畑や養蚕にはげみ、村人たちから敬愛される一家であった。父母ともに当時の田舎ではめずらしいクリスチャン（クエーカー教徒）で、のちに皇太子の英語教師になった、ミス・ローズがフレンド女学校時代に、日本の田舎の家を見たいといって川田家を訪れ、小学校に入る前の寿はそのときミス・ローズに頭をなでられた記憶がある。

一九二三年（大正一二）に上京して慶応の予科に入り、早稲田高等学院在学中の兄・茂一といっしょに牧師の家に下宿した。兄が京大に入って左翼運動に参加したことや、友人が東大新人会で活躍していた影響もあって、慶大経済学部に進んだ川田も、当時さかんだったマルクス主義研究会や学生運動に加わり、テク（資金・家屋調達やガリ版きり）の仕事をして、なんども警察に捕まった。正式の共産党員ではない活動家学生は、三ヵ月くらい留置されては起訴猶予になり、出てくるとまた活動して捕まる、というくりかえしだった。

一九二八年の三・一五事件、翌年の四・一六事件の共産党への大弾圧で、状況はいちだんときびしくなった。親戚の風見章が心配して、このまま国内にいては起訴されるから外国留学をしたらどうかとすすめ、クエーカーの宣教師が保証人になってくれて、一九三〇年（昭和五）七月、慶応に在籍のままペンシルバニア大学に留学した。まもなく父が亡くなり、スクール・ボーイ（書生）や柔道教授のアルバイトをしながら金融論の勉強をし、ドクター・コースに進んだ。ニューヨークの全米学生連盟本部や日本人労働者クラブに出入りするようになり、インテリは労働生活をして自ら鍛えなければダメだと考え、学問よりも実践運動をする決心をした。当時のニューディール下の労働運動は「デモクラティック・フロント」として各分野で活況を呈していた。

川田はアメリカでの活動についてつぎのように語る。

――それまで組合の手がとどかなかった鉄鋼や自動車をはじめ、ゴム、電気機械、化学などのマスプロ産業に、CIO（産業別労働組合会議）の強力な組合がつくられた。私たちは外国人の多い底辺産業のホテル・レストラン組合に入り、ニューヨーク市内の組織拡大のために、しばしばピケを張った。「この店は労働組合を不当にも認めない。どうぞ客にならないでください」と呼びかけながら、プラカードを胸と背中に吊るして店の前を往復しつづけたりした。

組織率の低かったホテルやカフェテリヤなどのストライキや大衆動員によく参加した。マス・ピケットで数百人でおしかけ、警官隊と衝突になって、大ぜい検挙されたこともあった。そのときぼくも捕まったが、留置場では労働歌を高唱して気勢をあげた。じきに組合弁護士がきて夜間簡易裁判《ナイト・コート》がひらかれ、ただちに全員が軽犯罪で釈放されるというようだったから、痛くもかゆくもなかった。活発な組合活動によって、数年間でニューヨーク市の飲食関係業の労働組合員は、四百名から十五、六万名に躍進した。ぼくは支部の役員に選ばれ、各国からの移民労働者と親しくなり、とくに黒人労働者たちと仲よくなった。

組合運動のかたわら、それまで学問的な研究をしてきた者として、ニューディール政権下の失業者や貧農、低所得者の問題などにも興味をもった。また日本の戦争推進をどうしたら阻止できるか、日本の労働者、農民の生活水準はどのようにして向上させうるのか、などについてもよく考えましたね。――

定子夫人は一九〇九年（明治四二）、愛知県の織布工場を営む家の七人兄妹の長女に生まれた。岡崎女学校のころから、大ぜいの同年輩の娘たちが「女工哀史」的な状態で働いているのをみて、若い娘の正義感から家業に反撥した。父は県会議員もしている有力者だった。

一九二六年（大正一五）、女学校を卒業すると、女工を搾取した汚い親の金は使わない、と上京して東京逓信局につとめた。友人から『戦旗』や『無産者新聞』をもらって読んでいたが、活動には参加していない。

まもなくYWCAの知人から、「とてもよい雰囲気のところだから」とさそわれて、YWCAに勤めをかえた。一年ほどたったころ、YWCAの就職部にワシントンの日本大使館からメイドの求人があり、推せんされた。アメリカへ行ってみたいという希望もあったし、家に帰ればお嫁にいかされそうなので、白羽の矢が立ったのを幸いに、自由な国へ出帆した。

日本大使館は窮屈だった。日本の友人から大使館気付で送ってくれた左翼雑誌が見つかって、出淵大使に叱られたこともあった。一年半がまんして働いていたが、ニューヨークに日本人団体があるという記事をよんで連絡をとり、一人でニューヨークへ行った。雇主の加藤参事官にことわれば止められるにきまっているから、だまって家出のように行ってしまった。

ニューヨークではいろいろな仕事をした。日本人の店のウエイトレス、美術学校のモデル、日本陶器の修理工など、女ひとりでアパートに住んで食べていくのには困らなかった。昼間働いて、夜は学校へ行き、英語を習った。休みの日には日本人労働者クラブへあそびに行った。藤森成吉の小説『亀のチャーリー』のモデルの西村老人や、ジャック白井、石垣栄太郎・綾子夫妻もきていた。その日本人労働者クラブで、川田寿青年に出会ったわけである。

「ロマンスはご想像にまかせますよ。」

ニューヨーク時代を語りながら、定子は楽しそうに笑った。

一九三四年に結婚した二人は、共働きをしながら、労働者クラブの活動にいっそう積極的に参加した。日本ではあまり知られていないニューヨークの日本人労働者クラブについて、川田はくわしく説明してくれた。

――日本人労働者クラブは、ロシヤ革命の影響をうけて、アメリカの労働者全般のなかに急進的な運動が拡がったころ、ニューヨークにいた日本人インテリや労働者のあいだでつくられたものです。はじめは日本人労働協会といって、片山潜、猪俣津南雄、田口運蔵たちが中心だったそうだが、当時の急進的運動は、移民労働者がそれぞれ集団をつくって、自分たちの言葉で語り、母国語の新聞を発行していた。

私たちがニューヨークに行った一九三〇年ごろは、日本人労働者クラブは東十丁目の安ビルの三階にあった。ぼくは学生連盟本部を訪ねて大学院に入ってアルバイトをしたい旨をたのむと、クラブで相談するようにと紹介されて行ったのが最初です。クラブの会合には二十数名が集まることもあったが、とくに傑出した人物は見当らず、大多数は労働者で、インテリはわずかだった。

労働者の多くは船乗りあがりで、富豪の家の住込みコックや、小さな食堂で働いている者も何人かいた。変わりだねのインテリは、高等商船の練習船から逃げてきた男、画家が二、三人、教会の宿泊室にいる学生あがりなどだった。彼らは、国家主義的な団体である日本人会の堅苦しさがきらいで、好きなことが言える労働者クラブをこよなく愛好していたようだ。

日本語の新聞や雑誌もあり、休日には思い思いに立ち寄って、からだを休めたり、雑談をしたりする、ときには、働き先の家族の留守を見計らって、ぼくなどを連れこみ、大ごちそうをしてくれたりした。彼らの話によると、日本人労働者は言葉もわからないし、口が堅くて家庭の秘密がもれないので気に入られて、何年でも働けるということだった。

クラブでは月に一回くらい研究集会が行なわれた。大山郁夫夫妻が亡命してきたとき、ぼくがクラブ拡大のために大山氏を中心とする講演会をひらいて大ぜいの学生や労働者を引きつけようと提案したところ、大山は階級の裏切り者だと反論されて大議論となり、否定されてしまった。そのころは人民戦線のアメリカ版の民主戦線が叫ばれていたのだが、日本語新聞『労働新聞』は、大山夫妻を裏切り者として行くさきざきで排撃しろ、と書いていた。そのようなこともあって、ぼくたちは日本人労働者クラブよりも、人種のるつぼのような労働組合運動に専念するようになったわけです。

クラブの活動でもっともおもしろかったのは、年一度の「日本の夕べ」だった。演劇や舞踊などをやって、いろいろな民族のクラブの人たちに切符を売り、数百人も集まった。そこで知り合ったユダヤ人夫妻とたいそう親しくなったりもした。クラブではいろいろなキャンペーンに加わった。例えばスコッツボロ少年事件〔黒人の少年が白人の少女を凌辱したとして死刑判決をうけた事件〕の法廷費用のためとか、スペインの反ファッショ戦争を支援する資金とかで、人通りの多い街角に缶をもって立って募金活動をしたりした。また毎年メーデーに参加し、ときには日本人船員を行列に招き入れたりもした。そのころの労働組合は追風をうけたように躍進していたから、メーデー参加者も多く、気勢があがって、行進中に数十階のビルから紙ふぶきが舞い、すばらしい景観でしたよ。
——

特高資料に「米国に於ける活動」の例としてあげられている「帝国海軍の乗組員に対し反戦・反軍宣伝印刷物を配布」というのは事実だ、と川田は言う。クラブのメンバーがなけなしの自腹をきって、上陸した日本の水兵たちをエンパイア・ステート・ビルなどニューヨークのあちこちへ案内し、おみやげ品のなかに反戦ビラを入れてわたした。それはサンフランシスコの『労働新聞』から送られてきた反戦平和運動のビラで、日本本土にも流されたものである。満州事変以来の中国への侵略は破滅の道をゆくものであり、犠牲になるのは人民だ、戦争に反対しよう、という内容であった。派手な活動はそのくらいで、ふだんは地味で地道な労働組合の仕事をつづけた。

アメリカでは共産党は合法政党であり、労働組合の活動家には党員が大ぜいいて、親しくつきあっていたが、川田夫妻は入党しなかった。特高資料にある「米国共産党支那人部の依頼を受けた宣伝文書の作成」などということは、まったく心当たりはない、という。

「帰国事情」も、特高のいう米国共産党との連絡活動のためなどではもちろんない、と川田は語る。

——十年も滞在したので、そろそろ日本へ帰ろうと思ったのです。帰国のいちばん大きい要因は、アメリカの徴兵制度が改変され、満三十五歳までの男子は、国籍のいかんを問わず徴兵の登録をしなければならなくなった。アメリカの兵隊にされてはかなわないからね。

世界経済調査会への就職は、帰国後まもなく決まった。クエーカーの宣教師の推せんで、鮎沢巌氏が理事をしていたので紹介されたわけで、スパイ活動をするために外務省の外郭団体である調査会入りに奔走した、などというのは噴飯物だ。

当時は日米関係がむずかしくなっていたので外国郵便は遠慮して、アメリカの友人へ無事に着いたという手紙もだしておらず、資料を送付したとされている米国共産党員ハッチンスなどという名前も初耳です。

帰国する前にアメリカの労働組合の人たちが送別会をひらいてくれて、記念品ももらった。そのとき共産党員もきていたが、組合の仲間ということで、組織的にどうこうということはない。日本の在ニューヨーク外交機関のなかに警察のスパイみたいなことをやっていた人間がいた。労働者クラブや日本人教会にいる者はみんなアカとみて、へんなふうに密告したのかもしれない。——

川田が検挙されたのは、日米開戦後、交換船で帰国した男が、乗船者名簿からアメリカで左翼運動をしていた者の名前をあげさせられ、大物は先に帰っていますよ、と古い名簿から川田の名前をあげたために、帰国後一年半たってから逮捕されたのであった。川田は特高に取調べられたさい、進歩的な人がだれもかれも「共産主義者」として密告されているのを知って、唖然としたという。

川田は世界経済調査会では資料室長になった。その頃はもう外国文献は外国から入らなくなっていたので、予算を五、六万円もらって古本屋から各国の政治経済の資料をたくさん買い入れた。調査会には五、六十人の職員がおり、アメリカ研究班、ドイツ研究班、ソ連研究班というように数人ずつの研究グループをつくり、外務省や海軍省、満鉄などからも研究会にきていた。川田があつめた資料は研究者たちに喜ばれ、川田もアメリカ研究班に参加していた。それらの調査研究を、特高は「スパイ活動」「共産主義者の組織化」とみたのである。

特高資料に名前のあがっている「在米時代の同志」というのも、日本人労働者クラブにきていた人が帰国して、家宅捜索のさいに挨拶のはがきが見つかったというだけのことである。「旧学連時代の同志」も、家が近かったので二、三度往き来したのを、「働き掛け、之が組織化に努めたり」とされたのだった。彼らは取調べられ、なかにはひどく拷問された人もいたが、みんな釈放されている。

厳秘資料だった『特高月報』にものものしく書かれていることがいかにでたらめであるかを、当人の川田はひとつずつ指摘し、訂正した。今日公刊されている特高資料を研究者がそのまま引用することの誤りを川田の証言が示している。

これまで横浜事件について書かれた本には、川田夫妻が検挙されたきっかけは、アメリカから持ち帰った本のなかに社会問題にかんする文献があったために、特高に目をつけられたのだ、と記述されている。これは特高資料にはないが、最初に書かれたものを引用するうちに、しだいに「定説」にされたもののようである。

《同夫妻は日米開戦の年の正月、長年滞在したアメリカから帰朝、その上陸一歩で、その所持品のうちに、たまたま社会問題関係文献若干を水上署に発見され、のち神奈川県特高警察部の取調べをうけた。当特たまたま鵜の目鷹の目で獲ものを狙っていた同特高警察部は、川田の身元を洗い出した結果、同夫妻がアメリカで労働問題の研究にたずさわっていた事実を探知するとよき獲ものとばかり、まずこの夫妻に目をつけた。》(畑中繁雄『覚書昭和出版弾圧小史』図書新聞社、一九六五)

《川田さんには検挙されるようなおぼえはまったくなかった。横浜に着いた荷物のなかから社会問題にかんする本が少しばかりひっかかったが、学問として研究しているかぎり不審を抱かれる理由はないとおもっていた。》(黒田秀俊『横浜事件』学芸書林、一九七五)

《川田は横浜入港にさいして多数の左翼文献をもちこんだといわれるが、たぶんこのことから神奈川の特高警察は、「左翼前歴者」たる川田が米国共産党の指導のも

とに日本共産党の再建運動に従事するものとにらんだのだろう。》(奥平康弘『治安維持法小史』筑摩書房、一九七七)

しかし川田夫妻は、社会問題関係の本はぜんぶ捨ててきたので、水上署でひっかかった事実はない、という。

――ぼくたちは一応すねにキズをもつ身だから、人の話で日本ではすごく特高がうるさいといろいろきいていたので、下船と同時にやられるかもしれないと思って、緊張して帰ってきた。そうしたらなんでもなく無事に下船できて、ひそかに胸をなでおろした。持ち帰るものもとても警戒して、左翼的なものは何もかも捨ててきた、引っ越しみたいに家具までそっくり持ってきたが、本はほとんど置いてきて、野呂栄太郎の『日本資本主義発達史』だけは大事にしていたので持ち帰った。あとでわかったのだが、その本を、船会社の倉庫に荷物をぜんぶあずけておいたときに、とられてしまった。通関のさいに警察が立ち会ったのかどうか知らないが、なくなっていた。ほかにあぶない本なんてぜんぜんなかったのです。――

野呂栄太郎の本は当時の日本では禁書になっていたが、一般的な出版物であり、警察が神経をとがらせるほどのものではない。川田夫妻が不用意に左翼文献を治安維持法下の警察国家日本にもちこんだために網にひっかかったというのも、ぬれぎぬである。

夫妻は溝の口線(いまの田園都市線)の尾山台に家を借り、十年ぶりの日本での生活をたのしんでいた。軍国主義のけわしい世相ではあったが、川田は世界経済調査会の主事として相応の給料を得、研究グループの人たちからも信頼されて、居心地よい職場であった。定子はニューヨークでは共働きをつづけていたが、いまは家庭の主婦業におさまり、十年ぶりに挨拶にいった実家の家族たちにも安心してもらった。

検挙は突然に襲った。一九四二年のその日のことを、定子はありありと記憶している。

――九月十一日はとても暑い日でした。主人は出勤して、私ひとり家にいました。窓をぜんぶ開け放って、暑いものですから、くたびれてぼーっとしていたんですよ。そうしたら午後二時ごろ、だーっと五人の男が入ってきたんです。当時、ニセ刑事が家庭を荒らしまわっているという記事が新聞に出ていたので、私は直感的にニセ刑事だと思いこんじゃったんです。むこうは特高だと言って逮捕状を見せたんですけど、チラッと見せるだけなので、よく読めなかった。「共産党再建運動を首謀したかどにより逮捕する」というんですが、私はまだ信用できないでいるうちに、男たちはいっせいにズボンを脱ぐんですよ。私おかしくなっちゃって、女性の前でズボンを脱ぐなんて外国じゃ失礼なことですからね。まあ、なんだろう、なんて下等な男たちだろう、品はないし、ニセ刑事の泥棒にちがいない、へんなことをしたら大きい声をあげてご近所に助けを求めようと、飛び出す構えでいたんです。あとでわかったのですが、ステテコ姿になったのは、暑いからじゃなくて、家宅捜索をやるのにズボンが汚れるからだったんですね。押入れや本箱をガサガサやりはじめたから、こちらは度胸がすわってきて、「もういっぺん逮捕状を見せてください。信用できませんから」と言ったら、むこうは怒って、目くばせすると手をつかんで手錠をはめられてしまいました。これは本ものかなと思って、かくごして坐っていました。夕方暗くなるまで、家じゅうひっかきまわして、くだらないものをもっていくんですよ。私は洋裁の型紙をたくさんもってきたんですが、それを大事そうにもっていくんです。特高なんて大したことないな、なんて思っていました。トイレに行きたいというと、手錠ははずしたけど、トイレまでついてくるんです。荷物がだいぶまとまってきたから、「私おなかがすいたから食事をします」って言って、みんなを待たせておいて三ばいごはんを食べたんですよ。それでこの女図々しいとみられちゃった。

寿の洗面道具も用意しろと言われて、ああ主人もやられたのかな、と思いました。言うことをきけば手錠をはずすというので、手錠をとってくださいと言って、洗面道具だけもって何ももたずに、ラッシュアワーの電車に乗せられて、横浜の加賀町警察へ連れていかれました。厚い鉄の扉のなかにがっちゃんと入れられましてね、女は保護室のむしろの敷いてあるところで、誰もいなくて、ひとりで坐っていました。なんで引っぱられたのかぜんぜんわからないけれど、アメリカ時代の活動をきかれるのかもしれない、せいぜい三、四日で帰れるだろうと思っていたら、三年間もそのまま閉じこめられてしまったのです。——

川田のほうは勤務先から連れて行かれた。

——ぼくが日本銀行から川をわたったところにあった世界経済調査会の資料室にはいって、新聞を手にしてお茶をのみはじめて間もなくだった。三人の特高がやってきた。丁重に、ちょっとおうかがいしたいことがあるから、横浜まで同行ねがいたい、と言う。勤め先をあまりおさわがせしないように、ちょっと横浜まで外出すると言ってくだされぱいいでしょう、とつけ加えた。なんのために、どのくらいの時間かときいても、ちょっとしたことですが、ここでは工合がわるいから、と言って、ものやわらかに丁重をきわめたものだった。断わったりして、いたくもない疑いをかけられてもと思って、昼食でもつきあうくらいの気もちで、横浜水上署まで同行したわけだった。

当日はなんの取調べもなく、留置場に入れられた。いったいなんなのだと言っても、相手にしない。数日間そのまま置かれて、定子のことも知らず、何の嫌疑かと暗中模索の状態だった。帰国してしばらくのあいだ毎朝クエーカーの宣教師といっしょに食事をしたから、日米戦争がはじまっていたのでスパイの疑いかとか、交換船帰国者の口からアメリカ時代の活動か何かを話されたのが理由か、など思いめぐらしていた。——

加賀町署の留置場にほうりこまれた定子のほうも、そのまま一週間なんの取調べもなく、閉じこめられていた。粗末な麦飯と薄い味噌汁が汚らしい容器に入っているのが与えられるだけだった。はじめはとてものどを通らなかったが、二、三日目からガツガツ食べた。一週間目に留置場から引っぱりだされて連れて行かれた部屋には、「紳士」が十人くらいずらりと並んでいた。なんで連れだされたかわからないし、あんまり大ぜいいるので、きまりがわるくてちょっと下を向くと、「顔をあげろ！」という怒声と同時に、いきなりみんなの前でピシャピシャッと頬をひどくぶたれた。それが最初の暴力であった。その日は顔見世に引きだされただけで、そのまま留置場にもどされたが、生まれてはじめて受けたビンタの痛さと、大ぜいの男のまえでぶたれた屈辱感で、興奮して眠れなかった。

それは序の口であった。十一月末までつづけられた拷問は、すさまじかった。定子は戦後、笹下会（横浜拘置所のある笹下の地名をつけた横浜事件関係者の会）が拷問特高を「特別公務員暴行傷害罪」で告訴したとき、海野普吉弁護士に提出した口述書につぎのように記している。

《私共は昭和六年より十六年迄約十年間、米国に於て労働運動に参加した経歴ある理由を以て、帰国後も共産主義運動に関係あるものとの嫌疑の下に検挙されました。然し、特高警察は何等その根拠を突きとめ得ず、米国に於ける私共の労働運動を、日本の治安維持法違反に適条せしめ法的に罰しようとの苦肉の策を練りあげて、三ケ年の長期間を最も野蛮な警察と未決に封じ込めました。その間の彼らの拷問は言語に絶する暴力と、女性として堪え得られざる「はづかしめ」とを拷問手段としました。

○拷問使用品

竹のしない、しないの竹べら、コン棒（五尺位の長さ）、麻づな、コウモリ傘の尖端、靴のかかと、火箸。検挙後二ケ月間は係長松下警部が専任、私の取調べに当り、夜間、長時間に亘って腰部を裸にして床に座らせ、両手をツナで後手に縛り上げ、私の声が戸外にもれぬように、窓と入口を鍵をかって閉め切って、口にサルグツワをはめた上で靴のかかとでモモとヒザ、頭を蹴り散らし、そのため内出血ひどく、むらさき色にはれ上り、ムチのミミズ腫れの跡は全身を傷つけました。そのあげく、火箸とコウモリ傘の尖端でチクチクと尖きさし、歩行出来なくなる迄に残忍な拷問を操り返しました。又、陰部を露出せしめ、コン棒で突くなどの凌辱の限りを尽しました。部下の警官さえも、あきれ果てて、松下警部は有名な変態性欲者であると評していました。（以上、昭和十七年九月末より十一月末まで）

一ケ月後は衰弱甚だしく、取調べの続行をなし得ず、翌年一月より主任、柄沢警部補が取調べを専任し、あくどく同じような拷問を最後まで継続しました。

彼は女性一人の私に対し、十余人の頑丈な獣のような警官を一時に動員して私を取りまき、いつも殺してしまうと脅迫しました。彼は残忍なつるしあげをして竹のシナイで全身を乱打し、二回に亘って私を気絶せしめました。

最初は十一月八日、私を吊し上げに依って気絶せしめ、取調官は狼狽して、医者一名、看護婦一名を呼び、カンフル注射をして漸く私を蘇生せしめました。私は衰弱の結果二階の調室へ昇降出来ないまでになり、彼等にかつがれて昇降しました。

警官は心配のあまり、警友病院の医者五、六名を留置所に呼び、私の健康が拷問に堪え得られざる死の一歩手前であることによって漸く拷問を切りあげて、よい加減な千頁もある調書に作りあげて、検事局に送りました。》

残酷すぎていたましく、当人に拷問の件をきくのは、はばかられた。しかし夫人は顔を正面にすえてはっきりと言った。

――口述書に書いたとおりです。いやでしたけど、特高を告訴するからというので、私ほんとうのことを書いたんです。あれを読んでくだされば、あれにまちがいありません。――

そして、「ほっぺたを叩かれたなんて、なんべん叩かれたかしれないわ」と笑い声をあげた、笑い声で調整しなければ、つらすぎて、あの記憶にもどることはできないのであろう。川田は腕ぐみをしたまま下を向いていた。定子は頬をやや紅潮させて、自分から語りはじめた。

――最初は松下〔特高係長〕がやったんです。柄沢〔特高〕は最後まで私の係でした。痛いんですよ。笞が交叉するところがあるんです。そこがすごく痛いんです。坐らせておいて、何時間でも叩くんです。このあいだまで腿にタコがありました。叩かれたところが固くなってしまって、最近なでてみたら、やっと固かったのがやわらかくなっていました。

昼間はみんなが見るので、夜やるんです。「こういうことをしただろう」「寿がどういうことをやったか」と責めるけれども、何にも事実がないので「知らない」というと、ぶったり蹴ったりしました。

ふたくちめには、「寿はもうとっくにぜんぶ白状したぞ、もうさっぱりして拘置所へ行っているよ、お前だけだよ、意地をはってるのは」と精神的にがっくりさせるようなことを言いました。主人にも同じようなことを言って責めたわけですが、私は主人がそんなウソの自白をするはずはない、がんばっている、と信じていました。

いちばんひどいのは松下でした。私の前に坐って、コーンコーンとこうもり傘の先のとがったところで突くんです。なわで吊り下げられて叩かれたこともありました。きょうは殺される、となんども思いました、「お前ら国賊は殺したほうが国のためなんだ」としょっちゅう言っていました。あるときなど、みんなでうなぎ丼を私の眼の前でうまそうに食べて、「精をつけて、いまからお前をやってやるぞ」と言い、食べ終わってから大ぜいで私をいじめました。

私、窓から飛び降りて死んじゃおうと思いました。そうしたら自殺するとわかったのか、入口にバリケードをつくって、窓も閉めて、後手にしばって、椅子に動けないようにくくりつけられました。私の叫び声が大きいので、川田の調べが始まったというと、警察の人が、特高がひどいことをすると、みんな見にくるんです、口を手拭でしばって、声がでないようにされました。

拷問は板の間でしたが、失神から意識がもどったときは、たたみの部屋に寝かされていました。白衣の女医らしい人が注射をうっていた。百貫くらいの重圧感で誰かが私を押しつけているような苦しさで、呼吸困難で、これで死ぬのか、と横たわっていました。遠くで誰かが何か言っているのに気づいた。耳がきこえるようになって、だんだん意識がはっきりしてきました。

これでこの日の取調べは中止になりました。もう殺される、と思ったら、すーっと失神してしまったのですが、彼らは「殺したって平気なんだ」といつも言っていたが、やはり殺してはまずいのですね。殺さないで、殺す寸前までいかに苦痛を与えるかがテクニックなんです。拷問は予感の脅迫感が有効で、始まってエスカレートすれば、ピークにくればいいんだと、観念してしまう。よくがんばれたと、ふしぎな気さえします。

留置場にもどってくると、みんなが同情して看病してくれました。署長の奥さんがくず湯をつくってもってきてくれたこともありました。十二月の終わりごろで、私はもうへばっちゃっていて、死にそうになっていたからかもしれません。——

川田寿の特高告訴の口述書は左のとおりである。

《高等警察の治安維持法違反被疑者に対する拷問取調べは一般的事実であるが、告訴人及同妻に対する場合は、告訴人の経歴（過去に於ける学生運動及在米労働運動等と関連し、且つ戦時中に於ける事実捜査の不可能なる事由に基き、甚しく苛酷野蛮殺人的なるものと認む。

参考取調べとして当時運動と何等関係なき告訴人の実

兄川田茂一に対する九ケ月余に亘る警察拷問及家族破壊・書籍強奪（約千冊）及在米時代の友人、鹿児島県人小屋敷国秋に対する拷問蹂躙、全然未知の帰米者、大河内某夫妻に対する人道蹂躙、その他五、六名に対する同様行為は全く狂人の沙汰なり。

告訴人取調べに際しては約一ケ年に亘り、常に殺人の意を表明し、恐迫し、棍棒、竹刀ベラ、麻綱、竹刀、剣、帯革、靴、手錠、火箸等を用い、土下座せしめて膝、ももを出血するまで打ち続け、失神に陥りたること数十回に及ぶ。

時には〝今日は殺す〟と怒号して両手を背に廻わして、足を合して各々を麻綱にて縛り、二名にて告訴人の身体を弓型に吊り上げ、背部を他の一名が靴ばきの儘で蹴り、更に乗り上げ時余に亘りて強迫を続け、終に失神せしめられること数回なり。又二昼夜に亘り、食事外には手と身体を縛り上げ、睡気のもよおす度には麻綱の鞭にて、顔面、頭部、身体の各部を鞭打ち、或は竹刀を用いて、身体、頭、顔の各々を強打し、飢餓、瀕死状態の告訴人の面前にて美食を飽食し三名づつ二組の交代拷問を継続したり。

告訴人の両手を縛り、数十度に亘り、柔道にて投げつけ、又は靴ばきの足にて頭部を踏み、塵埃の床にヒタイを圧え付け侮蔑し、時としては十数名の特高関係警察員を動員して殴打貧血失神せしめたる等、全く言語に絶する拷問を加えられたり。

その結果として、告訴人の警察署拘留生活約一ケ年に使用せる洋服二着（証拠品）は殆んど寸断され、失神状態にてかつぎ込まれる告訴人の事情については、当時の水上警察署及び寿警察署留置所、看守、及囚人は熟知する所なり。》

数十回も失神したことについて、川田は笑みをうかべながら言った。

――ぼくは工合いいことに、激しくやられると、すぐ失神してしまうんですよ。中学時代に柔道をやって二、三度そうなったことがあるが、叩かれているうちに、すーっと気もちよくなって失神しちゃう。特高は催眠術をやってると思って水をぶっかけるが、そういう体質らしい。もちろん失神に至るまでの痛さ苦しさというのは、めちゃくちゃですがね。

彼らの目的が、ぼくにアメリカ経由のコミンテルンの共産党再建指令をもちこんだと言わせようとしていたのだとわかったのは、だいぶたってからだった。そんなことはぜんぜん知らんというと、とぼけやがる、といってすごくやられた。

この点をピークとして、彼らとの永い〝戦闘状態〟がつづいた。しかしこの点では結局彼らの敗北に終わり、ぼくは起訴のグループとして細川嘉六さんたちとは別になった。

アメリカでの活動ということでは、『労働新聞』とか『太平洋労働者』とか反戦ビラなどを見せられて、こんなに調べてわかっているのかと思うと、かくごしちゃったね。自分たちの活動だけのことなら、気分は楽なものだった。しかし、警察段階の一年間、よく命がもったものだと、いまにいたるまで悪夢におそわれるほどですよ。だが、ぼく個人はどうされてもいいが、友人や兄にまで迷惑をかけたと思うと、ぜったいに許せない。——

友人というだけのことで引っぱられ、川田の「組織化」活動について吐かせようと拷問された人びとのことを語るとき、川田は語気を荒げた。一九四三年一月二十一日、川田の関係から七名が一斉検挙されたのである。

『特高月報』昭和十八年二月分にはつぎのように記されている。

《米国共産党員事件　川田寿の取調に依り、同人が帰国後、旧同志との連絡を回復し、容疑活動を為したる旨及び在米当時共産主義運動に従事し内地に潜入せる容疑者判明せるを以て一月二十一日左記七名を検挙せり。

〔以下住所番地略〕

記

1　茨城県稲敷郡朝日村　地主　川田茂一
2　東京市世田谷区　雑誌記者　木佐森吉太郎
3　東京市渋谷区　世界経済調査会　高橋善雄
4　鹿児島県加世田　小屋敷国秋
5　東京市世田谷区　東亜研究所　大野辰夫
6　東京市品川区　大河内光孝
7　川崎市大島　満鉄東京支社調査室　青木了一》

七名のうち、川田茂一、高橋、大野の三名はすでに亡く、小屋敷、大河内、青木の三名はその後の消息がわからない。木佐森吉太郎だけが健在で面会することができた。木佐森は川田寿の「学連時代の同志」ということで検挙されたのだが、これまでは横浜事件関係者のなかにかぞえられていない。

木佐森は水戸高校時代から社研（社会科学研究会）の中心メンバーで、一九二八年に東大に入学して新人会に参加し、三・一五事件後の嵐の時代に関東学連（関東学生社会科学連合会）のオルグになって地下活動した。そのころ川田は関東学連の委員長で杉野権太と名のっており、渋谷の向山にあった慶応の合宿所で会ったことはあるが、上のほうの存在で親しいという関係ではなかった、と木佐森は言う。（＊青木の消息は判明した。補遺参照。）

——川田氏がアメリカへ行ったという話は聞いていたが、十年ぶりに日本橋の通りでばったり会ったんですよ。帰国したばかりで世界経済調査会にいるというので、そのころぼくは野村証券につとめていたから、国際経済の話でも聞けると思って名刺を交換した。ぼくの家も尾山台で近所だとわかって訪ねたことはあるが、こっちも忙しかったし、それだけのことです。――

木佐森は突然逮捕されて横浜の磯子署に連れて行かれ、川田を知っているだろう、といわれた。そして川田との関係のほか、かつて属していた昭和研究会の内部のことを根掘り葉掘り訊かれたという。近衛文麿のブレーン集団といわれた昭和研究会は、右翼から「アカの巣窟」よばわりをされたとはいえ、公然たる存在であり、経済情勢研究会に参加していた木佐森が知っていることは、べつに隠すほどのものもなかった。特高は昭和研究会について訊き終ると、何かやっているんだろうと、椅子にしばりつけてロープでなぐった。何もやっていないとわかると、ようやく四ヵ月目に、出ろ、といって釈放された。『特高月報』にも木佐森らを放免したことが記されている。

《之等の帰国同志並に学連時代の同志は、川田夫妻の余りにも尖鋭なる活動意欲を敬遠し、殊に昭和十七年五月所謂ゾルゲ事件の発表以来、絶縁を図りつつありたり》(昭和十八年十一月分)

川田夫妻は友人たちから「敬遠」されるほど「尖鋭なる活動意欲」をもっていたことにされているのである。

木佐森が釈放されたとき、警察まで迎えにきたのは、初対面の田中清玄だった。水戸高校時代の友人・宇都宮徳馬が奔走して元警保局長の富田健治にたのみ、田中清玄はかつて共産党委員長だった当時に取調べをうけた田岡から声をかけられ、新人会の先輩ということで木佐森の身許引受人になったのだった。

前記の特高資料で木佐森の職業が「雑誌記者」となっているのは、野村証券に入るまえに『時局月報』という雑誌の記者をしていたので、野村証券に迷惑をかけないようにその肩書を名乗ったためだ、と木佐森は言った。

木佐森はその後もずっと証券界で働き、角丸証券投資信託委託会社取締役をへて、七十二歳の現在も日本勧業角丸証券本店営業部の現役である。

私が木佐森と連絡がついたのは、第Ⅸ章で述べる中央公論社の沢赳の追悼会に、たまたま木佐森が水戸高の晴湖会の幹事として出席していたのが縁であった。木佐森は『改造』編集長として横浜事件で捕まった大森直道とも水戸高の社研関係でよく知っているという。横浜事件の人脈は、特高がさぐったのと別の意味で、思いがけず近いのだった。

木佐森と同日に検挙された七名のうち、世界経済調査会の高橋善雄だけは釈放されずに起訴され、一九四四年五月二十三日、獄死した。横浜事件では四名が獄中で死亡したが、その最初の一人であった。

「私たち、申しわけない思いでいっぱい。」

川田定子は、きっぱりと言った。特高のせいではあるけれど、自分たちの縁のゆえに被害者になった人びとへのどうしようもない責任を、あえて引きうけるという気概がこもっていた。

高橋善雄の線から横浜事件が展開してゆくことについては後述する。

川田寿は話をつづけた。

——兄、川田茂一は一九四三年一月下旬に捕まって、九ヵ月も入れられた。ぼくの差入れにやってきて、警察の奴とやりあって、そのまま入れられてしまったそうだ。兄は京大時代に三・一五事件の被告で一年間監獄に入れられ、執行猶予で出てきてからずっと田舎に住んでいた。アカの経歴があるからということで、何か関連づけを調べようとしたのかもしれない。まったくひどい話です。兄は三年前に七十四歳で亡くなったが、生涯、茨城県朝日村の実家に住み、晩年は鴎外や杜甫の研究をしたり、また若いころから短歌をつくって、一生「遊民」としてすごした人です。子どものころは神童といわれて秀才だったが、兄の一生も時代の犠牲者といえるかもしれない。

兄が差入れにきて捕まってしまってから、ぼくは差入れをことわっていた。差入れなど食べないで官給品だけでやっていこう、と思った。ぼくとしては、あるていど好きなようにやってきたから、日本のいまの体制の奴らが何かやろうというなら仕方がない。寒かろうがひもじかろうががまんして、早く敗戦になるかこっちが参っちゃうか、それまでの辛抱だという気もちだった。ぼくは禁欲的というか植物的というか、そういう点じゃがんばれる性格なんだね。家内もつかまっているし、そっちのほうは親が差入れてくれているだろうと安心していた。それに、死ぬとも思っていなかった。ちょっとくらい飯くったからって、どうということもない。自分は好きなようにやってきたのだから、あまり世話にならずに官給品でやっていこう、と淡々としていたんですよ。そしたら心より身体のほうが参って、十八貫あったのが、十一貫くらいに痩せてしまった。栄養失調からくる脚気と心臓で死ぬ直前までいって、まわりがさわぎだし、一九四五年三月に保釈になった。もうすこしで死ぬところだったんですね。——

保釈になった川田は、横浜・東京圏内に禁足という条件なので、茨城の生家へは行かれず、荻窪の定子の弟の家で静養した。はじめは歩けないほどだったが、芯が丈夫な川田はまもなく恢復にむかった。

川田を保釈にしたのは、親戚の風見章や定子の縁つづきの代議士が弁護士を通して保釈願を出していたので、拘置所側は獄中で死なれては困ると思ったのであろう。そのほかに、敗戦が近いことを知っていた裁判所が川田の事件に決着をつけようとしたのではないかと、定子は一九四五年二月三日の予審判事の不思議な言動について語った。

——二、三日雪が降りつづいた寒い日で、私は横浜拘置所の未決の独房のなかで、官給の節分の豆をかじっていました。突然よび出されて面会室へ行くと、長靴をはいた斎藤予審判事が坐っていました。そしてお茶を出して「きょうはお詫びに来ました」と言ったんです。私はきょとんとして、世の中がひっくり返ったんじゃないか、と思いました。新聞も読めないから社会のことはわからないが、大空襲でなんどもふとんを頭からかぶって逃げたりして、戦争で日本が敗けているのは感じていました。世の中が変わったんだ、もう大丈夫だ、と思うと、すごく度胸が坐りましてね。判事が「じつはあなたを保釈にしてあげたい。ご主人にお会いになりたいですか」と言うから、「出たって食べられないし、主人に会ったからって、どうということもない」と答えたんで、びっくりしていました。「事実関係がどうこうでなく、戦争の上からの考えなんで、堅苦しく考えないでゆっくり骨休めしてくださいよ」なんて弁解みたいなことを言って判事は帰ってゆきました。――

定子は横浜拘置所で雑役をやらされていた。まじめに規則を守って、模範囚だった。栃木の女子刑務所へ送られて赤いきものを着せられるのだろう、とあきらめきっていた。それで、突然に保釈にしてやると言われても実感がわかず、そんな答えをしたのかもしれない。少ない量の粗食と、拷問のあとの衰弱した身体だったが、若さと気力で風邪ひとつひかなかった。

判事のほうからはそれっきり音沙汰がなかったが、七月二十五日に一回だけの公判がひらかれた。保釈になっていた川田寿と合同の裁判だった。

公判廷で三年ぶりに夫に会ったとき、定子はそれが川田だとわからなかった。イガグリ頭で骨と皮ばかりになって、すっかり変貌していた。洋服に見覚えがあり、「あっ」と思ったという。裁判では、あれほどいためつけてでっちあげようとした共産党再建のための組織活動やスパイ活動の容疑は調書から消えていて、アメリカ時代の活動だけが治安維持法違反とされていた。川田寿に懲役三年、執行猶予四年、定子に懲役一年、執行猶予三年の判決がくだり、即日釈放された。

夫といっしょに監獄の外にでたその日の感激を、定子は語る。

拘置所のすぐ近くの差入れ屋の食堂に立ち寄って、主人は持ってきたお赤飯をひろげました。ささやかな二人のためのお祝いの食事でした。外は日暮れて、空襲のため交通はあちこち遮断されていて、どのような道をとって帰ったのか、記憶にありません。長い独房生活で歩く力を失っていて、しばらく歩くと膝頭がストンと折れたように地についてしまうので、苦労してやっと荻窪にたどりつきました。

三年ぶりの弟との対面はうす暗い黒い覆いのかかった電燈の下でした。弟の妻は疎開して不在でした。家のなかはガランと片づいていて、戦時下の異様な雰囲気のなかで、私はどっと胸がこみあげて、安心と不安とのごっちゃな嗚咽にむせび泣きました。――

川田は義弟がプレス加工の工場をやっている関係から富士電機の友人と知り合い、空襲で丸焼けになった機械の修理業を、郷里の茨城ではじめた。仕事がなくて困っていた朝鮮人の熟練工が喜んであつまってきた。十五、六人でどんどん働きはじめたときに、八月十五日の敗戦の日がきた。

その日は、川田夫妻にとっては勝利の日であった。夫妻を苦しめた日本帝国の旧体制が敗れ去ったのである。天皇のラジオ放送は雑音でよく聞きとれなかったが、終戦の詔勅とわかったとき、湧きあがる歓喜と怒りの混淆で、ブルブルからだがふるえた。

戦後の生活は、川田夫妻には地獄から天国への転換であった。機械修理工たちの頼みで、農業機械の小型モーターの修理をはじめ、モーターと米とのバーターで、食糧難時代に米俵がたくさん集まった。アメリカ時代に労働組合活動をしていた川田は、農業組合の農村の機械化運動にもすぐ直結できて、修理班をだして相互に便宜をはかった。進駐軍がやってきてむずかしい問題がおこったときには、川田の英語が役に立って、重宝がられた。生家がクエーカー教徒だったので、アメリカのクエーカーから援助物資がたくさん送られてきた。

一九四七年三月の戦後最初の公選知事選挙で、川田は茨城県知事に推されて出馬した。革新無所属で出たが、惜しくも次点で敗れた。それまで茨城県労働委員会会長をやっていたが、選挙後、末弘厳太郎によばれて東京都地方労働委員会事務局長になった。戦後の労働運動の高揚期で多忙をきわめ、東宝争議や日本タイプ争議などの斡旋で、労働者側の味方として活躍した。

一九五一年から慶応義塾大学経済学部教授となり、七一年定年退職、現在は大阪学院大学大学院教授として一ヵ月に二回、集中講義で関西にでかけている。一九五七年には風見章と共に国賓待遇でソビエトへ行き、一九六六年には交換教授としてアメリカのイリノイ大学へ、夫人もいっしょに一年間渡米した。

夫妻の話が戦後の幸せな生活に至ったとき、「長生きして、よかったですね。獄中で死んでしまわなくて」と、私は思わずこみあげてきた言葉を言った。

日吉の閑静な住宅地にある樹々にかこまれた木造洋館の居間は、吹きぬけの天井が高く、壁には定子が描いた油絵の額がかかり、居心地がよかった。共に白髪の美しい夫妻は、いたわりあって暮らしているようだった。

――私たち夫婦は子どもをつくらなかったし、ひどい目にあったが命びろいしたので、いまは人生のおつりをもらうつもりで暮らしています。――

夫人は六十八歳とはおもえない艶やかな頬をほころばせて言った。「でもね」と、横浜事件にもどって、言葉をつづけた。

——私は、どんなことがあっても仇を討とうと思っていたんですよ。独房のなかで、毎朝祈っていました。特高の松下と柄沢に何か悪いことがありますように、と。そして出たら、どんな乞食になってもいいから、日本じゅうの家を一軒ずつ尋ねて、松下と柄沢の家を見つけて放火して焼き払ってやろうと、それはかり一途に思って、獄に坐っていました。

でもシャバに出たら気分が和んじゃって、仇を討ちに行こうと思わなくなっちゃった。もちろん今だって、いちど会ってぶっ叩いてやりたい、という気はありますよ。

——

川田定子・供述書

——一九八七年5月10日

【解題】一九八六年7月に申し立てた再審請求に、川田定子は、一つは自分自身のために、もう一つは亡くなった川田寿のために、二件の請求人として名を連ねた。

翌年5月、横浜地裁に対し、供述書を提出した。自分がどのような拷問を受けたかを事実に即して述べたものである。前掲の中村氏の著作に引用されている口述書でも同様のことが述べられているが、検挙され起訴された三三人中ただ一人の女性被疑者に対して、特高警察官はこのような暴虐を尽くしたのであった。

＊

供述書

私は、昭和一七年九月一一日に世田谷区等々力の自宅に一人でいたところを逮捕されました。

その日午後一時頃、男が五、六人やって来て、共産党再建運動の廉で逮捕すると逮捕状を見せ、手錠をかけました。身に覚えのないことでした。

男たちはズボンを脱いで、家中あっちこっちひっかきまわし、タンスから本棚から全部開けて、めぼしい物は何もなかったのですが、くだらない物を押収してゆきました。午後四時頃、家宅捜査が終わり、私は、手錠を外され、五、六人の男に囲まれて等々力から横浜行きの電車に乗せられ加賀町警察に連行されたのです。

その日は、名前、住所を形式的に尋問されただけで取調は無く、すぐ留置場へ連れてゆかれ、ござ一枚敷いてある保護室に入れられました。遅い時間になって雑役が来て身体検査をしました。

最初の取調べは、逮捕後一週間位した日の夜七時頃から始まりました。連れて行かれた部屋は、普通の取調に使う部屋ではなく、広くて小窓が並んでいる教室みたいな部屋で、普段は剣道や柔道の稽古に使う部屋でした。窓のカーテンは閉めてあり外からのぞかれないようになっていました。入口のドアには鍵が掛けられ、特高が三、四人で私を取り囲みました。その中の松下と言う特高に「尻をまくってそこへ座れ」と言われ、スカートを捲り太腿を出して皆が土足で歩く泥だらけの板の間に正座しました。松下は私の前の椅子に腰掛けて、「アメリカで一〇年も何をしていた。えっ！」等と質問をしながら、手にした男物のこうもり傘の先で私の太腿をつつきました。先は金でできていて、ステッキ代わりに使うからでしょう、ゲジゲジにささくれだっていて、これでつつかれるととても痛いのです。取調は七時から九時まで続きましたが、この間休む間もなく、何か一言言ってはつつき、私が答えないと言ってはつつきして、終わった時には太腿は内出血し紫色に腫れあがっていました。

その後、一週間から二週間おきに取調べを受けました。取調はいつも同じメンバーで、同じ部屋で、夜に限って行なわれました。取調とはいっても、松下はアメリカでの事は知らないものだから、私や夫が労働者クラブで何をしたか、誰がいたかという質問の他は質問らしい質問はなく、私を国賊、アカよばわりして、私が何も答えずにいると、一層ひどく拷問するのでした。

こうもり傘による拷問は、松下によってしばしば行なわれました。「パンツを取って尻をまくって座れ」と言われ、そのとおりにすると、パンツを竹刀の先に引っ掛けて振り回され、例によってこうもり傘の先で太腿や陰部をつつかれたこともありました。

また、ぶったり叩いたりの拷問は四、五人の特高が集団的に行ないました。日本手拭でさるぐつわをはめられ、特高が各々竹刀を持ち、私の背中と言わず太腿と言わず全身を打ち据えるのです。

ほおを横ビンタされることもよくありました。精神的にも随分と痛めつけられました。

ある日、呼び出された取調室の中央に椅子と長いロープが置いてあり、柄沢という特高が、「今日はつりさげだぞ」と言って、私の両手を後ろに回しロープでゆわえました。鴨居に長いロープがぶら下げられており、私はそれを見てこれでぶらさげられるのだと分かりました。「今日は気分が悪いから休んで下さい」と言ったのですが、「なにをこけ」と怒鳴られました。ロープが降りてきて、今にもつり下げられんばかりになった時、私は恐怖の余り失神してしまいました。

気がつくと畳の部屋で横になっていましたが、呼吸が苦しくてハーハーと吐く呼吸だけしかできず、息が吸えませんでした。この日は、これ以上拷問はされず、男の人におぶわれて留置場へ返されました。このように直接身体を痛めつけられなくても、恐怖心を掻き立てる拷問もありました。

松下にこうもり傘の先でつつかれた太腿が二目と見られぬ程に腫れあがっているのを、「てめえ、その足は今にまぐろの様に腐ってくるからな。そしたら、ぶったぎってやるよ」等と脅され、私は本当にそうなるのではないかと怯えました。

こうした拷問が昭和一七年の九月から一二月まで続きました。私は逮捕された時に着ていた薄物の夏服のままで一一月まで過ごしました。一一月になってやっと冬服の差入がありました。これ以外には差入も面会も許されませんでした。留置場の食事は食事と言えるようなものではありませんでした。風呂にも二年半一度も入れませんでした。一二月頃には私は衰弱してしまい、拷問中に失神したりするようになりました。ある日、医者のような白衣を着た人が入ってきて脈を見たりして私が弱ったことが分かったのでしょう、それから拷問はありませんでした。

翌年の五月、加賀町警察から磯子警察を経て拘置所に移されました。拘置所で初めて調書を作られました。私に質問することもなくむこうで、他の思想犯のぶあつい調書を横に置いてそれを見ながら勝手に書いてゆくのです。私は指印を押すだけでした。このとき抵抗すると屈服していないということで、又拷問の繰返しになることは分っていましたので黙って押しました。

昭和六二年五月一〇日

川田　定子

川田 寿「起訴状」

【解題】 横浜地裁検事局がまとめた川田寿の「犯罪事実」である（『思想月報』昭和一八年九月、第一〇六号所載）。

特高・検察が追及したのは「共産党再建工作」だったが、ついにその「証拠」はでっち上げることができず、「犯罪事実」は「共産主義意識の啓蒙昂揚及反戦意識の鼓吹」にとどまった。

*

川田寿に対する治安維持法違反被告事件

公訴事実

――横浜地方裁判所検事局報告

被告人は慶応大学在学中共産主義を信奉し治安維持法違反により起訴猶予処分に付せられた為昭和五年六月同大学を中途退学後間もなく渡米し、昭和八年五月頃アメリカ共産党に加入して同党日本人部に所属し、爾来昭和十六年一月帰国する迄の間鋭意其の活動に従事したものであるが、本件はアメリカ共産党日本人部の内情の一半を知る為の参考となるであらう。

昭和十七年九月十一日　検挙
昭和十八年九月　一日　予審請求

本籍　茨城県稲敷郡朝日村大字実穀千三百四十六番地
住居　東京都世田ヶ谷区玉川等々力町二丁目千五百七十八番地

財団法人世界経済調査会資料課主事
川田　寿
当三十九年

公訴事実

被告人は比較的恵まれたる地主の家庭に生育し茨城県立土浦中学を経て大正十二年四月慶応義塾大学予科に入学、昭和五年六月同大学経済学部本科三年を中途退学後間もなく渡米し学僕生活を為しつつ「ウイチタ」市所在「フレンド」大学及「フラデルフイア」市所在「ペンシルバニア」大学等に学して「バチエラー・オブ・アーツ」「マスター・オブ・アーツ」等の学位を獲たるも漸く生活に窮し昭和七年十月頃以降「ニユーヨーク」市に於て料理店を転々して調理場雑役等の労働に従事したる後其の間結婚せる妻川田定子と共に昭和十六年一月帰国し間もなく日本経済聯盟会対外事務局（同年六月財団法人世界経済調査会に改組す）の資料課主事に就職して現在に至りたるものなるところの右慶応義塾大学入学後同大学内左翼団体なる「三田社会科学研究会」に入会し「マルクス」著「賃労働と資本」「エンゲルス」著「空想より科学へ」其の他多数の左翼文献を繙読して昭和三年一月頃には共産主義を信奉するに至り「関東学生社会科学研究会聯合会」組織部長、同委員長等の部署を歴任し右聯合会の組織の拡大強化を通して学生大衆の左翼意識の啓蒙を企てたるのみならす日本共産党員曽木克彦及吉見三郎等と連絡策応して同党の活動資金約二百五十円を蒐集して同党上部に提供する等の活動に従事したる為検挙せられ昭和五年五月東京地方裁判所検事局に於て治安維持法違反として起訴猶予の寛典に浴したるに拘らす尚共産主義に対する信念を変えす「コミンテルン」か世界「プロレタリアート」の独裁に依る世界共産主義社会の実現を標榜し世界革命の一環として我国に於ては革命手段に依り国体を変革し私有財産制度を否認し「プロレタリアート」の独裁を通して共産主義社会の実現を目的とする結社にして日本共産党か其の日本支部として其の目的たる事項を実現せんとする結社なることを熟知しなから孰れも之を支持し渡米後在米若は寄港の本邦人に対し或は又遠く我国の労働者階級に対し共産主義意識の啓蒙昂揚及反戦意識の鼓吹等に努め之を通して右両結社の各目的達成に資せんことを決意し

第一、昭和七年十二月頃より昭和八年二月頃迄の間数回に亘り「ニユーヨーク」市西百六丁目附近所在の基督教会「美以教会」に於て左翼学生川瀬信行、大野辰夫、青木了一其の他数名と共に「マルクス」主義研究会を開催し被告人自身「チユーター」と為りて一九二九年以来のアメリカ金融恐慌を例示しつつ資本主義社会の内部矛盾の激化と共産主義社会実現の必然性を強調解明したる外其の間右大野辰夫に対しては「日本資本主義発達史講座」其の他の左翼文献を貸与閲読せしめ青木了一に対しては「マルクス」主義に立脚せる人口論の解説を為したる等鋭意同人等の左翼意識の昂揚に努め

第二、昭和七年十一月頃「ニユーヨーク」市所在の本邦人左翼的労働者を結集せる「日本人労働者クラブ」に加入して鋭意同「クラブ」員等の左翼意識の昂揚を図り殊に昭和八年一月頃より同年四月頃迄の間約八回に亘り「ニユーヨーク」市東九丁目なる右「クラブ」事務所に於て「マルクス」主義研究会を開催し北村某外数名に対し帝国主義段階に於ける資本主義の諸矛盾及革命の必然性等に関する解説を施して同人等の意識昂揚に努めたる一方同年三月頃には右「クラブ」主催の下に同市第八街附近「ギリシヤ人労働者クラブ」に於て開催せられたる「催し物大会」に於て満洲事変に取材し所謂日本帝国主

義の野望と日満無産階級の戦争に因る疲弊困憊とを暴露せる「満洲国」と題する左翼演劇に前記定子と共に出演し「日本人労働者クラブ」員等数十名の本邦人観客に対し階級意識の啓蒙、昂揚及反戦意識の鼓吹に努め
第三、昭和八年五月頃に至るや「ニユーヨーク」市に於て「コミンテルン」の「アメリカ」支部なる「アメリカ」共産党に加入し本邦人共産主義者を結集して我国及在米邦人等に対し共産主義の宣伝等を為しつつありたる同党日本人部の「ニユーヨーク」支部に所属し昭和十四年十月頃外国人党員の党籍を離脱せしむる同党の方針に従ひ党籍を離脱する迄の間特に活溌なる運動を展開したるか就中
一、右支部に所属したる期間「ニユーヨーク」市西十八丁目附近西野某方其の他に於て同支部所属の右西野某外十数名の本邦人と共に毎月一回会合を催し組織の拡大強化其の他同支部当面の活動方針に関する協議を重ぬると共に其の間川瀬信行外六名を勧誘して同党に入党せしめ右日本人部「ニユーヨーク」支部員に獲得し
二、右期間「ニユーヨーク」市内に於て同党日本人部機関紙月刊「労働新聞」（昭和十年十月頃よりは「同胞」と改題）を毎号約十五部宛井上某、堀某其の他の本邦人労働者に配布したるのみならす昭和十年十月頃には本邦人労働者二十数名を擁する同市西八丁目二十八番地「レストラン」業「ジヤンブルシヨツプ」に更に昭和十三年十一月頃には本邦人井上某経営の同市「ブロードウエー」百八十丁目附近「日光レストラン」外二ヶ所に各争議を激発せしめ孰れも其の都度本邦人労働者数名乃至二十数名を動員して右争議の応援に当らしめ之を通して本邦人労働者大衆の階級意識の昂揚に努め
三、昭和八年五月頃以降前掲「ニユーヨーク」市「日本人労働者クラブ」内に「アメリカ」共産党日本人部の方針を浸透せしむることに努力し同「クラブ」従来の宗派的偏向を排して之か大衆化に努めたる結果三十名内外の同「クラブ」員を約八十名に増加せしむることに成功し爾来昭和十一年六月頃同「クラブ」か経済的事情等に因り解散する迄の間前掲同「クラブ」事務所に於て毎月一回開催せられた定期集会に出席して同「クラブ」員北村某等数十名と共に「メーデー」の闘争方針の他同「クラブ」当面の活動方針の協議を為し之を通して同「クラブ」員等を左翼的に指導することに努め
四、昭和十一年八月頃帝国練習艦隊軍艦「八雲」及「岩手」か「ニユーヨーク」市に寄港するや同党日本人部「ニユーヨーク」支部員等と協議の上各自分担を定めて右軍艦乗組水兵等に反戦意識を鼓吹することに努めたるか被告人自身は其の同郷なる茨城県出身将兵の同市見物の案内の機会を利用して妻定子と共に海軍二等機関兵曹広沢吉雄外数名の水兵等に対し日本「フアシスト」軍部の独裁に反対し帝国主義戦争の犠牲と為ることを回避す

へき旨の内容を有し「アメリカ」共産党日本人部の署名ある「ビラ」数枚を菓子折中に潜ませて交付し其の反戦意識の激発を図り

五、昭和十二年九月頃「ニユーヨーク」市に於て右党日本人部「ニユーヨーク」支部員なる前掲西野某等と相謀り我国労働者階級の反戦意識を鼓吹する意図の下に「全日本の労働者諸君への手紙」と題し支那事変は日本帝国主義の支那侵略の野望に基くものなれは「アメリカ」労働総同盟及産業別組織委員会か日本品の不買を決議したるは蓋し当然の措置にして全日本の労働者は須く結束して軍部と近衛内閣の戦争遂行を排し平和と建設的施設に向つて蹶起、闘争すへき旨の内容を有する「ビラ」数百枚を我国に発送するに当り自ら「野崎ジヨージ」の変名を用ひて之に署名し我国労働者階級に対し反戦意識の鼓吹に努め

第四、昭和十四年十月頃党籍離脱後は旧日本人部「ニユーヨーク」支部員等十数名と共に共産主義「グループ」を結成して左翼勢力の維持結集を図り殊に同年十一月頃より昭和十五年三月頃迄の間前掲西野某方に於て右「グループ」員なる同人等と共に前後数回に亘り「ロシア共産党」編「ロシア共産党史」を「テキスト」として「マルクス主義研究会」を開催し之か批判検討を通して相互の意識の昂揚に努め

たる等諸般の活動を為し以て「コミンテルン」並に日本共産党の各目的遂行の為にする行為を為したるものなり。

VI

「政治経済研究会」（昭和塾）グループ事件の虚構と事実

【解題】 横浜事件は徹頭徹尾、特高の妄想による虚構でつくりあげられた事件である。ただ、特高が追及した中に、二つだけ「事実」が存在した。

一つは細川論文「世界史の動向と日本」の存在であり、もう一つが、大企業や省庁に勤める青年たちがひそかに集まり、戦時下の日本経済について分析・討議した「政治経済研究会」の存在である。

以下は、そのメンバーの一人で、遺族が第三次再審請求に参加した高木健次郎・元獨協大教授が、弁護士海野普吉刊行委員会の編集・発行になる『弁護士海野普吉』に寄稿した証言である。

＊

昭和塾事件と海野先生

（『弁護士海野普吉』から）

高木　健次郎

一

昭和二十年八月下旬のある日、私は横浜拘置所で、逮捕以来はじめて弁護人との面会を許された。その弁護人は海野普吉先生であった。私が先生にお目にかかったのはこのときが最初で、分厚い顔に大きな鋭い眼がやさしい笑みを湛えていたのが印象的であった。先生はまず、自分が弁護人の海野であると名乗り、戦争も終ったことだし、裁判は形式的で、判決は執行猶予となる予定だから、おとなしくこれに服して欲しい、といったような話をされた。

先生が横浜事作の弁護を引きうけるにいたったいきさつは、先生の著述「ある弁護士の歩み」（昭和四十三年）に語られている（注・本書一二〇ページ以下）。私ども昭和塾グループの被告の一人、森が先生と同郷の後輩である関係から、先生は当初、森の弁護人となり、結局、横浜事件の被告全員に及んだわけである。

連合国に対する日本の降伏調印はまだだったが、すでに敗戦によって頓死していたはずの治安維持法が、形式的にせよ、私どもを裁くのはいかにも奇怪至極なことであった。それだから、八月末の公判の日、仲間の被告の一人である板井は横浜地方裁判所の廊下で、「執行猶予になっても、無罪を主張して頑張ろうよ」と私に呼びかけ、私も海野先生の前記の指示にかかわらず、その気になってしまった。あとで判ったことだが、板井は例の獄内ルポ係の「床屋」を通じて、細川嘉六先生から「無罪で頑張れ」の指令をうけていたのであった。

私と同時に出廷したのは板井と由田と山口、それに保釈となっていた渡辺の四人で、予定どおり懲役二年執行猶予三年の、いわば十把一からげの判決を言い渡された。かたのごとく裁判長は私どもに発言を求めた。私は立ち上って、「われわれの見透しが正しかったのだから、判決には服しがたい」といったような意味のことをのべた途端、弁護人席にいた海野先生は両手をもって私どもを制するような恰好で、「明日は出所できるのだから、この辺で判決に服しなさい」といった。私どもは余儀ない気持で先生のことばに従い、翌日出所した。逮捕以来まる二年の月日がたっていた。

二

横浜事件の被告は総数三十余名であるが、昭和塾グループで起訴されたのは、高木健次郎（日本製鉄）、勝部元（同上）、渡辺公平（同上）、由田浩（古河電工）、小川修（同上）、山口謙三（日本鋼管）、板井庄作（電気庁）、白石芳夫（糖業連合会）、森数男（興亜院）、浅石晴世（中央公論社）、和田喜太郎（同上）、新井義夫（中央アジア協会）の十二名で、このうち浅石は昭和十九年十一月に拘置所で、和田は二十年二月に刑務所で死んだ。

和田ひとりが他の弁護人によって十九年六月早くも公判に持ち込まれ、懲役二年を言い渡されて上告したが、保釈も許されぬままそれが棄却となって下獄したいきさつは私には不明である。しかし、この二人の惨死が裁判所の心証に影響したことはたしかで、これをきっかけとして、海野先生は在監被告の救出に全力を傾注された。その結果、昭和塾関係では、昭和二十年四月以降終戦までに、森をはじめ、白石、小川、勝部は結審・保釈となった。公判も進み、七月二十一日に森は懲役四年を言い渡された。白石や小川など残りの人々は一律に執行猶予で済んでいた。森にだけ実刑が課されたのは、国防保安法違反が加重されたからである。彼は先生の指示どおり、保釈を確保するため上告していたが、十二月に大審院刑事第一部から免訴の言い渡しをうけた。

三

私は出所後まもなく郷里の福島市に帰り、時おり出京することはあったが、身辺の忙しさにかまけて、海野先生には無沙汰の限りを尽してしまった。私どもの在監当時、先生は、世間から白眼視されていた被告たちの近親にも温い配慮を示しておられたのだから、そうした無沙汰は恕しがたいものだった。

講和条約発効前後から私はふたたび東京へ戻ってきた。たまたま昔の仲間と会えば、必ずといってよいほど先生の消息が話題にのぼったが、昭和四十三年春に私が渡辺と新宿区若松町の国立東京第一病院にお見舞いしたときは、先生はもう面会謝絶の容態であった。宿痾の心臓病が昂じていたのである。それでも、先生は横臥のままで、苦しい息のしたからふたこと三こと洩らされた。先生の訃報を耳にしたのはそれから間もなくであった。

私はこれで大きな悔いを残したことになる。生前の海野先生に恩をまともに謝することが不可能になってしまったことがそのひとつ、もうひとつは横浜事件の弁護活動について生きた証言を得る機会を永遠に逸してしまったことである。

先生自身も事件関係資料の収集には努力しておられたようで、前記の著述には次のような一節を読むことができる。

「私は自分の関係した被告諸君全員の判決謄本をとろうと思って、請求したところが、被告のうち白石芳夫、小川修、西沢富夫、小野康人、小森田一記氏の分しかないのです。『なおその他の二〇名の分については、当庁が当時進駐軍に庁舎の一部を接収され、あるいはその他諸般の事情により、現在右原本が見当りませんので御承知下さい』と麗々しく横浜検察庁から回答してきています。進駐軍が使用したので書類がなくなるというのはとんでもない話で、進駐軍に使わせるために部屋をあけるのだったら、書類はよそへ運ぶのが当然です。……」

私どもは先生のこうした努力を補佐してあげる義務を負っていたはずである。

四

実のところ、横浜事件を仕立てるために作成された公式記録は厖大なものになっていた。戦前の刑事訴訟制度では、警察官の訊問調書、検事の訊問調書と起訴状、予審判事の予審調書と予審終結決定書を経て罪状が確定され、公判記録と判決文とでしめくくられるが、「思想犯」の場合は被告の「手記」が加わる。もちろん手記は公式文書ではないが、警察官訊問調書以下すべての文書の基礎となった。

横浜事件被告の手記は神奈川県特高警察と被告との奇妙な合作であった。特高課の面々は、忠実な猟犬のように飼主のために点数を稼ぐことに猛烈な意欲をかき立て、獲物である被告に彼らの思いどおりの「完璧な」手記を書かせようとかかり、そしてこれに成功した。彼らにとっては横浜事件の全被告が共産主義者であり、その言論・思考・行動のすべてが、「『コミンテルン』ガ世界『プロレタリアート』ノ独裁ニ依ル世界共産主義社会ノ実現ヲ標榜シ、……日本共産党ハ其ノ日本支部トシテ右目的タル事項ヲ実行セントスル結社ナルコトヲ知悉シ乍ラ孰レモコレヲ支持」するものでなければならなかった。このような支持を明確にしない被告の手記は例の拷問の脅威のもとに拒否された。

拷問で死ぬ目に遭う覚悟がなければ、被告は手記のなかで共産主義者としての高度な信念と意識を「明確に」披瀝しなければならなかった。私は不勉強のせいで、コミンテルンの日本テーゼについて相手の満足のゆくようなことが書けないでいると、付添の私服巡査は被告たちの押収文献のなかから適当なのを探し出してきて、私につきつける始末であった。お蔭で私はコミンテルンについてかなりの勉強ができた。

もっとも、私は手記を書いてゆくうち、奇妙な心理の変化を経験した。いろんな会合における仲間の発言内容を「忘れた」ために書かないでは済むものではなかったが、それかといって、全くの創作では仲間に迷惑がかかる。困り果てていると、付添巡査もさすがに察しをつけて、仲間の手記を持参に及んで、私の記憶を補強してくれた。こうなると、私はリポーターのような心理に駆られてゆき、会合の模様をできるだけ詳しく描き出してやろうという気にもなった。

こうして、手記をもとにした警察官訊問調書は当然、厖大なものとなり、私の場合でも上下二冊でほぼ八〇〇ページにものぼる大冊となった。この調書のなかで、私のような者でさえ理論的にも実践的にも申し分のない筋金入りの共産主義者に仕立てられた。これはもちろん虚構であり、神奈川県特高警察がこの虚構を仕組んだために、私どもは精神的・肉体的に甚大な損傷をこうむった。これについては、横浜事件関係者が拷問警察官を告訴する目的で、戦後まもなく作成した未公刊の記録が詳しく伝えている。

美作太郎・藤田親昌・渡辺潔共著『言論の敗北』（昭和三十四年）、青山憲三『横浜事件』（昭和四十一年）、黒田秀俊『昭和言論史への証言』（同上）なども適切な叙述を与えている。ちなみに、毎日新聞に連載された石川達三『風にそよぐ葦』（昭和二十四―五年）の拷問の場面の叙述はその未公刊記録に拠ったものである。

五

横浜事件はこれまで評価され、解釈されてきたかぎりでは、言論弾圧事件となっている。たしかに、ジャーナリスト・グループの言動が摘発されたのは、苛烈な弾圧体制のもとで批判的な言論の自由を護ろうとしたためであった。したがって、横浜事件を言論弾圧史の重要な一章とみることはあくまで貫くべき観点である。

ところが、昭和塾グループの場合では、警察と検察が罪状を仕組むために利用した事実は、戦時中に改悪を重ねた治安維持法に照らすと、文句なしに摘発に値するものだった。そこで私は以下に、昭和塾グループに関して摘発された事実をかいつまんで述べてみたい。ただし、記憶を新たにするのに必要な文書は、残念ながら私どもからは見失われている。

終戦の翌年春、私がかつて押収された自分の蔵書を横浜検察庁に取戻しに行ったとき、しばらく待たされた大きな部屋で、横浜事件全被告の警察官尋問調書がかなり乱雑に山積みされていたのを目撃している。それらがまもなく焼却されてしまったのか、占領軍が持ち去ったのか、それともいまだにどこかに隠匿されているのかを突き止めることは、いまの私どもにはほとんど不可能である。

目下のところ、私が手元に置いて参照できるのは、高木、板井、白石、山口、森、小川の各予審終結決定書と森の予審訊問調書、それに白石の判決文だけである。これらは海野法律事務所の竹下弁護士から提供されたものであるが、特に森の予審訊問調書は、前記のように終戦前に判決をうけた森の弁護にあたって、海野先生が複写しておいたもので、右の諸文書のなかでは事実の記載が具体的に為されている唯一のものである。それでも、手記の詳しい記述がもっていたはずのニュァンスが失われているのはやむをえない。なお、先生が彼の弁護のために長文の覚書を作成されたことは確認されているが、いまではこれを探すすべもない。

六

昭和塾というのは、「近衛新体制」を背景に著名な知識分子を結集した昭和同人会を母胎として、昭和十三年末につくられた。私は当時まだ東大の三年生だったが、同輩に勧められて第一回塾生となった。塾の会合には、麹町永田町の伊東巳代治伯爵の旧邸が使われていた。前記の訊問調書によれば、十六年六月初旬、高木、由田、板井らは昭和塾会議室で塾友十数名を集め「昭和塾々友研究会政治班」を結成、同年十一月初旬までに半蔵門の平貞蔵事務所などで十数回にわたり研究会を催した。このころのテーマは日本資本主義の政治過程であった。

昭和塾は、同年十月の尾崎秀実やリヒアルト・ゾルゲらの検挙と近衛内閣の倒壊をきっかけに解散したので、前記の三人は新しいテーマで新しい研究グループの結成を思い立った。そんなこともあって、十二月の一夜、高木、由田、板井、浅石の四人は細川嘉六先生を自宅に訪問した。先生は当時の明治維新研究では、俗流をはるかに抜く史眼を具えておられた。私には、先生の机の上に「松平春嶽全集」が置かれていたのが想い出される。それから約半年ほどは、明治維新を中心にして日本の政治的変革の諸条件が取上げられた。

十七年六月、森が新しく加わった会合で、テーマをドイツ・ファシズムに切りかえた。当時は独ソ開戦一周年で、独軍のスターリングラード突入が目睫にせまっていた。その後、研究会には昭和塾出身者以外から勝部、小川、白石、和田、新井などが逐次加わった。

同年十一月に入って研究方針をいろいろと討議し、ドイツ、イタリアのファシズムのほか、ロシアの一九〇五年と一九一七年の革命、一九一九年のドイツ革命に研究テーマを拡げ、他方で満州事変以後の日本資本主義の分析にも手をつけ、各自の職場で得られる資料を持ち寄って、再生産構造を立入って追究し、日本の戦力の経済的基礎の崩壊がすでに始まっていることを確認しようというプログラムを立てた。

そこで、同年十二月に研究会のメンバーを二班に分け、高木、浅石、白石、小川、板井は第一班に、勝部、由田、山口、森、新井は第二班に所属することになった。もっとも新井は身の危険を感じて、まもなく脱退した。

十八年に入って、船舶輸送体系は急速に乱れはじめ、鉄鋼や軽金属の増産の頭打ちは眼にみえてきて、これが兵器生産を大きく制約してゆくことは確実となった。何よりも工業用電力需要の停滞が日本の国民経済全体の縮小再生産傾向を雄弁に示していた。また、食糧増産態勢の破綻とインフレーションの昂進も次第にあらわになっていることが確認された。それに、生産設備と生産技術の宿命的な劣位を考え合わせると、破局の到来は遠くないと見透せたわけである。

七

日本の戦争政策がはっきり破綻の相を現してくると、私どもは、無力なインテリの挫折感に打ちひしがれながらも、それまでの研究を一応しめくくって、戦後の変革の展望をやりたいという気持になった。

敗戦は必至として、これがどのような力関係のもとで、どのような内容の変革に導かれるか、というのが問題の大わくであったが、両班が合同して七月に開いた会合は奇妙なほどあざやかに私の記憶に残っている。それがが「最後の会合」だったせいもあろうが、ひとつには、そこで出された次のような結論じみたことがまことに正確にまる二年後の事態をいいあてたためでもある。

(一) 国際情勢では、ヨーロッパ東部戦線のドイツ軍が敗退し、イギリス、アメリカが第二戦線結成の準備をしつつあるらしいことから、ドイツ・ファシズムは必ず崩壊する。北イタリアにおけるパルチザン戦の進展をみると、イタリアのムッソリーニ政権の倒壊は近い。

(二) 早晩、日本の支配層内部には分裂が表面化し、戦局収拾の動きが出てくる。そのきっかけはアメリカ軍が小笠原島に上陸するときで、時期はおおよそ二年後。このときの日本で有力になる勢力は、軍部を見捨て、天皇制の存続を条件として、連合国に降伏を申入れるだろう。

(三) 連合国は当然、日本の民主化を要求する。しかし、この民主化がどんな内容のものになるかは国内の勢力関係によってきまる。労働者の不満が昂進して、労働組合は急速に発達するだろうが、それを指導できるような前衛党が存在しないこと、民衆の天皇制信仰が篤いこと、労働者の意識が国際的に孤立してきたことなどから、社会主義への進展はかなり先のことになる。それに、アメリカはブルジョワ民主主義の国だから、日本の社会主義化を阻止する政策をとることになる。

研究会のメンバーが右の結論で全く一致していたわけではもちろんない。ことに、(三)の部分では大いに意見が分かれた。この間、終始、議論をリードしたのは森、時としては勝部であったことはこの二人の名誉のために記しておきたい。私などはひどく自信をなくしていて、戦後日本の民主化とは資本主義の再出発ぐらいしか考えられなかった。

戦後の国内勢力の相互関係の問題については、これだけは私の提唱で、どの産業部門の労働者が本来的に能動的でありうるか、ということもこれからの研究課題だと話し合われたようだった。

昭和塾グループの一斉検挙は九月九日。山口だけは一旦、逃亡しおおせて逮捕は一日だけおくれた。その約一年前から細川先生は拘留されており、十八年夏には芋蔓式に中央公論社、改造社の人びとが挙げられ、浅石はすでにそのなかにふくまれていた。

浅石晴世の想い出

(笹下会編『横浜事件関係者追悼録』から)

高木健次郎

【解題】 次も同じ高木健次郎による「政治経済研究グループ」に関する証言である。もちろん前掲の文章とかさなるところがあるが、より詳しく、よりリアルに述べられている箇所があって興味深い。

文中、田中正造を知って感銘を受け、グループの仲間で足尾銅山へ一泊旅行に行ったのが、(細川らの泊での宴会が「泊会議」に化けたように)特高による訊問の中で共産主義運動再建を議した「足尾会議」に仕立てられたことが書かれている。

標題にある浅石晴世は、本書Ⅰ章冒頭の筆者・畑中繁雄を編集長とする『中央公論』の編集部に、次章で登場する和田喜太郎とともに所属した。

二人とも昭和塾—政治経済研究会の関連で、浅石は四三年7月に、和田は9月に検挙されたが、その直前、畑中編集部は、全雑誌の中で一誌だけ、表紙に陸軍記念日用標語「撃ちてし已《や》まむ」を刷り込むようにという陸軍からの要請に従わなかったため、根こそぎ解体させられていた。特高による二人の「活動歴」には、政経研究会のほかにこの「経歴」が重ねられていたことが当然考えられる。二人とも、拘置所と刑務所で獄死した。

なお、本文が掲載された『横浜事件関係者追悼録』（横浜事件資料集 Ⅱ）は一九七七年6月に発行された。その「はしがき」も高木が書いている。

＊

まえがき

この拙文を私は浅石晴世の追想文として書いたつもりだったのに、かなり余計なことを書いてしまった。

これを追想文として読まれる方がたはきっと失望されるにちがいない。余計なことを書いたについては、理由がないわけではない。一つには、浅石の想い出は、私の場合、横浜事件のなかの「政経研究グループ」にかかわってしか浮上らないし、二つにはこのグループの中味を述べることによって、浅石がグループの忠実なメンバーとして動いたことが判って頂けると思うからである。それにしても、彼にまつわる記憶は、三十年を経ておおかた風化してしまったことを彼に済まなく思っている。

一

私の古い日記の何冊かの表紙に、横浜地方裁判所の「証拠物件票」という赤い紙が貼ってある。これらは、横浜事件で私（とはかぎらないが）が検挙されたとき、かなりの数の書物とともに押収されたものだった。そのなかに「一九四〇」と表記された日記の一二月二四日のところに、浅石と私の最初の出会いが誌してある。場所は丸ビルの一階にあった「キャッスル」というレストラン、仲介者は白石芳夫であった。

そのときの話は、ある叢書の一冊として現代日本社会史の執筆を私に引き受けてくれないか、というのだった。私は自分の勉強の足しになると思ったので、簡単にその話に乗った。そのあと私は彼と丸の内界隈でよく会った。彼の職場の中央公論社が丸ビルにあり、私の勤めていた日本製鉄の本社が丸ビルの隣りの郵船ビルにあったからである。

その話は、東大歴史学科で同年生だった岩沢文雄が恩師の近藤忠義氏から受けてきたもので、近藤氏は当時、法政大学の国文学の教授、マルクス主義的方法による近世日本文学の研究を開拓していた人として、その世界ではかなり有名だった。年が明けて一月二二日の夜、私は浅石に連れられて近藤氏の家を訪ねた。それは小田急線千歳烏山の駅を降りて畑なかの道をしばらく歩いたところにあった。私はそのときの近藤氏の印象を日記に次のように誌した。「一見繊細な女性的な感じの人だが、その知性にははがねの刃触りがあった。」

私はそれから毎日、会社から帰ると、原稿づくりに努めたが、いざ本番の執筆の段になってあれもこれも読まなくてはならなかった。予定の原稿枚数は四百字詰で三百枚程度だったと思うが、明治維新から初期議会あたりまでは何とか書き進んだものの、あとは一向に筆が捗らなかった。明治二〇年代における政治と社会の二つの過程をうまく重ね合わせることが菲才の私にはとてもできなかったからである。焦りに焦ったあげく、私はとうとう原稿の仕上げをあきらめ、浅石らとの約束を有耶無耶にしてしまった。もう六月も半ばを過ぎていた。あとで知ったことだが、白石、浅石、岩沢の三人は、一九三八年秋の東大セツルメント事件で検挙された仲間だった。この事件は私の在学中のもので、私も記憶していた。

二

一九四一年六月二二日の日曜日は曇ってむし暑かった。その夕方、戸口に配達された新聞号外が独ソ開戦を報じた。憂鬱な日々がその日から一そう憂鬱になった。それでも私は何かをしなければと、五月ごろから昭和塾でぽつぽつやっていた研究会の強化を思い立った。いまにして想えば、空しい気負いにすぎなかったが、有志の人々と手がけた近代日本政治史の研究ははなはだ低調で、さっぱり意気が挙らないままに、再編成を余儀なくされた。

七月半ばに研究会の場所は、半蔵門の竹工堂ビルにあった平貞蔵氏の事務所に移された。平氏は昭和塾の常任理事で、事実上の塾長だったが、塾の開かれていた永田町の伊東巳代治伯の旧邸は海軍に召上げられてしまい、昭和塾は宿無しとなり、実質的には解体していた。

平事務所での会合は一〇月まで続いた。浅石が研究グループに加わったのはこの間のことだった。彼は塾の第三回生、私は第一回生だったが、塾の会合で顔を合わせたことはなかった。だから、前年末の「キャッスル」で会ったのが初対面だったわけ。彼はもともとおとなしい人柄、会合でもあまり派手な発言をせず、寡黙のなかにじっと信念を罩めている姿が想い起される。

研究会は少しずつ活気を帯びてきた。私もようやく、明治二〇年代以後の政治と社会の関連が掴めたような気がした。その当時、私が日記に誌したことを補綴して想い出してみると、研究は一応、次のようにしめ括られたようである。自由民権運動の終熄後、上層が独占した政治は憲法発布をきっかけに反封建的ブルジョワ的秩序を確立する。この秩序を管理する官僚、軍隊、警察の機構も急速に拡充されてゆく。しかし他方では日清戦争前後からの資本制的工業化が生み出した都市の労働者、細民は「社会」という新しい領域を形づくった。政治から疎外された彼らはこの領域のなかで人間性の回復を目ざして、思考し行動するようになった。これがやがて幸徳秋水らの社会主義に連なる。社会主義は新しい政治のカテゴリーとなって、上層の政治に対応する――。

これだけのことなら、何の変哲もない話となってしまうが、すでに独ソ戦が始まっていて、日本もやがては全面戦争に引き込まれてゆくだろうという暗い、抑圧された体制のなかで日本の民衆が何とかして政治へのきっかけを見出せないものかというはかない希望が、そのしめくくりに罩められていたようだった。

三

その年、一九四二年の初秋、研究会では田中正造も話題に上った。「話題に上った」などといえば、好い加減な取り上げ方をしたように見えるが、私どもは何かを執筆するというのではなかったから、話があちこちに飛んだ。田中は足尾鉱毒事件を機として農民大衆の政治へのかかわりを大きく盛り上げた人として注目された。浅石は私どもに大鹿卓の「渡良瀬川」を紹介した。私も彼からそれを借りて読んだ。どんな内容だったかほとんど思い出せないが、冒頭のくだりは、渡良瀬川流域の農民が鉱毒のしみ込んだ田んぼの土を掌にのせて暗然とする場面の描写で、またどのあたりかで田中正造が馬に乗って北関東の平野を駆けめぐる姿も描かれていたように思う。「栃木鎮臺」と呼ばれたほどに彼の存在が重おもしかったのは、彼の超絶的な人格と識見によるが、彼が名主という地方きっての名望家の出身であり、また当時の民衆からはほとんど雲の上の人にひとしい代議士だったことにも由来したのだろう。大井憲太郎といい、田中正造といい、日本の自由主義、民主主義の本道をまっしぐらに歩いた人の行実を学んだことは有益だった。

「渡良瀬川」に感銘した私どもは足尾銅山に行ってみようということになった、一〇月一八日午前六時、浅草雷門駅を日光に向けて出立した。一行は由田、浅石、板井、私の四人。由田は彼の勤め先の古河電工を通じて足尾鉱業所の職員クラブをその夜の宿に取っておいてくれた。憂さ晴しを兼ねたこの足尾行があとで神奈川県特高から、共産主義運動再建を議した「足尾会議」に仕立てられた。

そぼ降る冷い雨のなか、日光駅を降りて足尾精銅所から銅山へ越える峠への道を登った。峠付近の紅葉は雨に濡れてまことに鮮やかだった。この道はいまでは自動車観光道路になっているだろう。雨のせいもあって途中誰にも会わなかった。歩きながら何を喋ったかは全く記憶にない。夕刻、銅山の職員クラブに着いた。大企業の施設だけあって、食堂などはテーブルも椅子も壁もどっしりと快適なものだった。鉱業所の職員が挨拶に出て来たりして、私どもは好い気分になった。食事時のラジオ放送が近衛内閣の総辞職と東条内閣の成立を告げた。

翌日は快晴。クラブの前に立ちはだかった山の尾根付近には枯木が立ち並んでいた。ああこれが煙害かと頷いた。鉱業所の技師が坑内を案内してくれた。富鉱の大団塊を「河鹿」というのだと教えられた。足尾線の駅に向う途中、眼にした鉱夫長屋や商家が寂しくくすんでいて、いかにもみすぼらしかった。

足尾から帰った途端、私どもは尾崎秀実検挙の内報をきいて愕然とした。彼は昭和塾の講師陣のレギュラーメンバーで、私どもにはかなり近しい人だったからである。何の理由でということは当然判らなかったが、東条が首相になったのでは言論弾圧がいよいよ強化されることは明らかだった。

四

昭和塾の解散式が麹町三番町の宝亭で行なわれたのは一一月一六日夜。役員や講師、塾友（塾を卒えた者）や塾生が大ぜい集まった。いまそのときの記念写真をみると、一〇二名が数えられる。このなかで塾の役員や講師は一〇人ほど。食事はスープ付の洋食だったように思う。テーブルを挟んで私の真向いに坐っていたのは理事の佐々弘雄氏だった。佐々氏の名は昭和の初めごろの九大事件で私も承知していたが、面と向っての話は恐らくこの時が初めてだった。私は好い機会とばかりに「先生、これからの日本の政治体制はどうあったらよいのでしょうか」と訊ねた。氏はいかにも恍惚とした表情で「一君萬民、上意下達、下情上通です」といった。佐々氏とかぎらず、理事や講師のなかには「翼賛体制」にのめり込んでいた人が多かったが、佐々氏が九大を辞したのはその左翼思想のためだったのだから、私はいまさらながらその変り果てた姿に驚きもし、呆れもした。

講師の細川嘉六氏は吉田松陰の歌を引いて（どんな歌だったか想い出せない）痛烈な演説をやった。その様子は、これから頼りになるのはこの人ぐらいのものだという印象を心ある者に与えた。

一一月一九日夜、平氏から私ども研究会のメンバーが竹工堂の事務所に呼ばれた。そのとき行ったのは私と由田のほか、第二回生の勝川完司、第三回生の並木正吉、板井庄作、青木治雄の六人だった。平氏は「こういう時世だから、ここでの会合はやめてくれ」と陰気な調子で私どもに引導を渡した。正直のところ、私はいやな気がした。「これでうなぎでも食ってくれ」といって差出された金にも、手を出す気にはなれなかった。

五

一二月八日は月曜日だった。私は頭痛がしたので、会社を休んだ。近所に住んでいた妻の父が昼ごろ来て、けさのラジオが日米開戦を放送したと知らせてくれた。私は読みさしのウェッブ夫妻の「ソヴィエット・コミュニズム」を前にして、日本も行くところまで行かなければ、とてもだめだと思い、慟哭したい気持に駆られた。私はその夜、日記に次のように誌した。「同じ強さで一方では予期しつつ、他方では否定しつづけてきたものがいまや勃発した。」

それから、私は、心の通じあった由田、板井、浅石らと度たび会って、新しい研究会のプログラムを練った。細川老に近づいたのはこのときだった。しかし、私の身辺もだんだん危なくなっていた。私は第二高等学校時代に検挙されてからずっと「要視察人」だったから、移り住む先ざきで所轄警察署特高の監視をうけていた。その当時、新婚早々の私の家に出入りしていたのは、目白署特高係所属の田中巡査で、彼は人のよさそうな中年男だった。一二月八日以後はしげしげと訪ねてくるようになったのは多分、特高の中枢からはっぱをかけられたためだったろう。その月の一一日には早くも、私のたよりにしていた二高の先輩の一人が挙げられた。こんなわけで、これから研究会を組織するとなれば、相当の覚悟がいった。

一二月下旬の一夜、由田、板井、私が研究会の準備のため細川老を訪ねた。その家は小田急千歳船橋駅で降り、畑中の道を少し歩いた、草深いなかにあった。細川老は「やがて桧舞台が開ける。君たちも元気を出さなくちゃいかん。そうでないと、学問をやったかいがないぞ」といったが、その調子はやや悲愴味を帯びていた。話のついでに細川老は、筆すさびのいく枚かの河童の墨絵を見せてくれた。そのなかの一枚に私は「風来門自開」の賛を眼にした。

それから間もない二六日の夜、私どもは九段三丁目にあった大周楼に細川老を招いた。忘年会を兼ねていた。集まったのは由田、板井、浅石、私、それに日鉄の渡辺公平。渡辺はそのとき八幡製鉄所から出張していて、私が誘ったのだが、これをきっかけに新しい研究会に関係することになった。酒を酌みかわすほどに細川老は上機嫌となり、持参した新著「アジア民族政策論」の扉に河童を描き、「籤に当った者に上げよう」といった。その書物は浅石の手に渡った。残りの者は半紙に描いた河童をもらった。私もその一枚をもらったが、いつの間にかなくしてしまった。

六

一九四二年一月二〇日、新しい研究会の第一回の会合が開かれた。集まったのは由田、板井、浅石、私などだったが、場所は全く記憶にない。これ以後一斉検挙までの一年半余りのあいだ、私どもは十数回の会合をもったが、これは全く非合法だったから、私はもう日記その他の記録を一切やめてしまった。場所には当初、日鉄本社や古河電工本社の会議室、神田の学士会館などを使ったが、九月一四日に細川老が警視庁に挙げられてからは、メンバーの私宅を使うようになった。中野区新山通りにあった浅石宅を使ったのは一一月から翌年一月にかけてのことだった。

メンバーはかなりふえた。七月までに私の紹介で日鉄本社の勝部元、日鉄広畑製鉄所にいた中沢護人の紹介で興亜院の森数男、由田の紹介で古河電工の小川修が逐次加わり、やがて昭和塾第一回生で翼賛会から日本鋼管に移っていた山口謙三、糖業連合会にいた前記の白石芳夫も加わった。このほか中央公論社の和田喜太郎、細川老の「植民史」を手伝った、朝鮮人の新井義夫も顔を出したことがある。和田の出席はただの二回だったのに検挙され、判決を早目にうけたため、下獄後間もなく死んだ。

研究のプログラムは勝部と森が加わってから、かなり系統化され、テーマはおおよそ（一）日本の再生産構造と戦力、（二）国家財政とインフレーション、（三）ファッシズムの本質、（四）革命の諸形態、（五）日本資本主義の特質と権力構造、（六）ヨーロッパ戦局と国際関係、（七）日本の終戦形態と戦後民主主義の条件、（八）中国問題、（九）文化問題などだった。

しかし、単一の会合では右の諸テーマをこなし切れそうもなかったので、一九四三年一月からメンバーを二班に分けて研究を分担した。第一班は私、浅石、小川、板井。第二班は勝部、由田、山口、森、和田、新井。両班の連絡には私と勝部があたった。

七

私の出た最後の会合は一九四三年六月六日に、市川市にあった勝部の宅で開かれた。この会合は、それまでの研究成果を一応総括してみようという含みをもっていたので二班の合同だった。出席者は勝部、森、由田、山口、板井、私のほか、たまたま日鉄八幡製鉄所から東京に出張してきていた渡辺だったと思う。浅石はこのころは会合から遠のいていた。彼が「忙しくなった」というのをきいたこともあるし、ジャーナリスト仲間では事態がだいぶ切迫していて、彼も検挙の危険を何とはなしに感じていたせいではなかったのかとも思う。

この会合での話し合いはおよそ次のようにしめくくられた。もっとも、会合の記録をとることは全くなかったから、おぼろげな記憶をたよりに大筋を述べるほかはない。

（一）まず戦局であるが、中国では日本軍が「点と線」しか占領しておらず、中共軍のゲリラ戦術が浸透しつつあるから、今後、日本軍は消耗だけを余儀なくされるだろう。ヨーロッパの東部戦線ではソ連軍がすでにイニシアチヴをとっており、東欧諸国の解放が日程にのぼっている。西部戦線でもイギリス、アメリカの第二戦線の結成が近い。北イタリアではイタリア共産党の指導するゲリラ活動が活発になっており、ムッソリーニ政権は間もなく倒壊するだろう。

（二）日本国内では鉄鋼、非鉄金属の生産は原料条件から急速に減少してゆくだろう。すでに兵器生産は頭打ちになっている。商工業全体の停滞は、電力需要の減退に現われている。恐らく日本の戦力は来年に入って急速におとろえる。これに対して、アメリカの生産力はますます拡充されつつあるから、日本の敗北は近い。敗北が決定的になるのはおおよそ二年後で、アメリカ軍が小笠原島に上陸したとき、日本の支配層は軍部を見棄てて降伏するだろう。

(三) 日本は降伏にあたって天皇制の護持を条件とするだろうが、連合国はこの条件を受入れて日本に民主主義的改革を迫るだろう。この場合のイニシアチヴはアメリカがとる。

(四) 日本の民主主義的改革がどの程度にどのような内容をもって行なわれるかは、日本国内の事情と力関係に大いに制約される。日本の民衆の天皇制信仰の強さ、労働者の階級意識の未成熟にかんがみると、改革は当分ブルジョワ民主主義的なものだろう。

(五) しかし、戦後は労働組合が急速に成長するだろうから、その指導いかんでは、それを社会主義建設の基礎とみなすこともできるが、指導的な前衛党が存在しないから、社会主義への歩みはかなり先のことになるし、アメリカはブルジョワ民主主義の国だから、日本の社会主義化を阻む役割を買って出るにちがいない。

(六) これからの研究課題は、軍需生産によって日本の産業構造のこうむった変化が戦後の労働者運動の政治性にどのような影響を与えるかを展望することである。日本の産業が軽工業から重工業へ比重を移したにしても、労働者の志向や性格は機械工業と鉄鋼業とでかなりちがうだろうし、農村から最終的に離脱した都市プロレタリアートが果たしてどの程度に成長できるだろうかが問題になる。

右のような総括に出席者が全員一致したというのではなかった。まず敗戦が直接にどんな結果をもたらすかについて山口は森や勝部と対立した。アメリカの占領によって日本は植民地化されるのではないか。そうだとしたら、日本の民主化などやれるわけはないというのが山口の主張だった。これに対して、森と勝部は、今度の大戦で連合国はソ連と一緒になって反ファッシズムの打倒を目標としているから、アメリカが帝国主義国家であっても従来のような形で日本を植民地化するようなことは考えられないといった。私自身は、日本の敗戦は必要だとしても、「敗戦主義」ということになると、はなはだ自信がなかった。一つにはこのままで研究会を続けてゆくと、やられはしないかという恐怖につきまとわれ出して、そのころは意気沮喪していたせいかも知れなかった。

実のところ、上記の(六)にのべた「今後の課題」は私の意見だったが、これは、自分の意気沮喪を何とかして振切りたいと思い、それには戦後に望みをつなぐほかはないと考えた結果だった。

八

第二班の会合が同じ場所で七月四日に開かれたが、第一班だった私はこれには出なかった。この月の初めに新井が他の関係（多分、細川老との関係）で挙げられたことを私どもは知る由もなかった。その月末の三一日に浅石の検挙を知ってからは、もう私どもも観念して、「その日」の到来を坐して待つほかはなかった。

九

神奈川県特高はこの年の五月はじめあたりから細川老を中心の「泊会議」のフレームを仕組み、これによって五月二六日以降、改造社の小野康人と相川博、中央公論社の木村亨、東京新聞の加藤政治、満鉄の西尾忠四郎を検挙した。浅石の検挙はそれに続いたわけだった。彼の家の捜索は目を掩うばかりにひどいものだったらしい。

浅石に加えられた拷問も木村、西尾らの場合と同様、凄惨をきわめた。実際の状況は知るべくもないが、昭和塾生だった蝦名賢三の「海軍予備学生」に引用してある池島信平の「雑誌記者」によると、浅石は留置場にいるうちから、肺結核がかなり昂進していたようである。その凄惨な拷問は、私どもの研究会を吐かせるためだった。家宅捜索で発見された彼の手帳に私どもの名前が記されているのだった。生まじめで誠実な彼が拷問によって強いられた自白にどれほど苦悩したであろうか。

九月九日、私どもにとっての「その日」がついにやって来た。山口だけは逃げのびて、逮捕が一日おくれた。一九四四年一月から私どもは相前後して留置場から横浜拘置所に送られた。私の最初の舎房は三舎上（第三棟の階上）の独居房で、森、小川、板井、浅石は三舎下だったが、同犯の被告が顔を合わせることは全くできなかった。

その年のつゆの始まるころ私は肺浸潤にかかり、夏のあいだじゅう高熱になやまされたが、秋ぐちには快方に向った。その秋の深まるころ、はげしく咳込む声が夜の寂寞を破って階下から伝わってくるようになった。浅石の声であった。悲痛の度を加えていったその声に私は「浅石よ、しっかりしてくれ」と念じ、雑役の「床屋」を通じて何度かはげましのことばを書き送った。返事はなかった。

在監者の入浴は週に一回ぐらいだったと思うが、私ども思想犯はコンクリートの小さな湯ぶねに一人ずつ入れられた。その前後には浴室前の廊下の壁に向って、編笠姿で立たされる。秋もようやく深まったころの雨の日、私は入浴を終えて三舎上の在監者の列のなかに入った。看守の号令で壁を離れて歩き出そうとしていたとき、前方から別の一隊が近づいてきて、こちらの列と平行に止まった。そのなかの見覚えのある背格好の男が浅石だと私は直覚した。看守の隙をうかがって「俺は高木だ、頑張れよ」と編笠越しに囁いた。「ああ……。」低く鈍くよどんだその声の主はまぎれもなく浅石だった。これが検挙以来、最初で最後の彼との出会いだった。

寒く晴れ上った一一月一四日の朝、私は裁判所に呼出されるため、吹き抜けの渡り廊下で他の出廷者と並んでいた。廊下の突当りは浅石の舎房であった。その扉の覗き穴から雑役や出勤してきた看守たちが代わるがわるなかを覗いていた。浅石が血にまみれて死んでいたことを、私は数日後、雑役の一人からきかされた。

浅石のお父さんも同じ年に亡くなり、たった一人の弟も高等商船学校を出て出征、戦死という不幸が重なり、お母さんは一人ぽっちになった。終戦の年の一一月一三日、世田谷区の正法寺で横浜事件犠牲者の追悼会が催された。浅石のお母さんも参会した。私は政経研究グループを代表した挨拶のなかで、浅石や和田の追想文集をつくる積りだと公言した。しかし、その文集はとうとう出来ずじまいであった。人びとは食うに追われていたし、私は故郷の福島市に暮していたということは言訳にはならない。三十余年を経ていまこの一文を書いても、その公言を果したことにはなりかねる。浅石のお母さんはとうに亡くなられたろうし、浅石その人についての私どもの記憶も、この歳月のなかでおおかた風化してしまったからである。

「政治経済研究会」関係被告
予審終結決定

【解題】「政治経済研究会」関係では、高木健次郎のほか板井庄作、森数男、白石芳夫の予審終結決定が残存している。

いずれも、決定は「公判に付す」、つまり「裁判にかける」である。実際、公判にかけられ、高木と板井、白石らは、懲役二年・執行猶予三年の判決を受けた。ところが森だけは、懲役四年の判決を受けた(上告して免訴となるが)。

なぜそうなったのか。予審終結決定を読むと、容疑の全般的内容は他の被疑者とまったく変わらないのに、一つだけ、大東亜省総務局調査課に勤務していたとき、閣議に提出された「昭和十八年度生産目標対前年度比較表」が同僚の机の上にあったのを見てそれを書き写し(証拠として押収された)、「グループ」の研究会に提供したと書かれている。これが「国家機密」の漏洩に当たるとして、治安維持法違反とあわせ国防保安法違反の嫌疑が挙げられている。そのためもあってか、予審終結決定の時期も、他が6月から8月にかけて出されているのに、森だけは4月30日と早い。

なお再審裁判については、前述のように高木は遺族が参加、板井は存命していた本人が、第三次の再審請求人となった(しかし最後の〝生き証人〟だった板井も、裁判継続中に他界した)。

予審終結決定の原文はカタカナであるが、読みやすさを考え、ひらがなにして濁点をつけた。

*

高木健次郎
予審終結決定

決　定

本籍現住所　福島市本町三十一番地

会社員

高木　健次郎

当三十二年

右の者に対する治安維持法違反被告事件に付予審を遂げ決定すること左の如し

主　文

本件を横浜地方裁判所の公判に付す

理　由

被告人は第二高等学校文科を経て昭和十一年三月東京帝国大学経済学部経済科に入学し昭和十四年三月同科を卒業直ちに東京市麹町区丸ノ内郵船ビル内に本社を有する日本製鉄株式会社（略称「日鉄」）に入社し一時「日鉄」輪西製鉄所に勤務したるも間もなく本社会計課勤務となり昭和十七年三月以降は本社監理部監理課に転じ作業能率増進に関する事項等の調査研究を為し来りたるものなるが

其の間昭和十三年十二月より四ヶ月間麹町区永田町一丁目十五番地の後藤隆之助を理事長とする昭和塾に入り政治経済、社会等各般に亘り研究を遂げたるものなるところ既に右第二高等学校在学中交友千葉秀雄等の感化を受けたること「無産者政治教程」其他の左翼文献を繙読したる結果遂に共産主義を信奉し日本共産青年同盟に加入して学内に於ける右同盟組織の拡大強化に努めたる為

昭和九年十月二十日検挙せられ、昭和十年八月十日仙台地方裁判所検事局に於て治安維持法違反により起訴猶予処分に付せられたるに拘らず依然同主義に関する信念は変らず

第一、「コミンテルン」が世界「プロレタリアート」の独裁に依る世界共産主義社会の実現を標榜し世界革命の一環として我国に於て革命手段により国体を変革し私有財産制度を否認し「プロレタリアート」の独裁を通して共産主義社会の実現を目的とする結社にして日本共産党は

其の日本支部として其の目的たる事項を実行せんとする結社なることを知悉し乍ら何れも之を支持し思想的交友関係等を辿りて共産主義の昂揚を図ると共に左翼組織を確立し是等の活動を通して右両結社の各目的達成に資せんことを企て

（一）昭和十一年五月上旬右千葉秀雄其の他の二高出身の共産主義者より成る「グループ」に参加し爾来昭和十二年十月中旬頃迄の間前後約十数回に亘り本郷区本郷追分町帝大基督教青年会館会議室に於て同人等と共に山田盛太郎著「日本資本主義分析」等を「テキスト」として秘密裡に研究会を開催し時に被告人自ら「チューター」となりて是等の左翼書籍に基き共産主義理論の解説を為すと共に内外の客観情勢を共産主義観点より分析批判して相互に共産主義意識の昂揚に努め

更に昭和十三年五月上旬に至るや右千葉秀雄、吉田秀夫等を中心とする前述の二高出身者の共産主義「グループ」に参加し爾来昭和十六年十二月頃迄の間前後約十回に亘り京橋区銀座四丁目料理店「三平」其他に開催せられたる同「グループ」の会合に出席し

或は右「グループ」の会合と別個に右千葉秀雄と前後

三十回以上に亘り京橋区西銀座の喫茶店「耕一路」其の他に於て会合して共産主義理論の会合を重ね又は共産主義的観点より日本資本主義の発展の過程を論議し国際情勢の分析批判を為す等相互に共産主義意識の昂揚に努める等一方其の間昭和十三年十一月中旬曾て東大経済学部助教授有沢広巳の演習に参加し居たる学生小坂徳三郎、小林久明、外六名を糾合して通称「昼食会」なる「グループ」を結成したる上昭和十四年三月迄の間前後十数回に亘り本郷区本郷一丁目森永「キャンデーストア」等に於て同人等と「昼食会」を催し其の席上に同様共産主義的観点より日本資本主義の発展過程を解説し或は国際情勢を分析批判して同人等の共産主義意識の啓蒙昂揚に努め

(二) 昭和十六年六月初旬前記昭和塾の会議室に於て同塾の卒業生(通称塾友)たる共産主義者板井庄作、由田浩等と協議の上塾友並木正吉外十四名を糾合して「昭和塾々友研究会政治班」を結成し爾来同年十一月初旬迄の間前後十数回に亘り右昭和塾会議室麹町区半蔵門竹工堂ビル内平貞蔵事務所等に於て蝋山政道著「政治史」を「テキスト」として研究会を開催したる上所謂講座派の理論に基き幕末明治維新より日露戦争前後に至る日本の近代資本主義国家としての発展の諸過程を分析解明し

或は岩淵辰雄其他を招き日本軍部論等に関する講演会を開催したる上該講演に基き論議を重ねて会員の共産主義意識の昂揚に努めると共に同政治班の活動を指導統制して極力之が左翼化に努め

(三) 昭和十六年十月十五日右昭和塾の講師尾崎秀實が国防保安法違反其の他の嫌疑を以て検挙せられたると内外の客観情勢の緊迫化とにより右昭和塾は解散することとなり「昭和塾々友研究会政治班」も亦解散の止むなきに直面するや被告人は予て同志的結束を固め居たる右板井庄作、由田浩、浅石晴世等と共に同月十八日より同年十二月下旬に亘り栃木県足尾町古河鉱業株式会社足尾鉱業所倶楽部、麹町区丸ノ内二丁目八番地古河電気工業株式会社応接間其の他に於て屢々会合して右政治班解散後の被告人等の活動方策に付き協議したる結果遂に右政治班加入の共産主義分子其の他の意識分子を結集して共産主義理論の研究と内外の諸情勢の分析批判等を通して共産主義意識の昂揚を図ると共に左翼組織を確立する意図の下に、所謂「政治経済研究会グループ」なる非合法「グループ」を結成し爾来昭和十八年六月初旬迄の間逐次「グループ」員を獲得し前後二十数回に亘り密かに会合を開催し或は「ピクニック」「ハイキング」等を催して共産主義理論の研究並に内外の政治経済等の諸情勢の分析批判を為して「グループ」員の共産主義意識の昂揚同志的結合の強化を図りたる外「グループ」の組織並に活動方針に付き種々協議して之が実践に努むる等の活動を為し殊に被告人自身「グループ」を指導統制して其の拡大強化に努めたるが就中

（イ）昭和十六年十二月二十一日頃及同月二十六日頃の二回に右板井庄作、浅石晴世、由田浩等と共に世田ヶ谷区世田ヶ谷五丁目二千八百三十二番地なる共産主義者細川嘉六方外一ヶ所に於て同人と会合して同「グループ」の指導を仰ぐと共に同人より所謂歴史の必然性に従い共産主義運動を勇敢に展開すべき旨鼓舞激励せられて愈々同志的結合を強化し

（ロ）昭和十七年六月頃より昭和十八年六月初旬頃迄の間大日本産業報告会勤務の並木正吉、「日鉄」本社勤務の勝部元、中沢護人、「日鉄」八幡製鉄所勤務の渡辺公平、興亜院嘱託森数男等の共産主義分子を順次同「グループ」に加入せしめ

（ハ）昭和十七年七月二十四日頃同年八月二十八日頃の二回に神田区一ツ橋学士会館三階小会議室に於て由田浩外五名の「グループ」員と共に「ファッシズム」の研究会を開催し各自共産主義的観点より之が討議を試みて相互に意識の昂揚に努め

（ニ）昭和十七年十一月三日頃千葉県船橋市内某喫茶店に於て「グループ」員板井庄作、山口謙三、浅石晴世、勝部元、小川修等と会合し満州事変以後の内外の諸情勢を共産主義的観点より研究を為すこと積極的に「メンバー」を獲得する一面各自の職場内に於て組織活動を強化すること極力「グループ」の存在を秘匿すること其の他同「グループ」の組織並に活動方針を協議決定して之が実践に努め

（ホ）次いで同月十五日頃、同月二十日頃及び同年十二月五日頃三回に中野区新山通二丁目二十三番地浅石晴世方に於て同人外九名のグループ員と共に特に「グループ」の研究課題、研究方法研究開催方法等に付協議したる結果「グループ」員は満州事変以後の内外の諸情勢を各自の職場より得たる重要資料を基本として共産主義的観点よりこれを分析批判し或は総合する等の研究□□より大東亜戦争に関する日本の戦力の判定を為すと共に一面各産業に於ける資本の構造と労働力の構成の変動とを究明し依て以て革命の展望に資すること並研究課題及分担を鉄鋼業を被告人及勝部元、鉄鋼業に於ける労働問題を山口謙三、非鉄金属工業特に銅及軽金属工業を由田浩及小川修、電気事業を板井庄作、中国共産党日本農業及国際情勢を森数男、熱帯農業及製糖業を白石芳夫、国内情勢文化問題を浅石晴世、和田喜太郎、支那問題を新井義夫と夫々為すこと並研究分担の発表を中心として論議を重ねること等を各決定し該決定に基き爾来同年十二月五日頃より昭和十八年六月六日頃までの間、右浅石晴世方、杉並区永福町三十七番地山口謙三方及千葉県市川市八幡一二二九番地勝部元方等に開催せられたる同「グループ」の会合の席上被告人は二回に亘り「鉄鋼業に於ける労働形成」「日本に於ける鉄鋼業の新情勢」と題し前者に就きては同問題の自己の論文を謄写したる「パンフレッ

ト」を浅石晴世その他の「グループ」員一同に配布したる上「ドイツ」に於ける労働戦線及「ソビエットロシア」に於ける労働賃金政策が夫々鉄鋼業労働者を優遇せる実情を讃美すると共に日本鉄鋼業に於ける労働力の不足は鉄鋼業内部に於ける各製造部門或は各工業間の労働力の構成上の不均衡に因るものなるが□は日本資本主義の半封建的特質に原因するものなるを以てこれが究極的解決には該特質を克服せざるべからずと強調して我国に於ける「ブルジョア」民主主義革命の必然性を示唆し後者に就きては「日鉄」設備能力表等重要資料に基き日本鉄鋼業は船舶による内地向石炭鉄鉱石の輸送困難、米国よりの屑鉄輸入杜絶等により一部溶鉱炉の吹止実施せられ昭和十八年度銑鉄鋼鉄の生産量は昭和十七年度より減少の傾向にありて日本敗戦の危機は切迫しつつありと解説し勝部元は日鉄社内の重要資料たる屑鉄石炭鉄鉱石の統計表に基き昭和六年以降の銑鉄鋼鉄鋼材の生産推移を説明し増産の困難性を強調する一方鉄鋼業における労働者の意識水準の種々相違し居れる状況を説明し附帯作業に従事する労働者を除く他の労働者の意識水準は革命運動に不利なるもこれを啓蒙すべき事等を強調し由田浩は小川修と協議の上我国に於ける「ジュラルミン」等の軽金属の生産の悲観すべき状況、航空機生産量の米英に比し劣弱なる事情等を解説し森数男は「ソビエットロシア」の冬期攻勢を中心とする国際情勢其の他を解説して「ソビエットロシア」の勝利、「ドイツ」及日本の敗戦の危機の増大を展望し更に昭和十八年度の生産拡充計画書の内容の一端を漏泄して我国生産力の停滞減少を強調し白石芳夫は台湾に於ける精糖業の現状に就き解説して植民地産業に関する日本資本主義制は内地向砂糖輸送船減少を通して船舶不足等を強調し板井庄作は生産力の拡充の叫ばれつつある折柄工業生産部面に於ける電力の需要は総体的には却て減少傾向にある事を指摘し且一般技術者層の動向を説明し其不平不満を利用して積極的に職場に於て啓蒙活動を為すべきこと等を強調し新井義夫は新疆省に於ける中国共産党を繞る政治状勢等を解説したる上之等の各研究発表を中心として更に各自共産主義的観点より論議を重ねて以て相互に共産主義意識の昂揚に努めたる外其間「グループ」員との間に「全連邦共産党小史」其の他の革命文献の回読之が意見の発表等を実行して戦略戦術の樹立に資すると共に相互に革命意識の昂揚に努め

(へ)「日鉄」本社内及輪西、釜石、広畑、八幡の各製鉄所内の進歩的分子を共産主義的に啓蒙すると共に之等を結集して全「日鉄」内に左翼組織を確立せん事を企図し昭和十四年六月中旬より昭和十八年四月中旬迄の間「日鉄」本社内其の他に於て前記渡辺公平に対し山田盛太郎著「日本資本主義分析」を、輪西製作所勤務の岡村俊夫に対し「ジョン・リットルページ」著「ソ連の十年」

等の左翼文献を、「日鉄」本社監理部投資課勤務の藤井信一に対し前記「鉄鋼業に於ける労働形成」と題する自己の左翼的論文を謄写したる「パンフレット」を夫々貸與又は贈與して回読せしめ又同人等並に「日鉄」本社会計課勤務の三古谷榮、広畑製鉄所勤務の中澤護人（後に「日鉄」本社勤務）、釜石製鉄所勤務の藤井康三等に対し屡次共産主義理論の正当性を強調して其の研究を勧奨し或は内外の客観情勢を共産主義的観点より分析批判する等極力同人等の共産主義意識の啓蒙昂揚を図ると共に「日鉄」監理部事務室其の他に於いて屡々右勝部元、中澤護人等と共に会合し右「政治経済研究会グループ」の下部組織として右渡辺公平其他の者を「シンパ」として左翼組織を結成すべく協議して之が具体化に努めたる等諸般の活動に従事し以て右両結社の目的随行の為にする行為を為し

第二、昭和十八年六月九日「コミンテルン」執行委員会幹部会が同月十日以降「コミンテルン」を解散する旨の声明をなすや被告人は右幹部会の態度を全面的に肯定すると共に右勝部元、板井庄作等が同月七月四日頃右「政治経済研究会グループ」の方針として右解散声明の趣旨に則り共産主義運動を展開すべき旨協議したる事実を聞知して之を承認し茲に日本共産党が「コミンテルン」解散後も右解散趣旨に従い引続き革命行動により国体を変革し私有財産制度を否認し「プロレタリアート」の独裁を樹立し之を通し共産主義社会実現を目的として活動する結社なることを知り乍ら之を支持し被告人の運動を継続して其の目的達成に資する意図の下に

（一）昭和十八年七月中旬より同年九月八日迄の間二回に「日鉄」監理部事務室外一ヵ所に於て右勝部元、中澤護人と共に曩に協議したる左翼組織の結成方針に付協議を重ねたる外「日鉄」八幡製鉄所公余倶楽部に於て右勝部元、渡部公平、大島毅一等と共に内外の客観状勢を共産主義的観点より分析批判し大東亜戦争は愈愈日本に不利に進展して国内危機の増大による国内変革は必至なりと論断し或は右中澤護人に対し弁証法的唯物論の積極的研究を慫慂し前記三古谷榮に対し「ピアトニツキー」著「ファッシズム論」を、輪西製鉄所勤務の川村猛に対し「ブランデルブルク」著「世界史の成立」其他を夫々貸與閲読せしめて同人等の共産主義意識の啓蒙昂揚を図る等極力「日鉄」に於ける左翼組織の確立に努め

（二）同年八月二十日頃及同年九月五日頃二回に麹町区丸ノ内丸ビル内食堂「花月」、喫茶店「キャッスル」等に於て勝部元、小川修、森数男、板井庄作、山口謙三等「政治経済研究会グループ」の「メンバー」と会合し「イタリア」の政治情勢を中心とする国際情勢並に日本鋼管株式会社川崎工場の労働者の動向を中心とする国内情勢等を共産主義的観点より分析批判して相互に共産主義意識の昂揚に努めると共に同年七月三十一日浅石晴世

の検挙以来一時中断し居たる同「グループ」の研究会を近く再開すべき旨協議したる等諸般の活動に従事して以て日本共産党の目的遂行の為にする行為を為したるものなり

板井　庄作

予審終結決定

決　定

本籍　東京都本郷区駒込西片町十番地
住居　同都杉並区宿町百五十番地　大井栄一方
無職
板井　庄作
当二十九年

右の者に対する治安維持法違反被告事件に付予審を遂げ決定すること左の如し

主　文

本件を横浜地方裁判所の公判に付す

理　由

被告人は裕福なる銀行員の家庭に生育し東京府立第一中学校第一高等学校理科を経て昭和十四年三月東京帝国大学工学部電気学科を卒業後同年五月電気庁技手となり同庁長官官房総務課第一部第二調整課第二部電力課等に順次勤務し昭和十六年九月電気庁技師に次いで昭和十七年十一月一日行政簡素化実施に伴う官制の変更により逓

信技師に任ぜられ更に昭和十八年十一月一日軍需省の創設と共に軍需技師（高等官六等）に任ぜられ同省電力局電力課勤務となりたるも昭和十九年一月十九日依願免官となりたるものなるが其の間昭和十五年四月より昭和十六年三月迄麹町区永田町一丁目十五番地所在後藤隆之助を理事長とする昭和塾に入り政治経済各般に亘り研究を遂げたるものなるところ

右大学在学中より大森義太郎著「史的唯物論」其の他の左翼文献を繙読したると右昭和塾に於て塾講師の所謂進歩的意見に接し且浅石晴世、其の他の共産主義者の感化を受けたる結果遂に昭和十六年四月頃に共産主義を信奉するに至り

第一、「コミンテルン」が世界「プロレタリアート」の独裁に依る世界共産主義社会の実現を標榜し世界革命の一環として我国に於ては革命手段により国体を変革し私有財産制度を否認し「プロレタリアート」の独裁を通して共産主義社会の実現を目的とする結社にして日本共産党は其の日本支部として其の目的たる事項を実行せんとする結社なることを知り乍ら孰れも之を支持し現下内外の情勢に鑑み青年知識層の間に共産主義意識の啓蒙昂揚を図ると共に左翼組織を確立する等の運動を通して右両結社の各目的達成に資せんと企図し

（一）昭和十六年六月初旬共産主義者高木健次郎其の他と右昭和塾会議室に於て協議の上同塾の卒業生（通称「塾友」）たる並木正吉外十余名を糾合し政治問題研究を標榜して「昭和塾々友研究会政治班」を結成し爾来同年十一月初旬頃迄の間前後十数回に亘り右高木健次郎等と共に右昭和塾会議室、麹町区半蔵門竹工堂ビル内平貞蔵事務所等に於て蝋山政道著「政治史」を「テキスト」として研究会を開催したる上所謂講座派の無産主義理論に基き幕末、明治維新より日露戦争前後に亘る日本の近代資本主義国家として発展の諸道程を分析解明し或は岩淵辰雄其の他の講師を招き日本軍部論争に関する講演会を開催したる上該講演に基き論議を重ねて相互に共産主義意識の昂揚に努め殊に同年八月六日頃平貞蔵事務所に開催せられたる研究会に於ては被告人は自ら「征韓論と西南戦争」と題し階級闘争の立場より研究発表を為して会員の共産主義意識の啓蒙昂揚に努め

（二）昭和十六年十月十五日右昭和塾の講師尾崎秀實が国防保安法違反其の他の嫌疑を以て検挙せられたると内外の客観情勢の緊迫化とにより右昭和塾が解散することとなり「昭和塾々友研究会政治班」も亦解散の止むなきに直面するや被告人は予て同志的結束を固め居たる高木健次郎、浅石晴世、由田浩と共に仝月十八日より同年十二月下旬迄の間栃木県足尾町古河鉱業株式会社応接間其の他に於て屡々会合して右政治班解散后の被告人等の活動方針に就き協議したる結果右政治班加入の共産主義分子其の他の意識分子を結集して共産主義理論の研究と

内外の諸情勢の分析批判とを通して共産主義意識の昂揚を図ると共に左翼組織を確立する意図の下に所謂「政治経済研究会グループ」なる非合法「グループ」を結成し爾来昭和十八年六月初旬迄の間右高木健次郎等と共に前後二十数回に亘り「グループ」の会合を開催し或は「ピクニック」「ハイキング」等を催おして共産主義理論の研究並に内外の政治経済等諸情勢の分析批判を為して「グループ」員の共産主義意識の昂揚同志的結合の強化を図りたる外同「グループ」の組織並活動方針等を協議決定して之が実践に努むる等同「グループ」の拡大強化に努めたるが就中

(イ) 昭和十六年十二月二十一日頃及同月二十六日頃の二回、右高木健次郎、浅石晴世、由田浩と共に世田ヶ谷区世田ヶ谷五丁目二千八百三十二番地なる共産主義者細川嘉六方外一ヶ所に於て仝人と会合して同「グループ」の指導を仰ぐと共に同人より所謂歴史の必然性に従い共産主義運動を勇敢に展開すべき旨鼓舞激励せられて愈々同志的結合を強化し

(ロ) 昭和十七年一月二十日頃同年六月十七日頃仝月二十八日頃及仝年十一月三日頃の前後四回に亘り中野区新山通二丁目二十三番地浅石晴世方外三ヶ所に於て仝人其の他の「グループ」員と会合し仝「グループ」の研究課題其の他組織並に活動方針に付協議したるが殊に仝年十一月三日頃千葉県船橋市内某喫茶店に於て「グループ」員高木健次郎、山口謙三、浅石晴世、勝部元、小川修等と会合し満州事変以後の内外の諸情勢を共産主義的観点より研究を為すこと積極的に「メンバー」を獲得する一面各自の職場内に於て組織運動を強化すること極力「グループ」の存在を秘匿すること其他同「グループ」の組織並活動方針に付協議決定して之が実践に努め

(ハ) 次いで仝年十一月十一日頃仝月二十日頃及同年十二月五日頃の三回に亘り前記浅石晴世方に於て仝人外九名の「グループ」員と共に殊に同「グループ」の研究課題、研究方法、研究会の開催方法等に付協議を重ねたる結果「グループ」員は満州事変以後の内外の諸情勢を各自の職場より得たる重要資料を基本として共産主義的観点より之を分析批判し或は総合する等の方法により大東亜戦争に対する日本の戦力の判定をなすと共に一面各産業に於ける資本の構造と労働力の構成の変動とを究明し依て以て革命の展望に資すること研究課題及其の分担を電気事業を被告人、鉄鋼業を高木健次郎及勝部元、鉄鋼業に於ける労働問題を山口謙三、〔非〕鉄金属工業特に銅及軽金属工業を由田浩及小川修、熱帯農業及精糖業を白石芳夫、中国共産党、日本農業及国際情勢を森数男、国内情勢及文化問題を浅石晴世及和田喜太郎、支那問題を新井義夫と夫々為すこと並に該研究分担の発表を中心として論議を重ぬること等を各決定し該決定に基き同年十二月五日頃より昭和十八年六月六日頃迄の間右浅石晴

世方、杉並区永福町二百三十七番地山口謙三方、千葉県市川市八幡千二百二十九番地勝部元方等に於て開催せられたる同「グループ」の会合の席上右高木健次郎、勝部元、森数男、由田浩、白石芳夫、新井義夫等が各研究分担の発表をなすと共に被告人も亦自己の研究分担を発表して現今生産力の拡充が叫ばれつつあるに拘らず工業生産面に於ける電力の需要は絶体的には却て減少の傾向に在ることを指摘して生産拡充計画を論議し且技術者の不平不満を利用して積極的に於て啓蒙活動を為すべく大東亜戦争の推移に日本に不利にして日本内部に矛盾と相剋とを激化せしめ急速に革命の機運醸成せられつつありと強調したる上之等の研究発表を中心として各自共産主義的観点より論議を重ねて以て相互に共産主義意識の昂揚に努めたる外其の間右「グループ」員との間に「全連邦共産党小史」其の他の革命文献の回読之が意見の発表等を実行して戦略戦術の樹立に資すると共に相互に革命意識の昂揚に努め

（二）昭和十八年四月二十四日頃右浅石晴世、由田浩、勝部元、小川修、山口謙三等と共に北多摩郡三鷹町より調布町方面に「ピクニック」を催おして同志的結合を強化すると共に同「グループ」の組織並に活動方針を協議決定して之が実践に努め

たる等諸般の活動に従事し以て右両結社の各目的遂行の為にする行為を為し

第二、昭和十八年六月九日「コミンテルン」執行委員会幹部会が仝月十日以降「コミンテルン」を解散する旨の声明を為すや被告人は右解散の声明を全面的に肯定し日本共産党の「コミンテルン」解散後も右解散の趣旨に従い引続き革命手段により国体を変革し私有財産制度を否認し「プロレタリアート」の独裁を樹立し之を通して共産主義社会の実現を目的として活動する結社なることを知り乍ら依然之を支持し其の目的達成に資する意図の下に

（一）昭和十八年七月四日頃前記勝部元方に於て同人、森数男、山口謙三、白石芳夫と会合し大東亜戦争の敗北を契機として我国に到来すべき革命は所謂二段革命にして所謂「三十二年テーゼ」は依然正当性を有するを以て之を支持して積極的に研究を為すべきこと「コミンテルン」解散は各国の共産主義運動に対し実質的には大なる変更を生ぜさしめざるを以て「政治経済研究会グループ」としても引続き運動を展開すべきこと並労働者の日常生活の諸問題を把えて階級意識の啓蒙昂揚を図ると共に産業報国会の左翼化に努むること等を協議決定して之が実践に努め

（二）同年七月下旬電気庁技師後藤譽之助を左翼的に啓蒙する目的を以て電気庁に於て仝人に対し「エンゲルス」著「フォイエルバッハとドイツ古典哲学の終焉」外一冊の左翼書籍を貸与して之が閲読を勧奨し

(三) 同年九月五日頃麹町区丸ノ内丸ビル内喫茶店「キャッスル」に於て右「政治経済研究会グループ」の高木健次郎、勝部元、山口謙三等と会合し日本鋼管株式会社川崎工場に於ける労働者の動向を中心とする国内情勢に付論議を重ねて相互に共産主義意識の昂揚に努むると共に同年七月三十一日浅石晴世の検挙後一時中絶し居たる「グループ」の研究会を近く再会すべき旨協議したる等諸般の活動に従事し以て日本共産党の目的遂行の為にする行為を為したるものなり

被告人の右行為は治安維持法第一条後段第十条刑法第五十四条第一項第十条に該当し公判に付するに足る嫌疑あるものと思料するを以て刑事訴訟法第三百十二条に則り主文の如く決定す

昭和二十年八月二十四日

横浜地方裁判所

予審判事　広沢　道彦

森　数男

予審終結決定

決　定

本籍　静岡県志太郡島田町七百七十六番地

住居　静岡市梅屋町十三番地　森　秀夫方

無職

森　数　男

当三十二年

右の者に対する治安維持法違反並国防保安法違反被告事件に付予審を遂げ決定すること左の如し

主　文

本件を横浜地方裁判所の公判に付す

理　由

被告人は裕福なる会社員の家庭に生育し静岡高等学校を経て昭和十四年三月東京帝国大学法学部法律学科を卒業したる後一時東京都赤坂区溜池山王ビルデング内犬養健支那研究室に勤務したるも同年九月嘱託として興亜院政務部第三課に転じ昭和十七年十一月興亜院が廃止せられたる後引続き嘱託として大東亜省総務局調査課に勤務

し居たるが昭和十八年十月退職し現在に及びたるものなるところ右静岡高等学校在学中当時の社会思想の刺激を受けたると河上肇著「第二貧乏物語」日本共産党機関紙「赤旗」等の左翼文献を繙読したるとにより昭和八年五月頃には共産主義を信奉するに至り其の頃「日本共産青年同盟」に加入し学内に於ける右同盟組織の拡大強化に努めたる為治安維持法違反として同年九月検挙せられたるも昭和九年九月十二日静岡地方裁判所検事局に於て将来の転向を誓い起訴猶予処分を受けたることあり之が為其の後共産主義研究を中絶し文学研究に専念し居たるも大学卒業後興亜院に勤務し主として支那に於ける農業問題を担当するに至りたるを契機として再びマルクス主義の文献を繙読するに至り昭和十六年末頃には再度共産主義を信奉するに至り

第一、「コミンテルン」が世界「プロレタリアート」の独裁に依る世界共産主義社会の実現を標榜し世界革命の一環として我国に於ては革命手段に依り国体を変革し私有財産制度を否認し「プロレタリアート」の独裁を通して共産主義社会の実現を目的とする結社にして日本共産党は其の日本支部として右目的たる事項を実行せんとする結社なることを知悉し乍ら孰れも之を支持し現下内外の情勢に鑑み青年知識層の間に共産主義意識の啓蒙昂揚を図ると共に左翼組織を確立する等の運動を通して右両結社の各目的達成に資せんことを企て昭和十七年六月中旬頃共産主義者高木健次郎、浅石晴世、由田浩等が結成し居たる共産主義理論の研究及内外の諸情勢の分析批判を通して共産主義意識の昂揚を図ると共に左翼組織の確立を目的とする所謂「政治経済研究会グループ」なる非合法「グループ」に右高木健次郎の勧誘を受けて加入したる上其の頃より昭和十八年六月初旬頃迄の間右高木等と共に数回に亘り同「グループ」の会合を開催して共産主義理論の研究並に内外の政治経済等の諸情勢の分析批判を為して同「グループ」員の共産主義意識の昂揚同志的結合の強化を図りたる外同「グループ」の組織並に活動方針等を協議決定して之が実践に努むる等同「グループ」の拡大強化に努めたるが就中

（一）昭和十七年六月二十八日頃東京都麹町区丸ノ内郵船ビルデング内日本製鉄株式会社会議室に於て同「グループ」員高木、由田、板井庄作、小川修等と会合し同「グループ」の研究課題に付欧州大戦以後に於ける国際政治情勢の分析殊に独乙「ファッシズム」の研究を為すことを協議決定し右決定に基き同年八月二十八日頃東京都神田区一ツ橋学士会館三階小会議室に於て右高木、小川、勝部元、山口謙三等の同「グループ」員と共に「ファッシズム」の研究会を開催し其の席上自ら左翼的観点より独乙「ファッシズム」の成立過程及其の本質の分析解明を為したる外相互に内外の諸情勢及今次大戦を契機とする世界革命の展望に付意見の交換を遂げ

（二）昭和十七年十二月五日東京都中野区新山通二丁目二十三番地浅石晴世方に於て同人外七名の「グループ」員と共に特に同「グループ」の研究課題、研究方法等に付協議を重ねたる結果「グループ」員は満州事変以後の内外の諸情勢を各自の職場より得たる重要資料を基本として左翼的観点より之を分析批判し或は総合する等の方法により大東亜戦争に対する日本の戦力の判定を為すと共に一面各産業に於ける資本の構造と労働力の構成の変動とを究明し依て以て革命の展望に資すること並に研究課題及其の分担を日本農業、国際情勢及中国共産党を被告人、鉄鋼業を高木健次郎及勝部元、鉄鋼業に於ける労働問題を山口謙三、非鉄金属工業特に銅及軽金属工業を由田浩及小川修、熱帯農業及精糖業を白石芳夫、電気事業を板井庄作、国内情勢及文化問題を浅石晴世及和田喜太郎、支那問題を新井義夫と夫々為すこと並に該研究分担の発表を中心として論議を重ぬること等を各決定し該決定に基き爾来同年十二月五日より昭和十八年六月六日頃迄の間右浅石晴世方、東京都杉並区永福町二百三十七番地山口謙三方、同都江戸川区小岩町一丁目三百六十二番地由田浩方、千葉県市川市八幡千二百二十九番地勝部元方等に於て開催せられたる同「グループ」の会合の席上右高木、勝部、由田、白石、新井等の各研究分担の発表と共に被告人も亦自己の研究分担の発表を為したるが殊に昭和十八年一月七日頃右由田方の会合に於て日本に於ける食糧事情の窮迫の状況を指摘し之が原因は日本農業が封建的農業機構の下に放任され居る事実、戦時下労力資材の不足の事実、外米輸入の困難なる事実等による供給の停滞減少並に農村人口の都市への流出及米食者増加等による需要の増大に基くものにして食糧の不足又は食糧配給の一時的混乱は食糧暴動を招来し革命の契機となり得べき旨強調したる上之等研究発表を中心として各自共産主義的観点より協議を重ね以て相互に共産主義意識の昂揚に努めたる外其の間右「グループ」員なる高木健次郎に黒田禮二著「廃帝前後」、勝部元に外務省編「全ソ連邦共産党小史」等革命文献を貸与し以て革命戦略戦術の樹立に資すると共に相互に革命意識の昂揚に努め

（三）昭和十八年五月下旬頃勤務先なる大東亜省総務局調査課に於て昭和十八年度生産拡充計画の説明資料として同年五月三日の閣議に付せられたる昭和十八年度生産目標対前年度比較表の写が偶々同僚の机上に放置しあるを目撃するや右写が国家機密たる事項なることを知悉しながら右「グループ」の研究会に於て我国戦力測定の資料として提示し公にする目的を以て秘かに之を書写し以て開催せられたる同「グループ」員の会合の席上同「グループ」員なる同人外六名に対し右写（証第一号）を回覧せしめたる上之に基き左翼的観点より我国の重工業の生産力は停滞又は減少の傾向を示し大規模なる近代

戦の遂行は困難にして大東亜戦争に於ける我国の敗戦は必至なるべき旨力説し国家機密を公にすると共に同「グループ」員の共産主義意識の昂揚に努めたる等諸般の活動に従事し以て右両結社の各目的遂行の為にする行為を為し

第二、昭和十八年六月九日「コミンテルン」執行委員会幹部会が同月十日以降「コミンテルン」を解散する旨の声明を為すや被告人は右解散の声明を全面的に肯定し日本共産党が「コミンテルン」解散後も右解散の趣旨に従い引続き革命手段により国体を変革し私有財産制度を否認し「プロレタリアート」の独裁を樹立し之を通して共産主義社会の実現を目的とする結社なることを知り乍ら依然之を支持し其の目的達成に資する意図の下に

（一）昭和十八年七月四日頃前記勝部方に於て同人、白石、板井、山口等と会合し大東亜戦争の敗北を契機として我国に到来すべき革命は所謂二段革命にして「三十二年テーゼ」は依然正当なるを以て之を支持して積極的に研究を為すべきこと、「コミンテルン」解散は各国の共産主義運動に対し実質には大なる変更を生ぜしめざるを以て「政治経済研究会グループ」としても引続き運動を展開すべきこと並に労働者の日常生活の諸問題を促えて階級意識の啓蒙昂揚を図ると共に産業報国会の左翼化に努むること等を協議決定して之が実践に努め

（二）同年八月二十五日頃東京都麹町区丸ノ内海上ビルデング内食堂「花月」に於て前記高木、勝部、小川等の同「グループ」員と会合し伊太利の政治情勢を中心とする国際情勢並に国内に於ける軍部と資本家との対立抗争の可能性等の国内政治情勢等を左翼的観点より分析批判して相互に共産主義意識の昂揚に努めたる等諸般の活動に従事し以て日本共産党の目的遂行の為にする行為を為したるものなり

被告人の右所為は治安維持法第一条同法第十条国防保安法第四条第二項刑法第五十四条第一項第十条に該当すべき犯罪として公判に付するに足るべき嫌疑あるものと思料するを以て刑事訴訟法第三百十二条に則り主文の如く決定す

昭和二十年四月三十日

横浜地方裁判所

予審判事　広沢　道彦

白石　芳夫

予審終結決定

本籍　栃木県下都賀郡国分寺村字国分乙四百一番地
住居　宇都宮市大寛町二丁目二千二百十二番地
会社員
白石　芳夫
当三十年

右者に関する治安維持法違反被告事件に付予審を遂げ決定すること左の如し

主　文

本件を横浜地方裁判所公判に付す

理　由

被告人は中流の家庭に生れ浦和高等学校を経て昭和十五年三月東京帝国大学経済学部を卒業したる後、直ちに日本糖業連合会に就職し台湾糖業調査に従事し現在に及びたるものなるところ前記大学に在学中共産主義者土淵某等より感化を受けたると永田広志著「唯物弁証法講話」等左翼文献を繙読したる結果昭和十四年末頃には共産主義を信奉するに至り

第一、「コミンテルン」が世界「プロレタリアート」の独裁に依る世界共産主義社会の実現を標榜し世界革命の一環として我国に於ては革命手段に依り国体を変革し私有財産制度を否認し「プロレタリアート」の独裁を通して共産主義社会の実現を目的とする結社にして日本共産党は其の日本支部として右目的たる事項を実行せんとする結社なることを知悉し乍ら孰れも之を支持し、現下内外の情勢に鑑み青年知識層間に共産主義意識の啓蒙昂揚を図ると共に左翼組織を確立する等の運動を通して右両結社の各目的達成に資せんことを企て昭和十七年十一月十五日頃共産主義理論の研究及内外情勢の分析批判を通して共産主義意識の昂揚を図ると共に左翼組織の確立を目的として共産主義者高木健次郎、浅石晴世等が中心として共産主義分子を結集したる所謂「政治経済研究会グループ」なる非合法「グループ」に右浅石の勧誘を受けて加入したる上其頃より昭和十八年六月初旬頃迄の間右高木、浅石等と共に数回に亘り同「グループ」の会合を開催して共産主義理論の研究並に内外の経済政治等の諸情勢を分析批判して同「グループ」員の共産主義意識昂揚同志的結束強化を図りたる外、同「グループ」の組織並に活動方針等を協議決定して之が実践に努むる等同「グループ」の拡大強化に努めたるが就中

(一) 昭和十七年十一月十五日頃同月二十日頃及同年十二月五日頃の三回に亘り東京都中野区新山通り二丁目

二十三番地なる浅石晴世方に於て同人外九名の「グループ」員と共に特に同「グループ」の研究課題研究方法研究会の開催方法等に付協議を重ねたる結果「グループ」員は満州事変以後の内外諸情勢を各自の職場より得たる重要資料を基本として左翼的観点より之を分析批判し或は総合する等の方針に依り大東亜戦争に関する日本の戦力の判定を為すと共に一面各産業に於ける資本の構造と労働力の構成の変動とを究明し依て以て革命の展望に資すること並に研究課題及其の分担を鉄鉱業を高木健次郎及勝部元、鉄鉱業に於ける労働問題を山口謙三、非鉄金属工業特に銅及軽金属工業を由田浩及小川修、電気業を板井庄作、日本農業国際情勢及中国共産党を森数男、熱帯産業及精糖業を被告人、国内情勢及文化問題を新井義夫と夫々為すこと並に各研究分担の発表を中心として議論を重ねる事等を各決定し該決定に基き同年十二月五日頃より昭和十八年六月六日頃迄の間浅石晴世方東京都永福町二百三十七番地山口謙三方千葉県市川市八幡千二百三十四番地勝部元方等に開催せられたる同「グループ」会合席上右高木、勝部、森、由田、新井等の各研究分担の発表と共に被告人も亦昭和十八年一月九日頃前記浅石方の会合に於て日本糖業連合会調査課備付の台湾糖業年報等を資料として作成せる統計表に基き台湾糖業の加工部面に於ては資本主義的経営が既に独占資本の段階に到達せるに拘らず原料生産部面に於ては半封建的隷属的産業経営が支配的なる事実を説明し右原料生産部面との間に於ける跛行状態の除去されざる旨強調し

（二）積極的に「メンバー」を獲得する一面各自の職場を通して組織活動を強化せんとする「グループ」の組織活動方針に基き勤務先日本糖業連合会業務課長新宮勉、同会調査課員茂木太郎を同志として獲得せん事を企図し、昭和十七年十二月二十日頃勤務先に於て茂木に対し全連邦共産党中央委員会編「全ソ連邦共産党史」を貸与閲読せしめ或は昭和十八年一月十五日頃東京都世田ヶ谷区世田ヶ谷町なる新宮方を訪問し同人に対する左翼的観点より時局批判を為す等同人等に接近することを努めて之が実践に努め

（三）昭和十八年二月頃前記山口方に於て同人に対し「レーニン」著「人民の友とは何ぞや」全連邦共産党中央委員会編「全連邦共産党小史」を貸与して之が閲読を勧奨し

たる等諸般の活動に従事し以て右両結社の各目的遂行の為にする行為を為し

第二、昭和十八年六月九日「コミンテルン」執行委員会幹部会が同年十日以降「コミンテルン」を解散する旨の声明を為すや被告人等は右解散の声明を全面的に肯定し日本共産党が「コミンテルン」解散後も右解散趣旨に従い引続き革命の手段により国体を変革し私有財産制度を否認し「プロレタリアート」の独裁を樹立し之を通し

て共産主義社会の実現を目的として活動する結社なることを知り乍ら依然之を支持し其の目的達成に資する意図の下に昭和十八年七月四日頃前記勝部方に於て同人、森、山口、板井等と会合し「コミンテルン」解散は各国共産主義運動に対し実質的には大なる変更を生ぜざるを以て「政治経済研究会グループ」としても引続き運動を展開すべきこと並に労働者の日常生活の諸問題を捉えて階級意識の啓蒙昂揚を図ると共に産業報国会の左翼化に努むる事等を協議決定して之が実践に努めたる等の活動に従事し以て日本共産党の目的遂行の為にする行為を為し

被告人の右所為は治安維持法第一条後段第十条刑法第五十四条第一項、第十条に該当すべき犯罪として……

昭和二十年六月二十三日

予審判事　広沢　道彦

「政治経済研究会」関係被告 判決

【解題】「政治経済研究会」関係の判決書は二名の分だけが残存している。白石芳夫と小川修の分である。

ところが白石の「判決」はこのすぐ前に掲載した「予審終結決定」と比べて、肩書の「会社員」が「無職」に変わり、冒頭部分が当然のことながら次のように変わったほか、99%がそのコピーである。

冒頭変更部分

「右の者に対する治安維持法違反被告事件に付当裁判所は検事山根隆二関与審理を遂げ判決すること左の如し

主　文

被告人を懲役二年に処す

但し本裁判確定の日より参年間右刑の執行を猶予す」

そして最後、予審終結決定では尻切れになっていた部分は、これも当然のことながら、該当する法律の条項を挙げて締めくくられるが、これは同日に裁判を受けた次

の小川修の判決と全くの同文である。

「右の事実は被告人の当公廷に於ける判示同旨の供述に依り之を認む

法律に照すに被告人の判示所為中国体の変革を目的とする結社の目的遂行の為にする行為を為したる点は治安維持法第一条後段に私有財産制度を否認することを目的とする結社の目的遂行の為にする行為を為したる点は同法第十条最後段に該当するところ以上は一個の行為にして二個の罪名に触る、場合なるを以て刑法第五十四条第一項前段第十条に依り重き前者の刑に従い情状憫諒すべきを以て同法第六十六条第七十一条第六十八条第三号を適用し酌量減軽を為したる刑期範囲内に於て被告人を懲役二年に処すべく尚犯情に鑑み同法第二十五条に依り本裁判確定の日より三年間右刑の執行を猶予すべきものとす

仍て主文の如く判決す

昭和二十年七月三十一日

横浜地方裁判所第二刑事部

裁判長判事　八並　達雄

判事　影山　勇

判事宇野茂夫填補に付署名捺印すること能わず

裁判長判事　八並　達雄」

小川　修

判　決

本籍　東京都渋谷区代官山町十番地

住居　同所同番地　住宅営団アパート三十四号

古河電気工業株式会社社員

小　川　修

当四十二年

右者に対する治安維持法違反被告事件に付当裁判所は検事山根隆二関与審理を遂げ判決すること左の如し

主　文

被告人を懲役二年に処す

但し本裁判確定の日より三年間右刑の執行を猶予す

理　由

被告人は裕福なる家庭に生育し昭和四年三月法政大学法学部法律学科を卒業後直に東京都麹町区丸ノ内二丁目八番地古河電気工業株式会社に勤務し今日に至りたるものなるところ昭和十四年四月頃より同会社々員にして学窓の後輩たる共産主義者由田浩の感化を受けたると大森義太郎著「唯物弁証法読本」其の他左翼文献を繙読した

る結果遂に昭和十六年末頃共産主義を信奉するに至り

第一、「コミンテルン」が世界「プロレタリアート」の独裁に依る世界共産主義社会の実現を標榜し世界革命の一環として我国に於ては革命手段に依り国体を変革し私有財産制度を否認し「プロレタリアート」の独裁を通して共産主義社会の実現を目的とする結社にして日本共産党は其の日本支部として其の目的たる事項を実行せんとする結社なることを知悉し乍ら孰れも之を支持し現下内外の情勢に鑑み青年知識層の間に共産主義意識の啓蒙昂揚を図ると共に左翼組織を確立する等の活動を通して右両結社の各目的達成に資せむと企図し昭和十七年一月二十日頃より右由田浩の勧誘に応じ予て同人及高木健次郎等が共産主義理論の研究と意識の昂揚を図る目的を以て発起したる所謂「政治経済研究グループ」なる非合法「グループ」の結成準備に参加し次で同年六月二十八日頃仝会の結成せらるるや之に加入したるが右結成に至る迄の間及其の後昭和十八年四月下旬頃迄の間屡々同「グループ」の会合或は「ハイキング」「ピクニック」等に参加して同人等と共産主義理論の研究並に内外の政治経済等の諸情勢の分析批判を為して相互に共産主義意識の昂揚同志的結合の強化を図りたる外同「グループ」の組織並に活動方針を協議決定して之が実践に努むる等同「グループ」の拡大強化に努めたるが就中

(一) 昭和十七年四月三日頃及同年五月八日頃の二回に「グループ」員たる右由田浩、高木健次郎、山口謙三等と共に千葉県下清登山外一箇所に「ハイキング」を催して同志的結合を強化すると共に同「グループ」の組織並に活動方針を協議し

(二) 同年五月末頃より同年六月二十八日頃に至る迄の間前後数回に亘り豊島区千川町一丁目六番地高木健次郎方外二箇所に於て同人其の他の「グループ」員と共に同「グループ」の研究課題其の他の組織並に活動方針を協議決定し該決定に基き同年七月二十四日頃及同年八月二十八日頃の二回に神田区一橋学士会館三階小会議室に於て同人等と「ファッシズム」の研究会を開催し各自共産主義的観点より討議を試みて相互に共産主義の昂揚に努め

(三) 同年十一月三日頃千葉県船橋市内某喫茶店に於て右高木健次郎、山口謙三、板井庄作、勝部元、浅石晴世等と会合し、満州事変以後の内外の諸情勢を共産主義的観点より研究を為すこと、積極的に「メンバー」を獲得する一面各自の職場に於ける組織活動を強化すること極力「グループ」の存在を秘匿すること其他「グループ」の組織並に活動方針を協議決定して之が実践に努め

(四) 次で十一月十五日頃及同月二十日頃の二回に中野区新山通二丁目二三番地浅石晴世方に於て同人其の他の「グループ」員と共に特に同「グループ」の研究課題、研究方法、研究会開催方法等に付協議を重ねたる結果

「グループ」員は各自満州事変以後の内外の諸情勢を各自の職場より得たる重要資料を基本として共産主義的観点より之を分析批判し或は総合する等の方法により大東亜戦争に対する日本の戦力の判定を為すと共に一面各産業に於ける資本の構造と労働力の構成の変動とを究明し依て以て革命の展望に資すること、研究課題及研究分担を非鉄金属業特に銅及軽金属工業を由田浩及被告人、鉄鋼業を高木健次郎、及勝部元、鉄鋼業に於ける労働問題を山口謙三、電気事業を板井庄作、熱帯農業及製糖業を白石芳夫、中国共産党、日本農業及国際情勢を森数男、国内情報及文化問題を浅石晴世及和田喜太郎、支那問題を新井義夫と夫々為すこと並に該研究方法に依る研究分担の発表を中心として論議を重ぬる事等を各決定し該決定に基き同年十二月五日頃より昭和十八年六月六日頃迄の間右浅石晴世方杉並区永福町二百三十七番地山口謙三方千葉県市川市八幡千二百二十九番地勝部元方等に屡次開催せられたる同「グループ」の会合の席上右高木健次郎、勝部元、板井庄作、白石芳夫、森数男、新井義夫等が各研究分担の発表を為したるが被告人も亦其の間二回に亘り同「グループ」の会合に出席し且自己の研究分担に付昭和十七年十二月十七日頃右山口謙三方に開催せられたる会合に於て右由田浩と打合せの上由田が我国に於ける「ヂュラルミン」等の軽金属の生産量並に航空機の生産量が米英に比し劣弱悲観すべき状況に在ることを力説したるに付加して米国銅の輸入杜絶其の他の原因による銅材料が将来益々逼迫し銅加工業の前途は頗る憂慮すべき状態に在りて大東亜戦遂行上不安なる旨強調したる上之等各自の研究発表を中心として更に各自共産主義的観点より論議を重ねて以て相互に共産主義的意識の昂揚に努めたる外其の間右勝部元、由田浩其の他の「グループ」員と「全連邦共産党小史」其の他の革命史に関する文献の回読並に之が意見の発表を為すことを決定して実行し以て戦略戦術の樹立に資すると共に相互に革命意識の昂揚に努め或は昭和十八年四月二十四日頃「グループ」員と共に都下三鷹町より調布方面に「ピクニック」を催して同志的結合を強化すると共に同「グループ」の組織並に活動方針を協議して之が実践に努めたる等諸般の活動に従事し以て右両結社の各目的遂行の為にする行為を為し

第二、昭和十八年六月九日「コミンテルン」執行委員会幹部会が同月十日以降「コミンテルン」を解散する旨の声明を為すや被告人は右解散の声明を全面的に肯定し日本共産党が「コミンテルン」解散後も右解散の趣旨に従い引続き革命的手段により国体を変革し私有財産制度を否認し「プロレタリアート」の独裁を経て共産主義社会の実現を目的として活動する結社なることを知り乍ら依然之を支持し其の目的達成に資する意図の下に同年八月二十五日頃麹町区丸ノ内郵船ビル地階食堂「花月」に

於て右高木健次郎、勝部元、森数男等と会合し「イタリア」の政治情勢を中心とする国際情勢を共産主義的観点より分析批判して相互に共産主義的意識の昂揚に努むると共に同年七月三十一日浅石晴世の検挙以来一時中絶し居たる同「グループ」の研究会を近く開催すべき旨協議したる等日本共産党の目的遂行の為にする行為を為したるものなり

右の事実は被告人の当公廷に於ける判示同旨の供述に依り之を認む

法律に照すに被告人の判示所為中国体の変革を目的とする結社の目的遂行の為にする行為を為したる点は治安維持法第一条後段に私有財産制度を否認することを目的とする結社の目的遂行の為にする行為を為したる点は同法第十条最後段に該当するところ以上は一箇の行為にして二箇の罪名に触る、場合なるを以て刑法第五十四条第一項前段第十条に依り重き前者の刑に従い情状憫諒すべきを以て同法第六十六条第七十一条第六十八条第三号を適用し酌量減軽を為したる刑期範囲内に於て被告人を懲役二年に処すべく尚犯情に鑑み同法第二十五条に依り本裁判確定の日より三年間右刑の執行を猶予すべきものとす

仍て主文の如く判決す

昭和二十年七月三十一日

横浜地方裁判所第二刑事部

裁判長判事　八並　達雄　印

判事　影山　勇　印

判事宇野茂夫填補に付署名捺印すること能わず

裁判長判事　八並　達雄　印

Ⅶ 家族にとっての横浜事件

【解題】横浜事件で長期にわたって監禁され、特高の暴力にさらされた人たちの苦しみは、もちろん言うまでもない。しかし、夫を奪われ、父を奪われた家族にとっても、事件は、他人には言えぬ苦しみをもたらした。

突然、特高に襲われて連行された人たち自身も、なんで自分が検挙されたのかわからなかった。まったく「身に覚え」がなかったからである。

まして、家族にとっては完全に五里霧中であった。何の容疑でつかまったのか見当もつかぬまま、夫人たちは警察へ差し入れに通ったのである。尊敬する細川先生から富山の海辺の町に招待され、東京ではもう口には入らない海の幸をご馳走になり、飲んで騒いで帰ってきたのが「共産党再建謀議」だったという特高の突飛な思い付きが、一般の市民にわかるはずはなかった。

しかしそれでも、夫の容疑が治安維持法違反で、取調べているのが特高だということが次第にわかってくる。

治安維持法は、「国体」「変革」の防止を目的とした法律である。その治安維持法違反で検挙されたものは、すなわち「国賊」となる。また「アカ」の恐怖が国を挙げて宣伝され、あおられた時代であった。

当時はまた、近隣の住民どうしが監視しあう「隣組」制度の時代でもあった。家のあるじが、「国賊」「アカ」として警察に捕まっていることが、近所に知られたらどうなるか。

「お父さんは出張で満州に行っている――」

西尾家でも平館家でも、さらに藤田家でも、子どもにそう言い聞かせた。この章では、そうした家族の状況を、妻、妹、子どもの立場から語っていただく。

最初は、『改造』の編集者だった小野康人（本書III章の筆者、一二四頁―）の妻・小野貞の証言である。

小野貞は、第一次から再審請求に参加、それが棄却に終わったあと、小野康人の予審終結決定書と判決書がそろって残存していたことから再審の〝突破口〟として第二次の請求人となったが、その途中で他界した。

再審請求は遺児二人が受け継ぎ、さらに第四次を請求して、最後は「無罪の証明」を勝ち取った。

この「供述書」は、第一次請求のさい、裁判所に提出したものである。

なお、このあとの経過や他の人々の消息も含め、自身の体験を詳細に述べた『横浜事件・妻と妹の手記』（後掲の気賀すみ子との共著、高文研）を出版した。

またここではまったく触れられていないが、一九三〇年代はじめ、正義感と理想主義に燃えた多くの青年たちが社会主義による変革運動に参加する中で、自らも非合法運動に加わり、特高につかまって暴力的訊問を受けたことが、没後出版した『冬の時代・谷間の青春』（高文研）の中に書かれている。警察署で、多量の血が付着した夫の衣類を渡されたさいの号泣には、夫への痛ましさとあわせて、自身が拷問を受けたときの悔しさ、無念さが一挙に噴き出していたはずである。

＊

供述書

小野貞

一、はじめに

私の主人小野康人（明治四一年五月七日生）は、改造社の社員であった昭和一八年五月二六日、治安維持法違反の嫌疑で検挙され、二年一ヶ月余の拘禁後昭和二〇年七月一七日、病気保釈で出所し、同年七月二〇日予審終結決定を経て、敗戦直後の同年九月一五日、裁判の名に値しない裁判によって不当にも懲役二年、執行猶予三年の有罪判決を受けました。

主人は昭和三四年一月五日に死亡しましたが、私は此の度、遺族の一人として横浜事件再審裁判請求に参加しました。主人は何も法に触れることはしていないのに、全く思いもよらぬ治安維持法に引っかけられ、凄惨極まりない拷問により調書をとられ、あげくの果て、裁判の名に値しない裁判により有罪判決を受けたことは、四〇余年経った現在でもどうしても納得できません。私は主人が治安維持法の被害者であり、戦争の被害者であり、無罪であることを白日の下に明らかにするため再審請求を申し立てました。

私は本供述書の以下において私の経験したことや、考えを明らかにしたいと思います。

二、検挙の日のこと

その日、昭和一八年五月二六日早朝、名前を呼ぶ声で目を覚ました。寝間着のまゝ起きて行った主人が「拘引状って何ですか？」というのがきこえた。続いて「治安維持法違反って――」と言ったので、私は驚いてとび起きた。着替えをしている間にもう三人の男が這入りこみ、主人に同行するようにというようなことを言っていた。

私はどうしていゝかわからず座ぶとんを出し、たゞおろおろしていたが、取りあえずお茶をいれた。お茶をこぼしたので自分が慄えているのがわかった。お茶を出すと、一人が直ぐ手を出してグッとのみ、脇の人の顔をみて、慌てゝ間が悪そうに茶碗を置いた。他の二人はソッポを向いて手をつけなかった。その間にも机の引出しを開け、そちこち引っかき廻し、本棚の本を引っぱり出して傍に重ね、他の本は一冊々々ふり廻して放り出した。

たちまち狭い部屋は隙間もなくなり本を踏んで立つ状態になった。呆気にとられて坐っていた私をどかして箪笥にも手をかけたので、思わず私もカッとなり自分で引出を開け、「どうぞ存分に全部おしらべ下さい」と言った。その刑事は一寸手を引っこめたが、直ぐ中の衣類を二、三枚反して奥に手を入れただけで、上の抽出《ひきだし》も一寸あけてのぞいただけであった。

長押《なげし》の額の裏までしらべた刑事に、溜っていた芥がふりかゝった。

お勝手まで行ったので、私は前日主人が病気療養中の友人の為に闇で買って来た鶏や玉子が見つかりはしないかとハラハラした。

私は余程気が動転していたのだろう。つまらない細かいことは覚えているのに、その時主人がどんな顔をしていたのか、いつの間に洋服に着替えたのか記憶にない。

積み重ねた書籍を、持参した三枚の大きな風呂敷に包み、紐でしばったもの等銘々が持ち、主人にも一つ持たせて立上がった。身の廻りの品は手拭い、ちり紙、歯ブラシ、石鹸等の小さな風呂敷包みだけだった。

玄関に追って出て、「あの……」と私が問いかけると、主任らしい刑事が「明日横浜に着替えを持って来るように」と言った。

「横浜?」ときゝ返すと、「渋谷署できけばわかる」と言った。

玄関の外に出た主人の顔を、その時私ははじめて見た。主人は泣きべそをかいた私に目で笑いかけ「心配しないで」とだけ言った。

一行はドヤドヤと階段を下り、左に折れて直ぐみえなくなった。検挙当時、私達が住んでいたのは、東京都渋谷区代官山町十番地代官山アパート一八号です。

三、差入れ

翌日、私は早起きしてお弁当を作った。前日仕入れたばかりの玉子も沢山あったが、何も手につかぬ状態であった。着替えもセルの着物、下着、兵児帯《へこおび》等取落ちのないよう改めて「落着け、落着け」と自分に号令をかけながら家を出た。東横線に乗っていると、いつの間にか涙が出た。

寿《ことぶき》署はドブ川に沿い橋のたもとにあった。正面から入り、オズオズときくと、特高課は二階だという。何処から上がったらいゝか見廻していると「外に出てあっちだッ!」とぐるりと手を廻した。その荒々しい態度に突き飛ばされたように外に出てぐるりと廻ると、階段の入口があった。階段を上りはじめたとたんに涙が溢れ出し、部屋の前に立っても止まらなくなった。みっともない、と何度自分を制しても止め度なく涙が流れる。暫く立っていたがどうにもおさまらないので、えいっ、とばかり泣顔のまま特高室に入った。

特高室には三、四人の刑事が居たが、私のような様子は見慣れているのだろう、「あゝこれが新規か」といった風に見ただけで、主任さんを教えた。カイゼル髭の主任は「この署では身柄を預かるだけで、本部にきかなければ何も出来ぬ。着替えは預かるが持参の弁当は本部の許可がなければ受取れないから持帰るように」と言い、本部、つまり神奈川県庁々舎内の特高課への道を教えてくれた。

私は又市電に乗って県庁に行った。特高課は何階だったか今は忘れてしまったが、階段を上りはじめると又しても涙が出てとまらなくなった。何て忌々しいことだろう、醜態にも程があるといくら自分を叱ってみても止まらない。暫く廊下に佇んでいたが際限がないので涙をふきふき室に入った。

広い室内に多勢の人がざわめいていた。私は二、三人の人に頭を下げ持参の食事のことをたのんだ。二列に並んだ机の中程の人が主人の係とのことでその席まで行ってたのんだが、当分駄目だと断られた。そして係長さんは、「お手数をおかけして申訳ありません」と挨拶をして行け、と窓際に一つだけ此方を向いた机の人のところに私を連れて行った。「小野の家のヤツです」と言ったように聞こえた。私は言われた通りに「お手数をおかけ致しまして申訳ございません」と深々と頭を下げた。

眼鏡をかけた冷酷そうな顔のその人は一寸首を横に動かしただけで返事もしなかった。

それが松下英太郎警部であった。

県庁から桜木町まで歩いていった。泣きながら歩いている私を、他人は馬鹿か狂人と見るかもしれない。けれど人が見ようと見まいと知ったことか、私自身手に負えない自分なんか放り出したい位だ、そんな風に思って歩いた。

電車に乗っても涙は止まらず、私はホトホトその始末に困じ果てゝしまった。私の自律神経失調症はその時のショックではじまったのかもしれない。家に帰るとやっと止まった。

私は一日か二日おきに三回続けて本部に行った。本部へ行って三回目に、持参の食事は何度頼みに来ても駄目だ、もう来るな、と言われた。

ふと前を見ると、机の列の中程、丁度真向かいの席で、悠然とパイプを燻らしているのが、家に主人を連れに来た刑事だった。私の視線はそのパイプに吸いつけられた。主人のパイプにそっくりだった。私は机の列を廻って行ってその人に「先日はお手数をおかけしてすみませんでした」と丁寧に挨拶し、机の上を見ると「桃山」の缶があった。後で名前をきいたのだが、平賀卓警部補であった。

その日、家に帰ってから家中探したが、いつも主人の机の上にあった愛用のダンヒルのパイプとパイプ用のきざみ煙草の「桃山」の缶はなかった。

寿署で、留置人の食事、つまり官弁を入れる弁当屋から一日一食か二食は自費で入れてもよいとのことで、取敢えず十日分支払った。主人の洋服、財布、靴、兵児帯等が返された。帯がなくてどうするのか聞いたが返事はなかった。

二十一日が過ぎても主人は帰らなかった。私は居ても立ってもいられぬ思いでお弁当をつくっては横浜に通った。本部から取調べに来るとのことであったが毎日ではないらしい。それでお弁当は署の特高課に置いて、本部の人が来たら渡して貰えるようたのみこんだ。一日か二日おいて行くといつもそのまゝ腐っていた。ポットの栓をとると折角お砂糖を入れた紅茶がムッと腐っていた時は、頭に来て、ドブ川に向かって、開いていた特高室の窓からザアッと捨てた。お弁当は何時も署のゴミ箱に捨てて来た。

団地内の平井豊一先生から苺をお見舞いに戴いた。その頃は店頭ではもう見られなくなっていた。早速寿署へ届けると、特高課の人達が珍しいと寄って来て見たので、くれぐれもたのんで置いて来た。

次に行くと本部の刑事が来ていて、「おいしかった、と言ったよ」と空の弁当箱を返してくれた。きれいに洗ってあった。私は勢いづいて、先生にお礼を言いに行って、そのお百姓さんを教えて貰った。

東横電車の始発に乗って元住吉から三、四十分歩いて朝摘みの苺を買いに行って届けた。二度か届けたが、苺の季節は短く、三度目には終わっていた。そこの叔母さんは立ち去りかねている私に「畑に行って摘めるのがあったらいいですよ」と言ってくれたので畑に行って畝をぐるぐる廻ってみたが、点々と見えていた赤い実も、小さく固くて、食べてみると種ばかりがザラザラした。

苺と一緒にお弁当も届けていたので、苺がキッカケでお弁当が受付けられるようになった。時には、本部から来なかったので渡すのを忘れたと腐っていたこともあったが、大ていは入ったらしい。

ところが二年一ヶ月余り後、主人が帰宅してから、私が苺の話をしたら、主人が急に吃って怒り出したので私はびっくりしてしまった。苺なんか見たこともない、という。「だって、おいしかった、と言ったって……」と私が言うと、「見たことも聞いたこともないのに、そんなこと言うもんか」と大変な怒りようであった。主人は自分には一粒も見せず、勝手に人のものを食べてしまうなんて、とひどく怒ったが、私はあまりのことに怒る気にもなれない程気落ちしてしまった。

四、拷問の跡の単衣

八月になってからであった。

いつものように特高室に行くと、その頃は取調べが続いている様子で本部の刑事が来ていた。空のお弁当箱と衣類を持って来たのでその単衣《ひとえ》を袋に入れようとして、私は多量の血が付いているのに気づいた。ハッとして拡げて見ると、背から腰へかけて一面血に染んでいた。

「これは何ですか?」と私が刑事につきつけると、刑事は慌てゝ外に出て行ってしまった。後ろで見ていた五分刈り頭の眼鏡をかけた刑事が「おできでもひっかいたんだろう」と言った。私はカッとなり「そんなものなんかありません!」と叫んだ途端に涙がサアッと流れ、声をあげて泣き出した。

どんな拷問が加えられたかと思うといたましく口惜しく益々大声でワアワア泣いた。暫くして気づくと部屋の中はシンとして、憎まれ口をきいた刑事も下を向いていた。私は情けなく間が悪くなり、コソコソ荷物をまとめて帰って来た。その場に居合わせた四、五人の刑事のうち、特高室の主任と、憎まれ口をきいた刑事と、衣類を持って来た本部の刑事の三人の顔は今でもはっきり覚えている。

この時、私は何もしていない主人に対して明らかに拷問が行われ、理不尽な事が進行しているに違いないと、怖れと怒りを感じずには居られなかった。

その単衣は帰宅後すぐ煮沸したが、すごい茶色のシミになり消えなかった。私は、私もその衣類を見た、と主人に知らせる為に洗濯して又差入れた。

その単衣物は、主人の昭和二〇年七月の帰宅後、私は不注意にも捨てゝしまったので、後日、横浜事件の関係者三三名が拷問した特高警官を告訴した際、証拠品として提出出来なかった。今でも申訳なく思っている。

帰宅した主人に私が傷のことを聞いた時、主人はヒリヒリしみる油膏薬のようなものをぬり、傷病みしない性だから割に早く治った、ということであった。益田直彦さんの傷が徐々に化膿して傷跡が残った為、特別公務員暴行傷害罪が立証されたのは稀有のことで、天の摂理というべきである。

五、いわゆる泊会議について

次に横浜事件の発端となった「泊会議」なるものについて述べます。

昭和一七年七月四日の泊の夜は飲めや唄えやの宴会だったそうで、泊会議については検察側には何一つ確証はなく(ある筈がない)泊町の紋左旅館や三笑楼の人達も、出張調査の神奈川県特高に対して否定した、ときいております。

当時、神奈川県警が東京の警視庁を抜いた、警視庁に出来ないことをやってのけた、というので大変沸いている、という噂がありました。事実、主人が検挙された昭和一八年五月二六日の直後、私が神奈川県庁の特高課に行きますと、意気軒昂というか、異常な熱意とざわめきが感じられ、皆うわずった目付きをしていました。

その後主人は昭和一八年九月一四日に寿署から磯子署に移されました。

その年の冬のことでした。その頃は拷問もなくなり、連日のように書類を作っている様子でした。私がいつものように着替えと手作り弁当を持って行きますと、二階の特高室に居るのは一人だけで、廊下の向こうを指さして、「彼方に居るから」と申しますので、部屋の前に行き扉をノックしました。返事があったので扉を押して覗きますと、ポカポカと陽当りの良い部屋の向こうに丹前を着た主人が担当の刑事と机に向かい合っていました。刑事はすぐ立って私を内に入れ、持物を受取っていますと、「〇〇さん、電話です」と呼びに来ました。

刑事は主人を仕切られた小さな部屋に連れて行って鍵をかけ、私を部屋に残したまま、出て行きました。私は一体何を調べているのかと思い、サッと机に行って、上にあるぶ厚い罫紙を綴じた帳面を読みました。大急ぎでドキドキしながらあちこちめくって、部分的に走り読みしたのですが、それは泊に行く車中、右か左の席に誰が座っていた、とか、途中の乗り換え駅で誰が乗込んで合流したとか、こまかに車中の様子が述べられているものでした。

廊下に足音がしたので急いで入口に戻りました。

やっぱり泊なのか？

でも、何故？

そして警察だけでは帰されず、昭和一九年四月六日、とうとう拘置所に移されてしまいました。その時には気の遠くなるような絶望感におそわれました。何が何やらわからない、ということほど、恐ろしいことはありません。

泊のスナップ写真返還について

主人が拘置所に移されて検事の取調べを受けていた頃、検事立会いで持参の食事をとってもよく、面会を許可されたことが二回位あったと記憶しております。

その折に、「検挙の際押収された書籍類の中に私のアルバムも入っているから、返して欲しい」と願い出ましたら許可になりました。理由については、私が上京した翌年、実家が村の大火で類焼し、幼時に姉妹と一緒に写した写真がたった一枚残っているだけの大事なアルバムであり、事件とは全く無関係だ、と申しました。

検事さんは「特高課の方に電話しておくから其方に行っ

て受取るように」とのことでしたので、次回に特高課に行きました。

一人の特高課員の案内で県庁の近くのビルの二階に行き、鍵を開けるとカーテンのおりた薄暗い広い部屋の隅に、荒縄でくゝられた書類が芥をかぶって山積みされてありました。

名前を書いた白い荷札がつけてある中から、小野の名札を探し出し、私がアルバム二冊を引出して、これです、と特高課員に示すと、「あゝ」といってそのまゝ私に渡してくれました。一足先に廊下に出て何気なくパラパラとページを繰りましたら、この泊の写真が9枚全部貼ったまゝあるのが眼に入りましたので、私は一瞬心臓が止まるほど驚きました。

特高課員が部屋の鍵をかけている間に、私は先に立って階段を降りやっと平静を装って、特高課員に礼を言って別れました。

昭和一八年五月二六日早朝、寝耳に水、というか青天のへキレキというか、全く見当もつかぬことで主人が検挙されてから、一週間とたたずに、泊旅行の写真に写っている人達が検挙されたということを知りました。

最初のキッカケが何であったかは知りませんが、誰かが横浜で逮捕され、続いてその方の知人が調べられ、その知人のお宅に泊の写真があったため、写っている全員が検挙された、という噂でした。当時、細川先生は『改造』発禁の因となった論文のため、昭和一七年九月から世田谷署で取調べを受けていられたので、細川先生中心に撮った写真が問題にされた、ということでした。

それは細川先生の御郷里の泊に、先生御夫妻のお招きで、五、六人の方と一緒に主人も御馳走になった時の写真ですから、間もなく疑いも晴れ、二週間位で帰宅するものとばかり思っておりました。

このスナップ写真に見るように、皆楽しそうにハメをはずして遊んでいます。この写真全部を見て、「共産党再建の秘密会議」の証拠とされたのがこの中の一枚であることを是認する人が居るでしょうか?（編集者注・本書、巻頭写真ページ参照）

この9枚の写真の中から勝手に一枚を取上げそれをヒントにした恐ろしい思いつき！　荒唐無稽な事件を捏造し、拷問によって無理矢理共産主義者を認めさせ治安維持法に結びつけたのです。

アルバムを返して貰った直後、私は主人が泊でご一緒だった相川博さんの奥様に連絡して、写真をお目にかけました。相川さんのお宅でも同じ写真が押収されたまゝとのことでした。その時に特高課員はアルバムを繰りながら、その写真を見て笑っていたそうです。

私は押収を受けたアルバムに、何故このスナップ写真が残されたまゝだったのか、当時も腑に落ちなかったのですが、今だにはっきりしません。

もし、警察側があくまで泊で会議があったと認定するのなら、小野の分のあの一枚、もしくは9枚一組の写真は調書と共に、重要な証拠品である筈で、アルバムにそのまゝ放置されることはあり得ない、と素人考えかもしれませんが、私は思います。

私がアルバムを返して貰った時期は、既に警察の手を離れてからなので、特高は何の顧慮も払わなかったのでしょうか。

予審終結決定と判決

予審終結決定書には、主人が泊で共産党再建の準備会議に参加した、とのことが重要部分を占めて書かれています。泊行きのことが取調べの調書にあったのも、私が目撃しております。

然し、有罪の判決書には、泊のことは一字も書かれていない。泊の件が消えてしまったのは、どういう理由でしょうか？

答えを聞きたいと思います。

六、判決のこと

主人は「予審の時、判事は、自分がいくら違うと否定しても、そうか、そうか、と言いながら勝手に反対の調書をつくってしまった。公判廷で覆《くつがえ》すしかないと思った」と申しておりました。

予審判事の取調べの時期は、主人が長期にわたる拘禁のためひどく健康を害しており、また予審が終結すれば保釈されるという時期でしたから、主人の右のような気持ちは止むを得ないと思います。保釈の日は、昭和二〇年七月一七日、予審終結決定は同年七月二〇日です。

昭和二〇年九月一五日、判決の日、横浜地方裁判所から帰宅した主人は、

「あんなデタラメな茶番劇はない。何が執行猶予だ！馬鹿にするな！」

とたいそう怒っていたのを、私ははっきり覚えています。主人は治安維持法違反が捏造であることを怒っていたのだと思います。

裁判は一回しか開かれず、判決が言い渡されたと聞いております。検挙されて二年三ヶ月で敗戦のどさくさにまぎれて正式な裁判が一回だけ開かれただけで有罪判決、その申しわけに執行猶予という全く言いようもないほど不当な、無茶苦茶な、裁判の名に値しない裁判でした。

七、昭和六二年二月二〇日付検察官の意見書について

右意見書の中に「原判決の有罪認定の証拠が拷問により強制された虚偽の自白である新たな証拠の一つとしての甲第四号証の一ないし三の判決書謄本（編集者注・戦後、被害者たちが特高警官らを告訴し、有罪とされた判決をさす）は、益田直彦に対する警察官の暴行、傷害の事実を認定したものであり、それ以上に出るものではなく、小野康人に対する拷問の事実を証するに足りるものとはいえない」というご意見があります。

然し、益田さんは個人で、一人で、訴えたのではない。拷問を受けた横浜事件の三三名連名による告訴の中の一人である。警察署の密室で行われる拷問の立証は不可能に等しい。にもかかわらず、益田さんの証拠の傷跡がたまたま歴然としていたため認めざるを得なかったのである。判決が益田さんに対するものであることをよいことに、拷問されたのは益田さん一人で他の三二名には拷問はなかったとの検事様のご意見は、常識外で詭弁としか言いようがない。

益田さんを代表として認められた、と私達も世間一般も理解している。特別公務員暴行傷害罪の五年を費やした裁判で、三三名に対する神奈川県特高警察の拷問は裁判で実証済みである。公開の再審請求の裁判で繰り返し論ずる必要のないことである。

追求すべき根本的な問題は、警察・検察側が事を捏造して、無実の人々を検挙し陥れた事実である。検事様のご意見はその焦点を外しています。はぐらかしはもう御免です。

八、おわりに

主人は共産主義者ではなかったし、共産主義運動にも係わっていなかった。それなのに死の一歩手前の苛烈な拷問によって無理矢理、自分は共産主義者であり、共産主義の目的遂行の為にする行動をした、と認めさせられて、治安維持法違反とされたのです。

横浜事件は言論弾圧事件であると同時に治安維持法の怖しさをまざまざと見せつけた事件です。肝心なことは、治安維持法に触れる事実は何ひとつなくても、権力は拷問によって治安維持法に違反したと言わせて、有罪判決を下すことが出来るということです。

戦後、四〇年余り、そして主人が治安維持法違反で有罪にされてから四〇年余り経った今、治安維持法の名称だけを変えた国家秘密法が国会に提案されようとしている。

再審裁判を通して、主人の冤罪を晴らし、治安維持法=国家秘密法の怖ろしさをはっきりと世間に知らせたい。私の願いはそれに尽きる。

私は改めて、裁判の正当な再審を求めるものであることを強調いたします。

昭和六二年　九月一日

横浜地方裁判所
第二刑事部御中

小野　貞

【解題】次に掲載するのは、第Ⅴ章の川田寿・定子夫妻からの聞き書きと同じ中村智子『横浜事件の人びと・増補版』からの引用である。

同じ著作から重ねての引用は避けたいが、横浜事件が家族にもたらした悲劇を語った最も象徴的な証言として、著者の了解を得て引用・掲載する。

横浜事件による獄死者は四名と記憶されている。刑務所あるいは拘置所で亡くなった人はたしかに四名である。西尾忠四郎の場合は、戦争末期、6月末に病気保釈となった。しかしそれから一カ月とたたないで亡くなっている。それも、終戦を目前にしてである。保釈は拘置所側の厄介払いだった。西尾は拘置所で殺されたのである。したがって、横浜事件での獄死者は五名とすべきではないかと思われる。

西尾忠四郎も「泊会議」に参加した一人である。しかし、あのよく知られる集合写真には写っていない。その写真の撮影者が、彼だったからである。

なお、西尾忠四郎の予審終結決定は「Ⅸ章　消えた泊会議」に掲載した（四四一ページ以下）。

また獄中からの夫人あて手紙の一部を、本書冒頭の写真ページに紹介した。

＊

中村智子

『横浜事件の人びと増補版』

小鳥のくる庭で
――西尾未亡人の回想

横浜事件の展開の発端になった「泊会議」の記念写真を写した満鉄の西尾忠四郎は、敗戦の直前、一九四五年七月二十七日に亡くなった。病名は結核性腹膜炎。三十七歳であった。臨終に立ち会ったのは、義姉の杉田道ただひとりだった。西尾は獄中で極度の栄養失調におちいり、死期が間近いことを知った拘置所側が、獄内で死なれてはまずいので、その年の六月末、空襲が激化しているさなかに保釈出所させたのである。妻の須和は幼い二人の子どもと島根県平田市に疎開中だった。東京への汽車の切符が手に入るのを待っているあいだに、夫は逝ってしまったのである。

戦後、東京にもどって、保育園の保母をして二人の子どもを育てあげた西尾須和は、現在、練馬区の郊外に長女と二人で暮らしている。私がはじめて訪れたとき、駅前まで買物のワゴンを目印にして出迎えてくれた須和は、六十五歳とはみえない、おどろくほど美しいひとだった。

須和の住んでいる古い都営住宅は、ひばの生垣がかこみ、小さな庭には樹木や草花がいっぱいに植えられていた。木造の平屋住宅は高層マンションよりも住み心地がよさそうだった。若いときから洋装が身についているというふうに、ブラウス姿もすっきりしていて、須和には苦労のかげが感じられない。過去の悲しかったこと、苦しかったことを語るときにも、張りのある須和の声は、楽しい思い出を話すように生き生きしていた。

――主人が逮捕されるのは、覚悟していたんですよ。洗面道具を用意して、待っていました。私うっかり者だから、安全カミソリまで入れてね。もちろん、カミソリなんて監獄に持ちこめないんですよ。満鉄東京支社で机を並べていた三人のうちの二人、平館利雄さんと西沢富夫さんが半月前に検挙されたので、身に覚えはないけれど、おれもやられるだろうから覚悟してくれ、と主人に言われていたんです。

そうしたらやっぱり、五月二十六日〔一九四三年〕の朝六時ごろ来ました。四人の特高が主人を捕まえにきたんです。いくら覚悟をしていたといっても、口惜しいし、弱みを見せたくないから、「お役目ごくろうさんです」って言ってやったんです。そのとき私は妊娠八ヵ月で、上の子が四歳でした。主人に朝ごはんを食べさせて、お味噌汁をいっぱいのませてあげました。

　特高は家じゅう引っかきまわして、本をたくさん持って、主人を連れていきました。私が後姿を見送っていると、ひとりが門のところからもどってきて、「奥さん、そのからだで後片付け大丈夫ですか」って言うから、「しかたないでしょ、あなた方がこうして散らかし放題にして主人を引っ張っていくんだから、私がしなきゃしょうがないでしょ」っていってやりました。

　その人は靴をぬいで上がってきて、重いものを片づけながら、「家内も妊娠八ヵ月なんです。じき帰れると思うから心配しないでいいですよ。なにか連絡することがあったら、引きうけますよ」と言ってくれました。そのあとほんとうに何回かきてくれたので、上海から転勤になったとき、純綿をいっぱい持ってきていたので、赤ちゃんに差しあげたいと言ったら、「そういうことをあなたがしたら、西尾さんに不利になりますよ」ときっぱり断わられました。村沢昇という巡査部長でしたが、応召されて戦死したそうです。警察の人でも、よい人は死んでしまうんですね。

　――須和は新潟県中頸城郡潟町村（現在は大潟町）の医者の家に十二人兄妹のまんなかに生まれた。幼いころからきかんぼの女の子で、父親は「この子は女医にしよう」と言って、とくに目をかけてくれた。女も一生仕事を持つべきだ、医者は夜中にでも往診しなければならないから、女は眼医者がいい、眼医者になれ、と言っていた。しかし須和は年頃になると父親に反撥して、保母になる学校へ入ってしまった。

　兄が医者になって、満州の本渓湖の満鉄病院に勤めた。娘時代を自由に生きていた須和は、二十六歳になっていたが、兄の女房役で満州についていった。

「いつまでもひとりでいるから、目ざわりなので満州へ連れていかれたんですよ」と、いたずらっぽく笑って言う。溌剌とした美人で、男友だちに大もてだったのだろう。

　西尾忠四郎との見合いは、だまされて会わされたのだという。兄の休みの日、いっしょに新京へ出かけたかえりに、知り合いが満鉄病院に入院しているから、ちょっと見舞いに寄っていこう、といわれてついていくと、ひげもじゃの目の大きい男がベッドに寝ていた。

　――それがお見合いだったんですよ。彼のほうも、そんなところへいきなり来られて、びっくりしたらしい。でも、それがよかったんですね。ちゃんときれいにして、すまして現われたりしたら、いやになっちゃうもの。私って燃えないんですよ。男の人って、お嫁にもらいたいとなると、へんにやさしく女々しくなるでしょ。そうすると私、さめちゃうんです。

　西尾はとてもぶきっちょで、女性のあつかいが下手なんですよ。病気が治って、ひげをそって何度も来るんですけど、お世辞も言えない無骨者で、プロポーズもしない。私は父母の顔を見に日本へ帰ろうとしていたのに、なんにも言わないんです。友人がおどかして、「君がはっきりしないから、この人は日本へ帰っちゃうよ」と言ったら、「学生運動をしてブタバコに入った経験があるけれど、それでもいいか」と言ったんです。

私はそういう方面のことはちっとも知らなかったけれども、小林多喜二の小説くらいは読んでいましたし、優秀な学生はみんなアカだと思っていたから、かまわない、って答えました。兄もひらけているし、父も彼を気に入りましてね。「その縁談進めろ」と兄のほうへ電報をよこしていたようです。姉なんか、彼のこと容貌魁偉なんて言うから、「第三者がどう言おうと、私が世界一の美男子だと思っているんだから、いいじゃない」って言ってやりました。

——須和はのろけた。二人は一九三八年に新京で結婚した。翌年には上海へ転勤になったが、満鉄の社宅があり、日本軍占領下の上海は物資豊富で、満鉄社員の生活は楽だった。西尾忠四郎は須和より四歳年上で、一九〇八年（明治四一）に島根県平田市の雑穀問屋の三男に生まれた。県立大社中学をへて東京商科大学予科にはいり、ラグビーの選手をしていたスポーツマンだった。大学時代に共産青年同盟に加入し、一九三三年に逮捕されてしばらく留置されたが、起訴留保処分で釈放された。そのときの拷問で、おへそのそばに煙草の火をおしつけられたり、ひざを蹴られて化膿した痕がのこっていた。結婚してから、これがやられた痕だよ、と見せたが、多くは語らなかった。

一九三五年、卒業と同時に満鉄大連本社に入社し、調査部に勤務した。ドイツ語とロシア語が達者で、外国語の本や資料をたくさんもっていた。

西尾は満鉄の「支那抗戦力調査」のグループで活躍した。のちに、その中心の中西功が一九四二年六月に中共のスパイとして逮捕され、いわゆる満鉄事件で大連その他でつぎつぎに仲間が検挙されていた。西尾が検挙されるのを覚悟していたというのは、そのためもあろう。

須和は夫の仕事のことは何も知らなかった。外で天下国家のことを論じてえばっているから、家のなかでは君がえばってくれ、と言われていた。はじめて夫の実家へ行ったとき、義姉に、あなた、えばったお嫁さんですね、と文句を言われた。「だって、だんなさまの言いつけですもの」と応じたら、「それにしても、えばりすぎますよ」と叱られたと、須和は在りし日の円満な家庭生活をしのぶように、嬉しそうに話した。

西尾は無口で、尺八をふくのが趣味だったという。一九四〇年三月、東京支社に転勤になった。満鉄のサラリーはふつう一般の会社よりも高給だったが、大らかな西尾は、友人がくると、伝票のきく満鉄ビル六階のアジア食堂でごちそうし、付けのきく虎の門書房で本をたくさん買いこむので、月給日になるとゴッソリと引かれた。須和が、「すこしは生活ってものを考えてくださいよ」と愚痴を言うと、「気をつけるよ、すまん、すまん」と小さくなるが、改まらなかった。しかしそのおかげで、のちに本を売って生活費の足しにすることができた。

西尾が泊旅行のさいに写したカメラは西尾のものではなかった。須和の兄が中国から帰ってきたとき、ライカのいいのを買ったからと、古いほうを置いていった。そのカメラを持っていったのが仇になったのだった。

――気のきかない人だから、ふだんは写真を写すなんてシャレたことはしなかったのに。運がわるかったんですね。旅行から帰ってきて、料理がうまかったぞ、と言ってましたが、ほんとに遊びの旅行だったのでしょう。汗をかいたのでシャツを洗って干したら旅館に忘れてきて、あとから送ってくれました。芸者をあげてさわいだそうですけど、そうだったと思いますよ。悪友がそろってますもの。あのなかのある方なんか、満州のころ、さあ五族協和の精神にのっとって、なんて言って、満州の女性のいるところへくりこんでいたそうです。あのころ満州では「五族協和」、他民族と仲よくしましょう、という言葉がはやっていましたから。――

洗足（大田区）の西尾家とわりあいに近い武蔵小山に、伊藤律が住んでいた。満鉄の同僚ということで、なんどか訪ねてきたことがあったが、西尾が検挙されると、ひんぱんにやって来た。それまではあまり好意をもてなかったが、検挙の翌日に来て、「西尾君もやられましたね」といろいろ親切に言ってくれるので、心細かった須和はすっかり頼って感謝した。

伊藤律は小柄の痩身で、「ぼくの瞳はぜんぶ黒眼なんですよ」と〝黒眼がち〟の眼で、須和や姉の道に流し眼をした。須和はもともと気障な優男は大きらいなので、いやな奴だと思っていた。しかし人が敬遠して近寄らない検挙者の留守家族を見舞ってくれるのは、ありがたかった。日本評論社の原稿をうつす仕事を世話してくれたこともあった。

満鉄は依願退職になり、退職金が三千円でた。当時の三千円は大金で、為替が振り込まれてきたとき、郵便局から、為替がきているけれども、いきなり来ないでください、郵便局のお金がぜんぶなくなってしまうから、まえもって知らせてください、といわれたという。しかし子どもをかかえた今後の生活を思うと、退職金にたよるのは不安なので、伊藤律がもってきてくれた仕事をした。字を書きうつす仕事を一日じゅうやると、お乳がとまってしまって、つづけられなかったが。

ある日、上海時代に満鉄で西尾の助手をしていた朝鮮人の金履煥から、はがきがきた。金は上京して商工省技術員養成所に入所し、西尾家にあそびにきたこともあった。はがきがとどいてからまもなく、伊藤律が訪ねてきたので、「金さんが手紙をくれましてね」と、なにげなく話した。

それから二、三日たってから、特高がきてとりとめない話のうちに、「西尾君が、金君どうしているかな、ってとても心配しているよ。ちっとも便りがないが、どうしたかなって」と言った。そのとき須和は、へんだな、と思った。金とはとくに親しいというほどでもなく、獄中の夫が金のことを心配しているというのは不自然だった。金も捕まって、なにかカマをかけているのかもしれないと思い、はがきのことも知らん顔していた。伊藤律に話したこととの関連は、思いもつかなかった。そうだったのか、と地団太踏んだのは、戦後、伊藤律がスパイだったと発表されてからのことである。

金履煥は逮捕されたが、戦争中に釈放され、これから平壌に帰りますと、須和のところへ挨拶にきた。あんまり痩せていて気の毒なので、なけなしの米で握り飯をつくってもたせたという。

伊藤律は西尾が逮捕されたころ保釈中で、刑がきまったら下獄すると言っていた。しばらくしてから、明日いよいよ下獄するときいて、須和はいろいろ世話になったので、その前の晩、西尾の分の配給のビールをもって出かけていった。伊藤夫人は市バスの車掌をしていたという、かざり気のない地味な人で、好男子ぶる伊藤とは不似合いな感じの女性だった。「いま警察の人がきているんですよ」と彼女は言い、襖ごしにひそひそ親しそうに話している声がきこえた。須和は、警察の人も明日下獄する人にはやさしくするんだな、と夫が逮捕されて家宅捜索されたとき、後片づけをしてくれた巡査部長のことを思い出して、よいほうに解釈した。

――あの伊藤律がスパイだったなんて。私それ以来、人間不信になりましたね。あんなに親切そうに、なれなれしく家へやってきて、冗談いったりしていた人がね。ほんとに口惜しいですよ。――

戦後、伊藤律は共産党の中央委員として活躍したが、一九五三年にスパイとして除名処分された。共産党が一九五五年に発表した伊藤律の罪状のなかに、「横浜事件のデッチ上げと拡大、および証拠がために協力した」とあるが、西尾忠四郎にどう関わっているかは不明である。

西尾は、他の人びとと同様に、特高からすさまじい拷問をうけた。いちど抵抗して、逆に特高をなげとばしたために、半死半生のめにあわされ、それでからだをこわした、といわれている。学生時代にはラグビーの選手で健康だった――須和と見合いしたとき入院中だったのは痔がわるかった――西尾が、獄中で衰弱し、ついに病死したのは、そのときのテロが原因であろう。

木村亨は特高のセリフとして、「西尾の真似をして黙っていると、お前もお陀仏だぞ。西尾の奴はまったくコッテ牛みたいだからな」と言ったと書いている。（「泊組の三人の思い出」）

特高資料には、西尾が中共との連絡責任者だったと記されている。満鉄グループのなかでも、中共との連絡という、とくに「重要な役割」をでっちあげるまでには、ひどい拷問が加えられたのであろう。

《平館、西沢、西尾等の満鉄系左翼分子は特に中共との連絡を希求し、種々協議の結果西尾を連絡責任者と定め、

（イ）上海日語学校教授安藤次郎の手を通して中共へ連絡すべきことを意図し、西尾が上海へ出張する機会を造るべく努力してゐたりしが遂に出張の機会を得ず、

（ロ）満鉄上海事務所調査室勤務、手島正毅が昭和十七年十二月私用にて上京せる折、西尾は意図を打明けて中共との連絡斡旋方を依頼し、

（ハ）満鉄大連本社内田丈夫が昭和十八年四月上京の折も同様に西尾より中共との連絡斡旋方を依頼する、等の事あり、手島、内田両名共に承諾せる模様なるも実現を見ざる儘検挙されたり》（『特高月報』昭和十九年八月分）

西尾が留置場で取調べられていたころは、面会はいっさい許されなかったから、須和は獄中でおこなわれていたことは知らなかったという。「ひどい目にあわされたんだと思いますよ」と目をふせる未亡人のまえで、私は拷問のことを話題にするのは避けた。

——監獄から宅下げされてきた着ものの縫い目には、シラミの卵がびっしりとついていましてね。熱湯に入れないとシラミは死ないけれど、あのころはガスは制限されているし、薪もないので、洗濯に使うほどたくさんのお湯をグラグラわかすわけにはいかないでしょ。それで、明るいところへ着ものを持ち出して、シラミの卵を爪でピチピチッとつぶしたんですよ。ときどきまんまるに太ったシラミが這い出してきました。主人の血をたくさん吸ってきたんだと思うと、殺すにしのびなくて、ビンに入れて飼っておきましたの。——

洗濯物を干すのにも気兼ねがあった。あそこの家はご主人がいないのに男ものを干してある、と近所の人に言われるのではないかと気をまわした。満州へ出張していると、近所の人には言ってあった。当時は配給や回覧板など隣組とのつきあいが多かったから、家のなかのことはつつぬけになったのである。お産のときに手伝いにきていた家政婦から、あそこは満州ではなく刑務所に出張中らしいと洩らされたようだが、近所の人から表だっていわれたことはなかった。

悪いことをして捕まっているわけではないんだ、と太くかまえてはいたが、戦争中にアカで監獄に入れられて

いるというのは、やはり肩身のせまいことだった。

五つになった娘を連れて、笹下の拘置所へ差入れに行った。パパは病院に入院していると言っておいた。五歳の子どもは、「どうしてこの病院の塀はこんなに高いの?」「どうしてこの病院にはおまわりさんがいっぱいいるの?」とふしぎがった。

だんだんわかる年齢になってくるので、差入れに行くときは、娘は親戚にあずけて、夫が検挙されたあとに生まれた男の子だけを負ぶって連れていった。疎開する直前に行ったとき、特別のはからいで、一歳二ヵ月になった息子を父親ははじめて抱かせてもらった。赤ん坊はまわらない口で「おじちゃん」と言った。父親は情けない顔をして、「おじちゃんじゃない、お父ちゃんだよ」とくりかえした。赤ん坊は父親の胸にぬいつけてある囚人番号を取ろうと、無心にむしっていた。これが父と子が会った最後となった。

獄中でも、夫は妻思いだった。差入れをもっていくと、「おれはこの中で、食も住もめんどうをみてもらっているから、君たちこそ何の収入もないいんだから、無理をするな」と、お金などは返してよこした。

――だから栄養失調になってしまったんですよ。よその奥さんは、もっと金をいれろ、あれを持ってこい、これを持ってこいと言われる、とこぼしていた人がいたけれど、地獄の沙汰も金次第で、死ななくてもすんだかもしれないのに……。ある方なんか病院へまわされて、ピンピンして出てきたそうですよ。あんまりきれいな気持だと、世のなか生きていかれないんですね。――

須和は無念そうに言った。

疎開は島根県の西尾の郷里へ行った、女房子どもを女房の実家へたのむのは男としてしのびない、どうしても島根へ行ってくれ、と言われたからだった。須和は親類の大ぜいいる夫の家は苦手だったが、夫の心情を思って、一大決意で従った。須和の姉の道が独身だったので、東京に残って差し入れを引きうけてくれた。

西尾が瀕死の状態で保釈されたのは、一九四五年六月三十日である。須和は疎開中なので、姉の道のところへ、きょうの夜の十二時までに引きとりに来い、という連絡がきた。洗足から横浜までは、三度も乗りかえていかなければならない。歩けない重病人を連れて帰るのなら、力のある男の人をたのむから明日まで待ってくれと言ったが、規則だから今日中でなければ駄目だという冷たい返事だった。

道は空襲の警戒警報のなかを、一人で横浜へかけつけた。大柄の西尾は、骨と皮ばかりといっても、やはり重かった。一人で立っていることもできないほど衰え果てていて、差入れ屋の浅野屋の息子が駅までおぶってくれた。電車のなかでも、乗りかえの駅でも、見知らぬ人が親切に肩をかしてくれた。駅をおりてすぐのところの医者にたのみ、注射してもらった。医者は、大丈夫ですよ、と安うけあいした。

西尾は事件のことは何も語らなかったが、でっちあげにまきこまれたことで仲間を怨むような一言を、義姉にもらしたという。

須和のところへ姉からの速達で、西尾が病気で保釈されたから、すぐに上京するように、といってきた。急いで出発の用意をして、汽車の切符もようやく手に入れ、子ども二人をしばらくあずかってもらいたいと、本家へ頼みに行った。義兄夫婦は断乎として言った。「もしお前がむこうへ行っているとき爆撃を受けて、夫婦とも死んでしまったら、二人の孤児はどうするのか。子どもを連れて行きなさい。」

当時の交通事情は殺人的混雑だった。東京から疎開してくるときも、途中、空襲で何度も汽車から降ろされ、いよいよ発車となると屈強な男たちが我勝ちに乗りこんで、女子どもは次の汽車を待たなければならなかった。次の汽車にも乗れなくて、三十六時間かかって、ようやく着いたのだった。そんな汽車で、どうして幼児と赤ん坊を連れて再び東京まで行くことができるだろう。東京の空襲も日ましに激しくなっていると伝えられていた。子ども二人かかえて、空襲のなかで重病人の看護ができるというのか。疎開してきて以来のさまざまの思いがいっぺんにこみあげてきて、須和はせっかく手に入れた汽車の切符を、ビリビリとやぶいてしまった。

けっきょく、義兄が一人で上京して、帰ってくると、「やっぱりお前に来てもらいたいと言っているから」と伝えにきた。新潟の須和の実家に疎開している妹が子どもたちをあずかってくれるという話がつき、新潟へ子どもをおいてから上京することにした。明朝出発ときめ、すっかり荷づくりをした。七月二十七日、その夜も警戒警報がでて、燈火管制の電気を消して、まっ暗な蚊帳のなかにはいった。

トントンと入口を叩く音がして、電報々々という声がした。小さな明りをつけてみると、「兄上亡くなられたよし、いつくるか」という新潟の妹からの電報だった。兄上、と見て、とっさに満州にいる実兄のことだと思った。かわいそうに、お兄さん、大ぜい子どもをのこして死んじゃったのか、と思ったとたん、あ、主人のことだ、と気がついた。

――上京しようと、ぜんぶ荷づくりをしおわって、蚊帳にはいったとたんだったんです。子どもたちは眠っていました。娘を起こして、「ユカ、お父さん死んじゃったんだって」と言うと、睡いものだから、「うそ、うそ、睡い、睡い、いや、いや」って眠ってしまうんです。だれも話し相手はいないし、まっ暗だし、またユカを起こして、「お父さん死んじゃったんだって」「いや、いや」

……あんなつらい夜はなかったですね。——

須和は明るい口調をつづけたまま、目をうるませていた。

翌朝、子どもを本家にあずけて、汽車に乗った。途中、空襲警報でなんども降ろされ、ようやく東京に着いた。真夏なので、すでに火葬にされてお骨になっていた。姉と新潟から上京してくれていた母とで、板ぎれをあつめて手製のお棺をつくり、リヤカーを借りて火葬場へ運んだのだった。火葬場も空襲で焼けて、柱が四本立っているだけのところで、燃料は焼跡から木片をひろいあつめて火葬にしたという。敗戦二週間前の東京は、どこも焼野原で、空襲の焼死体が何日もそのままにされていたような状態だった。お棺に入れて焼場でお骨にできたのは、しあわせといえた。

須和の母は、医者の妻としてたくさんの病人を見てきたが、こんなに痩せ衰えた人ははじめて見たと、いたましそうに言っていた。あんなに頑丈な人だったのに……。痩せてしまった夫をなでてあげたかったと、須和は、小さな骨壷をいつまでもなでた。

——私が来ないので、主人はうらんでいたそうです。ぼくがこんなに待っているのに、子どもが大事だと来てくれない、ぼくのことを考えてくれない、って。こんどこそ切符が手に入りしだい行くと、私が書いて出した速達が、二週間もかかって、間にあわなかったんです。息が切れた十分後に、近所の人が、ポストにこれが入ってましたよ、と持ってきてくれたそうです。せめてあの手紙を見てから亡くなったのなら、私も心が安まるんですけど……。

ずーっと監獄のなかに入っていたから、汽車の切符が買えないということや、世の中どんなにたいへんになっているか、よくわからなかったんですね。だから、私がどうして来ないのだろうと、苛だっていたんです。わるかったなあ、とお骨に詫びました。まさかこんなに早く亡くなってしまうとは思いませんでした。重病といっても、大丈夫だ、だんだんよくなる、と姉から手紙でいってきていましたから。亡くなるとわかっていたら、どんなにしても、上京しましたのに。——

その夜、須和は夫の夢をはっきりとみたという。久留米絣をきた夫が横たわっていて、そばへ行くと横を向いてしまう。「あなたってひどい人ね、子どもを二人私におしつけていったから、私は荷物をもってあっちこっち汽車にのって、たいへんだったんですよ」「しょうがないじゃないか、おれ死んじゃったんだもの。そのかわり君のところへついていってやるよ」そして買物に行くと、横に立っている。こっちへ行くと、また横に立っている。その夢は目がさめてもまざまざとしていて、須和は霊界も宗教も信仰していないけれども、夫の霊は在るような気がする、としみじみと語った。

敗戦の前日の八月十四日に、須和は海野普吉弁護士といっしょに横浜地方裁判所へ行った。海野弁護士には検挙後すぐから頼んであり、親身でいろいろ心配してくれたが、裁判の進展はなかった。死亡上申書を裁判所へ提出するのが用件だった。

《上申書

彼告人　西尾忠四郎

右者ニ係ル治安維持法違反被告事件ニ付曩ニ被告人保釈ト相成候処拘禁長キニ亘リタル結果出所後ニ於ケル万全ノ療養遂ニ其ノ効ナク去ル七月二十七日午前十時五十分別紙死亡診断書病名ニテ死亡致候条此段及上申候也

昭和二十年八月十日　　右弁護人　海野普吉

横浜地方裁判所予審判事　石川勲蔵殿》

須和が兄から工面してもらった礼金二百円を海野弁護士にわたそうとしたが、海野は、「とんでもない。亡くなった方からどうしていただけますか」ときっぱり言った。義兄が純綿のシャツをもってお礼に行ったときにも、海野は受けとらなかった。

――海野先生は、ほんとに神さまみたいな方です。暑いさなかに横浜まで行ってくださって、ぼくには子どもはいないけれど、子どもを育てることはりっぱな仕事です。しっかり育ててください、と励ましてくださいました。敗戦のことは前の日にわかっていたのですね。もう戦争は終わりですよ、と教えてくださいました。裁判所へ行くと、中庭で書類をぼうぼう燃やしていました。その日は海野先生が関係している思想関係の被告の奥さんたち、横浜事件関係だったわけですが、そのころは知りませんでしたが、三人ほど来ていました。

先生が、「奥さんがた、お喜びなさい、アメリカがきて、もうすぐ釈放ですよ」と、おっしゃいました。奥さんたちは、キャーッと言って、手を叩いてとび上がりました。それを見て、私ワーッと大声で泣いちゃったんです。手ばなしで、恥も外聞もなく、号泣というか、あんな大きな声で泣いたのは、あとにもさきにも、あのときが生まれてはじめてです。よその奥さんがとび上がって喜んでいるのに、私の主人は死んでしまったのですもの。それも、つい二週間前に……。

ちょうどそのとき、ゲートルをまいた石川予審判事が通りかかりました。海野先生が、「判事さん、西尾さんの奥さんですよ」と声をかけました。石川判事は「やあ、やあ」なんて言って行きかけたのがもどってきて、「子どもさん、どうしてます?」って言いました。海野先生が「元気だそうですよ」と言うと、「ああ、そうですか」と逃げるように行ってしまいました。あの後ろ姿は、いまも目にのこっています。書類を燃やしている煙が、廊下にまで流れてきていました。一生忘れられないことです。

戦後、須和は東京築地にある戦争未亡人のための無料託児所・築地保育園で、子ども二人といっしょに住込みの保母として働いた。保育園の理事に、なんと元特高で野呂栄太郎を逮捕したことなどで悪名のたかい山県為三がいた。山県は酒好きで、酔っぱらうとすぐにわい談をはじめるいやな男だった。こんな男に、夫の怨みを言っても仕方がないし、保母として生活していくのに、職場のなかで不快な思いをしたくなかった。無視し表面さりげなくしていることが、自分自身とのたたかいだった。

それに、保育園に子どもをあずけている戦争未亡人たちは、もっとたいへんな苦しい生活をかかえている人たちだった。自分の感情や苦労話をすることなど、ぜいたくに思われた。須和は二十五年間、保母として働きつづけた。

——三十三歳で未亡人になってから、再婚話なんか一つもなかったですよ。二つもコブがついていてはね。娘が小学生のころ、むかしのボーイフレンドがあそびにくると、「うちのお母さんをとらないで！と怒るんですよ。「おっかないなあ、虫よけだね」って彼らは笑ってました。——

その長女もいまは都立の保育園の保母として働いている。須和が「お母さんが住込みでたいへんなのを見ていて、どうして保母になるの？」ときいたが、「いいの」と笑っていた。ほんとうは四年制の大学の法科に行きたかったらしいが、都立の保母学校は月謝が無料で二年間なので、弟を大学へ行かせようとしたのだった。

男の子のほうは上智大学のドイツ語学科に入った。父親の血筋を引いたのか語学に強く、学生のときオリンピックの通訳のアルバイトをしたのが縁で、ドイツ人が学費をだしてくれて留学した。いまは、ヨーロッパへの輸出が主のメーカーに勤めて海外勤務が多く、須和は孫の顔を見に、ヨーロッパ旅行をしたこともある。長女は独身で、須和といっしょに暮らしている。

（以下、略）

◎——————◎

死亡診断書

一、氏名　西尾忠四郎
二、男女の別　男
三、出生の年月日　明治四十一年六月二十二日
四、職業　死亡者の職業　著述業
　　家計の主なる職業　著述業
五、病死（自殺其他の変死中毒の別）　病死
六、病名　結核性腹膜炎
七、発病の年月日　昭和二十年一月十日頃
八、死亡の年月日時　昭和二十年七月二十七日午前十時五十分

九、死亡場所　　　　東京都大森区北洗足町五九二番地
右診断候也
昭和二十年七月二十八日
東京都世田谷区成城町二五三
医師　市川春子

【解題】次の一文は、改造社の編集者だった小林英三郎が笹下会の追悼文集に寄稿したものである。

小林は、東大文学部社会学科を卒業後、文藝春秋社に入社してまもなく、非合法の共産党機関紙『赤旗』の配布ルートに関わっていたことからつかまり、その後「人民戦線」雑誌の件でも検挙、横浜事件での検挙が三度目になったが、そのことを自ら吹聴することはなく、控えめで謙虚な人柄であった。

戦後は言論弾圧事件の被害者として、ジャーナリスト連盟の結成に参加、一九四六年から三年間、その事務局長の役をになった。

横浜事件・再審裁判では、第一次の請求人となり、第二次で小野康人の遺族が請求人となった後も、熱心にそれを支援したが中途で他界、第三次で遺族が請求人となった。

＊

西尾忠四郎さんのことなど
（笹下会編『横浜事件関係者追悼録』から）

小林英三郎

私がいわゆる横浜事件で検挙されたのは、昭和十九年一月二十九日であった。そのときの様子については他の

ところに書いたこともあるので略すが、ともかく連れていかれたのは横浜の伊勢佐木警察署であった。何の理由で検挙されたのか、全く見当もつかないでいたが、改造社で同僚であった小野康人君や相川博君が前に捕まっているので、何かそんな関係のことを聞かれるのかもしれない、という程度の推測はしてみた。両君以外にも、細川さん以下それまでに捕まっていた人たちの多くと知り合っていたが、まさか同じ事件の関係者として巻き込まれようなどとは考えず、数日で釈放されるだろう位に呑気に考えていた。

留置場に入ると、西尾忠四郎さんがいた。西尾さんは、やはり小野君や相川君といっしょに、前年の五月に捕まっていたので、そのときはもう八か月を越していたわけである。

西尾さんとは、西尾さんが捕まる前から知っていて、捕まったことも知っていたのだが、伊勢佐木署にいることは知らなかった。私が留置場へ入ってきたのを見て西尾さんも驚いたらしく、薄暗い監房の網越しに、眼だけ大きく見開いて、会釈を送ってきた。西尾さんだとわかると、意外なような懐しいような気持におそわれた。

西尾さんと知り合ったのは、西尾さんが満鉄東京支社の調査部におられて、私が改造社で相川君らと「大陸」という雑誌を編集していたころで、昭和十五年か十六年からのことである。仕事の関係で満鉄調査部へはよく出入りして、尾崎秀実氏らともそこでよく会っていたが、西尾さんとは、直接には多分小野康人君の紹介でであったと思う。小野君はずいぶん顔の広かった人で、西尾さんたちを細川さんに引き合せたのも小野君だということを、本人の口から聞いたことがある。それは、細川さんはそのころソビエトの研究もしていたが、ロシア語が達者でないので、ロシア語のわかる人を紹介しようというので、西尾さんや平館さんのグループを引き合せたというのである。

私も、「大陸」への寄稿家の一人として西尾さんたちを紹介され、それからしばしば会っていたのだが、十八年の五月二十六日に西尾さんは、小野君、相川君、それに中央公論関係の木村亨君らと検挙された。しかしそのときはまだ、西尾さんが、小野君や相川君らといっしょに、泊事件なるものをでっちあげられるとは想像もしていなかった。ご本人にしてもそうであったにちがいない。西尾さんたちより少し前に、平館さんたちが検挙されたのだが、そのときも、何で捕まったのか、と話し合ったことがある。お互いに累が自分に及ぶことなど考えてもいなかったのである。

西尾さんは留置場で、雑役をやっていた。雑役というのは、被留置人の間から看守が選んで、留置場の掃除や食事時に弁当を配ることなどをさせるもので、昔は警察に顔見知りの不良やヤクザという類のものにさせることが多かったようである。思想犯にやらせるようになったのは多分昭和八年ごろからで、それにはいろいろ事情もあったのだろうが、一つの理由は、手記というようなものを書かせるようになって、思想犯の拘留期間が長くなり、健康の問題もあったし、長くいるうちには看守にも気心がわかってくるというようなこともあったようである。

西尾さんが雑役をやっていたので、他の場合と比べると、連絡がとりやすかった。はじめのうちはそうもいかなかったが、私自身も日が経つと古顔の部類に入るようになって、時々は廊下で言葉を交すことができるようになった。

事件のことをあまりこまかく話し合うことはできなかったが、「大分厄介なことになるらしい」というようなことを言っていた。といっても、一体どういうことになっていくのか、見通しはさっぱりつかないという有様だった。簡単にすまないことだけは覚悟した形で、「岩波文庫でも差入れさせて、片端から読んでみるか」などとも言っていた。

伊勢佐木署の留置場は、廊下というか広間というか、そういうところの真ん中に四角な火鉢がおいてあったように思う。そこで差入れの餅を焼いて、私にごちそうしてくれながら、そんな話をしたのであるが、もちろん、長くなるとは覚悟していても、これが最期になるとは思いもかけなかった。

私は四月のたぶん中ごろ、途中で桜の散り残ったのを見たように思うので、多分そのころだったと思うのだが、磯子警察へ移された。西尾さんがそのときまで伊勢佐木署におられたのか、それより前に拘置所へ移されたのか、記憶がたしかでないのだが、そのころになると大分健康を害しておられた。

西尾さんは、身体つきが大柄で、眼も大きいのが印象的だったが、どこか気の弱そうなところが感じられた。がっしりした体格だったが、留置場でいっしょになったころは、さすがにやつれを覆うことが出来なかった、ことに終りのころになると、下痢がひどくて閉口だ、といっておられたのが痛々しかった。

そういう健康状態で拘置所に移されたのが、やはりいけなかったのだろう、そのまま健康を回復できずに、遂に還らなくなってしまったのである。私が西尾さんの亡くなられたことを聞いたのは釈放後であったと思うが、短い期間のおつき合いであったが、そのときどきの人懐こい面影が今でも想い出されるのである。

【解題】和田喜太郎は、横浜事件の犠牲者の中でただ一人、戦時下の一九四四年8月21日の裁判で懲役二年の判決を受け、半年後の四五年2月7日に獄死した。その遺体引き取りの場面が、八六年6月、再審請求の直前に開かれた「横浜事件を語り・聞く会」で、実妹・気賀すみ子の口から語られたとき、あまりの酷《むご》さに会場は息を呑んだ。本稿は、その後、小野貞との共著で出版した手記からの引用である。

和田は日米開戦の年、一九四一年に慶応大学を卒業して中央公論社に入社、『中央公論』編集部所属となり、本書第Ⅰ章「事件当時の言論・出版状況」の筆者・畑中繁雄編集長の下で勤務した。畑中編集部には和田より四〇日ほど早く検挙された浅石晴世もいた。浅石も和田より三カ月早く獄死した。

特高がかけた嫌疑はどちらも、雑誌編集部内での活動と、前章で紹介した「政治経済研究会」に関わる活動だった。

大学時代の和田についてはほとんど知られていなかったが、慶応で和田の一年後輩だった作家・堀田善衛が自伝的回想『めぐりあいし人びと』(集英社文庫)の中でこう語っている。

「私がマルキシズムを知ったのは、のちに中央公論社に入って、横浜事件で獄死する和田喜太郎君を通じてだった。和田君は、私より一年上で、映画研究会を主宰していたんですが、映画研究会というのは隠れ蓑で、実際には唯物論研究会で、その和田君からマルキシズムの手ほどきを受けたわけです。」

『横浜事件・妻と妹の手記』に掲載されている和田喜太郎の写真は、端正で物静かな雰囲気を漂わせているが、ただの穏和な青年ではなかったのである。

＊

「キタロウシス」

気賀すみ子

(小野貞・気賀すみ子『横浜事件・妻と妹の手記』から)

それは、酷寒の昭和二十年二月七日の早朝でした。「電報!」と、戸をたたく音に、私はハッと目を覚まし、急いで玄関へ出ました。不吉な予感を押えながら電報を開くと、それは横浜の笹下刑務所からのものでした。

「キタロウシス」

一瞬、脳天を打ち砕かれ、全身から血の気がひいていく思いでした。あまりにも簡単な、あまりにも唐突な報せに、私は夢であってくれればいい、何かの間違いであってほしいと願いながら、ただオロオロするばかりで、ふと気がつくと、六畳の狭い部屋の中を、ぐるぐる歩きまわっておりました。

それからすぐに支度をして、私は家を出ました。道すがら、兄はどこかからだのぐあいが悪かったのだろうか、それとも――生きる気力をなくしてみずから生命を断ったのだろうか……など胸いっぱいの不安を抱きしめて、私はひとり、梅屋敷から京浜急行線に乗り、上大岡駅で下車して、横浜市南区笹下町の刑務所に駆けつけたのでした。

受付へ行き、来意を告げると、看守なのでしょうか、目つきのよくない男が出てきて、私の名をたしかめ、それから、薄暗く、何も置いてないガランとしたタタキの部屋に私を案内してくれました。

ふと見ると、部屋の中央に、ムシロをかけただけの遺体が投げ出すように置いてあったのです。何というむごい扱いをするのだろうと、いたたまれない思いでいる私に、案内人は、「和田喜太郎に間違いないな」とムシロを取りのけて見せました。アッ、と私は声を呑みました。そこには、一糸もまとわず、パンツさえもはぎ取られた全裸の男の屍体が、タタキの上に横たわっていたのです。遺体は、全身がどすぐろく異様にふくらみ、眼はみひらいたまま宙空をにらみ、あまりにも変わり果てた姿に、これが真実、私の血を分けた兄であろうかと、われとわが目をうたがい、言いようのない屈辱、怒りと無念の思いで、私の胸は張り裂けんばかりでした。

虚構の罪を負わされ、拷問に責めさいなまれ、死してなおイヌ、ネコにも劣る扱いを受けた兄、うらみ骨髄に達しながら死んでいったにちがいない兄の心中を思い、何と不幸な星の下に生まれてきたのでしょうと、この兄があまりに哀れで、私は遺体にとりすがり、みひらかれた眼をソッと閉ざしながら、あふれ出る涙をどうすることもできませんでした。

四十余年を過ぎたいまも、あのときの情景は、なまなましく脳裏に焼き付いて、まるで昨日のことのように鮮明に浮かんでまいります。それは生涯、忘れることの出来ない残酷な思い出として、私を苦しめつづけることでしょう。

その後、どのようにして、母や叔父、長兄に連絡をとったのか、まったく記憶がないのですが、田舎から母が上京するのを待って、空襲警報の中を保土ケ谷の火葬場で、ひっそりと荼毘に付し、母は遺骨を抱いてひとり郷里に帰って行きました。そのときの淋しそうな母の後ろ姿が、強く印象に残っております。

こうして、和田喜太郎の二十八年の短い生涯は終わり、この時から私たちにとっては、とりわけ母にとっては、何ともむごい、誰にぶつけようもない無念さと淋しさをひきずりながら、残りの人生を耐えていかなければならなくなったのです。

消えた兄

昭和十八年の初秋のことでした。当時、兄たち二人は東京に住み、私も女子医薬専門学校に在学中だったため、母はひとり京都府下峰山町荒山の田舎に留守番をしていましたが、その母から荷物が届き、兄たちにも分けるようにいわれて、私は、丸の内ビル内の中央公論社に勤務していた喜太郎兄に電話をかけました。しかし、「お休みになっています」という返事で、じゃあ、病気でアパートにいるのかしらと思い、学生時代からずっと住んでいた淀橋区西大久保のアパートに電話を入れますと、ここもまた「お留守です」という管理人さんの返事です。私は驚き、兄はいったいどこへ消えてしまったのだろうと、見当もつかず、当時、神田多町に住んでいた叔父（母の弟）と、赤坂に住んでいた長兄に、ことの次第を告げたことでした。

それから一カ月近くたったある日のことです。長兄から、横浜の警察署にいることがわかったから、これから面会に行く、という連絡が入りました。それで、桜木町駅で待ち合わせ、叔父と長兄と私、三人そろって面会に行ったのですが、出てきた刑事に、「あんな国賊に面会を許すわけにはいかん、何度来ても面会は許さん」と言下にはねつけられ、かわりに連行されたときに着ていた洋服と下着類、革靴などを持ち帰れと渡されました。

帰り道、三人とも押し黙って歩いていましたが、とつぜん長兄が、吐き捨てるようにこういったのです。「オレは、あんな非国民の世話はしないからね」

私は、何という冷たい兄なのだろうと思いましたが、そのときは何もいわず、それならこれからは喜太郎兄のことは私がやってあげるしかないと、返された洋服類を自分の寮に持ち帰ったのでした。

寮に戻って、洗濯しようと衣類を取り出したところ、中に血のついた下着が入っており、ギクリとしました。きっと兄は、ひどい拷問を受けているにちがいないと、哀れでならなかったことが思い出されます。しかし、あんなに優しい兄が、どのような悪事をはたらき、どうしてこんなひどい仕打ちを受けなければならないのか、当時の私にはまったく見当もつきませんでした。

なお、ずっと後になって母から聞いたことですが、母ひとり住んでいた田舎の家へ、とつぜん特高警察官がやってきて、喜太郎の書籍を見せろと土蔵の中に入り込み、兄が保管を頼んで送ってきていたたくさんの書籍類を持ち帰ったとのことでした。特高は東京のアパートで兄が検挙されたとき、おびただしい書籍を持ち出していたことを、後でアパートの管理人より聞かされましたが、京都の田舎まで出かけていたのです。

◎――――――――――――――――◎

昭和十九年八月二十一日

判決

本籍　京都府中郡新山村字荒山二千二百三十九番地
住居　東京都淀橋区西大久保一丁目四百七十八番地
川上家アパート内
雑誌編集（中央公論編集部記者）
和田　喜太郎
大正五年十二月四日生

右の者に対する治安維持法違反被告事件に付当裁判所は検事伊東勝関与の審理を遂げ判決すること左の如し

主　文

被告人を懲役二年に処す
但未決勾留日数中二百日を右本刑に算入す

理　由

被告人は中流の医師の家庭に生育し兵庫県立豊岡中学校を経て昭和十六年慶應義塾大学文学部仏文科を卒業したる後東京市麹町区丸ノ内所在中央公論社に入社し社員として雑誌「中央公論」編集部に勤務し現在に及びたるものなるところ右大学在学中共産主義者木村亨等の啓蒙を受けたると「マルクス」著「資本論」山田盛太郎著「日本資本主義分析」等の左翼文献を繙読したるとにより昭和十五年四月頃共産主義を信奉するに至り「コミンテルン」が世界「プロレタリアート」の独裁に依る世界共産主義社会の実現を標榜し世界革命の一環として我国に於ては革命手段に依り国体を変革し私有財産制度を否認し「プロレタリアート」の独裁を通して共産主義社会の実現を目的とする結社にして日本共産党は其の日本支部として右目的たる事項を実行せんとする結社なることを知悉し乍ら孰れも之を支持し我国内外の情勢に鑑み自己の職場の内外を通して一般の共産主義意識の啓蒙昂揚を図ると共に左翼組織を確立する等の運動を通して右両結社の各目的達成に資せんことを企図し

第一、前記の如く中央公論社に入社するや当時同社出版部員たりし前記木村亨及「中央公論」の編集部員たりし共産主義者、浅石晴世と共に「中央公論」の編集方針を左翼的観点より指導して一般大衆殊に知識層の共産主義意識の啓蒙昂揚を図らんと企て昭和十七年九月中旬、同年十月初旬及昭和十八年三月上旬の三回に東京市麹町区丸ノ内丸ビル内喫茶店「キャッスル」に於て右木村亨及浅石晴世と共に評論家除村吉太郎同橘樸及慶應義塾大学助教授小池基之を左翼評論家なりと断じ「中央公論」誌上に右除村をして日本文学の動向に関し右橘をして満州農業の現状及将来の動向に関し右小池をして日本農業□□に関し夫々執筆せしめて読者大衆の共産主義意識の啓蒙に資せしむべきことを協議したる上其の頃「中央公論」の編集長たる共産主義者畑中繁雄に対し右除村の執筆交渉方を提議し或は自ら右橘、小池に対し執筆方を依頼して鋭意之が具体化に努めたる外昭和十八年五月頃右「キャッスル」に於て浅石晴世と共に□□□「中央公論」誌上に左翼評論家をして我国に於ける中小工業者の「プロレタリアート」への転落の過程等を暗示したる啓蒙論文を執筆掲載せしむべきことを協議して之が実践に努め

第二、昭和十七年十二月初旬予て共産主義者高木健次郎、由田浩右浅石晴世等が共産主義理論の研究及内外諸情勢の分析批判等を通して共産主義意識の昂揚を図ると共に左翼組織を確立することを目的として結成し居たる所謂「政治経済研究会グループ」なる非合法「グループ」に右浅石晴世の勧誘に応じて加入したる上其の頃より昭和十八年一月上旬「グループ」より脱退する迄の間右高木等と共に「グループ」の拡大強化に努めたるが就中

（一）曩に同「グループ」に於て満州事変以後の内外の諸情勢を各自職場より得たる重要資料を基本として共産主義的観点より分析総合する等の方法により大東亜戦争に対する日本の戦力の測定を為すと共に一面各産業に於ける資本構造と労働力の構成の変動を究明して革命の展望を為す為研究課題及其の分担を決定し被告人は右浅石と共に国内情報及文化問題を担当すること、なるや昭和十七年十二月初旬頃及同月十七日頃の二回に東京市中野区新山通二丁目二十三番地浅石晴世方外一個所に於ける会合の席上同「グループ」員たる右高木、勝部元、新井義夫、森数男、由田浩の各研究分担の発表と共に被告人も亦其の頃深井英五と会見したる際の同人の言動に基きて之を実行し上層支配階級に於ても現内閣の政策に反対し戦争回避の見解を有する者も少からず我国に於ける「ブルジョア」民主主義革命は上層支配階級内部の対立抗争を契機として勃発すべき場合ある旨力説強調したる上之等の研究発表を中心として各自共産主義的観点より論議を重ねて以て相互に意識の昂揚に努め

（二）昭和十七年十二月十七日頃東京市杉並区永福町二百三十七番地山口謙三方に於ける会合に於て右高木健次郎外七名の「グループ」員と共に検挙を免るる為爾今「グループ」を二班に分ち第一班を高木健次郎、浅石晴世、白石芳夫、小川修、板井庄作、第二班を被告人、勝部元、森数男、新井義夫、山口謙三、由田浩となし右両班は高木及勝部に於て連絡を保持しつ、随時会合を開催する等の活動方針を協議決定し該決定に基き昭和十八年一月七日頃東京市江戸川区小岩町一丁目三百六十二番地由田浩方に於て同人、勝部元、山口謙三、森数男と共に第二班の会合を開催し勝部元の我国に於ける昭和六年以降の「インフレーション」の推移に関する研究発表を中心として共産主義的観点より論議を重ねて相互に意識の昂揚を図ると共に今後の研究課題として欧州大戦以後の

独逸及蘇連の革命史の研究を為すべきことに付意見の交換を遂げ
たる等諸般の活動に従事し以て両結社の各目的遂行の為にする行為を為したるものなり
右の事実は被告人の当公廷に於ける判示同旨の供述に依り之を認む
法律に照すに被告人の判示所為中国体変革を目的とする結社の目的遂行の為にする行為を為したる点は治安維持法第一条後段に私有財産制度否認を目的とする結社の目的遂行の為にする行為を為したる点は同法第十条に各該当するところ以上は一個の行為にして数個の罪名に関る、場合なるを以て同法第五十四条第一項前段第十条に則り重き治安維持法第一条後段の罪の刑に従い尚犯罪の情状憫諒すべきものあるを以て刑法第六十六条第七十一条第六十八条第三号に依り減軽し其の刑期範囲内に於て被告人を懲役二年に処し同法第二十一条に依り未決勾留日数中二百日を右本刑に算入すべきものとす
仍て主文の如く判決す

昭和十九年八月二十一日
横浜地方裁判所第一刑事部
裁判長判事　篠原　治朗
判事　関　重夫
判事　柴田　次郎

【解題】　次は子どもの目から見た横浜事件である。

平館利雄は西尾忠四郎と同じ満鉄に勤務、検挙された一九四三（昭和一八）年五月一日当時は三八歳、満鉄東京支社調査室主任を務めていた。特高からは「満鉄グループ」の中心人物と目されていた。「泊会議」にも西尾や同じ満鉄の西沢富夫とともに参加した。

戦後は横浜国立大学・専修大学で経済学を講義した。

再審請求は第一次に参加、第三次ではすでに他界していたため、本文の筆者、長女の平館道子（元金沢大学経済学部教授）が請求人となった。

＊

父を奪われて
――少女の私が見た横浜事件

平館　道子

（『横浜事件・再審裁判を支援する会＝会報』34号・一九九七・4・21から）

特高がやってきた日

父が検挙されたのは、私が小学校（当時は国民学校と呼ばれていましたが）三年生の春でした。当時私たちは横浜に住んでおりました。学校へ行っていたので現場を知りませんが、帰宅すると家の気配がいつもと違い、凍

りついたようになっており、それが明るい春の日ざしとコントラストをなしていたのをぼんやりと記憶しています。

母から「お父さんが警察に連れて行かれたけど、悪いことをしたのではないから」と言われ、何が起こったのかは分かりませんでしたが、これはただならぬことが起こった、しっかりしなくては、と思ったことを覚えています。

父の書斎で見慣れていたマル・エン全集など書籍類は殆ど持って行かれたようで、母は「野口英世の伝記まで持って行った」と言っておりました。当時の私にはマルクス・エンゲルス全集というものがどういうものか全く分かりませんでしたが、エビ茶の本が何冊も並んでいたのを見慣れていたのです。

その後、母は残ったものを土に埋めたそうです。戦後、どこかから写真を主体にした昭和史が出版された時、横浜事件についても書かれており、細川嘉六氏をかこんで数人の若い人達が写っている泊での写真が平館から出て多数の検挙につながった、とコメントつきで掲載された時、母は写真を必死に守ったので家から出たのではないと言っていました。

この写真は泊旅行の数枚のうちの一枚で、一冊のアルバムに貼ってありましたので、よく見慣れたものだったのですが、「泊温泉」という太い木の標識の前に細川氏が帽子を前にしゃがんでいるものが、私には一番印象に残っています。

戦後もこれらの写真を見ていますので、まだ整理していませんが、今も父母の遺品の中にあるはずです。父の検挙の日については、どうしてかは分かりませんが、赤ん坊であった妹が座布団の上ではいはいしていたのが鮮明に記憶に残っています。

ひんぱんに訪ねてきた私服

その後毎日のように、一人の私服の警官が来て、母と話していました。時には小さな子供を連れていたりして、父の書斎の椅子に、腰かけていたのを記憶しています。梅雨時でもあったのか、晴れ間が見えると鳴き出した蝉の声が妙に耳に残っています。また張り込みもされていたようですが、私は全く気づきませんでした。

しかし来客は少なくなり、親類の人達も滅多に訪れることがなくなったのは、そのためだったのでしょう。そんな中で、当時「高商」といっていた現在の横浜国大の事務員をしていた湯川さんという方が、時々そっと来てくださいました。湯川さんは父とうまが合っていたようで、それまでもよく来られ、我が家の食卓を賑やかにしてくださっていました。眉の太い豪快な方でした。

このように緊張した生活を送っていた中で、母が隠し通していたせいもあるのでしょうが、ご近所とは変らないお付き合いが出来ていたのが救いでした。

妹が幼かったので、時には私が母に代わって差し入れのものを持って寿署へ行きました。家から寿署までは子供の足で三〇分くらいでしょうか。何階だったのでしょうか、屈強な男たちが何人かいる部屋へ行くと、寄って来て、いくつだとかたずねられ、恐ろしく、もう帰してもらえないのではないか、などと思ったものです。

いつかの折、寿署に行った時、廊下を父が一人の男に連れられて通りました。腰に紐が結ばれていたように思います、父はグレーの着物を着ていたと思いますが、こちらに目を向けることもしませんでした。あとから母の言うことには、何とかいう判事の配慮があったのだろうということでした。

笹下拘置所での面会

そうしているうちに戦況が悪化し、横浜にもたびたびアメリカ軍機が襲来するようになり、警戒警報、空襲警報が無気味に鳴り渡るようになりました。当時の日本の家庭はどこもそうであったのですが、防空壕を掘ったり、食糧の買い出しに出かけたり、重苦しい日々が続きました。そんな中で私は疎開をしなくてはならなくなりました。昭和一九年の七月のことです。

その後、父は笹下刑務所へ移されたようで、笹下にも何回か差し入れに行きました。長く続く灰色の塀と、囚人が散髪していて、その掛けていた布が白かったという記憶があります。刑務所前にある何軒かの差入れ屋の一つに行ったと思いますが、どこであったかは覚えていません。ただ一〇個の卵を差入れると、そのうち一つくらいしか父の手許には届かない、と母に言われたのが印象的でした。

疎開する直前に母と一緒に父に面会しました。殺風景な部屋で真ん中に大きな長方形の木のテーブルがあり、その傍らに父が腰かけていました。見知らぬ男がついていました。その時父が何を言ったのか、私が何を話したのか、どうしても思い出せませんが、もう二度と会えないかも知れないと思ったことは覚えています。

疎開先で聞いた横浜大空襲

それから間もなく、私は愛知県の母の生家に疎開しました。学童疎開についてはいくつかの名著が出版されており、私も同様な経験をしました。いつも脳裏を去ることがなかった家族のこと、ことに拘束されている父のことが、空襲を受けて空を真っ赤に染めて炎上している名古屋を見ている時など、切実に想われました。空襲は夜間が多かったのです。

しかしそんな中でも、しばらくは横浜と手紙のやり取りをしたりしていました。ところが、昭和二〇年四月二九日に横浜大空襲があり、音信は途絶えてしまいました。

全く様子が分からず、不安な日々を過ごしていましたが、しばらくして横浜から来た人から、横浜は全滅ということを聞かされ、父はもちろん家族もだめで、いよいよ独りきりになってしまったと思ったものでした。しかしまだ幼かったので、成人であったら味わうであろうような深刻なダメージは味わわずに済んだのです。

それから二カ月程たった頃でしょうか、兄が大きなリュックを背負ってひょっこり姿を現わしました。兄の中学二年生の初夏の頃でした。飛び立つ思いというのはあの事でしょう。兄の話で横浜の悲惨な状況が分かりましたが、全くの幸運で父も母達も一人も欠けていないことを知りました。

福島から愛知へ母も疎開

その後ますます空襲が激しくなる中を、母は残った家族を伴って父の生家である福島県の平市に疎開しましたが、そこも艦砲射撃で危険になり、七月に愛知の実家に来ました。それがどんなに危険で困難な旅であったかは、あの頃を知る方ならお分かりでしょう。幼かった妹はもう少しで命を落とすところでした。

ただ祖母（父の母）は一緒に行こうという母の誘いを断わってそのまま平に留まり、終戦直後に亡くなりました。戦争が終わり、息子が無事に戻ることを知って、安心してこの世を去ったのだと思います。

その後、広島、長崎への原爆投下、終戦の詔勅とたてつづけに経過し、終戦の日を迎えました。ラジオで詔勅を聞きましたが、何のことやらさっぱり分かりませんでした。しかしともかくこれで助かったというのが実感でした。

折から旧暦のお盆で、夕方、近くの川に精霊流しに行き、家々の電灯のあかりが外へ流れているのを眩しい思いで見たことが忘れられません。父がどうなるのか、まだ分かりませんでしたが、全く解放された思いでした。

父と行った押収書籍の引取り

父が疎開先に姿を現わしたのはその年の一〇月であったと思います。それからは食糧の確保に追われる毎日で、ほとんどの人は半分飢えて栄養失調に苦しんでいましたが、終戦後の食糧事情は極度に悪化しました。それでも何とか冬を越し、窓ガラスの破れたぎゅうぎゅう詰めの列車に乗って横浜へ戻ったのは、終戦翌年の雪の降る二月でした。

その後私の記憶に残っていることは、父と二人でリヤカーをひき、横浜港の近くにあった検察庁関係の役所まで、押収された書籍を受け取りに行ったことです。書物には検察庁の印のついた小さなタグが貼られていました。父がリヤカーを引き、私が後から押して帰りましたが、重くて遠かったことが記憶に残っています。

改めて思う「事件」の影

横浜に帰ってから、西尾忠四郎さんがお亡くなりになったことを知りました。横浜事件関係で私が直接存じ上げていたのは、西尾さんだけです。まだ小学校へ入る前でしたが、父に連れられて西尾さんのお宅に行き、ユカちゃんという殆ど赤ちゃんと言ってもよいほど小さな可愛いお嬢さんと遊んだのを覚えていました。

何しろもう半世紀以上も前のことなので、記憶も確かでなく、長く暗いトンネルの向こうにいろいろな情景がかすんでいる、というような感じが致します。私が幼かったためか、事件のことについて父から直接まとまった話を聞いたことはありません。しかし私が物心つく時期に起こったことだけに、その後のものの考え方や生き方に陰に陽に深い影響を受けていることは実感しています。

あの頃のことを書くようにというご依頼で筆を取ってみました。また自分でもこの様なチャンスを与えられたことはありませんでしたので、何とかまとめようと努力いたしましたが、どうも取りとめのないものになってしまいました。ただ私が直接見聞きしたことだけをまとめてみました。

【解題】 再審裁判がたたかわれていた間に、横浜事件は演劇になり（千田是也演出・青年劇場「村井家の人々」）映画になった（橘祐典監督・青銅プロ「言論弾圧横浜事件・証言」）。

脚本は、どちらも、ふじたあさやである。

劇作家・演出家のふじたの父は、畑中編集部が解体された後、『中央公論』編集長となった藤田親昌である。一九四四年1月29日、畑中と同日に検挙されたが、一年後の四五年1月30日、起訴留保となった。

ふじたにとって、横浜事件は〝家族の事件〟であった。脚本の執筆は必然だったのである。

なお、終わりの方で登場する拘置所の元看守・土井郷誠は、被疑者の人々にひそかに心を寄せ、再審裁判の初期、再審裁判の集会等で前に立って証言してくれた人である。

＊

歯を全て失って帰ってきた父

――少年の私がみた横浜事件

ふじた　あさや

（『治安維持法と現代』第14号〈07年秋季号〉治安維持法犠牲者国家賠償要求同盟刊から）

私は、横浜事件をあつかった演劇作品を何本かつくってきました。いま憲法劇というのがはやっていますが、最初の憲法劇は、私が名古屋で創ったものでして、その中でも横浜事件を取り上げ、このようなことがあってはならん、という小場面をつくりました。なんだかんだで横浜事件については、語れるときには語ってきたつもりでおります。

その後、橘祐典監督が私のシナリオで映画『証言』をつくりました。木村さんが私の父の直接の部下でございました。いまして、木村亨さんが細川嘉六さんに助言を乞いながら『支那問題事典』をつくったころの出版部長でした。こんな事件になる前、私が小学校の四年生のころだったと思いますが、木村さんのお宅へ父に連れられて遊びに行ったことがあります。部下と上司の関係だったわけですが、親しかったようでございます。

父は横浜事件のことをいろいろなところに書き残しておりますけれども、あるところに書いてあることが、ほかの方には書いてなかったりしてですね、全容をつかむのはなかなか難しいのでございますけど…。

その一つにこんな文章（父の談話）がございます。

「僕が捕まったのは、昭和十九年一月二十九日のことでした。当時、僕は『中央公論』の編集長をやっていました。その前年、僕が出版部長をやっていたとき出版部の部員に木村亨というものがおり、五月のある日、彼の奥さんが我が家にやってきまして『今朝がた（五月二十六日）、木村が警察に連れられていってしまいました』という報告。情勢はかなり逼迫しており、その半年後、僕も捕まるのですが、木村が捕まった理由そのものは、わかりませんでした。そのころ『中央公論』の編集部から浅石（晴世）、和田（喜太郎）が捕らえられ、これは昭和塾の関係か…、木村の場合は警察で彼と同じ部屋にいたというものが出てきた。そのものの話によると泊事件だということです」

ですから事件の始まったときには、これは何なのか、誰にもわかっていなかったというのが、こういう文章を見るとよくわかりますね。

あっちで一人パクられ、こっちで一人パクられ、それがどうつながっていくのか、外にいるものにはなんにも読めない、祈るような気持ちでもって自分だけは関係ないだろうと思い込んでいるだけみたいな、そういう状況が手に取るようにわかる。そういう疑心暗鬼のなかで突然捕まるんですね。

スキーに行って旅館で逮捕

「僕が捕まったのは湯沢（温泉）の旅館でした、かなりの老兵ですが、友人が応召することになりました」。たしかこのときもう三十代後半か四十代になっていたと思います。「応召することになって、山の友達でしたから、お別れにスキーに行こうということになって、湯沢に行ったのです。本陣という宿屋にリュックを置いて、山に登りました。帰ってきたら、特高（特別高等警察）が待っていて、いきなり両側から僕を捕まえるわけです。横浜の警察に行くまでずっと特高に囲まれて行動しました。風呂に入るにもほかのお客さんを全部出した上で、特高四、五人が僕を囲いその真ん中で風呂に入りました。食事も特高に囲まれた真ん中でしました。当時、僕は上野・池之端に住んでいましたから、上野についたとき、ちょっと家へ寄りたいと頼みましたが、とんでもない、お前は被疑者だから寄らせるわけにはいかない、素通りだといわれ、私はなぜ捕まったのだかわからないまま、自分の家にも寄らずじまいで、山の格好のまま警察へ連れて行かれました」。

これが私の記憶では、お父さんは、スキーに行っているはずだったんです。朝になったら、夜行列車でその友達という人が帰ってきて、リックサックを二つ担いでスキーを二組持って、ひいひい言いながら我が家へやってきたんですね。とにかくえらいことになった。

その日、学校へ行って帰ってきますと特高がきておりまして、二階の廊下にびっしり詰まった本棚が三本ほどありますが、全部本が叩き落とされておりました。そのなかからそれらしいものを証拠としてもっていったんだろうと思うんですが、その本を出し入れするときに特高が土足で二階に上がりこんだのを、僕はにらみつけたことを覚えております。

それまで私は、典型的な軍国少年でしたし、小学四年生でしたから起こった事態がさっぱり飲み込めない、そういう状況でございましたけど、とにかくお父さんと敵対するのがこいつらだという認識だけはあったようで、にらみつけていたのを覚えています。

「警察での取り調べはまさに拷問で、一週間ぐらいは、ぶん殴られてばかりいました。僕はもともと歯はよくなかったのでした。そのときに全部取れてしまいます。かなり若いときから総入れ歯になってしまいました。帰ったときは顔の形が変わっておりました。歯がすっかりなかったものですから、出てきてすぐに総入れ歯にせざるをえなかった、ということですね」。

〝やったといえば、吸わしてやる〟

「ぶん殴っておいて、おい！　タバコ吸いたいかと聞くので、吸いたいというと、自分だけ吸って、こっちには、よこさない、やったといえば吸わしてやる、ということです」。

「また、差し入れがあっても僕には食わせない。食事は麺米といって、うどんを細かく切って米みたいにしてあるものです。この量が非常に少ない。何もしてないのに、食いたければ白状しろ、ということです。いろんな手段を使って共産党再建の準備をしました、と、言わせたいわけです。しかし、やってないものは白状のしようがありません。また、いかにもそうですなどと言おうものならそれが尾を引いて、次から次にやられます。うそをつくな、だれだれはこう言っている、と殴られたりする。もちろん人間は弱いですから、くたびれ果てて自覚のないままつい首を縦に振ったりするものです」。

この辺の拷問の状況は、木村さんが非常に詳しく語っておられたのを思い出します。このときですね、やっぱり、父の言葉ですけれども

「だれそれはこう言っているぞ、といって突きつけられてもそれが本当かどうかわからないわけであります。自分の言っていることも、どこかで利用されているだろうというその疑心暗鬼で、本当に錯乱状態になっていく」。

それこそ、タバコも吸えない食べ物も与えられないという状況で…。

うちの母親はですね、列車で横浜まで会いに、差し入れに通っておりましてね。差し入れたものが口に入ったかどうか。どうもほとんど、かなりの程度特高が召し上がっていたらしい。

私は、どうしたんだかさっぱりわかんないんだけれど、とにかく本を叩き落とした特高のことだけは覚えていて、あれはなんだったんだろと思っているわけですが、母親が、お父さんは満州へ行っている、と説明しはじめるんですね。どうもおかしい、荷造りした覚えもないのに。なのに、満州へ行った。本当かなあ、と思うんですが。その一年前に満州に取材に行っているんですね。満蒙開拓団の取材のルポルタージュを書いている。そんなことがあったんで、また行ったのか、というふうに思わせられるんですけども、どうも、それにしては何で毎日風呂敷を持って出かけていくの、という話ですね。

こちらは、そうだね、満州にいってんだねと相槌を打ちながら、心の半分はですね、なんか隠してるんだろう、なんか隠してんだろう、と思っているわけです。そのうちにうわさを聞いて親戚のものが内職の斡旋にやってきてくれたりなんかして、あれ、やっぱりこれはおかしいぞ、ということになった。

そのころで、一番後になって、あれはないよなあと語られたのはですね、検挙された次の日に、母親も結婚前中央公論社に勤めておりまして、当時の嶋中雄作社長が結びの神だということもあって、こういう状況になりましたけどどうしましょう、と相談に行ったそうです。そうしたらば、辞表を出しなさい、と言われて、提出したところ、折り返しお使いが来て、検挙される前の日付にしてくれ、とおっしゃったそうです。まあ、しょうがないだろうと書いたんだそうですけれども、同時に、退職金をもらっておけば役に立つこともあるだろう、そう思ったと言っておりますが、腹の中は煮え繰り返るようだっ

たと思います。

亡くなる直前まで、中央公論には行かなかった

ちなみに父は、一年後に帰ってきますけれども、それから中央公論社には一度も行っておりません。そのことを僕は、〝許していなかった〟のだろうと思っております。十一年前、九十二歳で亡くなったわけですけれども、亡くなる直前に、丸ビル建て替えの話を聞いたものですから、無くなるんだったらこの目で見ておきたいと思ったんでしょう。旧丸ビル五階の正面から見て左側の中央公論社だった昔の事務室を訪ねました。母親が中央公論社のあったフロアーの反対側の事務所に勤めていたんです。それが嶋中雄作さんの目に止まって、うちへ入らないかということを言っていただいて、それが社内結婚第一号であった、二人の結びつきの話なわけです、そのフロアーがまだ健在でございまして、昔のまんまのたたずまいで残っておりまして、中央公論社の子会社が入っており、そこを訪ねて、非常に懐かしがって、昔をしのんでおりました。それが僕は、父が横浜事件がらみの中央公論社の処分に対して、怒りをずうっと燃やし続けてきて、死の数ヶ月前なんですね、はじめて許したんだと思います。

獄中で歌を詠みはじめた

ちょっと話が戻りますけど、そのころうちの母親が斎藤茂吉門下で、歌詠みをやっていたもんですから、父も影響を受けて、下手な歌をつくっておりました。獄中でもだいぶ歌をつくっておりました。いや、獄中だから歌を作り始めた、というふうに思うんです。ところがそれは何にも記録の仕様がない、全部頭の中にとどめておきまして、出てきてから書いたのですけど。

たとえば、

太腿にはだらに残りし黒あざの
　生血にじむを静かに眺む（―拷問を歌ったもの）

監房の壁に刻める文字なべて
　空におぼえてただ黙しおり

文字に囲まれて仕事をしていた人が、壁の文字を覚えたということです。

たえがたき寒冷覚えて手拭に
　頭つつめり看守の許可えて

これすらも看守の許可が必要だったんですね。

母も相聞歌を

それから、相聞歌みたいな感じなんですけど、母親も「私の横浜事件」という歌を詠んだんです。

面会終え夫《つま》は特高に連れ去らる
数分後《あと》の鉄格子の音

子を負いて留置場に通うこの日頃
差し入れの用意も心はずみて
（―ここで歌われた子は妹のこと）

夫《つま》の肌にふれいししらみいとおしむ
一匹二匹と数え始める

留置場より戻りしシャツの縫い目の中に
並びししらみ三百数十匹

こういう状況だったんです。弁当を持っていっては、しらみを持って帰ってくる。そういうのを繰り返していたわけです。そのうち空襲が激しくなって、笹下刑務所から出されるという肝心な日は、銀座が空襲で母親は迎えに行けなくなりました。父は仕方なく自分のもとの家が鶴見にあったものですから、そこへ行ったというようなことを聞きました。

父の書いたものの中に、後に獄死する浅石さんと獄中で出会ったなどということも出てきたりして、いろいろと当時の雰囲気などもわかる文章などもあるんですけども…。

拘置がつづく最中に熱病がはやって、臨港署の留置場から横浜の裁判所に出廷するわけですが、コレラのような病気がはやり始めたので、治安維持法関係の人間は全部山手署に移されたんだそうです。ここの道場で県の特高立会いのもとで毎日手記を書かされたんだそうです。ところがタネがないので何を書いたらよいかわからない。すると、特高がサンプルを持ってきて名前だけ藤田に変えてまとめるように監視して指導した。

そのうち十月から一月まで、尋問もなしに放置される状況が続くんですね。

「君は坂の藤田か」

「ある夜、巡視の看守が突然に僕の独房ののぞき窓に近寄ってきて、『三十八番（父の番号）、君は坂（鎌倉の地名）の藤田か』と声をかけてきました」。知っている人が看守人なんですね。それで、「はいそうです」。「僕は君の叔父さん・勤くんの友だちで佐助（地名）の土井（郷誠）です。勤くんどうしていますか」。

そして彼は策を授けるんです。「こんど出廷したら何もしていないことを検事さんにはっきり言いなさい。検事さんはヤキを入れるようなことはないから」と、いうわけですね。大変それはショックです。

「その結果、一月二十九日出廷。検事に、僕は党員でないこと、編集会議は謀議でないこと、手記は見本があったこと、共産党再建などとんでもないことなどを話しました。土井さんが話してくれた通りヤキがないのが気持ちを楽にさせてくれたのです」。『今日、君は帰す。処分は保留』検事さんの言葉がずっしりと僕の耳に突き刺さるように伝わってきて、僕は口も利けず頭を下げたようでした」。その日突然、父は釈放されました。

この釈放は、検事に対する明確な否認の結果だと、父は信じていました。客観的に見てそのことがどうだったのかは、わかりません。とにかく、土井さんのおかげ、検事の前でそれまでの陳述をひっくり返して、結果的に印象をよくしたのかわかりませんが、帰ってきた。帰ってきたということで、ある意味で、最後まで捕まっていたみなさんに、ある種の申し訳なさみたいなものを、感じてもいるようでした。

結果的には、最後までがんばりとおしたと説明しておりましたが、手記は書かされているわけですね。それはまたひっくり返したから、ゼロになっているのかしれませんが。客観的にそれはどういうことだったのか、調べようにも、何にも証拠は残っていないだろうと思います。

「人が信じられなくなった」

父が帰ってきてから一番言ったのは、とにかく「人が信じられなくなった」ということです。だれそれが白状した、だれそれが名前を出したからお前はここにいるんだ、というようなことばっかり聞かせられ、それでかどうか、やっぱり父は中央公論には戻らなかったわけだし、戦後、当時の人たちとは本当に付き合わなかった。そういう足跡を残すことになったということが、大きな問題かなあ、という気がいたします。

「私たちは弱いんだ」ということをしきりに言っておりました。ちなみに戦後、メーデー事件（一九五二年五月一日）のときに、私は、大学一年生のときに巻き込まれ捕まったんです。留置場に面会にきた父の第一声は、「誰の名前も出していないだろうな」でした。これに僕はある種の感動を覚えました。つまり父は、このように横浜事件を潜り抜けてきたんだなあ。そこから得た教訓というのは、父にとっては、そういうことだったんだ。つまり、そういう状況の中でうらぎらないでいることの大変さというか重さというか、人間どうやったら強くなれるかということを、実はその後ずうっと父は問いかけていたんじゃないかなあ、というふうに思います。

父はその後、長いこと出版活動もやっておりましたし、文化関係の仕事、教育の仕事、いろいろやっておりました。そういう中でやはり一貫して、弱さを嫌うといいますか、強くあってほしいということを周りに求め続けていたというふうに思います。

（本稿は、「横浜事件─『無罪判決』以外はあり得ない〈第四次再審請求裁判を支援する集会〉」〈07年6月1日、横浜事件再審裁判を支援する会・主催〉が開かれたさいの講演に一部加筆したものです。）

Ⅷ 残存するその他の予審終結決定と判決

【解題】何度も書くが、横浜事件関係で残された記録はきわめて少ない。このあとⅩ章で見るように、公判を終えるか終えないうちに、裁判所自身によって焼却処分されたからである。

その数少ない記録のうち、他の箇所で掲載しなかった予審終結決定と判決を、ここにまとめて収録する。

他の箇所で収録したのは次の通りである。

●細川嘉六・相川博＝予審終結決定（Ⅳ章）
●高木健次郎＝予審終結決定（Ⅵ章）
●板井　庄作＝〃（〃）
●森　　数男＝〃（〃）
●白石　芳夫＝〃（〃）
●小野　康人＝〃（Ⅸ章）
●木村　　亨＝〃（〃）
●西尾忠四郎＝〃（〃）
●小川　　修＝判　決（Ⅵ章）
●白石　芳夫＝〃（〃）
●和田喜太郎＝〃（Ⅶ章）
●小野　康人＝〃（Ⅸ章）

なお前にもことわったように、原文はカタカナであるが、読みやすさを考慮してひらがなにし、濁点を付けた。

＊

予審終結決定

畑中　繁雄

本籍並住居
東京都杉並区下高井戸四丁目九百三十三番地
無職（元「中央公論」編集長）
畑中　繁雄
当三十八年

右の者に対する治安維持法違反被告事件に付予審を遂げ決定すること左の如し

主　文

本件を横浜地方裁判所の公判に付す

理　由

被告人は奈良県立郡山中学校、第二早稲田高等学院を経て昭和七年三月早稲田大学文学部英文科を卒業後同年五月東京都麹町区「丸之内ビルディング」内株式会社中央公論社に入社し一時雑誌「婦人公論」の編集部員たりしも昭和八年十二月雑誌「中央公論」の編集部員に転じ次で昭和十四年十二月同編集次長と為り更に昭和十六年九月同編集長に就任したるものなるが右早稲田高等学院在学中共産主義者榎本駒次郎其の他の感化を受けたると「エンゲルス」著「空想より科学へ」其の他の左翼文献を繙読したる結果遂に昭和四年三月頃共産主義を信奉するに至り日本共産青年同盟に加入して同大学内に於て之が運動に従事したるも検挙せられずして止みたるものなるところ「コミンテルン」が世界「プロレタリアート」の独裁による世界共産主義社会の実現を標榜し世界革命の一環として我国に於ては革命手段により国体を変革し私有財産制度を否認し「プロレタリアート」の独裁を経て共産主義社会の実現を目的とする結社にして日本共産党は昭和十八年六月九日迄は其の日本支部として右目的たる事項を実行せんとする結社同月十日以降は単独結社として前記同一目的事項を実行せんとする結社なることを知悉し乍ら孰れも之を支持し現下の客観情勢に鑑み所謂文化運動の分野に於て知識層を中心とする一般大衆の共産主義意識の啓蒙昂揚を図ると共に左翼組織を確立する等の運動を通じ右両結社の目的達成に資せんことを意図して昭和七年五月前記の如く中央公論社に入社し爾来昭和十八年六月頃迄の間鋭意同社員の共産主義意識の啓蒙昂揚並社内の左翼化を図ると共に「中央公論」の左翼的編集及左翼的出版物の刊行等を通して一般大衆の共産主義意識の啓蒙昂揚に努めたるが就中

（一）昭和十二年六月頃より昭和十八年六月頃迄の間毎月一、二回中央公論社会議室に開催されたる雑誌「中央公論」の編集会議に出席して同編集部員たる共産主義者小森田一記、青木滋其の他の同志と共に編集会議の実質上の指導権を把握し所謂「ファッシズム」の攻勢の熾烈なる客観情勢下に於ては「中央公論」の合法性を確保しつつ可能なる限り左翼執筆者を誌上に動員して共産主義的啓蒙記事を登載し読者大衆の意識の啓蒙昂揚に資すること及「ファッシズム」の本質を暴露したる記事、所謂自由主義者、社会民主主義者の反時局的反国策的記事並所謂右翼的記事をも登載して其の反「ファッショ」性、反国家性乃至革新性を左翼意識啓蒙の基礎たらしむること等の基本的編集方針の下に毎回各自執筆者、「テーマ」を提案し且其の提案理由を説明し或は同志の左翼的編集企画を支持し特に編集長就任後は編集会議を指導統制し種々具体的編集方針を協議決定して極力毎号左翼的啓蒙記事の掲載に努むる等の活動を通して編集部員並読者大衆の共産主義意識の啓蒙昂揚に努めたるが其の間特に被告人は昭和十二年六月開催せられたる同年八月号の編集会議に於て戸坂潤をして「マルクス」主義の正当性を示唆せる左翼的啓蒙論文を執筆掲載せしむべきことを提案して協議採択せらるるや右戸坂に執筆方を直接交渉して同年八月号の誌上に「ひと吾を公式主義者と呼ぶ」と題し前記提案と同一趣旨の論文を執筆掲載せしめたる外前後四十数回に亘る編集会議を通し高倉輝等二十数名をして「漢字は日本に丈残るか」等三十数篇の左翼的啓蒙記事を執筆掲載せしめて編集部員並読者大衆の共産主義意識の啓蒙昂揚に努め

（二）昭和十四年八月中旬頃右小森田一記と相謀り左翼的出版物の刊行を通して大衆の共産主義意識の啓蒙昂揚に資する意図の下に中央公論社の出版活動の強化を標榜して「出版審議会」の結成を社長島中（編集者注・正しくは嶋中）雄作に提議して之を結成せしめたる上右小森田其の他と共に其の委員に就任し爾来昭和十五年三月頃迄の間、同審議会の下部機構として「中央公論」編集部員青木滋、片上晨太郎等の共産主義者が中心となりて同様意図の下に結成したる「出版準備委員会」と連絡策応して左翼的出版物の刊行に努めたるが殊に孰れも同準備委員会の協議採択に係る唯物史観に立脚して日本外交を論述せる信夫清三郎著「近代日本外交史」、同様唯物史観に立脚して日本国家の近代的発展過程と日本憲法の制定経過とを論述せる鈴木安蔵著「日本憲法史概説」、支那の政治、経済、社会等を共産主義者尾崎秀實、細川嘉六等が共産主義的観点より解説せる「支那問題辞典」並所謂土地革命を基調とせる桜井武雄著「日本農業の再編制」等の出版企画を積極的に支持して之が出版を協議決定し孰れも同社出版部を経て昭和十五年六月頃以降昭和十七年五月頃迄の間に逐次六千部乃至一万部発行して一般大衆の共産主義意識の啓蒙昂揚に努め

（三）昭和十五年八月頃所謂近衛新体制運動が勃興するや社内の刷新を標榜して新体制組織を確立し之を社内の左翼運動の基盤たらしめんことを企図し同年九月上旬頃右小森田一記其の他と共に之が具体策を協議したる上同年十月下旬頃社員総会、実行委員会等の審議を経て「協和会」を結成して其の指導権を獲得し爾来昭和十六年七月頃迄の間右「協和会」の部門たる企画審議会、「ジャーナリズム」研究会、社内講演会等を指導すると共に共産主義者尾崎秀實外数名を招聘し「支那事変を繞る国際情勢」其の他の講演会を開催して社員の共産主義意識の啓蒙並社内の左翼化に努め

（四）昭和十六年九月頃に至り右「協和会」が解消するや同月下旬頃麹町区山王下山王ホテルに於て前示共産主義者片上晨太郎と会合して社内の左翼化方針を協議したる上同年十月初旬頃社長島中《ママ》雄作を動かして社長の最高諮問機関として「理事会」を結成せしめて右片上其の他の同志と共に之が理事に就任し爾来昭和十八年六月頃迄の間毎週一回社内会議室に於て開催されたる定例理事会等にて社内に於ける左翼的人物の重用、「中央公論」の左翼的編集方法の維持強化等に付尽力して中央公論社の運営方針の左翼化に努め

たる等諸般の活動に従事し以て前示両結社の目的遂行の為にする行為を為したるものなり

被告人の右所為は治安維持法第一条後段第十条刑法第五十四条第一項前段第十条に該当する犯罪として之を公判に付するに足る嫌疑あるを以て刑事訴訟法第三百十二条に則り主文の如く決定す

昭和二十年六月九日

横浜地方裁判所

予審判事　関　重　夫

小森田　一記

判決

本籍並に住所

熊本県玉名郡花簇村大字萩原百四番地の一

元中央公論社編集総務部長

小森田　一記

当四十二年

右者に対する治安維持法違反事件に付当裁判所　検事山根隆二関与審理を遂げ判決すること左の如し

主　文

被告人を懲役二年に処す

但し本裁判確定の日より三年間右刑の執行を猶予す

理　由

一、犯罪事実

被告人は布哇「オアフ」島にて移民労働者の家庭に本籍地に於て国民学校卒業後徒弟奉公を為し居たるも大正十年八月上京し爾来夜警、新聞配達夫等を為しつつ苦学して早稲田第一高等学院を経て昭和五年三月早稲田大学政治経済学部を卒業したる後直に東京都麹町区「丸ノ内ビルディング」内株式会社中央公論社に入社し広告部員、雑誌「婦人公論」編集部員を経て昭和十年一月雑誌「中央公論」編集部員と為り昭和十三年五月編集長に昇進し昭和十五年十二月中央公論社編集総務部長に就任し昭和十六年六月以降第一出版部長をも兼任したるも同年九月下旬中央公論社を退社して社団法人同盟通信社に入社し出版部長兼調査部次長と為り次で昭和十七年十二月社団法人日本出版文化協会嘱託と為りたるものなるところ右徒弟奉公以来の自己の生活体験と早稲田大学在学中学内政治経済研究会に加入し河上肇著「資本論入門」其の他の左翼文献を繙読したる結果昭和四年頃共産主義を信奉するに至り「コミンテルン」が世界「プロレタリアート」の独裁による世界共産主義社会の実現を標榜し世界革命の一環として我国に於ては革命手段に依り国体を変革し私有財産制度を否認し「プロレタリアート」の独裁を経て共産主義社会の実現を目的とする結社にして日本共産党は昭和十八年六月九日迄は其の日本支部として右目的たる事項を実行せんとする結社同月十日以降は単独結社として前記同一目的事項を実行せんとする結社なることを知悉し乍ら孰れも之を支持し内外の客観情勢に鑑み所謂文化運動の分野に於て知識層を中心とする一般大衆の共産主義意識の啓蒙昂揚を図ると共に左翼組織を確立する等の運動を通して右両結社の目的達成に寄与する意図の下に

第一、昭和十二年四月「中央公論」の編集長に就任以降昭和十六年九月頃迄の間鋭意中央公論社員の共産主義意識の啓蒙昂揚並社内の左翼化を図ると共に「中央公論」の左翼的編集及左翼的出版物の刊行等を通して一般大衆の同意識の啓蒙昂揚に努めたるが就中

（一）昭和十三年四月頃より昭和十六年九月頃迄の間毎月一、二回中央公論社会議室にて開催されたる「中央公論」の編集会議に編集長又は編集総務部長として出席し同会議を指導統制して所謂「ファッシズム」の攻勢の熾烈なる客観情勢下に於ける「中央公論」の基本的編集方針は飽く迄も合法性を確保しつつ可能なる限り左翼的執筆者を誌上に動員して共産主義的啓蒙記事を登載し読者大衆の意識の啓蒙昂揚に資すると共に「ファッシズム」の本質を暴露したる記事、所謂自由主義社会民主主義者の反時局的反国策的記事及所謂右翼的記事を適宜登載して其の反「ファッショ」性、反国家性乃至革新性を左翼意識啓蒙の基礎たらしむるに在りと做し該基本的編集方針の下に編集部員たる同志畑中繁雄、青木滋、浅石晴世、片上晨太郎と共に毎回各自執筆者、「テーマ」を提案し且其の提案理由を説明し或は同志の左翼的編集企画を積極的に支持して種々具体的編集方針を協議決定し極力毎号左翼的啓蒙記事の掲載に努むる等の活動を通して編集部員並読者大衆の共産主義意識の啓蒙昂揚に努めたるが

其の間特に被告人は昭和十三年四月開催されたる同年六月号の編集会議に於て尾崎秀実をして支那事変の処理は我国内の社会主義的変革を措いて他に方途なかるべき趣旨を示唆せる啓蒙論文を執筆掲載せしむべきことを提案して協議採択せしめたる上右尾崎に執筆方を交渉して同年六月号の誌上に「長期戦下の諸問題」と題して前記提案理由と同一内容の論文を執筆掲載せしめたる外前後四十回以上に亘る編集会議に於て細川嘉六等三十数名をして合計四十数篇の左翼的啓蒙記事を執筆掲載せしめて編集部員並読者大衆の共産主義意識の啓蒙昂揚に努め

（二）昭和十四年九月上旬頃右畑中繁雄と相謀り左翼的出版物の刊行を通して大衆の共産主義意識の啓蒙昂揚に資する意図の下に中央公論社の出版活動の強化を標榜して「出版審議会」の結成を社長島中《ママ》雄作に提議して之を結成せしめたる上右畑中等と共に其の委員に就任し爾来昭和十五年三月頃迄の間同審議会の下部機構として前記青木滋、片上晨太郎等の共産主義者が中心となりて同様意図の下に結成したる「出版準備委員会」と連絡策応して左翼的出版物の刊行に努めたるが殊に同準備委員会の協議採択に係る唯物史観に立脚して日本外交を論述せる信夫清三郎著「近代日本外史」、同様観点に立脚して日本国家の発展過程と憲法制定の過程とを論述せる鈴木安蔵著「日本憲法史概説」、支那の政治、経済、社会等を前記尾崎秀実、細川嘉六等が共産主義的観点より解説せる「支那問題辞典」並所謂土地革命を基調とせる桜井武雄著「日本農業の再編成」等の出版企画を積極的に支持して之が出版を協議決定し孰れも同社出版部を経て昭和十五年六月頃以降昭和十七年五月頃迄の間に逐次六千部乃至一万一千部発行して一般大衆の共産主義意識の啓蒙昂揚に努め

（三）昭和十六年一月下旬頃開催されたる中央公論社の出版部会議に編集総務部長として出席し所謂東亜共栄圏の政治、経済等の諸問題を「マルクス」主義の立場より解明して一般大衆の意識の啓蒙に資する意図の下に東亜問題に対する総合的認識と科学的研究とを標榜して「東亜政治と東亜経済」なる季刊雑誌を発行すべきことを提案して協議採択せしめたる上自ら之が編集者となり細川嘉六をして「東亜共栄圏の民族問題」、伊藤律をして「南方農業社会経済論」、鈴木小兵衛をして「満州農民問題」なる各題下に孰れも「マルクス」主義の観点より執筆せしめたる啓蒙論文其の他の啓蒙記事を掲載したる右季刊雑誌「東亜政治と東亜経済」八千部を同年七月同社出版部より発行して読者大衆の意識の啓蒙昂揚に努め

（四）昭和十四年四月下旬頃出版部次長堺誠一郎、出版部員沢赳其の他の同志と連絡協議して出版活動の左翼化を策したる結果島中《ママ》社長を動かして同年六月頃出版部を政治、経済、思想に関する出版を担当する第一出版部

と文芸に関する出版を担当する第二出版部とに分割改組せしめたる上右第一出版部長を兼任して同出版部の指導権を獲得し爾来同年九月頃迄の間屡々開催されたる第一出版部会に於て部員沢赳、木村亨等の提案に係る左翼的出版企画を積極的に支持し協議採択せしめて之が刊行に努めたるが殊に東亜研究所員平瀬巳之吉の「マルクス」主義の立場より清代経済社会を分析解明せる「近代支那経済史」を昭和十七年九月四千部、西沢富夫翻訳に係る経済の一分野たる貿易を中心として社会の発展を唯物史観に立脚して解説せる「ミシュスチン」監修ソ連外国貿易人民委員部景気研究所編の「世界貿易論」を昭和十八年五月四千部各刊行せしめて読者大衆の意識の啓蒙昂揚に努め

（五）昭和十五年八月頃所謂近衛新体制運動が勃興するや中央公論社内の刷新を標榜して社内に組織を確立し之を社内左翼運動の基盤たらしめんと企画し同年九月頃前記畑中繁雄、青木滋等と共に之が具体案を協議したる結果同年十月頃社員総会、実行委員会等の審議を経て「協和会」を結成したる上其の指導権を獲得し爾来昭和十六年七月頃迄の間右協和会の部門たる企画審議会「ジャーナリズム」研究会、社内講演会等を指導すると共に尾崎秀実外数名を招聘し「支那事変を繞る国際情勢」其の他の講演会を開催して社員の左翼意識の啓蒙並社内の左翼化に努め

第二、昭和十五年七月以降前記青木滋等と中央公論社内又は麹町区有楽町日劇ビル内喫茶店「耕一路」等にて会合し所謂近衛新体制に呼応し編集者の親睦、編集者意識の昂揚を標榜して在東京雑誌編集者を大同団結せしめたる「日本編集者会」を結成し之を編集者の共産主義意識の啓蒙昂揚並編集部門に於ける統一的左翼活動の中心組織たらしむべきことを協議決定すると共に右青木滋等と共に日本編集者会創立準備委員会を結成して同編集者会の組織、機構、運営方針等を極力左翼的方向に導くことに努めたる上遂に同年九月中旬頃麹町区内幸町東洋拓殖ビル内飲食店「ツクバ」に結成大会を開催して所期の日本編集者会の結成を遂げ席上自ら事務局長に就任し爾来同年十一月頃迄の間前後十数回に亘り麹町区永田町二丁目一番地文芸会館に事務局会議を開催して右青木滋等と共に同編集者会の左翼化方針を協議決定して之が実践に努め

第三、昭和十六年三月頃左翼的出版物の刊行を通して大衆の共産主義的啓蒙を図る目的にて社団法人「日本出版社」を設立せんことを企図し其の頃日本評論社員美作太郎、彦坂竹男、岩波書店編集部員藤川覚並前記青木滋等と共に屡々丸ビル一階喫茶店「明治屋」其の他に於て連絡し社団法人同盟通信社の出版部を母体として右日本出版社を設立すべきことを協議決定したる上同年十月頃右彦坂竹男、藤川覚等と共に右同盟通信社に入社して同

社出版部長兼調査部次長に就任し爾来昭和十八年十二月頃迄の間同出版部の指導権を獲得すると共に翼賛壮年団其の他の団体に働き掛けて極力右日本出版社の設立に努めたる等諸般の活動に従事し以て右両結社の目的遂行の為にする行為を為したるものなり

二、証拠

被告人の当公廷に於ける供述

三、法令の適用

治安維持法第一条後段第十条刑法第五十四条第一項前段第十条第六十六条第六十八条第三号第七十一条第二十五条仍て主文の如く判決す

昭和二十年九月四日

横浜地方裁判所第二刑事部

裁判長判事　八並　達雄

判事　若尾　元

判事　影山　勇

益田　直彦

判　決

本籍　東京都小石川区雑司ヶ谷百八番地

住居　同都杉並区西高井戸町一丁目百十七番地

元財団法人世界経済調査会主事

益田　直彦

当三十八年

右者に対する治安維持法違反被告事件に付当裁判所検事山根隆二関与審理を遂げ判決すること左の如し

主　文

被告人を懲役二年に処す

但し此の判決確定の日より三年間右刑の執行を猶予す

理　由

一、犯罪事実

被告人は中学教師の厳格なる家庭に生育し福岡県立中学修猷館を経て昭和五年三月鹿児島高等農業学校を卒業したる後九州帝国大学農学部雇員、日満財政経済研究会ソ連研究員を経て昭和十二年六月頃企画院に就職し嘱託として調査部に勤務し昭和十六年七月頃東京麹町区大手町所在財団法人世界経済調査会に転じ主事としてソ連班に勤務し昭和十八年五月十一日検挙せられたるものなるところ昭和七年頃より「レーニン」著「帝国主義論」河上肇著「マルクス主義経済学」等の左翼文献を渉猟したる結果昭和十二年五月頃には共産主義を信奉するに至り「コミンテルン」が「世界プロレタリアート」の独裁による世界共産主義社会の実現を標榜し世界革命の一環として我国に於ては革命手段により国体を変革し私有財産制度を否認し「プロレタリアート」の独裁を通して共産主義革命の実現を目的とする結社にして日本共産党は其日本支部として各目的たる事項を実行せんとする結社なることを知悉し乍ら孰れも之を支持し我国内外の情勢に鑑み自己の職場の内外を通して一般の共産主義意識の啓蒙昂揚を図ると共に左翼組織の拡大強化を図る前記両結社の目的達成に資せんと企図し

第一　昭和十二年六月頃企画院調査部に勤務しソ連調査研究の事務に従事するに至るや同年末頃より昭和十六年七月退職する迄の間ソ連国力の調査業務に藉口し調査成果の発表に依り調査員及一般大衆殊に智識層に対する共産主義意識の啓蒙昂揚を図る等の活動に従事したるが就中

（一）昭和十四年五月中旬頃企画院調査室に於てソ連に於ける農産物の生産は殆んど社会化経済乃至は之に類するものの手により行われ農業配置の合理化は暫時具体化せられ居る事情を叙述し右ソ連農業の合理的配置の結果ソ連の社会主義計画経済運営に基礎を置くものなることを暗示したる「ソ連邦農業の配置について」なる報告書を作成し其の頃企画院会議室に於て企画院その他調査機関の調査担当者約五十数名を参集せしめて開催せられたソ連報告会の席上右報告書に基き口頭報告を為し

（二）次で同年六月頃企画院発行「ソ連経済国力判断資料」第二輯（昭和十九年地押第三十号の六十）中に前記「ソ連邦農業の配置について」の報告を編集掲載せしめ之を企画院其の他の調査機関等関係方面に頒布せしめたる等右調査成果の発表を通して共産主義意識の啓蒙に努め

第二　昭和十六年七月前記財団法人世界経済調査会に勤務するや同年九月頃独ソ戦に於けるソ連の抗戦力に関しソ連の教育の普及による戦意の昂揚、民族政策の成功、赤軍の充実、経済力の発展等を讃美してソ連の抗戦力の増大を力説し社会主義国家の優位性を示唆したる論文を執筆し其の頃之を朝日新聞社より「独ソ戦の長期化とソ連の抗戦力」なる「パンフレット」（前同号の三十五）として発行せしめ一般大衆に対する共産主義意識の啓蒙に努め

第三　昭和十七年三月初旬東京都麹町区大手町八十三番地財団法人世界経済調査会内にソ連の実相に付討議研究の為「ソ連委員会」が結成せらるるやソ連の国防国家

建設過程を歴史的に究明する方法に依るソ連調査を為すべきことを企図し満鉄調査員にして共産主義者なる平館利雄及西沢富夫其の他の者等と共に同調査会会議室に於て同年三月四日より同年八月十三日迄の間前後十回に亘り同委員会を開催し各方面よりソ連の国力を過大に評価し委員の研究発表を共産主義的観点より反駁し又はソ連発展の基礎が共産主義社会に在ること等を強調し右調査要綱の作成調査分担の決定等を行い以て調査計画の実現に努め

第四　昭和十七年九月十四日治安維持法違反の嫌疑により東京都世田谷区世田谷五丁目二千八百三十二番地共産主義者細川嘉六が検挙せらるるや同年十一月中旬頃東京都麹町区有楽町駅附近道路に於て右西沢富夫と面接し細川嘉六の家族救援の為同志より資金を募集することに付協議を為し

第五　昭和十八年四月頃被告人は世界経済調査会より外務省伝書使として近くソ連邦「クイブシェフ」駐在の日本大使館に派遣せらる旨内定するや同年五月上旬頃東京都麹町区有楽町日劇ビル内喫茶店「耕一路」等に於て右西沢、平館等と相会合し被告人入ソ後の活動方針殊に今次世界大戦に於ける各種情報及資料の蒐集等に付協議を重ねたる等諸般の活動を為し以て「コミンテルン」並に日本共産党の目的遂行の為にする行為を為したるものなり

一、証拠
被告人の当公廷に於ける供述
一、法律の適用
治安維持法第一条第十条刑法第五十四条第一項前段第十条第六十六条第六十八条付三号第七十一条第二十五条
仍て主文の如く判決す

昭和二十年九月四日
横浜地方裁判所第二刑事部
裁判長判事　八並　達雄
判事　若尾　元
判事　影山　勇

手島　正毅

判　決

本籍　豊中市桜塚本通四丁目一番地
住居　大連市水明町三十番地　満鉄会館内
元満鉄社員
手島　正毅
当三十三年

右者に対する治安維持法違反被告事件に付当裁判所は検事上月一男関与審理を遂げ判決すること左の如し

主　文

被告人を懲役二年に処す
但し本裁判確定の日より三年間の執行を猶予す

理　由

一、犯罪事実

被告人は中流の会社員の家庭に生育し松江高等学校を経て昭和十年三月京都帝国大学経済学部を卒業後南満州鉄道株式会社（略称「満鉄」）に就職し「満鉄」大連本社等に勤務の後昭和十四年二月「満鉄」上海事務所に転勤となり更に「満鉄」南京支所を経て昭和十九年三月同大連社《ママ》詰を命ぜられたるが其の間主として満支に於ける交通関係の調査事務に従事し現在に及びたるものなるところ右松江高等学校在学中左翼分子たる高田富之の啓蒙を受けたると「ブハーリン」著「唯物史観」其の他の左翼文献を繙読したる結果遂に昭和八年十月頃共産主義を信奉するに至り所謂学内運動に従事したる為昭和九年三月頃検挙せられ起訴猶予処分に付せられたるに拘らず依然として共産主義に対する信念を変えず「コミンテルン」が世界「プロレタリアート」の独裁に依る世界共産主義社会の実現を標榜し世界革命の一環として我国に於ては革命的手段により国体を変革し私有財産制度を否認し「プロレタリアート」の独裁を経て共産主義社会の実現を目的とする結社にして日本共産党は昭和十八年六月九日迄は其日本支部として右目的たる事項を実行せんとする結社同月十日以降は単独結社として前記同一目的事実を実行せんとする結社なることを知悉し乍ら孰れも之を支持し自己の職場を利用し社員並一般の共産主義意識の啓蒙昂揚を図ると共に左翼組織の確立に資する等の運動を通して右両結社の目的達成に寄与せんことを企図し

第一、昭和十四年二月前記の如く「満鉄」上海事務所に勤務し同調査室第一係に所属し支那に於ける交通関係の調査を担当し居たるが同年六月下旬頃蒋政権の抗戦力の判断に資する為抗戦支那を中心とする政治経済情勢総合調査に従事すべく「満鉄」調査部員を委員とする支那抗戦力調査委員会設置せられ共産主義者中西功、具島兼三郎、津金常知、西尾忠四郎等と共に右委員に就任し各調査項目を決定したるが被告人に於て蒋政権下の鉄道建設を中心とする交通事業なる主題下に調査を遂行すること、なるや同人等と協力して右委員会の指導権を把握し各自共産主義的観点より之が調査に従事し其の結果を昭和十四年九月中旬頃上海市共同租界黄浦灘正金ビル内「満鉄」上海事務所会議室に於て開催の右委員会の報告会に於て発表し出席者の共産主義的意識の啓蒙昂揚に務めたるが特に被告人は蒋政権の抗戦力は所謂国共合作に基く国内政治の成功の結果にして其過程に於ける同政権下の鉄道建設は封建的乃至植民地的諸条件を脱却しつつ漸次支那民族革命の目標に近づきつ、ある旨を強調し所謂国共合作の進歩的意義の指摘を通して出席者の共産主義意識の啓蒙に努め

第二、昭和十六年四月中旬頃我国戦時経済の確立に資する為中支の果しつつある役割を解明すべく「満鉄」上海事務所調査部員を委員とする戦時経済調査委員会設置せられ前記中西功等と共に右委員に就任し無錫に於ける実態調査に従事すること、なりたるが偶々其の具体的方針に関し右中西等と意見を異にしたる為被告人単独に蘇州に於ける民船業の実態調査を遂行すること、なるや右民船業の階級的構成並其の発展段階を共産主義的観点より解明し之が成果発表を通して一般の左翼意識を昂揚せんことを企図し其の頃より同年十二月頃迄の間之が調査に従事し其の調査報告書として昭和十八年六月頃博文館より「満鉄」調査部編「中支の民船業」と題し約三千部を発行し右書中に於て中支に於ける民船業の所謂前資本主義的要素を指摘すると共に在支日本資本は専ら右形態の維持に努め所謂帝国主義的支配を強化しつつある旨示唆して一般の共産主義意識の昂揚に資し

第三、昭和十六年五月頃より昭和十八年十二月頃迄の間右上海事務所を中心とする同僚等と会合して共産主義的観点より支那政治経済の特質、実態調査の目標等を批判検討し又は左翼文献の貸与等を通して相互に共産主義意識の啓蒙昂揚に努めたるが就中

（一）昭和十七年三月十七日頃上海黄陸路亜細亜里八号の自宅に於て高木幸二郎と共産主義的観点より支那鉄道借款問題に付き論議し特に其の真実を把握する為には専ら支那に於ける列強の独占資本が具体的に如何なる形態を以て利潤を追及しつ、あるやを解明することにより可能なる旨強調し

（二）昭和十八年九月上旬頃上海スコット路七九号の自宅に於て前記安藤次郎と共産主義的観点より支那植民地経済分析の指標に付論議し時に支那に於ける労働生産力の低位なることと列強による独占利潤の獲得に基き増々土着産業資本の発達を遅滞せしめ植民地的経済の特質を形成するに至るものなる旨強調し

（三）同年十二月下旬頃右自宅に於て右安藤次郎と共

産主義的観点より支那労働市場の特殊性に付論議し特に支那に於て都市労働力の移動性顕著なる事象は専ら植民地的低賃銀と苛酷なる労働条件並幇組織の崩壊に基くものなる旨強調し

以て相互に共産主義意識の啓蒙昂揚に努めたる等諸般の活動に従事し以て右両結社の目的遂行の為にする行為を為したるものなり

二、証拠　被告人の当公廷に於ける供述

三、法令の適用

治安維持法第一条、第十条刑法第五十四条第一項前段第十条第六十六条第六十八条第三号第七十一条第二十五条仍て主文の如く判決す

昭和二十年九月一日

横浜地方裁判所第二刑事部

裁判長　判事　八並達雄　印

判事　若尾　元　印

判事　影山　勇　印

Ⅸ

「泊会議」の虚構とその消滅

【解題】 雑誌『改造』の編集者だった相川博の「手記」は前後二種ある。前のは第Ⅱ章に掲載した。『改造』の社長も含めた編集会議の様子と、細川論文が〝摘発〟された後の編集部の動揺を述べたその手記が書かれたのは昭和18年の9月、後の手記はそれから8カ月をへた19年5月の日付になっている。主題は「泊会議」である。

前の手記では、17年6月25日頃、午前9～10時に社長室で8月号の編集会議、続いて10時から12時まで編集部員だけの会議をやったことになっている。そこでは山本社長と相川の間で細川論文は「8月号に間に合うのか」「必ず間に合わせます」というやりとりもあった。

ところが、今回の手記では、同じ17年6月25日の午前10時頃、相川は細川を自宅に訪ねている。しかもそのときはすでに細川論文は完成したとある。「頃」とはなっているものの、手記の内容の虚構性を端的に示している一例である。

今回の手記のテーマは、「満鉄グループ」と、改造社、中央公論社を主体とする「細川グループ」が徐々に接近し、両者が完全に合流合体、政治指導の前衛「共産党再建準備会」を結成する場として「泊会議」が設定されていることである。

細川嘉六は「首領」にすえられてはいるが、実際に両グループの合流・準備会結成へと動いたのは相川、平館らのメンバーたちだったように書かれている。「泊会議」を開くことも両グループ間で決められており、その上で前記の6月25日、相川が細川を訪ねて集合の日時、場所を確定、翌26日以降、相川が平館はじめメンバーたちにそれを伝えたとなっている。泊での会議の議題も「客観情勢ノ分析検討、革命ノ展望、党ノ戦略戦術、党ノ組織問題、当面ノ任務トシテノ民族問題研究所ノ設立」といかにもそれらしく書かれており、その合法活動の擬装組織としての民族問題研究所については、それぞれ役職と担当者名まで挙げられている。

「大いに飲み食い、底抜けするほど騒」いだ（細川嘉六予審訊問調書、本書二二八頁）宴会を「将来日本共産党ニ拡大発展スベキ」「政治指導体ノ中核」の結成会議に仕立てた「泊会議」は、まさしく特高が相川に対し「言語に絶する虐待と暴力」（相川口述書）を加えて作り上げた苦心の「創作」だった。

この相川の手記と、同じ内容の平館利雄、木村亨の手記を石川予審判事から見せられた細川は、あまりの突飛さと、それでいて詳細かつ具体的な記述にあいた口がふさがらず、判事に対して三人の精神鑑定を求めている（予審訊問調書、本書二三四頁）。

「私はこの際出来るだけ裁判所のお手数を煩わしたくないのですが、如何にしても只一つお願いせねばならぬ事があります。それは夫々手記を執筆した平館、相川、木村に付精神鑑定及び斯かる手記の出来た事情の御取調べを為して頂き度いのであります。その理由は右三人の手記の内容、及び平館、相川等が予審廷に於いて陳述した事が全く事実無根のものであり、かつ斯の如き陳述が平常の心理に於いて為され得べきものとは考えられないものであり、斯の如き陳述が事実為されたとする限りは、それは平常の心理を異常状態に転化したる肉体及び精神に於ける異常なる苦悩を経験せずして為されたものとは考えられないものであると言う事にあります」

こう要求した背景には、世田谷警察署での訊問の際に自分も「猛然」たる暴行を加えられ、これが続けば「健康を持続し難く、生命を落とす危険に陥ると思」った細川自身の経験があったからだが、それにしても相川ほか二人の手記は細川には「狂気の所産」としか思えなかったのである。

「泊会議」の手記とあわせて残されている同じ相川の手記「現在の心境」は、特高の全面的「勝利」を告げる文書である。

あわせて「口述書」を読めば、この「勝利」文書の裏面にはべっとりと血糊が付着していることがわかる。

特高と治安維持法の暴圧の下、大量の「転向」手記が書かれたが、その中でもこの相川の手記は最も痛ましい部類に入るのではないだろうか。

なお、以下に掲載する相川、平館、木村の手記等はすべて国立国会図書館の憲政資料室所蔵「海野普吉文書」に収められている。原文はカタカナであるが、平館、木村についてはひらがなにしている。

＊

相川　博「手記」

手　記

相　川　　博

昭和十九年五月六日

横浜地方裁判所検事局

検事　山根　隆二殿

一、泊会議開催ノ目的
二、開催ノ経緯
三、協議ノ内容
　イ、紋左会議
　ロ、三笑会議

一、泊会議開催ノ目的

平館利雄
西沢富夫
西尾忠四郎

ノ「満鉄グループ」ト

加藤政治
木村　亨
浅石晴世
小野康人
新井義雄（編集者注――正しくは義夫）
相川（私）

ノ「細川グループ」トノ同志的関係ハ極メテ自然ニ結束ヲ固メ、大東亜戦争勃発前後カラ、昭和十七年五月二十日頃ノ目黒茶寮ノ会、同年六月十日頃ノ同志新井義雄ノ送別会等ヲ通ジテ益々緊密強固トナッタノデアリマスガ、コ、ニ申シ上ゲマシタ細川グループハ昭和十四年三月頃カラ

細川嘉六

ヲ中心ト致シマシテ同十六年三月頃マデニ亘リマシテ結バレマシタ上述ノ細川嘉六、浅石晴世、加藤政治、木村亨、小野康人、新井義雄、相川（私）ノ同志的関係デアリマシテ、細川グループノ各同志ハ

細川嘉六宅
犬養健支那研究室

其他各同志宅或ヒハ、銀座等ノ喫茶店等デ客観情勢ノ分析検討、革命ノ展望等ヲ協議、同志的結束ヲ図ルト共ニソノ共産主義宣伝ノタメノ活動方針ニツキマシテモ協議シテ参ツタノデアリマス、

満鉄グループト細川グループノ二ツノグループハ当時ノ客観情勢ノ有利ナ展開、切迫セル革命機運ニ即応シテ従前ノ対等ナ関係ヲ脱シ一団トナツテ

細川嘉六

ヲ首領トシテ組織的ナ統制力アル運動力ニ飛躍発展スルコトヲ目差シ、昭和十七年五月頃カラ、一方ニオキマシテハ

民族問題研究所

ノ設立ニヨル合法偽装活動ヲ企図シ、マタ他方ニオキマシテハ昭和十七年七月五日、富山県下新川郡泊町ニオキマシテ

党再建準備会

ヲ開催シタノデアリマス

私達ノ企図シマシタ党再建ハ、私達同志ガ新シク日本共産党ヲ創立スルト云フノデハナク、存在スルカ否カサヘモ不明ナ程、弱体且ツ微力ナ党ノ再建強化ノ為メノ有力ナ要因トシテ、マタ其ノ一翼、一構成主要部分トシテ即チ日本共産党ノ組織ノ有力ナ一環トシテ寄与貢献スルコトヲ目的トシ、本質トシタモノデアリマス

私達ト同様ノ企図ヲ抱懐セル共産主義者ノ前衛グループハ他ニモ存在スルト予想サレマシ、マタソノ存在ガ

私達ニ分明シタ場合ハ私達ハコレト合流合体シ、マタコミンテルン支部トシテノ日本共産党ノ組織ガ存在スルコトガ分明シタナラバ、私達ハ当然コレニ加盟シ、マタコレト組織ヲ合一スベキコトハ勿論デアリマス、

私達ノ企図イタシマシタ「党再建」ハ「コミンテルン」支部トシテ日本ニ唯一ツ存在スルコトヲ許サレル非合法党デアル、日本共産党組織ノ有力ナ一翼、中心的ナ一環ヲ結成スル為メノ準備活動デアリマシテ、ソノ為メニ必要ナル

一、客観情勢ノ分析検討

二、革命ノ展望

三、党ノ戦略戦術

四、党ノ組織問題

五、当面ノ任務トシテノ民族問題研究所ノ設立

等ニ関シマシテ同志的協議決定ヲ為スコトガ泊会議開催ノ目的デアリマス、

民族問題研究所ハ私達ノ非合法ナ存在ト活動トヲ合法偽装スル機関トシテ、既ニ昭和十七年五月頃カラ、

細川嘉六

加藤政治

木村亨

ニヨツテ設立ガ企図サレテキルコトヲ私モ知ルニ及ビマシテ、之ニ賛成支持、マタ協力シタノデアリマスガ、研究所ノ計画ガ泊会議デ重要ナ部分ヲ占メマスコトハ、合法的偽装ト合法部面ノ利用トヲ不可欠ノ条件トスル私達ノ人民戦線戦術カラ割出サレル当然ノ結果デアリマス

微力弱体ナ

日本共産党再建

ノ為メニ有力ナ一翼、中心的ナ一環トシテ寄与貢献スルタメノ方法手段ヲ協議検討シ、活動方針ヲ決定シテソノ強力ナ準備活動ニ着手スルコトガ泊会議ノ主要ナ目的デアリマシテ

満鉄グループ

ト

細川グループ

トノ極メテ自然ニ行ハレタ合流合体ヲコノ泊会議ヲ契機トシテ一段ト組織的ナ有機的ナ運動力ニ飛躍発展サセルコトニヨツテ、コノ目的ヲ達成セント企図シタノデアリマス

之ヲ要スルニ私達ハ当初ヨリコミンテルン及ビ弱体化セル日本共産党ノ目的達成ニ寄与スベク活動シタノデアリマス

二、泊会議開催ノ経緯

細川嘉六ノ論文

「世界史ノ動向ト日本」

ガ愈〻完成シ、泊会議ガ迫リマシタノデ私ハ昭和十七

年六月二十五日ノ午前十時頃、細川嘉六宅ヲ訪ネ、書斎デ泊会議ノ目的等ニ関シマシテ、私ハ細川嘉六ニ向ヒ
「コノ様ナ客観情勢ノ急速ナ成熟ニ対応シテ私達モ決シテ拱手傍観スルベキデハナク、満鉄グループトノ同志的結束ヲ機会トシテ何等カノ新シイ出発ガ必要デアル、
コレハ即刻日本共産党再建ノ準備ニ取リカヽルコト以外ニハナイ、日本ノ党ハドコカニ存在スルカモ知レナイガ、我々ニハ分ラナイ微カナ状態ニアルカラ、我々ハ切迫セル、日本ノ革命ニ対スル一層正確ナ展望ヲモツト共ニ革命情勢ヲ指導収攬スベキ政治指導ノ中心母体トナル可キ前衛組織ノ確立、再建ノ方途ヲ協議スル必要ガアル、皆コレヲ非常ニ期待シテヰル」
ト述ベマスト、
細川嘉六ハ、
「自分モ同感デアル、切迫感ノ伴ツテキタ革命時ニ役立チ得ル準備ガ必要デアル、泊デハ自分等ハ将来コノ情勢ニ如何ニ対応シテ活動スベキカヲ協議シタイト思フ、互ニ情勢ノ検討、革命ノ展望等ノ忌憚ナキ意見ノ交換ヲ行ヒ、コレマデノ活動ヲ反省シ、勇気百倍、再出発ス可キデアル、我々ハソノ為メ絶好ノ時期ニ際会シテヰルト見ル可キデアル、私自身トシテモ将来ノコトヲ真剣ニ考ヘテヰルカラ皆ノ者ト相談シタイ」
ト述べ、
参加ス可キ人員、集合ノ日時、場所等ヲ決定シ、私ガ他ノ同志一同ニ通達スルコトニ決定イタシマシタ
ソノ翌日ノ六月二十六日午后三時頃私ハ満鉄ニ
平館利雄
ヲ訪ネ
「泊町ノ紋左旅館へ七月五日ノ日曜日朝集合スルコトニ決ツタ、旅費ダケ自弁デ、先生ガ「植民史」ノ印税デ招待スルサウデアル、
先生ハ奥サント一緒ニ先ニ出発スルサウデアルガ、私モ東北デ座談会ヲ開クノデ一両日先ニ出発スル」
旨ヲ伝へ、泊デ七月五日朝会フコトヲ約シテ別レ、更ニ外務省記者倶楽部ニ
加藤政治
ヲ訪ネ、細川嘉六カラ旅費トシテ預ツタ二十円ヲ渡シ
「僕ハ一両日先ニ出発スルガ君ガ満鉄ヤ木村君、小野君ト連絡シテ君等ハ同行シテハドウカ」
ト泊集合ノ日時ヲ示シ、木村亨ニ通知シテ貰フ様依頼シ別レマシタ、
小野康人
ニハ改造社ニ於テ
「泊へ集ル日ガ決ツタ、七月五日ノ朝泊町ノ紋左旅館へ集合ノコト、僕ハ村上敦君ヲ一緒ニ行クヤウ推薦シタトコロ、先生モ結構ダト云ツテヰタ」
ト申シマスト、
小野康人ハ

「僕モ明日早速先生ノ家ヲ訪ネ打合セテ来ル」ト答ヘマシタ
益田直彦
ニハ電話デ七月五日ノ集合日ヲ知ラセ、「満鉄ノ方ト連絡シテ一緒ニ来ルヤウ」伝ヘマシタ
私ハ昭和十七年七月三日夕刻山形県谷地町ノ座談会ヲ終了後、午后六時谷地町駅出発、午后十一時鶴岡駅着、ソノ夜ハ鶴岡ホテル一泊、翌日七月四日午前八時、「時雨荘」ニ
石原莞爾
訪問後、同日午前十時鶴岡駅出発、午后二時新潟市着、午后三時新潟駅発同日午后十二時泊駅着、駅マデ出迎ヘラレタ細川嘉六ノ実弟
細川直二郎
ノ案内ニヨリ紋左旅館ニ入リ就寝イタシマシタ
翌日七月五日、午前六時頃ニ
平館
西沢
西尾
小野
木村
加藤
ガ紋左旅館ニ到着シ、私達一同ハ紋左旅館ノ離座敷八畳六畳ノ二間ニ陣取リ、ゴロ寝ヲ致シマシテ細川嘉六ノ到着ヲ待ツタノデアリマス
午前九時頃ニナツテ細川嘉六ガ到着致シマシタノデ朝食ノ仕度ヲ細川嘉六自ラ命ジ、床柱ヲ背ニシテ、細川嘉六、ソノ左側カラ加藤政治、西沢富夫、木村亨、平館利雄、西尾忠四郎、小野康人、相川（私）ノ順ニ着席致シマシテ、朝食後午前十時頃カラ同十一時半迄ノ約一時間半ニ渉ツテ紋左会議ハ行ハレマシタ

三、協議ノ内容

イ、紋左会議

マヅ細川嘉六ハ皆ニ向ヒマシテ、
「四囲ノ客観状勢ハ吾々ノ活動ニトリ非常ニ有利ニ展開サレツ、アルト思フガ、コノ際コノ千載一遇ノ一大発展飛躍ノ好機ヲ逸スルコトナク、吾々モ過去ヲ反省シ将来更ニ展開サル可キ情勢ニ即応セル愈〻活溌ナ活動ヲ進メル覚悟ガ必要デアルト考ヘルガ、ソノ為メニハ一体吾儕ハ如何スレバヨイカ、今迄ノ通リデ良イモノカ、忌憚ナイ意見ヲ述べ互ニ検討シ合ヒ度イト思フ、現在吾儕ノ眼前ニ展開サレテヰル光景ハ正シク世界ノ檜舞台デアリ、私モ年コソ取ツテヰルガ青年トシテ若返ツテ諸君ト共ニ国ノ為メ公（勤労民衆）ノ為メニ尽瘁シタイ念願デアル、私モ是迄ヤツテ来タ、アジアノ弱小民族問題ヲ一応終

ツタノデ、是レカラ更ニ新シイ問題ニ入ツテ行キ度イト思ツテ居ルカラ、私ノ将来ニツイテモ諸君ノ忌憚ノナイ意見ヲキカセテホシイ、私等ハ一体コノマ、デ良イカ」ト私達一同ニ対シ新ナル決意ト覚悟トヲ督促スルカノ如ク述ベマシタ後直グ隣ニ座シテ居リマシタ私ニ向ヒ「相川君、東北ノ農村座談会ノ様子ハドウダツタカネ、先ヅソレカラ聞カウ」

ト云フコトニナリマシタ

私ハカネテコノ協議ノ席上ガ将来ノ吾儕同志ノ活動ニトリ重要ナ再出発ノ機会デアルト考ヘテ居リマシタノデ、当時私ガ抱懐シテ居リマシタ

「党再建」

ノ緊急要請ニツイテノ見解ヲ東北農村ノ逼迫シタ情勢ヲ一例トシテ掲ゲ尖鋭激越ナ且ツ興奮シタ勢ヲ以テ、東北農村ノ逼迫シタ現状、ブルヂヨア民主々義革命ノ前夜ニ投出サレテキル日本農民大衆ノ生活不安、政府ニ対スル信頼ノ失墜、共同耕作ヤ共同経営ノ自然発生的ナ進行ト耕地整理並ビニ土地所有関係トノ矛盾撞着、労力肥料農具ノ欠乏ト不足、生活必需物資ノ欠乏ト物価ノ昂騰、農産物供出ニツイテノ農民ノ一般的不満等ニツイテ縷々約三十分ニワタツテ力説シ、

「東北農民ノ間ニ於ケル東亜聯盟熱ハ想像以上デ、農民ニ取ツテハ救ノ神様以上ニ信頼ヲ受ケテ居ルガ、コノ実情モ亦日本ノ農村ガ嘗テノ「ロシヤ」ニ於ケル一九一七年革命ノ前夜ニオカレテ居ルコトヲ髣髴タラシメ立証スルモノデアル、我々ハコノ完熟シタ情勢ヲ拱手傍観スベキデハナイ。

吾々ガ強固ナ政治指導体ヲ結成確立シテ方途ニ迷ツテ居ル農民ニ対シ革命的方針ト政策トヲ樹立シテ提示スベキ絶好ノ機会ハ今ヲ措イテ外ニ考ヘラレナイ。

吾々ガ不動ノ政策ヲ持ツテ農民ニ当ルナラバ、農民ハ容易ニ組織サレルデアラウシ、又農民自ラモソノ様ナ強力不動ノ政策ト指導トヲ鶴首シテ待望シテ居ルノデアル、政治指導体ノ欠如ハ農民ヲシテ誠ニ悲惨ナ消極的ナ状態ニ陥レ、東亜聯盟ヲ唯一ノ頼リニシテ何等カノ進路ヲキリ拓カント追ヒ立テ居ルガ、吾々ハ一刻モ猶予スベキデハナイ。

即刻政治指導ノ中心母体ヲ結成シ農民ヲ組織シ、農民ノ進ム可キ方針ト政策トヲ示スベキデアル、

日本ノ農村ハ革命ノ前夜ニアル」

トブルヂヨア民主々義革命ノ前夜ニアル日本農村ノ切迫セル情勢、農村中心ニ切迫セル革命情勢、党再建ノ当面緊急ノ任務ニツイテ力説強調致シマスト

加藤政治

モ嘗テノ北海道方面農村踏査ノ経験談ヲ引用披瀝シテ、私ノ見解ニ同感デアル旨ヲ述ベマシタ。

コレニ対シテ

平館利雄

ハ、
「自分ハ実地踏査シタワケデハナイガ、日本ノ農村ノ情勢ハ今相川君ガ述ベタ程急迫シテ居ルトハ思ハレナイ、ソレ迄ニハ未ダ余裕ガアル。

相川ガ云フ如キ農民ノ暴動ヤ一揆ノ情勢ニ突入スルガ如キ、ブルヂヨア民主々義革命ノ情勢ノ成熟ハ大体昭和十八年ノ末頃カラデアラウト思ハレ、相川ハ農村ノ情勢ヲ過重ニ評価シテヰル、吾々ハ即刻指導中核体ノ結成ニ着手スルニハマダ人員力量ニ於テモ相当ノ準備ヲ要スルシ、マタ準備ヲ完成シテカラデモ遅クハナイ」

ト私ガ興奮シテ極力強調イタシマシタブルヂヨア民主々義革命ガ日本ノ農村ヲ中心トシテ明日ニ差迫ツテ居ルト述ベマシタ革命ノ展望ガ過重評価デアルコト、並ニ政治中心指導母体ノ即時結成論ガ行過ギデアルコトヲ説キ、吾々ハ昭和十八年末頃カラ日本ガブルヂヨア民主々義革命ノ段階ニ突入スルト云フ見透シニ立脚シテ党再建ノ準備ニ着手スベキダト云フ慎重論ヲ提起シタノデアリマス。

マタ

小野康人

木村亨

モ

「相川ノ説ハ左翼小児病ダ。日本ノ農村ニハマダ余裕ガアル。

東亜聯盟ニ対スル農民ノ支持ヤ信頼モ石原莞爾個人ニ対スル不純ノ動機ガ含マレテヰルコトヲ相川ハ見損ツテ居リ、東亜聯盟ニ対スル農民ノ支持ヲ農村ニ迫ツタブルヂョア民主々義革命ノバロメーターデアルカノ如ク考ヘルノハ間違ヒダ」

ト非難シ、

マタ最後ニ

細川嘉六

モ私ノ意見ヲタシナメタカノ如ク、

「相川ハ農民ノ考ヤ生活情勢ヲシツカリ摑ンデヰナイ。観察ガ局部的デ偏シテヰル様ニ思フ、僕モ革命情勢ハ相川ガ言フ程差迫ツテヰルトハ考ヘナイ。

シカシ諸般ノ情勢ハコレカラ愈〻急速ニ深刻尖鋭化スルコトハ否定デキナイ。将来到来スベキ革命情勢ニ直面シテ皆何時如何ナル事態ノ突発ニモ狼狽立遅クレルコトノナイヤウニ十分慎重ニ情勢ヲ観察検討シ、マタ事態ノ収拾指導ノ準備ヲ整ヘテ置クコトノ必要ナルコトニ就テハ皆異議ハナイト思フ。

吾々ガ近イ将来ニ際会スベキ千載一遇ノ革命ノ好機ニ即応スル可ク即刻今カラ種々ノ準備ヲ整ヘ、革命ニ役立タセルコトガ我々ノ当面ノ任務デアル」

ト吾儕ガ前衛トシテノ結束ヲ強固化スルト共ニ、日本ニ於ケルブルヂヨア民主々義革命時ニ党ノ中心的、一翼トシテ果スベキ役割ヲ自覚シ、コノ目的ノ為メニ

「党再建準備会」

ノ結成ヲ結論的ニ提案シマシタノデ私達一同ハヒトシクコノ覚悟ヲ以テ進ムコトニ賛成シタノデアリマス。
次イデ
平館利雄
ハ日本ノブルヂヨア民主々義革命ガプロレタリア革命（社会主義革命）ニ急速容易ニ転化サレル理由トシテ農村ニ於ケル封建的遺制ガ比較的弱小ナコト並ニ農村ノ階級分化ヤ資本主義化ガロシアニ於ケル一九一七年当時ヨリモ遥カニ進行シテ居ルコトヲ説キ
マタ、
加藤政治
ハ日本ノ戦前経済ノ混乱ヤ、政治上層部ノ意見ノ対立相剋ガ勤労民衆ノ生活不安ヤ自然発生的ナ経済闘争ト容易ニ結合シ、一種ノ暴動ヤ一揆ノ形態ヲ取リツヽ、ブルヂヨア民主々義革命ニ発展スル可能性ガ特ニ濃厚デアルコトヲ説キ、
コレニ対シテ
平館利雄
ハ、
「一般勤労民衆ノ自然発生的ナ革命情勢ハ、コレヲ収拾指導スベキ政治指導体トシテノ共産党ガ欠如シテ居ル場合ハ、コノ民衆ノ力量ヲブルヂヨア民主々義革命ニマデ組織展開サレ得ルトハ考ヘラレナイ。自然発生的ナ一揆ヤ暴動ヲ指導シ結合シテ民主々義革命ノ方向ヲ与ヘ民衆ヲ組織スル党ガ絶対ニ必要デアル。

党ノ存在ト指導トニヨツテ、ハジメテ国民大衆ノ不平不満ノ爆発ハ政治上層部ノ対立混乱、経済界ノ混乱ト結合サレ得ルノデアツテコノ様ニシテ展開サレル、日本ノブルヂヨア民主々義革命ハ、更ニ急速短期間ニ社会主義革命ニ転化サレルノデアラウ。

コノ可能性ハ日本ニハ非常ニ多イ」

ト述べマスト
西沢富夫
ハ、
「コノ日本ノ革命ノ国内ノ条件ト国外ノ圧力トノ結合ニツイテ、独リ戦争ニ於ケルドイツノ敗戦ハ直チニ大東亜戦争ニ影響シ英米ノ勝利トナリ、枢軸国ノ敗戦ハ日本ノ革命成就ノ外的条件デアルガ、コレハ明治維新ニ於ケル外的圧力ガ作用シタ場合ト同様デアル」
旨述べ
マタ更ニ
平館利雄
ガコレヲ強調シ分析シテ、コノ外的圧力ガソ聯邦デアル場合ハ日本ノ社会主義革命ハコノ外的圧力ガ英米デアル場合ヨリモ一層急速ニ行ハレル有利ナ外的条件ヲ形成スルコトヲ説明イタシマシタ
次イデ
平館利雄

ハ、
「日本ノブルヂヨア民主々義革命ハコミンテルンノ採用シタ一九三五年ノ人民戦線術ノ一ツノ延長トシテ極度ニ合法性、合法組織ヲ利用シテ広汎ナ民衆ヲ組織動員スルコトガ必要デアルガ、風見章一派ノブルヂヨア社会民主々義者ノ利用ニハ限度ガアリ慎重ナ態度ガ必要デアル」
ト述ベマシタノデ、コレニ対シテ私ハ
「政治ハ生キ物デアルカラ余リ杓子定規ニ考ヘルコトハナイ、人間的ナ結合ガ大切ダ。石原莞爾、橘樸、等皆同様ダ」
ト述ベマシタ
次イデ
細川嘉六
ハ
「尾崎事件以来、犬養健サンノ支那研究室モ閉鎖サレ、僕モ満鉄ノ方モサウ長クハ続クマイト思フノデ、民族問題研究所ヲ設立シヨウト計画中デアル、平館君ハ賛成カ」
ト質ネマスト
平館利雄
ハ
「賛成デアル。ソノ合法部面ヲ大イニ利用シテ、我々ノ党再建準備活動ヲ進メル必要ガアリ、ソノ為メニハ屈強ナ合法擬装デアル、現在計画ハドノ程度ニ進ンデヰルカ」
ト云フ問ニ対シ、
加藤政治
ト相川（私）ハ
研究所設置ノ計画ニツイテ次ノ如ク説明致シマシタ
「コノ計画ハマダ余リ進ンデハ居ナイガ、総務部ト研究部ニ分レ、総務部ハ企画、資金、組織等ニ分レ工場、農村、官庁、研究調査機関大政翼賛会等ノ組織ヤ団体ト緊密ナ連繋ヲ図リ、マタ研究部ハソ聯邦、アジア民族問題、国内問題、欧米等ニ分レル、研究所構成ノ重要ナル方面ハ総務部デアツテ、コノ部面ヲシテ吾々ノ
党再建準備会
ノ組織活動ヲ担当セシムルヤウ、計画スベキダト思フ、ソノ他資金、会長等ニツイテ適当ナ出資者ヤ人物ヲ物色中デアルガ、民族問題研究所ハ普通ノ研究所ト性質ガ異リ、我々ノ非合法活動ノ合法擬装機関デアルカラ、ナカナカ人物ノ物色モ困難デアル、
会長ハ
奥野七郎
ニ当ツテ見タガコレハ今ノ所断ラレ望ガナイ
細川嘉六
ハ実質上会長トシテ総指揮ヤ指導ニ当ツテモラフガ表面上ハ顧問ノ形式ガ適当デアル」
ト説明シテ会長ヤ出資者等ニツイテモ或ハ又研究所ノ計画ニ関シテモ人物ヤ意見ヲ積極的ニ提起シテホシイト

述べ一同ノ賛成ヲ得タノデアリマス、
午前十一時半頃ニ会議ヲ終了シタ後一同紀念ノ撮影ヲ行ヒ、親不知行ノ船ノ用意ガ出来ルノヲ待チマシタ、船ノ用意ガ出来タ旨ヲ女中ガ知ラセマシタノハ午后一時頃デ
細川嘉六
西沢富夫
木村亨
小野康人
相川（私）
ノ五名ハ午睡中ノ他ノ三人ヲ紋左旅館ニ残シテ海岸ニ出テ和船ニ乗リ親不知ニ行キ、帰途ハ親不知カラ汽車デ泊マデ帰リ、紋左旅館ニ着イタノハ午后四時頃デアリマシタ。
ソレカラ一同ハ洋服ニ着替ヘ勢揃ヒシテ徒歩デ三笑楼料亭ヘ向ヒマシタ、三笑楼ヘ到着イタシマシタノハ夕刻ノ五時頃デアリマシタ
私達ガ案内サレマシタ部屋ハ別館ニナツタ八畳ト三畳デ縁側、湯殿ガアリ一同ハ早速入浴後浴衣ニ取替ヘ床柱ヲ背ニシテ細川嘉六、右カラ順ニ平館利雄、木村亨、小野康人、加藤政治、相川（私）、西尾忠四郎、西沢富夫ト云フ様ニ着席シ、宴会ハ八時半頃終り、
細川嘉六ハ
「用事ガアレバコチラカラ呼ブカラ」
ト云ツテ女中ヲ下ゲ八時半頃カラ十時半頃迄約二時間雑談ノ形式デ三笑会議ハ昼間ノ紋左会議ノ継続トシテ進メラレタノデアリマス

ロ、三笑会議

平館利雄
ハ日本ノ天皇制ノ問題ニツキマシテ
「天皇制ニツイテハ勿論講座派ノ云フ如ク物質的基礎ヲ有スルモノデハアルガ、天皇制ノ社会的階級的性格ヤ物質的基礎ハ明治維新以来今日ニ至ル迄不変固定セルモノデハナク、種々ノ変化ヲ蒙ツテ居ルモノデアルコトハ事実デアツテ明治初期ノ絶対主義的性格ハ、大正昭和ニカケテ
皇帝
ノ性質ニ転ジ、更ニ最近デハフアツシヨ化シタ」
ト云ヒ
細川嘉六
モ
「同感デアル、天皇制ノ社会的性質ヤ歴史的内容、或ハ又コレニ対スル民衆ノ意識ナリ考ヘ方ナリハ明治維新以来幾多ノ変遷ヲ受ケテ来テ居ルシ、マタコレカラモ変化スルト云フ事実コソ大切ナコトデアル」

ト話シ、マタ
木村亨
ハ同ジクコノ天皇制ノ問題ニ関シテ
「シカシ日本ノ今日ノ情勢ホド天皇制ニ対スル民衆ノ民族意識ノ高マツテ居ル時代ハナイ、天皇制ノ廃止トカ帝国主義戦争反対等ノ綱領ヲ真正面ニ掲ゲテモ今日ノ様ナ情勢デハ却ツテ民衆ノ反感ヲ喚ビ反撥サセルノミデ効果ガナイ」
ト力説シ、
コレニツイテ
平館利雄
モ同感ノ意ヲ表ハシ
「日本ノブルヂヨア民主々義革命ノ過程中ニオイテハ天皇制ノ廃止ト云フヤウナ急激極端ナル綱領ヲ掲ゲルコトハ誤リダ、英国流ノ
「ブルヂヨア王室制」
ヲ踏襲シ、国家権力カラ分離シ民衆ノ天皇制ニ関スル民族意識ヲ慣習的ニ徐々ニ緩和シテ行クコトガ必要デアルト思フ。
一挙ニ廃止スルト云フヤウナ極端ナ政策ハ排スベキデアル、マタ戦争反対ノスローガンニシテモ同様デアツテ、日本ガ有利ナ戦果ヲ収メ得テヰル間ハ、コノ様ナ綱領ヲ前面ニ掲ゲルコトハ無意味デアル、戦局ガ不利ニ陥リ、敗戦ノ色ガ濃クナツテ始メテ有利デアル」
ト述べ、一同ハコレニ賛成致シマシタ、
次イデ
細川嘉六
ハ党ノ組織ヤ革命ニ於ケル民衆動員問題ニ関シマシテ
「コノ泊町ノスグ近クノ滑川ト云フトコロガ、アノ有名ナ米騒動ノ発祥ノ土地デアルガ、漁夫ノ女房連カラ端ヲ発シタ微少ナ自然発生的ナ事件ガアノ様ニ日本全国ニ伝播サレ席捲スルモノトハ、ソノ当時ハ誰レモ考へ及バナカツタモノト思フ。
一体ニ日本ニ於テハ工場ノストライキトカ、農民ノ争議ナドモ個人的ナ小規模ナ傾向ノ所謂自然発生的ナモノガ大部分デアツテ、組織的ナ強力ナモノガ見当ラナイ、コノ様ナ部分的ナ自然発生的ナ永続性ヤ発展性ノナイ民衆ノ革命的ナエネルギーヤ力量ヲ広汎ニ強力ニ組織指導シ、革命ニ推シ進メルコトガ革命家ヤ前衛ノ任務デアルト思フ。
コノ様ナ民衆ノ分散シタ微弱ナ力量ヲ如何ニシテ一ツノ強イ力ニ結集スルカガ大事ナコトダ、
シカシ今日デハ昔ト異ツテ、ソノ様ナ党ヤ革命ノ組織ノタメノ吾々ニ取ツテハ非常ニ有利ナ好条件ニ恵マレテヰルト思フ、コレハ外デモナイ、今日政府ノ役人ヤ軍人ガ先頭ニ立チ指揮シテイル種々様々ノ民衆ノ組織化ト訓練デアル、
コレハ支配階級ガ自己ノ戦時経済ノ遂行ノ必要上カラ

推進シテ居ル政策デアルガ、コノ民衆ノ組織化ト訓練トハ直チニ其ノマヽ我々ガ利用シ、党組織ヤ革命ノ組織トシテ転化スルコトガ出来ルモノデアル。

今日戦時経済遂行ノ必要上カラ政府ガ組織シテ居ル工場ヤ農村ノ産業報国会、隣組制度、供出制ノタメノ組織、農事実行組合、信用組合、其他多クノ民衆ノ組織化ヤ、組織的ナル訓練ハ、吾々ノ組織ニ転用シ得ルシ、マタ非合法ナ活動ノ為メノ有力ナ下地トナルモノデアル。

吾々ノ活動ニ取ツテハ今日デハ極メテ好都合ナ条件ガ備ハツテ居ルカラコレヲ転用シ得ル」

ト現在支配階級ガ戦時経済遂行ノ必要上カラ労働者ヤ農民ニ課シテ居ル戦時ノ訓練ヤ組織化ヲ吾々ノ合法、非合法活動ニ転用スルコトノ必要ヲ力説、

更ニ

平館利雄

ハ同様ノコトハインテリノ前衛組織ニツイテモ言ヒ得ル事ヲ説キ、

「今日ノインテリハ職業革命家トシテデハナク、官庁ヤ会社等ニ所属シ種々ノ政府或ハ民間ノ機関ニ組織サレテ居ル、

吾々ハコレヲ転用スルコトガ出来ル」

旨ヲ強調致シマシタ、

尚最後ニ民族問題研究所ノ人的配置ニ関シテ細川嘉六ガ次ノ様ニ指名致シマシタ

書記長兼総務部長

平館利雄

資金係

加藤政治

木村亨

相川

工場方面

平館

加藤

農村方面

木村

小野

相川

協調会、産業報国会、大政翼賛会

西尾忠四郎

東亜聯盟

木村亨

相川

東方会

加藤

風見一派

加藤

研究部長ハ会長ガ兼任シ

研究部ノソ聯班

平館
西沢
東亜並ニ国内
加藤
小野
欧米班
平館
西尾
ニ分ツコトニシ、
細川嘉六ハ西沢富夫ニ向ヒ、
「革命後ロシア政府ガ遂行シタ政策ヲ至急調査シテ纏メテモラヒタイ、コレハ吾々ノ将来ニモ非常ニ役立ツ」トソノ調査ヲ依頼致シマシタ、
カクテ午後十時半頃会議ヲ終了致シマシテ三笑楼主ノ為メニ乾盃寄書シ一同ハ紋左旅館ニ向ツタノデアリマスガ、途中、
平館利雄
西沢富夫
相川（私）
ノ三名ハ待合ニ立寄リ酒ヲ汲ミカワシ、平館利雄、西沢富夫ハ先ニ立帰リ、相川（私）ハ夜半十二時過ギ紋左旅館ニ帰着就寝イタシマシタ、
翌日七月六日午前七時頃同志一同ト紋左旅館ノ離座敷デ朝食ヲスマシマシテ私ハ午前八時ノ汽車デ新潟ニ向ケ泊町駅ヲ出発致シマシタ、
泊会議デ協議決定イタシマシタ内容ヲ要約イタシマスト、
一、客観情勢ノ分析検討
日本ノブルヂヨア民主々義革命ノ客観的条件ハ国内的ニモ国外的ニモ益々急速ニ成熟シツヽアルガ、コノ革命ノ危機ハ昭和十八年後半期カラ尖鋭化スルト思ハレルガ、国外ノ条件トハ独ソ戦並ビニ大東亜戦争ニ於ケル独逸並ニ日本（枢軸国）ノ不利ナ戦局ト敗戦ノ傾向デアリ国内ノ条件ハ日本ノ農村ニ切迫セルブルヂヨア民主々義革命（土地革命農業革命）デアツテ、コノ革命ノ条件ハ一九一七年ノロシア革命当時ニ比シ農村分化、ソノ資本主義化ハ高度ノ段階ニ進行シ、革命ノ条件ハ具ツテヰル。
二、革命ノ展望
一九三二年ノコミンテルンニヨツテ採用サレタ日本ノ革命ニ関スル所謂「二段革命」ノ全面的承認、日本資本主義ノ内包スル封建的遺制ハ講座派ノ主張スルガ如ク頑翟ナモノデナク明治維新後変化シテ居リ、ブルヂヨア民主々義革命ノ社会主義革命ヘノ転化ハ比較的容易且急速ニ行ハレルモノト思ハレル。

マタ第二次世界大戦ニオケル枢軸側ノ敗戦ノ結果、日本ニ齎サレル海外ノ圧力ガソ聯邦デアル場合ハ社会主義革命ヘノ転化ハ更ニ急速ニ容易ニ行ハレル。

革命ヲ遂行指導スルモノハ勿論、コミンテルン支部、日本共産党デアリ其ノ要素デアル革命的前衛デアル

三、戦略戦術問題

コミンテルン並ニ日本共産党ノ有力ナ一環トシテノ役割ヲ果スベク結成イタシマシタ私達ノ

「党再建準備会」

ハコミンテルンノ一九三二年ノ日本革命ニ関スルテーゼ並ニ一九三五年ノ人民戦線戦術ノ併用ニヨツテ広汎ナルブルヂヨア民主々義革命ノタメ民衆ヲ動員組織スル、

シカシ

「天皇制廃止」

「帝国主義戦争反対」

等ノ過激ナルスローガンハ民族意識ノ昂揚、戦局情勢ノ判断ニ照応シ、十分ノ弾力屈伸性ヲ持タセルベキデ機械的ニ表面ニ掲ゲルコトハ避ケルべキデアル。

当面ノブルヂヨア民主々義革命ハ人民戦線戦術ノ広汎ナル適用デアリ延長デアルカラ合法性、合法部面ノ極度ノ利用ガ必要デアル、

特ニ東方会、東亜聯盟、風見一派等ノブルヂヨア社会民主々義要素ノ利用ヤソレトノ妥協ハ十分注意シテ行フコトガ必要デアル、

四、組織問題

微力ナ分散シタ自然発生的ナ民衆ノ革命的力量ヲ政治的ニ集中組織シ、革命ノ目標ニ指導スルコトガ日本共産党ノ組織的任務デアルガ、コノ党ノ基幹部分ハ勿論前衛組織デ、労働者、農民、智識階級分子ノ強固ナ結集デアル。党並ニ革命ノタメノ組織ハ政府ガ自ラノ戦時経済遂行ノ必要上カラ、労働者ヤ農民ヲ種々ノ形態ニ組織シ訓練シツヽアルコトニヨツテ今日ノ我々ノ組織ノタメノ条件ハ極メテ有利デアリ、コノヤウナ政府ノ組織ヤ民衆ノ訓練ハ直チニ以テ吾々ノ合法活動、非合法活動ノタメノ組織ニ転化シ得ル性質ヲ具ヘテ居ル

産業報国会

隣組制度

農事実行組合

供出組織

等ガソノ組織デアリ、マタインテリノ組織ニツイテモ官庁、会社、各種調査機関等ハ其ノマ、我々ノ組織ニ転用サレ得ルモノデアル。

五、民族問題研究所

今日ノ日本ノ客観状勢ハ純然タル非合法活動ヲ不可能ナラシメテ居ルホド取締ガ厳重デアルカラ弱体化セル革命ノ主体的条件整備、強化ノタメ寄与貢献スルコトヲ目的トスル私達ノ

「党再建準備会」

ハ当然合法擬装活動ヲ必須トスル、民族問題研究所ハ党再建準備会ノ合法部面デアツテ非合法ナ存在ト表裏一体ノ関係ニアル

私達ハソノ非合法ナ存在ヤ活動ヲコノ合法形式デ擁護スルト共ニ、マタ此ノ合法部面ヲ極度ニ利用スルコトガ必要デアル

私達ノ政治指導体ノ中核ハ将来日本共産党ニ拡大発展スベキモノデアル、

民族問題研究所ノ組織

会長（未定）

顧問（細川嘉六）

書記長（平館利雄）

総務部

部長（平館）

工場方面担任者（平館、加藤）

農業方面

（木村、小野、相川）

大政翼賛会

協調会

（西尾忠四郎）

東亜聯盟

（木村、相川）

風見一派（加藤）

資金調達係

（木村、加藤、相川）

研究部

部長（会長兼任）

ソ聯班（平館、西沢）

東亜及国内

（加藤、小野）

欧米班

（平館、西尾）

革命後ノロシアノ政策調査

（西沢）

昭和十九年五月六日

相川　博

横浜地方裁判所検事局

検事　山根隆二殿

手記　現在ノ心境

私ガ検挙サレマシテ以来ノ一年間ノ月日ハ顧ミマスト私ニトリマシテ、誠ニ痛切真剣ナ内実ヲモツタモノデアリマス、

検事様始メ係リノ皆様方ノ至誠一貫セル指導ト取調ニヨリマシテ私ハ漸ク更生ノ第一歩ヲ踏ミ出ソウトスルモノデアリマス、

否コノ真剣ナ懸替ノナイ第一歩ヲ踏ミ出ス事ガ出来ル程ノ心境ニ立ツタノデアリマス、

コノ私ノ現在ノ心境ヲ支配シテオリマス精神的特徴トモ云フベキモノヲ茲ニ述ベサセテ頂キマスト

第一ニマルクス主義共産主義カラノ転向ハ理論デハナク不言実行ノ誠実謙虚ナ心構ヘト、主義思想ノ一切ヲ抛擲脱却スル不退転ノ決意トヲ意味スルモノデアルガ、ソノ前提トナルベキ自覚ト意識ハ、自己ノ過去ノ罪業ト失敗トヲ公明正大ナ男ラシイ態度ヲモツテ自ラ確認シ贖罪ノタメニ新シク旅立ツコトデアリ自ラノ罪ヲ自ラ罰スルコトデアル。

第二ニソノ様ナ自覚ニ達スルタメニハ過去ニ於ケル自己ノ生活ヤ思想ニツイテ種々ノ局面カラノ反省ト批判トガ深ク要請サレルガ、コノ反省ヤ批判ハマタ同時ニ素樸ナ赤裸々ナ取繕ツタ、アルガマ、ノ自然ソノマ、ノ自己ノ姿ヲ掘リ出シテ見セテ呉レ、マタコノ様ナ生レタマ、ノ自己ニマデ立還ラセルモノデアリマス。

コレガ転向ノ第一歩デアラウト思ヒマス、

第三ニハ私自身ガ現在精神的ニ涸渇ヲ実感シテ居リマスノハ詩歌、文芸、美術、特ニ絵画ヤ彫刻ノ世界デアリマス、

マタ思索ニオキマシテモ「フイフテ」「ニーチエ」「ゲーテ」等ノ方向デ純粋ナ叙情的ナ領域デアリマス、

コノ領域ヲ通シテミタ人間ノ精神史ノ翫味滋読デアリマス、自己ノ情操ヤ感受性ヲ粗末ニシタ結果、精神的ナ貧困ト荒寥トニ陥ツテ居ルト云フ傷々シイ苦患デアリマス、

第四ニマルクス主義、共産主義思想ヘノ帰依ト実践トハ私ノ個性ヤ才能ヲ破壊シ腐蝕シツ、アツタコトノ蔽ヒ難イ自覚ト反省デアリマシテ、コノ様ナ溢レル様ナ実感ハ私ノ心胸ニ強ク反響シテ公ノ社会的ナ責任感ニオキマシテモ上ハ聖慮ニ悖リ且ツ背キ奉リ、従ツテ自己ノ所属スル国家ト民族ノ意志ニ背反シタ正シク罪万死ニ価スル自責ノ念ニ外ナラヌノデアリマス、

聖慮ニ沿ヒ聖慮ニ安ジ奉ルト共ニ現在ノ如キ国家興亡ノ重大ナル秋ニアツテ祖国ト民族ノ光輝アル歴史ト伝統ヲ堅持シ、ソノ偉大ナル発展ノタメニ粉骨砕身スル全ク新シイ本来ノ自己、コノ自己ノ本体ノ発見ト形成トガ唯一ノ生ルベキ方途デアリマス

コレハ一ツノ報恩ノ思想デアリマシテ謂ハヾ一種ノ天涯孤独ナ巡礼者ノ苦行ノ姿トモ云フベキデハアルマイカト考ヘルノデアリマス、

以上ガ現在ノ私ノ心ヲ占メテオリマス四個ノ著シイ特徴デアリマスガ、マルクス主義、共産主義思想ニツイテ感ジマシタ根本的本質的ナ矛盾ト欠陥ノ二三ヲモコ、ニ率直ニ述ベテ見タイト思ヒマス、

マルクス主義ハ所謂
「史的一元論」
デアリマシテ合理主義倫理主義ヲモツテ張リツメタ氷ノ結晶体ノ如キモノデアリマシテ、思想ヤ思索ノ余裕味読、享受、沈潜、埋没ト云フ様ナ感受性ヤ感能ト極度ニ対立乖離スル合理的理論体系デアリマシテ、人間性ノ豊富ナ一面ヲ没却無視シタ空論デアルコトヲ免レナイト云フコトデアリマス、

シタガツテ此ノ思想ハ徹頭徹尾一種ノ政治思想ノ類型ニ属スベキモノデアリマシテ、諸種ノ敵対関係ヤ政治闘争ノ具ニ供サレルニハ最モ有力ナル政治思想デアルコトヲ本質トシ、文化範疇ヤ文化理念トハ全ク無関係デアリ、世界観ノ形式トシテモ矛盾シタ自己乖離ノ思想デアルコトハ、マルクス自ラモ、

「経済学批判序説」

ノ序文ノウチデ自ラギリシヤ時代ノ芸術ノ完成ニツイテ懐疑シ、

「奴隷社会ノ上ニ作ラレタコノギリシヤ時代ノ彫刻ヤ思想ガ何故完成サレタ最高ノ表現ヲモツテ居ルカハ重大ナ疑問トシテ残ル」

ト云ツテヰルノデアリマスガ、コノ文化哲学、文化科学ノ領域ニオキマシテハマルクス主義ノ形骸化シタ倫理主義ハ全ク無価値デアリ、普遍妥当性ヲ有タナイモノデアリマス、

特ニ特殊性ニ貫カレタ民族性、民族史、民族文化ノ本質ト相容レナイ外在的ナモノデアリマス、

コノ思想体系ガ西欧社会ニオイテ発展シ近代欧米思想ノ根幹ヲ形作ツテヲリマス社会主義、社会民主々義、社会革命階級闘争等ノ覇道的思想ノ結論的徹底セル部分ガ共産主義トシテ結晶シ、思想的武器トシテ政治闘争ノ方露ニ駆使サレテ居ルト云フ事実ガ、ソノ政治思想トシテノ本質ヲ露呈シテ余リアルモノデアリマス、ソノ偏狭ト頑固ナ局部的排斥的性格ノ証左デアリマス、一種ノ韜晦ニ類スル思想性ノ貧困デアリマシテ、人間性ノ基幹デアル情感ノ潤ヒヲ無視シタ一顧ノ価値モナイモノデアリマス、西欧ノ文化科学ヤ哲学ノ領域ニオキマシテモ、マルクス主義ノ本質ヤ体系ニ全ク無関係ナ人間ノ精神的存在ヤ活動ハマコトニ夥シイノデアリマシテ、

前述イタシマシタ「フイフテ」「ゲーテ」「ニーチエ」「ハイデツガー」「ベルグソン」等ノ優越セル思索ヤ体系ト政治思想ノ一種ニ過ギナイマルクス主義思想トノ比較サヘモ不可能デアルト思ハレマス、

豊富ナ人間生活ノ歴史、特ニソノ精神生活ノ歴史現象ノ探究ノタメニハコノ偏狭ナ政治思想ハ一個ノ独断ニ過ギナイト思ハレマス、

特ニ東洋民族、東洋世界ノ歴史ヤ、ソノ精神文化ノ特殊性ノ探究ト究明トニ必要ナモノハマルクス主義ノ破壊的要素デハナク、豊饒ナ建設的創造的ナ生命力ノ発現デ

アリマス、

単ナル分析ト論理主義ニヨツテデハナク広汎豊饒ナ綜合的判断ノ体系ニヨツテ基礎ヅケラレル歴史研究ト歴史観トガ、一民族ノ発達ニトツテ必要ナモノデアルト考ヘラレルノデアリマシテ、私ハコノ立場カラ綜合的ナ民族史、民族文化史ヲ詩歌、絵画、彫刻、思想、生活体系ニオイテ把握スルコトノ任務ヲ痛感スルモノデアリマス、

要スルニ政治思想トシテノ偏狭ナル世界観ノ一種ニ過ギナイマルクス主義ヲ、私ハ全ク文化体系、文化範疇トシテ斥ケルコトニヨツテ、文化ヲ浄化シ、卑俗ナ底地カラ崇高ナル領域ヘト生命ヲ吹キ込ムコトノ努力ヲ必要ト考ヘルモノデアリマスガ故ニ私ハ今ヤ無味乾燥ナ人間性ヲ没却シ個性ヤ民族ノ特殊性ヲ蹂躙シタ思想ノ自己ニ対スル裏切ト破壊トヲ感ジ反感ト憎悪トヲ痛感スルモノデアリマス、マルクス主義ハ価値ヲ失ツタ死セル思想ノ一片デアリマス。

私ハ再ビ若シ私自身ノ能力ガ許スナラバ、一人ノ文化人トシテノ本来ノ生活ト自覚ニ立直リ、率直ニ素朴ニ自然ヤ人生ノアルガ儘ノ姿ヲ観察感受シ、自ラ楽シミ味ハウ境地ニ進ミコノ様ナ豊カナ濡ヒノアル世界ニ生キタイト念願スルモノデアリマス、

私ハコノ立場カラ私自身ノ溢レ出ル真実ノ個性ニ再生復活スルコトニヨツテ将来若シ微少ナリト雖モ、大御心ノタメニ、マタ偉大ナル日本民族ノタメニ祖国ノタメニ礎石トナリ、人柱トナランコトヲ潔ク誓ヒ、コノ清々シタ心地ヲモツテ天地ニ愧ヂザル一日本人ニ帰リタイト思ヒマス、

私ノ将来ニ課セラレタ任務ハ創造ト建設ノ生活デアリ事業デアリマス、

私ハ此度ノ得難イ経験ノ前ニ跪キ寧ロ有リ難イト思フモノデアリマス、

骨身ニ刻マレタ人生ノ苦難ノ体験ニ教ヘ導カレルコトデアリマス、

清ラカナ謙虚ナ精神ヲモツテ山根検事様ハジメ御世話ニナツタ皆様ニマタ祖国ト民族ニ対シテモ短イ後半生ヲモツテ真ニ水火ノ中ヲモ厭ハザル報恩ノ生活ガ出来ルコトヲ念ジ、今ハ唯一巡礼者ノ心境ヲモツテ、大和民族ノ神聖不可侵ノ雄々シイ発展ト生長トヲ祈念シツヽ、再ビ全民族ノ心カラナル広大無辺ノ慈愛ノ前ニヒレ伏シ、国法ニ背イタ過去ノ私ヲ地下千尺ノ棺槨ノ底ニ埋没セシメルモノデアリマス、

コレガ現在私ノ心境デアリマスト共ニ誤レル思想ニ対スル永遠ノ訣別ノ言葉デアリマス、

将来ノ方針

私ノ亡父ハ下級官吏デアリマシタ、私ニハ未ダ実母ト妹、妻子ガアリマス、戸主トシテ私ガ更生スルコトノ責任ヲ痛切ニ感ジ、マタ一社会人トシテノ責任感ノ重大ナ

コトヲ感ジマス、
父母ノ郷里ハ山口県岩国ノ片田舎デアリマスガ、私ハ実母ヤ妻、父ノ実兄デアル相川新右エ門等トモ相談シ、マタ妻ノ両親トモ相談シ、デキルコトナラバ過去ノ雑誌記者、新聞記者ノ生活ヲ離レタイト思ヒマス、
健全ナ身体ト精神トヲ取戻シ実業界ニ飛ビ込ミ創造的建設的事業ニ挺身シ過去ノ一切ヲ忘レテ渾心働クコトガデキルナラバ本望デアリマス、
過去ノ失敗ヲ取リ戻スベク熱中シ粉骨砕心スベキ仕事ヲ求メタイト思ヒマス、過去ヲ償フタメニ働クコトガ出来ルナラバ職業ノ何タルカヲ厭ヒ撰バントスルモノデハアリマセン、全テヲ捧ゲテ大君ノ為メニ祖国ト民族ノ興隆ノタメニ一身ヲ抛擲シテ日月ノ如キ公明正大ナル精神ニ満チ溢レテ小学校ノ一小使トシテデモ帰一シ奉ル本心ト真骨頂ニオイテハ正シク不変デアルト確信スルモノデアリマス、
些々タル個人ノ能力ノ如キハ第二義ノ問題デアリマセウ、青年期ヲ終ヘ壮年期ニ踏ミ入ラントスルニ当リ、コノ骨髄ニ徹スル体験ヲ更生ノ後半生ニ体現サセル大悲大願ノ希望ニ胸ノ轟クノヲ抑ヘテ擱筆イタシマス、

昭和十九年五月九日

相川博

横浜地方裁判所検事局
山根検事殿

【解題】次の「平館利雄手記」と「木村亨手記」も、先の「相川博手記」と同様、

①「満鉄グループ」と「細川グループ」の接近
②両グループの合体＝「泊会議」
③そこでの「共産党再建準備会」の結成

について述べたものとなっている。

そこでは、平館が「満鉄グループ」の指導者、相川が改造社グループ、木村が中央公論社グループのリーダーに設定されているようである。

特高・検事・予審判事は、この三グループの「指導者」に「共産党再建準備会」結成の経緯と目的についてまったく同じ内容の手記を書かせ、それをもって「共産党再建準備会」の存在を証明する〝動かぬ証拠〟としようとしたものと思われる。

「共産党再建準備会」こそ、特高や検察が横浜事件を治安維持法違反事件として成立させるためのカギとなる「事実」だったからである。

しかし、特高や検事に強制・誘導されて書かれた、いかにもそれらしい記述も、とくに細川嘉六訊問調書（本書第Ⅳ章）と対比して読むと、まったくの出鱈目だったことがわかる。

手記だけを読んでも〝馬脚〟を現している箇所もある。たとえば、平館手記の「泊会議」で決めた当面の活動方針の中に次のような項目がある。

イ、細川論文「世界史の動向と日本」を「改造」誌に掲載することの可否につき会合（筆者注・ロは略）
ハ、細川検挙善後策会議

木村手記には「ハ」の前に「細川検挙回避対策活動」が加えられている。

文字どおりに読むと、イ、細川論文を『改造』に掲載するべきかどうか、これから会合を開く、となっている。編集会議の主宰者である社長も編集長もいないところで、二〇日後発売の次号にメインとなる長大論文を掲載するかどうか、決めるというのである。作業の手順からいっても、この後の橋本論文で具体的に検証されているように、そんなことができるはずがない。

さらに奇妙なのは次の「ハ」である。執筆者の細川の検挙を予定し、前提にしている。だが、筆者が検挙されるような論文なら、検閲にパスできるはずがない、かりにパスしても、雑誌はただちに発売禁止となるだろう。要するに、多数読者の目にはふれないまま闇に葬られる。初めから執筆者の検挙、つまり検閲不許可を前提に論文掲載を考えるなんてことはあり得ない。

検閲に関するこんな基本的なことを、寄稿者だった平館や、出版社勤務の木村が知らなかったはずはない。しかし彼らは、あまりの馬鹿馬鹿しさに、もはや事実を伝える気にもならず、特高の命じるままにペンを動かしたのだろう。

なお、「手記」につづく石川予審判事による平館の訊問調書は、「手記」の内容をさらに詳細に〝自白〟させたものであるが、「泊会議」の様子と、とくに第二回訊問調書の細川検挙後のグループメンバーの動き・発言は実にまことしやかに語られており、何も知らないで読むと、戦時下、いかにも知識層の非合法活動らしく思わされるかも知れない。

内容はもちろん完全な〝創作〟であるが、ただ細川検挙の後、グループが大阪商大教授・名和統一と結びついていったルートは、この調書でわかる。

＊

平館利雄「手記」

手記

平館利雄

一、今次事件

私は、昭和五年三月東京商科大学を卒業して以米、昭和十八年五月十一日神奈川県警察部特高課に検挙されるまで十三年の長きに亘り、種々なる合法偽装の下に共産主義運動を果敢に展開して参ったのでありますが、其の内でも最も積極的に活動を展開したのは所謂日本共産党再建準備会でありますから、先ずこの事件に就いて申しあげます。

(一) 日本共産党再建準備会

イ、準備会の主体

日本共産党再建準備会なる名称は吾々の付けたのではありませんが、実質に於いて、これにふさわしい活動を展開したのでありますから、この名称で一向差支えありませぬ。

細川嘉六
相川　博
加藤政治
木村　亨
小野康人
西沢富夫
西尾忠四郎
益田直彦

の九名を云うのでありまして、最初は昭和十五年十月頃、私を中心として、西尾忠四郎、西沢富夫を糾合して結成された「満鉄グループ」と、同時期頃、矢張り、細川嘉六を中心として、相川博、加藤政治、木村亨、小野康人、益田直彦によって結成された「細川グループ」とがあったのでありますが、この二つの「グループ」が次の様な機会により合流合体して拡大された「細川グループ」となったのであり、これが再建準備会の主体であります。

1、西沢富夫芬蘭行き壮行会及び帰朝歓迎会
2、新井義雄（注・正しくは義夫）北支行き壮行会
3、アジア民族発達史刊行計画
4、目黒茶寮懇親会
5、民族問題研究所設立計画

これらの諸会合は、いずれもそれ独自の意義を持つと共に、前記「満鉄グループ」と「細川グループ」との合流合体に役立って居るのでありますが、両グループの真に合流合体するに至りましたのは後に述べる「泊会議」に於いてであります。換言すれば「泊会議」に於いて始めて党再建準備会主体が両グループの合流合体により結成されたのであります。

ロ、準備会の目的

昭和十六年十二月八日の日米開戦は、日本が其の運命を全幅的に枢軸陣営に縛り付けたことを意味するのでありますが、今次世界大戦に於ける枢軸陣営の形勢は既に昭和十六年六月の独ソ開戦により潜在的に不利となり、昭和十七年半ば頃には、それが漸次明瞭化するのであります。即ち、日本は遠からず敗戦を免れぬと云う見透しが明瞭化するのでありますが、この敗戦という客観的条件こそ日本革命の絶好の機会と考えたのであります。

しかるに、この日本革命の絶好の機会を前にして、革命の主体的条件たる日本共産党は微々として振わず、その活動も極めて不活発である所から、吾々「細川グループ」は、この日本共産党の拡大強化のため、日本に於ける諸々の共産主義運動の中心的指導勢力となり、軈て「グループ」の拡大強化の後は日本共産党に合流合体し、若しくは党に代って革命遂行の主体たらんとしたのであります。将来日本共産党に合流合体するか、若しくは党に代るか、その時の両者の具体的勢力関係によって決定されるので、予め決定するわけにはいかないのでありますが、いずれにせよ、他の諸々の共産主義運動よりも一層強固な右の如き意図の下に、先ず「グループ」自体の拡大強化に全員が積極的に努力して参ったのであります。

グループの全員が、かかる意図を有するに至ったのは、後に述べる「泊会議」以来であります。

之を要するに、再建準備会の目的は「コミンテルン」並びに日本共産党の目的達成のために貢献せんとする所にあったのであります。

ハ、再建準備会の任務

準備会は如上の目的から、日本に於ける広汎な革命的労働者、農民、インテリゲンチャを組織化することを当面の任務とし、また、革命遂行に於ける戦略戦術、特に、

二段階説を規定した「コミンテルン」の一九三二年の「テーゼ」を全面的に支持採用したのであります。

しかし、「テーゼ」の実践化に当り、多少の修正が行われたのであります。

1、革命の第一段階たるブルジョア革命に於いては、「テーゼ」は天皇制打倒を唱えるが、天皇制は日本人の民族的感情に根差すこと深く、一朝一夕に廃止し得るものではないから、この段階に於いては、単に英国式な「ブルジョア王制」への転化に止め、第二段階、即ち社会主義革命の段階に於いて始めて天皇制の廃止を唱えること

2、敗戦主義は、これも天皇制と同様に日本人の民族的感情に反し、大衆を動員し得る所以のものではないから、一時差し控え、適当な時機を見て掲げること

しかし、以上の修正は、三二年テーゼの基本的な戦略戦術と些かも抵触するものではないことは勿論であります。

更に、準備会は、一九三五年の「コミンテルン」第七回大会に於て採用された反ファッショ人民戦線戦術を日本に於いても広汎に適用することを任務としたのであります。但し、その具体的適用に当っては思い切って柔軟性を発揮さすべく、過去の経験に見る如く窮屈であってはならぬというのであります。

又、活動の展開に当っては合法的部面を極力利用すべきこと、合法偽装ということが重要視されたのでありまして、民族問題研究所の如き合法機関を作り、その擬装の下に活動を展開せんと企図した如き、その一例であります。

また、帝国農会、大政翼賛会、協潤会等の政府施設、産業報国会、農業会、隣組制度等の官僚的組織機構をも利用しようとしたのであります。

二、泊会議

以上のような目的と任務とを持つ強固な「グループ」を結成す可く、細川、相川の発意により、昭和十七年七月五日細川の郷里富山県下新川郡泊町旅館「紋左」並びに料亭「三笑」で開かれた会合が、即ち、泊会議であります。泊会議の意味は、

1、「満鉄グループ」と「細川グループ」とが真の意味に於いて合流合体したこと、

2、この拡大された「細川グループ」や如上の目的と任務とを規定し、積極果敢な共産主義活動を展開すべく決意したこと

にあるのでありますが、前者に於いては問題ないとして、後者については「細川グループ」の中心人物である細川、相川と、「満鉄グループ」の中心人物である私との間に意見の相違があったのであります。

即ち、細川、相川、特に相川は革命的情勢の切迫を即

断し、急遽の党的活動の展開を主張したのに反し、私は「グループ」の拡大強化こそ当面の任務であり、然るに後に党と合流するなり、党的活動を展開するなりしても遅くはあるまいと主張したのでありますが、私の意見は大勢を支配することとなり、ここに前記の目的と任務の遂行を究極目標とし、当面「グループ」の拡大強化を目指す所の「細川グループ」所謂党再建準備会が結成されたのであります。

「紋左旅館」及び「三笑料亭」に於ける会議は厳格な意味に於ける会議ではなく、笑談の程度のものでありますが、両会議を通じて規定されたことは尚、その外に

1、組織問題

2、戦略戦術問題

3、民族問題研究所設立問題

等でありまして、これ等の問題は既に「準備会の任務」の項で述べた通りであります。

ホ、準備会議の実践活動

準備会は以上のように泊会議によって結成され、活動方針が決定されたのでありますが、以後次のような実践活動を展開したのであります。

1、組織活動

イ、細川論文「世界史の動向と日本」を「改造」誌に掲載することの可否につき会合

ロ、民族問題研究所設立運動

ハ、細川検挙善後策会議

ニ、細川留守宅救援活動

2、連絡活動

イ、伊藤律との会合

ロ、大阪支部設立活動

ハ、中国共産党との連絡活動

ニ、「コミンテルン」との連絡活動

3、執筆活動

イ、「改造」「大陸」との連絡活動その他の雑誌への執筆

以上の具体的事実については警察官へ陳述した所を御覧願います。

準備会の実践活動を通観しますと、何と云っても中心人物である細川嘉六の検挙は活動展開に重大支障を来したのでありまして、この為に泊会議前後までは極めて積極的に「細川グループ」を指導して参った相川博は細川検挙と共に不活発となり、以後は私が相川に代り指導して参った状態であります。

その私も亦満鉄調査部を中心とする「満共事件」の勃発により、やや積極性を欠くに至るのでありますが、兎に角私の能力としては精一杯準備会の拡大強化に努めて来たのであります。

私の考えとしては、昭和十八年末に一応の革命的気運

ます。

これより先昭和十八年五月十一日に検挙されたのであり

ループ」の拡大強化を計らんと努力したのでありますが、

が醸成されるものと考え、これに対処する為に「細川グ

以上は、党再建準備会の活動を申し上げたのでありますが、私は、その外若干の共産主義活動を展開して居るのであります。

今それを列挙いたしますと、

一、ソ連研究会に於ける活動

二、関東軍司令部主催「ソ連国力研究会」に於ける活動

三、満鉄調査部並びに同第三調査室に於ける赤化活動

四、満鉄調査部「世界情勢調査委員会」に於ける活動

五、陸軍省秋丸機関に於ける活動

六、世界経済調査会主催「ソ連分科会」に於ける活動

等であります。

以上の活動は、いずれも私がソ連評論家として展開したのでありまして、その当面の目的は、

1、ソ連国力の過大評価による日ソ戦の防止、ソ連擁護

2、ソ連邦社会主義の謳歌賛美による大衆の共産主義的啓蒙宣伝、扇動並びに革命的気運の醸成

にあるのでありますが、究極に於いてこれにより世界革命、特に日本革命に寄与貢献せんとしたのでありますから、この意味では党再建準備会に於ける活動と同じ線に添ったものであります。

換言すれば、「コミンテルン」並びに日本共産党の目的達成のために最初からそう云った意図の下に活動を展開したのであります。

二、現在の心境と将来の方針

以上の如く私は東京商科大学卒業以来十三年の長期に亘り、終始一貫して積極的に共産主義運動を展開し、特に党再建準備会の活動に於いては最も尖鋭果敢に振舞って参りました。細川検挙後は彼の屍を乗り越え、事実上「グループ」の指導者として活動する程であったのであります。

何となれば、大東亜戦争勃発以来皇軍の赫々たる戦果、特に名もなき一兵士がアメリカの巨艦を目がけて吾と吾が身を叩き付ける、あの自爆精神の敢々の発揮を見ては、例えマルクス主義狂信者と雖も何物かを考えさせられたからであります。私は一方に於いて心の中に、かかる破口ができ、それが拡大されれば拡大される程、共産主義者としての活動は「ヒステルカル」となり、棄鉢となったのでありまして、準備会の末期に於ける活動は正にそうであったのであります。

私は検挙と共に、この意識の分裂から救われ、ホッとした有様でありまして、かかる心境から、堅く同志たることを誓った細川が検挙されても尚準備会については口を緘して一言も喋舌らなかったものを、私は積極的に係官の前に陳述し、新しき生涯に入り、真に日本人として過去の一切を清算して更生せんことを自らの心に誓い、係官に誓ったのであります。

その後警察署の長い留置所生活に於いても、一度固めた私の維《ママ》言は少しも変らず、却って益々強まったのでありまして、特に祖国が興亡を賭して戦って居るこの戦時下、自分の罪業が如何に深く且つ重いかを考え、戦慄し、悔悟の念に鞭打たれるのであります。

また、予期に反して親切な係官の態度から、日本の国家及び民族生活について反省させられ、更にかかる重罪人を夫に持つ妻が、いじらしくも夫を思う心に、家庭生活についても思わさせられたのであります。

しかし、十数年に亘って抱懐し、信奉していたマルクス主義を清算することは容易な業ではありませぬが、この際更生しなければ再びその機会なく、私の一生は全く台無しとなって仕舞うのでありますから、堅い決意の下に収監中の生活を清算、更生の為利用しつつあるのであります。

今後私は従来の如き文筆業を断念して実業界で身を立てたいと思います。文筆業は既に熟練して容易ではありますが、その仕事の性質上ややもすれば旧き思想を思い出させ、転向する為には不利だからであります。実業界に入りて今後余生をこの為に尽し、罪の千分の一でも償い得れば幸甚と思います。

昭和十九年五月一日

平館利雄

横浜地方裁判所検事局

山根検事殿

平館利雄・証人訊問調書

証人訊問調書

証人　平館利雄

細川嘉六・相川博に対する治安維持法違反被告事件につき昭和十九年十一月二十二日横浜地方裁判所において予審判事石川勳蔵は裁判所書記細谷清立会の上右証人に対し訊問すること左の如し。

一問　氏名、年齢、職業および住居は如何。

答　氏名は、平館利雄

年齢は、当四十年

職業は、元南満州鉄道株式会社社員

住居は、横浜刑務所在監

予審判事は、刑事訴訟法第二〇一条の規定に該当する者や否やを取調べ、之に該当せざることを認め、偽証の罰を告げ、宣誓を為さしめたり。

二問　証人が細川嘉六と知合いになった〇〇（〇は読み取り不明）は。

答　私は昭和十二年九月南満州鉄道株式会社に入社し大連本社調査室に勤務しておりましたが、昭和十五年三月同東京支社調査室勤務となり、東京に勤めておりますと、その頃細川嘉六は満鉄東京支社調査室嘱託をいたしており、同年五、六月頃友人の西澤富夫の紹介で交際するようになり、今日まで親しくいたしておるのであります。

三問　相川博は

答　私が満鉄大連本社に勤務していた時昭和十四年八月頃満州国において建国十周年記念に内地雑誌界の代表記者を招待した時、相川博が改造社を代表して来たり、その時初めて知合いとなり、その後私が東京に赴任してから親しくいたしておりました。

四問　証人は、細川嘉六・相川博等が共産主義者であることを知っていたか。

答　私が、細川、相川等と世界情勢の批判、ソ聯邦の論争性、民族問題等について話合っている時、右両名の観察は何れも共産主義の立場から論じており、私は右両名が共産主義者であると謂うことを察知したのであります。

五問　証人は何時頃から共産主義を信奉したか。

答　私は、商科大学在学中同大学教授大塚金之助の主宰する大塚ゼミナールおよび学内社会科学研究会に参加し、大塚その他学友より啓蒙指導を受け、且つ左翼文献を購読の結果昭和四年十二月頃より共産主義を信奉するようになったのであります。

六問　証人は、西尾忠四郎、西澤富夫等と所謂満鉄グループなる非合法グループを結成していたか。

答　お尋ねの西尾忠四郎、西澤富夫等も共産主義を信奉しており、私等三人は何れも満鉄東京支社調査室世界経済班に勤務しており、昭和十五年九月頃より私等は所謂満鉄グループなる非合法グループを結成し、同調査室その他に集合し、内外の客観情勢の分析批判等をなし、意識の昂揚、同志的結合の強化等を図っておりました。

七問　証人は、相川博等が細川嘉六を中心とする所謂細川グループなる非合法グループを結成しておることを何時頃知ったか。

答　私が細川、相川等と交際するようになり、相川等が同志小野康人、木村亨、加藤政治、新井義夫等と細川を中心に所謂細川グループなる非合法グループを結成し、同人等が細川方やその他に会合し、当面の内外の客観情勢を共産主義的観点より分析批判し、意識の昂揚を図っているのを知ったのは昭和十六年六月初め頃であったかと思います。

八問　先ほど述べた所謂満鉄グループと細川グループとの合体を図ったか。

答　満鉄側の私等三人が細川グループのメンバーと昭和十六年六月初め頃より満鉄東京支社調査室、同食堂等に相寄った時お互いに当面の客観情勢を共産主義的観点より分析批判している時、自然に同志が結合して一つの強力な左翼組織を結成するようになり、両グループのメンバーが集って同志的結合の強化を図ったのは昭和十六年八月十日頃東京都京橋区銀座八丁目料亭銀八において、西澤富夫がフィンランド日本公使館武官室に派遣せられ、モスコーに到着した処独ソ戦争が勃発し、フィンランド行きが不可能となり、モスコーに約一週間滞在して帰って来たので、同人の歓迎会を開いたのが最初で、次は昭和十七年五月九日頃細川グループの新井義夫が中央亜細亜協会勤務となり同人の北京出発に際しての壮行会を右銀八で開催した時、次は昭和十七年六月十五日頃同都目黒区目黒町料亭目黒茶寮で両グループ親睦会を開催し、程々意見の交換をし、国際情勢等を共産主義的観点より論議して意識の昂揚、同志的結合の強化に努めたのであります。

九問　西澤富夫のフィンランドから帰った歓迎会に出席した者は誰等か。

答　その時の出席者は、私、西澤富夫、西尾忠四郎、細川嘉六、木村亨、相川博の６人であったかと思います。

十問　会合の模様は

答　その日午後五時半頃右に述べましたメンバーが銀八に集り、先ず西澤がモスコーに滞在して見聞した独ソ戦の見透しにつき述べ、ソ聯の抗戦力を高く評価し、ドイツの形勢不利を説き、細川その他の者が之に意見を述べ、世界戦争における枢軸陣営の形勢不利を説き、尚、西澤は同志である大毎モスクワ特派員前芝確三に寄って一晩話したが、彼はソ聯では準党員の待遇を受けておるとのことを述べ、又モスクワ滞在中ソ聯の革命的文献「ソ聯政治事典」「世界植民史」「ソ聯外交史」「世界貿易並びにソ聯貿易編」「辺境民族共和国叢書」「ソ聯経済史」等を入手したから意識の昂揚の為提供するから読んでもらいたいと述べ、両グループが合体して強力なる左翼組織として活動すること等を話合い、午後八時半頃解散いたしました。

十一問　新井義夫の壮行会の模様は。

答　新井義夫の北京出発につき壮行会を開催したの

は、細川、私が主催者で、その時集った者は細川、木村、加藤、相川、新井、西尾、西澤、私の八名で、午後六時頃一同が集り、西尾が支那百題につき話し、細川、私等は独ソ戦の国際情勢を共産主義的観点より論議し、一同が同志的結合の必要を話合い、午後八時頃細川の発意で今晩全員が揃ったので好機会であるから、これから東京都品川区上大崎風見章方を訪ね、一同を同人に紹介するとのことで、風見方に行き、同人に会し、風見より私等が激励を受けて、午後十時半頃風見邸から引揚げたのであります。

十二問　目黒茶寮における親睦会の模様は。

答　その日午後六時頃細川嘉六、相川、西澤、加藤、木村、奥野七郎、私の八名が目黒茶寮に集り、最初風見が出席することになっておりましたが差支えて出席されず、奥野七郎は細川の友人で外務省嘱託をしており、親しくしているから招待したとのことで、同人は中途で帰り、残ったのは私等七名と、外に改造社から出席した二名で、私等は独ソ戦を繞る国際情勢等を共産主義的観点より論議し、同志的結合の強化、意識の昂揚等を図り、その際、細川より、「世界史の動向と日本」と謂う論文について、「この論文は政治、経済、社会、文化、哲学に亘る広汎な〇〇を取材し、世界史の発展動向を論じたもので、僕にとっては春の歌なのだ。陰気な長い冬の夜が明けて春が訪れてきた、その喜びを歌ったものだ。その意味でこの論文は心血を注いだもので極めて重要性をもつ論文だ。諸君はこの論文を期待していただきたい。論文完成の暁は私の郷里泊町に諸君を招待したい」と述べ、一同之に賛成した後九時頃散会いたしました。

十三問　その席上で斯様な話も出たのではないか。

この時相川博に対する予審第三回訊問調書記録併合第一冊一〇〇二丁十三行目より一〇〇四丁裏十一行目まで第二十三問答を読み聞けたり。

答　只今読み聞けの間、細川がその論文が勤労民衆の啓蒙、共産革命機運の醸成と全国同志の決起を促す意味において相当重要な役割を持つとか、又、木村より民族問題研究所の話等は出なかった様に思います。その他のことはお読み聞けの通りかと思います。

十四問　証人等は昭和十七年七月五日細川嘉六の招請により富山県下泊町に会合したか。

答　先ほど述べました様に、細川の論文「世界史の動向と日本」が完成した為、細川の招待により満鉄側の私、西尾、西澤、細川グループの細川、相川、木村、加藤、小野合計八人が昭和十七年七月五日細川の郷里富山県下新川郡泊町紋左旅館、同町料亭三笑楼に会合いたしました。

十五問　泊町に証人等が会合した理由は

答　私等が泊町に会合した理由は、満鉄グループと細川グループとが合流合体して積極果敢な活動を展開し、亦細川を中心として当面の客観情勢に対処すべき方策につき話合い、又、両グループが合体し一つの大きな左翼組織として活動を展開すること及び民族問題研究所設置に関すること等を話合ったので、このことを私を始め他の相川等が党再建準備会と言っておりますが、最初から党再建準備会として泊町に会合したのではありませぬ。

十六問　紋左旅館では何んな話合いをしたか。

答　紋左旅館には、私および小野、西尾、西澤、加藤、木村の六人が七月五日朝六時頃到着し、相川は山形県方面の農村座談会に出席し七月四日夜紋左旅館に到着しており、細川は午前九時頃紋左旅館に来り、一同は同旅館の離座敷八畳六畳の二間を通しにして食事をしながら日米戦争の日本を繞る客観情勢につき話合っておりますと、相川が余り尖鋭な議論を述べますので、西尾が其処にいた女中に対し「こちらから呼ぶ迄は来なくてもよい」と言って、女中を遠ざけ、一同は酒を飲みながら、この際内外の客観情勢の切迫に対処する為「細川」「満鉄」両グループが合流合体し、同志的結合の強化を図ること、当面の任務としてグループ活動の合法擬装として細川を中心に民族問題研究所の設立を速急化すること、それには官民間等の団体における同志を獲得し、グループの拡大強化を図ること等を協議決定し、且つ、我々の支持する日本共産党は労働者、農民、インテリの組織であり、「コミンテルン」の日本に関する一九三二年テーゼを全面的に採用したものであり、戦略として二段革命を採用すること、私が二段革命と言うのは革命の第一段階たるブルジョア民主主義革命から第二段階即ち社会主義革命への移行は講座派等が考えるよりも早急であり、この点で労農派に近いのでありますが、然し労農派は二段革命説を採用せず、その点で労農派とも異なるのであります。

尚、戦術としては、人民戦線戦術を採用すると言うことの性格を持つべきものであることを論じ、私が民間団体と言うのは産業報国会、帝国農会、協潤会、大政翼賛会、東亜聯盟その他の右翼団体等の合法団体より同志を獲得し、当面の任務として合法場面を利用して極力労働者、農民、知識階層に共産主義意識の啓蒙をなしてグループの拡大強化を図ること等を協議し、午前十二時頃会議を終り、私、加藤、西尾の三人は紋左旅館に休んでおり、他の五人は細川の案内で「親不知」に船で行ったのであります。

十七問　その時証人等は記念写真を撮ったか。

答　会議を終り、一同は中庭で、西尾が持っていた写真機で記念撮影をいたしましたが、西尾は写っていないと思います。

十八問　細川等は親不知から何時頃帰ったか。

答　船で行くので幾らか酒を持って行ったとのことですが、帰りは汽車で帰ったとのことで、午後五時過ぎ頃であったかと思います。

十九問　三笑楼には何時頃行ったか。

答　私等三人が紋左旅館に休んでおりますと、細川等が親不知から帰り、一同は細川の案内で同町料亭三笑楼に午後六時頃行きました。

二十問　三笑楼では何んな協議をしたか。

答　私等一同は三笑楼に行き、別棟の六畳と二畳半縁側、湯殿付の部屋に案内され、一同入浴して浴衣に着替え、宴会を始めましたが、芸者が二人来り、八時頃まで歌ったり飲んだりして芸者は八時頃帰り、女中は母屋の方にいて用事がある時ベルを押して呼ぶ様になってい て、女中も母屋の方におり、私等一同は雑談の形で紋左旅館において協議したと同様のことを話合い、特に、三笑楼では、民族問題研究所の構成並びに人的配置等につき具体的協議をしたのでありますが、三笑楼においても我々の支持する共産党の性格につき木村、加藤等は日本における経済恐慌は急激に政治的危機に発展すると述べ、私は之に対し、日本においては封建的残存物のためその発展はそれ程急激でない。例えば、天皇制の〇〇〇がその急激な発展を妨げている。この天皇制は三二年テーゼでは直ちに打倒を唱えているが、それは実状に〇応した好政策ではない。天皇制は変化しているのだから、ブルジョア王政への変化と謂うスローガンで行かねばならぬ。又そう言うスローガンで行っても差支えないと思うと述べ、木村が天皇制の民族的基礎に就いて又それと関連して敗戦主義の〇〇ならざることを説き、私を始め一同之に賛成し、大衆動員の方法及び組織について細川が政治性なき民衆を如何に動員し組織すべきかにつき述べ、之に対し、一同が隣組制、大政翼賛会等の利用が必要であると述べ、西尾がインテリ同志獲得のため合法性を利用することを強調し、又、風見との連絡利用方法につき述べ、最後に民族問題研究所の構成、人的配置につき相川、加藤が〇〇を述べ、それに一同賛成したのであります。

午後十時半頃会議を終り、午後十一時頃一同は紋左旅館に帰ったとのことでありますが、私と相川は途中ぶらぶらして皆よりさし後れて紋左に帰りました。

二十一問　民族問題研究所の組織並びに人的配置につき相川は斯様に述べておるが何うか。

この時被告人相川博に対する予審第四回訊問調書記録併合第一冊一〇二五丁裏三行目より一〇二六丁裏十二行目までを読み聞けたり。

答　人的配置等は只今お読み聞けの通りであったと思いますが、細川の指名ではなく、相川が細川と相談したかも知れませぬが、相川の提案に対し細川始め一同が賛成したのであります。

二十二問　三笑楼の会合につき相川博は斯様に述べているが何うか。

この時前同調書記録併合第一冊一〇一八丁十三行目よ

り一〇二三丁二行目までを読み聞けたり。

答　大体お読み聞けの通りであったかと思いますが、相川は余り先鋭的言葉を以て述べておる様に思います。私等は党再建準備会として協議したのではなく、ただ同志が会合し雑談の形式でお互いに意見の交換をし話合ったので、相川が言う様な過激な言辞は用いませんでした。

二十三問　相川博は紋左旅館、三笑楼において会議の模様につき斯様に述べておるが何うか。

この時前同調書記録併合第一冊一〇二三丁裏一行目より一〇二五丁裏五行目までを読み聞けたり。

答　お読み聞けの内、相川は党再建準備会なる非合法グループを結成したと述べておりますが、細川、満鉄両グループが合流合体し、同志的結合の強化を図った程度で、相川はそのことを左様に言っておるのであると思います。私等が紋左旅館、三笑楼において話合ったことは大体お読み聞けの様な趣旨のことであったと思います。

二十四問　紋左旅館及び三笑楼における会議の時の座席の模様はこの通りか。

この時被告人相川博に対する予審第六回訊問調書添付の略図記録併合第一冊一二二〇丁を示す。

答　紋左旅館、三笑楼での私等の座席の模様は大体お示しの略図の通りであったかと思います。座席は各自が話の都合によってときどきその位置を変えたことがあります。

証人　平館　利雄

右読み聞け云々

署名拇印したり。

前同日

横浜地方裁判所

裁判所書記　細谷　清

予審判事　石川　勲蔵

◎――――◎

平館利雄・第二回証人訊問調書

証人訊問調書

証人　平館利雄

細川嘉六・相川博に対する治安維持法違反被告事件につき昭和十九年十一月二十七日横浜地方裁判所において予審判事石川勲蔵は裁判所書記細谷清立会の上前回に引続き右証人に対し訊問すること左の如し。

一問　証人は泊から何日頃帰ったか。

答　七月六日朝、相川は他に用事があるとて朝早く一人で出発し、私等一同は朝食を共にし、午前十時頃西尾が紋左旅館の玄関の所で私等の写真を写し、細川が駅まで見送ってくれて、細川を除く六人は午前十一時頃の汽車で泊を発ち、途中私は他の者と別れ、柏崎に二泊し、八日横浜に帰りました。

二問　証人は泊町で協議した事を益田直彦に話したか。

答　他のメンバーの者が益田に私等が泊で協議した事を話したか何うか知りませぬが、私からは同人に何も話しておりません。

三問　証人等は、昭和十七年七月十日頃満鉄東京支社地下食堂に細川の論文「世界史の動向と日本」の事につき会合したか。

答　その日午後三時頃泊に行った者の内、小野を除き他の七名が全部満鉄地下食堂に集り、細川より同人の論文「世界史の動向と日本」の内容につき一同に検討して呉れと言ってその内容を説明し、私等一同もその論文が共産主義的啓蒙論文でありましたが、細川の意見に賛成し、その論文は昭和十七年八月、九月の雑誌改造に連続掲載する事については相川、小野等の改造編輯関係者と検閲に抵触せざる様にして発表する事になって居て、相川が検閲の方は自分等が責任を持つと言っておりましたから、その論文の掲載発表の可否については何も協議いたしませんでした。

四問　その論文は之か。

この時昭和十九年地押第一一六号の二一の一、二を示す。

答　お示しの論文に相違ありませぬ。

五問　その論文の内容は。

答　世界史の動向を政治・経済・社会・文化の各方面より検討し、社会主義社会への移行が世界史の必然性なる事を証明し、日本も亦此の必然性に従うであろう事を暗示した共産主義的啓蒙論文であると思います。

六問　その論文につき、相川は斯様に述べているが何うか。

この時被告人相川博に対する予審第四回訊問調書記録併合第一冊一〇三〇丁裏一二行目より一〇三一丁裏二行目迄第十四問答を読み聞けたり。

答　大体お読み聞けの様な趣旨の論文であります。

七問　その時右論文以外の話も出たか。

答　論文の内容を検討し、その論文を雑誌改造八月、九月号に掲載発表する事になり、その後で一同は独ソ戦を繞る内外の諸情勢を共産主義的観点より論議し、相互に意識の昂揚に努め、午後五時頃散会いたしました。

八問　証人等は昭和十七年七月下旬及び九月上旬頃満鉄地下食堂において民族問題研究所の事につき協議したか。

答　私等が泊からかえって来て民族問題研究所の組織構造・人的配置・資金確保の方法等につき協議したのは昭和十七年七月二十六日頃及び同年九月五日頃の二回満鉄地下食堂に会合したと思います。

九問　七月二十六日の会合の模様は。

答　その日午後二時頃過ぎ満鉄地下食堂に、細川、相川、西尾、西澤、木村、加藤、私の七人が会合し、細川の論文「世界史の動向と日本」が大変評判が良く時評を○（以下、○は読み取り不明）しておる事を一同は話合い、細川も「全国の同志が之に依って決起すると迄行かなくとも、決起する覚悟と意気をさしても○ては幸いである」と述べ、加藤が民族問題研究所の組織○○等につき泊で話合った事を更に具体化すべく素案を作り之を一同に示し、「○○は資金の点で三十万円を目標として獲得せねばならぬが、資金の点についても協力して貰い度い」と述べ、之に対し、私は「相川、加藤と言わず、同志全員が一丸となって設立に努力すべきである」と一同を激励し、民族問題研究所の組織・構成・人的配置・資金確保等につき一同具体的協議をなし、午後五時頃散会いたしました。

十問　その時の協議につき相川博は斯様に述べているが何うか。

この時被告人相川博に対する予審第五回訊問調書記録併合第一冊一〇三八丁裏三行目より一〇四〇裏六行目迄第四問答を読み聞けたり。

答　大体お読み聞けの趣旨の様な事でありました。

十一問　九月五日の会合の模様につき相川は斯様に述べているが何うか。

この時前同調書記録併合第一冊一〇四〇丁裏七行目より一〇四三丁裏八行目迄第五問答を読み聞けたり。

答　お読み聞けの通り相違ありませぬ。

十二問　細川嘉六が検挙せられた事を何時知ったか。

答　昭和十七年九月十六日午後二時頃相川より細川が同人の論文世界史の動向と日本を雑誌「改造」昭和十七年八、九月号に掲載した事につき九月十四日検挙せられたことを聞き察知いたしました。

十三問　その日証人等はその事につき会合したか。

答　私等はその日相川より細川検挙の事を聞き、その対策につき協議すべく、満鉄地下食堂に、私、相川、西尾、西澤、加藤、木村の六人が会合し、相川より細川検挙の状況を報告し、「自分等も検挙せられるかも知れぬ」と述べたので、私は同人に元気をつける為「この事は相川ばかりの責任ではなくて、一同が責任を負わねばならぬ。それ故細川なき後も我々は急速に民族問題研究所を設立継続し、既定方針に基き積極的に活動を継続し、我々グループの強化を図らなければならぬ」と述べ、それに対し、西尾が強化策として「大阪商大教授名和統一を糾合して参加を求めては何うか」と述べ、「同人は大阪において積極果敢に活動している有力な共産主義者で、西尾は同人と懇意にしている」と言って、名和獲得の事を申出たので、一同之に賛成し、相川は「細川先生の留守宅の事については全責任を持つ」と述べ、一同は細川に対し年末のボーナス期に応分の醵金をして細川の家族を救援する事を協議しましたが、その日の会合は午後二時頃から午後四時頃迄かかったと思います。

十四問　その時証人等は細川の為醵金したか。

答　その日は細川の家族の救援を協議しただけで、醵金した者はありませんでした。

十五問　救援金の係を決めたか。

答　細川救援金の係は相川、西尾に一任いたしました。

十六問　証人は幾ら醵金したか。

答　私も出す事に致しておりましたが、都合で未だ細川の為醵金しておりません。

十七問　証人が名和統一と知合いになった関係は。

答　私が満鉄大連支社に勤務していた時、重慶抗戦○○○会が昭和十四年六月末頃上海において開催せられ、その委員会に出席した時、大阪商科大学教授名和統一が満鉄上海事務所嘱託として同委員会に出席した為、同人と知合いとなり、その後勤務の関係上親しくなり、私が昭和十四年十二月東京支社に転勤してからも交際を続けており、その後名和も大阪に帰り、時々上京した際には西尾か私の所を訪ねる様になり、昭和十七年十一月頃より親しく交際する様になりました。

十八問　証人は名和統一が共産主義者である事を何時知ったか。

答　私は名和の著書日本棉業論を通じ、又彼と会って話合った時等に彼が共産主義者であると思いましたが、西尾も私等が昭和十七年九月十六日細川の検挙対策等につき協議した時名和獲得の事を申出たので、その頃より私が思った通り共産主義者である事を知ったのであります。

十九問　昭和十七年十一月四日頃証人等は名和統一と会合したか。

答　昭和十七年十一月四日午前十一時頃○○、西尾が名和と連絡していて、東京支社調査室に名和、西澤、西尾、木村、私の五人が集り、その時西尾が電話で加藤、相川に連絡しましたが不在のため連絡つかず、私等五人は東京都芝区虎の門料亭亀清に会合致しました。

二十問　その時の事情を述べてみよ。

答　その時私等五人は二階六畳間で昼食し乍ら独ソ戦を繞る内外の客観情勢を論じ、名和は当時「大阪において内田穣吉等と共に大阪のインテリを糾合して意識の昂揚を図っておるが、大阪では東洋紡績経済研究所、一名棉業研究所を設立すべく計画中である」と述べたので、私は「その本部か支部を東京に置いて、東西相協力して知識の交換、調査研究活動を共にして頂き度い」と申し、名和は「大阪に棉業研究所が設立されたら考慮しよう」と答え、その時西尾は東京で民族問題研究所の設立を計画しおるが、甚だ資金等の関係から困難であると話し、他の者も大阪の棉業研究所の本部か支部を東京に置くように名和にお願いいたし、午後一時半頃亀清を出て一同は近所の喫茶店晩翠軒に参りました。

二十一問　その際名和統一が東京の証人等のグループに参加して共に活動しようと話合ったのではないか。

答　その時は名和も自重しており、細かい点は話さず、私等も名和が共産主義者であると謂う事は知っておりましたが、どの程度であるか判りませんので、そこ迄突っ込んだ話はいたしませんでした。

二十二問　晩翠軒では何人位寄ったか。

答　私等が五人で亀清から晩翠軒に行きますと、相川、加藤も来ていて、七人が会合いたしました。

二十三問　その時の会合の模様は。

答　晩翠軒では、名和、西尾、西澤、木村、加藤、相川、私の七人が二階に上り、亀清で話したと同様、大阪に設置される棉業研究所の本部を東京に置くべきか、大阪に置くべきかの話が出て、大勢は東京が政治経済の中心だから本部を東京に置くべきだと主張し、之に対し、名和は「出資者も略々決定していて、出資者や他の同志の意見を聞き、その結果を報告する」と述べ、一同之に賛成し、最後に国内外の諸情勢及び日本革命の見透し等を論じ、相互に意識の昂揚に努め、午後三時頃散会いたしました。

二十四問　その時の会合につき相川は斯様に述べているが何うか。

この時前同調書記録併合第一冊一〇五五丁三行目より一〇五八丁二行目迄第十六問答を読み聞けたり。

答　お読み聞けの内、最後に私が「重大懸案であった研究所設置計画が細川検挙により一頓挫を来したが、今日の協議で一層確実になり、お互い積極的に活動しよう」と述べた様になっておりますが、その時左様な事は述べなかったと思います。

その時の様子はお互いに積極的に活動しようと謂う空気でありました。その他の事はお読み聞けの様な事であったと思います。

二十五問　晩翠軒を出てから何処へ行ったか。

答　私等は午後三時頃晩翠軒を出て、再び満鉄東京支社調査室に帰りましたが、相川、木村は帰ったので、私、名和、西尾、西澤、加藤の五人が其処で国内外の時事問題につき意見の交換をし、その時西澤よりソ聯の情勢報告があり、午後四時過ぎ頃一同は散会いたしました。

二十六問　昭和十八年一月三十日頃証人等は名和と亀清に会合したか。

答　その日正午頃西尾の連絡により東京支社調査室

に、私、名和、西尾、西澤、木村、加藤、相川、浅石の八人が会合し、一同は料亭亀清に行き、二階八畳の間で食事し乍ら協議をいたしました。

二十七問　その会合の模様は。

答　その時の会合では、昭和十七年十一月四日私等が亀清、晩翠軒で協議したと同じような事を話合い、名和も東京のグループを中心として運動を展開する事を喜び、連絡協調の話が終って、私が話題を変えて、私の友人小倉章平の山田盛太郎著日本資本主義分析の批判につき私は日本資本主義の封建的残存物、特に地主のブルジョア化につき講座派より之を高く評価している事を紹介し、名和は之に対し、「色々の意見があると自己の意見を留保してよく考えてみよう」と述べ、次に相川が農村の窮乏化しつつある事を述べ、午後二時頃亀清を引揚げたと思います。

二十八問　その時の会合につき、相川は斯様に述べているが何うか。

この時前同調書記録併合第一冊一〇五八丁三行目より一〇六二丁一三行目迄第一四、一五、一六問答を読み聞けたり。

答　大体お読み聞けの様な趣旨の事でありました。

二十九問　証人等は亀清を引揚げ、風見章を訪問したか。

答　私等が亀清に居る時西尾の発案で、名和を風見に紹介する事になり、一同は東京都品川区上大崎風見章方を訪問いたしました。

三十問　風見方では何んな話が出たか。

答　その日午後三時頃私等一同は風見章にお会いし、先ず西尾が大阪商大教授名和統一を紹介し、独ソ戦を繞る国際情勢を論じ、「大いに若い者はやり給え」と激励せられ、雑談の末午後五時頃一同は風見邸を辞し、同都芝区三田通り料亭今半に参りました。

三十一問　今半に於ける会合の模様は。

答　今半では、私、西尾、西澤、名和、木村、加藤、相川、浅石の八人が二階奥八畳の間で夕食をし乍ら先刻会って来た風見の人物批評をし、又、独ソ戦を繞る国際情勢、日本革命の展望、民主主義革命の見透し等を論じ、検挙せられた尾崎秀實、細川嘉六等の健康を祈り、更に、名和の健闘を激励して、午後八時半頃散会いたしました。

三十二問　その会合につき、相川は斯様に述べているが何うか。

この時前同調書記録併合第一冊一〇六三丁一一行目より一〇六四丁一三行目迄第十八問答を読み聞けたり。

答　只今お読み聞けの様な趣旨の話もありました。

三十三問　今半を出てから何うしたか。

答　私は一同と今半を出て、名和と再会を約し帰宅いたしましたが、他の者は銀座の方に出掛けました。

三十四問　その後証人は名和等と会合したか。

答　その後私は西尾から昭和十八年三月十五日頃名和が検挙せられたと聞き、私も同年五月十一日検挙せられ、今半で別れて以来名和等とは会っておりませぬ。

私と同時に益田、西澤が検挙せられ、引続き、西尾、相川、木村、加藤、小野、新井等が検挙せられたとのことで、その後のことは判りませぬ。

右読み聞け云々
署名拇印したり。

前同日

横浜地方裁判所
裁判所書記　細谷　清
予審判事　石川　勲蔵

木村亨「手記」

手記

木村　亨

私はコミンテルン並びに日本共産党の任務・目的に副うために活動の遂行を意図致しまして、一方、中央公論社に於いて左翼的啓蒙活動を展開すると同時に、他方、昭和十五年末頃より共産主義者細川嘉六を中心に私を始めとして、相川博、加藤政治、浅石晴世、小野康人、新井義夫等の共産主義者が結集して共産主義グループを結成し、前記の意図、目的を以て現情勢に対処す可き当面の任務、方針を協議決定し、三々五々相会しては客観情勢の分析批判、革命の展望等をなし、特に、私は右の加藤、浅石を誘って国内右翼団体利用方策検討の為に日本右翼運動史研究会を開催する等相当活発な活動を展開して参ったのであります。

然るに、私共と同じく、細川嘉六を中心として満鉄東京支社調査部に於いても、平館利雄、西沢富夫、西尾忠四郎、益田直彦等の共産主義者が、同様共産主義グループ、所謂「満鉄組」を結成して居りましたので、私は昭和十七年二月頃、之を左翼的出版計画「アジア民族発展史講座」の刊行活動に動員し、中央公論社の左翼的利用に協力せしめると共に細川グループの理論的見地の高度化のために、嘗ての「日本資本主義発達史講座」（岩波書店刊行）が示した理論水準を抜くマルクス主義的成果を期して、右の平館等満鉄組を主とする執筆者全員の共同研究会を開催し、可なりの成果を収めたのであります。

この間に於いて私共は、細川嘉六を中心とする二つのグループを合体せしめて所謂細川グループを拡大強化すべき必要を痛感し、同志の間に其の合体気運が醸成せられつつありましたので、両グループの合流合体を図る目的を以て、昭和十七年五月上旬頃新井義夫渡支壮行会並びに昭和十七年六月中旬頃目黒茶寮会議等を開催し、両グループ全員（浅石のみ病気のため欠席）出席の下に細川を中心に国家内外の政治的・経済的・軍事的諸情勢を検討批判し、相互に意識の昂揚を図って親睦を強化したのでありますが、右の二会合を通じて両グループ合流の気運は頓に濃厚となったのであります。

然るに、次いで、昭和十七年七月五日頃富山県泊町に於いて、旅館紋左、料亭三笑、両会議の開催に至って、右の合流合体は完全に成功し、茲に細川グループは所期の如く飛躍的に拡大強化せられ、急速に所謂党再建準備組織を結成確立するに至ったのでありまして、今や極度に衰微弱体化せる日本共産党勢力を挽回し、再び之を盛立てる有力なる支援組織たらしめると共に、やがては其の発展強化に伴い自ら日本共産党の中心的勢力たらしめんと意図したのであります。

斯の如き重要意義を有する泊会議の決議事項を要約して申し上げますと、即ち、先ず、客観情勢の分析批判の結果、今次大戦、帝国主義世界戦争の一翼たる日本の大東亜戦（対英米支帝国主義戦）は緒戦に於いて軍事的勝利を獲得したが、国内資本主義経済の自己矛盾と占領地域並びに全アジア民族の反帝国主義独立闘争に因って危機に直面する日が意外に近迫して居り、昭和十八年秋頃から一般的革命情勢に入るであろうと云う革命の見透しの後

一、民族問題研究所設立の件
一、組織方針、活動方針
一、戦略、戦術
一、分担、任務

等を協議決定したのでありますが、民族問題研究所の設立は私共中核体組織の擬装（?）として必要不可欠の合法的研究機関でありますから、早急の実現を要望せられたのであります。次いで組織方針は申すまでもなく、労働者、農民等の革命的主体階級の組織を第一に、インテリ層の啓蒙組織をも重大なりとなし、活動方針即ち行動綱領としましては未だ表面に反帝スローガン及び反天

スローガンを掲示すべきでないことを主として清室空屋の申し合せをもなし、更に、戦略戦術としましては一九三二年並びに一九三五年の両コミンテルンテーゼを踏襲採用することに決定し、特に合法場面の最大限の利用に関しては意を用いることとなし、此の会議を終了したのであります。

泊以後に於ける私共の活動は勿論右の決議に基くのでありますが、之を列挙致しますと、

一、細川論文「世界史の動向と日本」掲載活動
一、民族問題研究所設立準備活動
一、細川検挙回避対策活動
一、細川検挙後対策協議並びに細川救援活動
一、名和グループ獲得連絡活動

等でありました。

私自身の活動は、即ち

一、民族問題研究所設立準備活動
一、農村に対する働きかけ（調査活動）
一、右翼団体「東亜連盟」利用活動
一、中央公論社内グループ拡大強化活動
一、浅石晴世獲得活動

等でありまして、全精力を傾注して右の諸活動を遂行し、極めて効果的な成果を収めたことを確信いたします。

尚、此の間私は終始中央公論社の出版編輯に左翼的利用活動を展開して参りましたが、其の成果も亦甚大であったと存じます。

昭和十九年四月二十八日

被告人　木村　亨

山根検事　殿

■泊の旅館と料亭の主人の証言

【解題】細川嘉六の招きで7人の編集者・研究者が富山県泊へ行って宿泊したのが旅館「紋左」、宴会を開いたのが料亭「三笑楼」である。特高、司法当局はここを「泊会議」の現場と決めつけ、その〝証拠〟を得ようと特高は泊まで行き、旅館「紋左」の女将・柚木《ゆのき》ひさと、料亭「三笑楼」の主人・平柳梅次郎を追及した。

その後、予審判事・石川勲蔵も自ら泊へ行き、泊警察署で二人を訊問した(他にも六名を訊問)。ここに掲載するのは、その際の二人の予審訊問調書と、富山にあって長く横浜事件を調査・研究し、その実相を伝えてきた奥田淳爾・元洗足学園魚津短期大学教授による解説である。

いずれも、『泊・横浜事件　端緒の地』(「泊・横浜事件　端緒の地」建立委員会)より引用させていただいた。

＊

「紋左」女将　柚木ひさのことなど

奥田淳爾

太平洋戦争がはじまり、東京ではなかなかおいしい物が食べられなくなってきた昭和17年7月、細川嘉六は日頃世話になっている若者たちを郷里の泊町に招き、新鮮な魚や山菜でもてなした。その時、旅館紋左の中庭でとった一枚の写真から、翌18年の5月、共産党再建会議がデッチ上げられた。写真をみると、中庭でくつろいで並ぶ7人の男たちには非合法な会議に集まる緊張感など微塵もみられない。

戦慄すべき拷問の連続によって、全く無実の人々を獄につないだ特高は、関係者を逮捕してから5ヶ月もたってから、会議の立証をするために、泊町にやってきた。理不尽な逮捕、残忍な取調べをつづけた特高達は、高の知れた田舎町の連中を見くびってかかっていたふしがある。

彼らはまず細川一行が宿泊した、料理旅館屋の女将柚木ひさを泊警察署に出頭させた。柚木ひさは細川嘉六と小学校の同級生で、ずっと懇意にしており、細川は夫人同伴で紋左で宿泊したりもしていた。特高は高圧的な態度で臨み、強引に会議をやっていたとの言質を取りにかかった。長く恐ろしい、地獄のような取調べであった。しかし、ひさはこの男たちが言わせようということを少しでも喋ると細川さんに申し訳ない、若い人たちを罪におとすことになると思いつづけ、耐えつづけた。そのうち、うそに引きずり込まれない、あったことだけしか話さないと腹をすえた。

昭和19年11月12日の泊警察における証人柚木ひさの予審尋問調書は別掲のとおりであり、事実をありのままに語っているおかげで、非合法会議のなかったことがかえって明白になってくる。この調書だけで、すみやかに再審をひらき無罪判決をすべきである。

紋左の女将から肝心のことを何も聞けなかった特高達は、三笑楼の平柳梅次郎へ尋問をはじめた。三笑楼では芸者を呼んで派手な宴会をやっている。その日三笑楼に居合わせていた、親類の花房しげは、板場にいた梅次郎の父佐次右衛門をみた細川が「トト（父）お前さまも飲まっせ。」と声をかけているのを見ている。

およそ非合法な会議など行われる雰囲気ではなかったことはこれだけで分かるわけだが、横浜の特高は平柳をしめつけ、会議を立証できそうな手がかりをつかもうとした。泊署に出頭させてからの追及はすさまじく、威嚇したり、罵声を浴びせたり、拷問まがいのことを長々と行った。梅次郎は「悪いこともせん細川さん達が痛ましい」と思い、頑張り抜いた。当時梅次郎は妻ツネを失って悲嘆にくれているときであった。取調べに協力させられた泊警察署の署長は、後日梅次郎に「あんな中で頑張りとおしたお前は、大した男だ」と耳うちしている。

特高はさらに親不知まで一行を案内した船頭の青木二三、三笑楼に招ばれた芸妓の青木ヨシ子、宴席には出ていない料理人、玉撞場のゲーム係まで呼んでいる。そのほか、紋左で女中をしていた大谷澄子、三笑楼の女中であった吉田文子が東京で働いているのを知るとこの二人を横浜にまで出頭させている。

泊警察署における平柳梅次郎の予審尋問調書ものせるが、これだけしか言わなかった泊の人たちを私は誇りに思っている。

◎――――◎

予審訊問調書

証人　柚木　ひさ

昭和一九・一一・一二　於泊警察署

一問　氏名、年令、職業及び住所は如何。

答　氏名は　柚木ひさ

年令は　当五十六年

職業は　料理屋兼旅館業

住居は　富山県下新川郡泊町沼保千百八十四番地

二問　証人は、紋左旅館を経営して居るか。

答　私方は三代前から肩書地で営業して居りますが、最初は料理屋だけでありましたが私の先代から旅館業を経営し、紋左旅館と言ふ屋号で今日迄営業して居ります。

三問　証人は、細川嘉六を知って居るか。

答　細川さんは泊町の人で小学校も同じであった関係上、よく承知して居ります。

四問　平館利雄　相川　博　西尾忠四郎　西澤富夫　小野康人　加藤政治　木村　亨　はどうか。

答　それ等の方は存じませぬ。

五問　昭和十七年七月五日細川嘉六が右の者等を連れて証人方に来たか。

答　私方の宿泊人名簿に依りますと、お尋ねの頃細川嘉六　西尾忠四郎　加藤政治　木村　亨　西澤富夫　平館利雄　相川博　小野康人

の八人が私方においでになった事は間違ありませぬ。

宿泊人名簿では、

加藤虎二　木村三郎

となって居ますがそれは書き間違ひかと思ひます。

六問　証人方に細川嘉六等が宿泊した当時の事情を述べてみよ。

答　七月四日の夜十一時頃であったかと思ひますが、細川嘉六の弟で泊町に於て土地建物周旋業をして居る顔馴染の、細川直次郎が、相川さん、とか言ふ人を案内して来り、明朝一番の汽車で兄嘉六が他のお客を五、六人連れて来るから宜しく頼む、と言ったので、其の人を二階に案内し、翌朝午前六時過頃、六人のお客さんが、細川さんを訪ねて来たので、私は裏の座敷八畳にお通しして朝食の用意をして居りますと、細川嘉六さんが一人で来り、今日は若い者に新しい魚でも喰わせて上げ様と思って連れて来たから宜しく頼むと言はれ、其の内食事の支度が出来、午前八時半頃八人は室で話をしながら食事されたのであります。

其の時の女中は、大谷澄子一人が居て、同女中がお給仕をしたと思ひます。

七問　其の時、酒を飲んだか。

答　朝食でありましたので、酒もビールも出さなかったと思ひます。

八問　其の時細川等は何か重要な話合でもして居たか。

答　私は座敷には出ませぬから其の辺の事は判りませぬ。

九問　食事が終ってから、一同は親不知の方に行ったか。

答　朝食が終ってから、細川さん等は皆と色々お話をして居られて、午前十一時頃かと思ひますが、親不知に行くと言はれ、私方で船頭を二人、青木興太郎、青木一平に依頼し、細川さん等五人は親不知に行き、三人は座敷に残って休んで居りました。

一〇問　親不知に米や酒を持参したか。

答　酒一升、醤油一升を瓶の儘船に持って乗り、米は持って行きませんでした。

船中で波が高く、魚が取れなかったとの事で、酒も醤油もさして使はず、其の儘持って帰ってくれました。

一一問　親不知に行く前、一同は記念撮影をしたか。

答　八人の内で誰か写真機を持った人が居て、親不知に行く前か六日朝出発の時か存じませぬが、中庭で写真を撮って居りました。

一二問　親不知から細川等は何時頃帰ったか。

答　其の日午後五時四十何分泊着の汽車がありましたので、其の汽車で細川さん等が帰って来たと思ひます。

一三問　親不知から帰って来てからどうしたか。

答　細川さん等一同は、午後六時頃、私方から料亭三笑楼に行かれました。

一四問　何時頃帰って来たか。

答　午後十一時頃、細川さん等は私方に帰り、御飯を出しましたが、そう沢山ビールや酒を飲んだ様子もみへず、良い気持ちになられたと言う程度でありました。御飯の時はお茶漬位でお酒は出しませぬでした。

一五問　細川等は何日頃帰ったか。

答　翌六日朝、細川さん等八人は朝食をして、細川さん一人が私方に残り、七人は十時過ぎの汽車で発たれ、細川さんは六日、七日お泊りになり八日の朝発たれて帰られました。

一六問　此れが証人方の宿泊人名簿か。

（此の時昭和十九年地押四〇号の九十四を示す）

答　それに間違ありませぬ。

一七問　此の色紙は。

（此の時、前同号の九十五、九十六を示す）

答　お示しの色紙は、細川さんが私等夫婦に記念の為め書いて呉れたのであります。

一八問　其の時の宿泊料金は幾ら受取ったか。

答　全部で五十円余り、細川さんから受取りました。

証人　平柳梅次郎

◎――――◎

予審訊問調書

昭和一九・一一・一二　於泊警察署

一問　氏名、年令、職業及び住所は如何。

答　氏名は　平柳梅次郎

年令は　当四十一年

職業は　飲食店営業

住居は　富山県下新川郡泊町沼保二百七十七番地

二問　証人は、三笑楼という料理屋を経営して居るか。

答　私の父、平柳佐次右ェ門が、明治二十八年頃より現在の所で三笑楼の屋号で料理屋を始め、私の妻平柳ツネが昭和十八年十月二十七日死亡する迄、私名義で経営し、現在では私が経営致して居ります。

三問　証人は、細川嘉六を知って居るか。

答　私の父、佐次右ェ門と細川嘉六の父が懇意にして居り、細川嘉六は泊町の出身者で、泊に帰って来る時に私方においでになるのでよく承知して居ります。

四問　昭和十七年七月五日細川嘉六が証人方に来たか。

答　当時お客の方は妻が一切世話をして私は調理場の方をやって居たのでありますが、細川さんは、昭和十七年七月五日、午後五、六時頃七人のお客を連れて私方に来られまして、離れの六畳と二畳半にお通ししたと聞いております。細川嘉六さんは、おいでになる一週間前私宛に近い内に行くから頼むと言ふ手紙を寄越して、おいでになったのであります。

五問　其の時の事情を述べてみよ。

答　お座敷は離れの六畳と二畳半で、妻のツネと、当時私方に居た女中、吉田フミが接待して居て、私方の料金領収書に依れば、其の時、若ツル、てる子の芸者が二時間来た事になって居りますが、お座敷の模様は私にはよく判りませぬ。

吉田フミは、只今東京の方に勤めに出て居るとの事であります。

六問　其の時、酒ビールをどの位飲んだか。

答　当時夏でありまして、酒は一ヶ月三、四升の配給を受けて居たので、月初ではありますし、大した酒は出ていないと思ひます。

ビールは、一人に二本平均としても、八人で十六本位出したかと思ひます。

七問　何時頃迄居たか。

答　其の日、午後六時頃より宴会が始まり、芸者二人は約二時間位居て帰り、お客さんはそれから一時間か一時間半位して帰られたと思ひますから、十時頃には一同引揚げられたと思ひます。

八問　芸者が帰ってから、何か談合でもして居たか。

答　其の辺の事は、私には判りませぬ。

九問　其の時の勘定は幾らか。

答　料金領収書に依りますと、十五円二十二銭となって居りますが、それは妻が税金の関係で左様に書いたものと思ひますが、其の時は御馳走も相当出しましたので、少なくとも一人前五円は貰って居りますから、何やかやで合計五十円位は貰ったかと思ひます。

何にしろ妻が一切やって居りますので私にはよく判りませぬ。

一〇問　証人は、

相川　博　平館利雄　西尾忠四郎　西澤富夫　小野康人
加藤政治　木村亨

等を知って居るか。

答　それらの人は、私は存じませぬ。

一一問　これが証人方の料金領収書か。

（此の時、昭和十九年地押第四〇号の九十九番号〇〇二八二の部分を示す）

答　お示しの料金領収書は、私方のもので先程のべました様に、妻が一切やって居りましたので、お客も細川様二名となって居りますが、それも間違であります。

一二問　此の色紙は。

（此の時、前同号の百を示す）

答　お示しの色紙は、昭和十七年七月五日夜、細川嘉六が私方にお客七人を連れて来られた時、私の父に書いて呉れた物と思ひます。

【解題】　横浜事件のきわだった特徴の一つは、特高が自分たちの用意したシナリオに沿って「犯罪事実」をつくりあげていったことである。そのさいの材料となったのが、被疑者の「自白」だった。拷問による自白をつなぎ合わせて「共産党再建」や「共産主義宣伝」のストーリーをこしらえたのである。

しかし数人ないし十数人の自白を組み合わせるのだから、どうしてもほころびが出てくる。その最大のほころびが「泊会議＝共産党再建準備会」だったが、そのほかにも特高の作る物語にはつくろいようのない矛盾が生じていた。

次に引用する橋本進論文「雑誌編集者から見た横浜事件」が指摘する、細川論文掲載の『改造』8月号の編集会議が行われた日付と発売日の関係がそれである。

この決定的な矛盾に着目した橋本は、戦後まもない一九四八年に中央公論社に入社、五〇年代から六〇年代にかけ『改造』と並ぶ総合雑誌『中央公論』の編集部に所属した（最後は次長）。その経験から、特高が設定した細川論文掲載の段取りは絶対になりたたないことを論証する。

なお、「泊会議」をめぐる矛盾については、このあと小野康人の「予審終結決定」と「判決」を並列することによって誰の目にも明らかとなる。

＊

雑誌編集者から見た横浜事件

橋本　進

（『世界』一九九九年10月号所載・抜粋）

三　原判決の架空性

私は東京高裁の棄却理由批判の文章を書いた（『支援する会ニュース』第三七号、九八・一〇）。その際、横浜地裁、東京高裁が後生大事に正当な公判・判決であったとする原判決の事実誤認、というより創作というべきくだりに気づいた。うかつな話だが、これまで原判決を何度も読みながら見すごし、したがってこれまで誰も指摘しなかったポイントである。

小野、西沢氏の「犯罪事実」

第二次再審請求の主題、小野康人氏の「犯罪事実」の「第二」はつぎのとおりである（原文。二、三の漢字を仮名にし、句読点のみ補った。傍線は引用者。以下引用文書はすべて同様。文中の押収番号は略）。

「第一、昭和十七年七月中旬頃開催セラレタル雑誌『改造』の編輯会議ニ於テ、相川博ガ細川嘉六執筆ニ係ル『世界史ノ動向ト日本』ト題スル、唯物史観ノ立場ヨリ社会ノ発展ヲ説キ、社会主義ノ実現ガ現在社会制度ノ諸矛盾ヲ解決シ得ル唯一ノ道ニシテ、我国策モ亦唯物史観ノ示ス世界史ノ動向ヲ把握シテ、ソノ方向ニ向ッテ樹立遂行セラルべキコト等ヲ暗示シタル共産主義的啓蒙論文ヲ、雑誌『改造』ノ同年八月号及九月号ニ連続掲載発表ヲ提唱スルヤ、被告人ハ該論文ガ共産主義的啓蒙論文ナルコトヲ知悉シナガラ之ヲ支持シ、編輯部員青山鉞治ト共ニ八月号ノ校正等ニ尽力シテ、該論文ヲ予定ノ如ク掲載発表シテ、一般大衆ノ閲読ニ供シテ、共産主義的啓蒙ニ努メ、……以テ『コミンテルン』及日本共産党ノ目的遂行ノタメニスル行為ヲナシタルモノナリ」。

小野氏と同一法廷で有罪とされた西沢富夫氏の「犯罪事実」のうち、細川論文に関する箇所はつぎの通り。

「第四　昭和一七年七月十日頃東京都赤坂区葵町『満鉄』東京支社地下食堂ニ於テ、細川嘉六、相川博、西尾忠四郎、平館利雄、木村亨、加藤政治等ト会合シ、独ソ戦ヲメグル内外ノ諸情勢ヲ共産主義的観点ヨリ論議シテ、相互ニ意識ノ昂揚ニ努ムルト共ニ、右細川嘉六ノ執筆ニ係ル『世界史ノ動向ト日本』ト題シ（以下、小野判決と同文）、共産主義的啓蒙論文ヲ、雑誌『改造』ノ同年八月号及九月号ニ連続掲載発表スルコトニ付協議シタル結果、当時同雑誌ノ編輯部員タリシ右相川博、小野康人ソノ他ノ『改造』編輯関係者ヲシテ、検閲ニ抵触セザルヨウ慎重考慮シテ発表セシムルコトニ決定シ、該決定ニ基キ、(略)該論文ヲ予定ノ如ク発表シ(下略)」。

雑誌発売までのあり得ない早さ

細川論文前半部分が掲載された『改造』一九四二年八月号は同年七月二五日、後半掲載の九月号は八月二五日に発売された。この事実は動かしがたい。八月号に関して原判決のいう「七月中旬頃」(二五日前後)の編集会議から発売まで、わずか一〇日間しかない。実際にはあり得ないスピードである。月刊誌は通常、編集会議での企画決定(たいてい発売の一カ月前)→執筆依頼→締切・原稿入手→原稿整理→印刷所へ提稿→校正(たいてい最終段階で出張校正)→校了→印刷→製本所→取次→鉄道輸送(当時)→小売書店へ配本という過程をたどる。戦前・戦中では、これに検閲の過程が加わる。最初の編集会議ののち、出張校正室で臨時会議をひらき、一、二本の記事をさしかえるということならあり得るが、あったとしても稀有の例である。まして、現在よりはるかに印刷・製本事情、輸送事情の劣悪な戦時下のことである。会議後一〇日間での発売は紙の上の話にすぎない。架空の「事実」認定を前提になされた判決は、有効性をもたない。

青山記述にみる掲載経過

細川論文の掲載経過について、小野氏の同僚・青山鉞治氏の記述をみよう(青山憲三〈ペンネーム〉『横浜事件』希林書房、一九八六年。六六年の弘文堂版を増補改訂)。

「(細川論文は)一九四二年の八月号、九月号の二号にわたり分載された。はじめは八月号に全部掲載の予定だったが、当時の用紙統制の都合で百六〇枚の長編論文はどうにも他の企画とのやりくりがつかず、やむをえず二号に割った。半年がかりでこの論文を手に入れた相川博は、分割掲載にはしきりに反対を主張した」。

「この時分、ちょうど編集長の大森直道は中国へ出張中で、次長の若槻繁が原稿整理その他の責任を負い、相川博、小野康人、鍛代利通、それに私が編集部員として協力した」。

「八月号のことだから日時としては七月の初めのむし暑いなかを、大日本印刷市ヶ谷工場の校正室へ出張して追込み編集をしていた。細川論文は、まず相川が生原稿を読んで検閲的に気になる箇所をチェックした。初校は手分けして読み合わせて行い、再校は私が素読みをして若槻に回した」。「大森編集長がるすなので、若槻も私もふだんの何倍かの神経をつかった」。

「とにかく、私たちは細川論文を事前検閲に出すことにした。特別に軍の作戦や機密にわたる箇所はないと考え、校正刷は情報局の雑誌検閲課だけに届けた」。

「そして校了ぎりぎりに、内閲はわずかの削除と字句の訂正だけで許可が下りてきた」。

「私たちは大森編集長の帰国が待ち遠しかった。……大森編集長は、この細川論文の具体的内容を知らない。彼は相川を通じて、細川嘉六の力作論文が八月号に間に合うべく脱稿されるだろうと期待して中国旅行に出た。……彼は旅行中の編集処理を慎重にするように、とくに言い残して出発した」。

「まもなく『改造』八月号は、予定どおり書店に出た。……そして反響は、ふだんの月よりもぐっと大きかった。……七月末に帰国した大森編集長も、細川論文の中国における好評を伝えたが、それだけに九月号に掲載する後半の具体的政策に関する叙述の校閲には、よりいっそうの神経をつかった。校正刷は回し読みをするうちに真っ赤になった。二校、三校とゲラ刷をとり、四校目を内閲に出した。そして何度も催促して、やっと今回も校了ぎりぎりになって『許可』の判を押した校正刷がもどってきた。それを受取って校正室へ帰ってきた鍛代がほっとして疲れた顔で『きょうのハンコは、ばかにでかく見えるな』と、にんまり笑って私たちの同感を誘った。あの表情が、いまの私の眼に浮かぶ」。

ごらんのごとくである。①出張追込み編集・校正は七月初めに行われている。原判決は、編集会議は七月中旬頃という。すると原稿手入れ・校正・検閲提出は、編集会議以前に行われたことになる。こんな事態は空想することもできない。②大森編集長の出国時期は不明であるが、とにかく七月初めの出張編集・校正中は不在である。次長以下の編集部にまかされていたのは「編集処理」であって、掲載決定ではない。掲載決定は七月初め以前、印刷工場への出張以前になされているのである。そもそも四校をとるほど神経を使わねばならぬ重要論文の掲載が、編集長不在の席でどうして決定できるであろうか。部内クーデターでもなければ、あり得ない話である。

「中旬頃」の怪

青山氏の回想のたしかさは、その叙述のリアリティによって証明される。九月号検閲通過の描写など体験した者にしか書けない。こうしてみると、七月中旬頃の編集会議は架空と考えるのが、常識というものである。現に原判決は右会議の日時を特定できず、「中旬頃」としか記せていないではないか。「中旬」だけでもあいまいなのに、「頃」がつけられているのである。横浜事件の官側文書にあまりにも「頃」が多いので、当時は日時に「頃」をつけるのが習慣であったのか、と疑ったほどである。しかし、予審終結決定書や判決書などを点検すると、泊町での宴会は七月五日、細川氏検挙の日付は九月一四日と持定されている。したがって「頃」というあいまい表記は意識的に使われているのである。五〇年も経過した今日ならいざ知らず、原判決より三年前、しかも複数の参加者がいた会議日付が、激しい拷問を伴う尋問によって、どうして特定できないことがあろうか。たとえは悪いが、〝Aは〇月中旬頃、Bを殺害し……〟といった判決を誰が信用するであろうか。同じ理由で、西沢判決にある「十日頃」協議の実在もきわめて怪しいのである。

編集会議→発売の過程を検証する

七月中旬頃（一五日と仮定）、編集会議があったとして、それから原稿依頼をして二五日発売ができるわけがない。発売日に原稿執筆中という珍妙な事態となる。すると一五日の会議は、ほとんどあり得ない話だが、細川論文を入手した相川氏が、突然八月号掲載を提起したための緊急会議であったとでもするほかない。翌一六日から細川論文を持って編集部は、大日本印刷の校正室へ移動する。ここで他の記事の校正作業を行いつつ、細川論文の手入れをし、できたゲラを校正し、検閲を通過させてから校了にする。この出張校正に五〜六日間は要するであろう。

戦後のことではあるが、私は同じ月刊総合誌『中央公論』の編集者として、大日本印刷市ヶ谷工場に出張校正をした。五〇年代前半には『改造』編集部と隣り合わせることもあった。手許に残る手帳によって、一九五五〜六〇年の出張校正日数をみると、四〜五日間である（例外的に六日間もある）。『改造』四二年八、九月号（それぞれ二二四ページ）と五五〜六〇年の『中央公論』（三二四〜三六〇ページ）とでは、『中公』のほうがページ数は多いが、『中公』出張校正には、編集部員（八〜九名。事件当時の『改造』は六名）のほかに数名の校閲部員が加わっていたし、戦時下とくらべて工場作業能力は格段に向上していたことを考えると、当時の『改造』出張校正期間は、私どもの体験よりも長かったのではあるまいか。同程度の期間であったとすれば、出張校正以前の印刷所への提稿及び社内校正が、私どもより早い時期になされていたのであろう。

具体的に作業工程を考えてみよう。細川論文の八月号掲載分は二二ページ（九月号は三二ページ）で、約四万八七〇〇字。現場作業は採字（活字拾い）からはじまる。当時の熟練文選工は一時間で約千字を拾った。すると一人でやれば約四九時間、一日一〇時間労働として五日はかかる。ただし採字は原稿を分割しての手分け作業が可能だから、三人がかりで一六時間、二日弱、五人がかりで一日。ついで植字・組版作業となる。より時間のかかる表組みをふくむ二二ページを、一人で組むと三〜四日、二人がかりとして二〜三日はかかる。でき上がったゲラ刷を三校までとり（現場では赤字さしかえ作業）、校正し、並行して検閲に提出していると、二日は要するであろう。こうしてみると、出張校正は猛急（特急の上）最短期間をみこんでも五日間はかかる。

校了後、印刷・製本過程に入る。ここから必要時間は発行部数と関係してくる。一九三〇年代後半の『改造』発行部数は七〜八万から一〇万（『雑誌、「改造」の四十年』光和堂、佐藤績氏の回想）というが、四二年には用紙が統制・割当されていたから、部数は最盛時の何分の一かになっていただろう。戦後の四五年末、『中央公論』は五万部で復刊した（『中央公論社の八十年』）。ライバル誌の『改造』も同数であったろう。四九〜五五年の『改造』発行部数、実売部数グラフ（小林英三郎氏蔵）をみると、発行部数は一万七千から六万四千の間を上下し、平均三万数千である。これらを勘案すると、四二年時点の『改造』発行部数は二〜三万部とみるのが妥当なところではないか。二〜三万部の印刷・製本には少なくとも三〜四日は要したろう。印刷能力は今日よりはるかに劣っているし、製本は手間のかかる作業だったからである。

製本された雑誌は取次へ搬入、梱包して鉄道輸送で各地に送られ（駅止め）、書店は駅にとりに行った。新幹線はなく、トラック輸送も今日とは比較にならぬ時代である。全国一斉発売として、北海道、九州の書店が店頭で発売するのに五〜六日はかかったであろう。

最短と思われる必要時間を総計すると、提稿から発売まで一五日間を要することとなり、中旬頃会議で二五日発売はとうてい不可能である。試算はあくまで最短を前提としたから、実際には右日数より多くの時間を要していたものと思われる。

四　相川手記は物語る

細川論文掲載経過をのべたものとして、相川博氏の獄中手記がある。相川氏は同論文を担当した編集者である。特高は被検挙者を拷問し、「自白」させ、手記を書かせて、それをもとに一問一答の訊問調書を作成するのが常套手段だった。その際、彼らが構想する筋書きに合致するまで、何度でも書き直させ、時には特高自身が書き入れた。

現存する相川手記は「六、改造編輯部に於ける共産主義活動」「七、細川嘉六氏の論文の共産主義なること」の二章分である（手記全体は一〇章であることが、特高告発の際の口述書に記されている）。

「昭和十八年九月十五日、被疑者『相川博』手記　神奈川県警察部特別高等課」と記されている。細川論文をめぐる編集会議についての記述を紹介しよう。

「昭和十七年八月号（改造）編輯会議　（イ）日時　昭和十七年六月二十五日頃ノ午前九時頃ヨリ同十時頃迄　（ロ）場所　改造社内社長室」とあり、「（ハ）の出席者」は、山本実彦社長、大森編集長、若槻次長、相川次長、小野、青山、鍛代編集部員となっている。そして「(二)会議の状況」において、まず中心議題は細川論文であったと述べ、次に掲載経緯を書いている。

「コノ論文ノコトニ就テハ前以テ同年三月頃ノ社長中心ノ編輯会議ノ席上」、相川から論文の意図について説明、「社長並ニ編集部員ノ一応ノ了解ヲ求メテオイタノデス」。そして、当日(六月二五日頃)の会議で、山本社長から八月号に間に合うかとの質問があり、相川は「必ズ間ニ合ハセマス」と答えた。細川執筆に至った事情は、つぎの通り。

「昭和十七年一月十日頃ノ午前九時頃、東京都世田ヶ谷区世田ヶ谷五ノ二八三二番地　細川嘉六　宅ヲ訪問シ、同人ニ会合シマシタ際、私ハ細川ニ対シテ」日本共産党の「再建準備ト聯合シテ、来ルベキ共産革命ニ対処シ、全国ニ散在セル共産主義者ノ蹶起ヲ促スタメ、之レガ指令的内容ヲ持ツ大論文ヲ執筆シテ頂イテ、改造誌上ニ是非発表シテ頂キタイノデス」と依頼した。そして「細川ノ論文ハ五、六枚原稿が出来ルト細川ノ宅ニ立寄リ、或ハ細川ノ女中ガ自宅(相川宅)ニ届ケテクレタリシテ、ソレヲ精読シ、検閲至難ト思ハレル箇所ヲ加筆訂正シタリ、又コノ点ヲ今少シ強調執筆シテ欲シイト云ツテ依頼シタリシテ、コノ論文ノ完成ニ相協力シ、同年六月三十日頃ニ脱稿スルニ至ルノデス」。

六・二五頃編集会議は、場所を編集室に移し、午前十時より正午迄、大森以下の編集部で行われた(この二段階の編集会議は、当時の『改造』の慣例だった)。ここでは検閲通過の方法が中心議題であったが、事前検閲に出すとかえって情報局の神経を尖らせるので、提出しないことになったと記す。六月三〇日頃に完成した同論文は「早速校正ニ回シ」出来タ校正刷ハ先ヅ最初ハ大森ガ自分デ読ンデ、危険ト思ハレル箇所ノ削除ヲ行ヒ、次デ同年七月十四日頃ノ午前九時頃カラ午後二時頃迄ニ至ル間ニ於テ」「東京都牛込区市ヶ谷加賀町所在大日本印刷株式会社内改造校正室デ」、大森、小野、若槻、相川の四人が、細川論文の「校正刷ヲ再度回読シテ加除訂正ヲ行ヒ、約二十行程ヲ削除、カクテイヨイヨ同年八月発行改造誌上ニ登載シタノデス」。

右記述中、奇怪なのは中国出張中で細川論文をまだ眼にしていないはずの大森編集長が校正室で作業をしており、青山氏の名がないことである。この奇怪さについては、次節で論及する。

相川手記は、つぎに「昭和十七年九月号ノ社長ヲ中心トセル編集会議」について記す。

「(イ)日時　昭和十七年七月二十六日頃ノ午前九時頃ヨリ十時頃迄」。場所、メンバーは八月号会議と同じ、内容は細川論文を二度続けて巻頭論文にせず、他論文を当てることであった。その後、八月十日頃の陸軍省報道部主催の総合雑誌批評会（恒例）において、平櫛少佐が細川論文につき「来月号ヲ見テカラ批判スル……」と発言したことが伝えられたが、「ソレ位ノコトデ折角ノ論文掲載ヲ中止スルコトモ出来マセヌシ、又中止スレバ一層疑惑ヲ招クコトニモナリマスノデ、再ビ同月十二日頃ノ午前九時カラ正午頃ニ至ル迄ノ間、前記大日本印刷ノ改造校正室デ、前記メンバー四名デ会合シ、論文ノ再検討ヲ行ヒ、約十行余リ削除シテ、同年九月号ニ掲載シタノデス」。

相川手記の真偽性

拷問によってつくられた相川手記が、架空の物語となっていることに疑いの余地はない。だが特高といえども、まったく白紙の上にでっち上げはできない。某月某日、誰と誰が会合したという事実があれば、それを共産党活動のための活動とこじつけるのである。特高は改造や中央公論の毎月の編集会議を、すべて共産主義宣伝のための会議ときめつけ、「改造社並に中央公論社内左翼グループ事件」に仕立て上げた。だが、そのもととなった会議の日付や、雑誌製作の流れなどは、ある程度事実に即したものとみていいのではないか。

相川氏と細川氏との執筆の約束が、四二年一月頃であったのは、事実であろう。戦後になっての木村、西沢氏の証言がこれを裏づけている。当時の情勢下、これだけの大論文を書き上げるには、半年を要したであろう。

細川論文の雑誌掲載を、同年三月頃の編集会議で相川氏が提案、承諾されたというのもうなずける。月刊誌の編集会議では翌月号の企画が論議の中心だが、細川論文のような長大論文企画は、数カ月前に決定されるのが通例なのだ。

『改造』八月号編集会議が六月二五日、九月号のそれが七月二六日というのも事実であろう。前記した私の手帳によっても、毎月一〇日発行の『中央公論』編集会議は、前月の一〇日前後に行われている。会議から発売まで、ほぼ一カ月というのが、月刊誌の通例である。

細川論文の脱稿が六月三〇日というのにも不自然さはない。細川夫妻は七月二日、泊宴会を前に東京を出発している。（「予審第八回訊問調書」『細川嘉六獄中調書』不二出版）。論文を完成させて出発したのである。

相川手記における出張校正の日付が七月一四日頃、八月一二日頃となっている点は、二五日発売という事実から考えると遅すぎる観はあるが、いずれも即日か翌日に校了と考えると、何とか間に合う範囲となる。いずれにしても、この時点で作業は校了寸前にまで運ばれているのであり、この頃、編集会議をやって二五日発売が達成されるわけがない。

こうすると、出張校正の日付けは青山氏叙述の「七月初め」とは矛盾し、青山氏の記憶違いということになる。

だが、六月三〇日頃入手した原稿を、七月初めに大日本印刷で整理・提稿し、「ゲラ出し」までかなり時間がかかるから、その間相川・小野氏らは泊町へ出かけ（七月四〜六日）、帰京後、大日本印刷で最終的出張校正を行ったと考えられるのである。

相川手記における、中国出張中の大森氏が八月号の校正に従事している奇怪さについては、大森氏が九月号校正に従事したのは事実であろうから、特高は編集長に役割を演じさせたいために、これを八月号からのこととさせたのではないか。この際、青山鉞治氏の役割は、特高にとってどうでもよかったのであろう。

五　なぜ会議は「七月中旬頃」とされたか
——捏造過程を検証する

でっち上げはどこかで矛盾を露呈する。そこで一つの矛盾をとりつくろえば、また新たな矛盾を生む。特高の捏造過程を検証しよう。

『特高月報』（前出、昭和一九年八月分）は、泊町での宴会について、「之等の同志は一昨年六月富山県泊温泉に於て、細川を中心に会合し、日本共産党の再建に付協議し、爾来之が準備の為活動し来れり」という。だが泊町には温泉はない。特高は宴会参加者を検挙後、泊町に出張、旅館女将、芸者、料亭主人たちを取調べているから、それに気づかなかったはずがない。四四年の時点でもあえて泊温泉と称したのには、共産党第三回大会として有名な五色温泉会議を想起させようとの作為があったのではないか。そのうえ、宴会があったのは「七」月であって「六」ではない。誤植ではないかと前年（昭和一八年）の『特高月報』における同題の報告をみると、やはり「昨年六月、泊温泉」となっている。特高の取調べの乱暴さ・粗雑さか、あるいは作為を示す事例であろう。

そして細川論文につき、同論文は「細川を中心とする所謂『党再建準備会』なる非合法グループの意図を代表するものにして、全国同志の決起を促す指令的論文なりし旨を供述し居れるが、之が検閲通過に付ては編集会議に於て種々協議を行ひ、事前検閲に出すことは却つて注意を惹くべき事を惧れて之を避け、編集長中心となりて数箇所の削除訂正を加へ、掲載したるものなり」。

この記述が前記相川手記を下敷きにしたものであることは明らかである（検閲回避や「指令的論文」云々ほか）。では、実際に検閲を通過した事実を、提出しなかったことにねじ曲げさせた理由は何か。これだけの問題論文を通過させた当局の〝失態〟をとりつくろおうとしたためではないか。宴会を六月としたのは、同論文を会議の協議にもとづく〝指令的論文〟と位置づけたかったからではないか。だが、さすがの特高も、関係者すべてが密室（留置場、拘置所）の中にいるわけではないから、泊宴会の日付や検閲通過事実はごまかし通すわけにはいかない。そこで昭和一九年一二月二九日付の「細川嘉六、相川博予審終結決定書」においては、泊宴会は七月五日と事実に即して特定し（「温泉」は消す）、検閲は「之を避け」も、「指令的論文」も消した。そして代わりに、西沢判決にみた「昭和十七年七月十日頃」の、満鉄地下食堂における論文掲載・検閲対策協議を設定したのであろう。こうなれば、掲載決定の編集会議は、七月「中旬頃」と設定せざるを得なくなる。

最も注目に価するのは、細川・相川、小野の予審終結決定書で、いずれも犯罪事実として「泊会議」があげられているのに、敗戦直後の小野、西沢判決および木村予審終結決定では、ものの見事に消え失せていることである。小野判決書は、本人の履歴、活動歴から犯罪事実に至るまで予審終結決定書と一字一句違わない同文であるが、決定書における犯罪事実——泊会議、編集会議、細川夫人へのカンパのうち、泊会議をすっぽり削除しただけのものである（泊会議消滅の事情として、敗戦後、石川予審判事が木村氏に、〝党再建のことは取り消すから、このへんで妥協してくれないか〟と取引きをもちかけた事実が証言されている〈木村亨『横浜事件の真相』笠原書店〉）。

これらの経過は、特高が拷問によってでっち上げた尋問調書を、予審判事が鵜呑みにし、敗戦後、あまりもの虚構が露呈する泊会議のみ削除して、公判判事が鵜呑みにしたことを物語っている。

（以下、略）

特高はなぜ「泊会議」に固執したのか

【解題】 細川嘉六が若い編集者や研究者を自分の郷里である富山県泊町に招いたいきさつについては、細川自身が横浜地裁の予審判事・石川勲蔵による訊問で次のように述べている（本書二二六ページ以下）。

「私が昭和十七年七月五日富山県下新川郡泊町に行った理由は、当時私が執筆した『植民史』の原稿料の残を、東洋経済新報社から五百円受取りましたので、私が日頃親しくして居て、これ迄述べました私の著書其の他雑誌等の論文執筆並に出版等に付世話になって居りながら、従来これと言ってお礼もしないのでこの機会にお礼の心算で若い者を泊町に案内したのであります。

泊町を選んだ理由は、当時東京に於いては物資不足で、これと言う御馳走も出来ませぬでしたが、泊町は私の郷里で旅館料理屋に別懇の処が有って、御馳走もあると言う事を、日頃私が自慢して居りましたので、泊町の紋左旅館、及同町料亭三笑楼に案内したのであります。」

「私が、紋左旅館及三笑楼に案内した者は、今迄述べました、平館利雄、西尾忠四郎、西沢富夫、相川博、木村亨、加藤政治、小野康人の七名で」す。

きわめて自然な説明で、どこにも不審な点はない。

ところがこれを、特高・検察は「泊会議＝共産党再建準備会」と決め付けたのだった。なぜそうしたのか。

横浜事件の被疑者には全員、治安維持法第一条の後段および第一〇条が適用された。治安維持法第一条は次のような条文である（原文はカタカナ）。

「国体を変革することを目的として結社を組織したる者又は結社の役員其の他指導者たる任務に従事したる者は死刑又は無期若しくは七年以上の懲役に処し情を知りて結社に加入したる者又は結社の目的遂行の為にする行為を為したる者は三年以上の有期懲役に処す」

悪文の見本のような条文なので、整理すると次のようになる。

国体（天皇制）を変革することを目的として

❶結社を組織した者、またはその役員・指導者の任務に就いた者――→死刑・無期・七年以上の懲役

❷情を知りて（その結社がどういう団体であるかを知っていて）結社に加入した者、または（何らかの意味で）結社の目的遂行のためになる行為をした者

――→三年以上の有期懲役

第一〇条では、一条の「国体の変革」が「私有財産制度の否認」に変わるが、条文の構造はまったく同じである。

つまり、❶にしろ❷にしろ、どちらも「結社」の存在が前提になっている。治安維持法は「結社」の存在を許

さぬ法律なのである。

したがって、横浜事件の被疑者に対する予審終結決定および判決には、例外なく次の決まり文句が書き込まれていた（傍線は筆者）。ここで「コミンテルン」というのはモスクワに本拠を置く共産党の国際組織で、その日本支部であった日本共産党は、テーゼ（綱領）に「天皇制の廃止」を掲げていた。


《……「コミンテルン」が世界「プロレタリアート」の独裁に依る世界共産主義社会の実現を標榜し世界革命の一環として我国に於ては革命手段に依り国体を変革し私有財産制度を否認し「プロレタリアート」の独裁を通して共産主義社会の実現を目的とする結社にして日本共産党は其の日本支部として其の目的たる事項を実現せんとする結社なることを知悉し乍《なが》ら孰《いず》れも之《これ》を支持し自己の職場の内外を通して一般共産主義意識の啓蒙昂揚を図ると共に左翼分子を糾合して左翼組織の拡大強化を図る等前記両結社の目的達成に寄与せんことを企図し……》

つまり、治安維持法で「犯罪」とされたのは「結社」であり、「結社の目的達成への寄与」だったのである。

しかし、昭和一〇年代に入った時点で日本共産党の指導部は壊滅させられ、弾圧対象はすでに自由主義や民主主義に移っていた。当然、特高や司法当局自身も共産党の「衰微弱体化」を認めていた（後掲、西尾忠四郎「予審終結決定」四四三ページ下段末尾ほか）。

そういう状況での治安維持法発動である。解散（一九四三＝昭和18年5月）状態のコミンテルンや「衰微弱体」の共産党を前提に「結社の目的達成への寄与」といっても、現実味が希薄であることは否定できない。

そこで神奈川県特高は、より具体的な「結社」の動きをつかまえようと、まずはアメリカ帰りの川田夫妻から、米国共産党→日本共産党の線をたぐろうとしたのである。しかし「結社」の証拠を見つけることができない。

ところが、川田寿が勤務する世界経済調査会からソ連事情調査会へと検挙の手を広げていく中で「泊の写真」を見つける。中央に写っている細川は、すでに『改造』の論文により、「共産主義の啓蒙・宣伝」（治安維持法第五条違反）容疑で警視庁に検挙されている。いっしょに写っている者たちも要注意の満鉄調査部や改造社、中央公論社の社員たちだ。きっとよからぬ事を企んだにちがいない――。

こうして「結社」の臭いを嗅ぎつけた（と思い込んだ）特高は、勢いづき、功名心に燃えて「共産党撲滅」に突き進んで行ったのであろう。

「泊会議」は、特高や思想検察、予審判事が「事件」を組み立てる上でどうしても必要とする「結社」であった。「泊会議」こそが、横浜事件を完ぺきの治安維持法違反事件に仕立てるカギだったのである。

ところが、その事件のカギだった「泊会議」が、最後の判決の段階で、とつぜん消えてしまう。

それを明白に示しているのが、小野康人の「予審終結決定」と「判決」の相異である。

まず、公判前の「予審終結決定」に挙げられている小野の犯罪事実は、次の三つである。

A（泊会議＝共産党再建準備会）

B（細川論文の掲載を支持、校正に協力）

C（細川夫人へのカンパ）

ところがこれが、「判決」においてはこうなる。

B（細川論文の掲載を支持、校正に協力）

C（細川夫人へのカンパ）

つまり、かんじんのA（泊会議＝共産党再建準備会）がすっぱりと削除されているのである（残る文章は冒頭と末尾を除いて一字一句変わらない）。

なぜ、そうなったのか。

特高や検察、予審判事らが描いたシナリオが、あまりに現実ばなれして荒唐無稽だったからである。

もしも連合国の占領軍に事件について追及されたとして、答えられる証拠は何ひとつなかったからである。

その追及を避けるために、敗戦を境に「泊会議」は消された。治安維持法と特高の暴力によって仕立てられた「結社」は、この二つが無力化すると同時にマボロシとなって消滅したのである。

（以下に掲載する予審終結決定と判決の原文はカタカナであるが、読みやすさを優先してひらがなを用いた。）

＊

小野　康人
予審終結決定

本籍　東京都渋谷区千駄ヶ谷二丁目四百十九番地

住居　東京都渋谷区代官山町十番地

代官山アパート十八号館

元改造社出版部員

小野　康人

当三十八年

右者に対する治安維持法違反被告事件に付予審を遂げ決定すること左の如し

主　文

本件を横浜地方裁判所の公判に付す

理由

被告人は大正十四年三月東京都神田区三崎町大成中学校第四学年を修了し昭和三年四月法政大学予科に入学昭和六年三月同大学予科を卒業したる後一時実兄築井健人の営む出版業を手伝い居りたるが昭和十年四月同大学英文学科に入学し昭和十三年三月同学部を卒業するや直ちに東京都芝区新橋七丁目十二番地改造社に入社し同社発行の雑誌「大陸」「改造時局版」「改造」並に改造社出版部の各編集部員として昭和十八年五月二十六日検挙せらるる迄勤務し居りたるが前記法政大学予科に在学中当時の社会思潮の影響を受けエンゲルス著「社会主義の発展」マルクス著「賃労働と資本」「労賃価格及利潤」等の左翼文献を繙読したる結果終に昭和五年末頃には共産主義を信奉するに至り昭和七年初頃日本「プロレタリア作家同盟東京支部員に推薦せられ左翼文化運動に従事したる経歴を有するものなるところ「コミンテルン」が世界「プロレタリアート」の独裁に依る世界共産主義社会の実現を標榜し世界革命の一環として我国に於ては革命手段に依り国体を変革し私有財産制度を否認し「プロレタリアート」の独裁を通して共産主義社会の実現を目的とする結社にして日本共産党は其の日本支部として其の目的たる事項を実現せんとする結社なることを知悉し乍ら孰れも之を支持し自己の職場の内外を通して一般共産主義意識の啓蒙昂揚を図ると共に左翼分子を糾合して左翼組織の拡大強化を図る等前記両結社の目的達成に寄与せんことを企図し

A（泊会議＝共産党再建準備会への参加）〈この小見出しは編集者が挿入、「解題」参照〉

第一、昭和十五年八月頃より共産主義者たる評論家細川嘉六と相識り同人を中心とする所謂「細川グループ」の一員となりて親交を重ね居たるが昭和十七年七月五日右細川嘉六の招請に応じて同人及同グループたる相川博、木村亨、加藤政治、及当時南満州鉄道株式会社社員たる平館利雄、西尾忠四郎、西沢富夫等の共産主義者と共に細川の郷里富山県下新川郡泊町「紋左旅館」事柚木ひさ方及同町料亭「三笑楼」事平柳梅次郎方二箇所に会合し細川嘉六を中心として当面の客観情勢に対処すべき方策等に付鳩首協議したるが席上右平館利雄より内外の客観情勢は我国に於ける「ブルジョア」民主主義革命の機運を益々醸成せしめつつありて革命の主体的条件たる日本共産党（略称「党」）の衰微弱体化せるを急速に復興再建せしむる為の運動の展開こそ焦眉の急務なるを以て該運動の指導体として所謂「党再建準備会」なる秘密「グループ」を結成し之を速に拡大強化して同「党」の中心勢力たらしむべきことを提唱したるに対し細川嘉六初め被告人等一同之に賛同して玆に右「グループ」の結成を決定し次で戦略戦術としての所謂「千九百三十二年テーゼ」及反「ファッショ」人民線確立の運動方針に付討議して之らの依然基本的に正当なることを確認支持し該「テーゼ」の革命の展望の下に各自の職場を中心として産業報国会、帝国農会、協調会、大政翼賛会、隣組並に東亜連盟其の他の右翼団体等凡ゆる合法団体及び合法場面を利用して極力労働者・農民・智識階層に共産主義意識の啓蒙を為すと共に之が組織化に努め以て同「グループ」の拡大強化を図ること殊に同「グループ」の活動をして合法を偽装せしむる為民族問題研究所を設置して之を本拠とし民族問題の研究を標榜して果敢なる運動を展開すべきこと等を決定し更に該研究所の組織及人的配置等をも審議決定し

第二、右決定に基き爾来昭和十八年五月二十六日検挙せらるる迄の間同「グループ」の拡大強化に努めたるが特に

B（細川論文の掲載を支持、校正に協力）〈この小見出しは編集者が挿入、「解題」参照〉

（一）昭和十七年七月中旬頃開催せられたる雑誌「改造」の編集会議に於て相川博が細川嘉六執筆に係る「世界史の動向と日本」と題する唯物史観の立場より社会の発展を説き社会主義社会の実現が現在社会制度の諸矛盾を解決し得る唯一の道にして我国策も亦唯物史観の示す世界史の動向を把握してその方向に向って樹立遂行せらるべきこと等を暗示したる共産主義的啓蒙論文を雑誌「改造」の同年八月号及九月号に連続掲載発表を提唱するや被告人は該論文が共産主義的啓蒙論文なることを知悉しながら之を支持し編集部員青山鉞治と共に八月号の校正等に尽力して該論文（昭和十九年地押第三七号の二四の八頁乃至二九頁同号の二五の一六頁乃至四七頁）を予定の如く掲載発表し以て一般大衆の閲読に供して共産主義的啓蒙に努め

C（細川夫人へのカンパ）〈小見出しは編集者〉

（二）前記細川嘉六が曩に発表したる「世界史の動向と日本」と題する論文等により昭和十七年九月四日治安維持法違反の嫌疑にて検挙せらるるや同年十月二十日頃西尾忠四郎より細川嘉六家族の救援に資する為出捐ありたき旨要請せらるるや即時之を快諾し同月二十五日頃東京都赤坂区葵町「満鉄」東京支社調査室に於て金二十円を西尾忠四郎に依托して細川家族の救援に努めたる等諸般の活動を為し以て「コミンテルン」及日本共産党の目的遂行の為にする行為を為したるものなり

右被告人の所為は治安維持法第一条同法第十条刑法第五十四条第一項前段第十条に各該当すべき犯罪として公判に付するに足るべき嫌疑あるものと思料するを以て刑事訴訟法第三百十二条に則り主文の如く決定す

昭和二十年七月二十日

横浜地方裁判所

予審判事　石川　勲蔵

小野　康人

判　決

本籍　東京都渋谷区千駄ヶ谷二丁目四百二十九番地
住居　同都同区代官山町十番地
代官山アパート十八号
元改造社出版部員
小野　康人
当三十八年

右者に対する治安維持法違反被告事件に付当裁判所は検事山根隆二関與審理を遂げ判決すること左の如し

主　文

被告人を懲役二年に処す
但し本裁判確定の日より三年間右刑の執行を猶予す

理　由

一、犯罪事実

被告人は大正十四年三月東京都神田区三崎町大成中学校第四学年を修了し昭和三年四月法政大学予科に入学昭和六年三月同大学予科を卒業したる後一時実兄築井健人の営む出版業を手伝い居りたるが昭和十年四月同大学英文学科に入学し昭和十三年三月同学部を卒業するや直ちに東京都芝区新橋七丁目十二番地改造社に入社し同社発行の雑誌「大陸」「改造時局版」「改造」並に改造社出版部の各編集部員として昭和十八年五月二十六日検挙せらるる迄勤務し居りたるが前記法政大学予科に在学中当時の社会思潮の影響を受けエンゲルス著「社会主義の発展」マルクス著「賃労働と資本」「労賃価格及利潤」等の左翼文献を繙読したる結果終に昭和五年末頃には共産主義を信奉するに至り昭和七年初頃日本「プロレタリア」作家同盟東京支部員に推薦せられ左翼文化運動に従事したる経歴を有するものなるところ「コミンテルン」が世界「プロレタリアート」の独裁に依る世界共産主義社会の実現を標榜し世界革命の一環として我国に於ては革命手段により国体を変革し私有財産制度を否認し「プロレタリアート」の独裁を通して共産主義社会の実現を目的とする結社にして日本共産党は其の日本支部として其の目的たる事項を実行せんとする結社なることを知悉し乍ら孰れも之を支持し自己の職場の内外を通して一般共産主義意識の啓蒙昂揚を図ると共に左翼分子を糾合して左翼組織の拡大強化を図る等前記両結社の目的達成に寄与せんことを企図し

B（細川論文の掲載を支持、校正に協力）〈小見出しは編集者〉

第一、昭和十七年七月中旬頃開催せられたる雑誌「改造」の編集会議に於て相川博が細川嘉六執筆に係る「世界史の動向と日本」と題する唯物史観の立場より社会の発展を説き社会主義の実現が現在社会制度の諸矛盾を解決し得る唯一の道にして我国策も亦唯物史観の示す世界史の動向を把握してその方向に向って樹立遂行せらるべきこと等を暗示したる共産主義的啓蒙論文を雑誌「改造」の同年八月号及九月号に連続掲載発表を提唱するや被告人は該論文が共産主義的啓蒙論文なることを知悉しながら之を支持し編集部員青山鉞治と共に八月号の校正等に尽力して該論文（昭和十九年地押第三七号の二四の八頁乃至二九頁同号の二五の一六頁乃至四七頁）を予定の如く掲載発表し以て一般大衆の閲読に供して共産主義的啓蒙に努め

C（細川夫人へのカンパ）〈小見出しは編集者〉

第二、前記細川嘉六が曩に発表したる「世界史の動向と日本」と題する論文等により昭和十七年九月十四日治安維持法違反の嫌疑にて検挙せらるるや同年十月二十日頃西尾忠四郎より細川家族の救援に資する為出捐ありたき旨要請せらるるや即時之を快諾し同月二十五日頃東京都赤坂葵町「満鉄」東京支社調査室に於て金二十円を西尾忠四郎に依託して細川家族の救援に努めたる等諸般の活動を為し以て「コミンテルン」及日本共産党の目的遂行の為にする行為を為したるものなり

二、証拠

一、被告人の当公判に於ける供述

一、被告人に対する予審第四回訊問調書の記載

一、本件記録編綴の相川博に対する予審第四回被告人訊問調書謄本の記載

一、被告人に対する司法警察官第十六回訊問調書の記添

三、法律の適用

治安維持法第一条後段、第十条、刑法第五十四条第一項前段、第十条、第六十六条、第六十八条第三号、第七十一条、第二十五条

昭和二十年九月十五日

横浜地方裁判所第二刑事部

裁判長判事　八並　達雄

判　事　若尾　元

判事　影山　勇

【解題】 次に掲載するのは、木村亨の予審終結決定である。木村も小野と同じ「泊会議」の参加者の一人であるが、この予審終結決定には、「泊会議」は書かれていない。

違いは、この予審終結決定が作成された日付の相異による。

小野の予審終結決定の日付は昭和二〇年7月20日、敗戦の二五日前であった。それに対し木村の予審終結決定の日付は8月27日、敗戦から一二日が経過している。

敗戦の前と後、つまりまだ治安維持法と特高が生きていたときと、二つが死に体化したときとで、「泊会議」の生死も決まったのである。

＊

木村　亨

予審終結決定

本籍　和歌山県新宮市新宮千二百三十五番地

住居　埼玉県北足立郡与野町大字上落合千十三番地

中央公論出版部記者

木　村　　亨

当三十一年

右の者に対する治安維持法違反被告事件に付予審を遂げ決定すること左の如し

主　文

本件を横浜地方裁判所の公判に付す

理　由

被告人は小学校教員の家庭に生育し和歌山県立新宮中学校を卒業後上京して書生、新聞配達夫、家庭教師を為す傍ら勉学し中央大学予科を経て昭和十四年三月早稲田大学文学部哲学科を卒業後直ちに中央公論社に入社し雑誌「中央公論」の出版部員編集記者として活躍し昭和十八年九月退社したるものなるところ右中央大学予科在学中学内の「読書会」に参加し「ミーチン」著「史的唯物論」其の他の左翼文献を繙読したると共産主義者柴山正雄の指導感化を受けたる結果遂に昭和十一年四月頃共産主義を信奉するに至り桑原由正其の他と史的唯物論の研究会を開催し或いは戸坂潤等の主宰する「唯物論研究会」に加入して活動したる為め昭和十一年十二月二十日検挙せられ昭和十二年五月十五日東京刑事地方裁判所検事局に於て治安維持法違反により起訴猶予処分に付せられたるに拘らず依然同主義に対する信念を変えず「コミンテルン」が世界「プロレタリアート」の独裁に依る世界共産主義社会の実現を標榜し世界革命の一環として我国に於ては革命手段により国体を変革して私有財産制度を否認し「プロレタリアート」の独裁を通して共産主義社会の実現を目的とする結社にして日本共産党は其の日本支部として其の目的たる事項を実現せんとする結社なることを知悉し乍ら何れも之を支持し現下の情勢に鑑み自己の職場の内外を通して一般の共産主義意識の啓蒙昂揚を図ると共に左翼組織の拡大強化を図る等前記両結社の目的達成に資せんと企図し

第一、昭和十四年十月頃より昭和十六年三月初旬頃迄の間に評論家にして共産主義者たる細川嘉六を中心として被告人及共産主義者たる雑誌「改造」の編集記者相川博、小野康人、雑誌「中央公論」の編集記者浅石晴世、東京新聞記者加藤政治、日刊工業新聞記者新井義夫等が逐次結集して所謂「細川グループ」を結成し爾来昭和十七年六月中頃迄の間世田ヶ谷区世田ヶ谷三丁目二千八百三十二番地なる右細川嘉六方其の他に於て屡々同人等と会合して当面の内外の客観情勢を共産主義的観点より分析批判して相互の意識の昂揚並に同志的結合の強化に努め

第二、昭和十六年十二月初頃より昭和十七年六月中頃迄の間予てより南満州鉄道株式会社（略称「満鉄」）東京支社調査室世界経済班勤務の共産主義者平館利雄、西尾忠四郎、西沢富夫の結成し居たる所謂「満鉄グループ」と合体して強力なる左翼組織たらしむる目的を以て屡々赤坂区葵町「満鉄」東京支社調査室其の他に於て右平館利雄等と会合して当面の客観情勢の共産主義的分析批判等を通して相互に意識の昂揚に努むると共に同志的結合の強化に努めたるが特に

（イ）前記新井義夫が中央亜細亜協会勤務となり北支出発に際し其の壮行会を昭和十七年五月九日頃東京都京橋区銀座八丁目料亭銀八に於て開催し前記細川嘉六、平館利雄、西尾忠四郎、西沢富夫、相川博、加藤政治等と会合し

（ロ）昭和十七年六月十五日頃東京都目黒区目黒町料亭目黒茶寮に於て右「細川グループ」及「満鉄グループ」の親睦会を会催して前記細川嘉六、相川博、西尾忠四郎、西沢富夫、加藤政治、平館利雄其の他の者等と会合して種々交驩を遂ぐると共に支那問題並に独ソ戦等を繞る国際情勢を共産主義的観点より論議して同志的結合の強化並に相互に意識の昂揚に努め

第三、昭和十七年七月十日頃「満鉄」東京支社地下食堂に於て右細川嘉六、相川博、平館利雄、西尾忠四郎、西沢富夫、加藤政治と独ソ戦を繞る内外の諸情勢を共産主義的観点より論議して相互に意識の昂揚に努むると共に右細川嘉六の「世界史の動向と日本」と題し唯物史観の立場より社会の発展を説き社会主義社会の実現が現在社会制度の諸矛盾を解決し得る唯一の道にして我国策も亦唯物史観の示す世界史の動向を把握してその方向に向って樹立遂行せらるべきこと等を暗示したる共産主義的啓

蒙論文を雑誌「改造」の同年八月号及九月号に連続掲載発表の可否に付協議したる結果、相川博、小野康人其の他の「改造」編集関係者の検閲に抵触せざる様慎重考慮して発表することに決定し該決定に基き右相川博等が同志たる「改造」編集長大森直道其の他と尽力して該論文を予定の如く発表して一般大衆の共産主義的啓蒙に努め

第四、昭和十七年十一月初旬頃及昭和十八年一月三十日頃の二回に亘り大阪商科大学教授にして共産主義者名和統一が上京したるを機会に

（イ）昭和十七年十一月四日頃東京都芝区虎之門料亭「亀清」に於て西尾忠四郎、平館利雄、西沢富夫等と共に名和統一と面接し

（ロ）同日更に同所喫茶店「晩翠軒」に於て相川博、西尾忠四郎、平館利雄、西沢富夫、加藤政治等と共に名和統一と面接し

（ハ）昭和十八年一月三十日頃東京都芝区虎之門料亭「亀清」に於て相川博、西尾忠四郎、平館利雄、西沢富夫、加藤政治、浅石晴世等と共に名和統一と面接し

（ニ）同日更に右八名は東京都芝区三田通り料亭「今半」に於て会合し

て相互に情報意見の交換を為し独ソ戦を繞る内外客観情勢並に農村問題に付共産主義的観点より分析批判して相互に意識の昂揚並に同志的結合の強化に努めたる等諸般の活動を為し以て「コミンテルン」及日本共産党の目的遂行のためにする行為を為したるものなり

右被告人の所為は治安維持法第一条同法第十条刑法第五十四条第一項前段第十条に該当すべき犯罪にして公判に付するに足るべき嫌疑あるものと思料するを以て刑事訴訟法第三百十二条に則り主文の如く決定す

昭和二十年八月二十七日

横浜地方裁判所

予審判事　石川　勳蔵

【解題】次の西尾忠四郎も泊への細川の招きに応じた一人である。予審終結決定の日付は敗戦後の8月22日となっている。しかし、「泊会議」はまだ残っている。

次のような理由からだと考えられる。

西尾は、敗戦の少し前、6月30日に瀕死の状態で拘置所から保釈され、それから一カ月とたたない7月27日に息を引き取った。

予審終結決定の日付は8月22日となっているが、それは敗戦の混乱の中、裁判所として「処理」をした日付であって（最後の「と言うに在れども」以下の数行はいかにも処理を急いだ感じがある）、予審終結決定そのものは保釈前にすでに作成されていたと推定される。

したがって、そのときはまだ「泊会議」は特高とともに生きていたのである。

＊

予審終結決定

西尾忠四郎

本籍　島根県簸川郡平田町千四十六番地

住居　東京都大森区北千束町五百九十二番地

元会社員（南満州鉄道株式会社）

西尾　忠四郎

当三十八年

右の者に対する治安維持法違反被告事件に付予審を遂げ決定すること左の如し

主　文

本件公訴は之を棄却す

理　由

本件公訴事実の要旨は

昭和十九年五月二十日　予審請求

治安維持法違反

西尾忠四郎

公訴事実

被告人は中流の雑穀商の家庭に生育し島根県立大社中学を経て昭和十年三月東京商科大学を卒業後南満州鉄道株式会社（略称「満鉄」）に就職し「満鉄」大連本社、新京支社勤務を経て昭和十四年三月「満鉄」上海事務所に転勤し更に昭和十五年三月「満鉄」東京支社に転じたるが此の間主として各種の調査事務に従事し現在に及びたるものなるところ右東京商科大学在学中「無産者政治教程」「レーニン」著「帝国主義論」「マルクス」著「資本論」等各種の左翼文献を繙読したると同大学教授たりし共産主義者大塚金之助の啓蒙を受けたるとにより昭和六年五月頃共産主義を信奉するに至り同年十月頃「日本共産青年同盟」及日本共産党に加入して諸般の運動に従事したる為め昭和八年三月一日検挙せられ同年十月末東京地方裁判所検事局に於て治安維持法違反により起訴留保の処分に付せられたるに不拘依然として共産主義に対する信念を変えず「コミンテルン」が世界「プロレタリアート」の独裁に依る世界共産主義社会の実現を標榜し世界革命の一環として我国に於ては革命手段に依り国体を変革し私有財産制度を否認し「プロレタリアート」の独裁を通して共産主義社会の実現を目的とする結社にして日本共産党は其の日本支部として右目的たる事項を実現せんとする結社なることを知悉し乍ら孰れも之を支持し自己の職場の内外を通して一般の共産主義意識の啓蒙昂揚を図ると共に左翼組織を確立する等の運動を通して右両結社の各目的達成に資せんことを企図し

第一、昭和十四年三月「満鉄」上海事務所に転勤し調査室第四係に所属し支那の政治経済の調査を担当するに至りたるが同年六月下旬頃重慶政権の抗戦力の判断に資する為め重慶を中心とする政治経済情勢の総合調査の為め「満鉄」調査部員を委員とする重慶抗戦力調査委員会が設置せられ共産主義者たる中西功、長澤武雄、具島兼三郎、津金常知、手島正毅等と共に右委員に就任するや同人等と協力して右委員会の指導権を把握し各自共産主義的観点より重慶政権の抗戦力の調査を為し其の結果を昭和十四年九月十四日頃上海市共同租界黄浦灘正金ビル内「満鉄」上海事務所会議室に於て開催せられたる右委員会の報告会に於て発表して出席者の共産主義意識の啓蒙に努めたるが特に被告人が重慶政権の抗戦力の強靱性は中国共産党の巧妙なる工作により成立したる国共合作の下に遂行せらるる国内政治の成功に基因するものにして米、英、仏等の民主主義国家よりの援助に因るものに非ざる旨強調し中国共産党の政策讃美を通して出席者の共産主義意識の啓蒙に努め

第二、昭和十四年八月頃より昭和十五年二月頃迄の間前後二十数回に亘り右「満鉄」上海事務所に於て右中西、長澤、津金、手島、「満鉄」社員たる共産主義者石川正義等の外当時上海に留学し「満鉄」嘱託たりし大阪商科大学教授にして共産主義者たる名和統一と共に右中西を「チューター」として毛沢東著「新段階を論ず」王明著「目前の形勢を論じ第二次参政会を論ず」等の左翼文献の研究会を開催し之が内容の解釈を為して相互に共産主義意識の昂揚に努め

第三、昭和十五年三月「満鉄」東京支社に転勤するや同年九月頃同支社勤務の共産主義者平館利雄及西沢富夫と共に所謂「満鉄グループ」なる非合法「グループ」を結成爾来昭和十七年三月頃迄の間東京都赤坂区葵町所在「満鉄」東京支社調査室等に於て屡々会合して内外の客観情勢の分析批判等を為して意識の昂揚同志的結合の強化に努むると共に同調査室の左翼化方針を協議決定して之が実践に努めたるが殊に昭和十五年十二月初旬「満鉄」調査部総務課総合係の下に大東亜共栄圏確立の為めの外

的条件として世界情勢を分析究明して其の成果を「満鉄」事業の経営に資する為め「世界情勢調査委員会」が結成せられ且つ其の運営を「満鉄」東京支社調査室が担当することとなり右平館其の他の同志と該委員に就任するや同人等と協力して同委員会の指導権を把握し各自共産主義的観点より世界情勢の調査研究を為し其の成果を昭和十六年六月頃及同年十月頃の二回に東京市麻布区狸穴町「満鉄」総裁公館等に於て開催せられたる同委員会の報告書に於て発表したるが就中被告人は「独乙国内情勢」「欧州戦争に於ける独伊側の抗戦力」「独乙の極東政策の変化」と題して発表し第二次欧州大戦勃発以来の独乙は政治的経済的に極めて脆弱にして戦争の長期化は独乙の不利を深刻化すべく殊に独ソ戦開始以来独乙の国内矛盾は激化し抗戦力の増強は限界点に達し社会主義ソ連の政治的、経済的、軍事的優位性の前に屈服は不可避的なるべく又独ソ戦開始後の独乙の極東政策は日本帝国主義をして対ソ干渉戦争へ参加せしむることを目的とする政治的陰謀に外ならざる旨強調して会員の共産主義意識の啓蒙昂揚並にソ連擁護に努むると共に之等の活動を通して右「満鉄」東京支社調査室の左翼化に努め

第四、昭和十六年六月初頃より昭和十七年六月中頃に至る迄の間予てより共産主義者細川嘉六を中心として共産主義者たる雑誌「改造」の編集記者相川博、小野康人、雑誌「中央公論」の編集記者木村亨、浅石晴世、東京新聞記者加藤政治、日刊工業新聞記者新井義夫等が結成し居たる所謂「細川グループ」と右「満鉄グループ」との合体を策して屡々東京市内に於て同人等と会合して当面の客観情勢の共産主義的分析批判等を通して相互に意識の昂揚に努むると共に同志的結合の強化に努めたるが殊に細川嘉六を中心とする「亜細亜民族発達史叢書」発刊の為めの編集会議、中央亜細亜協会勤務となりたる右新井義夫の北支出発に際しての壮行会及料亭「目黒茶寮」に於ける両「グループ」の親睦会等に於て種々交驩を遂ぐると共に独ソ戦を繞る国際情勢等を共産主義的観点より論議して同志的結合の強化並に相互の意識の昂揚を図りて両「グループ」の合体に努め

第五、前記第四の如き過程を経て両「グループ」合体の機運愈々熟するや昭和十七年七月五日右細川の招請に応じて同人及前記平館、相川、西沢、木村、加藤、小野と共に富山県下新川郡泊町旅館「紋左」及料亭「三笑楼」の二個所に会合し細川を中心として当面の客観情勢に対処すべき方策に付鳩首協議したるが其の結果内外の客観情勢は我国に於ける「ブルジョア」民主主義革命の機運を益々醸成せしめつつありて革命の主体的条件たる日本共産党の衰微弱体化せるを急速に復興再建せしむる為めの運動の展開こそ焦眉の急務なるを以て該運動の指導体として被告人等に於て所謂「党再建準備会」なる非合法「グループ」を結成し之を速かに拡大強化して同党の中

心勢力たらしむべきことを決定し次いで戦略戦術として の所謂「千九百三十二年テーゼ」並に反「ファッショ」人民戦線確立の運動方針に付討議して之等が依然基本的に正当なることを確認支持し該「テーゼ」の革命の展望の下に各自の職場を中心とし産業報国会、帝国農会、協調会、大政翼賛会、隣組並に東亜連盟其の他の右翼団体等凡ゆる合法団体及合法場面を利用して極力労働者、農民、知識層に共産主義意識の啓蒙を為すと共に之が組織化に努めて以て同「グループ」の広大強化を図ること殊に同「グループ」の活動をして合法を偽装せしむる為民族問題研究所を設置して之に一同立籠り之を本拠として民族問題の研究を標榜して果敢なる運動を展開すべきこと等を決定し更に該研究所の具体的組織をも審議し爾来昭和十八年五月二十六日検挙せらるる迄の間鋭意同「グループ」の広大強化に努めたるが就中

（一）昭和十七年七月十日頃「満鉄」東京支社地下食堂に於て右細川、平館、相川、西沢、木村、加藤と独ソ戦を続る内外の諸情勢を共産主義的観点より論議して相互に意識の昂揚に努むると共に細川の「世界史の動向と日本」と題し唯物史観の立場より社会の発展を説き社会主義社会の実現が現在社会制度の諸矛盾を解決し得る唯一の道にして我国策も亦唯物史観の示す世界史の動向を把握して其の方向に向って樹立遂行せらるべきこと等を暗示したる共産主義的啓蒙論文を雑誌「改造」の同年八月号及九月号に連続掲載発表の可否に付協議したる結果右相川、小野等をして検閲に接触せざる様慎重考慮して発表せしむることに決定し該決定に基き右相川、小野が同志たる「改造」編集長大森直道其の他と協力して該論文を予定の如く発表して一般大衆の共産主義的啓蒙に努め

（二）同年八月下旬頃右「満鉄」東京支社調査室に於て右平館、西沢等と共に先に設立を決定したる民族問題研究所の組織、機構、人的配置並に資金獲得の方法に付協議して之が具体化に努め

（三）同年九月十四日右細川が右論文の発表其の他により治安維持法違反の嫌疑にて検挙せらるるや同月十六日頃右「満鉄」東京支社地下食堂に於て右平館、相川、加藤、木村等と其の対策を協議したる結果細川の検挙後も専ら平館を中心として既定方針に基き「グループ」の活動を果敢に継続すべきことを決定すると共に細川の家族の救援方を協議決定して之が実践に努め

（四）同年十月十日頃東京市新橋駅前明治製菓喫茶店地下食堂に於て右平館、西沢と会合し前記名和統一が大阪を中心として活動し居るに付同人と共に東西相呼応して果敢なる活動を展開すべく右名和統一との連絡は被告人に於て分担すべきことを協議決定し該決定に基き同月十八日頃大阪市北区渡辺橋際新大阪ホテル等に於て右名和と会合し同人に対し所謂「党再建準備会」結成以来の

顛末を報告し更に民族研究所の設立は細川の検挙及資金難の為め一頓座を来たし居る窮状を訴えたる上東西相呼応して広汎果敢なる運動を展開すべく名和の蹶起を促して協力方を勧奨し同人の承諾を得

（五）次いで同年十一月四日頃右名和の上京を機会に東京市芝区虎ノ門料亭「亀清」及喫茶店「晩翠軒」「満鉄」東京支社調査室に於て平館、西沢、木村、相川、加藤と共に右名和に面接し両者の活動方針を協議したる外共産主義者小倉章平の「クィ《ママ》ットフォーゲル」著「解体過程に於ける支那の経済と社会」の批判論文原稿を名和に貸与し越えて昭和十八年一月三十日頃再び右名和の上京の機会を利用して右「亀清」に於て右平館以外四名並に浅石晴世と共に右名和と会見して相互に情報意見を交換して両者の間の組織並に活動方針に付協議を重ねたる結果政治の中枢たる東京に於ける被告人等の「グループ」を中心として連絡呼応して運動を展開すべきことを決定したる外右小倉章平の山田盛太郎著「日本資本主義分析」の批判論に付討議し更に同夜一同東京市芝区三田通り料亭「今半」に於て会合し日本革命の展望に付尖鋭なる論議を重ねて以て相互に意識の昂揚に努むると共に同志的結合を強化し爾来同年五月迄の間極力右決定の実践に努め

（六）中国共産党（略称「中共」）と連絡して諸情報を交換し資料を入手して「グループ」の活動に資する意図の下に昭和十七年十二月中旬右平館と協議の上「満鉄」上海事務所調査室勤務の前記手島正毅と「満鉄」東京支社調査室等に於て会見し同人に対し上海工部局職員にして共産主義者たる安藤次郎と協力し安藤を通して「中共」と連絡を講ずる様依頼して其の承諾を得更に昭和十八年五月初旬右平館、西沢と共に東京市麹町区丸ノ内有楽町「満鉄」東亜経済調査局其の他に於て「満鉄」大連本社調査部勤務の共産主義者内田丈夫に対し同人が近く上海に赴くに付ては前同様安藤次郎と協力して安藤を通して「中共」との連絡を講ずる様依頼して其の承諾を得る等極力「中共」との連絡を策したる一方、同年五月初旬世界経済調査会主事にして共産主義者なる益田直彦が近く外務省伝書使として入露することに決定するや其の頃前記「満鉄」東亜経済調査局に於て平館と共に益田直彦をして入露後彼の地の共産主義者と連絡せしめて諸情報を交換せしめ資料を入手して「グループ」の活動に資する為同人の入露後の活動方針殊に同人をして報告せしむべき日本の共産主義運動を中心とする客観情勢に関する基礎資料の蒐集方を協議して該資料の調査蒐集に努め

第六、「満鉄」上海事務所在勤当時部下たりし金履煥こと倉田煥が被告人を頼りて昭和十六年三月頃上京し商工省技術員養成所に入所し同人を介して同人の同僚中西五洲、中本宗輔と順次相識るに至るや右倉田に対しては昭和十六年五月頃より右中西に対しては同年八月頃より

右中本に対しては昭和十七年九月頃より孰れも昭和十八年五月頃迄の間毎月一、二回東京市大森区北千束町五百九十二番地被告人自宅に於て独ソ戦に於けるソ連の勝利を力説し或は共産主義的観点より支那事変の分析、日本資本主義の特質の解明等を為したる外右倉田等に対し前記細川嘉六の論文「世界史の動向と日本」所載の雑誌「改造」「エンゲルス」著「永遠の真理自由平等の批判」島木健作著「再建」其の他十数冊の左翼文献を貸与繙読せしめて鋭意同人等の共産主義の啓蒙昂揚に努めたる等諸般の活動に従事し以て「コミンテルン」並に日本共産党の各目的遂行の為めにする行為を為したるものなり

と言うに在れども被告人西尾忠四郎は昭和二十年七月二十七日東京都大森区北千束町五百九十二番地に於て結核性腹膜炎にて死亡したるに依り刑事訴訟法第三百十五条第七号に則り主文の如く決定す

昭和二十年八月二十二日

横浜地方裁判所

予審判事　石川　勲蔵

X 裁判記録の焼却とやっつけ裁判

【解題】一九八六年に申し立てた再審請求にとって、最大の障害となったのは、訴訟記録が失われていることであった。保存を義務づけられている判決書ですら、有罪判決を受けた三三人のうち、わずかに七人分しか残っていないのである。

残りはどうしたのか。火事や空襲で失われたのではない。裁判所自身の手で焼却されたのである。敗戦前後のどさくさの中、事件が虚構の空中楼閣であることを百も承知だった司法当局が、連合国からの追及を恐れて証拠隠滅を図ったのである。

その光景は、次に掲げる海野弁護士の証言の中でこう語られる。

《……裁判所の裏に行きますと、いまの事務官が、たくさんの書類をボンボン燃やしているのです。ぼくがなんの書類ですかといったら、苦い顔して答えませんでした。思うに警察の聴取書とか押収してきた変な証拠のようなものを焼いていたのだと思われます。》

同様の光景を、西尾忠四郎夫人も目撃している。

《裁判所へ行くと、中庭で書類をぼうぼう燃やしていました。（中略）

……石川（予審）判事は「やあ、やあ」なんて言って行きかけたのがもどってきて、「子どもさん、どうしてます？」って言いました。海野先生が「元気だそうですよ」と言うと、「ああ、そうですか」と逃げるように行ってしまいました。あの後ろ姿は、いまも目にのこっています。書類を燃やしている煙が、廊下にまで流れてきていました。一生忘れられないことです。》（原文は本書三三五ページ）

短い証言であるが、リアリティーをたっぷり含んだ証言である。

訴訟記録の焼却処分と並んで、通常ではとうてい考えられないのが、横浜事件を「処理」した異常な公判のありようである。

数人をグループにまとめて、起訴状朗読から判決言い渡しまで一日で片付けた裁判は、やっつけ裁判としか言いようのないものであった。

本書Ⅶ章の小野貞の供述書では、公判から帰った夫・小野康人の激しい言葉が引かれている。

《昭和二〇年九月一五日、判決の日、横浜地方裁判所から帰宅した主人は、

「あんなデタラメな茶番劇はない。何が執行猶予だ！　馬鹿にするな！」

とたいそう怒っていたのを、私ははっきり覚えています。主人は治安維持法違反が捏造であることを怒っていたのだと思います。

裁判は一回しか開かれず、判決が言い渡されたと聞いております。検挙されて二年三ヶ月で、敗戦のどさくさ

にまぎれて正式な裁判が一回だけ開かれただけで有罪判決、その申しわけに執行猶予という、全く言いようもないほど不当な、無茶苦茶な、裁判の名に値しない裁判でした。》（三二三ページ）

この公判のありようだけからでも、再審（裁判のやり直し）はただちに受け入れられるべきであった。しかし裁判所は、訴訟記録は自らの手で焼却したと認めながら、記録がないから再審は不可能とつっぱねたのであった。

＊

横浜事件の裁判

海野普吉

（海野普吉『ある弁護士の歩み』から）

最初に引用するのは、第Ⅲ章の冒頭に掲載した海野普吉弁護士の証言のつづきである。インタビュアーの松井とあるのは、松井康浩弁護士。

形だけの裁判

松井　昭和二〇年の八月二八日に第一回の公判があったということですが、公判としてはそれだけですか。

海野　公判は被告諸君のグループを五つぐらいに分けました。二八日に第一回があって、それからずっと引き続いてやりました。忘れもしませんが、厚木飛行場へ進駐軍が着くと新聞に出まして、私は本郷に疎開させてもらっていて、そこを出るときに、家内に「きょうは帰れぬかもしれぬぞ。進駐軍があの辺を見張りするだろう。おそくなっても心配ないよ。ぼくは共産主義者の弁護に行くんだから」といったのですが、その日は何もありませんでした。

二九日にまいりましたときには、桜木町の駅をおりたところへ進駐軍が無電の機械を据えつけて、盛んに無電で情報を交換していました。その次に行ったときには、横浜の裁判所を剣付鉄砲でがたがた回っていました。それで裁判官は非常にあわてました。七回か八回に分けて公判をし、みな執行猶予にしてしまったのです。保釈を許されましたので、私の事務所へみんな集まって、控訴するかしないかという問題について協議しました。ただ一人細川氏は、どうしても公判で争うという。ほかの連中はくたびれ切って、これからやってもしようがないということになりました。ところが細川氏の事件については、やはり裁判所も手ごわいと思ったのでしょう。公判期日をきめないのです。保釈を許されていますから、こっちも急ぎません。記録を謄写して、しっかりやろうという考え方です。そのうちに一〇月になって治安維持法は廃止になりましたから、したがって本件公訴はこれを棄却するで、事はすんだのです。

松井　一日で判決ですね。

海野　そうです。四人か五人ぐらいずつ一グループになっていました。泊会談に出席した人々とか、中央公論、日本評論あるいは改造とかいうふうにグループにしたという記憶です。私ははっきりしないのですが、岩波の小林氏の弁護届けを出したような覚えがないのです。藤川氏は記憶があります。聞いてみればいいのですが、いやなことですからね。

松井　法廷はどんなふうに進行したのですか。

海野　実にこっけいな法廷です。検察官が起訴状を読みます。が、事実の認否について、「そんなことありません」とみんな断わってしまうと、八並達夫裁判長が、「こういう調べを受けたね」という質問をします。「受けました」と答える。「調書では認めているようだね」、「それは認めなければならないように、ぶんなぐられたり、蹴とばされたりしたから、そうしたんです」。それはそれでいいということで結審です。ぼくもなにをいったかよく覚えがないのですが、ただ「敗戦になった状態で、連合軍から占領されたということについては、一体なにが原因か。そういうことを阻止しようとしたのは、こういう人々なんだ」ということをいった覚えだけはあります。

潮見　ずいぶん乱暴な裁判ですね。

海野　裁判とはいえません。私もその点については大いに恥じるのですが、もっと堂々とやればよかったのです。裁判長が、八月二七日に早く公判をやりたいという話がありました。私は記録もなにも写していない、これではやれないじゃないか、予審終結決定が本人のところにいっているかもしらぬが、弁護人のところにきていないから、予審終結決定も見ないで裁判をやることはできないと頑強につっぱりました。すると、裁判長は「そういわないで、いいじゃないか、わかっているでしょう」としきりにいうのです。「執行猶予」をにおわせたつもりだったのでしょう。そういうわけにいかないし、被告の意見も聞いてみなければいけないというので、勾留されていた笹下の刑務所へ面会に行きました。こういっているんだがどうするかということを、四人ばかりの被告に話しましたら、もう三年も勾留されている人たちですから、先生にまかせるから、いいようにやってくださいという話になりました。それでは明日やろうということで帰ってきて、八並判事に会ってそのことを報告しようといたしましたら、夕方になっていたので帰宅したのか、いませんでした。

しようがないから電車（編集者注・路面電車）に乗って帰ろうとして（当時はようやく電車がたまに来る時代でしたが）、裁判所の裏に行きますと、いまの事務官が、たくさんの書類をボンボン燃やしているのです。ぼくがなんの書類ですかといったら、苦い顔して答えませんでした。思うに警察の聴取書とか押収してきた変な証拠のようなものを焼いていたのだと思われます。

乱暴な裁判といえば、こんなこともありました。さきにもお話しました「泊会談」のメンバーのうちで、ある者の予審終結決定書には泊会談に出席したと載っておるのにかかわらず、他の者の予審終結決定書には名前を載せていないといったケースがあるのです。なぜそういう結果になったかというと、早く予審終結決定書を書いてくれと石川予審判事にいったのですが、大勢の予審終結決定書のことだからなかなかはかどらない。中には、石川予審判事が原稿を書いて、私の事務員の竹下君が清書したのもあるのです。そのときに石川予審判事は「海野さん、もう泊会談はここらでいいにしよう」といって、私どもの目の前で名前を落としました。この当時の横浜の検事局および判事諸公が、いかにあわてておったかという好例です。いままでいろいろの事件があったでしょうけれども、検事局ならびに判事諸公が、こんなにうろたえまわったことはなかったと思います。

細川氏のことなど

松井　細川氏だけが最後までがんばったということですが、他の人々とちがったところのある方なのですか。

海野　細川さんは立派でしたよ。「私は諸君のように、ああそうですかというような判決は受けない。あくまで徹底的に争う。したがって全部記録を写してくれ」といわれました。やっぱりしっかりしていました。「やりましょう。そのかわり書類を写したりしますから、時間がかかりますよ」といったのですが、「けっこうだ、ゆっくりやろうじゃないか」というのです。

もともとなぜ細川氏が横浜へ事件として移送されたかも問題なんです。東京の予審が終結するまぎわのときに、昭和塾関係の連中を呼んで横浜で起訴したのです。ひどい話ですが、予審に係属しているやつを、横浜の検事局へ移送したのです。そこで細川氏を調べたのですが、さすがに細川氏に対してはぶつ、蹴るというようなことは、彼らもそれほどはしなかったと見えます。彼はがんとして自分の主張を通しています。

余談になりますが、昭和二〇年の五月ごろだと記憶しています。空襲が非常に激しくなってきまして、東京でも横浜でも食べるものがほとんどないときに、私はたびたび細川氏その他の被告に面会に行きました、細川氏が「海野さん、よほど外は食べものがひどくなっているな」というのです。「それはひどい、ぼくはカボチャのつるまで食っているよ」、「そうだろう、来るたびにやせてくるよ。まだ中のほうがいいよ。南京米のひどいものだけれども、一定量だけは食べさせる。どうにか命はつながるよ」と看守の前で話をしました。そんなことをいっているうちに空襲警報が鳴り、看守と細川氏とぼくと三人で刑務所の中の防空壕に逃げこんだこともあります。こんなことはほんとうに忘れることができません。

刑務所のすぐ前に差入屋があるのですが、そこのうちで休んでいますと、刑務所から、棺おけがしばしば出て行く。細川さんはまだ君よりもおれのほうがいいとおっしゃったけれども、その実ずいぶんひどかったと思います。刑務所の中の死亡者を入れる棺おけは、俗に座棺という丸い棺おけですが、なんべんも通っていきました。

ひどかった拷問

海野　こうしてみてきますと、横浜事件の大きな特色の一つは、思想的問題もありますが著しく政治性を帯びていることです。もう一つは各被告人に対する拷問です。この拷問は、単に被告諸君だけではありません。中央公論社の前社長の嶋中雄作氏もひどい拷問を受けました。なぜ拷問を受けたかというと、「お前のほうの編集部員はみな共産党員だ。それを認めるか認めないか」。彼はそんなことはないと強情をはったのです。そしてなぐられ、顔にツバキをかけられたのですが、どうしてもこれを認めませんでした。証人ですから、勾留されないで帰されましたが……。

なぜそういうことがわかったかというと、私はある程度の証拠を持っております。終戦後進駐軍がやってきて、弾圧について調べました。そのときに横浜事件の記録が進駐軍に持っていかれたのです。私は自分の関係した被告諸君全部の判決謄本をとろうと思って、請求したところが、被告のうち白石芳夫、小川修、西沢富夫、小野康人、小森田一記氏の分しかないのです。「なお、その他の二〇名の分については、当庁が当時進駐軍に庁舎の一部を接収され、あるいはその他諸般の事情により、現在右原本が見当たりませんので御了承下さい」と麗々しく横浜検察庁から回答してきています、進駐軍が使用したので書類がなくなるというのはとんでもない話で、進駐軍に使わせるために部屋をあけるのだったら、書類はよそへ運ぶのが当然です。それをしないで見えなくなってしまったということは、進駐軍に取り上げられてしまったということだと思います。

それのみならず、私が公職適否審査委員をやったときに、総合雑誌で右翼的な記事を年間一〇以上掲載したもの、それから左翼的なものを一〇以上掲載したものとを調査し、とにかく右翼的なものが一〇あれば追放するという方針がたてられました。それはGHQのガバメント・セクションで、そういうことをわれわれにいってきたのです。そこで中央公論社の嶋中氏と改造社の山本実彦氏をどうするかという問題が起こりました。向こうの意向をサウンドしてみますと、山本氏は追放、嶋中氏は、こちらで横浜事件の記録を取り寄せてみたら、非常に残酷な扱いをされていることがわかる。にもかかわらず自分の主張を変えなかった。だから嶋中氏は追放せぬでもよかろうと考える、ということをはっきりいってきた。そういうふうなことがあって、当時の特高が非常にひどい拷問をしたことは明瞭なんです。

拷問についてはあとでいろいろ問題が起こりました。検事や警官を特別陵虐で告訴したのです。被告の一人が着ていたシャツに血が固まってついていたのを、釈放したときにそのまま持って帰らせたのが、唯一の物的証拠となりました。大部分不起訴にしてしまったのですが、どうしても不起訴にしかねたのが、神奈川県特別高等課の思想係長の松下英太郎警部で、上告までいきましたけれども、一年六ヵ月の実刑です。特高課員では柄沢六郎、森川清造、やはり一年で執行猶予なしです。横浜地方裁判所で判決したのが二三年で、彼らが控訴して二四年に東京高等裁判所で藤島裁判長が情状酌量しても一審の判決は正当である、と判決に意見をのべています。これは謝まり閉口して、いろいろ申しわけなかったということをいったのでしょう。藤島氏からいえば、一審の判決は軽すぎたんだという意味のことを書いている。上告までしましたけれども、むろん棄却になり、実刑を科せられました。

そのことを思いますと、いまの裁判はわりあいによくなりました。もっとも混乱時代ですから、いたしかたないのですけれども……。特高の連中の弁護をしたのは、たぶん高橋義次氏です。私にかんべんしてやってくれという上申書を書いてほしいと頼んできたのですが、私はいやだと断わりました。高橋氏は、戦争中、代議士なんかに出たくらいで、多少右翼的思想の持主です。それで一所懸命弁護したのです。

【解題】次に引用するのは、海野弁護士の語った公判を「被告」側から述べたものである。

第Ⅱ章で掲載した青山憲三（鉞治《えつじ》）『横浜事件―元「改造」編集者の手記』の最後の箇所である。

＊

茶番劇の終幕

青山鉞治

（『横浜事件・元「改造」編集者の手記』から）

監房に弁当が配られたから、十一時を回ったのだろう。そんな時分になってやっと私たちは呼出された。

裁判廷といっても、がらんとしてほこりっぽい部屋だった。ながらく使用しない小学校の教室のような感じである。「裁判」という言葉からうける、神聖で威厳らしいものは何もなかった。むろん誰も傍聴人などはいない。

向うの一段高い壇上の中央に頬のこけた、眼のショボショボした八並裁判長が坐り、左右の席に一人ずつ判事が坐っていた。私たちは四人一列に横に並んで椅子にかけた。私たちの右横手に海野弁護士が坐った。おかしなことに、検事は空席だった。この一事からしても、この裁判がいかに即席のデタラメのものだったかが想像されよう。

裁判長が名を呼んだ。「大森直道、小林英三郎、若槻繁、青山鉞治」私たちは順々に立った。裁判長が、細い筋ばった首を壇上からはみだすように伸ばして言った。

「めいめいには訊問しないで、一括して訊ねるが、君たちは細川嘉六の『世界史の動向と日本』という論文をはじめ、幾つかの論文・記事その他を雑誌『改造』に掲載発表することによって、共産主義思想の宣伝普及につとめたことを認めるね。」

ぼそぼそと口ごもった低い声で、いかにも自信のない態度である。終りのほうは、どうかそうしてくれと嘆願するような口調で、「認めるね、そうだね……」と、重ねて言った。

しかし、言っている内容は重大な意味をもっている。「はい」と答えてしまえばそれまでである。それでいいのだろうか。迷ったのは私だけではなかったにちがいない。私がうつむけていた顔を上げると、期せずしてほかの三人も指示を仰ぐような眼つきを海野弁護士に向けた。その瞬間、間髪を入れずというのだろうか、海野弁護士はじつに見事に私たちの心理をくみとって、さっと立ちあがると、びっくりするほど大きな声で叫んだ。それはほんとうは、それほどびっくりするほど大きな声ではなかったにちがいない。私たちが長い独房生活でまるで音の世界を忘れていたので、そう響いたのだろう。

「諸君、あの空を見たまえ。——」

海野弁護士は窓外を指さして言った。私たちは、はっと思って遠くを眺めた。薄雲を透して残暑が照っていた。

「——飛行機がゆうゆうと飛んでいるでしょう。しかし、あの飛行機は一機として日の丸をつけていないのですぞ。全部アメリカの飛行機です。日本は完全に敗北したのです。いいですか諸君、いわば諸君の過去の半生は、あの八月十五日をもって一応無に還ったもひとしいのです。再生日本とともに、諸君も、これからまたまったく新しく出発をしなければなりません。諸君の双肩にかかる責任は、きわめて重大なるものがあります。どうか、今日この裁判を新しい出発の起点にして、日本人としての自覚をますます強固にされることを切望するものであります。」

海野弁護士は私たちを見つめてそう結ぶと、裁判長に向って軽く一礼し、どうぞという格好をして席についた。

私は思わずこころのなかで首を振った。海野弁護士は、いったい何を言おうとしたのだろうか。弁論というにはあまりにも茫漠としている。あるいは茫漠としていることが、実はわれわれの事件の偽りに満ちた空疎な内容にふさわしい弁論であろうか。海野弁護士は、この事件があまりに愚かしくばかげていて、いちいち具体的内容をとりあげて弁論するにも値しないと判断されたのだろうか。そうでもあろうし、また、そうでもあるまい。おそらく私が想像したように、いわばこの〝悲愴な茶番劇〟の終幕をいかに下ろすか、その仕組みが裁判官と海野弁護士との間に諒解成立しているのだろう。

（そしてそれは事実成立していた。釈放後、私は海野弁護士からじかに、そのいきさつを聞いた。その工作は、もちろん裁判所側からもちかけられた。

八月二十八日、海野弁護士は私たちの拘置所へ面接に来られるまえに、横浜裁判所へ立寄られた。すると裁判所の庭で、山のように積んだ書類を炎々と燃やしていた。おそらく、その大半は横浜事件の記録であった。マッカーサーの一行が、三十日には厚木飛行場へ着陸進駐してくるはずであった。「ははあ、裁判所はあわてふためいているな、よし、突撃だ」海野弁護士は、そう闘志をかためて八並判事に面会した。判事は、そわそわドキドキしながら、

「海野さん、さっそく明日、裁判にさせてください。」

「しかし、まだ予審も終結していないじゃないですか。」

「もう、それはどうでもいいじゃないですか。海野さんにも、おわかりでしょう。ぜひ、そうしてください。」

そこで海野弁護士の見通しは、はっきりとした。釈放、そして事実上の無罪。海野弁護士が「すべてをまかせてくれませんか。必ず悪いようにはしない自信がある」と言われた理由があったのである。）

私は横眼づかいにそっと、若槻、小林、大森の順に彼らの表情を眺めた。みんな何とも言えない、くすぐったいような、ほろ苦いような顔つきだった。

「それでは、さっそく判決を言い渡します。」

裁判長ははじめから用意していた一枚のメモ用紙を手に取って読みあげた。

「大森直道、懲役二年、ただし執行猶予三年。小林英三郎、懲役二年、執行猶予三年。若槻繁、懲役二年、執行猶予三年。青山鉞治、懲役二年、執行猶予三年。以上。」

裁判長は読み終って、

「日本はまことに開闢以来の困難な局面に立たされました。諸君の有能な才能を、今日こそ正しく発揮するときだと思います。どうか自重して健全な生活を営まれることを希望します。ことに小林英三郎君は、仏の顔も三度といって、もうこんどこそおしまいだろうが……。」

と、さすがに終りのほうは裁判長も歯を見せ、苦笑しながら言った。

私たちは海野弁護士の合図で、きちんと姿勢を伸ばし、裁判官席に向って一礼した。そして裁判が終った。

考えてみれば、これが「天皇ノ名ニ於テ」行われた裁判であった。

私たちはその夕方釈放された。

敗戦時の内務官僚の座談会

【解題】 特高警察とともに逮捕・拘禁・拷問によって「事件」をでっちあげた司法当局が、敗戦を迎え、そのでっちあげを隠蔽するために、膨大な量の訊問調書や訴訟記録を、ほかでもない「裁判所の中庭」で「ボンボン」「ぼうぼう」と燃やしたことを先に見た。

しかし、公文書を焼却処分したのは、後ろ暗い裁判所だけではない。敗戦時、日本中の官公庁、そして軍でも、これまでの行状を隠蔽するために関係書類を焼却隠滅したことは現代史研究者の間では広く知られている。

次に引用するのは、その焼却隠滅を指示するために内務省の官僚たちが全国に赴いたという証言である。

内務省というのは、警察、地方行政のほか土木、地理、戸籍などまで管理した最大の官庁、戦前日本の中核的国家機関であった。

タイトルにある山崎内務大臣＝山崎巌は、内務省の生え抜きの官僚で、戦争中の一九四二年に内務次官となり、敗戦直後の東久邇内閣で内務大臣に就任したが、戦後もなお特高警察を維持すべきだと公言して内相を罷免され、東久邇内閣倒壊（四五年10月5日）の引き金を引いた。したがって「山崎内務大臣時代」はわずか二カ月たらずと短い。

座談会は一九六〇年、総務省の自治大学校史料編集室が行ったものである。メンバーには、後の大臣、東京都知事などそうそうたる人々が出席している。

問題の証言は初めの方にあるが、その後の内容も敗戦前後の政治の内情が当事者の口から語られていてたいへん興味深いので掲載した。引用の終わりに近く、山崎内相が特高警察と共産主義の取り締まりは存続すべきと考えていたと語っている（傍線は引用者）。

＊

昭和三十五年十二月五日
自治大学校史料編集室作成

山崎内務大臣時代を語る座談会

とき　昭和三五年九月六日
ところ　地方財務協会

《出席者》

(氏名)	(現職)	(当時の職名)
山崎　巖	自治大臣	内務大臣
古井　喜實	衆議院議員	内務次官
入江誠一郎	人事官	内務省地方局長
林　敬三	防衛庁統幕議長	内務省人事課長
大野　連治	全国市長会事務局長	内務省文書課長
荻田　保	地方財政審議会委員	東京都財政課長
鈴木　俊一	東京都副知事	内務省行政課長
小林与三次	自治事務次官	内務省行政課事務官
奥野　誠亮	自治省財政局長	内務省財政課事務官

(司会)
佐久間　彊　自治大学校長

司会　お忙しいところをお集まりいただきまして、ありがとうございました。今日は山崎大臣を中心にいたしまして、山崎内務大臣時代のことを一つお聞かせいただきたいと思います。

お手元に「内務省関係事件一覧表（東久邇内閣時代）」というのを、思い出していただく材料に作りまして、お配りしてありますので、大体これの順序でお話をいただいたらどうかと思っております。

それでは一番初めに、八月十五日終戦、十六日に東久邇宮に組閣の大命が降り、十七日に東久邇内閣が成立しておりますが、この十五日、十六日のころのことを入江さんからお話しいただきたいと思います。

入江　あまり特別なこともございません。ここにあります通り、たしか次官会議で戦後処理問題の協議がありましたが、地方総監府と交通もできませんし、いずれ、総監府もすべてが御破算になるから、特別の用事を総監府にお届けするという意味で、事務官をそれぞれの総監府に派遣したのですが、「国民生活安定に関する戦後非常措置要領」というのは、詳しい内容は覚えていませんが、大体内務省関係としては、戦後の治安問題と物資の関係だと思います。これは奥野さんが御記憶あるかもしれません。

司会　この十五日、十六日のことで思い出がありましたら、どなたからでもお話しいただきたいと思います。

小林　僕は東北と北海道へ行った。

奥野　僕が思い出すのは、十五日の何日か前に、終戦処理の方針をきめなければいけないので……これは入江さんから伺ったのです、終戦になるのだと。だからどう処理するかということで、内務省で各省の総務局長会議を入江さんが主宰されてやったと思う。そのときいろいろなことが議論になったが、軍の持っている物資は、交戦の相手方の所有に属するものだから、これはすぐ没収されてしまう。個人の所有になっていれば没収されないから、はやく個人に分配してしまおう。その時間的余裕がない場合も少なくとも府県段階、市町村段階にまで所有権を移しておこう。国民は今まで耐乏生活をやってきたのだから、折角の物資は国民に与えて生活をうるおす処置をとるべきだということになった。

そのほか公文書は焼却するとかといった事柄が決定になり、これらの趣旨を陸軍は陸軍の系統を通じて下部に通知する、海軍は海軍の系統を通じて下部に通知する。内政関係は地方総監、府県知事、市町村の系統で通知するということになりました。これは表向きには出せない事項だから、それとこれとは別ですが、とにかく総務局長会議で内容をきめて、陸海軍にいって、さらに陸海軍と最後の打ち合わせをして、それをまとめて地方総監に指示することにした。十五日以降は、いつ米軍が上陸してくるかもしれないので、その際にそういう文書を見られてもまずいから、一部は文書に記載しておくが、その他は口頭連絡にしようということで、小林さんと原文兵衛さん、三輪良雄さん、それに私の四人が地域を分担して出かけたのです。それが何日に出発したかは覚えていないのですが……。

入江　十六日だと思います。

奥野　そのときわざわざ運輸省からパスまでもらって、上陸してきたのとぶつかったらこうこうしろということまで話し合いをして、各人が地域を分担して出かけていった。その結果軍の持っている物資が流され、文書は焼いてしまうということになった。

そのとき今でも忘れないが、総務局長会議で一番最初話題にのぼったのは、女子職員をどうするかという問題でした。僕が東海道線をいくとき、横須賀では女子の避難命令を出していたが、そういう混乱の状態にありました。

林　終戦の詔勅の放送のことですが、八月十五日正午の特別放送は終戦のおことばということは少し前からわかっていました。ところがラジオの庁内連絡線が壊れていて、全然五階の大会議室のラジオが通じない。いたし方がないので、各自は各部屋で放送を聞くようにという通知を出した。ところが、私は人事課長をしていましたが、各課からさかんに抗議が出てきて、なぜせっかくの大切な重大放送を五階の大講堂でみな集まって聞かないのかというのです。しかし何分にもそこへの線が壊れていてどうにもならない。やきもきしているうちに幸いにして、最初は直りそうもなかったのが、放送の三十分位前になってその線が偶然にも直って通ずるようになった。そこで急に全員大講堂へ集まれということで、私は五階の階段の直上の廊下に立って、続々と参集してくる庁員に早く早くかけ足でこないと間に合わないぞといってようやく十二時までに皆、間に合ってきちっと整列した。君が代の放送についで、陛下のお言葉がきこえてきて、こみ上げて来る暗涙にむせびながらあの終戦の放送を聞いたのです。そして安倍内務大臣のご挨拶がありました。みんな揃って大講堂できくことができたことはせめてもの幸いだったと思います。

それから鈴木（注・貫太郎）内閣の総辞職は、私の感じでは、降伏をきめておいて、さっと政府が内閣を投げ出されたので、われわれは、なんだか親から捨てられた子になったような格好で、最高（後？）の内閣としてはそうあるべきであっても、われわれとしては困ったという感じがしました。そして、その日から各女子職員はしばらくどこか山の中へでも隠れて役所へは出てこないでいいということを令達したと思います。ご承知のように実際はその後大したことはなかったのですが……当時の空気としてはそうだったのです。

東久邇宮（注・稔彦）に、十六日に大命が降下して、親任直後に総理官邸へこられたそのとき、各省から出てくるようにとのことで、内務省からは私が行って玄関でお迎えしたのですが、今はだいぶ齢をとられましたが、その時は非常にしっかりとした態度で頼もしいという感じがいたしました。

それから十七日の朝、山崎新内務大臣をお迎えに洗足のお宅へ参りまして、ごいっしょに車に乗って狸穴の辺までくると、水交社の横から井上成美という海軍大将が丁度、出てこられて、山崎大臣とお知り合いとみえて、車をとめて、一緒に車に乗って、海軍省前で分れて内務省に大臣としての初登庁をされた。

それからすぐに古井（注・喜實）愛知県知事に連絡をとって上京されるように、ということを命ぜられたのですが、ところが当時のことですから、その日はどうしても愛知県に電話が通じない、翌朝五時頃になって、愛知県庁のもっている電話で帳面に載っている番号をみなかけてみたところ、やっと一つ警察部の防空課にかかって、宿直の警部が出てきた。そこでその電話を切らずにおいて、そこから別の電話で知事官舎へ取り次いでもらって、その日の昼の汽車で名古屋をたって晩には着京されるように連絡がついたのです。

山崎　もう十五年前のことで、記憶は少し違っているところがあるかもしれませんが、実はちょっと前にさかのぼりますが、大達さんが内務大臣で、小磯（注・国昭）内閣が総辞職をしまして、そのほとんど直後でしたが、米内（注・光政）さんから、四月の末頃戦争はいかぬから戦後処理について一つ考えを纏めてくれという話がありまして、海軍では高木惣吉さん、当時少将でしたが、この人が中心で、古井さんは愛知県の知事でしたから御参加を願えませんでしたが、坂信彌君にも手伝ってもらっていろいろやったのです。その関係だろうと思うのですが、それと前後して鈴木内閣ができましたときに、米内さんのお話しだからといって高木惣吉君がきまして、鈴木さんから話があるはずだから鈴木さんの私邸にいってくれという。大達さんに話したら、いってみてくれ、たぶん内務大臣だろうということでいったのです。いったところが、鈴木さんはおそく帰ってきて何もいわない。何もいわないから、私も催促するわけにいかぬから帰ってきた。

それから終戦になって東久邇内閣ができたとき、十七日の朝、村瀬法制局長官がきまして、組閣本部にきてくれという。自動車を持って迎えにきた。僕は、実はこの前、鈴木さんのときにいって大恥をかいたことがある、また恥をかいても困るからちょっと困るといった。そうしたら、何でもかでもきてくれという話です。そこで今国会図書館で使っている赤坂離宮でしたが、そこへいったら、まず緒方（注・竹虎）さんに会った。緒方さんはすぐ近衛（注・文麿）さんへといわれ、近衛さんみずから話があって、内務大臣をやってくれということです。それから僕は、まだそのころは若いのですから、若いといっても満五十です、この難局を経験の浅い者が引き受けるのはなかなかうまくいかぬかもしれない、ちょっと考えさしてくれ、そうはいかぬ、時間も非常に切迫している、では木戸（注・幸一）さんに一つ相談さしてくれといって、木戸さんのところにいって、こういう話だが、迷惑をかけてもどうかと思うからお断りしたいがどうだろうと申しますと、いや、そういう時期じゃない、あまりぐずぐずしていると、内閣自体が一日おくれ、二日おくれになると大へんなことになる、陛下も非常に心配しておられるから、とにかく受けよということで、帰ってきて漸くお引き受けしました。

そこでいよいよ就任をしたが、次官と三役を作らなければならない。そこで古井さんに一つお願いして、古井さんが見えたらあとの者をきめるということで、古井さんをまずお願いした。ところが汽車を非常に無理をされて案外早くあのとき見えたと思います。それから三役選考に入って、三役をきめたのが発足です。

司会　十八日に三役がきまりまして、十九日に新聞に大臣の談話が出ていますが、この辺のことを一つお話を願いたいと思います。

山崎　あまりよく覚えておりませんが、総監府はどうせやめなければならぬということは、古井さんと相談していたと思うが、すぐそこで大臣から、これをやめるという話をすると非常に動揺もするだろうというので、こういう抽象的な話をしたと思います。

それからポツダム宣言というのははっきりわかっていたが、ポツダム宣言というものがどういうふうに施行されるかということについては全然わからなかった。従って、認識が甘いということは、今から考えるとおかしなくらいのものだった。軍隊の解体などは当然やられるだろうということはわかっていたが、その他の占領政策については全然見当がつかない。それだけに非常に苦労が多かったわけです。

司会　古井先生、次官の交渉を受けられて早速東京へ跳んでこられて、終戦の新事態に即応していろいろお骨折りなされた御事情を一つお聞かせ願えませんか。

古井　記憶が十分残っていないのですが、さっき林さんの話によると、割合早く電話が通じたようにいわれたが、どうも私は十九日の朝か、早くとも十八日の朝くらいだったと思うのですが。

林　古井さんのはじめのご返事では、名古屋を立つのを翌十九日の朝にしたいといわれて、私は一刻も早くと、大臣が内務省に残って、どんな夜更けまでも待つといっておられるからどうしても十八日のうちに汽車に乗って東京へ来て下さいとお願いして、結局、その日の昼ごろの汽車に乗られることになったのです。ところがその汽車が、すでに終戦直後のガックリきた気分が鉄道にもあらわれて、ずいぶんおくれて、夜中の十一時か十二時ごろ新橋駅に着かれ、そこからダットサンで役所にこられた。

古井　それでは十八日に電話が通じたことになるのでしょうネ。

林　入江さんの日記にそういうふうに書いてあります。

入江　十二時ごろ、夜お着きになったのは間違いない。

古井　私は十五日の日に、何らかの責任をとってやめなければならぬと思って、辞表を作って秘書課の者に持たせて東京に上京させました。十五日に出したかもしれないが、ついたのが何日か知りませんが……。それから、ちょうど十八日の日は、この世のお別れというわけでもないが、県庁の連中と新舞子で一ぱい飲もうということにしておりました。それで東京にいくのを一日待ってもらいたいと懇願したが、それは林さんが聞かなかった。何とも承知しない。それでお昼ちょっと過ぎくらいの汽車で発ったと思う、名古屋を。それが十八日でしょうか。それから夜十二時過ぎ新橋で降りたのは覚えている。林さんや、田中楢一君が出てくれていました。三人で役所にいきましたら、大臣がおそいのに待っていて下さった。それが十八日の夜のことでしょう。その節、今井久君を警保局長にしなければならぬというわけで、引っ張り出して口説いたがなかなかいうことを聞いてくれなかった。

山崎　今井君は二人でずいぶん口説いたが、からだの調子が悪いというのだ。話しているうちに冷や汗が出てくる、それではしょうがないから、橋本政実君を起用する以外にないというので……。

古井　橋本にはいい話じゃないが、多分そういうことでしたね。この辺はそんなことでしょうね。

林　橋本さんの方へは、古井次官から手紙で、本来会って事前に承諾を得べきところ事態急を要するので、事後承諾をいただくものとして発令するからご諒承ありたいという意味のことを書かれて、水野理事官がそれを水戸の官舎へ持って行ったのです。

司会　新次官を中心に、終戦処理についていろいろ御相談がなされているようですが、国民義勇隊の問題とか、地方総監府の改廃の問題、選挙法第十二条改廃問題、この辺のことで何かございませんか。

古井　私の記憶は正確でない。自信がありませんから、どなたからか。

司会　入江さん何か。

入江　地方総監府の問題は、内務省の人事権というものに非常な関係がありましたので御参考までに申し上げたいと思いますが、大体地方総監府、国民義勇隊といううのは、軍がこういう機構を通じて国内内政を握ろうという意図から発足した。ちょうど五月の初めに内閣の方から地方行政協議会を官庁化したいという意見が出た。裏にはもちろん軍があった。内務大臣、次官、警保局長、内閣書記官長が集まって、初め、地方総監府をどういうふうに作るかということになりましたが、その時問題となったのは、戦局が逼迫し、国内が混乱した場合、各地域が独立した細胞として行政の円滑な処理をするために、全国にわたって一律に地方総監府という機構を作るか、又はある部分だけ、例えば九州、四国だけにするかということが第一の問題。それから地方総監というものを武官を兼任させるべきではないかということ。それから、この地方総監の人事権を内務省から移して内閣総理大臣が握るべきじゃないか、これが内閣方面から出たと思うのです。内務省の人事権についてては、これは内務省の運命をかけるくらいに争った問題でした。その後いろいろ経緯がありまして、結局台湾とか朝鮮を内地の行政と同じにこちらへ入れるときに、各省の一般の行政については内閣に属するが、いわゆる総監府に関する事務については内務大臣が統理する、朝鮮や台湾の総監府に関する事務の全体のお世話をしてその人事は内務大臣が持つというように、それと同様に、地方総監府に関する事務についても内務大臣が統理することとし、総監以下の人事を内務大臣が持つということで話がまとまった訳であります。

ところが、戦後これが廃止することにきまったが、どうも進駐軍の方では、地方総監府の機構によって内政を、即ち、進駐軍の事務を処理しようとしたのか、どうしても廃止に同意してくれない。そのために堀切内務大臣のときに、地方長官の異動人事ができないで、十一月になってやっと廃止の承認を得たというのが真相です。

次に、国民義勇隊については、最初軍の方では県の組織としての義勇隊長を軍人出身者で充て得ることとしたいという意向がありましたが、これは町村単位、郡単位、県単位について、表向きは地方の名望家をもって充てることができるという方向で要求があったと思います。一番最後まで問題のあったのは、国民義勇隊の中央機構の問題でありまして、この頃すでに義勇隊の県機構はできていたのですが、内閣関係に中央の事務局を作るという問題が起りました。このときは内務省としては大臣、次官に至る迄あげて非常に反対されたのですが、結局終戦直前にこれは押し切られまして、南大将が会長になり内閣方面に事務局が設置されるということに内定していた。結局、終戦によって、これらの問題も水に流れた訳であります。

選挙法の十二条の問題は、やはり例の疎開とか人口移動その他によって国内に人口分布で変化がありましたから、それに即応した問題でありますが、これは山崎大臣がおられて、私からいうのも何ですが、かねて申しますように、大臣と古井次官のコンビで、選挙法についてはこのころから、いずれ根本的な改正をしなければならぬという御意図があったようです。それでこの十二条の改正問題と根本的な改正問題がその後平行して進められていったのです。

司会　ありがとうございました。二十二日に一部機構改革がありまして、その日に局長会議で、米軍進駐に伴う内務省所管の諸条件を協議、地方局関係では選挙法改正問題を協議したということが入江さんの日記に見えていますが、米軍進駐に伴う問題、いろいろおありだったと思いますが、お話をいただけますか。

山崎　アメリカ軍の進駐前に、前の外務大臣の岡崎（注・

勝男）君が、陸軍の河辺（虎四郎）大将と一緒にマニラに進駐の打ち合わせにいった。

それが二十二日前後だったと思います。それで帰ってきてからいろいろ向うの意思を伝えて、それで準備をしたいということがありました。

二十二日の会議はそれであったかどうかちょっと記憶がはっきりいたしません。

司会　二十四日に、警察力整備拡充という問題が出ていますが、これもやはり関連がございますか。

山崎　これは、どうせ陸海軍の解体ということははっきりしているし、そうすれば警察力による以外にない。軍隊というものはどうしてもなくなるのだから、そこで思い切った警察力の整備拡充をやらなければいけない。

多数の警察官が応召せられ　警視庁の勢力は遙かに一万を下まわっていたと思います。そういう時代ですから早急に一つ警察力を強化してもらうということを相談したのがこれじゃなかったかと思います。

荻田　警保局を二つに分けるという案は、そのとき考えられたのでしたか。

山崎　これはあとの方に出てきます。

荻田　知事異動で、民間人を採用しようとされたのもあとですか。

山崎　大異動をやろうとしたのはちょっとあとです。

林　そのときは穴埋めだけで、友末さんが東京都の防空局長から茨城県知事へ出られ、また福本埼玉県知事が愛知県知事になられました。

山崎　とにかく八月の二十日前後というのは大へんなときでした。田中東部軍司令官は拳銃自殺するし、橋田文部大臣も自殺する、そういうような事件があり、愛宕山では例の右翼の連中が手榴弾で自爆したりして、毎日々々大へんでした。そのころ私が一番困ったのは、自宅には十人ばかりの護衛警察官が身辺につき、二人が門前で立番して、あとの連中は寝転んでいる。それらの弁当をこしらえるわけだが、ものはないし、配給もなくて、これには一番弱った。

それから自動車もよちよち走るような時ですからね。命までとられることはないが、少なくとも家くらいやかれると思った。平沼（注・騏一郎）さん、鈴木さんの家が焼かれたし、私も陸軍からにらまれていた関係もあるし、そういう関係で少なくとも家は焼かれる位のことは覚悟していたときでした。

林　この当時、各省とも庁員は、皇居前広場まで列を組んで行って、そこで正座をしておわびをすることをやりました。内務省も早くやった方が適切だということで、たしか十七日頃でしたが、暑い午後に列を組んでいって、国土局事務官の近藤欣一氏が予備少尉で号令をかけて、玉砂利の上に皆正座しておわびをした。周囲には一般の人々も坐っていて、女の人の中には声を上げて泣いている人も大勢ありました。

司会　二十九日ごろまで選挙法の改正が問題になっていますが、古井先生何か。

古井　これは小林事務次官の方がいいでしょう。

小林　私はよく覚えておらない。人口調査の問題とか選挙人名簿調整上の特例の問題をやったのだろうと思います。

古井　一年か何かそこにいないと名簿に載せぬとかいうことが、実行できなかったのじゃないですか。そこいらに何か特例を作ろうというのじゃなかったかな。

小林　そういうことだろうと思います。戦災や疎開で、人口が減少して数が動いていたのですが、その人口がつかまえられていない。それでわざわざ人口調査をやらしたはずです。それを選挙ということになると何をおいても選挙人名簿を作らねばならないが、それがこの人口の大きな動きで住居要件は、特例でも考えなければ動かない。そんなことだろうと思います。

林　このころ、八月二十六日に米軍上陸予定のところが二十八日になった。これはこちらとしては助かったのです。この二日間延びたことがどのくらいありがたかったかしれない。進駐軍をはじめて受け入れる、これを準備する役割は主として内務省が仰せつかって、ベッドを三千床とか、食器類を何千人分とか、フォークとナイフを何千人分とか、これらをそろえて横浜へ持ってこいといったような、そういうことが事前にマニラに連絡にいった者から云ってくる、それをそろえるのは結局内務省の役になり、そこで内務省からは事務官たちが神奈川県庁との間を往復してそういう準備をやれるだけやりました。その当時は、今まで敵だったアメリカが上陸してきても、そんな者のためには絶対に働かないという気分が陸、海軍をはじめ一般にずいぶんあった。しかし同時に、とにかくこういうことになった以上、禍いをできるだけ少なくすることに最善を尽くそうという気持が大勢を制して、皆よく働きました。むしろ戦いに負けてからの方が忙しくなったくらいです。ここに書いてあるのを見て思い出したが、この準備は台風のおかげで、米軍の上陸が四十八時間延びたので曲りなりにもできたのです。

司会　八月二十八日には、閣議で山崎大臣から治安警察法の問題について御説明になっておるようですね。それから二十九日に東久邇首相が特高警察の問題でお話になっています。また三十日には警察制度の問題が出ているようですが、警察の問題について何かお話し下さいませんか。

山崎　このときは、言論出版集会結社等臨時取締法というのが戦時中できましたが、これは非常にきつい法律でして、これを廃止する決心をして閣議に出したと思います。その当時から特高警察が問題になっておりました。しかし私は、急に特高警察を廃止して、共産党をすっかり解放してしまうということは混乱のさなかにえらいことになるという感覚でいたものですから、特高警察の廃止には最後まで反対した。それから共産党の全面解放というのにも反対してきた。それがあとの罷免の大きな理由になった。

　警察制度は、古井さんが中心となって案を練られて、三十日の日に議題になったかどうかしりませんが、警保局を強化する意味で二つに分けたらいいだろう、今の思想的なもの、つまり右翼とか左翼の取締を中心とする局と、そのほか一般の行政警察を所管する局の二つに分けたらいいじゃないかというような案を作ったような記憶があります。これは古井さんの方が記憶が確かだと思います。

司会　古井さん、いかがですか。

古井　私も正確には覚えていないのですが、とにかく警保局を二つに分けようという案はあった。これは、軍が解体されていなくなる、そこで軍の代わりを警察がしなければならぬという意味で、大きなものにして二つにしろ、つまり自衛隊の卵というか、それに似たような考えがあった。ところが橋本さんが猛烈に反対する。毎日口説くがいうことを聞かぬ。とうとうこれは最後まで橋本さんにねばられて、聞かれないで、できそこなったと思います。

（以下、略）

XI 特高警察による「拷問」の実態

三二人の口述書

【解題】横浜事件を知る人にとって最も強く記憶に焼き付けられているのは、おそらく特高による凄絶な拷問であろう。特高たちは、なぜこれほどまでに凶暴で残忍な拷問を加えたのだろうか？

理由は、横浜事件の本質にかかわる。

窃盗事件にしろ、殺人事件にしろ、事件にはかならず窃盗や殺人という「犯罪事実」がある。ところが横浜事件には、このかんじんの「犯罪事実」がなかった。

問われたのは治安維持法第一条、一〇条違反の罪であったが、神奈川県特高が全力をあげて探したにもかかわらず、「結社」を組織した事実や「結社の目的遂行のために行為した」事実は見つからなかった。横浜事件は、「犯罪事実」なき犯罪、「証拠」のない事件だったのである。（但し「政治経済研究会」の後半の共同研究「日本の戦力分析」だけは事実が存在した。）

そこで特高が必死になって手に入れたのが「自白」であった。残存する「判決」に証拠として挙げられているのは、例外なく「被告人の当公判における供述」や「訊問調書の記載」、つまり「自白」である。

業務としての編集会議も、友人の送別会も、喫茶店での会話も、さらにはハイキングまでも、結社の組織や共産主義啓蒙宣伝のための謀議とされ、そこでの参加者の名前が聞き出されていった。名前を言わなければ言うまで、凄惨な拷問が執拗に加えられた。こうして、一つの自白が次の自白を生み、それがまた次の自白を引き出すという「自白の連鎖」によって、横浜事件という複雑怪奇な虚構の楼閣がつくられていったのである。

そうした神奈川県特高警察官の言語に絶する暴力行為に対し、敗戦の年の秋、被害者三三名は三輪寿壮弁護士の協力で拷問特高たちを共同告発することを決意、自らの受けた暴力を、記憶に従って具体的かつ客観的に「口述書」に記述した（巻末、高木健次郎「資料の収録について」参照）。出獄して間もない時期に書かれたものだけに、記憶はまだ新しく、記述は生々しい。

治安維持法下の特高の拷問の残忍さは、小林多喜二の虐殺（一九三三＝昭和8年2月20日）などで知られているが、三二名もの多数の人によって、これほどリアルに語られたものは他にはない。治安維持法と特高警察の実態・本質を知る上で最重要の資料である。

なお告発者は三三名なのに対して、口述書が三二通なのは、細川嘉六の分が含まれていないからである。細川は予審の段階で警視庁から横浜地裁へ移管されたため神奈川県特高の暴力は受けていない。しかし警視庁（世田谷署）では特高の暴力を受けており、それは次のXII章の告訴状の中で具体的に述べられている。
以下、氏名のアイウエオ順で掲載する。

＊

口述書

相川　博

一、時日　自昭和十八年五月二十六日至昭和十九年四月十日

二、場所　神奈川県鶴見警察署内取調室

三、取調人　松下警部　平畑警部補　森川警部補　斎藤、杉田両巡査　その他数名の巡査

(一) 昭和十八年五月二十六日午後二時より四時迄、検挙当日午後、私は取調室に呼び出されコンクリートの土間に正座せしめられ、周囲の扉を密閉し、森川警部補は竹刀を持参、付添いの外二名の巡査は交互に扉の外を見張らしめ、突然私に「貴様は日本共産党再建運動をやったな、泊へ何しにいった。言え。貴様は殺してしまうんだ。神奈川特高警察は警視庁とは違うんだ。貴様のような痩せこけたインテリは何人も殺しているのだ。」とどなりつけ竹刀で頭、背中、顔、手足を約三十分間に亘って擲りつけ、私がかたく口を結んでいるのを見て、付添二人の巡査に合図し、荒縄で両手を背中に縛りつけ、三人は交互に平手或いは挙骨で私の両頬、顔、頭をなぐり、両腿を靴のカカトで踏んだ。私は一言も発せず、彼等のなすがままに任せた。森川警部補は一枚の紙と万年筆を取り出し、何か書いていたが、私の署名を求めた。

「私は昭和十五年以来日本共産党再建運動に努力いたしました。」云々の文章が書かれており、私は即座に「決してそんな馬鹿なことはない。私はそんな出鱈目なものは署名することはできぬ。」と述べると、再び三人は私の頭髪をつかまえてひきずり倒し、打つ、蹴る、の暴行をつづけ、否応なしに私に署名せしめて引上げた。留置場に帰ると、看守、同居人は私に注目し「だいぶやられたな、顔がむくんだ」と言った。洗面所で顔を洗うと血が垂れ、肉が腫れ上がって力を入れることが出来ず、手足は辛うじて動かすことができる程であった。

(二) 昭和十八年六月十日頃

森川警部補、平畑警部補、杉田、斎藤巡査外四名合計八名が取調室の周辺にずらりと居並び、竹刀を折って作った二尺位の竹を持ち、直ちに私の両手を後手に縛り上げ「共産党の組織を云え、細川がスターリンできさまは秘書か、下部組織を云え、コミテルンとの連絡はどうした。誰がやったんだ。泊で共産党再建の協議会を開いたろう。」と私の頭髪を掴んでコンクリートの上を引き廻し、頭、

両頬、両肩、両腿、両腕を実に約一時間に亘り、数人の者が入れ替わり力一杯に打ち、平手、拳骨で両頬を打ちつづけ、靴でけり、顔、頭をふみつけた。私は一言も発することは不可能であった。

失神しかけると私の頭髪を掴まえてひきずり廻しその間絶えず扉の外を警戒していたようであった。私に水を飲ませて私が口を開くことを迫り「きさまがやったことはきさまが云わなくてももうみんな解っているんだ。きさまは今度来たらつるし上げて叩き殺してやるんだ。」と言い、紙に書いたものを読み聞かせ、「改造編集部で日本共産党再建の相談をしたこと、改造昭和十七年七月号八月号（注・正しくは八月、九月号）の細川嘉六の論文は共産主義論文であり、その他にも共産主義論文多し」という意味の調書を作って引上げた。

(三)　その後昭和十八年七月頃より十二月頃に亘る約半カ年間、森川、平畑警部補は交互に一週間に一度位ずつ杉田巡査と共に私を取調べ、その度に常に友人の調書を持参し、前述の如き拷問を加えた。その上、その調書の通りを私に承認せしめた。

(四)　昭和十八年八月十日頃午後三時より四時迄

松下警部は、平畑、森川警部補を同行し、山田特高課長の面前で「山本実彦以下改造編集部は全部共産主義者だ」との主旨を承認させるため、私の頭髪を掴まえて引きずり廻し私の頭、顔、胴を靴でふみつけ或いはけり、「きさまの様なシブトイ野郎は肋骨を折って殺してしまう」と公言した。

(五)　同年同月十五日頃

森川警部補は杉田巡査外数名の巡査を同行し、私に上述の如き拷問を加え、家内からの葉書を手で隠すようにして遠くから見せ、突然に、「きさまの女房は自殺したぞ。心配するな、子供だけは立派に育ててやる。どこか知らせる所はないか。今病院にいるんだ。会いたいだろうがきさまは白状せんから会わすことはできん。」と脅迫した。

(六)　その数日後

平畑警部補は数名の巡査を同行し、桜のステッキで私の頭、両腿部、肩を叩き、「泊でやったことを言え」と云うので、私は「泊は宴会だ」と言ったから蒼白になり、歯を食いしばって私の腿を気を失うまでなぐりつけ二人の巡査に私を後へ倒れぬよう支えさせて約三十分に亘る言語に絶する拷問を加え、暴行によって私に友人の調書を承認させ「今迄きさまが書いた調書は駄目だ。全部書き直せ」と命じた。

（七）同年九月二十日頃

松下警部は平畑警部補、杉田巡査を同行し、私が認めた泊での友人との談話の内容を突きつけ、私の認めたものを全部駄目だといって抛りだし、書き直しを命じ、「貴様は本当の共産党員」だといい、最初に平畑、杉田に私の手、足、頭、顔を竹刀の竹で打たせ、次いで松下は私の髪を掴まえて引き倒し、打ちつける、ふむ、の暴行を加え、私を遂に気絶せしめた。

（八）同年九月二十日頃

平畑警部補は杉田巡査を同行し「貴様はよくも隠していたな、この野郎は非転向だ。きさまは殺してしまう。小林多喜二はどうして殺されたか知っとるだろう。この野郎図太い野郎だ」と罵り、巡査に荒縄を持ってこさせて後手に縛り上げ、平畑警部は三尺位の竹刀の竹で私の頭、顔、両腿を約三十分に亘って打ち、更に靴の踵で両腿を数十回ふみつけ私が殆ど昏倒気絶せんばかりにおいた揚句「風見からいくら金をもらって来たか言え、風見は明らかに共産主義者だ。細川が検挙されてから、きさまらは風見を中心にして党再建をやったじゃないか。」といい、私は即座に否認した。

平畑警部補は「細川の妻君は女だから何でも上田検事に話してるじゃないか、きさまが隠したってみんな分ってるんだぞ、毎月二百円ずつ風見から救援金を細川の妻君に渡してるじゃないか」というので、私は「確かにそうだ。しかしそれはどこまでも個人的な見舞金であって、貴方が云われるような筋合いのものでは毛頭ないのだ。」と云い放つと、再び平畑警部補は私に上述の如き言語に絶するテロを加え「共産主義者」としての風見章の言行を書けと迫り、私は「嘘は書けぬ、事実ならば書こう」というと平畑は、金のことを追及し「共産党運動資金だ」と言い、風見章訪問の際の談話を認めた私の手記に「共産革命」「世界革命」「日本共産党再建」等の文字を加入修正してそれに署名せしめた。尚また私が改造掲載の諸論文を解説した私の手記を跡形もなく補筆修正して、ことごとく共産主義で塗りつぶし、その修正した通りを私に複写紙に書かせた。

（九）昭和十九年三月十日頃より四月五日頃迄の間、数回に亘り平畑警部補は杉田巡査と同行し、私に竹刀の竹をもって暴行を加えた上、突然、取調室の長さ六尺、二寸四角の棍棒を振り廻し、或いは椅子を以て私の体をなぐりつけ、或いは拳骨で私の頭、顔、体をなぐりつけ「お前は調書を書かんというのならそう云え。お前は白紙で検事局へ送ってやる。その代りきさまは非転向として死ぬまで予防拘禁だ。」

上述の如き暴虐なる拷問のため、私は拘置所に移された時は辛うじて歩行できる程に衰弱し、内出血のため私の左の眼は赤く血に滲み、杉田巡査は「お前が一番ひどい目に合わされている」「お前は何も言わんから殺されてしまうのだ」「お前と一緒にいると眠くなって仕様がない」「あまりお前をひどい目に合わしたから俺の子供が死んだ」「昨日はお前が倒れるかと思った」等の甘言をもって、私に友人の調書を承認し、書写することを強要し、私自身が認めた三百枚に亘る真実の調書は全部反古にしてしまった。私の警察の調書は凡て平畑警部補自ら書いたものを、杉田巡査が万年筆で清書したものであって、私自身の書いたものは一行もない。一行一句一語といえども血の滲む如き惨虐なる暴力と強迫とを用いて友人の手記調書を承認せしめ、書写させ、更にこれを平畑警部補自ら全く書直したのである。

山根検事さえも、私が警察調書を否認したのに対して「相川、そんなこと云っているのは、お前だけだぞ」と強迫して、私が「そんな事実はない。一切友人の調書を書写したものだ」という主張を認めず、私は予審の最後の時間まで彼等のなすがままに任せていた。私は残されたものは公判廷あるのみだと深く決心していたからである。なお、最後に松下警部は時折検事局へ出頭したが、私が数回検事局に呼出される前日には必ず鶴見警察署へ来て頭、顔に暴行を加え、顔が腫れ上がり、歪んで醜くなるまでは三十分一時間に亘って暴行をやめなかった。松下警部は杉田や平畑に向かって「この位やっておけば検事もこの野郎が非転向で白状しないことが一目で判る。」と云っていた。これは平畑警部補も同断で、取調に来る前日には必ず、私の顔の相が変わり私が歩行できなくなるまで暴行を加えた。

警察調書に於て

一、「中国共産党との連絡」
二、風見章、細川嘉六両氏との関係
三、奥野七郎氏との関係
四、共産主義理論（特に日本共産党再建並びに私有財産、天皇制の否認）
五、法政大学在学中の左翼運動
六、改造編集部に於ける共産主義運動
七、細川嘉六氏の論文の共産主義なること
八、泊の「日本共産党再建準備会」
九、細川嘉六氏の「秘書官」なること
十、日本編輯者会は共産主義団体なること

等は、松下、平畑、森川等の者が私を拷問によって苦しめつつ、自ら書き私に署名せしめた以外の何ものでもないことを力説してやまない。私に対してなされた松下、平畑、杉田等の暴行は単なる拷問ではない。

私は鶴見警察署にいる間顔が腫れ上がり、腿は青にじみになり歩行困難なほどであった。拘置所に於て私は彼等の暴行のため絶えざる頭痛と心臓病のため殆ど睡眠できない約半年間を送った。このような鶴見警察署に於け

る私に対する彼等の暴行の証人としては
鶴見市在住　槌屋　某
横浜市在住　平野團十郎
という二人の労働者で同居人がいる。この二人は私のため、証人となることを約束した。尚また鶴見警察に於ける拘禁一カ年のうち、約半年間は差入弁当を中止し、特に昭和十九年十一月頃より同二十年三月末日迄は、家内の差入弁当を禁止し、三百枚に亘る私の手記を破棄せしめ、友人の手記を書写さしめるために、言語に絶する虐待と暴力をもって私に迫った。

追記
昭和十八年八月二十日前後
場所　鶴見警察署
平畑警部補、杉田甲一巡査
午前十時頃、私を留置場から連れ出し、杉田巡査は私に向かって「お前は何も言わんから殺されてしまうぞ」と威嚇し、私が取調室に入るや否や平畑警部補は「そこへ座れ」と私を正座せしめ、突然、何一つ云わず私の全身を竹でなぐりつけ「きさまは図太い野郎だ、きさまは隠してるじゃないか、法政大学時代に共産主義運動をやっているじゃないか、きさまは立派な共産主義者だ、学校時代から「戦旗」読者会などをやりやがって、きさまは共産党員だ」といい、プリント刷りの「田路周一」なるものの調書をちらりと見せ、そのうちの「同級生相川博の指導をうけ、読者会に入り云々」の言葉を読み聞かせ、私が即座に否認すると、再び私に上述の如く暴力を加え、私はその後一週間、両腿の傷みと頭の傷のため、留置場で病臥した。

口述書

青木　滋

私が検挙されたのは、昭和十九年一月二十九日である。横浜市磯子警察署に留置された（即日）。二月の始め、十日頃であった。県警察部特高課左翼係長松下警部（現警視、警察署長）が磯子署にやって来た折、「お前達共産主義者は、戦時下の今日存在を許されるべきものではない。銃剣を喉首につき刺して殺しても差し支えない。神奈川特高は全国一の尖鋭な特高として有名だ。お前達の様な国賊は、取調べに当たって少しでも手数をかける様ならば、どしどし殺してしまう。その覚悟で取調べを受けろ。お前は脅かしと思っているかもしれぬがまあ取調べを受けてみれば、俺の言葉が嘘かほんとかすぐわかる。……」云々と、共産主義者を殺害することは、戦時下の当時、決して違法ではなくむしろ義務であるかの如き言辞を吐いたのである。

私の取調べ主任竹島警部補（現左翼係長、警部）は、右松下の訊問の際、同席していたが、その後も度々右と同様の趣旨から「殺しても差支えない」或いは「殺してやる」と怒号している。その一例として

二月二十六日（昭和十九年）

磯子署調室及道場

竹島警部補、赤池巡査部長（現警部補）は私に対し「共産主義者であり、共産党の目的遂行のための共産運動」をなせる旨の自白を強要し、これに対し断乎拒絶するや、竹島は先ず竹刀で、頭、顔面を数回痛打し、次いで床の上に正座させ、竹島、赤池は交互に靴のまま腰、背、下腹部、大腿部を蹴り、又は踏みつけ、膝の上に重ねていた両手は、靴で踏みにじられたため出血した。

この間、引続いて自白することを強要したが、私はこれに答えなかったので「しぶとい奴だ、手数をかければ殺してしまうぞ」と威嚇し、自分が、どう責められても、虚偽の自白は出来ない由を答えると、「よし、それではその希望通り殺してやる、立て！」と怒号し、道場へ引出し、その場にあった六尺の樫棒（特別警備隊の持っていた棒）で力任せに竹島は私を乱打した。暫く撲っている内に六尺棒は真二つに折れてしまった。

私を再び所きらわず靴で蹴飛ばすので、たまりかねて、私が「竹島警部補」と叫んで同人を睨みつけたところ、「貴様、反抗する気分か、生意気な！」「反抗するか」「殺してやる」等々叫びながら、仰向けに私を倒して土足をもって私の顔を踏みにじった。そのために顔中血だらけになり、じゃがいものように腫れ上がった。

暫らく右の様な拷問を続けた後に、一休みのつもりか、私を正座させ、竹島は、神奈川県特高はかつて米国から帰朝した共産党員某々（氏名は忘失せり）を取調中虐殺せる輝かしき闘争経歴を有する尖鋭陣営であり、「お前達国賊共は、殺しても差支えないことになっている。今日のようなヤキを数回続ければ肉が段々腐って行って骨から離れて全身腫れ上がって死んでしまう。それでもよいか」「お前みたいに、反抗的な奴はみたことがない。確かに正規の共産党員に相違ない」等出鱈目を云い（反抗的と云ったが、私は何等抵抗したことはない）再び赤池に命じて、竹刀をもって、約三十分にわたって、両腿を撲りつづけさせた。

右の拷問のために全身は打撲傷のため腫れ上がり、その夜は発熱して高熱に悩まされ約一カ月近く、打身のために歩行困難であった。

口述書

青山鉞治

一、昭和十九年二月九日頃
横浜臨港署加賀町分室　特高室
松下係長、柄沢警部（当時警部補）森川警部補
松下係長は私を板の間に座らせた上で「今日は調べに来たのでないがテマエの面を見にきた。テマエのような共産主義者は地球の上から抹殺しても良いのだ。テマエの出方によっては面がひんまがるばかりでない、地獄の底に叩きこんでやるから、そのつもりで返答しろ」と如何にも下卑な口調で脅かした。

二、昭和十九年二月二十日頃
柄沢警部、石橋部長、中村部長　外三名位
加賀町署調室
柄沢警部は「今日から調べを始める。覚悟は出来てるだろうな。テマエの出方次第で小林多喜二の二の舞だぞ──テマエの昭和十年以後の運動経歴を云え」と迫った。これに対して私は左翼運動の覚えはない、と返答した。すると柄沢警部は眼鏡をはずせ、と命じた。そしていきなり両頬に平手打ちを続けて来た。自分は板の間に座ったまま俯向いて歯を喰いしばっていた。傍にいた石橋部長他の者が頭髪を引っ張る。竹刀の割れたので打つ、靴でける、等の暴力を加えて来た。おそらく二十分間位は続いた。私は一月二十九日朝、検挙されたとき、現に肋膜炎の癒着で胸部に湿布をして寝て居たことは連行に来た刑事が知っている筈だから、肋膜炎の苦痛を訴え、暴力行為の中止を願い、しばらく留置場内で考えさせてくれと云った。それでこの日は終わった。

三、昭和十九年二月二十五日頃
加賀町署調室
柄沢警部、石渡部長、中村部長
私は前回の調べがあってから発熱と寝汗に苦しめられた。貧血で朝起きたとき、ふらふらと倒れることが三、四回つづいた。この苦痛を訴え、適当なる薬剤の差入許可を依頼したが、私が改造の編輯を通じて共産主義思想の宣伝、啓蒙につとめたことを承認するまでは許さないと柄沢警部が云った。前回と同様な暴力行為が続いた。手の指間に鉛筆のようなものを挟み、ぐっと締めつける拷問がつづいた（この痕跡は現に右の指についている）。三十分位経ったとき、私は胸部の息苦しさにたえかねた。遂に自分は柄沢警部の要求する共産主義運動の経歴を承認するべく妥協した。

四、昭和十九年三月一日頃
加賀町署調室（但、留置場にある宿直室）
柄沢警部、石渡部長
柄沢警部は「テマエは身体が悪いから、やさしく扱ってきたのだが、いま一つ重大な運動をかくしている──

海軍報道部内の活動を云え」と威丈高にのしかかって来た。私は昭和十八年六月一日から海軍報道部の嘱託を兼務していたので、その様な訊問を発せられた。自分は身に覚えのないことだから、頑強に否認した。すると柄沢警部は「地獄に落ちてもいいか」と大声を発しつつなぐる、ける、をくり返して来た。石渡部長は私の両手を後ろに廻し、縄で縛ってそれを上に吊り上げるような拷問を加えて来た。自分の前には炉が切ってあってそこにはまきが燃えていた。両手を上へ吊り上げられる度に反動的に頭が下がった。頭髪がやけてチリチリと焦げる音がした。柄沢警部は「命がほしいならうんと云え」と手に持ったまきで私の頭と頬をなぐりにかかった。私は上胸部がしめつけられるような苦痛を感じた。血の気がすーっと引いてゆくような気がした。歯ぐきと頭の裂傷から血がにじんでいるのを知ったのは、かなり経ってからであった。然し報道部関係だけは最後まで否認し、この点だけは特高の方でもこれ以上の追及はなかった。

口述書

安藤次郎

一、検挙

（イ）検挙された年月日

昭和十九年三月二十七日午前七時頃

中華民国上海特別市藍田路九九号（旧佛租界馬斯南路九九号）に於いて検挙さる。

（ロ）検挙は日本政府の横浜地方裁判所検事局検事山根隆二の署名に係わる拘引状により行われたもので、拘引状を携え来ったものは、在上海日本総領事館警察の高橋金蔵警部補（その後死亡とのこと）及び三谷巡査部長、清水巡査、他二名の巡査であった。

四月一日朝、領事館警察の馬野巡査部長他二名の巡査に護衛され、同じく拘引されていた大森直道君と共に連絡船吉林丸（？）に乗船し長崎に向った。

四月四日、長崎港に入港したところ、横浜検事局の命により身柄引取りに来ていた武島警部補、森川警部補、佐藤巡査部長、赤池巡査部長、城田巡査部長等が待受けていた。かくして四月四日夜は長崎水上署の留置場に一泊した。

東上途中私は、所持していた〝ナイフ〟を預かると取り上げられた。この〝ナイフ〟はそのまま返却されなかったから、彼等の何人かが横領したものと推定される。

二、取調

（1）検事拘留訊問　昭和十九年四月七日午前十時頃、横浜検事局において

四月七日朝、臨港警察署留置場より手島正毅君及び大

森直道君と共に二名の巡査に護送され検事局に出頭した。左の問答をした。

検事「私は伊東検事、お前は安藤次郎か？」

その他種々の問答の後、やがて伊東検事は書記を呼び訊問調書を口授して作成した。次の如き調子であった。

検事「その許は共産主義者であるか？」安藤「その点につきましては何れよく考えまして後刻申し上げます」と書かせ、「どうだ、之でよいだろう？」と訊く。私は苦笑して「ハ……うまく書くものですな」

かくして拘留訊問書なるものに署名捺印せしめられた。やがて伊東検事は座を立ち、「では警察へ預けて調べさせることにする。お前も初めてではないのだから取調べの味は知っているだろう（と、残忍にして野卑な嗤い方をする）あんまり手数をかけるなよ」と言い、隣の部屋に導き別の検事（山根隆二）に私を紹介した。

山根「お前が安藤次郎か、俺は山根検事だ、ウーム」（眼をむいてこわいぞといった顔をして見せる）

伊東「山根さん、安藤次郎は共産主義者じゃないそうですよ」

山根「お前が共産主義者じゃないと言っても駄目だ。すっかり調べてあるのだぞ、検事局はやたらに人を引っ張るのではないのだ。お前が否認しようともお前の身体からは共産主義のエマナチオンがぷんぷん発散しているのだよ」

伊東「ハ、、、安藤次郎が共産主義者でないか、世界中で安藤次郎が共産主義者でないと言うのはお前一人だぞ」

山根「何か言いたいことはあるか？」

私「今迄上海で比較的豊かな生活をしていたので留置場の玄米やメン米は喰べにくくて喉を通らぬから差入弁当を食わせてほしいのですが」

山根「何を言うか、自分がどんな身分かよく考えてものを言え」

かくして、すっかり確定囚扱いされた私は神奈川警察署の留置場に送られることになった。拘留状には伊東検事が署名していた。

神奈川署の留置場第三房に入ったのは四月七日午前十一時頃であった。検事局からの同行者は佐藤兵衛巡査部長（間もなく警部補となる）であった。

（2）司法警察官の第一回取調

（イ）取調場所　神奈川警察署二階警部室において

（ロ）取調年月日　昭和十九年四月十日頃　午前十時頃
　　—十一時頃迄

（ハ）取調警察官　特高係長松下警部、武島警部他一名

取調概況

松下「お前が安藤次郎か、俺は係長の松下警部だ」

松下「おい安藤、お前は畳の上で死にたいか、どうだ、はっきり返事しろ」
松下「おい、もう少し前に出て来い」
松下「あぐらをかけ」
（私は松下のすぐ前に胡坐をかく。私の姿勢はかくしてやや低くなり、私の顔面は彼の膝頭とほぼ同じ高さとなり、彼の両手の間に適当に挟まれるようになる）
松下「お前は国防保安法を知っているか？」
私「外国及び外国の為にする者の為に国家の機密を調査し若しくはその機密を提供したる者……」
松下「よし、それだけ知っていればわかった。命はいらねえと言うんだな」（私の頭を押し下げ左手でおさえ、右手で私の両頬を叩きはじめる。ウムウムと息をこめて思いきり叩き続けること数十度、武島警部は松下の斜め後方に竹刀を手に直立し待機している）
松下「おい、ぼやぼやしているとドテッ腹に風穴が空くぞッ、西尾も平館もみんなケツの穴の毛まで数え上げてあるんだ、奴等はみんなよろこんで送られて行ったよ、手前も観念しろ！　ええ、おい！」（かくして、また両頬を強打すること数十度）
松下「今日はこれだけにしとく、今度からは大勢でゆっくり話をきくからな、覚悟しておけ」
以上が第一回の司法警察官の取調べの概要であるが、この取調べの際係官の言辞によって明らかに推察されたことは、私に対する拘引状を発するに先立って殆ど私の数年来の行動についての調査を行って居ないという事実であった。この事情は既に検事の拘留訊問の際にもうかがわれたことでもあったが、いかに拘引状が無造作に無責任に発出されたかということは、当時の天皇制警察の本質を物語るものがある。この点の責任は司法警察官の直接の責任となるが、同時に命令者たる思想検事の重大な責任でもある。

（3）第二回取調
（イ）取調場所　神奈川警察署二階警部室
（ロ）取調日時　昭和十九年四月十三日頃　午前十時―十一時頃
（ハ）取調警察官　白旗警部他一名
　取調概況
白旗「おい、雪竹栄を引っぱってあるぞ」
私「そうですか」
白旗「お前は上海で中共の連絡機関に出入りしていたな、それについて話してみろ」
私「中共の連絡機関とは何のことですか」
白旗「白っぱくれるな、おい」（と、前回の松下警部同様机に腰かけ私を前に座らせて竹刀の折れを手にし、額をなぐりつけ始める。もう一名の手下は私の背後に廻り、同じく竹刀の折れで背中、尻、両大腿部を力一杯叩きはじめる。）
私　「（あまりの痛さに）中共の連絡機関とは日森機関のことですか？」と訊く。
白旗「そうだ、日森機関が中共機関でないとでも言うつもりか、この野郎」
私　「日森機関は軍特務機関の一部として中共研究をしていたので、中共との連絡機関なぞではありません」
白旗「何！　貴様は何の必要があって日森のところに出入りしたんだ？」
私　「東亜経済調査局の上海駐在員だった当時の私としての職業上の義務だったからです」
白旗「そんな答えが通ると思うのか？　よし、貴様に訊かなくてもいい、ちゃんとした返事が出来るようにしてやる」
かくして再び、二人掛かりでテロに専念する。右の取調べは私から押収した手紙を種にしてデッチ上げようとしたもので、検挙拘引する理由とした事件とは何の関連もないものであった。彼等の取調べの意図は何でも言いがかりをつけて打擲して、何か犯罪に仕立て上げる材料を出させようとするにあった。五分位の間をおいてはかくして腿部、腕、背、額、頬、を竹刀の折れでなぐりつける。何事か彼等が少しでも満足するような言葉を云わねばテロを止めぬことを見て取った私は、日森機関から抗日文献を買っていた旨を答えた。彼等はこれを中国共産党との連絡を企図した行動に仕立てるべく考えて満足するかに推察された。これが、昭和十三年の手紙から思いついた『妄想』なのである。
かくしてテロを加えること一時間、留置場に帰った私の顔を見た同房の者達は眼を丸くして、すっかり顔の相が変わってしまったと驚きの溜息をついた。この証人には、当時「経済違反」事件で留置されていた横浜市綱島温泉（東横沿線駅）の理髪師中村豊次郎君を申請することが出来ると思われる。私の大腿部は赤黒く腫れ上がり、濡れ手拭で冷やしてもすぐ乾き上がるほどに熱をもっていた。

（4）第三回取調
（イ）取調場所　神奈川署二階武道場
（ロ）取調日時　昭和十九年四月十六日頃　午前九時半―十一時頃
（ハ）取調警察官　武島警部、小林重平巡査部長、赤池巡査部長、森川警部補
武島「おい安藤、貴様はこの前係長さん〈松下警部のこと〉が来られた時係長さんに調べてもらいたいと抜かしていたなあ、その手は食わないぞ。係長では責任があるから貴様を殺すことが出来ないだろうというのが貴様の狙いだろうが、俺達は違うぞ。俺達は貴様を殺したところで責任はないのだからな。遠くは小林多喜二、近く

は尾崎事件（編集者注・ゾルゲ事件）の宮城、貴様も同じ運命をたどるか、立派に共産主義者として死んで行くか、それもよかろう、どうだ」（竹刀で私の頭をなぐりつける。武島のこの一撃を合図に他の者共が、両膝、背中、上膊部をなぐりはじめる）

武島「さあ言え、言うまでやるぞ」（しばらく叩きつづける。二人共なぐり疲れて息を入れる）

武島「さあどうだ、こちらからは決して訊ねないからな、貴様の方から申し上げろ」

私「………」（また、テロに移る）

武島「貴様の国は何処だ？」

私「生まれたのは支那の天津市日本租界です」

武島「そうだろう、貴様は支那人だな、支那人を殺しても何処からも文句はでないからな」

私「私は日本人です」

武島「何を！　貴様が日本人であってたまるか！（なぐる）さあ、これでも日本人だと言うか」

私「私は日本人です」

武島「この野郎、私は支那人ですと申し上げろ」（かくして大勢でなぐる）

彼等はなぐりつかれると手を休めて「中共との連絡を言え」「コミンテルンとの関係を話せ」と訊問するのであった。私の顔面は感覚が鈍くなるまでに腫れ上がり、大腿部はズボンがピタリとくっつくまでに腫れ上がった。上衣のボタンは五つの中三つまでが粉々になって飛び散り、満足なボタンはなくなってしまった。やがて起立を命じられた私は、しびれた両脚でやっとの思いで立ち上がったが、感覚がなくなっていたために重心がとれず忽ち仰向けにドタリと板敷に転倒した。武島警部は「此奴、芝居をしてやがる」とまたも両脚をなぐりつけた。これが武島警部の第一回の「取調べ」であった。

（5）第四回取調

（イ）取調場所　同じく神奈川署二階武道場

（ロ）取調日時　昭和十九年四月二十一日頃　午後二時頃

（ハ）取調警察官　武島警部、小林巡査部長

武島「どうだ、今日は申し上げられるか」

私「中共やコミンテルンとの連絡なぞということは全く心あたりがありません。どうか信じて下さい」

武島「まだそんなことしか言えないのか」（こんどは道場の隅から木刀を手にして構える、小林は竹刀である。武島は木刀で私の膝を打ちながら）

武島「おい、この膝は今に腐ってしまうのだぞ、色が変わっているだろう。なぐった上をまたなぐる。これを繰り返している中に組織が破壊されて腐るのだ。もっとも貴様のような奴は生命がいらぬのだろうから、脚が腐る位は何とも思わぬだろうな」（小林、竹刀でなぐり始

める。約三十分位テロをつづける）

武島「小林君、今日はもうやめようか、何だか俺はつかれた、こんな奴は二人や三人じゃ駄目だよ、もっと大勢で来よう。……おい、安藤、今日はやめだ、この次の土曜日大勢でやって来ることにする、いいか（私、起き上がって留置場に帰りかける。武島、憎々しげに私をにらみ）この野郎、今日も私が勝ちましたというような顔をしていやがる、何時までもその調子ですむと思ったら間違いだぞ」と罵る。

（6）第五回取調

（イ）取調場所　同じく神奈川署二階武道場

（ロ）取調日時　四月二十五日頃　午後二時頃

（ハ）取調警察官　武島警部、柄沢警部、小林巡査部長

他二名

柄沢「俺は本部の柄沢警部だ、貴様はもう二年前から眼をつけていたんだ、まだ四の五の言って手数をかけて居やがるらしいな、今日は形をつけてやる」

（「今日は此奴どうせ気を失うだろうから水を用意しておいてくれ」なぞと部下に言いつけたりしている、皆それぞれ竹刀、竹刀の折れを持つ。小林重平巡査部長は竹刀の折れの節を利用した責め道具を作製する、金槌のような形のもので節の先を鋭く凸出させてある。この日の主役は柄沢であった。）

柄沢「こちらへ来い」（とて、柔道場の畳の上にあぐらをかかせる、小林は柔道衣の帯で私の両手を後手に縛り上げ、さらに眼隠しをする、それから柄沢は私の頭を押さえ顔面を畳にすりつけさせ、私の頭の上に自分の両足を乗せ、そのまま両脚をのばしてタバコをふかしている。）

柄沢「申し上げられるなら顔を上げろ、話が出来ない間は頭を上げるな、さあ始めよう」（かくして、テロ開始される。なぐる者、足蹴にする者、小林は作製した道具で両手の指の関節を狙って金槌で叩くように叩く。指関節に喰い込んで特に痛む。眼隠しをされた顔を畳につけているので誰が何時どうなぐっているかわからない、私は柄沢が両足を私の頭に乗せていることに対し、くやしさに断腸の思いをした。かくして今迄よりも一段と凶暴なテロが加えられること約一時間、遂に私は苦痛のあまり「待ってくれ」と音を上げて妥協を求めた。）

私が音を上げたと見て、彼等はややくつろぐ。茶を一杯飲ませる。……彼等がテロを加えている間に私に承認させようと要求していたことは「西尾が手島に中国共産党と連絡をつけることを依頼し、その依頼を手島が私に取次いだ、かくして私が中共との連絡をつけた」という筋書きなのであった。「手島は西尾から頼まれて貴様に話したと言っている、貴様が知らぬ筈はない」と言うのである。全く架空の事件であり、手島がテロに負けない

かぎりそのようなことを承認する筈はないのであるから、もし私が彼等の要求に屈服すれば今度は手島が私の屈服を証拠として責められることは必然である。彼等は手島君か私かどちらか一方から、この架空の事件の証言を獲得せんとしたのであった。そのためのテロであったのである。

柄沢、武島はこもごも「手島も認めているのだから貴様も認めてしまえ」と催促する。この間二時間、漸次夕刻になる。彼等はイライラして来る。私は疲れてくる。もし私が拒絶したらもう一度テロを加えるであろう。私は遂にその場のがれに認めることを承認した。)

武島「手島がどんな言葉でお前に話したか、お前がどう返事したか、よく筋がとおるように考えておけ」(かくして彼等は、事件が完全に「デッチ上げるものだ」ということを自覚していることを問わず語りに暴露したのであった。)

これより一カ月余取調なく放置された。

(7) 第六回取調

(イ) 取調場所　神奈川署二階警部室

(ロ) 取調日時　六月二十三日頃　午前十時頃　午後四時頃

(ハ) 取調警察官　武島警部、森川警部補、小林巡査部長　他二名

午前十時頃、留置場より呼び出された。この日は前回までの取調とは方針を変え「上海における中共の組織について知っていることを言え」と言い、私が何も知らぬと答えると、今度は「私の世話で上海から日本に帰国できた日本共産党員が居るが」とて「貴様が日本に潜入させたのは誰々だ」とカマをかけた訊問をし始めた。そして又々、武島は私の顔と上膊部を、森川は大腿部を竹刀で叩きつづけた。森川は私にズボン、ズボン下を脱がせ、大腿部が赤紫に腫れ上がっているのを露出させてさらにその上を打った。赤紫はやがて黒く変色し、ついで干し柿のごとくに皮膚の表皮が剥離したのか白い粉のようなものがかびの如くに現われはじめるまで打ちつづけた。私の顔面は左眼のまわりで内出血し、左腕は二倍の太さに腫れ上がってしまった。

(この時のテロの証人としては、横浜市神奈川区入江町一ノ一一六　平野利藏氏が証言してくれるかと思う。また当時の神奈川署の看守、片桐、丸山両君も証言してくれるかもしれない。)

これが武島警部、森川警部補が私に加えた最後のテロであった。

(8) 第七回取調

(イ) 取調場所　神奈川署二階警部室

(ロ) 取調日時　昭和十九年六月二十五日頃

（八）取調警察官　森川警部補

前回の取調によって事件をデッチ上げる材料をもはや見つけることが出来ぬと考えた当局者は、一カ月余にわたって私を取調べずに放置していた期間に、手島正毅君について、作り上げた事件の構想にもとづいて、この第七回取調より私をして同一趣旨の手記を書かしめようとする作戦に出て来た。

その内容は「手島君と私とが共謀して総合研究所なる左翼的経済調査機関を上海において設立し、将来の中国共産党との連絡を準備しつつあった」という筋書きであった。これを認めることによって私達が西尾、平館君等の「事件」に結びつけられ「一味」として裁判されうる仕組みになっていたものである。かくして、その翌日より二回にわたって森川警部補と問答した後六月末に私は彼等の要求する「事件」の承認を拒絶し、

「私の答弁が信用できぬのならば、取調べずにほったらかしにしてもよいですよ」と述べた。

森川は「態度を変えるというのか」と言い、これより取調べに来なくなった。かくして、私は七月より十月中旬まで一回の取調べもなく放置されたのであって、この間には八月五日頃に山根検事が神奈川署に現われたことが一回あるのみであった。この時、山根検事は

「お前を明日から上に上げて調べさせる」と言ったが、それはウソであった。

当時における留置場の不潔、混雑、食物の劣悪なこと、一回の入浴もなく、運動をもさせずに監房に押し込んでおくという待遇の非人間的な有様については茲には敢えて述べないが、そのような非人間的な環境内に拘留するだけで既に人権蹂躙及び虐待が無形の「拷問」を形成していたことを忘れてはならぬと思う。

私が全身に疥癬を患い、急性腎臓炎に罹病したのは、このような無形の拷問の結果――必然的な結果にほかならなかった。

取調べは十月中旬に至って今度は柄沢警部、杉田巡査部長によって行われようとしたが、私が頑として「妥協」しないため中断され、ついで赤池警部補（巡査部長より昇進）杉田等によって行われようともしたが、いずれもものにならずに終わった。このため十月二十日柄沢警部が現われ、

柄沢「少しは心境が変わったか？　悪いことをしたと考えるようになったか？」

と訊いたのに対して、私が「別段大して変わらない」と答えたため、僅か五分間で物別れとなった。この翌月より私は急性腎臓炎によって重態に陥り、十一月三日青木町病院に入院するに至ったのであった。この日、私の拘留は執行停止となったのであった。

十一月三日より検事局拘留停止によって病院に入院したのであるが、私の容態は尿毒症をひきおこすギリギリ

の間際にまで悪化していたらしく、係官においても相当狼狽したようである。

柄沢、赤池の外、二、三日後には松下警部も様子を見に現われた。だが、私の病勢が昂進し、万一死亡するような場合に一枚の手記も調書もないままでは困ると考えたためであろう、彼等は重態であった私の枕頭で口述書の作成を開始した。それは昭和十九年十一月五日頃のことであった。赤池警部補が訊問に当たった。「事件」に入ろうとするところで「身体が苦しい」と訴えて陳述を拒否した。事実において私は毎日注射をうけ腎臓炎の手当をするほか、全身の疥癬治療のためにスカボールを毎日塗られていたもので、顔面はむくんで眼が開けられぬ位であったのである。この当時のことは、私の母が証人として立証してくれるであろう。

私が「苦しい」と訴えたにも拘わらず、枕頭において執拗に「少しずつでも話せ」と強要していた赤池警部補は、私の容態がやや好転し死亡の虞れがなくなるや口述書の作成を中止して現われなくなった。

検事拘留の執行停止の下に入院している患者に対して、彼等は取調べを強行する権限があるのであろうか？　重態な際に取調べ、快方に向かうと見るや中止するという彼等の取調なるものは、何を意図したものであったか。これこそ彼等が自分達の取り調べている事件が全く違法であり、無証拠であり、根拠のない事件であることを熟知しつつも、事件をデッチ上げ、「証拠」を作り出そうと狂奔しつつあったことを暴露していたものである。

かくして入院治療すること一カ月、完全に快復したのではなかったが、私は、昭和十九年十二月二日、青木町病院より退院させられると同時に、横浜市本牧にある山手警察署の留置場に移され、拘留を続けられた。

そして十二月六日頃、再び松下警部、柄沢警部、赤池警部補、杉田巡査部長が現われテロの準備をして脅迫したが、直接手を加えるまでには行かなかった。

十二月下旬より赤池警部補が連日山手警察署に来て私に「手記」を書かせつつ「調書」を作成するようになった。この調書が作成されつつある中にも赤池は幾度か私に「妥協」を強要し、昭和二十年二月下旬には柄沢警部が最後的に、調書が否認調書として作成されることに後悔を感じないかを確かめに来て、私の顔面をなぐりつけたこともあった。

三、起訴

私が警察の留置場から横浜拘置所に移監されたのは昭和二十年四月五日であったが、私に対する検事拘留の法定期限は五月七日（頃）であったから、起訴されたのはその頃であった筈である。

四、起訴直前に検事局に呼び出され、井口検事及び山根検事に取調べられたが、特に記すべき事柄はない。ただ、井口検事の態度に「事件」の無理なことについての躊躇逡巡的気配が見受けられたのに比し、山根隆二は全くそのような反省さえもしてみたことはないように見受けられた。彼こそは、人間とは何か、人権とは何か、法の尊厳、検事の職責について何らの理解認識をもたず、反省をも感ぜざる冷血漢であり、思想警察の鬼畜に等しい人物であると思われた。

五、裁判

予審は省略するという粗雑な事件の取扱い振りであり、空襲下の裁判なるものの形式的な空疎さについては、茲に詳記する必要はないと思う。ただ特記しておきたいことは、昭和二十年九月一日、私と手島正毅君とに対して八並裁判長が「懲役二年三年間執行猶予」の判決を下した際、裁判長は、検事の起訴事実の中核をなしていた「中共との連絡云々なる事実」は全く事実無根であることを裁判所は承認する旨を明らかにしたことである。

これによって被告であった私共は、実質無罪たることが確認されたものとして、形式的な有名無実の「判決」を甘受したのであった。この点については八並裁判長自身が証人となるであろうし、私共の弁護人であった飛鳥田喜一氏も証人となるであろう。

六、釈放年月日　昭和二十年九月一日午後七時頃

七、被害

私の左足は今なおマヒして居り、冬期には痛みを覚える。夜眠るとき、左足を真直ぐにのばして眠るとつめたく無感覚になってしまうし、三十分以上歩行すると鈍痛をはじめる。又、寒い時には両脚の大腿部には紫色の斑点を生じる。

国家は之に対して如何なる補償をなしうるか知りたいとも考えている。

口述書

内田丈夫

昭和十九年三月十二日、関東州庁特高課員二名によって拘引された。

三月二十五日、神奈川県特高課員警部補松崎、部長杉田の両名により日本へ連行された。途中関釜連絡船の約八時間は昼食時約一時間を除き、手錠をかけたままであった。

横浜に着いて翌日検事局に連行され、強制的に捺印させられた。加賀町警察署に留置され、四月上旬、警部松下は数名の特高課員を連れて来り、約二十分間に亘って

「売国奴」「支那人」等々のブジョク的言葉を吐いた。

同年五月四日、柄沢警部以下八名の特高課員来り、午前、午後に亘って、ナグル、ケル、の暴行を敢えてし、留置場に帰った際、留置場の看守は私が誰であるかを知らぬ程、顔は腫れ衣類はボロボロになっていた。爾来九月十二日迄約五カ月間一回の取調べもなさず、放置をしておいた。

九月十二日、柄沢警部は赤池、杉田外数名をつれて来、再度ナグル、ケルの暴行をなし、歩行をも困難ならしめた。以来十二月上旬、調書を書きあげるまで赤池文雄警部補はシナイを持って殆ど毎日の如くナグリつけ、常に頭部にコブを作っていた。

彼が常に用いる言葉は「昔から暴力神奈川として当県の警察は有名なのだ」と言って、自己の暴力沙汰を誇りとしていた。

昭和二十年二月一日、横浜拘置所に入れられた。四月、栄養失調のため顔面半分ムクミを来たしたので、栄養剤の購入を再度願い出たが聞き入れられなかった。約一カ月の後には回復したが、一時は右眼は完全に視力を失っていた。

口述書

大森　直道

一、私は昭和十九年三月二十五日午前八時頃、上海江湾路新華一邸の自宅にて、神奈川県検事局、山根検事の拘引状に依って検挙された。

四月一日、上海を出発し、四月七日、検事拘留として神奈川大岡警察署に留置された。四月九日午前九時頃、神奈川県警察部特高警部柄沢六治は、石橋巡査部長を伴い、私に対する第一回警察訊問を大岡警察署宿直室に於て行った。

柄沢警部は、私に向い、先ず「手前も特高の調べがどんなものだかは話に聞いているだろう、小林多喜二がどうして死んだか位は知っているだろう。俺達特高警察は手前達を叩き殺す事も出来るし、骨身の腐る迄一年も二年も調べずに放っとく事も出来るんだぞ、手前のやった事はすっかり証拠が上がってるのだ、白を切ると痛い目に逢わせて殺して仕舞うぞ」と罵詈威嚇し、石橋部長と共に髪の毛をつかんで引倒し、用意し来れる竹刀のきれはしを以て頭、顔面、背中、手、脚等、全身至る所を殴打し、顔面、手等は傷だらけとなり、血が迸るに至った。

このようにして彼等は、私と中共との関係及び私と日本人野坂参弎との関係等を問い訊したが、私が「全然関係ない」旨申立てるや、彼等は私を引倒し、平手及び竹刀にて所嫌わず殴打し、遂に私は脳震盪を起こしたので、一時訊問を停め、一旦留置場に入れられ、午後更に引出され、再び拷問を受けた。この結果私の歯は一本折れて仕舞った程であった。

それより、三、四日の間は、私は柄沢警部の訊問を受けたが、之は拷問の連続であり私の申述べることは一切取り上げず、彼等の最初より仕組んだことを暴力を以て無理強いに死の威嚇を以って承諾せしめたのである。

二、私は、保土ヶ谷警察署に留置されている間、栄養失調による心臓脚気、腎臓炎、疥癬、痔疾を併発し、全身に浮腫を生じ、歩行にも困難を生じたる結果、昭和十九年八月二十三日、横浜市日飛病院に入院せしめられた。同病院に入院中、九月五、六日頃、柄沢警部は私に向かい「俺だったらお前を入院なんかさせない、留置場で殺してやったのに」と明瞭に言い、私を唖然たらしめた。その場には山手署特高課中村巡査も居った。

口述書

小川　修

概括

一九四三・九・九、横浜地方裁判所検事長谷川明署名の拘引状により検挙され、一九四五・五・二五横浜刑務所を出所する迄の間、警察署留置場（寿署）に於ける尋問調書の作成に当たり、彼等警察官が例外なく検挙及起訴を正当化せんが為に行いたる露骨極まる事実の歪曲と、悪罵、暴行、拷問等の言語同断なる野蛮残虐性は実に想像を絶するものであり、更に検事局に於ける係検事（山根）の態度、取扱いも終始露骨極まる脅嚇的言動を以て事実の歪曲を強制し起訴行為の正当化に汲々たりしことは信じ難き程度であり、又予審判事（唐沢）すらも自分の正当なる無罪主張を徹頭徹尾封鎖し、彼等の立場の正当化を図るに専らなりし点に於て前者と何等選ぶ所がなかったことは、自分をして憤激せしめるよりは寧ろ慨嘆せしめたのである。

如上彼等により強行されたる歪曲、強圧事実の内容並びにその他により自分の蒙りたる損害状況を概約すれば左のとおりである。

一、寿警察署留置場に於ける取扱につき

（イ）　自分達グループ全員を徹底的に共産主義者に仕立て上げ、グループ活動を全然共産主義運動なりと一方的に決定した筋書きを暴力を以って強制したこと。

（ロ）　従って世界観並びに哲学に於ける自分の立場は全的に無視され、社会理論に関する認識や解決に於ける自分の個性というもの、発表は徹底的に封圧拒否されたこと（彼等に予め準備し与えられてあるところの公式的典型的共産主義思想及運動以外の一切の記述を脅嚇と暴行とにより執拗に且完全に封圧し、自分が肉体的に疲労困憊の結果彼等の強要に或程度屈服するのを待つのである）。

（八）　グループメンバー二、三と純粋に清遊の目的を以て為せる数回のハイキングの全部を、共産主義革命の意図に基づく計画的の行動に歪曲して自分に「創作」を強いたこと。

二、横浜刑務所拘置所に於ける取扱につき

拘置所内の生活は恐怖と飢餓との凡ゆる冷遇の連続であり、差入書籍に関する無智盲昧なる干渉制限による勉学の妨害と、書信往復、医療診察の取扱に現われたる言語同断なる冷血酷薄と無責任さ、而して一般的に寧ろ滑稽にさえ亘る度を超えた拘束が自分の心身に極度の悪影響を結果したのは当然で、出所後既に半年を経過せるも尚強度の神経衰弱と栄養失調に苦悩したのである。

三、如上不当取扱いの結果として自分の蒙りたる損害状況を要約すれば

1、極度の肉体的障害（栄養失調と神経衰弱）

2、解職による収入の杜絶と社会的地位信用の喪失

3、差入れを初め拘留拘置期間中の諸費用の負担

4、所蔵図書物件の押収による物心両面の損害

5、家族、親戚、友人に与えたる打撃損害

等々となり、これらに対しては当然相応の損害賠償請求の理由と権利とを有するものであると確信して居る。

主なる事実の内容

「第一」

時　一九四三・九・九（検挙当日）午後一時頃

所　寿署二階取調室

取調人　警部補　松崎喜助

最初自分に椅子を与えて拘引に関する形式的訊問を始め、「一九四一年頃より東京都内に於いて共産主義運動に従事せる事実ありや」と訊ねたのに対し、自分がその事実無し、と答えると、脅嚇的態度を高調して歪曲陳述を強い「貴様達共産主義者は全部殺してやるんだ、左翼の取調べがどんなものか見せてやる」と、云いながら自分に土下座を命じ、椅子下に落ちていた古竹刀を取り上げ、端座して正面を向いている自分の頭上に強烈極まる数撃を加えた。余りのことに彼が精神異常者ではないかと自分が疑って居る内に「階下へ下りてろ！」と側に居た巡査に自分を留置場へ連れ去らしめた。

松崎の右行動を自分は、彼がそれによって特高の「威力」を最大限に誇示し、被疑者自分に来るべきテロの恐ろしさを暗示し、最大限度に恐怖心を起こさせ、今後の取調の能率を高めんとする特高警察官一般の職業的習慣

であろうと結論した。
松崎とはその後一回も顔を会わさぬから、彼個人につき知る所は右の外にない。従って彼個人を追及するというよりは、寧ろ特高一般の野蛮残忍性と、治安維持法の堅城に絶対の権威を感じつつ、係警官の訓練に努力して居る特高警察の性格を実証する一実例として之を提示する。

「第二」

時　一九四三・九・一一（?）午前十時──十一時
所　寿署二階取調室
人　神奈川県特高課長（当時）某（姓名失念）
　　神奈川県特高警部（当時）某（姓名失念）

拘引後最初に引出され、頭記場所に於いて自分に土下座を命じ（板の間）警部（姓名失念）を中心に、ヤキ専門と言った感じの獰猛な巡査三名が自分を取り囲み、唐沢が口を開き「おい、貴様は共産主義者だな、東京市を中心に共産主義運動をやろうとしていやがったんだ、この馬鹿野郎が！…手前等の百人や二百人が騒いだって一体何が出来ると思ってやがるんだ。日本の特高警察の偉力を知らねえのか、大馬鹿野郎！」と口汚く怒号し、自分が事実を否認するや、手ぐすね引いて待機中なりし巡査は手に手に用意の棒切、割竹の類を振るって自分の頭、顔、背、腕、足、凡ゆる場所を滅多打ちに乱打し続け、口々に「殺しちまうぞ、共産主義者は殺してもいいんだ！」など、わめき続け、最後に自分が苦痛のため殆ど昏倒しかけるや、唐沢は土足のまま（靴）自分の脇腹、膝のあたりをしたたかに蹴り上げながら

「しぶとい野郎だ、今日は忙しいから此れで切り上げるが、強情張ってるんなら、この位の生易しいことじゃ済まねえぞ、命が惜しかったら素直に本当のことを申し上げろ、よおく考えておけ」

と捨て科白して一同引き上げた。芝居で見る拷問と全然同じであった。
頭記特高課長某はこの間室の中央の椅子に倚り、始終小気味良しと言った微笑を湛えつつ自分の挙動を見守り続けて居た。

「第三」

時　一九四三・一一（初旬）午後一時──二時
所　寿署二階取調室
人　神奈川県警察部特高課左翼係主任（当時）松下某

同日は午前中から頭記調室にて係警部補立会の下に手記を書いて居たが、昼食後の一時頃、松下突如入室し来り、傲然たる態度で警部補に向い、
「おい、何だ此奴の恰好は、丹前なんか暖かそうに着込みやがって、おまけに毛布なんかまで敷込んでいやがる。此処を何処だと思ってやがるんだ。こんな共産主義

者をそんなに優遇してやっちゃあいかんじゃないか、何？　風邪を引いて居るって？　何をとぼけてやがるんだ、こんな非国民は殺してしまった方がお国の為なんだぞ、直ぐにその丹前を脱がせろ、毛布を取り上げろ！」

と立て続けに罵り散らした。警部補は唯々諾々、やや気の毒そうな表情で自分に向って服従する様目顔で合図した。自分が黙ったまま単衣一枚となり、板の間に座り直したのを見て松下は更に語を継いで、

「俺が特高主任の松下だ、よく此の面を覚えておけ、昨日や今日の駆け出しじゃねえ、何十年も貴様達の様な共産主義者を扱って来たんだ、貴様の面を一目見れば貴様がどんな思想を持ち、どんな事を企んでいるかちゃんと判るんだ。大体貴様達インテリは小賢しくて俺達をごまかそうとばかりしやがるんだ。だが絶対に俺の目だけはごまかせやしねえぞ、よく俺の面を覚えておけ！」

更に（自分の顔を眺めながら）

「なんだ、此奴は未だ生じゃねえか（顔に疵がついて居ないという意味らしい）。こいつらはこんな生にして穏やかにしたんじゃ本当のことを云うはずがねえじゃねえか、もっとどんどんヤキを入れなきゃ駄目だぞ、おいその竹刀を寄越せ」

警部補に取らせた竹刀を振るって自分の顔、頭を数十回滅多打ち、こぶ、みみずばれを無数に作った。それから松下は机上にあった手記の綴りを取り上げてペラペラと頁をめくり、読みもせずに「何をもっともらしいことを書いてやがるんだ、こんな生易しいことで俺達が承知すると思ってるのか、馬鹿野郎め！　こんなものは全然駄目だ、俺が印を捺さねえ（手記の綴りをばらばらにして抛りだす）、はじめから全部やり直しだ、今度は俺が自分で直接書かせてやるから、その積りでいろ、何時までも手数をかけやがるとどんな目に遭わされるか解らねえぞ、貴様達の様な非国民は殺しちゃった方がいいんだ、本当に殺しちまうぞ！」

怒号しながら松下は次第に昂奮の度を高め、更に竹刀を振って自分を滅多打ちにした後、「真昼間じゃ人目もあるから、又今晩でもゆっくり道場でヤキを入れ直してやろう。本当のヤキがどんなものか教えてやるぜ」

と捨て科白を残して去った。

口述書

小野康人

自分は、改造社の元社員であって、改造社に勤務中、治安維持法違反の嫌疑を受け、昭和十八年五月二十六日の午前六時頃、横浜地方裁判所検事、長谷川明の令状により、即日横浜寿署に移され、昭和十八年九月十四日、同磯子署に移され、昭和十九年四月六日警察調書ととも

に横浜拘置所に移管、同年五月二十日検事起訴、予審に廻附されて横浜地方裁判所予審判事石川勲蔵の取調べを受け、昭和二十年七月十七日保釈、昭和二十年九月十五日、八並裁判長により懲役二年、執行猶予三年の刑に処せられたものであります。

私が治安維持法に違反していると、警察で勝手に認定した最も具体的な理由は、私が「改造」を編輯していたと言うこと、及び雑誌「改造」の執筆家の一人である細川嘉六を中心に「細川グループ」と言う非合法組織を組織し、それの発展として「細川」の郷里である富山県下新川郡泊町所在紋座旅館で、日本共産党再建準備会と言うまったく根も葉もない、虚構の事実に立脚しているものでありますが、丁度二年六カ月と言う長い期間、私はこの根も葉もない理由の為に自由を奪われ、剰え、世人の到底想像できない、言語に絶する拷問の責苦に会って、正に死の一歩手前を彷徨させられて来たのであります。私は、自分が、そういう拷問を受ける当然の理由があったなら、今日敢えて、これを言語に絶するなどと考えないのであります。ところが、彼等検察当局が私に加えた鞭は、全く虚構そのものに立脚するものであったのでありますから、これは単なる主義や主張の問題ではなく人道の問題としても、飽くまでも、糾明すべき問題だと確信するものであります。

それ故以下、警察当局、及び予審廷に於ける取調の情況を、具体的に述べて、正に狂気の沙汰としか考えられない暴状をここに具申し、民主的新日本建設の一礎石たらしめんことを希望する次第であります。

先ず第一に述べなければならない事は、私が検挙当時抱いていた考え方でありますが、総合雑誌「改造」の編輯者としての私はけっして共産主義を信奉していたものではなく寧ろ、日本の軍閥、官僚の恣意によって強行されている大東亜戦争を、本当の民族解放の聖戦たらしめんとする純情から、編輯という職域によって、粉骨していた愛国主義者であったのであります。

私が「細川氏」の宅に出入りするようになった主観的な動機は、以上のような私の愛国の熱情に出発するものであって、実に出鱈目の多い世の評論家の中で「細川氏」が断然勝れその所説も、本当に国と民族の将来を憂えているところに出発していたからであります。

私はそれ故、「細川氏」の様な人の論文を「改造」誌上に掲げる事は、私の職域奉公を愛し完遂するものだと確信していたのであります。「細川氏」も、私のこうした熱意を愛し、単なる雑誌記者としてより私を愛していてくれましたが、「細川氏」から私は共産主義の何ものをも教えられた事はないのであります。

従って「泊」町に細川氏に招かれて行ったのも、まったく、交友を高める為の宴会以外ではなく、事実泊町で非常に御馳走になり楽しい一日をすごして帰ってきたのであります。ところが、それが共産党再建準備会となり、更に、昭和十七年の八、九月の「改造」に掲げた、細川氏の論文が、私たちの共産運動の具体的な犯罪事実として詰問されたのである。彼等が私に、こう言う無茶な犯罪事実を押しつけた情況を五項目に亘って述べます。

(一)まず、私を自宅から拘引して行った五月廿六日の事ですが、私を拘引に来た警察官は神奈川特高課の平賀警部補、赤池巡査部長、他巡査一名でありましたが、前述の長谷川検事の拘引令状を見せ、三人でどかどか私の家に上がって、まず私を巡査が連れ出して、附近の渋谷警察署の特高室に連れて行き、その後で家中を捜して押入れから、学生時代読みふるした左翼本を百四、五十冊及びその他手紙や原稿の書きふるしを捜し出し、大きな風呂敷包み四個にまとめて、私はこの風呂敷包みとともに横浜の寿警察署に連行されたのです。

寿署に着くと、最初、講堂に連れこまれて、小憩の後、正午頃平賀警部補が取調べを開始致しました。形の如く、最初は住所、姓名を訊ねましたが、それが終わると「お前は共産主義を何時信奉したか?」と、問われたのです。

「自分はかつてそう言う考え方をしたこともあったが、十年も前からまったく、共産主義から離れている」

と答えました。すると

「うん、なかなか手強いぞ、シラを切っても、泊会議はどうした。河童はどうした、証拠は充分あるんだ」

と言って、

「まあ、こっちへちょっと来て貰おう」

と、私を同行の巡査と二人で武道場に連れて行ったのです。武道場に行くと、従来の態度とはまったく変わった、犬殺しのような態度になって

「やい、手前は、甘く見てるな」

と、強圧的に私をそこに押し倒し、私が絶対に嘘を言っていないと弁解しても、きかばこそ、最初竹刀で、やたらになぐっていましたが、そのうち竹刀をバラバラにほぐして巡査と二人で無茶苦茶に打ち、更に靴で蹴り、言うに堪えない悪口雑言を吐いて、約一時間、拷問を続けたのでした。そしてへとへとになった私の手をとってその訊問調書と言うのに

(問)お前は共産主義を何時信奉したか?

と書いてある次に

(答)として

「ハイ申し訳ありません」

と言う一句を自分でいれ、私の名を書かせ、無理やりに拇印を押させたのです。

私は余りの無法に、ただあきれるだけで何とも言いようがありませんでした。いやそればかりでなく、竹刀をバラバラにしたもので、力の限り打たれたので、それが尻から股にかけて赤脹れになって、酷く傷んだので、と

ても堪えられず、無言のまま歯を喰いしばってなすにまかせ、そのまま階下の留置場に入れられたのであります。

留置場は四号室と言うのでありますが、一週間ほどしてから三号室に移され、後、磯子署に移されるまで、この三号室にいました。その時受けた傷は内出血をして、約五週間程苦しみましたが、留置場の巡査が、手当てをすると引き出して拷問するので、そっとかくして雑巾で冷やすのが可能な唯一の手当でした。これはその時同室した八人の留置人が凡て実証するところでもあり、たしかその時雑役に出ていた「秋元某」と言う女の留置人が、看守巡査に内密で、雑巾を渡してくれたりしましたから、私の傷の程度がどれほどのものであったか、証明してくれると思います。

(二) 第二回目はそれから十日程経ってからの事です。私は連行されて、いきなり酷く拷問され、そのまま留置所に抛りこまれたまま、その後何の音沙汰もないので、どうしたものかと非常に不安を感じていたのであります。すると午前十時頃森川警部補、杉田巡査部長の二人がやって来て、私を二階の一室に連れ出し、コンクリートの床にひきすえて、ここでも拷問がはじまったのです。私は、

「日本の政治力を拡充する為に、自分が編輯者としての職域から、努力して何が悪いのか」

と反問しました。すると、

「この野郎、髪の毛を一本一本引抜いてやる」

と言い、私の髪をぐいぐいひっぱり、額を床に打ちつけ、靴で腰を蹴るのです。一方「杉田」は木刀で、がんがん背中を打ち、「お前等の一人や二人殺すのは朝飯前だ、お前は、小林多喜二がどうして死んだか知っているか!」と絶叫しながら、約一時間に亘って袋叩きにし、私は到頭、気絶してしまいました。

私が、三十分ほどして気が付くと、二人はニヤニヤ笑いながら、

「今日はこの位にして置こう、お前等はこれをテロと言っているが、俺たちはみそぎと言うんだ。やきのことだよ、ぶち殺して、生まれかわらすのだ」

と言い、再び、私を留置場に抛りこんだのです。

(三) この森川という警部補は、実に言語に絶する悪辣な男で、私はその後、数回に亘って同様な方法で拷問を受けました。たとえば鉛筆を指の間にはさんでぐるぐるこじったり、三角の椅子の脚に座らせて一時間程そのままにして置いたり、両脚を縛って吊るしたり、まったく滅茶苦茶です。而も、調べるのではなくまったく拷問に終始しているのに、何も言いもしない事が、私が白状したことになって聴取書と言うのに書いてあるのですから驚きます。たとえば

(問) 泊で何を話したか

と言う問の次に、私はただ宴会をしただけで、いろいろ政治の話なども出たが、何も込み入った話などしない、と答えたのに
（答）として
「政治の中核体に就いていろいろ熟議しました」
と書きこむのであります。また
（問）改造社長山本実彦をどう思うか
と言う（問）に対して
（答）彼は共産主義者であります。特にソ連旅行後は、五カ年計画の成果に讃嘆し、一日も早き共産革命の達成を望んでいました。
と言う様に、ちょっと、考えられない馬鹿げた（答）を私がした事にしてしまうのです。私はこの「森川」には、まったく言語に絶する拷問を数回に亘って受けたのでありますが、一つは十日頃県特高課の左翼係長「松下警部」と森川が同行して来て、夕刻私を寿署の三階に連れ出し、私を二人の中に据え、前同様の拷問を受けた時は
「殺してやる」
と言う彼等の言葉が、まったく嘘ではない、彼等は本当に実行すると痛感する程酷いものでした。木刀で打つ、靴で蹴る、椅子でなぐる。そして
「殺す！殺す！」
と叫びながら、私の髪を捉えて、引据え、額をコンクリートに打ちつけると、私はがっくりとなってしまいました。白状しろ、白状しろと言うのですが、白状する何事もないのですからまったく困ってしまったのです。それで止むを得ず、
「改造の仕事がいけないのなら仕方がありません。貴方の言うように認めますから早く刑務所へ送って下さい」
と言ったのです。すると、松下警部が
「良い度胸だ！」
と言って、その時始めて、一本煙草を飲ませてくれたのを覚えています。
それから暫くは拷問はなく四、五日後に森川が来て、「改造」を持って来、私に「改造」の分析なるものをやらせ、結論を凡て共産主義に結びつけて、それを私に承認させると言うやり方が続きました。そして七月十六日にそれを仕上げて持って帰ったのです。
（四）それから暫くは取調べはなく、時々「村沢巡査部長」と言うのが来るようになったのは八月のはじめだったと思います。この人は大人しい人で、私の言うことに少しも難くせをつけませんでしたが、或る時、それは八月の十四、五日頃だったと思いますが、夜中に突然やって来て
「お前は俺に嘘を言っていたな」

と言って詰問しました。私が嘘は一つも言わない、有

りのままを言っていたと申しましたら、ともかく村沢は私の取調べを命じられて来て、私の言うことをそのまま書いて行った為に、酷く松下に詰られ、私の取調べの係を免じられたのだそうであります。

その結果、八月二十日頃「山田特高課長」「松下左翼係長」「森川警部補」「杉田巡査部長」の四人が巡査一名を同行して私を留置場から連れ出し、特高課長の面前で徹底的な拷問をしたのであります。私は、言う事は凡て本当の事を村沢巡査部長に言っていると申しましたところ松下が

「お前、神奈川の特高をなめてるな、殺してやるからそう思え、村沢が素人だと思ってすっかり出鱈目を言ってるではないか」

と言い、この時も木刀と靴で、動けなくなるほど拷問したのです。私はそれですっかりあきらめてしまいました。一日に虱を二百匹捉まえる不潔な留置場の生活を強いられて、而もこの拷問に耐えるより、一日も早く彼等の言う事を認めて、刑務所に行った方がよいと思ったのであります。それで、暫く手記というのを書くのを許されて、改造社に勤務中の共産主義運動という創作を毎日「鈴木巡査」と言う男に留置場から出されては書くことになったのです。

(五) すると、私を取り調べる主任、と言うのが「平畑警部補」と言う人に代わって、その平畑の指揮の下に鈴木巡査が私に手記を書かせることになったのでありますが、或る時平畑が「松田巡査部長」「鈴木巡査」を同行し、私の取調べを行ったのです。それは八月の二十四、五日でしたが、平畑が

「大陸の編集の時はどうだったか?」

と質問しました。「大陸」と言うのは私が改造社に入社した当時、編集に従っていた大衆雑誌でありますが、これはまったくの娯楽雑誌だったので、何処から考えても共産主義の宣伝などとは言いようもないので、私は

「あれは大衆雑誌ですから、ちょっと困ります」

と答えたのでした。すると

「何、大衆雑誌だから困るって、改造社でお前等がやる雑誌で共産主義でないものがあるものか、甘くみたな」

と言って杉田と二人で私を引き据え、木刀と竹刀のバラバラにしたのとで、この時もまた無茶苦茶に拷問したのであります。私はもうあきらめました。まったく、話にもならないのであります。万目の見る所単なる自由主義のジャーナリストにすぎない「山浦貫一」が、唯物史観の立場から執筆していたり、五・一五の被告の「橘孝三郎」が執筆していると、左翼思想を利用して民衆の暴動化を企つる意図の下に、その執筆を依頼したことになったのですから、これはまったく狂人でなければ、最初から無茶苦茶に罪に陥入れようとする意図にはめこもうと

している以外、考えられませんでした。それで私もあきらめて、もう言うなりになってしまった訳です。そして同様に私よりも先に手記を書いた「相川博」の手記を参考にして、私も改造社に於ける共産主義運動と言う手記を九月の五日までに書き上げこれを検事局に提出したのであります。そして更に、「平館利雄」「木村亨」二君の手記並びに調書と言うのを見せられて、それとまったく同様の「日本共産党再建準備活動」という手記を書かせられ、平畑がこれを調書に書き更めて検事局に廻し、前述のように拘置所に昭和十九年四月六日送られ、起訴されたのです。

その間、六日ほど、私は昭和十八年の十二月末から二十年の一月初めにかけて、長谷川検事の取調べを受けましたが、まだ警察にいる時だったので、全面的に否認したらどんな拷問を受けるかも知れないという恐怖から、原則的に共産主義は肯定はしましたが、然し、共産党再建だとか、山浦貫一が共産主義者だとか言うことは否認して来ました。そして拘置所に移ってからは、川添と言う検事に取調べを受けましたが、この時は全面的に否認したにも拘わらず「山根検事」によって起訴され、一年二カ月まったく取調べがなく、独房で餓死の一歩手前まで追い込まれ、更に予審廷では「石川予審判事」の取調を受けて、全面的に否認し、判事が

「被告はそれでは何故警察で認めたか」と詰問したのに対し、以上の如き拷問の事実を挙げて、彼等が勝手につくった事件であることを強調して来た次第であります。ところが予審決定書を見るとまったく、私の陳述は無視され、検事の公訴状そのままの決定書となっているので、法廷では更にこれを反駁して否認したのでありますが、前述の如き判決を言い渡されたのであります。

これが私の二カ年半の事件の詳細でありますが、まったく虚構以外何ものでもないこういう出鱈目によって、真剣に働いていた国民をかくの如く言語に絶する状態に置くことが出来るものかどうか、いや事実出来たのであります。

私は単なる私憤ではなく、彼等を徹底的に究明する事を希望するものであります。

口述書

勝部　元

日時　昭和十八年九月九日午前十時より午後四時
場所　鶴見警察署三階調室
柄沢警部補外三名の刑事により早朝検挙され、直ちに鶴見警察署に連行されましたが、同署に於て柄沢警部補より「お前は共産主義的活動を為したであろう」と云わ

れ、それを否定すると、私を石畳の上に正座させ、四人で取り囲み、柄沢は土足で顔や頭を蹴り、踏みにじり、他の二人は両側から革靴で大腿部を蹴ったり殴打したりしました。

どうしてもそう云う事実なきことを述べると、柄沢は「しぶとい奴だ、今夜は徹夜だぞ」と云いながら、以上の如き暴行を続け、終に無理矢理に、その事実を認めると調書に署名させました。

日時　昭和十八年九月十六日頃より一週間

場所　同じ

私の調官、石渡警部及び佐藤部長は私に「お前が白状する積りなら白状しろ、せぬならせぬでもよい。此方にもやり方がある」と前置きして友人関係及び活動についての自白を強要し、佐藤は竹刀の竹で私の両腿を殴打し、石渡は木刀で頭を殴り髪を取って畳の上に引き廻し、言語に絶する拷問を連日五時間位つづけました。

その為に両大腿部は大火傷の如く腫れ上がり歩行は不可能となり、又最後には頭部を激しく強打された為意識不明となり昏倒したことが二度もありました。大腿部に加えられた傷は治る隙なくその上を殴打し続けられたため益々悪化しましたので、再三佐藤に薬の購入を依頼したにも拘わらずそれを頑として許可してくれませんでした。そこで仕方なく傷の上に留置場で配給される塵紙を麺米で貼り付けて居ましたので傷は化膿腐敗し、大壊疽の如くなりました。

遂に化膿と糜爛は蔓延し、その為悪臭を発し発熱して留置場に横臥していました処、看守が見かねて鶴見署の特高課を経て神奈川県特高課と計った処、傷の余りの惨状におどろき（縦十五糎、横八糎、深さ一糎位）同年九月末頃鶴見署の勝沼刑事が私に「お前の傷は、あまりひどいから毎日医者に連れて行ってやる。その代りこの傷がどうして出来たかを絶対に云ってはいけぬ」と固く誓わせた後、鶴見警察署前の外科医院に連れて行って呉れました。爾来、同院に昭和十九年二月末まで通ったわけです（尚二月より三月迄一カ月間は芝浦電気の病院に通いました）。

栄養不良と不衛生的な生活のため、又医者に連れて行って呉れるのが不規則で時には一週間も放置されていたためなかなか快復が遅かったのですがそれでも十一月末にはやっと肉がもり薄皮がついてきました。

日時　昭和十八年十一月末日午後

場所　鶴見警察署二階調室

佐藤部長は私の証拠品についての訊問をして居りましたが、私が満州重工業株式会社に居りました当時使用して居りました同社資料課発行の「満州重工業資源提要」についてこの資料の秘扱いはどの程度の重要さを持つのかと尋ねたのに対して、私が「満州の会社では内地のそれと異なり地域的特殊性により本当に重要な資料は全て部内で印刷するか政府の印刷所で印刷するものでありましてこの様な外部の印刷所に出して作成する資料は余り重要ならざるものである」と答えたところ、彼は「お前は未だ隠すか」として木刀で私の頭を散々殴打し、尚繃帯を巻いた大腿部の傷の上を滅茶苦茶にたたき据えましたので薄皮は破れ忽ち繃帯とズボンは鮮血に染まってしまいました。そこで折角癒りかけた傷も又逆転し、翌十九年三月迄かかった訳です。

　尚傷については常に松下係長始め前記佐藤部長、野木鶴見署特高主任等により「絶対にこの傷についてはどうして出来たのか云ってはいけぬ。虱に噛まれた傷に黴菌がはいって悪化したのだと云え」と誓わされて来ました。私の調書の方は十二月末に完了したのですが、拘置所への移管が三月迄延びたのは全くこの傷に依るものです。今尚傷は縦十糎横六糎の傷痕を止めて居ります。

　検挙前私は慢性胃腸カタルで相当身体が弱っていたのですが、検挙されて留置場での物凄い食事と苛酷な生活の為に忽ち昭和十八年十月頃より血痰が出、肺浸潤が進行し始めました。鶴見署での官弁は凄く少量で栄養不足で身体は衰える一方でしたが、十月半頃迄差入を許して欲しい、さもなければこのまま病状がすすめば駄目になると頼みましたが、彼は「此方から連絡を取ってやるわけにはゆかぬ」と全然聞き入れませんでした。

　従って十二月始めに係官がかわるまで以上の劣悪なる栄養状態にあったわけです。その頃より病状は進み相当な進行を見せ、以後苛酷な拘置所生活（十九年三月より二十年三月迄）を通じて悪化の一途を辿り、二十年三月十二日出所した時には両肺を冒され結核三期の状態でありました。現在絶対安静を続けて居るのでありますがこの病気の原因も長い拘禁生活、特に前記柄沢、石渡、佐藤に依る絶え間なき拷問及び佐藤に強いられた劣悪な栄養状態によるものであります。

調書の歪曲について

　調書の総てが甚しき事実の歪曲であり、暴力による事件の捏造でありますが、特に甚しきもの二、三を挙げますと、私の警察調書中

（一）「コミンテルン及び日本共産党に関する認識」の項は全く係官（若林警部補、酒井刑事）の指示及び口述によって書かれたものであります。これは私の書いた手記に対して石渡警部が「お前の様なマルクス主義者がこの様な幼稚な認識である筈がない。これでは通らぬ」と云って再三書き直しを命じ、遂に彼等の提供にかかる資料及び口述によって書かれたものであります。

（二）「政経研究会の本質」なる項目は全然私の手記によったものではありません。係官の捏造によるものであ

ります。これらは我々の会合を捏造せんがためあらゆる加工歪曲を施したものであります。従って私の手記を是認せず書き直しを命じ、三回にわたりましたが尚不満で、遂に最後には係官（逗子警部補）の作製にかかる全く真実ならざる記事をもって、私の手記にかえたのであります。

（三）「研究会活動」の項目、これは徹頭徹尾幼稚な歪曲捏造の異種でありますが、そのうちでも

（イ）私が山口となした理論と実践の統一という意味の議論を甚しく歪曲し、「この会の将来の方向を規定するための勝部、山口論争」というものを捏造したわけであります。

（ロ）又、たまたま手近の鉄工業に関する資料を入手したため同僚高木健次郎や私が会で発表したのを、意識的に秘密資料を蒐集しそれによる日本戦力の判定のための活動として歪曲しております。

（ハ）又この会合と別に高木と私とが日本製鉄の中で進歩的な連中を集めて昼飯でも食おうとしたことが「会の下部組織としての日鉄に於ける啓蒙組織活動」と捏造されたのであります。就中たまたま私が同僚中沢護人に小説「静かなるドン」を貸与した事が、当人に私がマルクス主義の啓蒙活動を行った事として捏造されているのですから、彼等の幼稚な歪曲の如何に低劣であるかが判ります。私は神奈川県特高部が私に対して加えた惨虐なる拷問と暴力に依る調書の捏造を告発したいと思います。特に柄沢、石渡、佐藤の三名を告発したいと思う次第です。

口述書

加藤政治

一、昭和十八年五月廿六日、治安維持法違反嫌疑により神奈川県特高課に検挙、検挙理由は富山県泊町に於ける評論家細川嘉六氏等との会食を以て日本共産党再建準備会とし、党活動を展開せりと云うにあるのであるが、この事由にして無根なることは昭和廿年八月廿六日及九月十五日における石川勲蔵予審判事・山根検事の起訴事由撤回によって極めて明白である。

一、昭和十八年五月廿六日検挙されて以来受けたテロについて述べよう。森川警部補は昭和十八年六月初旬より約一カ月間に亘って、小生を殴打、打撲傷を与えること再三に及べり。昭和十八年七月初旬より松崎喜助警部補が取調主任に変わったのであるが、竹木を以て殴打すること数回、特に同年八月廿六日横浜臨港警察署取調室（保土ヶ谷警察署より移監さる）に於て、神奈川県特高課長山田某、同特高課係長松下英太郎、松崎警部補、小

林巡査部長、佐藤巡査部長外二、三名によって、テロを受けたるが、特に松下係長は革靴を以って小生の顔面を足げにし、竹木を以って全身を殴打に及ぶこと二時間余、更に同席の警官を以て徹底的に身体の自由をうばいて、卒倒せしめたのである。

その結果、小生は乾性肋膜炎を病発し、高熱三十九度以上に及び重態に陥ったのである。松崎警部補、佐藤巡査部長、小林巡査部長等三名によるテロ的取調は依然続行し、同年九月九日早朝血啖を発見、遂に肺結核を病むを知る。同日その旨取調の席上松崎警部補に申し出たるも全然とり合わず、依然として虚構的事実の強制に向かってテロを続行したり。その結果、血啖は益々多量に及び、起床するに廿分余も要する重態に陥り、歩行も困難な状態となったが、依然医師の診断を拒否し、松崎警部補は松下係長の命として峻烈なる取調を続行したのである。

その結果遂に九月十五日夜十一時留置場に於いて大喀血をなすに至り、殆んど絶望の状態に立至った。事態の重大に看守は取調当局の意向を聴することなく、はじめて村山病院医師を呼んで小生の診断を受けさせたのであるが、医師はかたく口を緘して、只一本の止血注射をうって帰り、はじめて横臥を許された。翌朝、看守より松崎警部補にこの旨報告があったが、依然四階取調室（留置場は一階）に於いて取調を続行、小生より入院又は特別の手当てを要請したるもこれを聞き入れず、丁度家人の差入があったか、小生の宅下品に血痕のあるを恐れてこれが隠蔽方に腐心する状態であった。

しかし病状は益々悪化、同日午後二時頃再び留置場に於いて大喀血を行うに至り、再度村山病院より医師の診断をうけたのであるが、その結果警察当局は絶対安静の状態なる旨の報告を受け、死亡も近き重態なるを聞き、彼等の責任のがれのため、はじめて明十七日午後横浜港南病院に入院することとなったのであるが、同病院高橋院長の診断を以て最小限五カ年間静養状態を続けるべき状態にあり、入院後実に一カ月半毎日血痰を吐き、如何にテロの結果大なるものなるかを物語るものがあった。

しかるに松崎警部補は取調の進行を急ぎ、血痰がとまると見るやその翌日の十一月三日より臨床取調を続行、十二月十五日早朝一日の静養も与えられず又院長の依然絶対安静の必要、移監の不可能なるの強硬意見にも拘わらず、これに寸毫も耳をかさず、又移監の予告もなく横浜刑務所の未決監房に移すに至ったのである。

その後、病状一進一退の状態にあり、只一つ横臥許可をこれ頼みとして刑務医からの一度の投薬もなく、昭和廿年九月四日の釈放の日まで放置されてきたのである。尚、病院の費用は一切自分が負担したものであり、常に監視の警官は二名以上であった。

口述書

川田定子

検挙　昭和十七年九月十一日
警察　横浜市加賀町警察署
　　　横浜市磯子警察署　十八年五月五日　右より
　　　横浜市刑務所未決入所　十八年七月二十五日
釈放　昭和二十年七月二十三日
取調官氏名　神奈川県特高係長警部　松下　某
　　　　　　特高警部補　　柄沢六治
　　　　　　特高巡査部長　川島孝義
　　　　　　　　　　外　十余名

私共は昭和六年より十六年迄約十年間、米国に於て労働運動に参加した経歴ある理由を以て、帰国後も共産主義運動に関係あるものとの嫌疑の下に検挙されました。然し、特高警察は何等その根拠を突きとめ得ず、米国に於ける私共の労働運動を、日本の治安維持法違反に適条せしめ、法的に罰しようと苦肉の策を練りあげて、三カ年の長期間を最も野蛮な警察と未決に封じ込めました。その間の彼等の拷問は言語に絶する暴力と、女性として堪え得られざる「はずかしめ」とを拷問手段としました。

■拷問使用品
竹のしない　しないの竹べら　コン棒（五尺位の長さ）
麻づな　コウモリ傘の尖端　靴のかかと　火箸

検挙後二カ月間は係長　松下警部補が専任、私の取調べに当たり、夜間、長時間に亘って腰部を裸にして床に座らせ、両手をツナで後手に縛り上げ、私の声が戸外にもれぬように、窓と入口に鍵をかって閉め切って、口にサルグツワをはめた上で靴のかかとで、モモとヒザ、頭を蹴り散らし、そのため内出血ひどく、むらさき色に腫れ上がり、ムチのミミズ腫れの跡は全身を傷つけました。そのあげく、火箸とコウモリ傘の尖端でチクチクと突きさし、歩行出来なくなるまでに残忍な拷問を繰り返しました。又、陰部を露出せしめ、コン棒で突くなどの凌辱の限りを尽くしました。部下の警官さえも、あきれ果てて、松下警部は有名な変態性欲者であると評しておりました。（以上、昭和十七年九月末より十一月末迄）

二カ月後は衰弱甚だしく、取調べの続行をなし得ず、翌年一月より主任、柄沢警部補が取調べを専任し、あくどく同じような拷問を最後まで継続しました。彼は女性一人の私に対し、一時は十余人の頑丈な獣のような警官を動員して私を取りまき、いつも殺してしまうと脅迫しました。彼は、残忍な吊るしあげをして竹のシナイで全身を乱打し、二回に亘って私を気絶せしめました。

最初は十一月八日、私を吊るし上げに依って気絶せしめ、取調官は狼狽して、医者一名、看護婦一名を呼び、カンフル注射をして漸く私を蘇生せしめました。

私は衰弱の結果二階の調べ室へ昇降出来ないまでになり、彼等にかつがれて昇降しました。警官は心配のあまり、警友病院の医者五、六名を留置所に呼び、私の健康が拷問に堪え得られざる死の一歩手前である事によって漸く拷問をきりあげて、よい加減な千頁もある調書に作りあげて、検事局に送りました。

口述書

川田　壽

検挙当時の職業　世界経済調査会主事

事件の内容

告訴人は慶大修了後、渡米修学したる後、米国に於ける労働運動に参画し、亦邦人労働者の組織啓蒙に従事したる外、平和、戦争反対運動を支援し、日本の主戦政策を批判し、海軍水兵に対する反戦活動、日本勤労者に対する反戦宣伝をなしたるものとして、神奈川県検事局及警察部は告訴人を、治安維持法違反被疑者として検挙し、告訴人の行為をして右悪法適用に資せんとしたるものなり。

告訴事実

高等警察の治安維持法違反被疑者に対する拷問取調べは一般的事実であるが、告訴人及妻に対する場合は、告訴人の経歴（過去に於ける学生運動及在米労働運動等）と関連し、且つ戦時中に於ける事実捜査の不可能なる事由に基き、甚しく苛酷野蛮殺人的なるものと認む。

参考取調として当時運動と何等関係なき告訴人の実兄川田茂一に対する九カ月余に亘る警察拷問及家族破壊・書籍強奪（約千冊）及在米時代の友人、鹿児島県人小屋敷国秋に対する拷問、人権蹂躙、全然未知の帰米者、大河内某夫妻に対する人権蹂躙、その他五、六名に対する同様行為は全く狂人の沙汰なり。

告訴人の取調べに際しては約一カ年に亘り、常に殺人の意を表明して恐迫し、棍棒、竹刀べラ、麻綱、竹刀、剣、帯革、靴、手錠、火箸等を用い、土下座せしめて膝、モモを出血するまで打ち続け、失神に陥りたること数十回に及ぶ。

時には「今日は殺す」と怒号して両手を背に回して、足を合して各々を麻綱にて縛り、二名にて告訴人の身体を弓型に吊り上げ背部を他の一名が靴バキのままで蹴り、更に乗り上げ、時余に亘りて強迫を続け、終に失神せしめられたること数回なり。

又、二昼夜に亘り、食事外には手と身体を縛り上げ、眠気のもよおす度に麻綱の鞭にて、顔面、頭部、身体の各部を鞭打ち、或いは竹刀を用いて、身体、頭、顔を強打し、飢餓、瀕死状態の告訴人の面前にて美食を飽食し、三名ずつ二組の交代拷問を継続したり。

告訴人の両手を縛り、数十度に亘り、柔道にて投げつけ、又は靴バキの足にて頭部を踏み、塵埃の床にヒタイを圧え付けて侮蔑し、時としては十数名の特高警察員を動員して殴打貧血失神せしめたる等、全く言語に絶する拷問を加えられたり。

その結果として、告訴人の警察署拘留所生活約一カ年に使用せる洋服二着（証拠品）は殆んど寸断され、失神状態にてかつぎ込まれたる告訴人の事情については、当時の水上警察署及び寿警察署留置所、看守、及囚人は熟知する所なり。

口述書

木村　亨

一、横浜事件に関する人権蹂躙犯罪人告訴事実

告訴人　木村　亨（被検挙日　一九四三・五・二六　保釈出所日　一九四五・九・四）

被告訴人（暴行、脅迫、不法拘禁犯人）

山根検事

松下英太郎　当時神奈川県警察部特高課左翼係長警部、現警視監察官

柄沢　六治　当時警部補

森川　利一　〃

佐藤　兵衛　当時巡査部長

荒木　某　〃

赤池　某　〃

（イ）昭和十八年五月廿六日午後五時頃、山手警察署二階取調室土間

暴行人　柄沢六治、佐藤兵衛、外八名（全十名位）

柄沢「生かしちゃかえさぬからそう思え。こいつめ、小林多喜二の二の舞を覚悟しろ！」

佐藤「よくも図々しくしてやがった。横浜ってどんなところか思い知らせてやる！」

某「この野郎！　往生際の悪いやつだ！」等々の言葉を合図に竹刀、棍棒、竹刀のバラ、泥靴、等を手に手に告訴人の頭、顔、背、膝、手、足を滅多打ち、約一時間、全身疼痛はげしく発熱あり。

（ロ）昭和十八年五月廿七日午前十時頃、場所同土間

暴行人　森川、赤池ら七、八名

森川「きさまらは殺してもかまわんのだ。よくも生きのびて来やがった。さあ泊のことを云ってみろ！　よし云わなきゃ云わせてやる！」

と叫びざま、顔、頭、背、腹、手足などを竹刀、椅子のコワレ、棍棒等で猛烈になぐりつけ、泥靴で身体中をける。約一時間。

森川「ようし、そのまま一年くらい中で考えておけ！」

監房へツッ返されたが、全身黒ニエに腫れあがり疼痛激しく同夜より痔疾悪化出血多し。

（ハ）昭和十八年五月三十日午前十一時頃、同所で

暴行人　森川、赤池

森川「この聖戦下によくもやりやがったな！」

というから「何ですか」と聞き返す告訴人を、竹刀のバラで顔面、頭を目茶苦茶になぐりつけ、泥靴で頭をふみつけ「きさまのところの妻君が弁当を持って来たがこんなものは食わせるわけにゆかん。みておれ」と目の前で差入弁当を自ら食ってしまった。

（ニ）昭和十八年八月六日午後八時頃、同所特高室右隅土間

暴行人　森川、荒木

森川「この野郎、よくも黙ってやがった！　生かしちゃおかんから覚悟をきめろ！」

等と脅迫し、棍棒、竹刀のバラ、などを手に、告訴人を真裸にして角のついた棍棒を横に並べた上に正座させ、全身真黒にニエ、腫れ上がって歩行困難、となるまで暴行、約二時間。監房に帰された折は、さすがの看守もびっくりして同房内の者がバケツに水をくんで身体を冷やすことを許可した。発熱疼痛甚しく出血あり、衣類は泥まみれとなり、所々引き裂かれていた。

（ホ）昭和十八年八月末日午前十一時頃、二階取調室土間

暴行人　森川、佐藤、赤池、荒木ら七、八名

ロープ（三条のもの）、竹刀、そのバラ、棍棒、椅子のコワレ、及びバケツに水三杯

森川「泊の党再建会議で何をしとった！　名和と会ってどうした！　党の組織を云え。云わぬと殺してしまうぞ！」

告訴人を裸にしてしばりあげ正座させた両足の間に太い棍棒をさし込み、ひざの上に乗っかかりグイグイももに喰い込むところを見はからってロープ、竹刀、棍棒で全身をひっぱたくこと約一時間。疼痛甚だしく全身にわたって黒ニエ、半失神状態で監房へ帰る。横臥。

二、事件捏造

右の如き暴行に加えて他方で差入食物を一切厳禁し、手記の捏造をおこない、幾度となくこれを書き改めさせ、告訴人の手記を彼らの意図によって全然変形してしまった。差入禁止は昭和十八年十二月三一日まで続行したが、

森川は「検事の命令だ。許可はならぬ」と放言。

昭和十九年四月末、未決移管となり検事取調べに際し、右の事実を述べて抗議したところ山根検事は「そんなことは知らぬ」というのである。

事件の捏造については、全検事並びに予審判事石川に対して徹底的に暴露、その無謀と不法を難詰した結果、遂に石川判事も予審調書に於てこれを全部取消すに至り、当局は自らこれを捏造と認めたのだ。

昭和廿年八月廿五日　石川判事は告訴人の徹底糾弾に対し「どうかもうかんべんしてくれ、これ以上問題にしてくれるな」と詫び言をくりかえすありさまで、彼らの脅迫暴行、捏造の歴然たる事実を証するに足る。

口述書

小林　英三郎

一、検挙

(イ) 昭和十九年一月二十九日午前七時、東京都渋谷区千駄ヶ谷四丁目八二六番地の当時の住所に於て検挙さる。

(ロ) 拘引状命令者　検事長谷川明

警察官　神奈川県警部補　高橋某、同上巡査部長村沢某　他二名

(ハ) 検挙の経過

昭和十九年一月二十九日朝七時頃、所轄原宿警察署特高係の案内で、前記高橋以下四名が検事の拘引状を示し、神奈川県伊勢佐木警察署に連行、同日午後三時頃同署に留置された。

二、取調

第一回

一月二十九日検挙当日、伊勢佐木警察署取調室に於いて、前記高橋警部補の取調があり「昭和十五年頃より共産主義運動をなしていた」云々の自白を強要され、否認したところ、かなり執拗な押し問答があり、結局「いずれ事実を調べることにするが、今否認すれば不利益だ、とにかく当分留まってゆけ」と、拷問は行わなかったが否認のまま調書をつくり留置した。

第二回

その後四、五日して、松下主任（警部）が他二名のものと伊勢佐木署取調室で小生に対し「何故つれて来られたかと思うか」と問い、「全然判らぬ」と答えると「白ばくれるな、共産主義運動をやっていた事実はわかっているのだ」と述べ、「お前等は今の情勢をどう思っているか、文句なしに咽喉笛をぶち抜いて殺してもかまわないのだ、法律で扱われるのはむしろ有難いと思え」と脅迫し、頭髪をつかんで顔面を殴打しながら「お前は仲々強情だから、一番腕利きの主任に調べさせる」と捨てゼ

リフをして帰った。

第三回

検挙後約一カ月放置された後、柄沢警部補、石橋部長、中村巡査が伊勢佐木署調室で取調を行い、共産主義運動をやった事実なしと述べると、土間に正座させて、柄沢は頭髪をつかんでねじり、石橋、中村は両側より、殴ったり蹴ったりして歩行困難になった。

第四回

更に数日後、前記三名が伊勢佐木署宿直室で取調べ、まだ充分自白しないと言って、両手を縛し頭髪を持って引き倒し、木片の様なもので背中を打ち、又足で全身をふみつけ「天井へ逆さ吊りにしてやろうか」とか「タバコの火で責めてやろうか」など脅迫し、すでに衰弱して階段の上り下りも苦しくなっていた小生が、非常に苦痛を訴えたので一応中止したが、その後、これと同様のことが数回行われ、又、看守の同情によって差入れていた差入れ弁当も、柄沢がそのことを知って中止させた。このような取調べは、大体三月末迄続いた。

三、十九年十一月二日、検事拘留のまま横浜拘置所へ移管され、昭和二十年一月末、起訴された。その後五月頃、簡単な予審取調が一、二回あったのみで、終戦当時まで放置され、終戦後八月二十日に予審判事が来て「警察及び検事局の調書内容を是認すれば、帰れるようにするから」と妥協的申し入れがあり、承認したので、予審、公判とも事実についての取調べは何ら行われず、形式的な手続きだけで、八月二十九日、執行猶予を申し渡されて釈放された。

口述書

小森田　一記

昭和十九年一月二十九日午前六時頃、私は東京都牛込区矢来町一四九番地の自宅で思想犯被疑者として検挙され、直ちに神奈川署に連行、留置されたのであります。爾来私のうけた拷問の事実を記述致します。

二月二十日頃、私は拘留されてから初めて神奈川署の取調室に連れ出されて、松下英太郎係長、竹島警部補、小林重平部長の三人の前に正座させられ、先ず言われるままに眼鏡を外しますと、松下係長は私の頭髪を鷲掴みにして「この野郎！　レーニンによく似とる云々、日本出版会によくも逃げ込みやがったな……云々」と云いながら、両頬を力任せに拳固でなぐるのでした。続いて竹島、小林両名は竹刀をバラバラにした竹棒で正座している私の膝、腕等を二人して私の両側から乱打しながら「中国共産党との連絡を言え」とか「国内国外に連絡のある各機関とそのメンバーを白状しろ」とか急迫するのでしたが、私は全然関知しない事なので返答も出来ずにいますと「この野郎、白状しないな」とますます所謂「ヤキ」の度を高めてゆくのでした。肉体的に我慢出来ぬ苦痛をこらえて留置場に帰ってからたたかれた個所を見ますと、紫色に腫れ上がっているのでした。

その後また一週間余を経た二月二十七、八日頃、神奈川署の取調室に於いて竹島、小林両名から前回同様の方法で「ヤキ」を入れられ、その後も更に数日或いは隔日に四、五回に亘って毎回一時間余の拷問にかけられ、所謂自白を強要されたのであります。

此の間、私の当時着ていた洋服の上衣、チョッキのボタンは皆たたき割られてしまい、私の腿、腕は全面紫色の斑点となり、歩行の困難は勿論、些かの身動きにも劇しい痛苦を覚え、この激痛が消えるまで月余を要しました。

右の様な拷問の度毎に彼等は「早く白状して転向しないと今に軍政でも布かれてみろ！　すぐに貴様等は殺されるんだ」とか「この決戦下だから、君達共産主義者は殺してもかまわないんだ」「これでも白状しなければもっとひどいヤキを入れてやるゾ」と拷問の方法を語り、脅しては自白を誘導するのでした。私は当時の日本の不利な戦況下にあって実際殺されることもあり得ると考え、又殺されないまでも発病するようなことにでもなれば大変だと懸念するようになりました。（老父母、妻子のことを思い）このことは監房に入れられてから日が経つにつれ、同房内の人達の話を聞いていても、思想犯に対する暴虐が次第と明らかになり、当局の企図する事件に被疑者を犯人として強引に組み入れてゆく仕打ち、手口が解り、事実がないにしても、訊問に対して否定しつづけていれば、殺される目に合うことがハッキリ解って来ました。

神奈川署に当時拘留中の被疑者黒石純一君は取調べに当たって某部長が日本刀を抜いて脅し自白を強要したように聞いたりしていましたので、たとえおどかしにしてもただならぬと痛感しました。それ以来、私は強要されるままに事実と違ったことも認めざるを得ないと思う様になりました。他方では又、私は当時特高の取調べで無理をして事件をデッチ上げても検事の公正、公明なる判断力によって事件は正しく解明することと信じたからでした。併しこれは甚だ認識不足な私の甘い考えにすぎませんでした。

検事の調べが始まる頃になって特高の竹島、小林は大体検事の訊問内容を想定して、それに対して警察の調べと符合する答を私に準備させ、検事の訊問に対する私の良心的な事実の陳述の自由を完全に拘束しました。

五月中旬頃だったと思いますが、山根検事が神奈川署に出張して来て天皇制に就いて訊問しました時も、すぐ小林巡査部長は私の検事との応答内容を聞き、私の検事に対する天皇制打倒に関する答が不十分だとし、且つ転向の意志がないとか、俺の顔をつぶす心算かとか言って前述の様な「ヤキ」を更に繰り返すのでした。そして検事の取調べに対しては特高の調べと一致するように予め誘導されたのでした。

取調べの不合理、自白の強要の事実に就いては委しくは省略して此処には私に対する拷問の事実のみを有りのまま記述致しました。

口述書

高木　健次郎

一、留置場に於ける警察官の取扱いについて

私は昭和十八年九月九日、横浜地方裁判所検事長谷川明署名の拘引状により、当時東京市豊島区千川町一丁目六番地の自宅より検挙され、同日、横浜市保土ヶ谷警察署に拘留されました。私の検挙に当った係員三名（警部補一、巡査二）はその後顔を見せなかったので姓名は判明しません。翌九月十日午前十時頃、神奈川県特高課警部石渡六郎、巡査部長横山某、同佐藤兵衛が来たり、私を保土ヶ谷署の二階の柔道場に引き出して座らせ、訊問を始めました。その状況は次の如くです。

石渡がまず「全部正直に申し上げろ」と言う前置きで「足尾会議で何を協議したか」と言いました。

足尾会議なるものは検察当局のデッチ上げの産物であり、事実は私外、昭和塾の同輩三名とハイキングをやったに過ぎぬものですが、この会議に於いて我々は共産主義運動促進の為のグループ結成の協議を為したものと最初から認定され、全く無根の事実の白状を強いられたのでした。「協議の事実なし」と繰り返し答えると「この野郎空とぼけて居やがる」と言い、その度毎に石渡は私の両頰を平手で打ち、横山と佐藤は木剣を以て腿を乱打しました。

かくして二時間の訊問を終わり、一旦留置場で昼食を執り、午後一時過ぎから再び訊問が開始されました。その内容は午前と同様でしたが、一問毎又一答毎に平手と木剣の乱打を浴びせられ、心臓の鼓動が次第に激しくなって来たので、これでは身体が堪えられぬと考え、私は「余り無茶過ぎる、これでは言いたい事も言えないから、最初からの経緯を申し上げます」と言って、第一、昭和塾の創立事情、第二、昭和塾内の政治班研究会の結成事情及びその内容、第三、所謂政経研究会結成の事情、会員の氏名を一通り述べると、前記三名は交々「未だ隠して居やがる、もっと他にある筈だ、こっちには皆判っているんだがお前の口から言わせない中は承知できぬ」と言って乱打するので、私は

「主要なことは皆述べた積りだが、こうなった以上は

私も覚悟している。然し、自分の気付かぬ事で重要なことがあるかも知れぬからヒントだけでも呉れてくれぬか」と頼むと、

「こっちから言えば貴様はそれだけのことしか言わぬから、こっちからは言えぬ、貴様が悪いことをしたと思っているなら何でも隠さずに申し上げろ」と繰り返し「未だ隠して居やがる」と言って乱打は益々激しさを増し、遂に私は昏倒しました。時刻は多分午後三時過ぎであったと思います。

その後、水を呑まされ意識を回復しましたが、打たれた大腿部が腫れ上がり、めまい、嘔吐が昂進して、どうしても立ち上がることが出来ぬので、やむなく横山、佐藤に担がれて午後六時頃留置場に下されました。間もなく老年の医者（姓名は忘れました）が診察に来て、注射を打ち、水薬と散薬を呉れました。治療費は検察当局が支払うのが当然だと、後に私は主張したのでしたが、彼等は「自分の身体を治すのに自分が払うのはあたり前だ」と言って相手にせぬので、余儀なく自分で払いました。

翌十一日午前中、前記三名が再び来て前日同様のやり方で訊問を開始しましたが、もうこれ以上は聴き出せぬと諦めたか、態度は余程改まっていました。私に対する彼等の暴行は以上で終わりましたが、これでも未だ生優しい方であったと思います。大腿部の血斑と腫脹は二週間程で大体治りました。食事も三日後から摂れる様になりましたが、差入弁当が許されたのは更にそれから一週間後でした。

その後の取調べは主として石渡警部が当たり、佐藤巡査部長が助手格で下調べ書を記録しました。下調べが約一カ月間断続して行われた後「訊問調書」作成の基礎となるべき「手記」の記録を命ぜられ、十二月下旬完了しました。

その傍ら石渡は調書作成に従事しましたが、それは徹頭徹尾、私及び他の「メンバー」を共産主義者に仕立て「グループ」の活動なるものを共産主義運動として認定した上で作成されたもので、手記の記録に当たっても先方の目論見通りに記録する様強制されました。その主要な点を述べれば、

第一、思想の推移道程を述べる際に、私の世界観や哲学上の立場などは全く無視され、社会主義及共産主義に関する私自身の解釈の仕方の個人的特色等をのべることもすべて拒絶されました。例えば「哲学は唯物弁証法と唯物史観だけを書け。経済学は余剰価値説を書け、社会主義の実現手段としては暴力革命を書け、その他のことは余計なことだから書くな」と強制されました。多少でもこの強制に反すればいちいち書き直しを命ぜられる有様でした。

第二、客観情勢の分析にあたっては「三二年テーゼの二段革命説と講座派の理論に沿って述べろ」と命ぜら

れました。三二年テーゼ等は数年前に読んだだけだったので、詳しく内容を書くことが出来ないで居ると、「とぼけるな」と言う様に脅かすので余儀なく私は同「テーゼ」の原文を石渡から借用して之を手記に転記しました。

第三、昭和塾の研究会に於ける日本政治史の研究内容についても「唯物史観と講座派でやった筈だ」と頭から強制されました。

第四、政経研究会に就いても、先ず足尾に於いて共産主義運動遂行について協議したと言う無根の記載を強いられました。協議の事実など全く私の記憶になかったのでしたが「記憶にない」と答えると「それでは他のメンバーの記録を読んでやる」と言って、所謂足尾会議なるものの記録を読んで聞かせました。私は「自分には全然憶えはないが、若し他のメンバーが協議したと確言しているならば仕方がない」と答えると、石渡はこれによって板井が書いたと言う足尾会議の内容を其のまま私の訊問調書に転記したのでした。

後で判明したのでしたが、この会議のデッチ上げは、私より一カ月前に検挙された浅石に対する惨烈な拷問の結果仕遂げられたもので、浅石とても全然身に覚えのなかったものであったのです。その他会員の四、五名の度々行った登山や「ハイキング」についても、その間の言動の全部に亘って「革命的」内容を強制的に盛らされました。

第五、政経研究会の「メンバー」やその他私の同僚や後輩に対して、私が文献を貸与したり贈与したりしたことも、それらが左翼的であると否とに関せず、総てが共産主義の目的遂行、革命思想の指導啓蒙を目的としたものと陳述を強制され、適々その認定に反する様な事実、例えば、観念論的な宗教書や哲学書などを貸与、贈与したりした事実に出逢うと、故意に之を削除すると言う次第でした。

私としては特に昭和塾以来日本の資本主義社会を厳正に批判し、之が当時の極度の危機的状態に突入したままで、進歩的民主的方向に何等かの手段を通じて変革されなければ、日本人民の生存と発展は全く絶望的であるとの見解から、民族主義と社会主義との統一に実践的立場を見出そうとした意図が、当時迄の主たる研究活動の基調を為していたのでしたが、検察当局はこの活動を終始「コミンテルン」指導下の人民戦線運動の一翼として捏造し、そのデッチ上げに汲々たる有様でした。歪曲、不当強制の事実は以上の外細部に亘っては枚挙に遑がありませんからここは省略します。

二、拘置場に於ける取扱について

私は昭和十九年一月二十五日夕、前記保土ヶ谷警察署から横浜拘置所に移管され、二十年八月三十日釈放まで約一年七カ月間未決被告として過ごしました。その間私の受けた不当な暴行はありませんでした。

第一、病人に対する極端な虐待は厳正に弾劾さるべきであります。形式的な回医療はあっても医務当事者の怠慢と冷酷は周知の如くであり、刑務掌に当たる上級監督者の態度も（部長の大部分、主任の過半数）冷淡をきわめ「自殺は責任上困るが病気で死ぬなら差支えない」と言う態度が明らかに看取されました。最も恐るべき内臓疾患に対する治療は殆ど行われず、病状を訴えて診察と投薬を乞うことが度重なれば二言目には「死んでしまえ」と怒鳴られるのが常態でありました。私は昭和十九年五月二十日発病、診察の上肺浸潤と判明しましたが投薬は水薬十日間受けたのみであり、後は「肺病につける薬はない、家から栄養剤でも入れてもらって寝て居れ」と放棄されました。幸い私は十カ月余でほぼ治癒しましたが、こうした取扱いの為に多くの犠牲者を出したことは周知の如くであります。

第二、差入書籍の検閲は、近代的学問や教養には全く無理解な教誨師達によって行われる為、許可される書籍の範囲は極度に狭く、検閲標準と言うものが全く出鱈目である為、私共の勉学が著しく阻害されました。又外国書は殆ど許可とならなかったのです。

第三、通信の不自由も極端であり、出所後判明したことですが、家族より私宛の信書の約半数が如何なる理由によるか私の手に渡りませんでした。

第四、職員の怠慢、不正。勿論一部の職員は尊敬すべき人格者でありましたが、然らざる者にして、例えば被告への差入食品を試食と称してツマミ喰いは常習であり、甚だしい場合はその為に半減している。又終戦時の混乱に乗じて彼等が刑務所の官物を私宅に持ち運んだ食糧、衣料、薬品等の物資の量は莫大なものである。懲役者や被告を、飢餓と病衰の破目に陥し入れつつ、かかる掠奪が半ば公然と行われた事実は徹底的に追及さるべきものと考えます。

口述書

手島正毅

一、第一回訊問

昭和十九年四月十五日頃午前十時より正午迄

寿署三階　柳沢警部補調室

出席せる司法警察官

竹島警部補、赤池巡査部長、他県特高課巡査一名、計三名

訊問要点

(イ) 私が共産主義者なることを承認せしめんとす。

(ロ) 私が昭和十七年十二月上京の際、西尾忠四郎と会合し、西尾より日本共産党再建準備会の組織目的、同内

容を話された上、帰滬（コ。注・滬は上海の別称）後、上海に於いて安藤次郎と協力して中共との連絡をなすことを快諾したとの「西尾の陳述」を承認せしめんとす。

右の二つの点が当日訊問を受けた主要たる問題にして、その際私はその何れに対しても、全く思い当たる事実なきため否認しましたところ、私の言を十分訊ねず直ちに拷問に入る。

竹島が先ず私に対して「お前は共産主義者であろう」と訊問しましたのに対して私は「進歩的調査員として自らを認めはするが、共産主義者ではない」と答え、ついで右の西尾との会合内容を訊問されたのに対して「私は十二月に前後三、四回西尾に会ったが、かかる党再建に関して説明されたことは全然なく、またそれ故に、同君より中共連絡の依頼を受けた事実無し」と答え、さらに、竹島の訊問が具体的な問題に触れたときに詳細に亘ってこれを反駁するつもりで、次の質問を待ちうけていたところ、竹島は突如「お前の様な頑強な共産主義者は口で言っても判らぬ、そこへ座れ！」とコンクリートの床上に正座させ、矢庭に竹島は私の頭を泥だらけの靴で蹴飛ばした上、両頬を二十数回殴打した。私の顔面はそのために紫色に腫れ上がり、右の眦《めじり》は裂けて血が流れ出した。そこで必死になって

「西尾との会合内容は具体的に話せば判ることです。西尾と対決させて貰えば、私が何故に西尾と会い、どんなことを話したかは直ちにはっきりする。中共連絡に関しては事実無根を主張する。なお西尾と会ったとき何日どこで、どんな話をしたか、詳しく話そう。彼と最初に会ったのは十二月上旬、虎ノ門の東京支社であった。私は先ず久濶を叙した後雑談をした。その内容は、何等思想的な問題ではなく……」

ここまで語ったとき竹島はさらに詰め寄ってきて「俺はお前にそんなことを訊いているのではない。中共連絡について語ったろう」と正座した私の膝を靴の踵で踏みにじり、私が「中共連絡に就いては山根隆二検事より四月七日訊問されたがその際、絶対事実無根なることをきっぱり申し上げた」と語ると、竹島は赤池部長を顧みて「検事が最初に取調べの要点を被疑者に言うので調べにくくてしょうがない。余計なことを最初に云わないで呉れればよいのに」と苦々しげに語り、さらに私に向かって「お前の様な人間は、もっとたたかないと真人間になれないのだ。いつまでも頑張っていると殺してしまうぞ。神奈川県特高は警視庁の新撰組のようなへなちょこ揃いではないのだ。馬鹿め、死にたければこうしてくれる」と私の詳しい陳述を聴こうともせず、私の背後に立ちはだかっていた巡査に命じて麻縄で後手に私を縛り上げ、今度は赤池と巡査とが私のもも、背中、頭部、腕をところかまわず青竹の棒で狂気の如く殴りはじめた。竹島は私の両頬をさらに平手で殴りつづけた。

そこで私は夢中になって「何故私の云うことをよくきいてくれようともしないで、そんな野蛮なことをするんだ。もう一度私の云うことをきいてくれ」と絶叫した。しかし、彼等は私の言に耳を藉そうともせず、狂人のごとく拷問をつづけた。それは前後二時間に亘って継続された。最初のうちは身体中に鈍痛を感じたが、次第に意識が朦朧となり、「嘘だ！　嘘だ！」自問する声のみがかすかに耳にきこえるだけであった。

暫くして赤池と巡査が私の脈をとって「大丈夫だろうか」と不安らしく私語しているのがきこえた。私は意識を回復させるために上半身はだぬぎにさせられていた。私は脚をひきずるようにして監房へ帰ったが、顔面は青ぶくれになり、両脚、両腕、肩は内出血とはれのために疼痛を起こし、その夜は遂に一睡もできず、それ以来十日ほどは、はれがひかず、起居にも不自由な有様であった。拷問当日の留置場の看守は神崎と某の二名、当時、同じ留置場にいた思想容疑者たる水島治男、中西某、も拷問直後の疲労困憊した私を目撃していました。

二、第二回取調

昭和十九年五月十日頃　午前十一時より午後四時迄

寿署三階　柳沢警部補調室

出席せる司法警察官

柄沢警部補、赤池巡査部長、鈴木警部補、杉田甲一巡査部長

取調要点

（イ）「西尾忠四郎より依頼」されたる「中共連絡」の追及

（ロ）大阪商大教授名和統一との会合内容

（ハ）安藤次郎との協議内容

右三点に関し西尾の訊問調書（謄写刷）を開き、先ず西尾より中共連絡を依頼され、これを快諾したこと、私が帰滬後、安藤次郎と協力して連絡活動をなすことを西尾に誓ったこと及び西尾の依頼を受け大阪にて名和教授と会合して名和氏に身辺の警戒を厳にする様にとの注意を伝言したこと――以上の捏造事実を私に自白することを強要し、この日も約四時間に亘って拷問した。

柄沢は私の顔面、頭部を殴打し、土足にて数回頭部を蹴り、ことに顔面は内出血して紫色に腫れ上がった。赤池、鈴木は青竹の棒切れをもって膝および肩、背中を乱打し、杉田は竹刀の竹切れをもって膝を乱打し、それらによる身体各部の内出血と打撲による腫れ、疼痛のため、その日も終日横臥することさえできなかった。

三、第三回取調

昭和十九年五月二十五日頃、午後二時より四時迄

寿署二階　風壊室

出席せる司法警察官

警部補一名、巡査部長一名（いずれも姓名不詳）
訊問要点
（イ）西尾より「中共連絡の依頼を受けたる事実」を承認せしめんとす。
当日、右に関し前回同様執拗に承認せしめんと強要的態度を示したが、承認せざるため、頭部、顔面を乱打した。

四、第四回取調
昭和十九年十一月十日頃午後二時より四時迄
寿署二階　風壊室
出席せる司法警察官
松山警部、柄沢警部補、赤池警部補、杉田巡査部長
訊問要点
（イ）司法警察官の捏造せる「犯罪事実」の再確認
私の陳述（手記）が西尾忠四郎及び安藤次郎のそれと著しく相違している点を杉田巡査は指摘し、私の陳述が全部虚偽なりとして頭部、顔面を乱打し、赤池は私の右耳を殴打、そのために、約一カ月間耳の内部が疼き、ほとんど聴こえなかった。

五、公判
昭和二十年九月一日
横浜地方裁判所
出席者　八並裁判長、某検事一名、某判事二名
被告側、手島正毅、安藤次郎
公判に於て、さきに私の提出せる上申書（司法警察官の強制的一方的捏造事実に関する論駁書）にもとづき、西尾忠四郎、安藤次郎との関係、所謂中共連絡を中心とする「犯罪事実」を否認し、別に安藤次郎も否認し、裁判長はこれを受諾。席上、検事は四国連合軍の唱道する「民主主義政策」なるものは看板にして日本を侵略する道具であるから厳に諸君も警戒しなければならぬ、と最初にして最後の「訓示」を吾々にあたえた。

口述書

仲　孝平

一、自分は昭和十九年十月四日午前七時頃、自宅から神奈川県特高課員柄沢警部他二名の者の手で山根検事の拘引状を示されて検挙、鶴見署に留置されました。自分には全く身に覚えのないことでしたが、友人青山鉞治君が既に八ケ月前に検挙されていましたので、「何をされるか分らない」と一応覚悟してついて行きました。
いったん留置場の中へ入れましたが、間もなく自分を引き出し、柄沢警部他三名の者が、頭から先ず自分が共産主義者であること、共産主義運動を行ったことの承認

を求めました。自分は無論即座にこれを否定しましたが、忽ち柄沢警部は怒罵叫喚、「小林多喜二のようにここで死にたいか」「お前の一人や二人を殺すのは何でもないんだ」等々の言葉を発しながら木刀その他でめちゃめちゃに自分を殴打しました。柄沢警部は靴でしばしば自分の顔を蹴りました。自分は一度失神しかけましたが、意識を取り戻し、彼等に対抗していたのでは本当にこの場で殺される気がしたので、とにかく共産主義者であることを承認し、彼等の突き出した書類に拇印を押して暫く暴行を中止させた次第であります。

自分はそのまま留置場に下げられましたが、しばらく静座することも出来ず横臥していました。尚この日から十月十八日迄の十五日間、夜間も、ゴザ、蒲団を与えられず板の間に着のみ着のままで放置され、自分は殆ど彼等の取調べにも堪えられない程、心身を弱らせたことを附記しておきます。

二、十月五日の第二日目は前述の柄沢警部のほかに鈴木警部補が加わり「お前は共産主義者であるから、今日はお前のやった共産主義運動について具体的に聞こう」と言うので、自分は前日の言葉を翻えし、身に覚えがないことを主張しましたところ、前日以上の怒罵叫喚と暴行を受けました。

自分はやむなくこの殺人的暴行を逃れるため再び共産主義者であることを承認し、且つ殆ど常識的に証拠にもならないような事柄を「共産主義運動の具体的状況」として述べました。彼等は自分の陳述に満足の様子はありませんでしたが、「今日はこれでやめて置く」と云って自分を前日同様留置場へ下げました。

三、以上と全く同様な暴行による取調べが、それから隔日又は二日置きになお三回あったと自分は記憶しています。

四、以上の柄沢警部を主とした四名位の人員に依る暴行による取調べがすんだ後は、鈴木警部補が自分の専任の係として、昭和二十年七月二十日頃横浜刑務所未決監に移管される迄、長期にわたって馬鹿馬鹿しい手記を書かせて自分を苦しめました。この手記は彼の書く訊問調書の土台になるものですが、ありもしないことを彼の脅迫と虐待によって書かされました。彼の望む通り書かなければ自宅から差入れる弁当を中止するという手などを用いました。これは一時的暴行よりも、もっと悪質な取調べとして自分を苦しめました。

尚この間に当時の係長松下警部が見廻りに来て自分を靴で蹴飛ばし、脅迫し、一片の証拠もなしに自分に作家同盟再建という事件をデッチ上げさせました。

五、自分は敗戦後の九月二十日に横浜刑務所未決監から釈放されましたが、検事の取調べは一回も受けませんでした。然し自分に対して治安維持法違反被疑者として拘引状を発し一年間も不法監禁で苦しめたのは山根検事であります。自分は遂に山根検事の顔を見ずに出て来ました。

六、自分は前述の如く昭和十九年十月四日より昭和二十年九月二十日迄、鶴見署、戸部署、横浜刑務所未決監に於いて不法監禁を受けましたが、釈放されるときは「拘留不必要」という申渡しでありました。

口述書

西沢富夫

私は昭和十八年五月十一日の未明に横浜地方裁判所検事局長谷川検事の拘引状を持参した神奈川県特高課員平賀警部補他二名によって治安維持法違反被疑者として横浜市保土ヶ谷警察署に留置され、以後昭和十九年四月一日に横浜地方裁判所検事局山根検事の指揮に依って横浜刑務所拘置所に移管される迄十一カ月間、全く事実無根の事件を捏造する為に、

特高課長　山田警視、左翼係長　松下警部、課員　柄沢警部補、森川警部補、石渡警部、松崎警部補、杉田巡査部長、小林巡査部長、他に数名（姓名不詳）

等の行った取調は文字通り人権蹂躙的、脅迫的なものであり、その間無根の「犯罪」事実の容認を強要して、私に加えた暴行、拷問の数々は、全く中世の異端審問をも凌ぐ残虐極まりないものであって、一度は遂に生命危篤の状態に追い込まれるといった暴虐的なものであったのであります。

あくまでも彼等の捏造せんとする事件を否認して、事実をそのままに主張するとすれば、私は死を覚悟するよりほかなく、馬鹿々々しいことのために一命を捨てる気にはどうしてもなれぬので、止むなく私は、彼等の言うことに従うより外になかったのであります。

彼等の職権を傘にきての暴虐行為は、直接の殺人的行為より間接的の殺人行為、及び脅迫的行為に至るまで枚挙に暇ないのでありますが、その主なるものを列挙しますと次の通りであります。

(一)　日時　昭和十八年五月廿一日

　場所　横浜市保土ヶ谷警察署　宿直室

拷問を加えた者　柄沢警部補、杉田巡査部長　某巡査

直接に手を下さなかったが後に現場に現れた者、山田特高課長　松下左翼係長

同日午前九時頃、特高課員某巡査が保土ヶ谷警察署留

置場に現れ、私を呼び出し、両手を後ろ手に手錠で縛って留置場の斜め向かいの宿直室につれて行く。そこには柄沢警部補と杉田巡査部長が待っていた。先ず硝子窓にカーテンを下して外部より見えぬ様に準備するや、直ちに杉田巡査部長と某巡査は、両側より竹刀を崩した竹の棒で、座っている股と臀とを所きらわず万身の力を込めてなぐりつける。柄沢警部補は柔道着の帯で顔と云わず胸部と云わずビュンビュンとなぐりつけ、或いは片手で頭髪を掴み、片手で両頬を打つ。「貴様の様な国賊は殺してもかまわぬ」「小林多喜二は何で死んだか知っているか？」「小林多喜二の二の舞をさせてやろう」などと連呼しながら有無を言わさず目茶苦茶な拷問を続けるのである。

苦痛の余り幾度も気を失いかけて前にのめろうとすると「この野郎しらばくれやがって」とどなり、頭を足で蹴とばす。その間十分程度用便の為片手の錠を外してもらったが、それ以外は竹刀の棒が止めば足で股や臀を踏みつけたり蹴ったりする。全く絶体絶命である。

かかる拷問を加えつつ「党の再建を企てたろう」「同志の名を言え」などと怒号するのである。

約四時間に亘ってかかる殺人的行為が続けられた。

午後一時頃「昼飯の時間を一時間やる。それからまた始めるぞ」と言いながら手錠を外してくれる。私は立ち上がろうとしたが股は腫れあがり、口からは血が滴り目はくらんで立上がることも出来ない。辛うじて壁につかまって立上がり、廊下の壁づたいに留置場に帰ったのであるが、その間すでに気を失っていたが、辛うじて自分の監房の前まで辿りつき此処で全く失神して昏倒してしまった。

頭から水をかけられ、ゾッと寒気がして吾に帰り、初めて自分が気絶していたことを知る。

「立て！　監房に入れ！」と留置場の看守（根本巡査）に怒鳴られて立ちあがろうとしたが、又、気を失い、抱えられて監房に入れられる。暫くして気が付くと、全身は腫れ上がり、熱を持って針でさされる様な痛み、心臓は動悸して息も出来ぬ様な苦しさ。留置人達は憐れんで何かと労ってくれる声が夢のように聞こえる。「血を吐いたらしい。口のまわりが血だらけだ。チョコレートの様なものが口のまわり一面についている。ヒドイナー」等と。

苦しくて水を一杯求める。看守が差入口から入れてくれ、同房の留置人が飲ませてくれる。一口飲みかけたがそれを吐きだして再び失神。

「取調べを始めるぞ、立て」と怒鳴る声を夢うつつで聞き、立ち上がろうとするが体は動かず、激痛をおして無理に頭を上げ、手を突っ張って立ち上がろうとすると呼吸困難、失神状態に入る、抱えられて再び宿直室に連れ出される。

「どうだ。この調子でやるのだぞ。未だ足らぬらしい。」と怒号手前のような奴は殺してしまった方がよかろう」と怒号しつつ再び失神状態の体に竹刀の棒が飛ぶ。後はもう何も分らぬ。

気が付くと、その宿直室の畳の上に寝ている。杉田巡査部長と某巡査が交互に「子供の名は何と言うか」「妻の名は何と言うか」などと呼びながら、私の生命のバロメーターを見守っている声が時々断片的に聞こえる。

医師と看護婦（保土ヶ谷病院長野方二郎と近野看護婦）が来て診察をする。特高課長山田某、左翼係長松下某、保土ヶ谷署特高係主任佐藤某などが集まっている。一同が別室で鳩首合議をしているらしい。……

胸が押しつぶされそうな苦痛のうちに気が付くと病室（保土ヶ谷野方病院）の寝台の上に寝ている。湯たんぽを三つも入れてある。布団が重くて胸がつぶれそうだ。三十分毎か一時間毎かにする強心剤の注射やカンフル注射などの度に瞬時の間意識をとりもどすが、後は昏睡状態。もう、電気が煌々と輝いて夜だ。この間、五、六時間は経過しているらしい。

十二時頃か、危篤の電報を受け取った妻が病院にかけつける。妻は柄沢警部補から「病気のため昏倒したのだ」「本人は気付かずにいたが、病気は大分悪くなっていて危篤状態だ」「幸いに皆のお陰でこうして凡ゆる手を尽しているのだ」等と「病気原因」をかくす為に妻に脅迫的な暗示を与えてから病室に入れたらしい。十日ばかり前に元気な私を見送った妻は、莫然と乍らも事の真相を感付いたらしい。殆んど昏睡状態を続ける。夜半に気が付く。注射が多少効いたのか少しは継続的に意識を保ちうるようになる。すると直ちに妻を病室から出して強引な取調べだ。しばらくすると直ちに昏睡。気がついて目を開けると直ちに取調べ。悪夢のような昏睡状態の間隔を利用して、万一死亡する場合をおそれて何とか書類をデッチあげておこうとの心算らしい。

何でもよい。とにかく苦しい。息ができぬ。全身の打撲傷が身動きのできぬ程ズキンズキンと痛む。三日間ほど重湯も喉に通らぬ程の重態。一口ゴクリと飲むと意識を失ってしまうといった状態。

十日位経てやや快復し始め、結局のところ六月廿九日漸く歩けるようになると保土ヶ谷警察署の留置場に移される。その間五月廿一日より六月廿九日までの四十日間、保土ヶ谷の野方病院に二名及至三名の特高課員の看視のうちに、妻の看護により漸く何とか歩ける程度にまで元気を快復した。

尚参考資料として神奈川県特高課員村沢巡査部長が、八月始め頃に横浜市大岡警察署二階講堂で同行の石渡警部が不在の折に秘かに語ったことを述べて置きます。

「君は全く運が良かった。助かって幸いだった。上の連中は君が死ぬかも知らぬと言うので大騒ぎだった。殺してしまっても何とか理由は勝手にこしらえ得るから差支えないのだが。然しやはり一人の人間を擲り殺したとなれば気持ちがよくないのだろう。

実はしばらく前に拷問が過ぎて殺してしまったことがあるのだ。だから君のことでも上司は大分頭を悩ましていたらしい。大変なアワテ方だった。この前の場合なんかに於ける上司のやり方は実にひどい。

上司は、拷問をせよとは言ったが、殺すほどにやれとは言わなかった、お前達がやりすぎたのだと、殺人の責任は全部下僚に負わせ、彼等に口を封ずることを約束させた上首にしてしまった。実にひどい。同胞を擲り殺すのが商売だ。如何に飯のためとは言え、身がヤセ細るほどつらい」と。

なお同人はその時次の如くも語った。

「僕は第三者として聴いていると、君達の事件などと言うのはどうも本当とは思えない。だが言うことをきかないとまた死ぬ目に会うから、大体上司の求める所を推測して迎合した方がよい。命あっての物種だから、命長らえることを考えた方がよいよ」と。

（二） 昭和十八年七月一日に保土ヶ谷警察署から大岡警察署に移される。それから後の取調べにおける人権蹂躙的態度は前記の場合と変わりなし。その一例。

昭和十八年九月初旬頃、大岡警察署二階講堂に於いて、松崎警部補と小林巡査部長とが

「大阪毎日新聞社の前芝確三はコミンテルンと連絡を持っていたろう。お前が知らぬ筈はない」

「知っていると言うまで擲り続けるぞ」と言い、板の間に正座させた上三時間位に亘って頬と股を、手と竹刀の棒で擲り続ける。

（三） 昭和十八年十一月頃より森川警部補が取調べに当ったのであるが、彼は当時すでに一応の取調べ（拷問と恐喝による捏造）が終わっているにもかかわらず、栄養失調に苦しんでいる私に食物の差入を禁止する。そして彼は次の如くに脅喝する。

「貴様等を殺そうと思えば手を下さずとも殺せる。殺したって構わない。検事拘留の期間は一カ年となっているが、いくらでも延長できる。食物を食わさず、監房内に於ける身動きをも禁じれば、ジリヒンで死んでしまう。俺は手前の生命の鍵を握っているのだ。生命が惜しかったら言うことをきけ」等々と。

かくて彼は脅喝を続けながら勝手な調書を造りあげ、それに署名捺印させたのである。

口述書

畑中繁雄

一、共産主義者たることを自認せしむるための脅迫

昭和十九年二月十四日午後三時ごろ、保土ヶ谷警察特高室において、当時、余の取調べ係官たりし竹島警部補は、まず初対面の余に向って

「俺が手前を調べるからな。……断っておくが、俺の調べ方は荒療治だから、そう思え！」

とまず、脅嚇の釘を打ち込んで来た。余は

「むろん私の知る限りのことは、何でも申し上げるなんでも聞いて貰いたい」

と返事すると

「甘っちょろいこと言うな！　俺は、手前が共産主義者であることを白状させればそれでいいんだ。いいか、手前が共産主義者であることをちょっとでも否認してみろ、まず命はないものと、そう思え、気絶したり、血を吐いてから『やっぱりそうでした』なんて言ったって遅いんだぜ、命が惜しいと思ったら、ちょっとだって共産主義者だってことを否認するな！」（竹島の用語そのままを再録）

と放言、余の如何なる言い分をも一向に取り上げようとせざるのみか、脅嚇的言辞を弄しながら、露骨に拷問を仄めかしたり。（同席者　佐藤保土ヶ谷特高主任）

尚、竹島警部補は同年五月初旬ごろ、同特高室において余に向い、

「俺は、こう見えたって共産主義者の二人や三人は殺しているんだ。あばら骨の五、六枚を殴り破ってやったこともあるんだ」

と、自慢そうに揚言し、自ら非道なる拷問常習犯人たることを証明しているのである。（同席、田中薫保土ヶ谷特高課員）

二、拷問が当然の権利であるかの如き松下係長の言辞

昭和十九年二月十四日午後四時半頃、保土ヶ谷警察署取調室（巡査休憩室）において、部下三、四名を従え、余に向って

「俺は松下係長だ。……ところでお前たちは、『中央公論』を通して随分世の中に害毒を流して来たな。……もう年貢の収め時だ！　実はな、お前は去年の夏に検挙する筈だったんだが、こっちも忙しかったから、今日まではまあ、そのままにしておいたんだ……所で、手前は、共産主義者の取調べがどんなものか知っているか……話位は聞いているだろう……手前は始めて検挙されたんなら、改めて、その洗礼を授けてやってもいい。……いいか、ハッキリ言っておくがな、共産主義者は取調べの途

中で殺しちまったって、いいんだぜ！　今日では、検事局でもそれをちゃんと認めているんだぜ……その点は、検事局からちゃんと任されているんだ！」

とハッキリ拷問の権利を広言し、暗々のうちに、それが検事局と、なれ合いであることを自白しているのである。而も無条件に「共産主義者」を捏造するためには、如何なる非道の措置をも辞せず、ために相手を死に至らしめることをも当然と心得ていることを物語っているのである。同様のことは、全特高課員（臨港署よりの助勢）北沢一郎巡査の余に対する言辞にも明白である。即ち、昭和十九年二月十三日、午後七時頃保土ヶ谷警察特高室に於て、同北沢巡査は余に向い、

「否認しちゃ駄目だ。こっちの云う事を絶対否認しては駄目だ。……どうだね、君にもそれが出来るかね……。否認した為に逆さ吊りにされたり、鼻から水を通されたり、殴られたりした揚句、気絶すりゃあ注射で蘇生させられては、またそれを繰り返され、差し入れは禁止されるという具合で、見ちゃいられないいんだぜ。……そいつが君達のいう政党華かなりし時代だったら、人権蹂躙問題などで喧しく問題にもなろうがね。今日じゃ問題にはならんのだからね。……時代が違うんだぜ、時代が。……共産主義者は殺してしまっても仕方がないんだ。そいつは、ちゃんと検事局も承知なんだぜ……」（同席者なし）

と奇怪な言辞を吐き、彼も亦、拷問に関し特高当局と検事局とが、なれ合いなることをほのめかしたり。

当時、拷問行為が、すべていかに検事局と特高警察部となれ合い連絡の下に行われたるかの事実を証明するものとして、昭和十九年六月中旬検事局に於て、山根検事の第一回取調を受けたる際、山根検事の言辞に

「君は、警察でどんな取調べを受けて来たのかね……。多分殴られたろう……」

というのがある。これは、余が警察に於てむしろ拷問を受けたことを期待しているかの如く響くものでありたり。

三、家族を脅喫（北沢巡査の奇怪な言動）

前記北沢巡査は、昭和十九年二月十三日、余の留守宅を訪れ、余の父（繁治郎）母（セキ）妻（セリ）に向い、

「ご主人は、思ったより大ものです。……検挙当時は、さして大したことはないと思っていたのですが……段々調べて見ると、（奇怪なことに、当時余は、ただの一回も取調を受けておらず）中々大した、大ものです。これを見てみ給え……と言って（いい加減にデッチ上げた組織図を示し）お宅の主人はコミンテルンの一員になっているんです。それほど大したものである以上、三年や四年では、到底帰って来られない」

などと、何も知らぬ家族のものどもを脅喫し、更に奇

怪なことには、家族の者が狼狽、愁嘆するにつけ込み、「その罪は兎も角、自分は、お宅の家族の方々には充分同情を持っている。……むろんこんな事は一切内内のことなれど、差入れその他の事については、自分は職を離れて、お宅の主人の面倒を見てあげる」

と親切ごかしの言辞を並べたり。依って当時藁をも掴む心理にあった家族の者は、つい、その口車に乗せられ、とり敢えず余の差入れ弁当代として、金参拾円と、痔と胃腸薬（ヘモロスその他）を渡しその差入れ方を同日、同人に託したり。同夜、同人は、保土ヶ谷特高室に於て余に面会せし時、差入れ物を家よりことづかって来たことを一応余に報告はしたるも、その後、遂に右金品を余に渡さず、そのまま同人着服して今日に到れり。

四、共産主義運動自認の拇印強奪

昭和十九年一月二十九日、不当検挙され、拘留先保土ヶ谷警察に到達するや、余の検挙に当たりたる森川警部補は、同日午後一時ごろ保土ヶ谷警察巡査休憩室において、北沢一郎巡査、立会いの下に拘留訊問を行い、

「やい、畑中！　手前は永い間、世の中に害毒を流して来たな、……これに拇印を捺せ！」

と言って、「私は共産主義運動をいたしました。」と勝手にしたためたる訊問調書を突きつけ、余の頭髪を掴んで引き廻しながら、それに捺印を強要したり。余は強力これを否認せるも、余の言い分は一向聴取せず、遂に立会いの北川巡査をして、無理に余の右手を抑えしめ、その手をとって無理無体のうちに、右の捏造調書に拇印を捺さしめたり。

五、殴打、拷問

昭和十九年四月上旬、直接余の取調に当りたる、赤池部長は、中央公論社長嶋中雄作が共産主義者たることを立証する手記の執筆を余に強制し、余の認めたる手記が、嶋中雄作を共産主義者にデッチ上げんとする赤池等の意に満たずとなし、保土ヶ谷警察巡査休憩室において、余を後手に縛り上げ、同小林部長と交互に竹刀の一片を以って余の膝部を強打、さらに顔面を殴打ついに鼻血を出さしめたり。

さらに或る地方の検事局において余を検挙の意ありとの虚構の事実を捏造し、余にしてその心当りある筈なれば、それを自白すべし、と所謂カマをかけ、爾後一週間おき三回に亘り、右赤池、小林両部長は同所に於いて同様に拷問せり。余は当時、モモ引き二枚にどてらを重ねていたるも、ために生じたる膝部の責痕はついに三週間ほど消えざるに到ったのである。

口述書

彦坂竹男

一、検挙

昭和十九年十一月二十七日午前六時、浦和警察署員二名来り、神奈川県警察部より依命により一時同署に連行する旨を告げられ同行す。同署員（特高課員）は検事の拘引状によるものと称したが、拘引状なるものは遂に最後まで見せられずに了った。午前十一時浦和警察署に来った（その間自宅にて家宅捜査の上書籍手紙等を押収の上）神奈川県警察部赤池警部補、中村巡査部長（後に警部補）の両名に伴われ、横浜市磯子区磯子警察署に赴き、午後五時頃着（途中空襲にて手間取る）留置された。

一、釈放

昭和二十年九月二十七日午前十一時頃、横浜市中区加賀町警察署分室留置場（もと伊勢佐木警察署）より釈放

一、事件

治安維持法違反被疑を以て、主として日本評論社内共産主義グループ結成を追究されたもので、佐藤警部補（その前は吉田警部補）により訊問調書が作成された。完成間際で終戦となり、九月上旬改めて作成――従前のものは大部分焼却された――しかも聴取書の形のもので「簡単にしろ」「どうでもよい」と云った調子であった。

検挙以来一回の検事の訊問もなく、結局拘留不必要の事由で釈放された。しかも八月二十七日更新せられるべき拘留更新の申渡しもなく（それまではその都度読みきかされ、又は呈示されたが）又検事の釈放指揮書も見せられず、一カ月間何らの根拠も示されぬ（即ち行政執行法による検束の言渡しもなく）ままに拘禁されていた。

一、暴行

昭和十九年十二月十日頃、竹島警部補（後に警部、左翼係長となる）より第一回の取調あり、その際と、翌二十年一月十日頃同警部補並びに鈴木警部補（後に労働係に転ず）の両名取調べの際との二回に亘り暴行を受けた。

第一回は磯子警察署道場に引出され「貴様のような共産主義者は死んでもかまわぬ。国賊だ」と怒号し、畳の上に座らせ、幾度も蹴倒し、起き上がるや髪の毛を掴んでひきまわし、平手で両ビンタを食い、ふくれ上がって数日は腫れが引かなかった。更に剣道具の小手で連続的に脳天を乱打した上、「この次は逆さに吊るしてやる」と豪語したが、これは実行されなかった。

第二回は同じく磯子警察署の調室に於て床の上に座らせ両手を後ろ手に扼し、両膝を靴で踏みつけ（鈴木警部

補がこれをやった）痛さにのけぞると、膝を押さえつけては両ももを何回となく踏みつけた。数日間は痛みのため階段を上下するのにヤットであった。

右に続き竹島は、長さ二尺程の棒切れ（新聞綴込用のものと思われた）で両頬を乱打し遂にその棒はバラバラに折れ飛んでしまった。傷は出来なかったが、同じく数日は腫れ上がって痛みがとまらなかった。

以上の外、肉体的暴行は加えられなかった。

口述書

平館利雄

拷問と言うことを、何か身体に対する暴行と言う意味に解するならば、私は昭和十八年五月十一日検挙の日より拘置所に移管された昭和十九年三月三十一日までの警察留置期間中、無数の拷問を受けましたが、そのうち最も残虐なものは二回ほどあります。

第一回

時日　昭和十八年五月十八日頃　午後一時頃より

場所　横浜市中区　山手警察署二階取調室

拷問者　神奈川県警察部特高課左翼係係長　松下某、同警部補　森川某、同巡査部長　村沢某、同巡査部長　姓名不詳

拷問の方法

松下係長は配下村沢及某巡査部長に命じ、私の両手を後手に縛し、竹刀を以て左右から交互に約三十分間に亘り打撃を加えました。私は苦痛のため一時精神肉体共に虚脱、もうろうたる状態に陥り、前面にうつ伏せになってしまったものですから、係員は一時的打撃を中止致しましたが、約十分もして、私が意識を快復するや再び打擲をはじめ、またも約三十分に亘って継続したと思います。その間、松下係長が

「お前の如き国賊は殺してもかまわぬのだ！」

と幾度か連呼しながら私の頭髪をつかんで畳の上をねじり廻したのであります。私の両膝は太股に亘るまで紫色になって腫れ上がり、苦痛のため再びコン睡状態に陥ったので、これで本日の拷問を打ち切りましたが、暫らくして私が係員に促されて二階調室から監房に連れて行かれるまで殆んど立って歩行することが出来ず這って帰った次第であります。

監房内に帰るや、係員の許可を求めて直ちに臥床、同房の人々の看護により漸く生気を取り戻すことが出来ましたが、引続き臥床して二、三日床から起き上がり得なかったのであります。

第二回

時日　昭和十八年五月廿一日頃　午前九時頃より
場所　横浜市中区　磯子警察署二階調室
拷問者　神奈川県警察部特高課左翼係警部補　森川某、巡査部長　村沢某、巡査部長　姓名不詳
拷問の方法　前回同様でありますが、私がまだ前回によって蒙った打撃が少しも回復されておらないのに、矢継ぎ早の拷問であります。森川警部補は部下の巡査部長に命じ、矢張り両手を後手に縛して竹刀で打擲したのでありますが、約三十分に亘る打擲により、私の両足は異常に腫れ上がり、紫色に濃化し、苦痛は全く耐え難いものとなりました。私がコン睡状態に陥るや拷問を打ち切りましたが、その間森川警部補が

「お前のような者を一人や二人殺しても罪にも何にもならないのだ」と、恰も殺人が無罪であるかの如き口吻をもらしながら、威嚇し、脅迫し、暴行したのであります。

　私は這うようにして監房に帰されましたが、それから五日間ばかりは身体の苦痛のため起き上がることが出来ず、僅かに用便の時、同房の人々に救けられてかろうじて済ました次第です。

口述書

廣瀬健一

一、拘引

昭和十八年十月二十一日午前六時、長谷川検事の令状を持って神奈川県特高課員五名は、突然私の臥床中を襲い、家宅捜査六時間の後、図書及び書信、ノート類千点以上を十一包にしてリヤカーで駅まで運び、身柄と一緒に神奈川警察署に移しました。

二、第一回取調状況

昭和十八年十月二十一日午後三時、神奈川署武道大広間に神奈川県特高課員六名を以て、私の取調べを開始しました。その際の特高課員の名前は、現在判明している処では、原田警部補だけでありますが、外の一名は、原田より上席らしき神奈川県特高課員でありまして警部であります。外の四名は巡査部長及巡査でありました。

　この取調には、彼等がすべて拷問の道具を所持していたのでありますが、まず原田が「お前は共産主義運動をやったろう、ここできれいに白状しろ」と突然申しますので、私が「私は共産主義運動をやっていません」と答えるや、総員立ち上がり、原田は「この野郎、いい度胸

だ。貴様が白状しなければ徹底的にやることがあるんだ、大体お前等をこうやって尋常に取り調べるのはお上の慈悲なんだ。貴様がそんな風に頑張るなら、俺達は貴様を殺してもいいことになってるんだ。覚悟しろ！」と叫び、矢庭に五人が私にかかって参りまして、撲る、蹴る、打つの大さわぎになりました。

私は非度いことをするとじっと耐え忍びながら、心の中で「俺はコミテルンと連絡をとったことも、中国共産党と連絡をとったこともない。日本共産党にも入っていなければ、それと現在連絡もとっていない。むしろ日本の発展のために正しい論陣を布いているだけだ。天皇制の打倒を考えたことも、主張したことも、況んや書いたこともない。この殺人的拷問を我慢して犯罪事実は皆無だ」と考えながら、この殺人的拷問の際「私はこんなひどい目に会うような悪いことはしていない」と苦しいいきで絶叫するや、上席の男は「この野郎、検事の拘引を不当だというのだな、ヨーシ、しぶとい奴だ。徹底的にやってしまえ」と怒号し、あとは滅茶苦茶な拷問になり、私は遂に意識がボーとしてしまいました。

午後五時頃、私は彼らに抱えられて留置場にさげられました。夜になって気がついてみると、同房二十四人の雑居で、辛うじて横になれる程度、洋服はズタズタに引き裂かれ頭から足までズキズキしており、便所へ立つことも不可能に近い状況でした。

その晩は口の中が熱っぽくて食事はとりませんでした。私は夜中体がいたくて眠れず、いろいろと考えていましたが、一体どこから犯罪事実を握ってやって来たのか分らず、不安の中に朝となりました。

この第一回取調べに、彼等は勝手に訊問調書を作り、問「お前は共産主義運動をやったろう」答「恐れ入りました」と書き、無理無体に私に拇印を押させ、いまにわかるようにさせてやると豪語して引き上げたのであります。

三、第二回取調べ

翌々日午前十時頃彼等はやって参りました。そして調べは矢張り武道場でありました。この日には彼等は私からの押収物件を昨日しらべたと見え、やや具体的に訊問いたしました。即ち、問「お前は天皇制を否認しているだろう」答「いいえ、私は否認していません。私の書いたものを調べてみて下さい」この答に対して原田は「お前の支持している天皇とはソヴェットの天皇だろう。この野郎、どうもロシア人に似ていやがる！」と叫び又々五人で拷問をはじめました。私は心の中で、ソヴェットの天皇とは矛盾している、逆手をとって天皇の不敬なる言動として糾弾してやろうかと思いました。

次に戦争に関して　問「お前はこの戦争を帝国主義戦

争と考えているだろう」答「そうは思いません。戦争は国家のある間なくならぬ民族の生存と防衛の戦いです。しかし財閥や軍閥の私的利益を図るような傾向がある。これは改めなければいけないと思います」この答に対し、原田は、「うめえことを云う、どうせ同じじゃないか、この野郎、おれ達をなめていやがる」と怒号し、前後左右から打つ、突く、なぐる、ける、踏むの拷問でした。腹をけられたときは危うく気絶しそうでしたし、上胸部を突かれたときは、元来呼吸器系統が弱い私にとって大変心配でしたので、思わず「危ない」と叫びました。

また神奈川の特高の習性らしいのですが、土下座させて、足や泥靴の底で頭をけとばすのですが、私はこの拷問のために頭がズキズキするのをこらえて「自分は何の為にこんな凌辱に逢うのか」と思わず涙が出て仕方がありませんでした。私は当時、新体制運動の下からの革命的昂揚と日ソ支の同盟を主張し、且つ公然と筆陣を張っていましたが、私にとっては当時可能な唯一の日本救国の大策はこれ以外になく、内には軍閥、財閥、政党その他特権的勢力を打倒して真に国民一致の新体制を建設し、外では独逸に頼ることなく、アジア解放の大道に立って日ソ支三国同盟を中核とすべしと考え、確実に私は日本的な国士たることを自認していたのでありまして、この凌辱には実に心外千萬であり、親に頭一つ打たれたことのない私にとって、耐えられない侮辱であったのであります。

四、第三回取調べ状況

十月二十四日午後一時よりやはり前回同様の調べを受けました。私はもうひとふんばりだと思い、じっと我慢しつづけました。原田もだいぶ軟化した模様でしたので、これは俺が勝てると思ったのでありました。

五、第四回取調べ状況

十月二十五日、武道場へ連行されました。二十一日以来私は殆ど座ることすら出来ず、食事は口の中が熱く、食欲がないため殆ど手をつけて居らず、又睡眠がとれませんので目だけは真赤に充血し、顔はかさかさで色も蒼かったと思います。彼等は今日こそ息の根を止めるべく、六人で殺気立って来たのです。曰く、「貴様は頑強な奴だ、どうしても俺達をごまかす気だな、俺達は手間取ってはいられないのだ。大体おだやかにやっていればいい気になりやがって勝手な熱をふきやがる。お前が生きると死ぬとは勝手次第だ。俺達は貴様がそう頑張るなら殺してもいいのだ。現に何人も殺しているのだ。貴様等は生かしておかない方が国家のためなんだ、覚悟しろ」と言いますので、「私は共産主義運動はやりません。日本共産党ともコミテルンとも、中国共産党とも連絡はありません。私の押収物件をよく調べて下さい」と苦しい声で絶叫しました。

果然、拷問が始まりました。打つ、突く、蹴る、撲る、踏む――大の大人で、彼等自身顔面を紅潮させ、イキをはずませて全力をあげての拷問でした。何か大声でわめきながらの乱闘でした。上席の男は、時々武道室の硝子の破れ目から、さわぎが余り大きいので好奇心でのぞく神奈川署員に対して「のぞいてはいかん」と叫びながら拷問を命令し、原田が中心となって暴行を指揮しました。私は意識がモーローとし、心臓の痛みのみがズキズキと感ぜられるようになりました。

「一寸待ってくれ、からだを起こしてくれ、云いたいことがあるから……」と云いました。彼等は一斉に手を引き、原田は「よし、きれいさっぱり白状しろ、そした ら殺すのはかんべんしてやる。どうだ、女房が可愛くないか、子供に逢いたくないか。さあ、尋常に白状しろ」と云い、私の発言をじっと見守ったのであります。

私は大の字になって倒れていたのを助け起こされ、水をのまされましたが、一滴のんだだけで咽喉に通らず、心臓のいたみだけが無意味に全身をゆすぶっているようでした。「私はもう駄目かもしれぬ、どうか私の書いたものやノートをよく調べて呉れませんか、私の調べはそれからにして下さい」と喘ぎ喘ぎ嘆願しました。

ところが曰く、「何！　この期に及んで何を言うか、証拠はあるのだ、まだチョロまかそうとしていやがる。お前のその体ではもう永くはないぞ！　俺達はお前を殺してもいいんだ。死んだ方がいいんだ。お国のためなんだ。どうだ！」この怒号と同時に、いきなり足で蹴飛ばされました。私は覚悟しました。

それからの彼の行状は私はよく分りません。私が気がついたのは夜半でした。枕元には奴ら六人がじっと私を見守っていました。私の肉体はシビれるようでした。口が熱っぽく、唇や口腔はからからにかわき、心臓がズキンズキンと鼓動している。腕や胸や腿に注射あとが十数個所あるのは、その翌日発見しました。身体も紫色に腫れ上がり、動かすと鈍いいたみを感じました。

あとで原田から聞いたのですが、私は午後三時に昏倒悶絶し、午後十二時に、最後の十何本目かのカンフル注射で意識を回復したのだそうです。又、あとから記憶をだんだん呼び起こすと、カンフルの度毎に一、二分間意識を回復したらしく、その間に原田か誰かがしゃべっていた「全く気味が悪い。今朝、係長――特高課次席、左翼係長、松下警部――にハッパをかけられたのでやったんだが、医者はもう駄目だとぬかしてやがる。困ったなあ、くそ面白くもない！」というような言葉が記憶に残っています。

医者は神奈川署の警察医で、それから一カ月、十一月十三日まで毎日やって来て注射を打ちました。その後に診てくれたのは、看守に聞いたのですが、署の裏門の横にある医院の院長で、名前は分りませんが調べれば直ぐ分ります。

六、保護室に病臥

十月二十七日、原田が保護室にやって来まして、差入れなどのことを看守に命じ、又保護室の中で臨床訊問をやり始めました。私は一日三回位意識がモーローとするような状態であり、その都度医者にカンフルとブドウ糖をうたせている病状なので、入院方を嘆願しました。

簡単な臨床訊問をやりましたが、私が余りひどく衰弱しているし、看守も同情して、訊問に耐え得ない旨の証言をしましたので訊問は取りやめになりました。入院も「えらい人にたのんでやる」と約しましたが、遂に実現せず、十一月十八日、神奈川署が手狭なので臥床に適するという理由で山手署に移監されたのです。

ここで病臥中の情況は、拷問のために身体は滅茶苦茶でした。寝返りするのも痛みが激しくて不可能、一日一回の便所――小便だけ、大便は出ません。何も食べないから――も両腕をささえられてする始末でした。食事は差入れが入りましたが、自宅からの果物以外のものは殆ど口に入らず、辛うじてスープを少量とっていました。ブドウ糖は毎日打っていました。相当太いのを一本あて十日頃にはカンフルも二日に一本、食欲もやや出て来て、自宅からの栄養物を食べ、心臓にいいという養命酒を少量ずつ飲みました。

十一月五日頃、松下係長がやってきて、原田と一緒に私を外へ連れ出し、若干の訊問をやりました。私は何も言わず入院加療方を嘆願しましたが、駄目でした。松下は

「俺のにらんだこの狙いは狂うものではない。いま県では大事件を挙げている。内務省でも力を入れている。それに君はなかなかうまいことを考えたものだ。右翼労働者大衆団体内部にフラクションをつくり之を赤化し、革命化させようとは、実に大したものだ。立派な戦術だ。君も大物だ。やったことは堂々と白状して刑務所へ行ったらいいだろう。君を捉えたときに君は枕元に日本刀を持っていたろう。死ぬ覚悟でやっていたんだろう。死んでもいいではないか。立派な態度だ。俺達は天皇のために君等と戦っているのだ。ロシア人みたいな奴等は殺してもいいんだ。現に何人も殺している戦争をやっているんだ。戦線では忠良な我々の仲間がどんどん死んで行っている。吾等の生命などは問題ではない。しかし君も男だ。尋常に白状すれば俺達も男らしく君達を殺そうとは云わぬ。可愛がってもやろうじゃないか。どうだ」

私はこの話をきいて、大体事件の輪郭がわかりました。次いで原田が八日頃やって来まして、ガリ版刷りになっているものをチラと見せました。それは私が昭和十四年頃右翼労働団体にいて、東京地区の仕事を手伝っていた

際、指導してやった田中、六月両君などの名前がありましたので、これだなと肯けたのでありました。そして猛烈な拷問と勝手なデッチ上げによってこのよわい層をかため、その口述を唯一の証拠として私を中心人物にまつり上げ、当時官憲に相当つよく当たっていた愛国的大衆団体――翼壮も含めて――を一気に日本共産党の外郭団体として解散せしめ、以て軍閥、官僚の封建的専制政治を樹立する陰謀だなと気づいたのでありました。当時東条は中野（注・正剛）――東方会――を葬りました。そして次々と多かれ少なかれ大衆を糾合して東条専制政府に楯つく奴をしばる計画をしていたのです。そして私が口を割れば、私が主宰していた政治公論は、翼壮はじめ、愛国大衆団体内部に相当強力にくさびを入れていました――し、日本政治研究室――日本政治年報を編纂していた――も私が事務長をやって居り、橘樸先生他有力者が関係していましたので、これも日本共産党の外郭機関になり、一網打尽に検挙され、東条の警察的憲兵的専制への途を拓くことになると想像されました。

私は十一月十八日、自動車で山手署にうつされました。山手の保護室で相変わらず病臥していました。病気は段々とよくなり、精神にも大分ゆとりが出来、外部のニュースも大体判明しました。

七、第五回の調べ

十二月上旬、森川警部補がやって参りまして、私を署の二階の講堂に連行し、いきなり板の間に土下座させ、彼は腰をかけたまま、訊問を始めました。しかも威丈高に怒号しながら「こら、貴様は神奈川の特高をなめているな。少しばかり体がよわっていると思って甘くやっていればつけ上がっていやがる。俺は神奈川特高の生え抜きの森川だ。前の先生のようになめたら承知しないぞ、この馬鹿野郎！」と云いながら、いきなり雨ふりの道の泥によごれた革靴で、私が土下座して慎んで垂れている頭、額をけり、私は倒されてしまいました。私は奴等の無知と執拗と暴虐に憤りを感じつつも黙ってその仕打ちを見ていましたが、私の体がまだ尋常でなく、息をはずませてヨタヨタしているのを見て「近く調べを始める。覚悟してかかって来い。貴様等は人間扱いにしていたのではどうにもならぬ。俺は天皇の名によって貴様等を調べるんだ。貴様の仲間は皆白状して泣いてあやまっているぞ。一人だけ頑張っても何にもならないこと位分っているだろう。下がっていろ」と云い、留置場へ下げられました。

森川に次いで十二月中旬、松下がやって参りました。そして私に「おい廣瀬、体はどうだ、外ではみんな心配しているぞ、いい加減に片づけろ、そうしてあやまれば来年の三月頃までには片づけて特別の計らいで出してやろう。最近の心境はどうだ」などと甘言やら懐柔やらで、たばこなどをのませたりしました。

何とかして奴等を屈服せしめたいと思っていましたので「私の調べは何よりも第一に私の証拠物件をよくしらべて貰いたいことです。物的な証拠が第一ではないでしょうか。それから私に、私のやった行為、並びに見解を書かせて貰いたい」と願いました処、「そのねがいは叶えてやる。正直に申し上げろ」と云ってそのまま帰りました。

そして十二月二十九日、平賀と云う警部補が参りまして講堂へ連行し、「おい廣瀬、俺が特高の平賀だ。俺は田中を調べている。もう調べは終わった。証拠は上がっているんだ。今度は貴様の番だ。神妙にすべてをブチまけろ。そうすれば片をつけてやろう。千葉からの見習いなどと同じだと思ったら大間違いだ。覚悟しろ、少々キツいぞ。貴様の体ではもつまい。俺は貴様が死んでもいいんだ。殺しても構わぬことになっているんだ」と述べ、陰険な青い顔に殺気を浮かべ、五人ばかりの手下の特高の巡査でグルリと取り巻いたのでした。

「そうですか、よく分りました。では私の証拠物件をよく調べて下さい。それと同時に私に手記を書かせて下さい」とねがいましたところ「よし神妙に出れば許してやる。では明日から簡単な調べをやり手記を書け」と言いその日は帰りました。

八、第六回訊問――平賀の訊問

一月四日、平賀の調べが始まりました。彼は絶えず脅迫しながら、私に手記を書くことを許しました。それは助勤巡査が担当しました。最初に来たのは斎藤巡査、次に来たのは早坂巡査であります。

私は共産主義の概要、日本資本主義の分析、日本共産党史、そのテーゼの内容、現状勢の分析、戦争論、革命の展望、天皇制論、人民戦線論等々、ザラ半紙で約五〇〇枚書きました。ところが平賀は、この文書を見てかんかんに怒ったのであります。

二月に入ってから早坂がやって来ましたが、早坂は私の論文がすべて首尾一貫しているのと、私の公表論文などをよんで影響を蒙ったのか、ひどく同情的になり、二月十日私に対して「あなたの主張はよく分る。明日平賀さんが来るそうだ。私は毎日平賀さんにハッパをかけられているが、私は貴下を信用している。ここに書いてある事に嘘はない。あなたは日本のスターリンだね。私はもうこんな調べはやりたくない。私は巡査をやめるつもりだ。これから辞表を書く。あなたは明日平賀さんに徹底的に話したらいいだろう。私はこれでお別れだ。しっかりやって下さい」と述べ、私は事の意外にびっくりしたような始末でした。

二月十一日、平賀はやって来ました。そしていきなり私に土下座させ、「貴様はおれをなめてるな、神奈川の特高には貴様になめられるような人間は一人もいないのだ。早坂君は少し君を甘やかしたが、俺はそうはゆかんぞ。この手記は何だ！　この馬鹿野郎！」と怒号し、例によって泥靴で私を蹴倒しました。この時は余程昂奮していたと見えて、私の頭下部、まぶたの上に斜めに傷が出来、未だ跡がなおらずにいるのであります。そして散々なぐられたりけられたりしました。「貴様みたいな奴はもう調べん、留置場の中で永久にしらみと一緒に住んでいろ、今にまとめてやってやるぞ」と述べました。

それに対し、「私は法律的には責任はないと思っていますが、私は労働をしたい、何かものを作りたい、このような生活をやっているのはいやです。ですから白紙を持って来て下さい。私は拇印を押しましょう。それにあなたが田中君をしらべ彼が自白した箇所を書き込んで下さい。私は刑務所へ行きたいのです。」と絶叫しました。彼は私のこのタンカを聞いてキッと緊張しましたが、何を考えたかそのまま帰ってゆきました。

九、第七回の調べ——平畑の訊問

四月十日に今度は松下と平畑警部と杉田巡査部長が二名連れてやって来ました。そして例によって土下座させ、松下は次のように申し渡しました。

「貴様はしぶとい奴だ。特高では永久に放って置くつもりだったが、戦況もあり、早く片付けて監獄に送ることになった。俺は貴様みたいな奴は好かないが、上司の命令だから今日から調べる、神妙に申し上げろ、貴様の書いた手記はなっていない。田中がすっかり尻を割っているんだ。しっかりしろ、男らしくないぞ、貴様のおかげで平賀君はたおれた。俺達の方にも犠牲者は出ているんだ。貴様なんか死んでもビクともしないぞ、いいかげんに片づけろ、これから俺が直接しらべる。しかし俺はそうそう来られないから平畑君に主任をやってもらう。面倒がらずにあっさりやれ。それとも殺されたいか」と述べました。

「分りました、では私の書いた文書をよくしらべ、それを私に使わしてください、いちいち引用しながら書くからそれが一番適確でいいでしょう」と述べたところ、「よかろう、要するに網走に十年だ。一国社会主義でも何でもよい。だが天皇制は否認だぜ。いいかね」と云いました。

「よろしい。やりましょう」と答え、それから又々手記を書きました。平畑はしぶしぶ証拠物件をしらべにかかりました。そこには多くのノートがあったのです。まさかわざわざ嘘は書かない。作りごとも書いていない筈のノートに、私の見解を裏書きする材料が山程出て来ました。彼等は参って来ました。少したじろぐ気配がしたのであります。

十、森川の訊問

平畑がたおれ病臥してからは、杉田巡査部長がそのつなぎに私に手記を書かせました。

六月末、森川がやって来ました。杉田がその助勤でした。形勢は一変しました。彼は例の如く土下座させて、曰く、「この野郎とんでもない奴だ、いつまでグズグズと出鱈目を抜かしているんだ、テメエの面にちゃんとマルクス、レーニンのレッテルが貼って有るじゃないか、何だ、一国社会主義と云うのは、全く往生際の悪い奴だ。外の連中はごまかされたかも知れないが、この俺はごまかされねえぞ、この野郎！」と怒号しながら、土足で私の額をけりました。私は「又はじまったな。今にみろ。八つ裂きにしてくれるぞ！」と心の中でつぶやきながら、なすがままに任せました。

森川はそれから殆ど毎日やって来ましたが、意地悪く私をいじめ、時々土下座させて蹴ったりなぐったりしつつ、全く独善的に、強行的に、一方的に調書を作りはじめたのであります。彼は私に「公式マルクス主義に則って状勢分析、共産党の任務……を書け」と命じ、「貴様の一国社会主義は佐野の一国社会主義ではなくレーニンの一国社会主義だろう」などと云って、私の意志を無視して無理矢理に調書を作ったのであります。

森川は遂に七月末、調べの終わりの日に、私にとって有利な証拠物件――ノート類、並びに前述テーゼ風の四篇等――を焼き捨てようとしたのでありまして、曰く「君、もうこれで調書は出来たわけだ。君が平賀、平畑さんの時にかいた手記はうそだった訳だ。もう焼き捨てていいね。それからお前の書いたノートや世迷い言を書いた原稿などはもういらないだろう。燃やしてしまうぜ。いいか、どうだ」。私は之に次のように答えました。

「検事の命によって行われるあなたのこの訊問調書は、あくまで証拠に立脚したものでなければならないと思います。その意味で、私の書いた手記や原稿類は、それが世迷い言であろうとも未だ調べは終わった訳ではなく検事がこれから調べるのですから取っておいて下さい。検事が何を云うかわかりませんから……」

彼は調べの最後の日にまで私をなぐりました。そして怒号して曰く、「この野郎、生意気なことを云う。もし貴様が検事をごまかして出て来やがったら、俺の眼の黒いうちは絶対に、又引っくくってやるぞ、そう思え！」

私と森川、私と警察権力とは、かくして正面衝突のまま別れたのでありました。

私は一国社会主義に基づく十年間の革命運動をやった。それを僅か二十枚程度のひどく簡単な調書にまとめられ、具体的事実は殆ど全く記載せず「認識」だけの珍妙な調書に拇印を押して済ましてしまいました。天皇制には反対の意味のことが二枚ばかり書かれています。

ところで杉田に、田中政雄の調書と合わせてくれとたのみました。杉田はそれを承知し、田中の調書を持って来て読んでくれました。これは本当は司法警察官のやるべきことではないのです。ところが私は驚きました。あれ程田中が斯う云っている、ああ云っていると私を責めたてた当の田中の口述なるものは、全然ないのでありまして、今や証拠は皆無となりました。

私は田中が死を賭して真実を語り、又ガッチリ敵の拷問を受けとめていたことを信じるようになりました。田中はえらい、さすが革命的労働者だ、と感嘆しました。森川創作の私の調書は今や田中の供述とも合致しないものです。無知にして暴虐なつまらぬ人間は、天皇の名の下に私を足蹴にするだけで、犯罪捜索のイロハも知らなかったのでした。森川の愚劣さは私の調べに当たって全く困窮していました。私の昭和七年当時の警視庁の訊問調書を平畑が東京地方裁判所から取りよせ、これを森川が使って、昭和八年私が出てから全く非転向のまま活動していたという愚劣な調書をつくったのでありまして、その困窮ぶりがわかると思います。私は遂に九月一日未決へ移監されました。

十一、検事局の訊問

八月末、移監令状がやって来た。即日、未決（横浜拘置所）へ移されました。

九月十三日より爾来十月十一日迄、私は毎日出廷しました。三時間以上の訊問を受けた。検事は始めは相当威嚇に出て来たが、しまいには段々と討論調になり、遂に最後の日には彼は私にこう宣言したのであった。

「よく分った。警察部でも検事局の仲間の間でも君を起訴すべしという意見が強硬だ。しかし俺は起訴を猶予する。俺の気持ちをよく諒察して間違いを起こさないようにしてくれ」

私はこのようにして十月十一日出所した。私に関する検事の調書を一枚も作らなかった。そして私の見解を半紙一枚に書いて捺印しただけだった。

口述書

藤川　覚

一、検挙

昭和十九年十一月二十七日午前七時頃、杉並区高円寺三丁目一五五番地の自宅に於いて、治安維持法違反被疑に由り、横浜地方裁判所思想係山根検事の拘引状持参の森川警部補（神奈川県特高課員）他三名の手により検挙され、同日横浜臨港警察署に留置されました。（山根検事の命による検事拘留）

一、釈放

昭和二十年九月二十七日午前十一時頃、横浜市加賀町警察署より釈放されました。

昭和二十年八月二十七日より釈放迄の一カ月は検事拘留でなく、所謂「行政」により留置されました。しかし其事は何ら言い渡されませんでした。

一、事件

治安維持法被疑でありますが、私が昭和四年から昭和十六年迄勤務しました「岩波書店」に於ける共産主義活動、「日本編輯者会」に於ける共産主義活動、公益法人「日本出版社」結成準備会に於ける共産主義活動、と言うものが追及されました。そして私は日本出版社関係の首謀者として追及されましたが、私の検挙の他の主たる理由は、岩波書店をつぶす材料をデッチあげることにありました。この事は調べに当った竹島警部、小林巡査部長（後警部補）が度々私に明言しました。

一、暴行、暴言

昭和十九年十一月二十九日、横浜市臨港警察署二階調べ室で、竹島警部補から最初の取調べを受けました。その時のことです。

竹島警部は、私が和服（どてら）を着、その上にオーバーを羽織って彼に従って入室するや否や、やにわに、「ここは同盟とは違うぞ！　生意気な！」とどなるが早いか私を引き倒し、部下一名と共に、土足にて私の顔と頭とを主に全身を蹴って蹴ってけりまくり、踏みつけ、散々暴行の限りをつくしました。揚句の果てに私を引き起こし

「俺は竹島警部補だ、俺が主任となって貴様を調べる」

とふんぞりかえり、

「貴様は「発達史講座」をやった立派な共産主義者だ！　岩波書店内の共産主義者組織をかけ！　岩波書店を叩きつぶすのだ！」と強要して、竹箒の柄を以て私の頭、顔、からだを徹底的にたたきのめしました。約二時間半にわたる暴行です。その結果、私の顔は腫れあがり頭はこぶだらけ、人相は変って別人のごとき相を呈しました。足もひどくやられたのでびっこをひき、這うようにして辛うじて留置場にもどることが出来ました。ずっと後まで同房の者共は勿論のこと点検の巡査部長、看守なども、変りはて眼の縁に黒くくまができた私を見て、「どうした、どうした」と申して居りました。

この暴行のあいだに、竹島警部補は幾度も幾度も「貴様は灰にして帰してやる！　貴様の様な共産主義者は打殺してやる！　それが国家のためだ！」と叫びました。私は本当に殺されるのではないかと思いました。

昭和十九年十二月一日から昭和十九年十二月二十五日まで、臨港署二階、三階の調べ室、訓授室に於て、一日置きに竹島の調べを受けましたが、午前一回、午後一回、

時間は合わせて五時間位、合計二十数回の取調べであり ました。この調べ中は、暴行を加えられている時間の方が多く、竹島は必ず部下を一人乃至二人連れて、一緒に暴行を働かせました。

暴行のありさまは第一回の調べの場合と大同小異で、箒の柄、木刀で頭といわず、顔といわず、手、足、身体中をぶちのめし、土足で踏む、蹴る、手でぶんなぐる、という有様でした。その結果、私の顔などは、竹島の表現を借りれば「四角になったり、丸くなったり、又四角になったり」しましたし、私の姿は「乞食のように」なりました。顔面、頭、手足等の随所が紫色に又黒くなったり、はれあがったり、発熱したりしたことは申すまでもありません。そしてこの暴行の都度、竹島は「殺す」「灰にして帰す」「空襲に晒して殺す」「神奈川県特高のテロ振りを見よ！」と言ったことを叫び通しでした。「キンタマの毛を全部焼く」と竹島はおどして居りましたが、それは実行しませんでした。

昭和二十年一月下旬から渡辺警部補が竹島に代って私を調べるようになりましたが、その頃、私が栄養低下の結果、既往症の左脚骨髄骨膜炎の再発をおそれ、わけを話して、家庭からの果物、豆類の差入れを同警部補に、臨港署特高室に於て頼んだところ、彼は私をにらみつけ、「貴様等共産主義者は死んだ方が良いのだ！　生意気ぬかすと承知せんぞ！」と一蹴しました。

竹島でも、渡辺でも、治安維持法関係者留置取調べ中、死んでも殺しても一向構わぬ態度であることを知りました。

この、渡辺警部補と小林巡査部長（後警部補、加賀町警察特高主任）にも後に調べ中テロを加えられましたが、竹島の場合ほどではありませんでした。

口述書

益田直彦

一、告訴人　益田　直彦

二、検挙

（イ）昭和十八年五月十一日七時半頃、自宅で検挙

（ロ）拘引状命令者　長谷川明検事

検挙に当った警察官　森川警部補　村沢巡査部長

留置場所　神奈川警察留置場第二房

三、第一回取調　検挙当日（十八、五、十一）午後一時半頃より三時過まで

神奈川警察二階取調室（当直室）にて

森川、村沢両名は最初の取調開始に当たり、自分達が取調主任となることを示し、次で特高、特に「神奈川県

特高警察が日本でも最も優れた警察」なることを誇示し、「今後に於ける取調べが極めて峻厳」なることを宣言し、「否認は命がけなり」と嚇しつけ、竹刀の解かれたものを手にし、証拠品を運んだ革製トランクを無茶打ちにうち威嚇的態度を取った。

◎第二日目午前三時間、午後三時間（日によってはそれ以上）約一週間半、連日取調べあり。取調べに当たったものは日により多少の変化はあったがほぼ次の如し。

主任森川警部補、村沢巡査部長、柄沢警部補、松下特高左翼係長（毎日に非ず）、赤池巡査、中村巡査、他一～二名

この取調べに於ける彼等の目的

◎泊会合の目的、内容（小生はこの会合に先立ち西沢富夫より予め招待は受けたことがある。その際細川嘉六の発議なること、同行メンバーは聞いて知ったが、出席せず。後で、皆愉快に痛飲し、馬食した報告を受けただけで、警察当局が云う様な「党再建の協議」などは一切聞かされなかった）であった。

問　泊では誰が集まったか　　答　細川以下何名

問　何の目的で集まったか　　答　知らぬ

問　党再建ではないか　　答　知らぬ

問　報告を受けた筈だが　　答　受けぬ

主としてこの様な問答を繰返しつつ、主任森川は取調室正面の大机に腰をかけ、小生の頭髪を左手に掴み、頭を自分の股間に引き入れ、拳、平手、竹刀の解いたもの等とりどりに頭、頬、肩等を無茶苦茶に打ち、小生後方左右に座る赤池、中村両名は竹刀、その解いたもの等々を持ってそれぞれ小生左右の太モモを打ち、ももが腫れ上がった頃、柄沢は不潔な汚れた靴下ばき（注・靴ばきの誤り？　他の例は全て土足）の足でこれをもんだ。

◎ある日松下係長取調中に来り「俺が係長だ、顔を見憶えておけ」「強情をはると無事には家に帰れぬぞ」「我々は貴様たち共産主義者は殺しても差支えないことになっているのだ」「数日前も一人殺した」「諸君、こ奴テロが足りぬぞ。うしろ手の捕錠をかけてうんとテロを加えるんだ」と怒鳴りこの時うしろに控えていた赤池、麻紐様なもので小生をうしろ手に捕錠、早速松下はその石塊の如き拳で小生の顔面を無茶打ちにした。

◎柄沢は彼の決まり文句「小林多喜二を知っているか」を連発。小生「知っている」と答えれば「こ奴矢張り正真正銘の共産主義者だ」と雀躍りして主として拳を以て頬を滅多打ちした。

◎主任森川は「日本共産主義者を如何に組織したか？」と愚問するので小生「知らぬ」と答えれば「強情な奴」「諸君仕方がない。今夜も気がついたらスマキ（留置場看守に尋ねて見たが最後まで要領を得なかった）にしよう」とたけり常連七名それぞれ棍棒、竹刀、その解いたもの等を携え、小生を文字通りの袋叩きにした。――こ

の日、小生遂に死を覚悟した。——
◎この間の拷問により小生の両腕、両股の傷口は完全に化膿した。
◎二階取調室往復は壁その他によりかかって歩き、留置場内では四這いになった。
◎ある日森川、村沢来り、傷口（その日は不潔なちり紙を当ててカンジンヨリで縛っていた）を見、森川は村沢に命じ赤チンと傷薬（黄色粉末）を買って来て与えてくれた。
◎その後時々取調べに来た、松下、森川、柄沢等は口を揃えて「その位ことでは死にはしない」「直ったら又その通りにするんだ」と威嚇。
◎八月のある日（神奈川地方に地震のあった日）森川は一名の巡査を従え、三階講堂に小生を導き取り調べた。その内容は「ソ聯新聞情報」（検挙前の小生の勤務先世界経済調査会が日本銀行調査部より依頼され、小生が担当してソ聯新聞を様々作成、秘密書類として——内容はマル秘を要する程のものにあらず——極く一部のものに配っていたもの）を個人的に如何なる人物に配ったかと云うにある。小生「知らぬ」と答えるや矢庭に平手打ちを食わせた。
然るのち、椅子に腰かけた森川は、小生を板敷の上に座らせ、靴ばきのまま小生のアゴを下から蹴上げた。
◎十月頃から主として赤池一名取調べに来た。小生にとり周囲の状況は悪化（他の警察に呻吟する人たちが拷問に負け、止むを得ずかつて思ったこともなく話したこともない虚構の証言をし、これを手記拇印した）したのでこれ以上頑張ることは徒らに解決を遅延するものと考え、万事赤池に一任、彼の思い通りの手記の代筆をさせた。
◎昭和十九年二月十一日午前、突如留置所を加賀町警察留置場に変更された。
◎この日から取調べは再び森川となり、佐藤巡査部長が書記を勤めることとなった。
◎転房と同時に森川は小生を呼び出し、底気味悪い目を光らせ、竹刀を左手にし、コンクリートに土下座した小生の頭髪を右手に掴み「今までの様ないい加減の態度は許さないぞ」と威嚇。翌日より三月上旬までの間、森川は主として西沢富夫の調書に合わせて（西沢の調書が机にあった）調書を作製、作製の模様は森川自身の思い通りの噴飯に値する如き内容。いずれも森川の口より出たものを小生速記（この間小生殆ど一字をも否定することが出来なかった。否定させなかったのである。）し、佐藤巡査部長これを浄書。

四、人権ジュウリンを立証する方法
（1）現在も両股に傷跡が残っている。
（2）拷問の場を見たものとしては神奈川県警察差入弁

当屋の小僧、俗称（カッチャン）あり。このほか留置場看守、高橋弘（現在山北署勤務?）、清水喜一、片桐、丸山、特に前者二名は有望、更に留置場内の人物、特に博徒「稲葉末吉」など有望

五、昭和十九年四月一日横浜拘置所入所

六、同月四、五日頃、伊東検事、拘置所に来り取調開始、調書が拷問によって作製されたことを明らかにし、全部否認の態度をとるや、伊東は「それではもう一度警察に帰って調べ直しにして貰うか?」と拷問の事実を認めぬ、暗に威嚇の態度に出た。

七、同月中旬、起訴

八、七月より石川勲蔵判事のもとに予審は始まったが一向に進捗せず。判事の態度は、「俺は巡査や検事とは違う」と断言しつつ警察の調書、検事の起訴事実の正当化に努め小生の言には耳をかさなかった。

◎終戦後四、五日目に判事自ら拘置所に来り全体の五分の四ほども残っていた予審を僅か一時間足らずで終了。予審の内容は、小生側よりする全面的否認のまま、書記読み上げ、小生は一応諒として拇印。

◎しかし数日後手許に届けられた予審終結書は起訴状の複製にすぎず、斯くして予審判事石川勲蔵は完全な文書偽造を犯した。

九、公判　昭和二十年九月四日午前十一時半開廷

　裁判長　八並?

　検　事　山根隆二

　判　決　懲役二年　執行猶予三年

十、釈放　昭和二十年九月四日午後七時頃

口述書

松本正雄

一、昭和十九年十一月二十七日朝七時頃、神奈川県警察部特高課第一係長竹島警部他三名が来て検事の拘引状を示し、家宅捜索の上和洋書約二百冊を押収、連行された。

一、横浜市南区大岡警察署に着いたのは午前十時頃、そこで竹島から身上につき訊ねられ、これを書き留めたものに「お訊ねの事については後に申し上げます。」と記入し捺印（拇印）した。その日は調べなく正午頃留置場に入れられた。

一、それから一月十二、三日頃まで、何の調べもなく

棄て置かれた。

一、一月十二、三日頃矢川警部補が来て取調べが始まった。まず大体自分のして来た事について書けと言われ、学生時代からの経歴を書いた。それをもとにして、二、三日おきに矢川から調べられた。

殆ど噴きだしたい位見当違いの事を云われ、答えようもなく「そんな事は知りません」と言う様なことをいうと、始めは平手をもって顔面を叩いたが、後には竹刀の竹片で背中や膝を叩いた。矢川は思想問題、ジャーナリズム等につき全く無知で、数回の取調べに対し答えるすべもなく、終に「もうお前など放って置くから二カ月でも三カ月でも留置場で考えていろ」と言って帰り、それから二月中旬まで何の取調べもなかった。

一、二月十五日頃、竹島が、小林巡査部長同道で来て、ざっと調べたが、その時も自分の答がはかばかしくないので、竹刀の竹で随分打った。

一、右の後には小林巡査部長が二、三日おきに来て調べた。係は渡辺警部補となっていたが渡辺はその間二回ほど来ただけで実際には取調べはせず、小林のみが取調べを行った。

小林も矢川、竹島同様竹刀を用い、また土間に座らせて土足で全身を蹴ったり、椅子の足で両膝をこづいたりした。小林も矢川と同様、時々「お前はまだ本当のことをかくしているから放っておく」と言って、しばらく中止することがあったが、四月に入って上の方針で早く片付けることになったと言って、調書の作成にかかった。書かされたことは次のとおりである。

イ、（前歴）少年時代の家庭の模様から、昭和十年までの自分の職業、行動

ロ、昭和十年以後の動静

「日本評論社に於ける活動」

（1）社内活動

同志獲得のため懇談したであろう。何月何日誰々と話し、かくかくの効果があった、というようなこと。

（2）編輯活動

雑誌「日本評論」を利用して共産主義の啓蒙を行ったであろう。執筆者と論文の題名内容等。

一、調書は五月二十二日に書き終わった。この間、途中から渡辺警部補が来るようになった。同月二十七日に拇印をして全部終わった。

一、その後、小林が時々来て、種々の質問をした。

一、八月十八日、釈放するからと言われ、同日午後四時頃、大岡警察署を出て帰宅した。

口述書

水島治男

一、昭和十九年一月二十九日午前六時半、警視庁巡査一名（道案内）、神奈川県警察部巡査部長一名、巡査二名（特高課）都合四名の警官により、横浜地方裁判所思想検事長谷川の令状を示され逮捕さる。治安維持法違反被疑事件である。

二、同日午前十時頃、横浜市南区寿警察署に引致され、前記の巡査部長の取調べを受け、お前は国体変革を企てた共産主義者である、ときめつけられたので、曽って共産主義的思想を持ったことはあるが、今日では違う。国体変革を企てる如き結社や団体に加盟したこともないし、そのための実践運動をやった覚えはない、と答えたところ、あんなに赤い本があることが証明している。お前は共産党で天皇制を覆滅する運動をやっている、と言われ、平手で両方の耳の上を交互に四、五回擲ったけれども、何も言わないでいたら、うんと言え、いずれ調べがあって、検事に本当の事を言えばいいのだ、と言うけれども、うそを言うわけにもいかないので、しかし……、と言っていたら、更に四、五回平手打ちをやられた。ここのところは仕方がないと観念して、治安維持法違反云々と書いてある紙片に拇印を無理に押された。

三、それきり留置場に入れられ、二、三日後に呼び出され、柄沢警部補に大森直道君の上海の住所を聞かれたきりであった。

四、それから一週間ばかり経て、二月十日頃、県警察部特高課松下警部が、柄沢以下四名の者を引率して現われ、今日はお前のつらを見に来た、この不逞の共産主義者奴！　日本が今軍政なら、きさまのような奴は生かして置くことはできぬ、たちまち銃殺である、生かして置いてもらうだけでも有難いと思え、明日あたりから元凶たるお前の取調べがある、正直に申し上げろ、と言って、床の上に土下座させた自分の頭を靴で三度ばかり蹴りつけた。

五、それ以後四月半ばまで放置して何の取調もなく、検事の拘留更新を読み聞かすのみであった。

六、四月半ばに柄沢警部補が現われ、天皇制をどう思うかと聞くので、自分は陛下の下に全国民が一致協力して、とにかく戦争を遂行せねばならぬ、そのためには、国民と陛下の直結が必要である、と答えたところ、この国賊め、よくもずうずうしく、しゃあしゃあとそんなことが言われたものだな、と言って、柔道の締め手で首をしめられ、更に逆さにされて、椅子を背中にのせて、もう一人の巡査部長級の奴と共に上に乗りかかり、尻を蹴ったり、背中を踏んづけたり、三十分ちかくもみくちゃにされた。

七、このことがあってから、二、三日おきに柄沢が調べにきたが、こと天皇制の問題になるとその否定しない自分に対して、竹刀のかけらや、火鉢の焼け棒くいで頭をこつこつとなぐり、又、ピシリピシリと竹刀で耳の後ろあたりを叩くので、留置場に帰ってから耳が痛み、中耳炎症状となり、それから扁桃腺が腫れ、右の目の下に血が滲んで馬あざが出来た。

八、柄沢はその馬あざを見て、どうしたのだ、と聞くので、あんたにお灸をすえられたのですよ、と苦笑して言ったところ、あわてて、おれはそんなことをした覚えはない、と逃げを打っていた。なに、いいんですよ、僕が至らないのですから、と答えた。柄沢は、正直に申し上げれば、そんなに苦しまなくてもいいんだよ、と暗に虚偽の申し立てを拷問に依って強要することをほのめかした。

九、彼等の思う壺、フレームアップにかからないとみて、六月二十五日頃、県警察部特高課員総出で柄沢が先頭に立って、八名ばかりで自分を呼び出した。そして天皇制について意見を促した。自分は依然として初志を翻さず、本当のことを言った。即ち自分は、日本の資本主義については修正の必要ありと考えるが、天皇制を廃止することは考えていない、そして階級闘争手続きに対しても若干の疑いを持ち始めている、ときっぱりと答えたところ、柄沢初め三人ばかりの者に散々に打つ蹴るなぐるの目に逢い、半年近くも抛り込んであるのに未だに眼が覚めず、転向の兆しもないお前のような奴は、以後取調べをせず放って置く、と言われ、十一月半ばまで放置された。

十、そして十一月末から調書をとり始められ、十二月二十三日に終わり、翌年一月二十六日に釈放となった。この間、検事は六月半ばに一度来て、釈放の二、三日前、二度来たきりであった。

口述書

美作太郎

一、昭和十九年十一月二十七日午前六時頃

横浜地方検事局思想係検事山根隆二署名の拘引状により「治安維持法」違反の名義で、神奈川県特高警察官（矢川警部補、吉留壮輔警部補、小林巡査部長）及び練馬警察署特高主任が出張、自宅（板橋区下石神井二ノ一、二〇九）より検挙された。検挙と同時に、書斎その他より数十巻の書籍を証拠物件として押収されたが、そのなかには左翼文献と称すべきものは殆ど見当たらず、主として勤務先の日本評論社刊行のものであった。

二、保土ヶ谷警察署に連行されるや、その特高室において矢川警部補より拘引状に基づく形ばかりの訊問が行われたが、自分が検挙の理由無きことを主張するや、警部自ら「委細は追って申し上げます」なる文句を書き込んで、そのまま留置されてしまった。

留置後約四週間、一回の取調も無く、面会差入等も一切許されず放置されたが、昭和十九年十二月末に至り、竹島警部は川崎巡査を伴って保土ヶ谷署に来り、その柔道場に於いて初めての訊問を行った。

始め卓を挟んで椅子に対坐し、住所、氏名、職業等の形通りの訊問ののち、日本編輯者会に於ける活動、日本出版社設立企画等に及び、自分が一応の説明を試みんとするや、竹島は俄然態度を改め「カムフラージュもよい加減にしろ！　当局には何もかも判っているぞ。貴様は共産主義者として人民戦線運動に従事していた証拠がある！」と威丈高になり、椅子に坐していた自分を道場の畳の上に正座せしめ、かねて用意の竹刀をもって、頭部、腰部、肢部に連続的打擲を加うるに至った。自分はなお前歴のことがあったので「私は十年前に公然と転向を誓い、その後職域人として社会的復帰の途を歩いて来たのです。非合法運動をしたことは一度もないのです。現在私は共産主義者ではない」と弁明これ努めたところ、竹島は私の頭を畳の上に踏みつけ、下半身を竹刀でたたきながら「電燈のスイッチを捻るように、そんなお手軽に転向が出来てたまるか！　貴様等共産主義者はこの聖戦下に、今ここで射ち殺してもかまわないんだ！　警察で人並みに調べられることを、有難く思え！」と言って暫時暴行を加えたのち「入って考えろ」と言って、再び留置場に収容された。

川崎巡査は常にその傍にあって見ていた。この暴行の結果、約十日間歩行に困難を感じた。

三、昭和二十年一月の休み明けとなるや、県特高主任の松下警部が出張し、受持ちとなった吉留警部補の立ち会いの下に、あらためて訊問が開始された。松下は「まあ、手でも温めるがよい」と、私を火鉢の傍に招じ、おもむろに切り出した。

「美作、いよいよ年貢の納めどきが来たようだな、この期に及んで見苦しい真似をすると却ってためにならんぞ。……俺は転向しろなどとは云わん。貴様たちに転向など出来やせん。それより一切を申上げ、十年位つとめた上で、また社会に出て来て大いに共産主義運動をやればよいではないか……まあ、明日から少し揉んでやるからな、その積りでいろ」

その日はそれで済んだ。

翌日、同署一階巡査宿直室の窓はすべて黒布に蔽はれ、鈴木警部補外二名に、担当の吉留警部補を含め、四人がかりで、彼等が「警視庁よりももっと猛烈なテロ」と称する拷問が、竹刀、箒の柄、棍棒その他を用いて加えられた。

このテロを伴う「訊問」は前後三時間、都合三日間続行され、私が自ら「共産主義者」たることを「自認」するに及んで漸く中止されたのである。その間、担当の吉留警部補は概ねテロに消極的であったが、鈴木とその他の三名は驚くべき野獣性をもって私に臨んだ。その結果、私は、三カ月間に亘る右胸部の疼痛、一カ月半に亘る大腿部の内出血、二週間の顔面内出血による腫脹、二カ月間の歩行困難に悩まなければならなかった。その後一と月程経って、小林巡査部長は単身取調べに出張、私が周囲の友人中の「共産主義者」の名を秘していることを主張して、私を床上に正座せしめ、竹刀を以って暴行脅迫したが、私があくまで否定するうち、暫時にして止んだ。

四、昭和二十年九月二十七日、敗戦によるポツダム宣言受諾の日より後なること四旬余にして、私は卒然として保土ヶ谷警察署より釈放された。その名義は「不起訴」であった。釈放後約半歳の間、私は十カ月間の監禁暴行により惹起された全身の衰弱、殆ど半身を蔽いつくす疥癬のために、一人前の仕事はおろか、立居にも不自由であった。

同じ運命の被害者の多くが捉えられた「死」に、私も、もう一歩で捉えられるところであった。

口述書

山口謙三

昭和一八年九月十日検挙されました。

警察に於けるテロ、場所　戸部警察署

係り特高刑事　平賀卓警部補（主任）、森川警部補、此二人でかわるがわる擲りました。

私はズラかしたものですから、此野郎、手数をかけやがって、と昭和十八年九月十一日の朝九時半頃から、昼食三十分をぬいて、、夕方の六時半頃まで、蹴る、擲るの暴行を加えられました。擲るものは竹刀のバラバラになった竹や木の板で、床の上に正座させて主として膝を擲るのですが、時には蹴ったり（靴のまま）頭や顔を擲りました。

私が、余りひどいじゃないか、と言うと、何を生意気な、お前等は殺しても構わんのだ、と激しく擲りつけられました。途中、バケツの水を座ったまま持たされたりした後、夕方六時頃には意識モーローとして、如何に擲られても何ともなくなり、その時には膝は真紫に一面に腫れ上がり血が滲み出てきました。

遂に人事不省になった様でしたが、何か頭に水をかけられたらしく、ハッと気が付き、水を一、二口呑ましてもらうと頭がグラグラとしてそのまま本当にぶっ倒れ、翌朝病院にかつぎ込まれたようです。そのときの様子は覚えていませんが、一晩中三、四名刑事がつききりで看護する等大騒ぎだったとの事です。

医者は「危うく死ぬ所だった」と申しました。約二週間の入院後退院し、大岡警察署に廻され、その後も平賀警部補が取調を為しましたが、例の失敗以来は恐がって余り手荒く擲ることはなく、ただ松下係長取調の際は、「お前には未だ目鼻が、つく所についているな、白色テロとはどんなものか良く覚えておけ」と擲られました。以上はごく印象的な場合だけですが、一般人権蹂躙に値する暴行は枚挙にいとまありません。

口述書

由田　浩

私の検挙されたのは昭和十八年九月九日午前六時頃、横浜地方裁判所検事局長長谷川明の発行せる治安維持法違反被疑者として拘引する目的を以て神奈川県警察部特高課室賀警部補外二名の巡査が自宅に参り検挙され、横浜臨港警察署に留置されました。

同日午前十時頃より三階の調室に引き出され最初の訊問調書を取ると称して、いきなり、「お前は昭和十六年頃より東京市内に於いて共産主義運動に従事せる事実ありや否や」と訊ねましたので、「そんなことはありません」と答えましたところ、「何を言うか、この野郎」と竹刀の折れたのや弓の折れたの等で全身を強烈に乱打し始め、その間悪罵と嘲笑を浴びせ、「小林多喜二はどうして殺されたか、貴様等はよく知ってる筈だ、貴様の様な共産主義者は叩き殺してやる」等と言って前記三名は私を交互にナグル、打つ、蹴る、或いは膝裏に三角棒をはさんで座らせ腿の上を泥靴で踏みつけましたが、私は尚否定し続けると、彼等は「そんな筈はない、貴様等は足尾で何を謀議決定したか、その後の言動は共産主義の展開に外ならぬではないか」と言って又々前記の如き暴行拷問を続行したのでした。

茲に至るまで二時間余経過し、遂に私は虐殺の憂目に逢うのを虞れ、止むなく訊問を肯定して署名捺印し、そのまま人事不省に陥り、留置場に下げられました。

傷は大腿部、背部、腕、顔面に受け、紫色に腫れ上がり所によって血がにじみ出て、約二週間位治らず、暴行傷害に依る発熱のため、食事は一週間位の間摂取不能でした。

其れより三、四日後、松下警部（特高課左翼係長）、逗子警部補其の他巡査部長、巡査等が来り、又もや調室に引き出して前回の如き暴行傷害を以て共産主義運動の陳述を強いました。逗子警部補は、私の体質が繊弱で、到底この様な虐待に堪えないのを見て取り、松下に対して之を中止する様願い出たため、其の後は幸いに中止されました。

以上の如き調べがあってから訊問調書の資料とするため、十月中旬より毎日手記の記録を命ぜられましたが、ここに於て事実の歪曲を強いられた主たる点は左の通りであります。

第一

昭和塾、塾友研究会の近代日本政治史の研究が唯物史観、特に講座派の理論の線にあってなされたと述べろ、と強いられました。事実は之と異なり、日本政治史に関する従来の公式的見解を批判しつつ之を超えて、より弾力的な解明を意図したものでありました。（十六年六月―十一月まで）

第二

足尾会議は共産主義運動展開の為の「グループ」結成の協議を為したるものと認めるから、そのように述べろと強いられましたが、事実は何等こうした協議は行わず、塾友同志で親睦と身体練磨を心がけた清遊にすぎなかったのです。（十六年十月下旬）

第三

塾解散前後、私達が細川嘉六氏を訪問し、会食したのは、其後に於ける共産主義運動に関する方針に関し、同氏の指示と指導を仰ぐ為と述べろと強いられましたが、事実は私達が同塾解散に関して如何なる見解を持して居るかを聞きに行ったもので、同氏も私達に対し単に「勉強を怠ってはならぬ」と激励したにすぎなかったのでした。（十六年十一月初旬）

第四

昭和十八年一月、浅石宅に於て、昭和塾幹事村上敦を招いて催した新年会は、同様に共産主義運動展開のための協議なりと述べるべく強いられましたが、事実は之と相反し、全く酒杯を交わしつつ行った歓談に過ぎませんでした。

第五

其後昭和十八年四、五月の候、同志四、五名と共に行った「ハイキング」登山等はすべて共産主義革命の昂揚を目的としたものと認め、その様に陳述せよと強いられましたが、之また事実と相反し、当時かくの如き意図の下に「ハイキング」や登山を行った覚えは全然ありませんでした。従って「ハイキングをやりながらなにを協議し、何を喋ったか」と問われても、私としては全く記憶がないのでしたが、強いられたままに種々創作を記述した次第でした。（十八年春頃）

第六

私と新井義夫、及び藤原豊次郎氏（千葉県市川市在住医師）との関係に就いて、当局は先ず藤原が、郭沫若君とかつて親交あったとの理由を以て同人が中国共産党と連絡ありとの勝手な断定をなし、私が藤原を介して新井を中共と連絡せしめんとの意図の下に、新井を藤原に紹介したものだと強い、その為に私は、昭和十八年十一月中頃、室賀警部から「殺す、殺す」と言って竹刀、鞭を以て乱打され、鼻に薬カンの水を注入される等の暴行、その結果、身体の各部に傷を受けたのであります。

第七

昭和十七年より八月に亘った「ファッシズム研究会」は共産主義運動の一端なりと強いられましたが、事実は政治諸制度の厳正公平なる批判的研究を通じて日本の国内問題の解決に資そうと言う気持ちの下に行ったものであり、適々研究会中に為された反「ファッシズム」の言動が直ちに共産主義宣伝の為だと言うのであります。

第八

其後「グループ」の会合に於いて為した職場研究中の言動についても、一々共産主義運動の目的遂行の為の活動だと強いられ、記述に際してもこの様な強制下に「創作」を余儀なくされたのでした。（十七年末―十八年四月）

第九

共産主義乃至「マルクシズム」の記述に際しても、いかにもそれを絶対的に信奉しているかの如くに強制されました。日本の「インテリゲンチャ」として何等かの程度に於いて認識を有つのは当然でありますが、認識を有っていることと信奉していることは全く別個の事柄であることは言う迄もありません。「我々の任務」の記述に際しても極端な強制に逢い「ヴォルシェビズム」を信奉する勇猛果敢な革命運動者に仕立てられてしまったのでした。

「三二年テーゼ」について私は殆ど当時まで認識を有たなかったに拘わらず、彼等はわざわざ同「テーゼ」を持参に及び、その内容を写し取らせて、いかにもこの「テーゼ」の下に言動したものである如く強いたのであります。

要するに彼等は私達の「グループ」検挙を飽くまで正当化せんとして事ごとに事実を歪曲し、その為に、悪罵、暴行、拷問の限りを尽くしたのでありますから、茲に暴行、傷害、名誉毀損の罪を構成したものであることは言うまでもありません。更にその間、「殺す、殺す」と口癖に放言したこと、明らかに殺人未遂と見るべきであります。（以上、十八年九月―十九年一月、警察留置生活）

次に検事局に於ける私の取調検事である山根検事の態度も、終始脅嚇的言辞の下に事実の歪曲を敢えてし、彼等の起訴行為を正当化せんとしたものでした。（自十九年一月二十七日、至十九年四月二十日）

更に私の予審に当たった広沢判事は、八月十五日の終戦後、急に妥協的態度に出で、「終戦後の混乱時では予審も長びき、家族の者達も心配するだろうから、君達が検事の起訴事実をあっさり認めるなら、執行猶予にしてやるから、この際穏便にしてはどうか、その方が君達の為でもある」と言い、私達が起訴事実の全く虚偽なることを明らかにし、無罪を主張せんとする正当な意図を完全に封じ、彼等の立場の正当化を図るのに、実に「執行猶予」なる好餌を以てする醜態を演じたのであります。

かくて不当にデッチ上げたる犯罪事実を二十年八月三十日、横浜地方裁判所に於いて、四年の求刑、懲役二年、三年間執行猶予なる判決を宣告されたのであります。

口述書

若槻　繁

一、昭和十九年三月一日午前十時半頃、横浜市戸部警察署宿直室に於いて、柄沢警部補（現在警部）石橋巡査部長に拘禁後、最初の訊問を受けました。

「これから調べを始めるが、お前は特高のお調べがどんなものか知っているか、お前も聞いたことがあると思うが、小林多喜二はどうして死んだか知っているだろう。お前のような共産主義者は殺したって構わないのだ」と前提し、「鎖なき奴隷」とは何のことだ。「一将功成って万卒枯る」とは何のことだ、と柄沢警部補は矢庭に畳みかけ、突然の質問の意味を理解出来ぬため私が、「知りません」と答えるや、突如、石橋巡査部長は「この野郎、白ばくれやがって！」と怒号し、私の顔面を強烈に殴打し、頭髪を引っぱって打ち据えた。

息もつかせぬ殴打の為、昏倒しそうになるや、柄沢警部補は、「手前の従軍手記の中にはっきりと書いてあるじゃないか。この文句だけでも手前がれっきとした共産主義者だと言うことは明らかなんだ。手前が転向するには、今までやって来たことをみんな吐き出さなければならん。改造社のほかの奴等と、どこで誰とどんな話をしたか、正直に申し上げられるか。この次のお調べまでこのことを良く考えて置け！」

と捨台詞を残して、この訊問を終えた。

一、昭和十九年六月三日頃、柄沢警部補並びに石橋巡査部長は、横浜市戸部警察署、武衣更衣室に於ける訊問に際し、「お前はまだ隠して置いたな。山本実彦は支那で誰と会った？　ヨーロッパ旅行で、仏蘭西や亜米利加で誰と合った？　お前は秘書だったから、みんな知っている筈だ」ときめつけ、事実、全然知悉していないので、「知っていません」と答えるや、「この野郎、とぼけやがって！」と柄沢警部補、石橋巡査部長は交互に私の肩、顔、全身を靴のまま蹴飛ばし、或いは殴打し、又、柄沢警部補は点火したままの煙草の火を額につけ火傷を負わしめた。

口述書

渡辺 公平

此度の所謂「横浜事件」に於きまして、私は昭和塾関係者の一人として検挙され、一年九カ月の拘留拘置生活を余儀なくされたのでありますが、その内訳は次の通りであります。

① 自昭和十八年十一月二十七日
至昭和十九年五月二十七日
六カ月　神奈川警察署留置場

② 自昭和十九年五月二十七日
至昭和二十年八月二十一日
一年三カ月　横浜拘置所

右の拘留期間の生活と官憲の取扱について申し上げますが、それは次の如く分類することが適当と思われます。

(一) 検挙より留置場に入れられる迄
(二) 留置場内の生活と警察官憲の取扱について
(三) 横浜拘置所に於ける生活と司法当局の取扱について

【一】 検挙より留置場に入れられる迄

私は昭和十八年十一月二十七日午後五時頃、東京、横浜間の列車内より、神奈川県警察部特高係員たる石渡警部、中村巡査部長の両名により検挙されました。当時私は弟の出征見送りのため九州八幡より上京の途中でありましたので、短時間なりとも帰宅させてもらいたいと両名に、再度懇望したのでありましたが、容れられず、直ちに神奈川警察に連行され、所持品全部を調べられた後訊問を受けました。

この訊問に当たって彼等は、私を特高室の床の上に靴穿き、ゲートル巻きのまま座らせました。そして彼等が最初に発した質問は「お前は社会運動をしたことがあるだろう」と言うことでした。私がこれを否認致しましたところ両名は、平手、竹刀を以って私の頭部、顔面、大腿部を乱打しました。

私は何故検挙されたのか充分理解できず、その上急に乱打されましたため愈々前後の事情を呑みこめず面喰いましたが、種々訊問されました結果、昭和十八年六月六日友人達の会に出席して、自己の研究を発表したことから、私がその会の会員であり、その会と自己の職場とを結びつけて社会主義運動をなしていたと認められての検挙ということがわかりました。

従って私は、その会が何等社会主義的なものではないこと及び私が何らの社会主義運動をなして来たものではないことを強調したのですが、そのため更に強打され、これでは体がもたないと思いましたので、彼等の言う通りの答弁はしませんでしたが、その会合に出席したことを申しました。彼等は直ちに私を留置場に入れました。此の時、私の右足の表面（スワリダコの所）に出来た傷は後に化膿し、相当苦しい思いをしました。（現在も傷痕が残って居り、時々化膿します。警察病院にも行きました。）

【二】留置場内の生活と警察官憲の取扱について

（A）留置場内の生活について

唯今申し上げた通り、私は訊問が終わるとすぐ留置場に入れられました。留置場は約六畳位の大きさでしたが既に他の被検挙者が十七、八人居り、何とも言えない臭気でした。私はこの留置場に六カ月間生活したのでありますが、その間に最も苦しかったことは次のものであります。

（イ）不潔さ

（ロ）食事の不十分

（イ）何しろ広さ六畳位の処に十七、八人も入れられていますので、その不自由さは想像されると思います。特に夜分に寝る余地がない位なのです。従って人と人の間に割り込むようにして寝るのですから一度割り込んだら寝返りもできぬ位でした。私は最初の晩から数日は、冷たい壁と人との間に押し込まれて苦しい思いをしました。

それにフトンと申せばやや良いのは二枚位であり、後の三枚はフトンとは名ばかりの破れ放題で、中からきたない綿の出ている底のものでした。それを丁寧にかき集めて下に敷いて用いましたが、とても使いものになりませず、まるで板の間に寝て居るようで体が痛くてたまりませんでした。

その上、シラミは我がもの顔に闊歩して居り、これには最後まで悩まされました。せめて入浴でもさせてもらいたいと思いましたが、六カ月間一度もさせてもらえませんでした。この様な不潔のためと思いますが、二月中旬より腹部にデキモノが生じ、それが化膿して遂に病院通いをするようになり、切開して幸いに三週間位で直りました。

（ロ）食事に就いても最も苦しかったことを申し上げます。私は従来胸部疾患の前疾を有していましたため、食事には特に注意して来ました。又、家族の者も私が検挙された時すぐに弁当の差入を願い出たそうですが（確か担任者は唐沢警部補か佐藤部長だったと思います）それを許可されず、その為私は約二カ月は粗食の最たる監弁を食べざるを得ませんでした。

特に辛かったのはその夕食でありました。即ち甘藷四片を四時――四時半の間に食するのですから就寝時（八時或いは九時）までに空腹を感じてしまい、これが連続したため体は衰弱してしまい、目クボが凹っこむのがはっきりわかりました。訊問が終わりに近づいた一月下旬、初めて弁当の差入が許され、朝昼晩差入弁当が食べられるようになり大部助かりました。

以上、私の留置場生活で体験したことから、私は、日本の留置場に対しもっと人間の住む処にしてもらいたいと思う念の切なるものを持って居ます。即ち広さに適した人数を入れること、フトンも良くないにしても使用し得られるものを備えてもらいたいと思います。そうすればシラミもノミも、もっと少なくなるでしょう。

又食事についても、佐藤部長は「お前が真実のことを言うまでは弁当の差入を許さない」と言ったことから判りますが、空腹にさせておいて歪曲された陳述を行わせる等の野蛮行為は、絶対に排斥すべきことと思料致します。

（B）警察官憲の取扱について

昭和十八年十一月二十七日留置場になげ込まれてからは、何の調べもなく遂に十八年も暮れました。一月四、五日頃でしたか、柄沢警部補と佐藤巡査部長が私を留置場から引出し、二階の調室で愈々訊問を開始しました。彼が最初に発した質問は矢張り「テメエは共産主義者だろう」という頭から高飛車な態度を伴うものでした。そして私がこれを否定した処、矢庭に私の頭髪をつかんで引き寄せ平手打ちを加えました。これが最初の訊問に当たっての挨拶です。

これに引続き種々の質問を致しましたが、それに対して私は知っていること、行ったことは何一つかくさず正々堂々と述べたにも拘わらず、彼等の予定した答弁でない時は、それを私が隠しているか、又は偽りを陳べるものとして、割れ竹や平手で、頭部、顔面、大腿部を強打しました。これはまさに強打でありまして、一打々々ウナリを伴って打ち下ろされるものでした。

而もこれが、一月上旬から殆ど毎日、或いは一、二日置きに行われました。訊問の内容は私の抱く思想が共産主義的なものであり、私のなしてきた研究とか交友関係がすべて共産主義的意識の昂揚にあることを認めるべく強制させる底のものでした。そしてそれを否認すれば今申した様なテロ行為を加えるのでした。

当時の私は、留置場の全人から同情をもって見られる如く頭に傷のない時はなく、顔面に赤い打撃跡のない時はありませんでした。更に最も苦痛を感じましたのは、大腿部が熱を持って腫れ、赤色の傷跡が生ずることでありました。これは最も嫌なテロでありまして、坐臥、起居する毎に痛みを感じました。

併し乍ら今思いだしても憤怒の情を禁じ得ませんものは、次の二つであります。即ちその一は、訊問も終わりに近づいた一月下旬でしたが、差入のドテラを着ていた私を署の三階にあります講堂に引き出して床の上に正座させ、私の友人を矢張り共産主義者なりと言わす為にテロ行為を加え、私がそれを否認し自分の考えを陳べました処、柄沢警部補は椅子に座ったまま泥靴を私の顔面になすりつけ、更にその泥靴をもって私の肩を蹴とばしました。傍の佐藤部長は平手拳をもって頭部、顔面を滅多打ちにしました。私はこの様な泥靴をもって、頭、顔面をなすられたこと等の侮辱に関しては一生忘れることは出来ません。

その二は、矢張り一月下旬でしたが、私の出席した会のメンバーとその会の指導者名をあげさせ、更にそれと日本共産党との結びつきを強制的に陳述させようとしましたが、私は会の事情をよく知らず、更に指導者と党との関係などについては全く知らなかった為答弁出来ませんでした。彼、柄沢はそれを私が頑強にかくしていると誤解し、矢庭に立ち上がって私をうつ伏せにし、首筋を左足を以ってふみつけました。この時、調室の戸を誰かが誤ってあけた様でしたが、戸が開くや否や柄沢は急に踏みつけていた足を引いて素知らぬ風、何気ない風をしていました。これから判断しますれば、かようなテロ行為は決して合法的なものではないと思いました。

以上で柄沢警部補と佐藤部長に依って行われた訊問の状態を終わりますが、一つ付け加えたいことは、この様なテロを伴う訊問に当たって、彼等は常に、「今日此の問題を正直に言わねば殺してしまう」とか「明日の調べまでにこの問題をよく考え思い出しておけ、それを言わぬ時は、テメエがこの世から居なくなる時だ」とか申して威嚇した事実でした。これから考えれば柄沢も佐藤も、単に私に対するおどかしのみでなく殺意を以てテロをしていたことは明らかと言わざるを得ないと思います。

これら両名に依る訊問は一月下旬に終わりましたが、一月二十一、二日頃弁当の差入が許されたのであって、これに十一月二十七日より約二カ月粗食の総本山たる監弁を食しながら、このようなテロを伴う訊問に約一カ月間直面した私は、肉体的にも精神的にも全く衰弱してしまったことは申すまでもありません。

私にとっては六カ月に亘る留置場生活中この期間は最も辛く、恐らく忘れる事の出来ない体験であります。

一月下旬に訊問が終わり、二月四、五日頃から手記を書くことになりましたが、之は主として佐藤部長が当りました。そして共産主義理論や現実の分析、見透し等を書かせましたが、私の認識していないことについては私がそれをかくして居るか又は故意にそれを書かぬと思い、「若しこれを書かぬならばもっと留置場に入れて置くぞ」と嚇かしました。そして、私が実際にそれを書き得ぬ事を認めた時には、彼は他人の手記を読み聞かせて、その大意を把握させ改めて筆記させて私の手記としました。私は馬鹿らしいと思いながら嫌な留置場を忍びつつ手記を続けたのでした。

そして二月も終わり三月になって、柄沢警部補の代わりに高沢警部補が私の担任となりましたが、これもすぐ代わって四月に鈴木警部補となり同時に佐藤部長の代わりに栗林巡査部長となりました。

このように手記を書き始めてから調書の出来るまでの三カ月間の中、最初の十日位と最後の十日位が手記と調査の作成にあてられ、その間は殆どホッておかれました。当時私としましては一日も早く調書を作ってもらい、検事局に送られ検事の前で此の歪曲された調書を正しく判断してもらおうと思っていましたが、それも実現されず、つまらない時間を留置場で過ごさされました。

XII 裁かれた特高警察官たち

三三名の告訴状

【解題】 敗戦の翌々年、一九四七（昭和22）年4月、事件被害者三三名は、神奈川県特高警察官二七名を共同告訴した。告訴状では、一人ひとりが自分に拷問を加えた特高警官の名前を挙げるとともに、口述書に記した特高による拷問の態様を、簡潔に述べた。

告訴人のトップは細川嘉六である。細川に暴力を加えたのは警視庁の特高なので、被告訴人には東京の警官の名前が書かれている。

弁護人には、海野普吉弁護士をはじめ、労働争議や小作争議の弁護で知られ、戦後は衆院議員となった三輪寿壮、東京裁判で日本側被告の弁護団長を務めた清瀬一郎の実弟で、国民体育大会の生みの親となった清瀬三郎、豊田求など高名な弁護士が名を連ねた。

各人の告訴状の最後に出てくる刑法の条項は、次の通りである。

▼一九五条（特別公務員暴行凌虐）裁判、検察若しくは警察の職務を行う者又はこれらの職務を補助する者が、その職務を行うに当たり、被告人、被疑者其の他の者に対して暴行又は凌辱若しくは加虐の行為をしたときは、七年以下の懲役又は禁固に処する。（2は略）

▼一九六条（特別公務員職権乱用等致死傷）前二条の罪を犯し、よって人を死傷させた者は、傷害の罪と比較して、重い刑により処断する。

▼二〇四条　人の身体を傷害した者は、十年以下の懲役又は三十万円以下の罰金若しくは科料に処する。

告訴の目的は、第一には常軌を逸した違法の取調べを行ない、被疑者を生死の境にまで追いつめた特高警官たちを、法によって裁き、法に従って処罰することである。しかし、それだけではない。

敗戦の翌年11月には新しい日本国憲法が公布され、翌年の一九四七年5月から施行された。その新憲法の下、この拷問特高裁判は、日本が天皇制の軍国主義に決別し、国民主権の民主国家をめざして出発した、まさにそのときに提起されたのである。そのことの意味を、告訴状は「告訴の趣旨」の末尾でこう述べている。

「要するに告訴人が本事件に関し告訴するに到りました所以《ゆえん》のものは、告訴人自らの応報感情の満足の為では決してないのであります。之《これ》を黙認することは日本民主化の怠慢であるばかりでなく妨害と思料するからであります。即ち此の犯罪事実に対し厳正なる法的評価を加え、此の種犯罪に対して断乎《だんこ》たる処分を以って臨み、個人の自由、個人の基本権の尊重を事実の上に具現し以て新憲法が特に宣言するところの何人《なんぴと》の自由、個人の基本権は之を侵犯してはならないと云う憲章を真に実証的に公示する事が今の日本に絶対に必要であると信ずるからであります。謂《い》うところの文化国家の形成も其れなくしては断じて不可能なることを確信します。」

本裁判のそうした意味を、弁護団の一人、豊田求弁護士は「事実を通じての人権宣言」と称したという（松本重治主筆『東京民報』四七年6月30日付）。

＊

告訴状

東京都世田谷区世田谷五ノ二八三二番地
告訴人　細川　嘉六

茨城県稲敷郡朝日村
告訴人　川田　壽

茨城県稲敷郡朝日村
告訴人　川田　定子

東京都千代田区丸ノ内　丸ビル五階中央公論社内
告訴人　益田　直彦

東京都中野区上高田一ノ七六　芙蓉荘
告訴人　西沢　富夫

横浜市南区大岡町二二二五番地
告訴人　平館　利雄

東京都大田区雪ヶ谷七一三番地
告訴人　加藤　政治

東京都世田谷区大原町一一九〇番地
告訴人　木村　亨

東京都世田谷区世田谷五ノ三七五六番地
告訴人　相川　博

東京都渋谷区代官山アパート一八号
告訴人　小野　康人

福島市本町三一番地
告訴人　高木健次郎

東京都渋谷区代官山アパート三四号館
告訴人　小川　修

東京都杉並区和田本町八七五　杉並療養所内
告訴人　勝部　元

東京都江戸川区小岩町一ノ三六二番地
告訴人　由田　浩

東京都杉並区天沼一ノ六〇　関義雄方
告訴人　山口　謙三

東京都北区滝野川町七二四　北村方
告訴人　渡辺　公平

東京都世田谷区代田二ノ九五五　東亜荘
告訴人　青山　鉞治

東京都杉並区下高井戸四ノ九三三
告訴人　畑中　繁雄

東京都港区広尾町二　伊豆方
告訴人　小森田一記
東京都北区中里町四六四
告訴人　青木　滋
東京都文京区駒込千駄木町五〇
告訴人　水島　治男
東京都大田区大森八ノ三八五　三立療内
告訴人　小林英三郎
東京都世田谷区松原町二ノ七〇八
告訴人　大森　直道
東京都世田谷区玉川奥沢町三ノ一三〇
告訴人　安藤　次郎
東京都杉並区堀ノ内一ノ二六六
告訴人　若槻　繁
東京都中野区上高田一ノ七六　芙蓉荘西沢方
告訴人　内田　丈夫
大阪府泉北群南池田村万町
告訴人　手島　正毅
東京都北区稲付町三ノ七九
告訴人　仲　孝平
東京都北多摩郡三鷹町牟礼一一三
告訴人　松本　正雄
東京都杉並区松ノ木町一二四八　戸田方
告訴人　藤川　覚

埼玉県浦和市領家一三二九
告訴人　彦坂　武男
東京都板橋区下石神井二丁目一二〇九
告訴人　美作　太郎
東京都品川区上大崎四ノ二三一
告訴人　広瀬　健一
東京都千代田区麹町一〇四　竹工堂ビル
右代理人　弁護士　海野　普吉
東京都中央区日本橋堀留二ノ一東洋レーヨン三階
右代理人　弁護士　三輪　壽壮
東京都千代田区丸ノ内三ノ六　仲四号館四号
右代理人　弁護士　清瀬　三郎
東京都中央区日本橋堀留二ノ一東洋レーヨン三階
右代理人　弁護士　豊田　求

＊

被告訴人　元神奈川県警視　前田　弘
被告訴人　元神奈川県警部　松下英太郎
被告訴人　同　柄沢　六治
被告訴人　同　平畑　又次
被告訴人　同　石渡　六郎
被告訴人　同　武島　文雄

被告訴人　同　鈴木某
被告訴人　同　松崎　喜助
被告訴人　元神奈川県警部補　白旗某
被告訴人　同　松山某
被告訴人　同　矢川源三郎
被告訴人　同　森川　利一
被告訴人　同　平賀　卓
被告訴人　同　室賀某
被告訴人　同　竹島某
被告訴人　同　渡邊筑之助
被告訴人　同　吉留　壮輔
被告訴人　同　原田某
被告訴人　同　小林　重平
被告訴人　同　佐藤　兵衛
被告訴人　同　赤池　文雄
被告訴人　元神奈川県巡査部長　村沢　昇
被告訴人　同　杉田　甲一
被告訴人　同　横山　春美
被告訴人　同　石橋某
被告訴人　同　川島　孝義
被告訴人　同　斉藤　武雄
被告訴人　元神奈川県巡査　中村　章

右告訴人が告訴する被告訴人は次の通りです

一、告訴人　細川　嘉六
被告訴人　元警視庁警部補　芦田辰治郎
同　元警視庁巡査　上田某

二、告訴人　川田　寿
被告訴人　元神奈川県警部　松下英太郎
同　同　柄沢　六治
同　元同　巡査部長　川島　孝義

三、告訴人　川田　定子
被告訴人　元神奈川県警部　松下英太郎
同　同　柄沢　六治

四、告訴人　益田　直彦
被告訴人　元神奈川県警部　松下英太郎
同　元同　警部補　森川　利一
同　同　警部　柄沢　六治
同　同　警部補　赤池　文雄
同　元同　巡査部長　村沢　昇
同　元同　巡査　中村　章

五、告訴人　西沢　富夫
被告訴人　元神奈川県警部　柄沢　六治
同　神奈川県警部　松崎　喜助
同　元同　警部補　森川　利一
同　元同　巡査部長　村沢　昇
同　同　杉田　甲一

六、告訴人　平館　利雄
　被告訴人　元神奈川県警部　松下英太郎
　同　元同警部補　森川　利一
　同　元同　巡査部長　村沢　昇
七、告訴人　加藤　政治
　被告訴人　元神奈川県警部　松下英太郎
　同　神奈川県警部　松崎　喜助
　同　元同　警部補　森川　利一
　同　同　小林　重平
　同　同　佐藤　兵衛
八、告訴人　木村　亨
　被告訴人　元神奈川県警部　柄沢　六治
　同　元同　警部補　森川　利一
　同　同　佐藤　兵衛
　同　同　赤池　文雄
九、告訴人　相川　博
　被告訴人　元神奈川県警視　前田　弘
　同　元同　警部　平畑　又次
　同　同　松下英太郎
　同　元同　警部補　森川　利一
　同　同　巡査部長　杉田　甲一
　同　同　斉藤　武雄
一〇、告訴人　小野　康人
　被告訴人　元神奈川県警部　松下英太郎
　同　元同　警部補　平賀　卓
　同　同　森川　利一
　同　元同　巡査部長　杉田　甲一
一一、告訴人　高木健次郎
　被告訴人　元神奈川県警部　石渡　六郎
　同　元同　警部補　佐藤　兵衛
　同　元同　巡査部長　横山　春美
一二、告訴人　小川　修
　被告訴人　元神奈川県警視　前田　弘
　同　神奈川県警部　松崎　喜助
　同　元同　警部　松下英太郎
一三、告訴人　勝部　元
　被告訴人　元神奈川県警部　柄沢　六治
　同　同　石渡　六郎
　同　元同　警部補　佐藤　兵衛
一四、告訴人　由田　浩
　被告訴人　元神奈川県警部　松下英太郎
　同　元同　警部補　室賀某
一五、告訴人　山口　謙三
　被告訴人　元神奈川県警部　松下英太郎
　同　元同　警部補　森川　利一
　同　同　平賀　卓
一六、告訴人　渡辺　公平
　被告訴人　元神奈川県警部　石渡　六郎

同　同　柄沢　六治
同　元同　警部補　佐藤　兵衛
同　元同　巡査　中村　章

一七、告訴人　青山　鉞治
被告訴人　元神奈川県警部　柄沢　六治
同　元同　巡査部長　石橋某
同　元同　巡査　中村　章

一八、告訴人　畑中　繁雄
被告訴人　元同　警部補　森川　利一
同　同　赤池　文雄
同　同　小林　重平

一九、告訴人　小森田一記
被告訴人　元神奈川県警部　松下英太郎
同　元同　警部補　竹島某
同　同　小林　重平

二〇、告訴人　青木　滋
被告訴人　元神奈川警部補　竹島某
同　同　赤池　文雄

二一、告訴人　水島　治男
被告訴人　元神奈川県警部　柄沢　六治

二二、告訴人　小林英三郎
被告訴人　元神奈川県警部　松下英太郎
同　同　柄沢　六治
同　元同　巡査部長　石橋某
同　元同　巡査　中村　章

二三、告訴人　大森　直道
被告訴人　元神奈川県警部　柄沢　六治
同　元同　巡査部長　石橋某

二四、告訴人　安藤　次郎
被告訴人　元神奈川県警部　松下英太郎
同　元神奈川県警部　武島　文雄
同　同　柄沢　六治
同　同　警部補　白旗某
同　同　同　森川　利一
同　同　同　赤池　文雄
同　同　同　小林　重平

二五、告訴人　若槻　繁
被告訴人　元神奈川県警部　柄沢　六治
同　元同　巡査部長　石橋某

二六、告訴人　内田　丈夫
被告訴人　元神奈川県警部　柄沢　六治
同　元同　警部補　赤池　文雄
同　元同　巡査部長　杉田　甲一

二七、告訴人　手島　正毅
被告訴人　元神奈川県警部　柄沢　六治
同　同　鈴木某
同　元同　警部補　竹島某
同　同　松山某

同　　　　　同　　　　　　　　赤池　文雄
同　　　　　元同　巡査部長　　杉田　甲一
二八、告訴人　仲　孝平
被告訴人　元神奈川県警部　　柄沢　六治
同　　　　　同　　　　　　　　鈴木某
二九、告訴人　松本　正雄
被告訴人　元神奈川県警部補　矢川源三郎
同　　　　　同　　　　　　　　竹島某
同　　　　　同　　　　　　　　小林　重平
三〇、告訴人　藤川　覚
被告訴人　元神奈川県警部補　竹島某
同　　　　　同　　　　　　　　渡辺筑之助
同　　　　　同　　　　　　　　小林　重平
三一、告訴人　彦坂　武男
被告訴人　元神奈川県警部補　竹島某
同　　　　　同　　　　　　　　鈴木某
三二、告訴人　美作　太郎
被告訴人　元神奈川県警部補　竹島某
同　　　　　同　　　　　　　　鈴木某
同　　　　　同　　　　　　　　吉留　壮輔
同　　　　　同　　　　　　　　小林　重平
三三、告訴人　広瀬　健一
被告訴人　元神奈川県警部　　松下英太郎
同　　　　　元同　警部補　　　森川　利一
同　　　　　同　　　　　　　　平賀　卓
同　　　　　同　　　　　　　　原田某
同　　　　　元警視庁警部補　　芦田辰治郎
同　　　　　元同　巡査　　　　上田某

告訴の趣旨

一、告訴人が検挙されるに至った概要は次の様な次第であります。

(一)　昭和一七年七月及八月発売の雑誌改造に細川嘉六執筆に係る「世界史の動向と日本」なる論文が掲載されたのでありますが当時政府当局は之を反戦思想を鼓吹するものであるとの理由を以って右雑誌を発禁処分に附すると共に同年九月一四日警視庁は右細川を治安維持法違反被疑者として検挙するに至ったのであります。

(二)　右細川嘉六を検挙する三日前即ち昭和一七年九月一一日に、世界経済調査会の資料主任であった告訴人川田壽を、彼が嘗て米国に於いて労働運動に携わった経歴あるに鑑み帰朝後日本国内に於いて共産主義運動をしたものと疑い同人妻告訴人川田定子と共に治安維持法違反被疑者として神奈川県警察部は検挙したのであります。

右川田壽の取調に従い同調査会の職員であった告訴人益田直彦に対しても同様の嫌疑をかけ、職務上関連ある満鉄東京支社職員、西沢富夫及平館利雄を神奈川県検察当局は昭和一八年五月一一日治安維持法違反被疑者として検挙するに及んだのであります。

(三) 然るに右平館利雄の取調中適々同人より押収した写真の内に富山県泊町に於いて細川嘉六を中心に会食した当時撮影した写真がありました。検察当局は之を以って共産党再建計画に関する会合であると臆断し神奈川県検察当局は昭和一八年五月二六日同会合に参加したところの告訴人加藤政治、木村亨、小野康人、相川博を治安維持法違反被疑者として夫々検挙するに至ったのであります。

(四) 更に細川嘉六が嘗て昭和研究会関係の昭和塾の講師であった関係上、同塾生中細川に交通して居た進歩的知識人に対しても共産党再建運動の被疑を以って神奈川県検察当局は昭和一八年九月九日、告訴人高木健次郎、小川修、勝部元、由田浩を、翌一〇日に山口謙三、同年一一月二七日には渡辺公平を治安維持法違反被疑者として検挙しました。

(五) 昭和一八年五月二六日検挙せられた木村亨、訴外浅石晴世、和田喜太郎等の取調に伴い更に共産党再建運動を援助する目的を以って各々の所属する部署、地位を利用し社内外の主として知識階級を対象として之が左翼啓蒙を雑誌及単行本を以って行ったと言う理由の下に神奈川県検察当局は昭和一九年一月二九日、中央公論、改造、日本評論、大陸等の雑誌社幹部、告訴人青山鉞治、畑中繁雄、小森田一記、青木滋、水島治男、小林英三郎を、同年三月一日、告訴人若槻繁を、同年三月一二日、告訴人内田丈夫を、同年三月二五日、告訴人大森直道を、同年三月二七日、告訴人安藤次郎を、同年四月一五日、手島正毅を、同年一〇月四日、告訴人仲孝平を、同年一一月二七日、告訴人松本正雄、藤川覚、彦坂武男、美作太郎を各治安維持法違反被疑者として検挙したのであります。

(六) 又愛国労働農民同志会の中には昭和一四年以来右翼的カモフラージュの下に階級闘争を継続し来ったものがありましたが、新体制運動に呼応し愛国労働農民同志会は解散するに至ったので之に反対して結束し、同志獲得に努力しました。然るに神奈川県検察当局は昭和一八年、田中を、次いで其の一〇月二一日、告訴人広瀬健一を治安維持法違反被疑者として検挙するに至ったのであります。

二、右の如く検挙せられた各告訴人は、其の告訴事実に於いて示す通り当時神奈川県警察官及巡査であった被告訴人等より治安維持法違反容疑者として夫れ夫れ取調を受けたのでありますが、被告訴人等は其の取調開始前又は取調中に於いて大体一様に、

(一) 神奈川県特高警察の取調方法は全国に於いて其の

比を見ない苛酷峻厳なることを自ら誇示揚言すると共に、

(二) 戦時下共産主義運動をなした告訴人等は殺しても飽き足らない旨の言語を表明して告訴人等を死の恐怖に陥らしめたのであります。

(三) 而して告訴人が共産党再建運動に関する質問に対し否定的態度を取る場合其の取調官憲は飽く迄も之を承認又は同調せしめようとして所謂拷問を容赦なく加えたのであります。

其の拷問の方法は、(イ) 拳骨又は平手を以って連続的に頭部、顔面等を殴打し、(ロ) 更に竹刀、竹刀の先をばらばらに解いたもの、木刀、棍棒、椅子等を以って全身所構わず殴打すること、(ハ) 或は靴のまま頭部、手足を蹴り又は踏むこと、(ニ) 特に女性に対しては其の羞恥の限りを尽したること等、其の暴行凌虐の行為は全く言語に絶するものでありました。かかる拷問の方法は各告訴人に対し量的、質的の差異はありますが殆ど一様に行われたのであります。

(一) 此の拷問の結果告訴人中失神状態に陥った者は次の通りであります。

川田壽、川田定子、西沢富夫、平館利雄、加藤政治、木村亨、小野康人、相川博、由田浩、山口謙三、大森直道、手島正毅、広瀬健一

(二) 更に右拷問の結果障害を受くるに至ったものは次の通りであります。

細川嘉六、川田壽、川田定子、西沢富夫、平館利雄、加藤政治、木村亨、小野康人、益田直彦、相川博、青山鉞治、畑中繁雄、小森田一記、青木滋、水島治男、若槻繁、大森直道、安藤次郎、手島正毅、仲孝平、松本正雄、藤川覚、彦坂武男、美作太郎、高木健次郎、小川修、勝部元、由田浩、山口謙三、渡辺公平、広瀬健一、内田丈夫

(三) 単なる暴行の程度に止った者は小林英三郎一名に過ぎないと云う状態でありました。

三、右の如く被告訴人は司法警察官及び警察吏として容疑者であった告訴人に対して限りなき暴行又は凌虐の行為をなし、因って以って告訴人中前記三二名に対し障害を与えたのであります。特に甚しきに至っては正に死の一歩手前に至らしめたものも少くありません。告訴人が神奈川県警察の取調に於いて自己の意思に全く相反する調書に捺印し又は全く憶えのない事実を記載した手記が出来上がったのも、既に加えられた諸々の拷問の苦痛に堪え兼ね更には当時の取調警察官が右拷問を加うるに当りその言動の裏に単なる脅しではない真に殺意の存するのを感じ死の戦慄を覚えたからであります。

この殺意の有無に付いては、昭和二〇年四月中旬、治安維持法違反被疑者として検挙せられ横浜市保土ヶ谷警察署に留置せられた寺峰弘行なる者が同月一六、七日頃から同月二三日迄約一週間、同署巡査宿直室に於いて毎

日取調を受け其の際苛酷な拷問の為か阿鼻叫喚、打擲の音、足踏の音、呻き声は留置場内に聞えて来たのでありますが、其の二三日夕刻、右寺峰は当時留置場に居た告訴人美作太郎の隣房に於いて突如呻き声を発し死亡した事実に鑑み、当時の治安維持法違反被疑者に対する拷問に際しては一様に傷害を加え死に至らしむるも辞さないという所謂未必の故意はあったものと考えざるを得ないのでありまして、此の点は深刻に究明せられんことを要請する次第であります。

右の如く被告訴人が故意に告訴人に対し加えた此の忌むべき刑法上違法なる諸々の拷問の事実を考察すれば前項（三）の小林英三郎にたいする関係に於いては刑法第一九五条の罪を、其の他三二名に対する関係に於いては刑法第二〇四条並びに同第一九六条の罪を犯したものと思料せられるのでありますが、若し前述の如く殺人の故意を以って行われたものありとすれば夫々当該法条の適用を免れないことはもちろんであります。

更に此等の拷問に付当時の横浜地方裁判所検事局係検事が之を知らなかった筈はないのでありまして、之を容認したことに関しては責任を免れ得ないと考えますが、更に積極的に行わしめたかの疑いすらあるのでありまして、司法警察官に対し指揮権を有する検察官の態度としては真に遺憾とするところであります。此の事実を有耶無耶に葬ることなく徹底的に事件の真相を究明せられんことを要望する次第であります。

要するに告訴人が本事件に関し告訴するに到りました所以のものは、告訴人自らの応報感情の満足の為では決してないのであります。之を黙認することは日本民主化の怠慢であるばかりでなく妨害と思料するからであります。即ち此の犯罪事実に対し厳正なる法的評価を加え、此の種犯罪に対して断乎たる処分を以って臨み、個人の自由、個人の基本権の尊重を事実の上に具現し以て新憲法が特に宣言するところの何人の自由、個人の基本権は之を侵犯してはならないと云う憲章を真に実証的に公示する事が今の日本に絶対に必要であると信ずるからであります。謂うところの文化国家の形成も其れなくしては断じて不可能なることを確信します。

依て茲に本告訴を為すに至った次第であります。

告訴事実

一、告訴人細川嘉六による告訴事実

（一）告訴人は昭和一七年九月一四日検挙せられ、被告訴人たる元警視庁警部補芦田辰治郎並元巡査上田某の取調を受けました。

（二）被告訴人は告訴人を昭和一七年九月一六日及一七日頃世田谷署に於いて取調に当り、平手及び書物を以って頭部並に顔面を殴打し同時に土足を以って腰部を蹴り約一ヵ月間歩行困難を与えました外、一〇ヶ月に亘る取調中或場合に於いては食物並びに必要な物品の差入を中止し老齢病弱な告訴人の生命を危険に陥れました。

(三) 被告訴人芦田、上田等の行為は刑法第二〇四条並びに第一九六条の犯罪を構成するものと思料します。

二、告訴人川田壽による告訴事実

(一) 告訴人は昭和一七年九月一一日検挙せられたが、被告訴人たる元神奈川県警部松下英太郎、同柄沢六治、元同巡査部長川島孝義の取調を受けました。

(二) 被告訴人松下、柄沢、川島は昭和一七年九月一一日以後約一ヶ年に亘る取調中、部下巡査と共に常に「殺す」と脅迫し棍棒、竹刀片、麻縄、竹刀、剣帯革、靴、手錠、火箸等を以って土下座したる告訴人の膝、腿を出血に至るまで乱打し、之が為失神したことは数回に及びました。殊に暴行の甚だしきときは両手を後手に、足を麻縄で縛り、二名にて告訴人の体を弓型に吊り上げ、背部を他の一名が靴ばきの侭蹴り、更に乗り上り時余に亘って拷問を加えて数回失神せしめました。又両手を縛り数十度柔道にて投飛ばす等の暴行を加え、依て以って出血、血腫脹、失神等の障害を与えるに至ったのであります。

(三) 被告訴人松下、柄沢、川島等の右行為は刑法第二〇四条、第一九六条の犯罪を構成するものと思料します。

三、告訴人川田定子による告訴事実

(一) 告訴人は昭和一七年九月一一日検挙せられたが、被告訴人たる元神奈川県警部松下英太郎、同柄沢六治の取調を受けました。

(二) 被告訴人松下は昭和一七年九月一一日、告訴人を検挙後約二ヵ月間加賀町警察署に於いて取調に当り夜間長時間に亘り腰部を裸にして床上に座らせ、両手を綱で後手に縛り、声が戸外に洩れぬ様に窓と入口に鍵をかけて閉ざし、更に猿ぐつわをはめた上、靴のかかとで腿や膝、頭を蹴るの暴行を加えた為に内出血甚だしく、且血腫脹を生じ靴のみみずばれが全身に生じ、更に火箸と洋傘の突端で突いた結果歩行が困難となりました。又時には陰部を露出せしめて棍棒で突く等の凌虐の行為を為しました。

(三) 被告訴人柄沢は昭和一八年一月より同署に於いて告訴人を取調べるに当り、両手を綱で縛って吊り上げ竹刀で全身を乱打し二回に亘り失神せしめました。告訴人はこれ等の拷問に因る極度の衰弱の結果三階の調室への昇降は不可能となり、巡査に担がれて昇降するの状態に立至り、他の警察官は心配の余り警友病院の医師五、六名を留置場に呼び診断の結果取調に堪え難き状況なることを認むるに及んで拷問を中止しました。特に一一月八日の拷問に因る気絶の際は、医師一名、看護婦一名によりカンフル注射を為し漸く蘇生するに至ったのであります。

（四）被告訴人松下、柄沢の右行為は刑法第二〇四条、第一九六条の犯罪を構成するものと思料します。

四、告訴人益田直彦による告訴事実

（一）告訴人は昭和一八年五月一一日午前七時半頃検挙されましたが、被告訴人たる元神奈川県警部補森川、元同警部柄沢六治、元同警部松下英太郎、元同巡査部長村沢昇、元同警部補赤池文雄、元同巡査中村章の取調を受けました。

（二）被告訴人松下、森川、柄沢、村沢、赤池、中村は同年五月一一日より約一週間、連日神奈川警察署二階取調室（当直室）に於いて告訴人を取調べるに当り、泊会合の目的、内容を訊し之に付知らざる旨を答えると、森川は取調室正面に掛けて居ましたが告訴人の頭髪を左手に掴み頭を自分の股間に引入れ拳、平手、竹刀片を以て頭、頰、肩を無茶苦茶に殴打し、赤池、中村は左右後方から竹刀、竹刀片等を以って左右の大腿部を殴打し之が為両大腿部は腫れ上ったのであります。被告訴人松下は「諸君こ奴テロが足りぬぞ、うんとテロを加えるんだ！」と怒鳴り、此の時告訴人の背後に控えていた赤池は麻紐様のもので告訴人を後手に捕錠し、松下は石塊の如き拳で顔面を無茶打ちにしました。

柄沢は「小林多喜二を知っているか」を連発し拳を以って頰を滅多打、森川は「日本共産党を如何に組織したか？」と愚問しましたので「知らぬ」と答えると「強情な奴、諸君仕方がない、今夜電気がついたらすまき（留置場看守に尋ねたが最後まで要領を得なかった）にしよう」と猛り、前記の者は夫々棍棒、竹刀片等を携え告訴人を文字通り袋叩きにしました。此の日告訴人は死の覚悟をしました。此の拷問により告訴人の両腕、両股の傷口は完全に化膿するに至りました。二階取調室往復は壁其の他に寄りかかって歩き留置場内では四つん這いになるという状態でした。

（三）八月某日、森川外巡査一名は三階講堂に於いて取調べ「ソ連新聞情報」―告訴人の勤務先である世界経済調査会は日本銀行調査部より依頼された、ソ連新聞より種々資料を抜粋して作成し之を秘密書類として極一部に配ったもの―を個人的に如何なる人物に配ったかと質問されたので「知らぬ」と答えると矢庭に平手打を加え、森川は板敷きに土下座させ靴ばきの侭顎を下から蹴上げたのであります。

（四）同年一〇月頃から主として赤池が取調に当たりました。然し本事件関係者の取調の進捗により告訴人にとっても周囲の状況は悪化（他の警察に呻吟する人達は拷問に負け思ったこともない、話したこともない虚構の事実を認め之を手記捺印した）したので之以上は徒らに解決を遷延するに過ぎないと考え万事赤池に一任し、其処で彼の思い通りの手記の代筆をするというようなことになったのです。

（五）然るに昭和一九年二月一一日、加賀町警察署に移され此の日より森川が取調に当ったのでありますが、又森川は竹刀を左手にし、コンクリートに土下座した告訴人の頭髪を右手に摑み「今迄のようないい加減な態度は許さぬぞ」と威嚇し、三月上旬までの間森川は主として西沢富夫の調書と歩調を合せて（西沢の調書が机上にあった）調書を作成しました。此の調書は森川自身の思い通りの内容であって森川の云うものを告訴人が速記し佐藤巡査部長が之を浄書したに過ぎないのであります。

（六）被告訴人森川、柄沢、松下、村沢、赤池、中村等の右行為は刑法第二〇四条、第一九六条の犯罪を構成するものと思料します。

五、告訴人西沢富夫による告訴事実

（一）告訴人は昭和一八年五月一一日検挙せられ二〇年九月四日保釈出所しましたが、被告訴人たる元神奈川県警部柄沢六治、元同巡査部長杉田甲一、同村沢昇及現警部松崎喜助、元同警部補森川利一の取調を受けました。

（二）被告訴人柄沢、杉田外巡査一名は昭和一八年五月二一日午前九時頃より保土ヶ谷警察署宿直室に於いて告訴人を取調べるに際し、硝子窓に先ずカーテンを下して直に杉田外巡査一名は両側から竹刀をくずした竹の棒（以下竹刀片と称す）を以って正座中の告訴人の股と臀部とを所構わず万身に力を込めて殴り付け、柄沢は柔道着の帯で顔部、胸部を乱打し、或は足で踏んだり蹴ったり約四時間に亘り暴行を加え、股は血腫脹を生じ、口からは血が滴り、眼はくらんで歩行が困難となり、廊下の壁につかまり漸く留置場の前迄帰って遂に失神しました。頭から水をかけられて意識回復し留置場に抱え込まれて更に失神しました。暫くして「取調べを始めるぞー、立て！」と怒鳴る声を夢現に聞きましたので再び立ち上がろうとしましたが亦失神、抱きかかえられて再び宿直室に連込まれ、半失神状態の体に対して竹刀片の乱打を浴びせられ亦々失神状態に陥りました。

意識が回復すると宿直室に寝かされて居りました。保土ヶ谷野方病院長野方二郎と近野看護婦が診察に来て居ったが再び失神しました。そして意識が回復してみると野方病院の病室に寝かされ湯たんぽが三個も入れられ三〇分毎か一時間毎か強心剤、カンフル注射の為瞬間的に意識を取戻すが後は昏睡状態を続け、此の間五、六時間を経過したものの如く、夜一二時頃か危篤電報により妻が来所しましたが、妻に原因を秘し夜半意識が稍回復すると妻を病室から出して取調を開始する等昏睡と取調の反復を続けました。此の為告訴人は三日間程重湯も通らぬ状態であったのであります。六月二九日、留置場に帰るとき医師の診断は「肺が悪く脚気もあるのでそれが原因となり狭心症を起こしたり」とありましたが、之は拷問の結果であります。

(三) 被告訴人松崎喜助及小林は昭和一八年九月初旬、大岡警察署二階講堂に於いて告訴人を取調べるに際し告訴人を板の間に正座せしめた上、頬と股と手とを竹刀片で乱打し血腫脹を生ぜしめたのであります。

(四) 被告訴人森川は同年一一月頃、大岡署に於ける取調に当り、栄養失調になった告訴人に対し食物の差入を禁止するの虐待を加えたのであります。

(五) 被告訴人柄沢、杉田、村沢、松崎等の行為は刑法第二〇四条、並に同第一九六条、森川の行為は刑法第一九五条の犯罪を構成するものと思料します。

六、告訴人平館利雄による告訴事実

(一) 告訴人は昭和一八年五月一一日検挙されたが、被告訴人たる元神奈川県警部松下英太郎、元同警部補森川利一、元同巡査部長村沢昇の取調べを受けました。

(二) 被告訴人松下は昭和一八年五月一八日午後一時頃より山手警察署二階取調室に於いて告訴人の取調に当り村沢外一名巡査部長に命じて両手を後手に縛り竹刀を以って左右より両膝を約三〇分間乱打し告訴人が失神に近き状態で倒れると初めて乱打を一時中止し、意識回復すると更に約三〇分に亘って竹刀を以って乱打し、其の間「お前の如き国賊は殺しても構わぬ」と叫び頭髪を掴んで畳の上にねじり廻し為に両膝、太腿に血腫脹を生じ、失神するに及んで右拷問を中止するに至ったのでありま す。取調後告訴人は歩行困難の為這って留置場に帰り、二、三日は起床不能となりました。

(三) 被告訴人森川は同年五月二一日午前九時頃より磯子警察署二階取調室に於ける告訴人の取調に於いて村沢外一名の巡査部長に命じ両手を後手に縛り上げ竹刀を以って約三〇分間乱打し由って両足其の他に血腫脹を生ぜしめ、告訴人が失神するに及んで右拷問を中止しましたが、之に因り告訴人は約五日間起床すら不能となり用便は僅かに同房の人の助けに依って為すことが出来たのであります。

(四) 被告訴人松下、森川、村沢等の行為は刑法第二〇四条、第一九六条の犯罪を構成するものと思料します。

七、告訴人加藤政治による告訴事実

(一) 告訴人は昭和一八年五月二六日検挙されたが、被告訴人たる元神奈川県警部松下英太郎、元同警部補森川利一、同現警部松崎喜助、元同警部補小林重平、同佐藤兵衛の取調を受けました。

(二) 被告訴人森川は同年六月初旬より一ヶ月に亘る取調に於いて告訴人を殴打し打撲傷を与える事は再三に及んだのであります。

同年七月初旬より被告訴人松崎が取調に当たりましたが、竹木を以って殴打すること数回に及んだのであります。

(三) 被告訴人松下、松崎、小林、佐藤は同年八月二六日、横浜臨港警察署取調室に於いて告訴人を取調べるに当り松下は革靴を以って顔面を蹴り竹木を以って全身を殴打すること三時間余り、之が為肩、股等に血腫脹を生じました。更に同席の被告訴人等は徹底的に身体の自由を奪い暴行を加え以って告訴人を卒倒するに至らしめ、其の結果告訴人は乾性肋膜炎を発病し高熱三九度に及ぶ重態に陥ったが、松崎、佐藤、小林三名に依るテロ的取調は依然続行され、同年九月九日早朝血痰を発見遂に肺結核を病むに至りました。血痰は益々多量となり重態に陥り歩行困難の状態となったが、医師の診断を拒否し、松崎、松下の命として峻烈な取調を続行し、其の結果九月一五日夜一一時留置場に於いて大喀血をなし殆んど絶望の状態となりました。

看守は事態の重大なるに鑑みて村山病院医師をして診断せしめました。然るに依然同署取調室（留置場は一階）に於いて取調を続行し告訴人の宅下品に血痕のあるのを恐れ之が隠蔽に腐心した様でした。九月一六日午後二時頃再び大喀血するに及び始めて翌一七日午後横浜港南病院に入院しましたが、同病院高橋院長の診断は最小限五カ年の静養を要すると言うことでした。

(四) 被告訴人松崎は一一月三日より臨床尋問を続行し一二月一五日早朝、院長は依然絶対安静の必要あるを認め移監不可能の強硬意見であったにも拘らず横浜刑務所赤沢監房に移すに至ったのであります。

(五) 被告訴人松下、松崎、森川、小林、佐藤等の右行為は刑法第二〇四条、第一九六条の犯罪を構成するものと思料します。

八、告訴人木村亨による告訴事実

(一) 告訴人は昭和一八年五月二六日検挙されたのであるが、被告訴人たる元神奈川県警部柄沢六治、元同警部補佐藤兵衛、同警部補森川利一、同警部補赤池文雄の取調を受けました。

(二) 被告訴人柄沢、佐藤は、昭和一八年五月二六日午後五時頃より山手署警部補宿直室に於いて告訴人の取調に当り、部下七名と共に棍棒、竹刀を以って約一時間告訴人の頬、腿、背中、手、足を乱打し血腫脹を生ぜしめ、因って発熱するに至ると云う状態に立至ったのであります。

(三) 被告訴人森川利一、赤池以下四名は同年五月二七日午前一〇時半頃同署土間に於いて正午頃迄、告訴人を取調べるに当り棍棒、竹刀を以って乱打し続け、更に蹴飛ばして血腫脹を生ぜしめました。之が為告訴人は発熱すると共に激しき疼痛を覚えるに至りました。更に同年五月三〇日午前一一時頃同様の暴行を加えたのでありま す。又告訴人妻より弁当を差し入れたのでありますが、被告訴人森川、赤池は之を全部横領したのであります。

(四) 被告訴人森川、赤池、佐藤は同所に於いて「泊に於いて共産党再建協議会を開いた」との捏造事件を承認せしめようとして約一時間に亘り竹刀、棍棒を以って告訴人を乱打し、同年八月六日約一時間に亘り戦時下反軍国主義的行動を責め同様の暴行を加うるに至ったのであります。

同年八月一〇日午前一〇時半頃、竹刀、竹刀片、棍棒の外ロープ、椅子のこわれ等を以って約一時間全身を乱打し、更に手足を縛って投げ飛ばし、失神するに至るや水を掛けて留置場に返しましたが、其の後一時間にして回復すると更に同様の暴行を加えた為に告訴人は全身に血腫脹が生じ寝込むの状態となりました。

同年八月二五日午後二時半頃、亦殆んど同様の暴行を加えました。

(五) 被告訴人森川、外二名により同年八月六日午後八時頃同署特高室に於いて告訴人を裸体にし土下座せしめて前同様に約二時間に亘り暴行を加えたのであります。

(六) 被告訴人柄沢、森川、佐藤、赤池等の右行為は刑法第二〇四条、第一九六条の犯罪を構成するものと思料します。

九、告訴人相川博による告訴事実

(一) 告訴人は昭和一八年五月二六日検挙されたのでありますが、被告訴人たる元神奈川県警視前田弘、元同警部平畑又次、同松下英太郎、元同警部補森川利一、元同巡査部長杉田甲一、元同巡査部長斉藤武雄の取調を受けました。

(二) 被告訴人森川は昭和一八年五月二六日午後二時頃より四時迄鶴見警察署取調室に於いて告訴人を取調べるに当り告訴人をコンクリート土間に正座せしめて周囲の扉を密閉し、部下二名の巡査交互に扉外を見張らせ「貴様は日本共産党再建運動をやったな、泊へ何しに行った、言え、貴様は殺してしまうんだ!」と怒号し竹刀を以って全身を約三〇分間乱打し次いで荒縄を以って両手を背中に縛り二人は交互に平手或は拳骨で両頬、頚部、頭部を殴打し更に両腿を靴のかかとにて踏み付ける等凡ゆる暴行を加え「日本共産党再建運動に努力をしたり」とする書面に署名を求めました。之に対し告訴人が拒絶すると告訴人の頭髪を掴んで引倒し、打つ、蹴るの暴行を加え無理強いに之に署名を為さしめたのであります。此の暴行の為告訴人の両頬よりは出血甚しく、身体各部に血腫脹を生じ、手足の運動は困難となるの状態を呈したのであります。

同年八月一三日頃も亦同様の拷問を加えられました。

(三) 被告訴人森川、平畑、杉田、斉藤計八名は同年六

月一〇日頃同所に於いて告訴人の両手を後手に縛り「泊で共産党再建の協議会を開いたろー」と其の承認を求め告訴人の頭髪を掴んでコンクリートの上を引廻し頭、両頬、両肩、腿、両腕等を約一時間に亘り竹刀片で乱打し更に両頬を平手、拳骨を以って乱打し、靴で顔頭を踏付ける等の暴行を加え為に血腫脹を生じました。此のようにして虚構の調書が作られたのであります。其の後七月頃より一二月に亘る半年の間被告訴人森川、平畑は交互に被告訴人杉田と共に一週間毎に一度位ずつ取調の都度前述の如き拷問を加えたのであります。

(四)　被告訴人松下、平畑、森川は八月一〇日頃午後二時より四時頃迄同所に於いて被告訴人前田特高課長面前に於いて「山本実彦以下改造編集部は全部共産主義者だ」との趣旨を承認せしむる為告訴人の頭髪を掴んで引摺り廻し、顔、頭、胸を靴にて踏んだり蹴ったりするの暴行を加えました為に身体諸所に血腫脹を生ずるに至りました。

(五)　被告訴人平畑は数名の巡査を同行し八月二〇日頃告訴人の取調に当り約三〇分間に亘り桜のステッキを以って告訴人の頭、両大腿部を強打するの暴行を加え友人の調書を無理に承認せしめました。又九月二〇日頃、荒縄を以って告訴人の両手を縛り、竹刀片で強打すると共に靴のかかとを以って両腿部を数十回に亘り踏みつけ風見章訪問の手記を歪曲し、改造の諸論文の分析を為さしめました。

昭和一九年三月一〇日頃より四月頃までの間数回に亘り杉田と共に竹刀片を以って乱打すると共に長さ六尺、二寸四角の棍棒、椅子等で告訴人を殴り、拳骨を以って殴打しました。

(六)　被告訴人松下、平畑、杉田は同年九月一〇日頃同所に於いて告訴人を取調べるに当り平畑、杉田は告訴人を竹刀片を以って乱打し松下は髪を掴んで引倒し更に打つ、蹴る、踏むの暴行を加え、之が為告訴人は失神するに至ったのであります。

告訴人は之等の暴虐なる拷問の為辛うじて歩行出来る程度に衰弱し、内出血して左眼は赤く血の滲む状態となったのであります。

(七)　被告訴人前田、平畑、森川、杉田、斉藤等の右行為は刑法第二〇四条、第一九六条の犯罪を構成するものと思料します。

一〇、告訴人小野康人による告訴事実

(一)　告訴人は昭和一八年五月二六日検挙せられたが、被告訴人たる元神奈川県警視前田弘、元同警部松下英太郎、元同警部補平賀卓、同森川利一、元同巡査部長杉田甲一の取調を受けました。

(二)　被告訴人平賀は同年五月二六日、寿署武道場に於いて告訴人の取調に当り外巡査一名と共に告訴人を押し

倒し約一時間に亘り最初は竹刀、後には竹刀片を以って乱打すると共に靴にて蹴る等の暴行を加えた上告訴人の手を取り無理矢理に尋問調書に捺印を取ったのであります。告訴人は此の暴行により身体各所に血腫脹を生じ約五週間苦しみました。

(三) 被告訴人森川、杉田は同年六月初旬、同署二階に於いて告訴人を引き据え森川は頭髪を掴みて引張り頭を床に打ち付け靴を以って膝を蹴り、杉田は竹刀を以って背中を乱打し告訴人の気絶する迄約一時間暴行を加えました。

(四) 被告訴人松下、森川は同年七月一〇日頃、寿署二階に於いて告訴人の取調に当り告訴人を木刀、椅子を以って殴るとともに靴にて蹴り、頭髪を捉えて引据え額をコンクリートに打ち付ける等の暴行を加えて失神せしめたのであります。

(五) 被告訴人前田、松下、森川、杉田は同年八月二〇日頃、同署に於いて告訴人の取調に当り木刀及靴を以って告訴人を殴る、蹴るの暴行を加えました為に告訴人は歩行不可能の状態に至ったのであります。

(六) 被告訴人平賀、杉田は同年八月二四、五日頃告訴人の取調に当り大衆雑誌「大陸」を共産主義的雑誌として承認せしめる為木刀及竹刀片を以って乱打しました。

右の暴行傷害による恐怖により告訴人は已むなく虚構の手記を書くに至ったのであります。

(七) 被告訴人、松下、平賀、森川、杉田等の右行為は刑法第二〇四条、第一九六条の犯罪を構成するものと思料します。

一一、告訴人高木健次郎による告訴事実

(一) 告訴人は昭和一八年九月九日検挙され昭和二〇年八月三〇日釈放されたのでありますが、被告訴人たる元神奈川県警部石渡六郎、元同巡査部長横山某、元同佐藤兵衛の取調を受けました。

(二) 被告訴人石渡六郎、横山、佐藤兵衛は昭和一八年九月一〇日午前一〇時頃、保土ヶ谷警察署二階柔道場に於いて告訴人を取調べるに際し告訴人が足尾会議なるものを否認すると、石渡は両頬を平手で乱打し、横山、佐藤は木剣を以って腿を乱打し、一問一答毎に前後四時間に亘り暴行を加え告訴人を昏倒せしめ此の為め大腿部に血腫脹を生じ、歩行は困難となり、医師の診断を受くるに至ったのであります。此の血腫脹は全治するのに約二週間を要しました。

(三) 被告訴人石渡、横山、佐藤等の行為は刑法第二〇四条、第一九六条の犯罪を構成するものと思料します。

一二、告訴人小川修による告訴事実

(一) 告訴人は昭和一八年九月九日検挙されましたが、被告訴人たる現神奈川県警部松崎喜助、元同警視前田弘、

元同警部松下英太郎の取調を受けたのであります。
(二) 被告訴人松崎は昭和一八年九月九日午後一時頃、寿署二階取調室に於いて告訴人を取調べるに当り共産主義運動の捏造事実の陳述を強い、土下座を命じ竹刀を以って頭部に連続殴打を加えたのであります。
(三) 被告訴人前田及他の警部は同年九月一一日頃の午前一一時頃同署に於いて部下巡査三名と共に告訴人を取調べるに当り共産主義運動を承認せしめんとし棒切、割竹の類を以って全身を乱打し告訴人が昏倒せんとするや柄沢は靴を以って脇腹、膝を蹴り付けたのであります。
(四) 被告訴人松下は同年一一月初旬、寿署二階取調室に於いて告訴人が手記を書いている所へ来て告訴人の顔を見るや「何だ此奴は未だ生じゃねえか、此奴等は生にして穏やかにしてたんじゃ本当のことを云う筈はねえじゃねえか、もっとどんどんやきを入れなきゃ駄目だぞ、おい！ 其の竹刀を寄越せ」と警部補より竹刀を取って告訴人の全身を乱打し各所に血腫脹を生ぜしめたのであります。
(五) 被告訴人前田及松崎等の右行為は刑法第一九五条の犯罪を、被告訴人松下の行為は刑法第二〇四条、同第一九六条の犯罪を構成するものと思料します。

一三、告訴人勝部元による告訴事実

(一) 告訴人は昭和一八年九月九日検挙されましたが、被告訴人たる現神奈川県警部柄沢六治、同警部石渡六郎、元同警部補佐藤兵衛の取調を受けたのであります。
(二) 被告訴人柄沢外刑事三名は昭和一八年九月九日午前一〇時より午後四時まで、鶴見署三階取調室に於いて告訴人を取調べるに当り告訴人を石畳の上に正座せしめ告訴人が共産主義運動を否定するや柄沢は靴で顔や頭を蹴り、踏みにじり、他の二名は両側から大腿部を蹴ったり殴打したりして血腫脹を生ぜしめました。茲に於いて告訴人は已むなく調書に署名したのであります。
(三) 被告訴人石渡、佐藤は同年九月一六日頃から約一週間、同署に於いて告訴人を取調中、佐藤は竹刀片で告訴人の両腿を殴打し、石渡は木刀で頭を殴打し髪を掴んで畳の上を引きずり廻す等の暴行を連日五時間位ずつ続行し、為に告訴人の両大腿部は大火傷の如く血腫脹を生じ、歩行不能となり、頭部殴打の為昏倒したこと二回、大腿部の傷は悪化した為再三佐藤に薬品の購入方を懇請しましたが許されず、縦一五センチ横八センチ深さ一センチ位の傷となり、化膿腐爛悪臭を発し、発熱するに及んで九月末頃より一九年二月末迄鶴見警察署前の外科病院に通うことを許され、二月より三月迄芝浦電気の病院に通い、一一月末漸く肉が上り薄皮がはるに至ったのであります。
　佐藤は同年一一月末頃同署に於いて取調中頭、大腿部を殴打した為傷の薄皮は破れて鮮血にまみれ傷の全治に翌年三月迄かかり、調書は一九年一二月末完了しましたが拘置所への移管が三月迄延びたのは此の傷に由るもので、傷は現在縦一〇センチ横五センチの痕が残っている次第であります。

(四) 告訴人は検挙前慢性胃腸カタルの為相当身体が衰弱していましたが、検挙後留置場の物すごい食事と拷問により昭和一八年一〇月頃から血痰が出、肺浸潤が進行し、飢餓状態の食事と過酷な取調の為、責付出所した時は結核三期となっていました。此の病気の原因は前記柄沢、石渡、佐藤に依る絶間ない拷問と劣悪な給食に因るものです。

(五) 被告訴人柄沢、石渡、佐藤等の右行為は刑法第二〇四条、同第一九六条の犯罪を構成するものと思料します。

一四、告訴人由田浩による告訴事実

(一) 告訴人は昭和一八年九月九日検挙せられたが、被告訴人たる元神奈川県警部松下英太郎、元同警部補室賀某の取調を受けました。

(二) 被告訴人室賀外二名の巡査は同年九月九日午前一〇時頃、臨港警察署二階調室に於いて告訴人の取調に当り告訴人が共産主義運動の事実なきことを答うるや竹刀片、弓の折れたものを以って全身を乱打し、或は蹴ったり或は三角棒を膝裏に挟んで座らせて腿の上を泥靴で踏み付けました為に告訴人は失神し、全身各所に出血並に血腫脹を生じ約二週間に亘り全治せず、右拷問の為発熱し約一週間食事を摂ること不可能の状態に立到りました。

(三) 被告訴人松下は同年九月一二、三日頃部下と共に同署に於いて告訴人の取調に当り、前述に等しき暴行傷害を加えて居りましたが、逗子警部補が告訴人の体質は腺弱で拷問に耐えることが出来ないものとして松下に中止を求めたので漸く中止されるに至ったのであります。

(四) 被告訴人松下、室賀等の右行為は刑法第二〇四条、第一九六条の犯罪を構成するものと思料します。

一五、告訴人山口謙三による告訴事実

(一) 告訴人は昭和一八年九月一〇日検挙せられたが、被告訴人たる元神奈川県警部松下英太郎、元同警部補森川利一、同警部補平賀卓の取調を受けました。

(二) 被告訴人平賀、森川は同年九月一一日午前九時半頃より(昼食時間五〇分間程を除き)午後六時半頃迄戸部警察署に於いて告訴人の取調に当り竹刀片、木片等を以って告訴人の膝、頭部、顔面等を乱打したり靴を以って蹴る等の暴行を加えました。之が為告訴人の膝に血腫脹を生ずると共に出血し遂に人事不省となり、翌朝病院に入院し二週間注射を受け漸く回復すると云う状態でありました。

(三) 被告訴人松下は同年一〇月中、大岡警察署に於け

る告訴人取調中殴打しました。

(四) 被告訴人平賀、森川の行為は刑法第二〇四条、第一九六条、松下の行為は刑法第一九五条第一項の犯罪を構成するものと思料します。

一六、告訴人渡辺公平による告訴事実

(一) 告訴人は昭和一八年一一月二七日検挙されましたが、被告訴人たる元神奈川県警部石渡六郎、元同警部柄沢六治、元同巡査中村章、元同警部補佐藤兵衛の取調を受けました。

(二) 同日被告訴人石渡、中村は神奈川県特高室に於ける取調に於いて「お前は社会運動をしたことがあるだろう」と訊ね告訴人が之を否定すると、両名は平手、竹刀を以って頭部、顔面、大腿部を乱打した為右足のすわりだこの所に出来た傷は後に化膿し苦しい思いをしました。現在も傷痕が残って居り、時に化膿する状態であります。

(三) 被告訴人柄沢、佐藤は昭和一九年一月四、五日頃神奈川警察署二階調室に於いて告訴人の取調に当り「てめえは共産主義者だろう」との尋問に対し告訴人が之を否定すると矢庭に頭髪を掴んで引寄せ平手打を加えました。尚、彼等の尋問に対し彼等の予定した答弁でない時は竹刀片、平手を以って頭部、顔面、大腿部を文字通り強打し、此の様な取調方法は同日から一、二日おきに行われました。当時告訴人は留置場内の人々から同情を以って見られた如く頭に傷のない時はなく、顔面に赤い打撃跡のない時はなく、大腿部は熱を持って膨れ上り赤色の傷痕が生じました。之が為坐臥、起居に劇しい痛みを感じたのであります。

又一月下旬、同署三階講堂に於ける取調に当り被告訴人柄沢は椅子に座ったまま泥靴を告訴人の顔面になすりつけ、更に其の泥靴を以って肩をけとばし、傍の被告訴人佐藤は平手、拳を以って頭部、顔面を滅多打ちにしました。

(四) 被告訴人石渡、中村、佐藤等の右行為は刑法第二〇四条、第一九六条の犯罪を構成するものと思料します。

一七、告訴人青山鉞治による告訴事実

(一) 告訴人は昭和一九年一月二九日に検挙されましたが、被告訴人元神奈川県警部柄沢六治、元同巡査部長石橋某、元同巡査中村章の取調を受けたのであります。

(二) 被告訴人柄沢、石橋、中村他三名は昭和一九年二月二〇日頃加賀町署調室に於いて告訴人の取調に際し、告訴人が左翼運動を否定するや柄沢は連続平手びんたを加え、石橋、中村は頭髪を引張り竹刀片で体、大腿部を乱打し靴で蹴る等の激しき暴行を加え（約二〇分間）、二月二五日頃、同署に於いての暴行と肋膜炎に因る発熱、寝汗、貧血の為薬剤の差入を求めましたが許されず、前回同様の暴行を加えた外、指間に鉛筆の様なものを挟み

締め付ける等の暴行を加えた為告訴人の右指間に未だその痕跡を残すの傷を負わせたのであります。

(三) 更に被告訴人柄沢、石橋は三月一日頃、同署宿直室に於ける取調に際し告訴人が海軍報道部内で何等の所為なき旨を答うると殴打を加え靴で蹴った上両手を後手に縛って、其れを上に吊り上げるの拷問を加え、告訴人の頭髪は傍の爐の火のため焦げ、歯ぐき、頭部に裂傷を生じ出血するに至ったのであります。

(四) 被告訴人柄沢、石橋、中村等の行為は刑法第二〇四条、第一九六条の犯罪を構成するものと思料します。

一八、告訴人畑中繁雄による告訴事実

(一) 告訴人は昭和一九年一月二九日検挙されましたが、被告訴人たる元神奈川県警部補森川利一、同赤池文雄、同小林重平の取調を受けました。

(二) 被告訴人森川外巡査一名は一月二九日、保土ヶ谷署に於いて頭髪を掴んで引き廻し勝手に作成した共産主義運動を認めしむる尋問調書に捺印を強要し、巡査をして右手を抑え捺印を捺さしめました。

(三) 被告訴人赤池、小林は四月上旬、告訴人に対し中央公論社社長嶋中雄作が共産主義者たることの手記作成を強制し依って告訴人が其の手記を作成したるところ、其の手記意に満たずとして同署休憩室に於いて告訴人を後手に縛り竹刀片を以って交互に膝を強打し更に顔面を殴打して鼻出血をなさしめ爾後一週間おきに三回に亘り同様の拷問を加え膝に全治三週間を要する血腫脹を生ぜしめたのであります。

(四) 被告訴人森川の右行為は刑法第一九五条の犯罪を赤池、小林の行為は同第二〇四条、同第一九六条の犯罪を構成するものと思料します。

一九、告訴人小森田一記による告訴事実

(一) 告訴人は一九年一月二九日検挙されましたが、被告訴人たる元神奈川県警部松下英太郎、元同警部補竹島某、同小林重平の取調を受けました。

(二) 被告訴人松下、竹島、小林は同年二月二〇日頃、神奈川警察署取調室に於いて告訴人を取調べるに当り先ず松下は告訴人の頭髪を鷲掴みにして「此の野郎レーニンに良く似ている、よくも日本出版協会に逃込みやがったな……」と叫び両頬を力任せに拳骨で撲り、竹島、小林は竹刀片を以って正座した告訴人の膝、腿、腕等を両側から乱打し、其の為乱打した個所は腫れ上がり血腫脹を生じたのであります。

(三) 被告訴人竹島、小林は同二月二七、八日頃、同署取調室に於いて告訴人を取調べるに当り前回同様の拷問を行い、其の後数日、或は隔日に四、五回に亘り毎回一時間余同様の拷問を行い自白を強要しました。

此の為洋服は破れ、腿、膝、腕は全面紫色の斑点を生

じ歩行の困難は勿論身動きも劇しい痛苦を覚えまして此の激痛の消滅には月余を要したのであります。

（四）同年五月中旬頃山根検事が神奈川署道場に来り天皇制を尋問した際、被告訴人小林、竹島は検事との応答を聞き「転向の意思なし」とか「俺の顔をつぶす心算か」と怒鳴り、告訴人に対し前述の様な拷問を繰返したのであります。

（五）被告訴人松下、竹島、小林等の右行為は刑法第二〇四条、第一九六条の犯罪を構成するものと思料します。

二〇、告訴人青木滋による告訴事実

（一）告訴人は昭和一九年一月二九日検挙せられたが、被告訴人たる元神奈川県警部補竹島某、同赤池文雄の取調を受けました。

（二）被告訴人竹島、赤池は同年二月二六日頃、磯子警察署調室に於いて告訴人の取調に当り告訴人が共産主義運動を否定するや竹島は竹刀を以って頭部、顔面を数回殴打し、次いで床上に正座せしめ、竹島、赤池は交互に靴で以って腰、背、下腹部、大腿部を蹴り且踏み付け、膝の上に重ねた両手は靴を以って踏みにじられ、為に出血するに至りましたが、尚も引続き自白を強要し「殺すぞ殺す」と怒号して道場に引出し六尺の樫の棒で乱打し六尺棒が折れるや靴で全身を蹴飛ばし更に仰向に倒して顔面を踏みにじる等の暴虐を敢てし、為に告訴人の顔面より出血し全身は各所に血腫脹を生じ、発熱は起こり、約一カ月、歩行困難となりました。

（三）被告訴人竹島、赤池等の右行為は刑法第二〇四条、第一九六条の犯罪を構成するものと思料します。

二一、告訴人水島治男による告訴事実

（一）告訴人は昭和一九年一月二九日午前六時半検挙せられたが被告訴人たる元神奈川県警部柄沢六治の取調を受けました。

（二）被告訴人柄沢は同年四月中旬、寿警察署に於いて告訴人の取調に当り「天皇制を如何思うか」と質問しましたので告訴人が「自分は陛下の下に全国民が一致協力、戦争を遂行せねばならぬ、其の為には国民と陛下の直結が必要である」と答えたところ、「此の国賊め、よくも図々しくそんなことが云えたものだ！」と柔道の締め手で首を締め、更に逆さにして椅子を背中にのせ、他の一名の巡査部長級の者と共に上に乗り、尻を蹴り、背中を踏むこと約三〇分に及びました。其後二、三日毎に被告訴人は告訴人の取調に当り、こと天皇制の問題に及ぶと之を否定しない告訴人に対して竹刀片、棒等を以って殴り、特に竹刀を以って耳の後を殴りたる為留置場に帰った後耳が痛み中耳炎的症状を呈し更に扁桃腺が脹れ、又右目の下に血が滲み馬あざが出来たのであります。

（三）被告訴人柄沢の右行為は刑法第二〇四条、第一九

六条の犯罪を構成するものと思料します。

二二、告訴人小林英三郎による告訴事実

（一）告訴人は昭和一九年一月二九日午前七時検挙せられたが、被告訴人たる元神奈川県警部松下英太郎、同柄沢六治、元同巡査部長石橋某、元同巡査中村章の取調を受けました。

（二）被告訴人松下は同年二月初頃、他の二名の者と伊勢佐木警察署取調室に於いて告訴人の取調に当り「お前等は今日の状勢をどう思っているか、文句なしに咽喉をぶち抜いて殺しても構わないのだ、法律で扱われるのは寧ろ有難いと思え」と怒号し、頭髪を掴んで顔面を殴打しました。

（三）被告訴人柄沢、石橋、中村は検挙後一ヶ月程経て伊勢佐木警察署取調室に於いて告訴人の取調に当り、告訴人が「共産主義運動をやった事実はありません」と述べると土間に正座させ、柄沢は頭髪を掴んでねじり、石橋、中村は両側より殴ったり、蹴ったりしましたので、告訴人は歩行困難の状態になりました。

更に数日後前記三名は同署に於いて告訴人を取調べるに当り未だ充分自白しないと称して両手を縛し頭髪を掴んで引倒し、木片様のもので背中を殴打し又足を以って全身を踏み付け告訴人が非常に苦痛を訴えるに及んで拷問を一時中止しましたが其の後同様の拷問が数回行われました。

（四）被告訴人松下、柄沢、石橋、中村等の右行為は刑法第一九五条の犯罪を構成するものと思料します。

二三、告訴人大森直道による告訴事実

（一）告訴人は昭和一九年三月二五日検挙されましたが被告訴人たる元神奈川県警部柄沢六治、元同巡査部長石橋某の取調を受けました。

（二）被告訴人柄沢、石橋は同年四月九日大岡署に於いて告訴人を取調べるに当り「白をきると痛い目に遭わせて殺して終うぞ」と怒号し、両人共に告訴人の頭髪を掴んで引倒し竹刀片を以って全身を殴打し、顔面、手等に裂傷を負わしめ、脳震盪を起こすに至らしめました。此の暴行に因り歯を一本折り、其の後三、四日間、柄沢は此の拷問を連続し、彼等の訊問を承諾せしめたのであります。

（三）被告訴人柄沢、石橋等の右行為は刑法第二〇四条、第一九六条の犯罪を構成するものと思料します。

二四、告訴人安藤次郎による告訴事実

（一）告訴人は昭和一九年三月二七日午前七時頃検挙せられたが、被告訴人たる元神奈川県警部松下英太郎、同武島文雄、同柄沢六治、元同警部補白旗某、同森川利一、同赤池文雄、同小林重平の取調を受けました。

(二) 被告訴人松下、武島他一名は同年四月一〇日頃(午前一〇時―一一時頃)神奈川警察署二階警部室に於いて告訴人の取調に当り松下は告訴人を座らせ「お前は国防保安法を知っているか」と問いましたので告訴人がその概念を答えるや「それだけ知っていれば解った、生命はいらねえと云うんだな」と云い、告訴人の頭を押下げ左手で押え右手で両頰を叩き続けること十数度、武島は松下の後方に竹刀を手に待機していましたが此の日は之で終りました。

(三) 被告訴人白旗外一名は同年四月一三日頃(午前一〇時―一一時頃)同署二階警部室に於いて告訴人の取調に当り中共との連絡関係を質問し、告訴人が之に付いて知らない旨を答えると前記松下と同様に座らせ竹刀の折れを手にし顔を殴り、他一名は背後より同様竹刀の折れで背中、尻、両大腿部を力一杯に殴打しました。更に日森機関に出入した理由に付告訴人が東亜経済調査上海駐在員だった自分の職務上の義務だったと答えると「そんな答えが通ると思うか」と怒号し、又二人掛りで告訴人を前記のように殴打したのであります。留置場に帰った時同房の人達はすっかり顔の相が変わっているのに驚く程でありました。告訴人の大腿部は赤黒く腫上り熱を持っていました。

(四) 被告訴人武島、小林、赤池、森川は同年四月一六日頃(午前一〇時―一一時頃)同署二階武道場に於いて告訴人の取調に当り、武島は告訴人の頭を竹刀で以って殴打し、之を合図に他の者も両膝、背中、上膊部に同様に殴打を加え種々質問の後又殴打を加えました。為に告訴人の顔面は感覚の鈍る程に腫れ大腿部はズボンがぴたりとくっつく迄腫れ上り、やがて起立を命じましたが忽ち板敷の上に仰向けに転倒しました。

(五) 被告訴人武島、小林は同年四月二一日午後二時頃同署二階武道場に於いて告訴人の取調に当り、小林は竹刀、武島は木刀を以って告訴人の膝を打ちながら武島は「この膝は今に腐って了う、殴った上を又殴る、之を繰返す中に組織が破壊されて腐るのだ」と云い約三〇分間竹刀で以って殴打したのであります。

(六) 被告訴人武島、柄沢、小林外二名は同年四月一五日頃(午後二時頃)同署二階武道場に於いて告訴人の取調に当り、柄沢は告訴人の頭を押え、顔面を畳上にすり付け告訴人の頭上に自分の両足を乗せて煙草をすいながら「話が出来ない間は頭を上げるな」と叫び、其の他の者は殴る、蹴る等の暴行を加え、小林は機具を以って告訴人の両手の関節を恰も金槌で叩く様に叩きました。告訴人は苦痛の為「待ってくれ」と已むなく妥協を求めましたので、被告訴人は此の拷問を中止するに至ったのであります。

(七) 被告訴人武島、森川、小林他二名は同年六月二三日(午前一〇時―一六時頃迄)同署二階警部室に於いて

告訴人の取調に当り武島は告訴人の上膊部を、森川は大腿部を竹刀を以って殴打し更に森川は告訴人にズボン、ズボン下を脱がせ大腿部が赤紫に腫れ上がっている所を露出させ更に其の上を殴打しました。此の為赤紫の箇所は黒色に変じ、次いで干柿の如く皮膚が剥離しました。顔面は左眼の周囲で内出血し左腕は二倍の太さに腫れ上がったのであります。

(八) 被告訴人松下、柄沢の行為は刑法第一九五条の犯罪を、被告訴人武島、白旗、森川、小林、赤池の行為は刑法第二〇四条、第一九六条の犯罪を構成するものと思料します。

二五、告訴人若槻繁による告訴事実

(一) 告訴人は昭和一九年三月一日頃検挙せられたが被告訴人たる元神奈川県警部柄沢六治、元同巡査部長石橋某の取調を受けました。

(二) 被告訴人柄沢、石橋は同年三月一日頃戸部警察署に於いて告訴人の取調に当り柄沢「鎖なき奴隷とは何のことだ」「一将功成って万骨枯るとは何のことだ」と突然質問し告訴人が質問の主意を理解することが出来ず「知りません」と答うるや石橋は「此の野郎白ばくれやがって!」と怒号し頭髪を掴んで顔面を強烈に殴打するの暴行を加えました。

更に同年六月三日頃同署武衣更衣室に於ける取調に際し山本実彦の洋行中面談した者を質問しましたが、告訴人が知らざる旨を答うるや、肩、顔、全身を靴のまま蹴飛ばし且つ殴打し柄沢は煙草の火を以って告訴人の額に火傷を負わしめました。

(三) 被告訴人柄沢、石橋等の右行為は刑法第二〇四条、第一九六条の犯罪を構成すると思料します。

二六、告訴人内田丈夫による告訴事実

(一) 告訴人は昭和一九年三月一二日検挙せられましたが、被告訴人たる元神奈川県警部柄沢六治、元同警部補赤池文雄、元同巡査部長杉田甲一の取調を受けました。

(二) 被告訴人柄沢外七名の者は同年五月四日加賀町警察署に於いて告訴人の取調に当り、午前、午後に亘り、殴る、蹴るの暴行を敢えて為したる為告訴人が留置場に帰った際、告訴人が何人であるかを知れぬ程顔が脹れ上がって居り衣類はぼろぼろになって居りました。

(三) 被告訴人柄沢、赤池、杉田外数名は同年九月一二日告訴人を同署に於いて取調べるに当り再度殴る、蹴るの暴行を加えました。

(四) 被告訴人赤池は同年一二月上旬に至る迄、告訴人の調書を作成するに際し殆んど毎日の如く殴り、常に頭部にこぶを生ぜしめたのであります。

(五) 被告訴人柄沢、赤池、杉田等の右行為は刑法第二〇四条、第一九六条の犯罪を構成するものと思料します。

二七、告訴人手島正毅による告訴事実

（一）告訴人は昭和一九年四月一五日頃検挙せられたが被告訴人たる元神奈川県警部柄沢六治、同鈴木某、元同警部補竹島某、同松山某、同赤池文雄、元同巡査部長杉田甲一の取調を受けました。

（二）被告訴人竹島、赤池は同年四月一五日頃、寿警察署三階に於いて告訴人の取調に当り竹島はコンクリート床上に告訴人を正座せしめ其の頭部を泥靴で以って蹴飛し両頬を二〇数回殴打し、顔面に血腫脹を生ぜしめ眼に裂傷を負わせた上、告訴人を後手に縛り、赤池と他の巡査に青竹を以って全身を殴打せしめ、竹島は平手を以って両頬を乱打すること前後一時間に及びましたので、遂に告訴人は失神するに至りました。依って告訴人は全身に血腫脹を生じ疼痛甚しく約一〇日間程起居不自由の状態になりました。

（三）被告訴人柄沢、赤池、鈴木、杉田は同年五月一〇日頃、寿警察署三階に於いて告訴人の取調に当り西尾忠四郎より依頼された「中共連絡」の捏造事実の自白を強要し、柄沢は顔面、頭部を殴打し、土足で頭部を蹴り因って顔面の大部分に血腫脹を生ぜしめました。赤池、鈴木は竹棒を以って、杉田は竹刀を以って身体各部を乱打し、終夜横臥困難な程の血腫脹を生ぜしめました。

（四）被告訴人松山、柄沢、赤池、杉田は同年一一月一〇日頃、寿署二階に於いて告訴人の取調に当り頭部、顔面を殴打、殊に赤池が右耳を殴打した為約一カ月疼痛甚しく殆んど聴音不可能の状況になったのであります。

（五）被告訴人竹島、柄沢、鈴木、松山、赤池、杉田等の右行為は刑法第二〇四条、第一九六条の犯罪を構成するものと思料します。

二八、告訴人仲孝平による告訴事実

（一）告訴人は昭和一九年一〇月四日検挙せられたが、被告訴人たる元神奈川県警部柄沢六治、同鈴木某の取調を受けました。

（二）被告訴人柄沢六治外二名は同年一〇月四日、鶴見警察署に於いて告訴人の取調に当り告訴人が共産主義運動を否認するや柄沢は木刀其の他を以って乱打し、靴で顔面を蹴る等の暴行を行い強制的に共産主義者なることを認めさせました。一〇月五日、柄沢は被告訴人鈴木等と共に共産主義運動の陳述を迫り前日以上の殺人的暴行を加え、強制的に共産主義運動を承認せしめました。爾後、隔日又は二日置きに暴行を加え身体各所に血腫脹を生ぜしめたのであります。

（三）被告訴人柄沢、鈴木等の右行為は刑法第二〇四条、第一九六条の犯罪を構成するものと思料します。

二九、告訴人松本正雄による告訴事実

（一）告訴人は昭和一九年一一月二七日検挙せられたが被告訴人たる元神奈川県警部補矢川源三郎、同竹島某、同小林重平の取調を受けました。

（二）被告訴人矢川は、昭和二〇年一月中旬、大岡警察署に於いて告訴人の取調に当り平手、竹刀片等を以って顔面、背中、膝を乱打し身体各所に血腫脹を生ぜしめました。

（三）被告訴人竹島、小林は同年二月一五日頃、同署に於いて告訴人の取調に当り告訴人を竹刀片を以って乱打し血腫脹を生ぜしめ、其の後小林は二、三日置きに取調に当り其の都度竹刀片で乱打し、且土足を以って全身を蹴り、椅子の脚にて両膝をこじる等の暴行を加え身体各所に血腫脹を生ぜしめたのであります。

（四）被告訴人矢川、竹島、小林等の右行為は刑法第二〇四条、第一九六条の犯罪を構成するものと思料します。

三〇、告訴人藤川覚による告訴事実

（一）告訴人は昭和一九年一一月二七日検挙せられたが被告訴人たる元神奈川県警部補竹島某、同渡辺筑之助、同小林重平の取調を受けました。

（二）被告訴人竹島は同年一一月二九日、臨港警察署二階取調室に於いて告訴人の取調に当り告訴人が入室するや突然引倒し、部下一名と共に土足を以って全身を蹴り、踏む等の暴行を加えた上、竹箒の柄を以って約二時間半に亘り乱打しました。之が為告訴人の身体各所に血腫脹が生ずるに至ったのであります。

　而して同年一二月一日より同月二五日に至る間、隔日に告訴人を取調べ其の間各五時間位の間に二〇数回に亘り部下一名乃至二名と共に箒の柄、木刀を以って全身を乱打し又は土足を以って蹴る等の暴行を加え身体各所に血腫脹を生ぜしめると共に発熱させるに至りました。

（三）被告訴人渡辺は翌年一月下旬より告訴人の取調に当り、告訴人が栄養低下の結果既往症の右脚骨髄膜炎の再発をみた為、家庭より果物、豆類の差入許可を求めましたが「貴様等の如き共産主義者は死んだ方がよいのだ生意気ぬかすと承知せんぞ」と一蹴し次いで被告訴人小林と共に暴行を加えました。

（四）被告訴人竹島の右行為は刑法第二〇四条、第一九六条、渡辺、小林の行為は刑法第一九五条の犯罪を構成するものと思料します。

三一、告訴人彦坂武男による告訴事実

（一）告訴人は昭和一九年一一月二七日検挙せられたが被告訴人たる元神奈川県警部鈴木某、元同警部補竹島某の取調を受けました。

（二）被告訴人竹島は一二月一〇日頃、磯子警察署道場に於いて告訴人の取調に当り告訴人を畳上に正座せしめ

幾度も蹴倒し、起上るや頭髪を掴んで引廻し両手にて両頬を殴打し且柔道具の小手を以って脳天を乱打する等の暴行を加えました。

（三）昭和二〇年一月一〇日頃磯子署の取調室に於いて告訴人の取調に当った被告訴人竹島、鈴木は告訴人を後手に縛し、両手を靴で踏み付け告訴人が疼痛の為仰向けに倒れるや膝を押え付けて両腿を数回に亘り踏み付け、次いで竹島は棒を以って之が折れる迄両頬を乱打しました。之が為数日間治癒せざる程の血腫脹を生ずるに至ったのであります。

（四）被告訴人竹島、鈴木等の右行為は刑法第二〇四条、第一九六条の犯罪を構成するものと思料します。

三二、告訴人美作太郎による告訴事実

（一）告訴人は昭和一九年一一月二七日検挙せられましたが、被告訴人たる元神奈川県警部鈴木某、元同警部補吉留壮輔、同竹島某、同小林重平の取調を受けました。

（二）被告訴人竹島は昭和一九年一二月末保土ヶ谷警察署柔道場に於いて告訴人の取調に当り「貴様は共産主義者として人民戦線運動に従事して来た証拠がある！」と椅子に座っていた告訴人を道場の畳の上に正座せしめ、予て用意の竹刀を以って、頭部、腰部、肢部に連続的な打擲を加えました。告訴人が「現在共産主義者ではない」と弁明すると竹島は告訴人の頭を畳の上に踏み付け下身を竹刀で殴打するの暴行を加えました。この暴行により告訴人は約一〇日間歩行困難となったのであります。

（三）被告訴人鈴木、吉留外二名は翌二〇年一月の年頭休暇明け後、同署一階宿直室に於いて告訴人の取調に当り、窓は凡て黒布を以って蔽い前後三時間の取調中前記四名は竹刀、箒の柄、棍棒を以って殴打するの暴行を加えました。此の暴行は都合三日間に亘り続行され、告訴人が自ら共産主義者なることを自認するに及んで漸く中止さるるに至ったのであります。この結果告訴人は三ヶ月間に亘る右胸部の疼痛、一ヵ月半に亘る大腿部の内出血、二週間の顔面内出血による腫脹、二ヶ月間の歩行困難に悩まさるるに至ったのであります。

（四）被告訴人小林は同年二月初頃同署に於いて告訴人の取調に当り告訴人が其の友人中の共産主義者の氏名を秘していると主張して床上に正座せしめ、竹刀を以って暴行脅迫を加えましたが、告訴人が飽く迄否定するに及んで已むなく暴行を中止したのであります。

（五）被告訴人竹島、小林、鈴木、吉留の右行為は刑法第二〇四条、第一九六条の犯罪を構成するものと思料します。

三三、告訴人広瀬健一による告訴事実

（一）告訴人は昭和一八年一〇月二一日検挙され昭和一九年一〇月一一日起訴猶予により出所したのであります

が、被告訴人たる元神奈川県警部松下英太郎、元同警部補原田某、同森川利一、同平賀卓の取調を受けたのであります。

(二) 原田は神奈川県特高課員六名と共に昭和一八年一〇月二一日午後三時頃、神奈川署大広間に於いて告訴人を取調中告訴人が共産主義運動を否定するや原田は「貴様がそんな風に強情張るなら俺達は貴様を殺してもいいことになっているんだ、覚悟しろ!」と叫び、矢庭に五人が殴る、蹴る、打つの殺人的拷問を加えました。又「私はこんなひどい目に逢うような悪いことはしていない」と苦しい中から絶叫すると更に過酷な殴る、蹴る、打つの暴行を加え遂に意識は不明になり、午後五時頃留置場へ彼等に抱えられて放り込まれました。洋服はズタズタに引裂かれ、全身疼痛の為歩行困難となり、発熱のため食事不能となりました。

翌二二日同署に於ける取調に於いて又右と同様の暴行を加えられ、更に一〇月二五日も同様な暴行の上取調を行ったのであります。一〇月二五日午前一〇時頃からの同署に於ける取調に際しては前記六名は殺気立って「……俺達は貴様がそう頑張るなら殺してもいいのだ。現に何人も殺して居る。貴様等は生かして置かない方が国家の為になるんだ、覚悟しろ!」と叫び果然拷問を始めたのであります。打つ、突く、蹴る、撲る、踏む等原田が此の拷問の指揮を致しました。意識は減退し、心臓が痛み昏倒した。意識を回復したのは夜中で六人は私を見守っていました。腕や胸や腿に注射の跡が一〇数ヶ所あるのを其の翌日発見しました。身体は紫色に腫れ上り動かすと強い痛みを覚えました。後に、私は午後三時昏倒し、午後一二時最後の一〇何本目かのカンフル注射で意識を回復したと原田が語った次第であります。

一〇月二七日、原田は保護室に於いて臨床訊問を始め私が余り衰弱して居るので看守が同情し、訊問に堪え得ない旨進言したので訊問を止めたのであります。

一一月一八日、山手署に移されたが痛みが激しく寝返りすることも不可能、果物以外は口に入らず、毎日ぶどう糖の注射をしました。

(三) 一二月上旬、森川は山手署二階講堂に連行し告訴人を板の間に土下座せしめ、いきなり泥靴で頭、顔を蹴り転倒せしめました。

(四) 被告訴人平賀は昭和一九年二月一一日、告訴人取調に際し、告訴人を泥靴で蹴倒し、其の上殴打し告訴人の額下部まぶたの上に斜に深き傷を負わせ尚食物差入を停止せしめました。

(五) 被告訴人松下、原田、平賀、森川等の右行為は刑法第二〇四条、第一九五条第一項及第一九六条の犯罪を構成するものと思料します。

証拠方法

一、告訴人川田寿に対する被告訴人の暴行傷害の事実に付いては次の者を訊問して下さい。
告訴人留置当時の壽警察署留置場看守
手塚某
二、告訴人川田定子に対する被告訴人の暴行傷害の事実
に付いては次の者を訊問して下さい。
イ、告訴人留置当時加賀町警察署留置場に治安維持法違反被疑者として留置されて居た（昭和一七年九月―同年一二月）
久保舜一　柴田隆一郎
ロ、同留置場に居た次の者
加藤みね（昭和一七年九月―同年一一月）
池田つる（昭和一七年九月―翌年一二月）
今村千代（昭和一八年一月―翌年二月）
ハ、同警察署看守
松村清造　山本晴　鈴木某　田辺某　北村某
ニ、告訴人留置当時の右警察署　小使夫婦
三、告訴人益田直彦に対する被告訴人の暴行傷害の事実
に付いては次の者を訊問して下さい。
イ、告訴人留置当時の神奈川警察署の看守
高橋弘（現在は山北署勤務の由）　清水喜一
ロ、横浜市神奈川区入江町入江アパート
稲葉米吉（告訴人同署留置場に居りたり）
ハ、被告訴人暴行の結果告訴人の両股に現在傷痕を残して居ります。
四、告訴人西沢富夫に対する被告訴人の暴行傷害の事実
に付いては次の者を訊問して下さい。
イ、保土ヶ谷野方病院院長　野方二郎
ロ、同病院看護婦　近野某
ハ、告訴人留置当時の保土ヶ谷警察署看守
根元巡査
五、告訴人相川博に対する被告訴人の暴行傷害の事実に付いては次の者を訊問して下さい。
イ、告訴人留置当時の川崎警察署勤務
白木巡査部長
ロ、告訴人留置当時同署留置場に居た
鶴見区　槌屋某
横浜市　平野団十郎
六、告訴人小野康人に対する被告訴人の暴行傷害の事実
に付いては次の者を訊問して下さい。
告訴人留置当時、寿警察署留置場に居た
秋元某
七、告訴人安藤次郎に対する被告訴人の暴行傷害の事実
に付いては次の者を訊問して下さい。

イ、横浜市綱島温泉（東横沿線）
理髪師　中村豊次郎
（当時経済関係の違反事件にて留置されていた）
ロ、横浜市神奈川区入江町一ノ一一六
平野利蔵
ハ、留置当時の神奈川警察署看守
片桐某
丸山某
八、寺峰弘行の死亡に関しては次の者を訊問して下さい。
イ、保土ヶ谷警察署に於ける当時の特高課主任たりし
元神奈川県警部補　佐藤某
ロ、同署に於ける当時の巡査
岩本某
九、右の外各告訴事実に付いては各告訴人を訊問して下さい。

附属書類

一、口述書　三三通
二、委任状　三三通

昭和二二年四月　日

東京都千代田区麹町一〇四　竹工堂ビル
右代理人弁護士　海野　普吉
東京都中央区日本橋堀留二ノ一東洋レーヨン三階
右代理人弁護士　三輪　壽壮
東京都千代田区丸ノ内三ノ六　仲四号館ノ四号
右代理人弁護士　清瀬　三郎
東京都中央区日本橋堀留二ノ一東洋レーヨン三階
右代理人弁護士　豊田　求

横浜地方裁判所検事局御中

地裁・高裁・最高裁＝判決

【解題】第一審＝横浜地裁の判決は一九四九（昭和24）年2月に下された。特高警察官を裁くという前例のない重い事件にしては、二年たらずでの判決はかなり早かったといえる。

しかし、被告訴人二七名に対し、判決を受けたのはわずかに三名、9分の1に過ぎなかった。告訴人として検察庁に認められたのが、大腿部に化膿した傷痕が残っていた益田直彦一人だったからである。益田に対し暴行を加えた六人の警官のうち、警部・松下、警部補・森川、柄沢の三名だけに判決が下されたのだった。

元特高側が控訴した東京高裁の判決は、やはり二年後の一九五一（昭和26）年3月に出されるが、当然のことながら有罪とされたのはこの三名だけだった。有罪を不服とした特高側は最高裁へ上告したが、翌五二（昭和27）年4月に棄却、元特高警官の有罪という最初にして最後の判決が確定したのだった。

こうして特高警官三名だけが有罪とされたのだったが、しかし告訴状の「告訴事実」を見ればわかるように――口述書を読めばもっとよくわかるが――益田に暴行を加えた三名は、他の殆どの告訴人に対しても暴力を振るっており、その暴力の振るい方（拷問の仕方）も、そのさいに吐く言葉も――たとえば「おまえは小林多喜二がどうして死んだか知っているか」など――共通している。そしてその結果、拷問の途中で失神状態に陥ったものは益田を含め一三名、何らかの傷害を負ったのは殆ど全員である。

それなのに、なんで唯一、益田のケースだけを取り上げて、他については見逃してしまったのか。

告訴状に述べられていた通り、この裁判は「新憲法が特に宣言するところの個人の基本権は之を侵犯してはならないと云う憲章を真に実証的に公示する」裁判であった。警察・司法に関して言えば、拷問を当然視して許容していたこれまでのあり方を根本から見直し、今後は取調べにおける暴力的圧力の排除を実現し、徹底していく、その第一歩となるべき裁判であった。

しかし残念ながら、この拷問特高裁判はきわめて不徹底な結果に終わった。そのため警察・検察の体内には暴力的要素が根強く温存されることとなり、今日にいたるまで、ありうべからざる人権侵害・冤罪を数多く生み出してきたのである。

この特高裁判の不徹底さは、後の横浜事件・再審裁判にも大きな影を落とした。

一九八六年7月、事件被害者九名は、国家秘密法案の出現によって〝治安維持法の時代〟の再来への懸念が深まる中、「やっつけ裁判」での有罪判決をただすために裁判のやりなおし＝再審請求を行なった。そのさい、弁護団が再審請求に必要な「新証拠」としたのが、この拷問特高裁判での確定判決であった。

①横浜事件の裁判で「証拠」とされたのは、例外なく被告人の供述（自白）である。

②しかし戦後の裁判によって、特高警官たちが拷問を加えたことが確認された。

③すなわち被告人たちの自白は、特高警官の拷問によって強制されたものである。

④したがって、被告人たちの強制された虚偽の自白を「証拠」とすることはできない。

以上のような論理である。小学生にもわかる。しかし、第一審においてこの主張は簡単にはじき飛ばされた。

理由は、最高裁で拷問が認められたのは益田一人だけに対してであり、その益田は九名の請求人の中には入っていない、というのである。請求人側はこの裁判所のあまりの〝形式論理〟に呆然となったが、元はといえば、拷問特高裁判自体の中にこのような〝形式論理〟を許す不徹底さが含まれていたのである。

この幼児的な〝形式論理〟は、第三次再審請求の即時抗告審・東京高裁（中川武隆裁判長）でようやく廃棄され、再審の門を開くことになるが、それまで実に二〇年近くを要したのだった。

この裁判の最高裁判決は、先述のように一九五二年4月24日である。その四日後、4月28日、対日平和条約（サンフランシスコ講和条約）が発効、連合国による占領が終結、日本は沖縄・奄美等を除いて独立を回復した。

それを記念して、同日、大赦令が発布される。その恩恵を受けて、三名の特高は罪を赦免され、一日も刑に服することはなかったという。

＊

■横浜地裁判決

判　決

本籍並住居　藤沢市鵠沼――――　会社員　松下英太郎　当四十五年

本籍　群馬県勢多郡――――
住居　横浜市南区――――　会社員　柄沢　六治　当三十九年

本籍　山梨県西八代郡――――
住居　横浜市中区――――　会社員　森川　清造　当三十六年

右三名に対する特別公務員暴行傷害被告事件につき当裁判所は検事橋本千代雄立合の上審理を遂げ次の通り判決する。

主　文

被告人松下英太郎を懲役壱年六月、被告人柄沢六治、同森川清造を懲役壱年に処する。

訴訟費用は全部被告人三名の連帯負担とする。

理　由

被告人三名は嘗て神奈川県警察部特別高等課に勤務し、被告人松下は左翼係長警部、被告人柄沢、同森川は同係取調主任警部補の地位にあり、各司法警察官として思想事件の捜査に当ってゐたものであるが、その職務に従事中、昭和十八年五月十一日、治安維持法違反被疑者として検挙された世界経済調査会員益田直彦の取調に際し同人が被疑事実を否認したので部下の司法警察官数名と共謀して同人に所謂拷問を加えて自白させようと企て、同月十二日から約一週間数回に亘り、神奈川県神奈川署の警部補当直室（現在の警部休憩室）に於て、益田直彦に対し、或は同人の頭髪をつかんで胯間に引き入れた上、或は同人を正座させた上、手掌、竹刀のこわれたもの等でその頭部、顔面、両肩、両腕、両大腿部を乱打し、又は之により腫れ上った両大腿部を靴下穿《ば》き（編集者注・靴下ばきでなく靴ばきの誤り。他の例は全て靴ばき、土足）の足で踏んだり揉んだりする等の暴行凌虐の行為を為し、益田の両腕に打撲傷、挫傷、両大腿部に打撲傷、挫傷、化膿性膿症等を被らせ、就中両大腿部の化膿性膿症は約三ヵ月間化膿し、現在もなおその痕跡を残すに至らしめたものであり、右所為は犯意を継続して為されたものである。

　判示事実は、犯意継続の点を除き

一、被告人三名の当公廷に於ける各供述

一、証人益田直彦、同益田春江の昭和二十三年十二月十日附公判調書中の供述記載

一、証人渕田勇三郎、同吉田精一、同高橋弘の同年十二月六日附公判調書中の供述記載

一、証人稲葉末吉に対する当裁判所の同年十二月四日附訊問調書中の供述記載

一、益田直彦に対する検事の昭和二十二年九月二十六日附同年十月八日附同年十月二十日附各聴取書中の供述記載

一、嵐秀郷に対する検事の昭和二十二年十月一日附聴取書中の供述記載

一、吉田精一作成の鑑定書中の記載

により認め、犯意継続の点は被告人等が判示期間内に同種の行為を反覆して行った事跡に徴して明らかである。

法律を適用すると被告人三名の判示所為は犯罪時に於ては昭和二十二年法律第百二十四号による改正前の刑法第百九十五条第一項、第百九十六条、第六十条に該当し、裁判所に於ては右法律による改正後の刑法第百九十五条第一項、第百九十六条、第六十条に該当するので、刑法第六条、第十条により軽き前者を適用し、之と同法第二百四条の罪とを同法第十条により比較し、重い後者の刑に従ひ、連続犯であるから昭和二十二年法律第百二十四号附則第四項、同法律による改正前の刑法第五十五条を適用して一罪となし、所定刑中懲役刑を選択の上、その

所定刑期の範囲内で被告人松下を懲役一年六月、被告人柄沢、同森川を各懲役一年に処し、訴訟費用は改正前の刑事訴訟法第二百三十七条第一項、第二百三十八条を適用して全部被告人三名の連帯負担とする。

よって主文の通り判決する。

昭和二十四年二月二十五日

横浜地方裁判所第三刑事部

裁判長　裁判官　本田　等

裁判官　森　文治

裁判官　太田　夏生

■東京高裁判決

判　決

会社員（住所略）　松下英太郎

明治三十八年一月十五日生

会社員（住所略）　柄沢　六治

明治四十四年七月五日生

会社員（住所略）　森川　清造

大正三年一月二十五日生

右者等に対する特別公務員暴行傷害被告事件につき昭和二十四年二月二十五日横浜地方裁判所の言渡した各有罪判決に対し、各被告人から適法の控訴申立があったので、当裁判所は検事大久保重太郎関与の上更に審理を遂げ左の通り判決する。

主　文

被告人松下英太郎を懲役壱年六月に、

被告人柄沢六治を懲役壱年に、

被告人森川清造を懲役壱年に処する。

訴訟費用は被告人三名の連帯負担とする。

理　由

被告人等三名は曾て神奈川県警察部特別高等課に勤務していたもので被告人松下英太郎は左翼係長警部、被告人柄沢六治、同森川清造は同係取調主任警部補の地位にあって各司法警察官として思想事件の捜査に従事していたが、其の職務に従事中、昭和十八年五月十一日治安維持法違反事件の被疑者として検挙された益田直彦（当時世界経済調査会員）の取調に際し同人が被疑事実を認めなかったので、被告人等は其の他の司法警察官等と共謀して同人に拷問を加えて自白させようと企て、同月十二日頃から約一週間位の間数回に亘って、神奈川県神奈川署の警部補宿直室に於て、益田直彦に対し或は頭髪を掴んで胯間に引き入れ或は正座させたうえ手拳、竹刀のこわれたもの等で頭部、顔面、両腕、両大腿部を乱打し又は之により腫れ上った両大腿部等を靴下穿き（注・同前）の足で踏んだり揉んだりする等の暴行凌虐の行為を為し、よって益田の両腕に打撲傷、挫傷、両大腿部に打撲挫傷、化膿性膿症等を被らせ就中両大腿部の化膿性膿症については其の後治癒迄数ケ月を要さしめたのみならず長く其の痕跡を残すに至らしめたものであって右行為は各被告人とも犯意継続の下に行ったものである。

右所為は各犯意継続に関する点を除き（証拠関係省略）を綜合して之を認め各犯意継続の点は同種行為を短期間内に、繰返して行った事実に徴し之を認める。

法律に照すと判示行為は刑法第百九十五条第一項、第百九十六条、第六十条、昭和二十二年法律第百二十四号による改正前の刑法第五十五条に該当するところ、行為時と裁判時との間に刑の変更があったので刑法第六条、第十条に則り軽い行為時法所定の刑に従うべく結局傷害の罪の刑を重しとして刑法第二百四条に従い所定刑中懲役刑を選択した上被告人等を処断すべきものであるが、事案の性質に鑑み科刑につき若干の考察を加える。

元来本件は昭和十八年当時戦局が漸く苛烈を加え、為に国内の結束が強く要望されるに至り、殊に思想犯罪に対する取締が厳重を極めた時期に於て、特高警察官が思想犯罪捜査の過程に於て惹起せしめたものである。而して其の後終戦により制度の変革が行われ人権の保障ということが法制の根幹とされるに至ったのであって、犯罪自体今日とは異った雰囲気の下に行われたものであるのみならず、今日の社会はかかる犯罪については充分な保障を与えられて居り人権の侵害については懸念がないから被告人等の行為に対しては最早他戒の必要がないという考もあろうし、又被告人等は終戦直後退官し、最早警察官ではないし既に犯罪後七、八年も過ぎて居りその間苦悩の日を送って来たのであるから自戒の必要も又失われている。即ち被告人等に対しては厳罰を科さなくてもよいということも考えられるであろう。

然しながら民主主義の社会であろうと君主主義の社会で

あろうと、法治国に於ては裁判官、検察官は勿論のこと司法警察官による暴行凌虐の所為の如きは絶対に許されないものであることは言をまたない。元来司法警察官の如きは一面強力な職権を与えられているのであるから、その反面所謂拷問の所為の如きは厳禁されているのは当然であり、如何なる意味に於ても拷問は許されぬというのが法治国に於ける法制の根幹であり最低の保障であると看做されなければならない。而して被告人等はかかる禁制を破ったものである。

成る程終戦後においては人権擁護ということが一層強く叫ばれることになり、本件の如き所為に対し適用される法条所定の刑罰の如きが加重されるに至ったのも、その一つのあらわれであろうが、今日前記の如き人権保護の最低の保障が現実に於て全うされているかといえば遽に然りと断定することはできないのである。いわんや予想される将来の難局に対し、右点に関する懸念を単なる杞憂に過ぎないとする証拠もないのである。而して若し斯る人権擁護の第一課が現実に保障されたと認められない場合は、民主主義と称するものの如きも畢竟空虚なるものに過ぎないのである。

之を要するに被告人等の所為は法治国に於て戦時であると平時であるとを問わず堅く戒められている禁制を破ったものであるから、之を戦局苛烈な時期に於ける一場の悪夢に過ぎぬとして看過し去ることはできない。又個人は何時如何なる場合にあっても官憲の暴行凌虐に身をさらされないよう充分な保障を得なければならぬという観点からして、我国に於ては今尚判示の如き種類の犯罪に対しては自他共に充分の戒心を払う必要があると認められる次第である。

よって被告人等に対しては酌量すべき一切の事情を充分考慮しても猶科するに実刑を以てすべき充分な理由があるものと認める。

よって前記法条所定の懲役刑の範囲内で被告人松下英太郎に対しては懲役一年六月、被告人柄沢六治、同森川清造に対しては各懲役一年の実刑を科すべきものとし、訴訟費用については旧刑事訴訟法第二百三十七条第一項、第二百三十八条を適用し、第一、二審共被告人等三名をして連帯の上負担させるべきものとする。よって主文の通り判決する。

昭和二十六年三月二十八日

東京高等裁判所第三刑事部

裁判長　判事　前嶋　利郎

判事　飯田　一郎

判事　井波　七郎

■最高裁判決

判　決

会社員（住所等略）　松下英太郎
会社員（住所等略）　柄沢　六治
会社員（住所等略）　森川　清造

右に対する特別公務員暴行、傷害各被告事件について昭和二六年三月二八日東京高等裁判所の言渡した判決に対し各被告人から上告の申立があったので当裁判所は次のとおり判決する。

主　文

本件上告を棄却する。

理　由

被告人三名弁護人宇佐美六郎の上告趣意について。

論旨は原審はその第二回公判廷において弁護人望月武夫のなした証人申請に対して決定をしなかった違法ありとして、判例違反、訴訟法違反を主張するのであるが、記録（原審第三回公判調書中「前回弁護人望月武夫より人証の請求があり採否を留保した証人高橋三郎、樋口宅三郎は何れも之を却下するとの旨決定を宣し、次で事実並に証拠済の旨を告げた、……裁判官は弁論を結終し来る三月二六日午前十時判決の宣告を為す旨を告げ……閉廷した」の記載）より原審は弁護人のなした証人全部の申請を却下する趣旨の決定をしてこれを宣したものと理解することができるものであるから、原判決には所論の違法はない。されば所論の違法を前提とする判例違反の主張は採るを得ないから、単なる訴訟法違反の主張に帰する論旨とともに刑訴四〇五条に定める上告の理由にあたらない。そして所論の違法を前提とする訴訟法違反の主張もその前提を欠き採るを得ないから、刑訴四一一条を適用して原判決を破棄すべしとの論旨は採用するを得ない。

被告人三名弁護人高橋義次の上告趣意について。

論旨第一点は本件戦時特別犯罪に対する独自の見解を展開し、名を憲法違反に藉りその実質は単なる事実誤認、量刑不当の主張に帰し、刑訴四〇五条に定める上告の理由にあたらない。論旨第二点は被告人の為にした証人申請を却下したのは憲法三七条二項に違反すというのであるが本件のように裁判所が必要のないものと認めて証人申請を却下しても所論憲法の規定違反とならないことは当裁判所累次の判例に徴して明らかなところであって、論旨は理由がない。また論旨第三点は原判決には証人申請に対する決定をしなかった、違法ありと前提して憲法三七条違反を主張するのであるが、原判決には所論の違法のないことは宇佐美弁護人の上告趣意について説明するとおりであって、所論憲法違反の主張はその前提を欠き採るを得ないから、論旨は刑訴四〇五条に定める上告の理由にあたらない。

被告人三名弁護人望月武夫の上告趣意について。

論旨第一点は憲法三条違反を云為するが、その実質は証人申請に対し決定をしなかった違法があると主張するに帰し、論旨第二点は単なる事実誤認の主張にすぎないし、論旨第三点は憲法三九条違反を主張するのであるが、その実質は単なる量刑不当の主張に帰し、論旨はいずれも刑訴四〇五条に定める上告の理由にあたらない。（原判決に論旨第一点に主張する違法のないことは宇佐美弁護人上告趣意について説明したとおりである。）そして記録を精査するも本件には刑訴四一一条を適用すべきものとも認められない。

よって刑訴施行法三条の二、刑訴四〇八条に従い裁判官全員一致の意見で主文のとおり判決する。

昭和二七年四月二四日

最高裁判所　第一小法廷

裁判長裁判官　沢田竹治郎

裁判官　真野　毅

裁判官　斎藤　悠輔

裁判官　岩松　三郎

元特高警察官弁護人上告趣意書

【解題】最後に掲載するのは、最高裁に上告したさいの元特高側の三人の弁護人の主張である。

東京高裁の判決に対するその主張のポイントは、一つは判例違反、訴訟法違反の問題で、もう一つが高裁判決文中の次のような指摘に対する反論である。

「民主主義の社会であろうと君主主義の社会であろうと、法治国に於ては裁判官、検察官は勿論のこと司法警察官による暴行凌虐の所為の如きは絶対に許されない」

「如何なる意味に於ても拷問は許されぬというのが法治国に於ける法制の根幹であり最低の保障である」

「而して被告人等はかかる禁制を破ったものである」

「終戦後においては人権擁護ということが一層強く叫ばれることに（なったが……）今日前記の如き人権保護の最低の保障が現実に於て全うされているかといえば、遽《にわか》に然《しか》りと断定することはできないのである。いわんや予想される将来の難局に対し、右点に関する懸念を単なる杞憂に過ぎないとする証拠もないのである。而して若《も》し斯《かか》る人権擁護の第一課が現実に保障されたと認められない場合は、民主主義と称するものの如きも畢竟《ひっきょう》空虚なるものに過ぎないのである」

高裁判決は、このように述べている。告訴状の「告訴の趣旨」の締めくくりにあった訴えを正面から受け止めた文言である。

ところが、これに対して宇佐美弁護人は次のような強い疑問を呈し、反論する。

「右原審判決の説示を読む者をして最も奇異の感を懐《いだ》かせる点は『いわんや予想された将来の難局に対し、右点に関する懸念は単なる杞憂に過ぎないとする証拠もない』という一文である。『予想された将来の難局』といえば原審は、日本国の将来に人権が蹂躙されるような難局の到来が予想されて居り、然《しか》も其の予想は国民の多数が疑うことなく抱懐する観念であるように聞える。併《しか》しこれは何を意味するか分らない」

「私の知る限りに於て良識ある日本の知識人には判決説示の意味が分らないのである」

同じこの箇所をとらえて、次の高橋弁護人もこう述べている。

「原判決は……『今日人権擁護の最低の保障が現実に於て全《まっと》うされて居るかと謂《い》えば、遽《にわか》に然《しか》りと断言することは出来ないのである。況《いわん》や予想されたる将来の難局に対し、右点に類する懸念は単なる杞憂に過ぎないとする証拠もない』と判示して居るのであるが、何故に斯《か》かる懸念が被告人等に、特に厳罰を科さざるを得ざる具体的理由となるものであろうか。『予想されたる将来の難局云々』と謂《い》い、『単なる杞憂に過ぎないとする証拠』と謂い、何れも其意の那辺《なへん》に存するものなりやを解するに苦しむ」

敗戦後まもなく、生まれたての新憲法の下で始まったこの裁判が、民主主義を推し進める側と、それを引き戻そうとする側とのたたかいであったことを、これらの弁護人の主張が語っている。

なお、論点とされた「取調べにおける人権擁護」の問題を、六〇年後の現在に立って見てみると、残念ながら東京高裁判決の現状認識・見通しは見事に的中していたと言わざるを得ない。

直近の例でいえば、一昨年（〇九年）、今年と次々に無罪が確定した冤罪事件——足利事件、布川事件がその証拠である。昨年には、特捜部の検察官による証拠の改ざんに基づく訊問追及の事実さえ明らかとなった。この国における基本的人権確立の困難さについての高裁判決の懸念は、決して「杞憂」ではなかったのである。

＊

弁護人宇佐美六郎の上告趣意

第一点　原判決は最高裁判所の判例と相反する判断をした。

原審の第二回昭和廿六年二月二十一日の公判で弁護人望月武夫は被告人三名のために証人として、高橋三郎、樋口宅三郎、前田弘を申請した処、原審裁判長は右証人採否の決定を保留した（記録第四冊一五〇五丁及び一五〇六丁各裏）。続いて第三回昭和二十六年三月十二日の公判に於て原審裁判長は右留保証人中、高橋三郎、樋口宅三郎、を却下する旨決定を宣したが、前田弘に付いて決定をしないまま判決をしたのである。

最高裁判所は昭和二十二年（れ）第一二九号同年十二月十一日第一小法廷に於て、更に昭和二十四年（れ）第二六三五号昭和二十五年三月七日第三小法廷の判決に於て、公判に於て為したる証拠調の請求に付決定をしなかったことは、旧刑事訴訟法第四百十条第十四号に上告理由あるものとして、原判決を破毀せられている。

これ等は旧刑事訴訟法に関する判決ではあるが、現行刑事訴訟法第四百五条が其の第三号に於て「大審院の判例に相反する判断をしたこと」云々と定めるところより見れば、判例が終戦後の法律改定以前の法律に関する判例違反も、之を排除する意味ではないと信ずる。

刑事訴訟法第四〇五条第二号に所謂「最高裁判所の判例と相反する判断をしたこと」というのはある判決自体に直接含まるる判断を指すものであって、判決に至る道程又は手続に於て最高裁判所の判例に反する審理方法をしたという本件の如き場合は、含まないと解釈する説もあり得ると思われるが、ある証拠方法につき採否の決定をなし、又はなさずして判決をするということは判決の根幹をなす事実認定に到達する為の判断であって、斯くの如き場合を右法条の適用により除外すべき理由はないと信ずる。

第二点　原判決は判決に影響を及ぼすべき法令の違反があり著しく正義に反するものである。

（イ）第一点に指摘した原判決の欠点は法令に違反するものであること。

本件の審理が行われた旧刑事訴訟法は、其の第三百四十四条で証拠調の請求の却下は決定を以てなすべきことを命じ、同第四百十条第十四号は「公判に於て為したる証拠調の請求に付、決定をなすべき場合に於て之を為さざりしとき」は上告の理由あるものと定めている公判で為した証拠調で、決定をなす必要がない場合というものがあるかどうか別問題とし、原審に於ける証人前田弘の申請は「決定を為すべき場合」であってこれをしなかった事は法令の違反である。

現行刑事訴訟手続に於ては、証拠申請に付採否の決定をしないことは、刑事訴訟手続規則第一九〇条違反である。

（ロ）右の法令違反は判決に影響を及ぼすべきもので著しく正義に反すること。

被告人は第一審に於て公訴事実を全面的に否認し、原審に於ては其の一部を認めた。弁護人等は原審に於て被告人等有罪の御認定があっても、刑の執行を猶予せらるべき情状ありと主張して、その情状を立証するため前記三名の証人を申請したものである。然るに原審は右証人中二名を却下し、一名については決定をなさずして結論し、其の判決中特に被告人には刑の執行を猶予せず、実行を以て臨む要ありとする根拠の一つとして左の如き説示をしている。

「成る程終戦後においては、人権擁護ということが一層強く呼ばれることになり、本件の如き所為に対し適用される法条所定の刑罰の如きが加重せらるるに至ったのも其の一つのあらわれであろうが、今日前記の如き人権擁護の最低の保証が現実に於て全うされて居るかといえば、遽に然りと断言することは出来ないのである。況や予想された将来の難局に対し、右点に関する懸念は単なる杞憂に過ぎないとする証拠もないのである。而して若しもかかる人権擁護の第一課が現実に保障されたと認められない場合は、民主主義と称するものの如きも畢竟空虚なるものに過ぎないのである。」と。

何人でも右は原審裁判官が、人権擁護という問題を通じてなした我国の政治情勢に対する一つの観測であることは否定することは出来ない。我国政治の民主化の現状及び将来というような事は、一審以来本件審理上特に問題となりたることとなく、被告人としてこれに関して立証する事が、防禦方法として必要だとせられた事はなかったのである。勿論裁判官は刑罰の他戒作用の観点から、社会情勢を量刑の背景事実として考慮する事は当然であろうが、其の考慮に当っては新聞紙上の政治社説に見るような、人目を聳たせるようなものでなく、深く現実と人性に徹した深奥な観測をしなければならない。これは裁判の性質上当然のことであり、それが出来なければ斯様な観測判断はなすべきものでない。右に摘記した原審裁判官の観察は果して妥当健全ということが出来るか私は深い疑を持つ。

人権擁護上憲法で新たに個人に与えられた黙秘権というものは犯罪捜査を困難にするからこれを廃止又は緩和せよという声が警察、検察関係当局から公に提議又は示唆されている事は公知の事実である。これは個人人権の主張がハッキリして来て人権擁護の方面にあらわれた我国民主化が漸次結実している事を、証するものではないだろうか。

過般横浜の街頭私娼を強制収容せんとし、女が警察官に殴打されるのを外国人が目撃して、日本タイムスに投書し其の投書は非常な反響をよび、続いて投書する者陸続し、警察官側もある程度の非を認めるに至ったという事件があると記憶する。これ等も言論機関を通じて起った人権擁護の運動の実例であって、私は此点について原審裁判官とは異った観測を持っている。斯様な政治情勢という様なものは、勿論裁判官だから正確な判断が出来るということは言えない。

右原審判決の説示を読む者をして最も奇異の感を懐かせる点は「況んや予想された将来の難局に対し、右点に関する懸念は単なる杞憂に過ぎないとする証拠もない」という一文である。「予想された将来の難局」といえば原審は、日本国の将来に人権が蹂躙されるような難局の到来が予想されて居り、然も其の予想は国民の多数が疑うことなく抱懐する観念であるように聞える。併しこれは何を意味するか分らないので、試に良識ある人々にこの言葉より受ける印象を聞いてみた処「この裁判官は日本軍閥政権の再来か、共産主義国のゲスタポの移入でも考えていると思う外はない」という一致した答を得たのである。本件犯罪に対する量刑をするに当って裁判官が、斯様な社会観察を背景としたとすれば、これは正義に反することというをまたない。仮に斯様な意味ではないとすれば、私の知る限りに於て良識ある日本の知識人には判決説示の意味が分らないのである。

更にすすんで「右点に関する懸念は単なる杞憂に過ぎないとする証拠もない」と説示せられているが、原審は原審に於て始めて弁護点となった情状に関する証拠方法は、一も之を採用せず、弁護人が最も適任なりとして選び申請した証人前田弘に対して、許否の決定すらしなかったのである。右証人を訊問すれば、原審裁判所の政治的社会観察を再考すべき有力なる資料が得られたかもしれないのである。これを無視して右の様な主観的観察に立てこもるということは、耳を塞いでなす裁判であって正義に反すること甚だしいといわなければならぬ。

仍て原審判決を破毀せられんことを求めるものである。

以上

＊

弁護人高橋義次の上告趣意

第一点　本件事犯は原審判決が其理由中科刑に処する考察として、現示せるが如く『昭和十八年当時戦局が漸く苛烈を加え、為めに国内の結束が強く所望さるるに至り、特に思想犯罪に対する取締りが厳重を極めた時期に於て、特高警察官が思想犯罪捜査の過程において惹起せしめたものである』。

爾来幾星霜を経、全く世代を異にせる今日に於て、人権尊重の思想が特に普及台頭するに至り、遂に其条項は憲法々規に直接顕現せられその制度においても亦万全の期せらるるに至りたるものであって、本件犯行当時に於ては挙国決戦態勢を整え真に傾国の戦闘を為し乍ら敗戦の色漸く濃厚となり、其戦力の挽回に躍起となっておった国運衰退の時であるから、自然共産主義者に対しては徹底的に応懲を加うるも、尚且飽くなき国民感情の横溢時代であって、判示に明らかな如く、全く『犯罪自体今日とは異った雰囲気の下に行われたもの』である事は明らかである。

従って健全なる常識を失うに至った斯る国状の下において行われた本件の如き事犯については、判示の如く『民主主義の社会であろうとも君主制の社会であろうとも法治国においては裁判官、検察官は勿論の事司法警察官に依る暴行凌辱の行為の如き絶対に許されざるものである』として、全く冷静に立戻り立法制度を異にした人権保障確立時代の新憲法下の観念を以て、卒然且安易に片附け去る事は出来得可きでない。

由来戦争は一国の興亡を賭するの闘争である。自他喰うか喰われるかの激突である。従って権力主義の強行となり、事実は人権蹂躙どころか人権は全く無視根こそぎにされ、国は焦土と化せられ人命の残虐さえ横行するを常例とする。

然るを平和を前提としてのみ生成せらる可き人間性の尊重や、人類愛の精神に胚胎する人権擁護に比附し、直に之に対して厳罰を科するは余りにも当時代に於ける被告人等の心情と所為とを実際以上に誇張的に悪視し、必要以上に刑罰の悪性を強調し去ったものと謂わねばならない。

加之本件の如く戦争に直結して行われた犯罪に対する科刑に際しては、彼の講和条約の締結発効に依り戦争は全く終結し、締結各国は過去の戦争を忘れ其恩讐を超越して、戦争犯罪の責任免除を行う人道と正義とに基く国際慣例の精神を参酌して行わる可きであらざるなきか。況んや本件告訴人である益田直彦が、自ら進んで昭和二十六年三月十九日附原審裁判所に提出したる上申書に於て、満腔の情熱を傾け被告等に対し、最大限に寛大な処置に出られ度旨の切々たる懇請あるに於ておや。

一方被告人等は益田直彦に対し「或は頭髪をつかんで股間に引き入れ、或は正座させたうえ手拳、竹刀の割れたもの等で頭部、顔面、両腕、大腿部等を乱打し、又これにより腫れ上った両大腿部を靴下穿の足にて踏んだり揉んだりする等の暴行凌虐の行為」を為し、依て傷害するに至ったと判示するのであるが、原判決の採用せる証拠に徴するに、斯る無暴な行為を為した事態は、被害者である益田直彦の供述以外には他に全然認める事が出来ないのであって、其の立場よりしても直に全面的に受入れ得ない処である。

況して益田直彦は、当時共産主義者として取調を受けたについて、相当被告人等に対して憎悪の念を抱いて居た事は明らかである。本件に関連する右益田外の告訴状を見ても、それが実際上に誇張されている事が窺知せらるる。特に、川田寿の告訴状の如きは全く悪意に満ちたものであって、仮にも警部又は警部補として、思想犯罪取締の重要な職責にあった被告人等が、告訴状記載の事実の如き破廉恥的な所行を敢てするものであるか否かは、一片の常識を以て直に判断し得る処である。

告訴人等は共産主義者たる細川嘉六と一連の思想的な繋りをもつ者であり、その告訴の行為は戦後滔々として広まった民主主義の風潮に便乗した一部の者の我が国の旧制度に対する、反感と反撥から生じた一種の文書戦であるとさえ思惟せられるのである。従って斯かる告訴人の供述をそのまま受け入れる事は極めて危険であると謂わねばならない。被告人等は判旨記載の如き行為は、終始否認し続けて来た処であり、唯戦時中の事であったので感情にかられ多少の暴行を加えたかも知れないと述べておるに過ぎない。勿論暴行は程度の如何に拘らず許されるべきではない。併し判示の如き暴行凌辱とはおよそ似てもつかぬ程度の差違がある。

原判決は前述の如く不確実なる証拠により誇張して事実を認定しておるのである。斯かる誇張された事実に基き、而も国歩艱難の頂点とも謂う可き当時の所行につき、現在時の観念や分別を以て被告人等に厳罰を科するは、一面裁判の公正を欠き、他面憲法で保障された被告人等の公正なる裁判を受くるの権利を侵したものと謂わねばならない。国内の結束を最も必要とする国家有事の秋その結束を紊し、敵方と通じているのではないかとさえ目される共産主義者の取締の第一線に立った特高警察官は、其職分と共意識とに於て他の一般司法警察官と自ら異るものがあったであろうに拘らず、判示は
『元来司法警察官の如きは、一面強力なる職権を与えられているものであるから、其の半面所謂拷問の如きは許されないと云うのが法治国における法制の根幹であり最低の保障である』と謂うも、当時の状勢の実体は斯る充分周到な注意と思慮を施すに由なき窮状に置かれてあった事に想を致す可きである。

原判決は若干これ等の事情に考慮を払いながらも、尚且人権尊重の必要のみを執着強調し『これを戦局苛烈なる時期における一場の悪夢に過ぎぬものとして、看過し去ることは出来ない』ものとして実刑を以て臨んでいるのである。

併し責任の帰趨はその行為時の国民感情の実状に基いて評価せられるべきであって、変転限りなき其の後の時代感覚や時代思想を以て、直に問責科刑せられる事は被

告人等のために過酷、且過当のものと謂わねばならない。

本件行為時より既に八年有余の歳月は流れ去った。其の間敗戦後の国内諸制度の改革、就中人権の保障や民主主義の諸制度が夫々の部門に亙って確立せられ、被告人等においても深く其の過去を反省し、警察官の地位を退きたる後は僅かに一小会社の担当者として漸く更生し、第一歩を踏み出しつつある途上であって忠実、勤勉、善良が被告人等の全貌観である事を認め得らるるに於て、改めて今実刑を科する事由は毫末も存しないと謂わねばならない。

想うに刑罰は刑を科する事自体に目的があるのではない。

原判決は斯る事情の大様を認めながら尚且『今日人権擁護の最低の保障が現実に於て全うされて居るかと謂えば、遽に然りと断言することは出来ないのである。況や予想されたる将来の難局に対し、右点に類する懸念は単なる杞憂に過ぎないとする証拠もない』と判示して居るのであるが、何故に斯かる懸念が被告人等に、特に厳罰を科さざるを得ざる具体的理由となるものであろうか。「予想されたる将来の難局云々」と謂い、「単なる杞憂に過ぎないとする証拠」と謂い、何れも其意の那辺に存するものなりやを解するに苦しむ。若し夫れ原判決は祖国が再び招来せしめじと誓った過ぎし悪夢の時代の再現を予想肯定し、その時其機の膺懲予防のために今にして厳罰を科するを相当とすると謂う意にありとせば、余りにも現実を飛躍した一場の空論に過ぎないと謂わねばならない。

これを要するに原判決は充分なる審理を尽さずして、不確実なる証拠によって誇大に事実を認定し、且つ具体的な事実の一切を顧みず、大局を無視して唯々抽象的な人権擁護の必要性のみに拘泥偏執せられ、徒に『科する実刑を以ってするべき充分な理由があるものと認める』と判定した原判決は其の事実の認定に重大な誤認あり、且つ刑の量定に甚敷不当ありて何れも憲法に違反し当然破毀せらるるべきものである。

第二点　原審公判調書に依れば、原審に於ける審理は職権により、被害者益田直彦を証人として喚問したのみで弁護人より被告人等の為に高橋三郎外二名の証人申請があったにもかかわらず、これ等の証人訊問を為さずして結審した。

然し乍ら憲法第三十七条第二項の規定は厳に、被告人の反対訊問権及び証人の喚問請求権を保障している。本条が刑事被告人は「公費で自己のために強制的手続により証人を求める権利を有する」と規定しあるは勿論、被告人が申請する証人のすべての者を取調べなければならぬという意味合でない事は固より明らかである。けれども他方亦単に被告人のための証人喚問の費用は、公費で賄われる事が出来ると謂う事や、強制的手続による事も出来得ると謂う事のみを保障したのではない。蓋し旧来の刑事裁判が糺問手続的色彩が濃厚であった為、裁判所が実体的真実を追求する余り被告人の当事者として、権利の保護に欠ける虞があった点に鑑み、弾劾主義的な手続を多分に加味せしめる事より、旧来の弊根を剪除し刑事裁判の公正と被告人の保護とを完全に担保せんとする理念に基いて、本条の規定を見るに至ったもので、旧来の我刑事裁判上重大な変革を齎らす画期的の重要な規定であるからである。

現行憲法の基調である基本的人権尊重の原則は、刑事裁判における被告人を可及的に有利な立場に立たせしむべく要請するのである。斯る観点より本条を解するならば、刑事被告人は少なくとも自己に有利のための証人を、最低限一人以上を喚問することを得る権利を有し、裁判所も被告人の請求があった場合は、被告人に有利な証人一人以上は喚問しなければならないことを規定しているものと解さねば、本条所定の意味を為さない。固より証拠調採否の決定は裁判所の裁量に属するものである事謂うを俟たないが、刑事裁判の特質上人権尊重、被告人保護の面からこの裁判所の裁量権に一つの制限が課されて居ると解さねばならない。然り而して証拠調採否の裁量権を裁判所が有する所以のものは、訴訟的技術の要請に基くものである。而してこの訴訟的技術の要請が基本的人権尊重の要請の前に譲歩したと謂う型が、即ち本条によって顕現されているものと解するのが、憲法第三十七条の正しい解釈であらねばならない。

固より被告人の証人申請が権利の濫用と認められる場合には、これを許さないのは当然である。而して原審において弁護人より申請した証人高橋三郎は、当時の被告人らの直属上司たる神奈川県警察部長であり、部下の行動については重大なる関係と責任を有するものである。従って被告人らの人格、性質、或は職務態度などを熟知しおるのみならず、当時の国内の急迫した諸情勢や思想犯罪に対する特高警察の取締の実情や、特高警察官の精神状態など要するに本件真実の把握に切要な多くの事実を詳知しておるものであって、本件事実の認定、情状酌量の点に付ての資料において、被告人の為に全く欠く可らざる証人であって、これが申請は決して権利の濫用となるものではない。従ってこれらのものを喚問せずして判決したるは、憲法三十八条に違反し破毀せらる可きものである。

第三点　原審公判調書によれば、弁護人は被告人等のために証人として高橋三郎、前田弘、樋口宅三郎の三名の喚問を申請したが、裁判所は高橋三郎、樋口宅三郎については何れも却下の決定をしたが、前田弘については、これが採否を判断せず、而も前田弘について証人訊問をせずして結審している。これは明らかに被告人の証人喚問請求権、弁護人の弁護権を不法に制限したものである。

刑事被告人にとっては其証人申請権及び弁護人の弁護権は、その防禦権中の最大の武器と謂わねばならぬ。然るが故に旧刑事訴訟法も弁護権の不法制限、証拠調の請求に対し却下の決定をせずして、証拠調をしなかった場合を以て常に判決に影響あるべきものとして絶対的上告理由としているのである。

而して新憲法においてはこれらの権利が憲法上の権利として、第三十七条によって保障されているのである。従って裁判所は被告人より証人申請のあった場合は、必ずそれについての判断をせねばならぬ義務を負担しているものと解す可きである。

この点、貴裁判所の判例の少数意見（昭和二三年（れ）第二三〇号同年七月三日大法廷判決暴力行為等処罰に関する法律違反被告事件における沢田裁判官の意見）にも示されているところである。

従ってこの判断を怠った原判決は当然違憲であって破毀を免れない。

以上

＊

弁護人望月武夫の上告趣意

第一　原判決は憲法第三十一条「何人も法律の定める手続によらなければその生命若しくは自由を奪われ又はその他の刑罰を科せられない」なる条規に違反し法律の定める手続によらずして刑罰を科した違法がある。

（一）昭和二十六年二月二十一日原審東京高等裁判所第三刑事部法廷に開廷せられた本件公判において、裁判長の証拠調の後弁護人より被告人三名の為め証人として高橋三郎、前田弘、樋口宅三郎三名の尋問を申請し立証趣旨を明らかにしたところ、裁判長は検事の意見を聴き合議の上弁護人申請の証人の採否について決定を留保したことは、原審第二回公判調書（記録第四冊一五〇五丁裏一五〇六丁表）の記載により明らかである。

（二）次で同年三月十二日同法廷に開廷の第三回公判において裁判長は合議の上前回弁護人より証人の請求があり採否を留保した証人高橋三郎、樋口宅三郎は何れもこれを却下する旨の決定を宣し、事実並に証拠調済の旨を告げたことは第三回公判調書（記録第四冊一五一二丁表）の記載に依り明らかであるが、採否を留保した証人前田弘については遂に何等の決定が為されなかったことも亦原審公判調書にこれに関する記載が存在しないことにより明らかである。

(三) 憲法はその三十一条において「何人も法律の定める手続によらなければその生命若しくは自由を奪われ又はその他の刑罰を科せられない」と規定している。この条規につき美濃部達吉氏は日本国憲法原論(二〇二頁)において「本条においても一方において刑罰を科するには刑事訴訟法に定むる成規の手続に依ってのみ之を為し得べきことを定むると共に、一方に於いては死刑は勿論自由刑も唯刑罰としてのみ科し得べく、刑罰としてではなくして生命若しくは自由を奪うことは許されない」ことが示されていると説き、又佐々木惣一氏は日本国憲法論(四三五頁)に於て「憲法第三十一条は(中略)国民は法律の定める手続によらないでは刑罰を科せられないということを主張するの権利を有する。法律の定める手続により刑罰を科することは法律の定める方法と解すべきである。即ち(一)如何なる行為に如何なる刑罰を科するかが法律で定められること及び(二)或行為に或刑罰を科することを決するまでの取扱方が法律で定められることを手続を定めるというの手続きと解して刑事訴訟手続などというの手続と解すべきではない。この意味の手続は前示(二)であって憲法のいう手続に属するが、これに限らず前示(一)も憲法にいう手続である。要するに国家は法律で定めた刑罰でない刑罰を科してはならず、又法律で定めた取扱方を為さないで刑罰を科してはならない。国民はこれを主張し得る、即ち権利を有するのである」と説いているように、本条の「法律による手続」が刑事訴訟法を含むことは疑いないところである。

然らば刑事訴訟法に定められた手続の総ての違反が憲法第三十一条の違反に該当するか否かについては学者間に多くの所説を見ないが、本条が国民に刑罰を科するには法律に定められた手続によらなければならないとして国家刑罰権の行使に対し国民の権利を保障した趣旨から少なくとも刑事訴訟法中被告人の防禦権に関する手続の違反乃至被告人に科せらるべき刑罰に実質的に影響を生ずる虞ありとして被告人に認めた手続の違背は憲法三十一条の違反であるといわなければならない。

(四) 本件の原審における審判の準則は旧刑事訴訟法であって同法第三百四十四条には「証拠調ノ請求ノ却下ハ決定ヲ以テ之ヲ為スベシ」と定められている。犯罪の構成或は犯情に関し被告人は証拠調を請求する権利を有する。裁判所は請求せられた証拠調を全部採用することを要しないが、その採否を判断し採用の必要なしとする場合は決定を以てこれを却下せねばならない。即被告人は裁判所に対し自己に有利なる証拠調を請求しその判断を受くる権利を有する。刑事訴訟法が被告人に与えたこの権利は刑事訴訟法に於て被告人の防禦権の中核を為すものである。さればこそ旧刑事訴訟法第四百十条は「公判ニ於テ為シタル証拠調ノ請求ニ付決定ヲ為スベキ場合ニ於テ之ヲ為サザリシトキ」は、「常ニ上告ノ理由アルモノトス」と定めているのである。従って被告人に証拠調請求の機会を与えず或は証拠調の請求に対し採否の決定を為さず（証拠調の請求につき何等の決定を為さざることは、それについて何等の判断をしなかったことで証拠調請求の機会を与えなかったことと結果は同じである）被告人を刑罰に処したことは被告人の防禦権の中核を奪って刑罰に処したこととなり、明らかに「法律の定める手続によらずして刑罰を科した」ものである。

（五）本件に於て原審が弁護人から証人として前田弘の喚問を請求せられたのに拘らず、却下の決定もなく又その喚問も行わず刑罰を科する判決をなしたことは、憲法第三十一条に所謂「法律の定める手続によらなければ刑罰を科せられない」との条規に違反したもので、原判決は破毀せられるべきである（因みに前田弘は神奈川県警察部特高課長として被告人等の上司であり、犯罪の成否及量刑に重大な関係を有するが故に証人としてその喚問を請求したものである）。

第二　原判決には判決に影響を及ぼすべき重大な事実の誤認があり、原判決を破毀しなければ著しく正義に反する。

原判決は事実認定の部分に於て「被告人等はその他の司法警察官等と共謀して」益田直彦に拷問を加えて自白させようと企て、同人に対し頭髪をつかんで跨間に引き入れる等の暴行凌虐の行為を為し依って同人に傷害を負わしめた旨判示し、刑法の各法条と共に第六十条を適用している。何人が如何なる暴行凌虐の行為を為したか又「その他の司法警察官等」が何人であるかは判決に明示されていないが、共謀した「その他の司法警察官等」の行為の責を共謀なるが故に被告人等に負わしめていることは争ない。而して原判決挙示の証拠中何人が如何なる暴行を加えたかについての証拠は（A）第一審公判調書中証人益田直彦の供述記載（B）検事の益田直彦に対する昭和二十二年九月二十三日附同年十月八日附同年十月二十日附各聴取書中同人の供述記載に止り、その余の証拠はこの点に触れていない。更に進んで右（A）（B）の証拠を精査するに、被告人等の外司法警察吏たる赤池、村沢、中村各巡査部長が暴行に加わり、或は現場に登場しているが、被告人等以外の司法警察官と共謀し或は之等司法警察官が暴行或は取調に加わった形跡は遂に発見し得ない。しかるに被告人以外の司法警察官と共謀しこれ等司法警察官が為した暴行凌虐の行為の責を被告人等に負わしめた原判決には、判決に影響を及ぼすべき重大な事実の誤認があって原判決を破毀しなければ著しく正義に反する。

第三　原判決は刑の量定が著しく不当であって、破毀しなければ著しく正義に反する。

原判決は「法律に照らすと判示所為は刑法第九十五条第一項、第百九十六条、第六十条、昭和二十二年法律第一二四号による改正前の刑法第五十五条に該当するところ、行為時と裁判時との間に刑の変更があったので刑法第六条、第十条に則り軽い行為時法所定の刑に従うべく（中略）事案の性質に鑑み科刑につき若干の考察を加える」と判示した上、被告人等に実刑を科する理由を説示し、被告人松下を懲役一年六月、被告人柄沢、森川を各懲役一年に処したのである。その実刑を科する理由を要約すれば、
（イ）法治国において特別公務員の暴行凌虐の行為は絶対に許されない。これが法治国における法制の根幹であり最低の保障である。
（ロ）終戦後人権擁護の声が高くなり、本件の如き行為に対する刑罰が加重されたのもその一つの現れであるが、人権擁護の最低の保障が現実において全うされているかといえば遽にしかりと断定し得ない。
（ハ）況んや予想せられる将来の難局に対しこの点に関する懸念が単なる杞憂に過ぎぬという証拠はない。
（ニ）斯かる人権擁護の第一課が現実的に保障されたと認められない場合は、民主主義は畢竟空虚なるものである。
（ホ）戦時たると平時たるとを問わず、斯かる禁制を破った被告人等の行為は戦局苛烈な時期に於ける一場の悪夢として看過出来ない。
（ヘ）個人が官憲の暴虐に身を曝されぬよう十分保障を必要とする観点から、我国に於ては今尚自他共に十分の戒心を必要とする。
と謂うに帰する。

凡そ刑法第六条に、犯罪後の法律に因り刑の変更ありたるときは其の軽きものを適用するという条規は、唯単に軽き法案を機械的に判決の紙上に摘示することを要求しているのでないことは勿論、量刑を軽き刑罰の枠内に止めることのみを要求しているのではない。蓋し行為時に於て軽き刑罰を科せられた犯罪が、客観的情勢の変化に伴う法律の変更に依り裁判時に於て重き刑罰を科せらるるに至っても、侵害された法益は犯罪時のものであるのみならず刑罰が加重せらるるに至った責は被告人に存せず、刑罰加重の諸条件が犯罪時に既に胚胎したものとしても、斯かる曖昧なる情況の下に於ては被告人の利益に従い軽い行為時法所定の刑を適用すべく、又行為時に於て重き刑罰を科せられた犯罪が客観情勢の変化に伴う法律の変更に依り裁判時に於て軽き刑罰を科せらるるに至った場合侵害された法益は犯罪時の重きものであり、刑の軽減せらるるに至ったのは被告人の功績に依るものではないが、刑罰の軽減せらるるに至った諸条件は犯罪時に於て既に胚胎していたものと見られるので、前同様

被告人の利益に従い軽き裁判時法所定の刑を適用すべしとする法意である。

憲法第三十九条に「何人も実行の時に適法であった行為又は既に無罪とされた行為については刑事上の責任を問われない」と規定せられた趣旨も亦「疑わしきは罰せず」なる格言も刑法第六条の法意と同様であって、何れも刑罰が個人に対する重大な犠牲の強制である為、過って被告人に不当に軽き刑罰を科する虞れはあっても過って被告人に不当に重き刑罰を科する虞れの絶無を庶幾する人権擁護の配慮から生れた最大公約数的条規である。

従って被告人の性格、年齢、境遇、犯罪の情状、犯罪後の情況等を綜合して軽き法定刑の枠内に於て具体的に決定すべき量刑も、刑法第六条の法意に則るべきことは言うを俟たない。されば具体的量刑の基礎となるべき諸条件に於て行為時と裁判時との間に軽重の存する場合は軽きに従うべきことは当然である。

然るに原判決は前段に於て軽き行為時法所定の刑に従うと判示し乍ら、後段に於て具体的量刑の基礎については、

（イ）終戦後人権擁護の声が高くなり、本件の如き犯罪に対する刑罰が加重せられるに至ったが、而も尚人権擁護の最低の保障が現実化されたと断定し得ない。

（ロ）予想せられる将来の難局（如何なる難局が予想せられるかは明瞭でない）に対し、人権擁護の最低の保障が失われるという懸念も杞憂とする証拠はない。

（ハ）人権擁護の第一課が現実的に保障されたと認められない場合、民主主義は空虚である。

（ニ）個人が官憲の暴虐に曝されぬ十分の保障を必要とする観点から、我国に於ては「今尚」自他共に戒心の要がある。

と説示し、その説く処何れも終戦後人権擁護の声が高まり本件の如き犯罪に対する刑罰が加重せられるに至った、裁判時の状況乃至観点に基いて量刑していることは明瞭であり、刑法第六条の法意に背反する。

思うに司法警察官吏が被疑者に対し暴行凌虐の行為を為すが如きは、戦時たると平時たるとを問わず固より法の厳禁する処であり厳戒を要することは誠に原判決所論の如くである。しかし乍ら過ってこれを犯すに至った者に対する科刑については、被告人等の主観的事情にのみ眩惑されて感傷に陥ることも避けねばならぬと同様、徒に人権擁護の観念に先走り厳罰を必要とする客観的条件の俘虜となることも亦これを避け、冷静に凡ゆる観点を綜合した判断の下に量刑せられねばならない。謂う迄もなく刑罰は、個人に対する犠牲の強制であると同時に個人の集合体である国家に対しても亦損害を及ぼすものであるから、刑罰は止むを得ざる最少限度に止むべきである。

本件は公訴時効を一年も超えた満八年以前の犯行で、

当時我が国は戦争遂行のため国を挙げて昂奮のルツボと化し、共産主義活動を完封する国策の下に被告人等特高警察官は中央よりこれが摘発について厳重な督励を受け、今にして思えば想像に絶する雰囲気の中において鹿追う猟師山を見ざるの愚を敢てしたものである。

終戦後諸制度の大変革は制度の面において、又国民心理の面において、明治維新以来志して為し得ざりし民主主義革命を完成したものと謂い得る。憲法における基本的人権の宣言とこれに基く諸般の原則的規範の下に刑法、刑事訴訟法、人身保護法、国家賠償法、刑事補償法等の立法又は改正が行われ、これに伴い人権擁護に関する各般の制度及び組織が完備し大勢は全く昔日の面影を止めない。この間にあって被告人等は追放せられ生活の方途に困惑している際、偶々本件の告訴を受けるや機を見るに敏なる共産党に便乗され、新聞にラジオ（当時新聞ラジオのレッドパージは行われていなかった）に拷問警察官として喧伝され、妻子の末に至る迄肩身の細る明け暮れを送り、次で本件公訴が提起せられるや生活苦に加え獄門の威圧に苦悩し自暴自棄に陥ったことも屡々であったが、この苦悩はやがて反省と自戒を促したのである。されば被害者益田直彦も恩讐を越えて、原審裁判所に被告人等の為寛大な裁判をお願いする旨の上申書を提出した。而も被告人等は現に追放を受け、後日追放を解除せられたとするも本件の如き犯罪の為有罪判決を受けたものとして再び警察官には絶対になれないので再犯は絶対にあり得ない。然りとすれば主観的事情からは被告人等を実刑に処する必要は毫末もない。原審判決も概ね此の点は認めている様である。

然らば、一般警戒の必要上前記主観的事情を排斥して尚実刑を科する必要があるかということが問題である。原審判決に於ける量刑に関する説示は専ら一般警戒の必要上実刑を科すべきことを強調している。果して然りであろうか。司法警察に従事する者が被疑者に対し暴行凌虐の行為を為すが如きことは、旧憲法の保障に反し刑法の正条に該当することは勿論であるが、終戦後我国が民主々義国家として出発した関係上、民主々義の根底を為す個人の尊重が一層強く叫ばれるに至ったのは当然である。

従って此の趣旨に則る原判決の説示は尤も至極であるが、唯「今日前記の如き人権擁護の最低の保障が現実に於て全うされているかといえば、遽に然りと断言することは出来ない」との点については認識を異にし昔と比すれば隔世の観があり、人権擁護の最低の保障は現実に於て全うされていると信ずる。又「予想される将来の難局云々」についてはその難局の予想の仕方に依り肯定も亦否定も可能であろうが、現下の国際情勢から斯かる難局の予想を本件量刑に加味することは甚だ危険であり寧ろ冒険ですらある。況や「杞憂に過ぎないとする証拠がない」とてこの点に関する証拠を求め、証拠がないから実刑に処するというのは暴論ではないだろうか。

本件量刑についての要点は叙上の如き「現実認識」乃至「予想」ではなく被告人等に実刑を科さなければ警察官吏に起り易い本件の如き犯罪が防止出来ないであろうかという一点に帰する。本件が現在の如き国民心理と組織制度の間に起った事案であるならば、厳重なる処罰により同種事犯の発生を防止する意味に於て之に実刑を科するに何人も躊躇しないであろう。然し雰囲気の全く異る戦時中の本件犯罪に軽き刑罰が科せられたとしても、それが故に警察官吏の心理に弛緩を生ぜしめる虞れは想像せられない。それは刑罰の軽重ではなく、直ちに失職に依り生活苦と世間の指弾と起訴の険道を想わしめるが故である。又重き刑罰を科したが故に警察官吏に戒心を促す公算も少ない。寧ろ裁判の冷厳苛酷を感受せしむるに止るであろう。それは本件が終戦前の特殊犯罪に関するものであり、且彼等は終戦を一つのエポックと考えているが故である。

斯く考察し来れば、被告人等に寛大であるべき前叙の諸事情を排斥して迄も科するに実刑を以てすべき一般警戒の必要は存在せず、寧ろ被告人等に執行猶予の寛典を与えて更生せしむると共に民主々義の寛容さを体得せしめるに如かずと信ずる。

之を要するに、原判決の量刑はその基礎を専ら終戦後の事態と観念に置き、客観情勢が変化した為に被告人等を実刑に処するというに帰着し、著しく不当である。この不当の量刑は憲法第三十九条の精神にもとり、著しく正義に反するが故に原判決は破毀せらるべきである。

以上

終わりに——二つの資料集のこと

横浜事件のやっつけ裁判による「有罪」判決に対して再審請求が申し立てられたのは、一九八六年7月のことです。敗戦時のやっつけ裁判から四一年が経過しています。なぜそんなにも歳月がたってから再審を申し立てたのかということについては、次のような事情が考えられます。

一つは、戦後まもなく特高警察官を共同告訴し、最高裁においてその有罪が確定したことで心理的に一定の決着がついたこと。

もう一つは、再審制度そのものは存在していたが、そのハードルはきわめて高く、たとえば真犯人が名乗り出てくるといった、子供にもわかるような決定的な証拠がなければ再審が受け付けられなかったことです。

ところが、一九七五年の白鳥事件での最高裁決定で、原判決の事実認定に合理的な疑いを生じさせるような新証拠が提示できれば再審を受け付けるという基準が示され、再審のハードルが一挙に低くなったのです。

加えて、政治状況の変動です。

一九八二年、中曽根康弘内閣が登場しました。その前年には鈴木善幸首相がレーガン米大統領との共同声明で、初めて日米「(軍事)同盟」の用語を使用、シーレーン防衛を打ち出していました。そうした流れを加速させた中曽根首相は「日米運命共同体」「日本列島不沈空母化」「戦後史の転換点」「戦後政治の総決算」などを矢継ぎ早に表明、八五年には国家秘密法(スパイ防止法)案を国会に提出したのです。

戦前の軍機保護法、国防保安法と同種・同質の弾圧法規・国家秘密法案の出現は、横浜事件を生み出した治安維持法の時代をぐっと身近に引き寄せることとなりました。薄れかけていた「戦前」の記憶が、ふたたび鮮明によみがえってきます。

全国各地で反対運動が湧き起こりました。その運動の中で、特高によってでっちあげられた横浜事件、治安維持法によるやっつけ裁判の全容——国家権力による組織的犯罪の全体構造を明らかにし、法的な決着をつけるために、横浜事件再審裁判が提起されたのです。

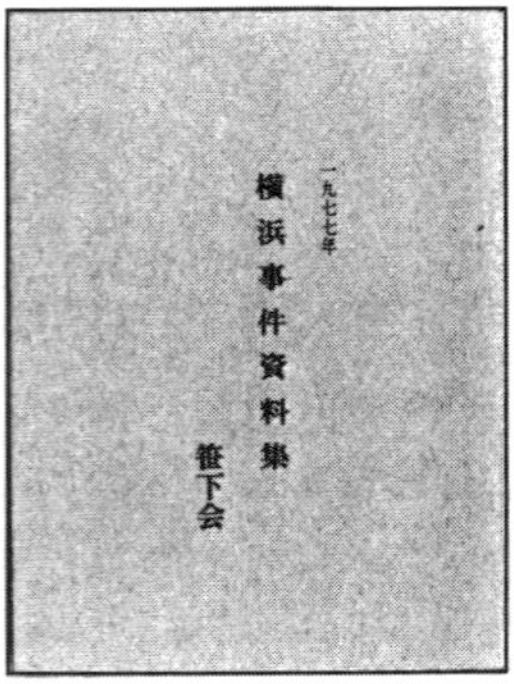

1977年版資料集

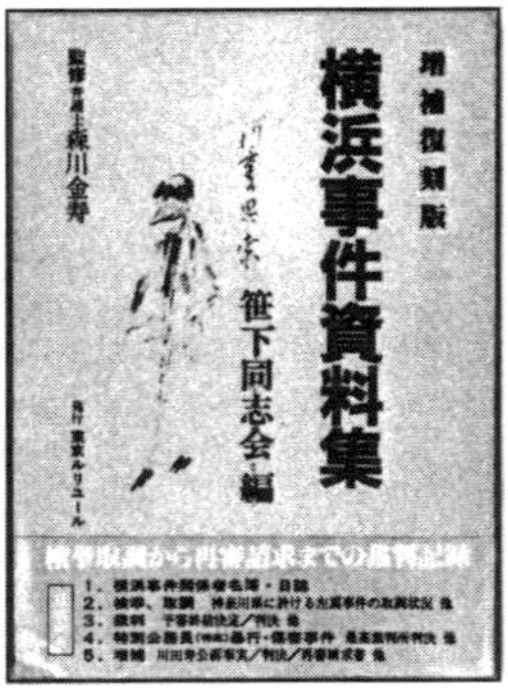

1986年版資料集

　このように、再審請求の直接の動機としては国家秘密法の出現があったわけですが、拷問特高告発の後、事件の被害者だった人たちが、それまで何もしなかったわけではありません。

　被害者となった人たちの中に出版関係者（編集者）が多かったのがこの事件の一つの特徴ですが、本書にもその一部を引用したように、少なからぬ人たちがその異常な体験を、自己の考察を交えて執筆、出版するほか、雑誌等で語り、また寄稿しています。

　そうした執筆活動のほかに、事件関係の資料を収集し、まとめるという地道な、しかし重要な活動も行われました。その結果、一九七七年、高木健次郎氏を中心に作成されたのが、笹下《ささげ》会編の『横浜事件資料集』（私家版。A５判・一一三頁）です。

　笹下というのは、事件被害者たちが各警察署をへて送り込まれた横浜拘置所・刑務所のある地名で、特高告発のさいにグループ名としてこの地名が採用されたのでした。

　この資料集がどのような経緯で作られたかは、このあとに掲載した、高木氏による編集後記「資料の収録について」に具体的に述べられています。

　その資料集の発行から九年、再審請求にあわせて森川金寿監修・笹下同志会編『横浜事件資料集・増補復刻版』（A５判・二四八頁）が発行されました。今回は私家版でなく市販で、発行元は東京ルリユールです。

　この増補版発行を推進したのは、再審請求を準備し、呼びかけた木村亨氏（事件当時、中央公論社）でした。

　増補されたのは、再審請求時に、弁護団長の森川弁護士や同事務局長の大川隆司弁護士によって〝発掘〟された予審終結決定二通と判決書四通、それに再審請求書、同理由追加補充書です。

　この増補復刻版の巻末、「八六年一〇月」の日付をもつ「解説」で、森川弁護士は次のように書いています。

「……私が笹下会の木村亨氏から横浜事件の犠牲の風化・忘却に対する法的なてだてに関して相談を受けたのは八五年暮れであった。その後の約半年間検討の後やっと再審請求にふみきることになったのは、やはりこの戦争末期頃の大規模な言論弾圧・拷問事件の今日的意味の圧倒的な重みであったと思われる。この一連の悪夢的経過の中に、かつての悪法とそれらの悪法を乱用する特高警察官・思想検事、それらの上に乗っかる裁判官たちの巧妙な人民支配機構の実際を見てとることができる。」

「横浜事件の被告三十数名に対する判決のうち現存するものは僅か八名分であるが、その全部を本資料集に収めることができた。予審終結決定も貴重な資料である。小野康人氏の予審終結決定と判決とを比べてみると、本件の発端となった〝泊会議〟――共産党再建準備会――が判決では跡形もなく消えてしまっていることもわかる。横浜事件の空中楼閣たるゆえんである。

　本資料集が、大方の今後の研究資料として活用されるよう切望する。」

じっさいその資料集は、再審裁判の支援運動をすすめる中でも、常に原点に立ち返り、事実を確かめる上で大いに活用されました。支援運動にかかわった人がそれぞれに実感していることです。

　再審裁判は二四年を要して決着をみましたが、先行の資料集を受け継ぐこの『ドキュメント横浜事件』も、歴史を振り返り、歴史を伝え、歴史に直接に接して学べる原資料として、また日本近現代史研究の欠かせない必読文献の一つとして読まれ、役立てられることを深く願っています。

二〇一一年四月

横浜事件・再審裁判＝記録／資料刊行会

梅田　正己

資料の収録について

高木　健次郎

横浜事件で摘発された諸グループのうち「政治経済研究会」（昭和塾関係）の旧メンバーの何人かのあいだで、この会の記録を作ろうという話が持ち上ったのは一九六七年（昭和四二年）ごろであった。そこで、私は海野法律事務所を訪ねて、事件の唯一人の弁護人であった故海野普吉先生の所蔵されていた関係文書（以下、仮に海野文書といっておく）を同事務所の竹下弁護士から拝借してきた。

　其の後、記録の仕事はさまざまな事情でほとんど中絶状態にあったが、一九七三年（昭和四八年）の末、「横浜の戦災と空襲を記録する会」に関与し、横浜事件の記録収集に熱意を示していた渡辺悦次君（現法政大学講師）

に私は海野文書の一切を托した。ただし、このときまでに由田浩、山口謙三、小川修のそれぞれの「予審終結決定」あるいは判決文は私どもの管理不行届のため紛失してしまっていた。このことは海野法律事務所に対して深くお詫びせねばならない。

一九七五年（昭和五十年）秋、渡辺君を通じて、前記の「記録する会」から、同会が刊行してきた資料シリーズの一冊として「横浜事件資料集」を編む企画が持ち出された。それが今日やっとこのような形で刊行されることになったが、以下、ここに収録した資料について出所その他のことを述べておきたい。

「一、横浜事件関係者名簿・日誌」のなかの「3．昭和塾事件関係者名簿」、「二、検挙・取調」のなかの「2．司法警察官意見書」（森数男）、「三、裁判」の一七件の文書、「四、特別公務員暴行・傷害事件」のなかの「2．東京高等裁判所判決」、「3．最高裁判所判決」はすべて海野文書である。海野文書には右のほかに森数男の「予審調書」があるが、これはかなりの量なので、今回は割愛した。この「予審調書」、および「接見許可願」「保釈決定通知」などの文書、海野先生の断片的な覚え書、被告の近親から先生に宛てられた数通の書簡を除けば、ここに収録したものが同文書のすべてである。

ところで、「三、裁判」に掲げた「予審終結決定」その他の十七件の文書は、五十名前後の事件関係者からすれば、ほんの少数の人々のものにすぎない。私は、この種の文書が他にも保存されているかと思って、関係者の何人かにきき当ってみたが、徒労に終った。察するに、他の人びとの文書はあまり作成されなかったらしいのである。終戦の年、一九四五年（昭和二十年）に入ってぽつぽつ始まった裁判で海野弁護士が最初に手がけたのは森数男で、このときは、海野先生は型どおり、検察側がつくった「司法警察官意見書」、「訊問調書」、裁判所がつくった「予審調書」、「予審終結決定」などの謄本を用意した。ところが、その後は人手不足その他の窮迫した事態のため、目白押しに並んだ被告の弁護に対して、諸文書の謄本を揃えることができなくなった。海野先生はこのことを遺憾として、終戦後何年かを経たころ、せめて判決文を揃えようと思い立ち、司法当局にその謄本を請求したが、当局にはそれに充分応ずることなく終ってしまった。（海野普吉述「ある弁護士の歩み」、一九六八年、一五四ページ）。

終戦時に、裁判所は大いにあわて出し、ぼろの出ないうちに大急ぎで横浜事件の裁判を片づけるために、諸文書の作成を省略しようとした。海野先生は、弁護人が「予審終結決定」をも見ないのでは、弁護はできないといったが、在監被告の健康を考えて、裁判所の言い分に妥協してしまった（前掲書、一五〇ページ以下）。要するに、終戦前後では裁判に必要な文書は司法当局によっても完全には作成されなかったし、弁護人たる海野先生は作成されたものについても謄本を揃えるいとまを持たなかったのである。

「五、」の「1．口述書」には、本件関係者が、拷問に加わった神奈川県特高課の警察官を故三輪寿壮弁護士の世話で共同告発するために、終戦の年の秋、それぞれの体験を記録したもののうち、「代表的」なものを選んで収録した。口述書を書いたのは三十二人である、そこに出てくる暴行警察官は氏名のはっきりしているだけでも三十名に及ぶ。口述者三十二人だけについてみても、その全部が傷害を受けたが、このうち失神の経験者は九人、医師の手当を受けた者は九人、入院したもの六人を数えた。

告発にあたっては、最も確実な証人として留置場係りの巡査、手当にあたった警察病院や私立病院の医師、留置場の同房者などが申請された。横浜検事局（のちの検察庁）は当初、証言があるかぎりは、当の警察官を起訴する構えであったらしいが、間もなく巡査、医師、同房者のすべてにどこからか圧力がかかり、証言がほとんど取れなくなった。事態は急転し、有罪の判決をうけたのは、証拠が確認された松下英太郎、森川清造、柄沢六治の三人に止まった。もっともこの三人は最も兇暴な部類に属していた。ちなみに共同告発を機に生れたのが笹下会で、その日づけは一九四五年十一月十三日である。

「二、」の「1．神奈川県に於ける左翼事件の取締状況」は内務省警保局「特高月報」から採録した。この月報は「厳秘」扱いであったのが、戦後に何部かが古書市場に現われた。松浦総三氏がワシントンの国立公文書館で発見したその月報をマイクロフィルムに撮って、日本に持ちかえり、これをもとに、明石博隆氏と共同で「昭和特高弾圧史（全八巻）一九七六年」を編んでからは、私どももそれに近づき易くなった。同書には「特高月報原稿用紙」に書かれたなま原稿も収録されているが、「二、」の「1．」に収録したのは、月報の一九四四年（昭和十九年）八月号に掲載された部分である。

「二、」の「1．横浜事件被検挙者一覧表」はこれまでのいくつかの出版物に掲載されていた一覧表のなかの若干の誤記を訂正して、編者が新たに作成したものであるが、なお不充分なところが残されていると思う。

「二、」の「2．横浜事件昭和塾関係日誌」は一九六八年（昭和四三年）ごろ作成したもの。この日誌はかつて「弁護士海野普吉」（一九七二年刊）が刊行委員会によって編まれるにあたり、再刷された前記三十二人の「口述書」集の付録として採録され、同書の編集にもかなり役立ったと思われるので、今回も加筆訂正をしたうえで収採録した。こうなると、この資料集が昭和塾関係に偏っているという印象を与えかねないが、他意はない。今後、本資料集の第二冊、第三冊が出るようになれば、この偏りはおのずと是正されると思う。本資料集の編集の大部分は前記の渡辺悦次君を煩わした。昨年二月十三日に笹下会は谷中の全生庵で横浜事件関係物故者の追悼会を営んだ。それからまる一年を経て、本資料集がここに刊行されたわけだが、この間の同君の努力に対して笹下会は厚く謝意を表する。

45・８・29	45. ８・29	懲２猶３	高山書店、恒文社編集 日本ジャーナリスト連盟事務局長	ランゲージサービス監査役
〃	〃	〃	鎌倉文庫編集局次長 ひまわり社編集局長	プロダクションにんじんくらぶ主宰
〃	〃	〃	鎌倉文庫編集局長 東京放送編成局長	ＴＢＳブリタニカ顧問
45・９・４	45・９・４	〃	世界評論社社長 熊本放送東京支社長	社会思想社社長
〃	〃	〃	中央公論編集長 日本評論社編集局長	日本評論社監査役
	45・１・31	起訴留保	文化評論社社長	多摩文化協会会長
45・９・４	45・９・４	懲２猶３	中央公論社出版部員	78・８・20没
〃	〃	〃	世界評論編集長	評論家
45・８・？	45・９・？	懲５ （上告・免訴）	世界経済研究所事務局長	無職
45・９・１	45・９・１	懲２猶３	全日本印刷出版労組書記長	金沢大教授
〃	〃	〃	立命館大教授	70・８・13没
不明	不明	不明	朝鮮へ帰国	朝鮮民主主義人民共和国赤十字病院長？
45・８・18	45・８・18	懲２猶３	東京新聞編集局長 総合ジャーナリズム研究所長	69・12・25没
	45・９・17	拘置不必要	日本民主主義文化連盟出版部員 総合ジャーナリズム研究部員	作家
	45・９中旬	不起訴	茨城地労委会長 茨城大講師	無職
	45・9・27	〃	時事通信社取締役 大月書店顧問	千葉市花園公民館運営審議会会長
	〃	〃	日本評論社編集局長 新評論社社長	新評論社会長
	〃	〃	判例時報社会長	一粒社社長
	45・８・18	〃	新日本文学編集長 平凡社編集部	76・４・15没
	45・８・16	〃	日本評論社社長	白梅学園常務理事
	45・９・27	〃	日本評論編集長 判例時報社社長	判例時報社顧問
	45・８・29	拘置に及ばず	岩波書店会長	随筆家

小林英三郎	改造社	44・1・29	34	改造編集部次長	東大社会卒
若槻　繁	〃	〃	31	（前改造編集部次長）改造社社長秘書	中大経卒
大森直道	〃	44・3・12	34	（前改造編集長）上海大使館嘱託	東大仏文卒
小森田一記	中央公論社、日本出版社創立準備会	44・1・29	40	（元中央公論編集長）日本出版会企画課長	早大政経卒
畑中繁雄	中央公論社	〃	36	（前中央公論編集長）中央公論社調査室員	早大英文卒
藤田親昌	〃	〃	40	中央公論編集長	法大英文卒
沢　　赳	中央公論社	44・1・29	33	中央公論社出版部次長	東北大西洋史中退
青木　滋（青地　晨）	中央公論社、日本編集者会	〃	35	（前中央公論編集部次長）翼賛壮年団報道部次長	文化学院卒
内田丈夫	満鉄調査部	44・3・12	37	満鉄大連本社調査部付	高松高商卒
安藤次郎	〃	44・3・27	30	上海特別市政府工業社会処副処長	東大経卒
手島正毅	〃	44・4・15	31	満鉄上海事務所調査室	京大経卒
崔応錫	（新井義夫関係）	44・3・？	不明	東大医助手	東大医卒
酒井寅吉	朝日新聞社	44・6・30	35	朝日新聞社整理部次長	早大政経卒
那珂孝平	同人雑誌『五月』	44・10・4	40	英工舎厚生課員	高小中退
桜井武雄	（中央公論社関係）	44・10・21	36	農業問題研究者	水戸高中退
藤川　覚	日本出版社準備会岩波書店	44・11・27	40	（前岩波書店編集部）同盟通信社出版部長	東大哲聴講
美作太郎	日本出版社準備会日本評論社	〃	41	日本評論編集長	東大法卒
彦坂竹男	〃	〃	40	（前日本評論社編集局次長）同盟通信社調査部主任	東大経卒
松本正雄	日本編集者会日本評論社	〃	38	（前日本評論編集長）日独文化協会	青山学院英語師範科卒
鈴木三男吉	日本評論社	45・4・10	32	日本評論社出版部長	東京府立高中退
渡辺　潔	〃	〃	38	日本評論社法律時報編集長	六高中退
小林　勇	岩波書店	45・5・9	42	岩波書店編集部第一課長	公民実業卒

45・9・15	45・9・4	懲2猶3	東京新聞社記者 文化放送文芸部長	55・8・2没
45・8・30	45・8・31	〃	朝鮮へ帰国	不明
〔獄　死〕				44・11・13没
45・8・30	45・8・31	懲2猶3	日本生産性本部主任研究員 立正大教授	独協大教授
45・9上旬	45・3・12 （結核で責付出所）	〃	世界経済研究所 愛知大教授	桃山学院大教授
45・8・30	45・8・31	〃	由田学園理事長	77・10・3没
45・7・31	45・5・25	〃	著述業	無職
45・7・31	45・7・21	懲4（上告・免訴）	特に職に就かず	同左
45・8・30	45・8・31	懲2猶3	日本共産党細川嘉六 秘書（'66除名）	日本労働者党 書記長
45・7・31	45・7・21.	〃	日産チェリー群馬自動車 販売会社社長	同左
44・12下旬		懲2〔獄死〕		45・2・7没
45・8・30	45・8・31	懲2猶3	総同盟調査部長	日本自動車労連中執委 産業関係研事務局長
	不明	不明	不明	不明
	44・5・？	不起訴	上智大教授	
45・8・30	45・8・21	懲2猶3	ＧＨＱ経済科学局 日大・立正大講師	独協大教授
	44・7・初	起訴猶予	日本共産党 武蔵野市議会議員	64・5・16没
	44・7・？ （召集のため）	起訴留保	東大生産研究所技官	著述業
〔獄　死〕				44・5・4没
	44・10・11	起訴猶予	民論社社長 民主外交協会副会長	共同体研究所 理事長
	44・9・29	〃	旅館業 荒川区議会議員	荒川区議会議長
	45・1・26	不起訴	日本ペンクラブ事務局長	77・10・28没
45・8・29	45. 8・29	懲2猶3	東西出版社出版部長 日本民主主義文化連盟出版部	三信図書社長

加藤政治	党再建準備会	43・5・26	27	(前東洋経済新報社) 東京新聞社政治部記者	法大社会卒
新井義夫	党再建準備会 政治経済研究会	43・7・11	27	中央亜細亜協会職員	東大文卒
浅石晴世	政治経済研究会 中央公論社	43・7・31	27	(前中央公論編集部員) 中央公論社調査室員	東大国史卒
高木健次郎	政治経済研究会	43・9・9	29	日本製鉄本社監理部	東大経卒
勝部　元	〃	〃	26	〃	九大法文卒
由田　浩	〃	〃	30	古河電工本社庶務課	法大法卒
小川　修	〃	〃	39	〃	〃
森　数男	〃	〃	29	大東亜省総務局調査課	東大法卒
板井庄作	〃	〃	26	電気庁長官々房 総務課技師	東大工卒
白石芳夫	〃	〃	27	糖業連合会調査課	東大経卒
和田喜太郎	〃	〃	27	(前中央公論編集部員) 中央公論社出版部員	慶大仏文卒
山口謙三	〃	43・9・10	29	日本鋼管本社労務課	東商大卒
大林良二	〃	〃	20	〃	高小卒
桜林　誠	〃	43・11・1	23	無職	東大経卒
渡辺公平	〃	43・11・27	27	日鉄八幡製鉄所教育局	東外語卒
佐藤静夫	〃	44・1・24	39	古書籍商	福岡高中退
中沢護人	〃	44・2・17	27	日本製鉄本社総務課	東大法卒
田中政雄	愛国政治同志会	43・9・20	28	東京航空計器工員	小中退
広瀬健一	〃	43・10・21	33	政治公論社社長	東大農中退
大月勘一	〃	〃	36	慰問用品販売業	小卒
水島治男	改　造　社	44・1・29	40	(元改造編集長) 科学新興社常務	早稲田専卒
青山鉞治	〃	〃	31	改造社員 海軍報道部嘱託	名古屋高商卒

＊全63名、他に愛国政治同志会の労働者25名（？）検挙者は不明
＊年月日42・９・11＝1942年９月11日（1979・２作成、80・２増補）

裁判年月日	釈放年月日	判　決	戦後の主な職歴	現　在
45・７・25	45・３・？ （病気保釈）	懲３猶４	都労委事務局長 慶大教授	大阪学院大教授 79・７・５没
〃	45・７・25	懲１猶３	主婦	主婦
	43・10頃	不起訴	茨城県朝日村村会議員	74・12・４没
	43・５頃	〃	角丸証券投資信託委託 会社取締役	日本勧業角丸証券 本店営業部
	43・９頃	〃	経団連国際部次長	74・10・１没
	43・４・？	〃	輸出組合国際部長	貿易商社顧問
	不明	〃	不明	不明
	〃	〃	〃	〃
〔獄　　死〕				44・５・23没
	不明	不起訴	不明	不明
	〃	〃	国士館大教授	千葉商大教授
45・９・４	45・９・４	懲２猶３	中央公論社出版部長 山一証券調査課長	無職
45・９・15	45・９・６	〃	横浜国立大教授 専修大教授	〃
〃	〃	〃	アカハタ編集局次長	日本共産党副委員長
	45・９・１	治維法廃止により免訴	日本共産党参院議員	62・12・２没
	45・６・30（病気保釈）	〔保釈直後病死〕		45・７・27没
45・９・15	45・９・４	懲２猶３	改造社出版部員	48・６・４没
〃	45・７・16 （病気保釈）	〃	東西出版社 リンガフォン日本支社	59・１・５没
〃	45・９・４	〃	世界画報社編集長 ダイヤモンド社出版部員	ダイヤモンド グループ社長

横浜事件関係人名録

（中村智子著『横浜事件の人びと・増補版』田畑書店刊より）

氏　名	「特高月報」による関係グループ	検挙年月日	年齢	検挙時職業	出身校
川田　寿	米国共産党員事件	42・9・11	37	世界経済調査会 資料課主任	米ペンシルバニア大卒
川田定子	〃	〃	33	（川田寿夫人） 主婦	岡崎高女卒
川田茂一	〃	43・1・21	41	（川田寿・兄） 地主	京大哲中退
木佐森吉太郎	〃	〃	37	野村証券企画部	東大美中退
大野辰夫	〃	〃	38	東亜研究所員	米コロンビア大卒
青木了一	〃	〃	42	満鉄東京支社	米ニューヨーク大クラーク大学院卒
小屋敷国秋	〃	〃	36	写真業	高小卒
大河内光孝	〃	〃	44	アパート管理人	明治学院卒
高橋善雄	米国共産党員事件 ソ連事情調査会	〃	31	世界経済調査会 嘱託・ソ連研究班	一高文乙卒
関口　元	ソ連事情調査会	43・5・11	30	（元世界経済調査会） 無職	東大経卒
諸井忠一	〃	〃	33	世界経済調査会 主事・英研究班	立教大経卒
益田直彦	ソ連事情調査会 党再建準備会	〃	35	世界経済調査会 主事・ソ連研究班長	九大法中退
平館利雄	ソ連事情調査会 党再建準備会 満鉄調査部	〃	38	満鉄東京支社 調査室主任	東商大卒
西沢富夫	〃	〃	29	満鉄東京支社 調査室員	ハルビン学院卒
細川嘉六	党再建準備会	42・9・14	55	著述業	東大政治卒
西尾忠四郎	党再建準備会 満鉄調査部	43・5・26	35	満鉄東京支社 調査室員	東商大卒
相川　博	党再建準備会 改造社	〃	34	（前改造編集部員） 日本海事新聞記者	法大独文卒
小野康人	〃	〃	35	（前改造編集部員） 改造社出版部員	法大英文卒
木村　亨	党再建準備会 中央公論社	〃	27	中央公論社出版部員	早大社会卒

■主な参考図書

『横浜事件の人びと〈増補版〉』中村智子著／田畑書店
『日本ファシズムの言論弾圧抄史』畑中繁雄著・梅田正己編／高文研（元本は『覚書・昭和出版弾圧小史』の書名で一九六五年、図書新聞刊）
『横浜事件――元「改造」編集者の手記』青山憲三著／希林書房刊・三信図書発売（元本は同書名で一九六六年、弘文堂刊）
『横浜事件の真相――再審裁判へのたたかい』木村亨著／笠原書店（増補改訂版。元本は同書名〈副題は「つくられた『泊会議』」〉で一九八二年、筑摩書房刊）
『細川嘉六獄中調書――横浜事件の証言』森川金寿編／不二出版
『横浜事件』美作太郎・藤田親昌・渡辺潔著／日本エディタースクール出版部（元本は『言論の敗北――横浜事件の真実』の書名で一九五九年、三一書房刊）
『横浜事件・妻と妹の手記』小野貞・気賀すみ子著／高文研
『横浜事件・三つの裁判』小野貞・大川隆司著／高文研
『もうひとつの横浜事件――浅石晴世をめぐる証言とレクイエム〈増補新版〉』小泉文子著／田畑書店
『横浜事件――言論弾圧の構図』海老原光義・奥平康弘・畑中繁雄著／岩波ブックレット
『横浜事件』黒田秀俊著／學藝書林
『横浜事件と治安維持法』荻野富士夫著／樹花舎
『横浜事件　木村亨全発言』松坂まき編／インパクト出版会

■主な参考図書

✣書中に横浜事件の章があるもの

『戦争しない国――戦後民主主義を生きて』所収「横浜事件」中村智子著／思想の科学社

『運動史研究・3』所収「わたしの横浜事件」勝部元著／三一書房

『昭和言論史への証言』所収「第一部　血ぬられた言論」黒田秀俊著／弘文堂

『治安維持法小史』所収「太平洋戦争下の治安維持法」奥平康弘著／筑摩書房

『多喜二の時代から見えてくるもの――治安体制に抗して』所収「横浜事件から見えてくるもの」荻野富士夫著／新日本出版社

横浜事件・再審裁判＝記録/資料刊行会
2010年２月、「無罪の証明」として裁判所から支払われた刑事補償金により、24年間にわたった再審裁判の記録と横浜事件の資料を刊行することを目的に設けた会。第１次、２次、４次再審裁判をになった請求人・弁護団・支援する会事務局により構成。

装丁：商業デザインセンター・松 田 礼 一

ドキュメント 横浜事件
■戦時下最大の思想・言論弾圧事件を原資料で読む

●二〇一一年一〇月一五日――――第一刷発行

編　者／横浜事件・再審裁判＝記録／資料刊行会

発行所／株式会社 高文研
東京都千代田区猿楽町二―一―八
三恵ビル（〒一〇一＝〇〇六四）
電話　03＝3295＝3415
振替　00160＝6＝18956
http://www.koubunken.co.jp

本文組版／Web D（ウェブ・ディー）
印刷・製本／シナノ印刷株式会社

★万一、乱丁・落丁があったときは、送料当方負担でお取りかえいたします。

ISBN978-4-87498-467-3　C0021

◇歴史の真実を探り、日本近代史像をとらえ直す◇

NHKドラマ「坂の上の雲」の
歴史認識を問う
中塚 明・安川寿之輔・醍醐 聰著 1、500円
ドラマ「坂の上の雲」は日清戦争の何を描かなかったのか。近代日本の最初の対外戦争・日清戦争の全体像を伝える！

司馬遼太郎の歴史観
●その「朝鮮観」と「明治栄光論」を問う
中塚 明著 1、700円
「明るい明治」「栄光」の日清・日露戦争を描いた『坂の上の雲』。司馬の代表作を通して、日本人の「朝鮮観」を問い直す。

現代日本の歴史認識
●その自覚せざる欠落を問う
中塚 明著 2、400円
明治を称える〝司馬史観〟に対し「江華島事件」などの定説を覆す新事実を提示、日本近代史認識の根本的修正を求める！

歴史の偽造をただす
●戦史から消された日本軍の「朝鮮王宮占領」
中塚 明著 1、800円
「明治の日本」は本当に栄光の時代だったのか。《公刊戦史》の偽造から今日の「自由主義史観」に連なる歴史の偽造を批判！

これだけは知っておきたい
日本と韓国・朝鮮の歴史
中塚 明著 1、300円
誤解と偏見の歴史観の克服をめざし、日朝関係史の第一人者が古代から現代まで基本事項を選んで書き下した新しい通史。

これだけは知っておきたい
日露戦争の真実
山田 朗著 1、400円
日露戦争の最大の〝勝因〟は何か？ 軍事史研究の第一人者が日本軍の〈戦略〉〈戦術〉を徹底検証、新たな視点を示す！

これだけは知っておきたい
近代日本の戦争
梅田 正己著 1、800円
「日本は相手国の了承なしに出兵したことはない」田母神元空幕長の虚偽を砕き、戦争が戦争を生んだ歴史の構造を伝える！

朝鮮王妃殺害と日本人
●誰が仕組んで、誰が実行したのか
金 文子著 2、800円
日清戦争の直後、朝鮮国の王妃が王宮で惨殺された！ 10年を費やし資料を集め、いま解き明かす歴史の真実！

植民地主義の暴力
●「ことばの檻」から
徐京植著 3、000円
植民地主義は今も継続し、増殖する――。在日朝鮮人作家として、日本社会に巣くう植民地主義の実態を告発する評論集！

福沢諭吉のアジア認識
安川 寿之輔著 2、200円
朝鮮・中国に対する侮蔑的・侵略的な真実の姿を福沢自身の発言で実証、民主主義者・福沢の〝神話〟を打ち砕く問題作。

福沢諭吉の戦争論と天皇制論
安川 寿之輔著 3、000円
日清開戦に歓喜し多額の軍事献金を拠出、国民に向かっては「日本臣民の覚悟」を説いた福沢の戦争論・天皇制論！

福沢諭吉と丸山眞男
●「丸山諭吉」神話を解体する
安川 寿之輔著 3、500円
丸山眞男により造型され確立した〝民主主義の先駆者〟福沢諭吉像の虚構を、福沢の著作にもとづき打ち砕いた問題作！

■価格はすべて税別の本体価格です。

◇思想・言論の自由と日本国憲法◇

日本ファシズムの言論弾圧抄史
●横浜事件・冬の時代の出版弾圧
畑中繁雄著　1、800円
『中央公論』編集長として恐怖の時代を体験した著者による古典的名著の新版。

横浜事件・三つの裁判
小野 貞・大川隆司著
1、000円
戦時下、拷問にあう夫を案じつつ、差し入れに通った著者が、巨大な権力犯罪の謎を明かすべく、調べ考え続けた労作！

谷間の時代・一つの青春
小野 貞著
1、200円
昭和初期、社会主義運動が徹底的に弾圧された時代、ヒューマニズムから非合法活動に飛び込んでいった清冽な魂の記録！

国家秘密法は何を狙うか
奥平康弘・序／茶本繁正／前田哲男他著
780円
ジャーナリストの眼で〈修正案〉を批判、スパイ天国論の虚構を打ち砕き、勝共連合、SDI等との関連を解き明かす！

国旗・国家とこころの自由
大川隆司著　1、100円
国旗・国歌への「職務命令」による強制は許されるのか。歴史を振り返り、法規範を総点検し、その違法性を明らかにする。

「日の丸・君が代」処分
「日の丸・君が代」処分編集委員会＝編
1、400円
思想・良心の自由を踏みにじり、不起立の教師を処分した上、生徒の不起立でも教員を処分。苦悩の教育現場から発信！

CDブック　獄中詩集　壁のうた
桜井昌司著　2、000円
43年ぶりに再審無罪を勝ち取った冤罪・布川事件。29年間の獄中で綴った詩と佐藤光政の歌。主任弁護士の詳細な解説付。

だまされることの責任
魚住昭・佐高信著　1、500円
一九四五年日本敗戦、日本人の多くは「だまされた」と言った。60年後の今、再び「だまされた」と人々は言うのか。

劇画 日本国憲法の誕生
古関彰一・勝又 進著　1、500円
『ガロ』の漫画家・勝又進が、憲法制定史の第一人者の名著をもとに、日本国憲法誕生のドラマをダイナミックに描く！

【資料と解説】世界の中の憲法第九条
歴史教育者協議会編著　1、800円
世界史をつらぬく戦争違法化・軍備制限をめざす宣言・条約・憲法を集約、その到達点としての第九条の意味を考える！

日本国憲法平和的共存権への道
星野安三郎・古関彰一著　2、000円
「平和的共存権」の提唱者が、世界史の文脈の中で日本国憲法の平和主義の構造を解き明かし、平和憲法への確信を説く。

日本国憲法を国民はどう迎えたか
歴史教育者協議会編著　2、500円
新憲法の公布・制定当時の日本の指導層の意識と思想を洗い直すとともに、全国各地の動きと人々の意識を明らかにする。

■価格はすべて税別の本体価格です。

横浜事件とその再審裁判の全容を伝える＝３部作

◇第一次～四次再審請求・再審公判・刑事補償請求

全記録：横浜事件・再審裁判

四次にわたり、24年の歳月をかけて、治安維持法下の警察・司法の歴史責任を問いつづけた再審裁判の記録。当初の〝門前払い〟から、事理を尽くして門をこじ開け、ついに思想・言論弾圧の「権力犯罪」の解明と承認を勝ち取るまでの裁判のドラマ！

横浜事件・再審裁判＝記録／資料刊行会
Ａ５判・上製・８９０頁
七、〇〇〇円（税別）

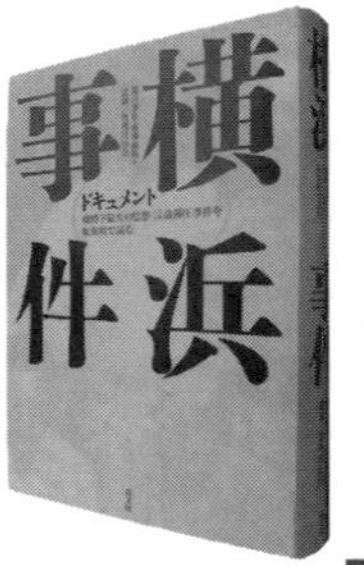

◇戦時下最大の思想・出版弾圧事件を原資料で読む

ドキュメント 横浜事件

獄死者五名を出した出版弾圧事件はいかにして引き起こされたか？ 治安維持法、特高警察とはいかなるものだったのか？ 戦後、特高を告発した32名の「口述書」をはじめ、特高・司法の側の資料を含む原資料により、言論・人権暗黒時代の実相を伝える。

横浜事件・再審裁判＝記録／資料刊行会
Ａ５判・上製・６４０頁
四、七〇〇円（税別）

横浜事件・再審裁判とは何だったのか

◇権力犯罪・虚構の解明に挑んだ24年

四六判・２４８頁
一、五〇〇円（税別）

治安維持法の時代、特高警察と思想検察が作り上げた思想・言論弾圧事件の虚構の全容を伝えるとともに、ついに冤罪を晴らし得た24年に及ぶ裁判闘争の軌跡を振り返り、この再審裁判の成果と歴史的意味を明らかにする。

弁護団長 大川 隆司
主任弁護人 佐藤 博史
支援する会 橋本 進
第四次請求人 小野 新一
齋藤 信子

高文研 〒101-0064 東京都千代田区猿楽町２-１-８ TEL 03-3295-3415